Treasures for Scholars Worldwide

吴松弟
中国近代经济地理与
旧海关资料研究集

Wu Songdi Zhongguo Jindai Jingjidili Yu
Jiuhaiguan Ziliao Yanjiuji

吴松弟 著

·桂林·

图书在版编目（CIP）数据

吴松弟中国近代经济地理与旧海关资料研究集／吴松弟著．—桂林：广西师范大学出版社，2019.9
ISBN 978-7-5598-1716-7

Ⅰ．①吴… Ⅱ．①吴… Ⅲ．①经济地理－中国－近代－文集②海关－经济史－史料－中国－近代－文集 Ⅳ．①F129.9-53②F752.59-53

中国版本图书馆CIP数据核字（2019）第062037号

广西师范大学出版社出版发行

（广西桂林市五里店路9号　邮政编码：541004）
　网址：http://www.bbtpress.com

出版人：张艺兵
全国新华书店经销
广西广大印务有限责任公司印刷
（桂林市临桂区秧塘工业园西城大道北侧广西师范大学出版社集团有限公司创意产业园内　邮政编码：541199）
开本：787 mm×1 092 mm　1/16
印张：41.75　　字数：642千字
2019年9月第1版　2019年9月第1次印刷
定价：128.00元

如发现印装质量问题，影响阅读，请与出版社发行部门联系调换。

前言：我的近代经济地理研究之路

我的学术论文集之第二种《吴松弟中国近代经济地理与旧海关资料研究集》，共42篇论文、1篇《〈中国近代经济地理〉工作手册》。42篇论文中，除第一篇《重视历史地理学在经济建设中的作用》发表于1993年以外，其余41篇均发表于2004年至2017年。内容大致分为两个部分，一是中国近代经济地理，二是旧海关资料研究。近代经济地理的研究难免要涉及其他方面的研究，因此本文的回顾，会提到其他将收录在"吴松弟中国移民史人口史研究集"或"吴松弟区域历史地理研究集"中的论文。考虑到这两本集子都在本集子之后出版，为便于查阅，将注出所涉论文刊登的刊物名和期数以及发表日期。

值此论文集出版之际，回顾研究历程，或许有助于对历史、历史地理，尤其是历史经济地理有兴趣的学者和研究生，理解我的学术观点和学术思想，如能予以指教，自是感激不尽。

一、研究缘起

自1983年硕士研究生毕业留所以后，我除了投入宋代东南沿海丘陵区域的研究之外，大部分精力放在中国移民史和中国人口史的研究方面，并为本科生开设"历史区域经济地理"课程。要讲"历史区域经济地理"，便不能将授课内容仅仅放在我熟悉的唐宋辽金元，需要往前往后延伸,尤其是往后延伸,于是我开始购买并阅读《明史》《明经世文编》《清经世文编》等明清文献。

我研究近代经济地理的切入点"港口—腹地",其实是在研究古代的硕士生阶段得出来的。探讨宋代东南沿海丘陵的经济地理,涉及南宋时期泉州成为我国首要的贸易港,取代了广州港的地位这一重要问题。宋史学界对此多有讨论,主流的说法是南宋首都从开封迁到杭州,泉州靠近杭州,故成为首要的港口。我对这一观点不以为然,泉州如果是由于靠近杭州而成为最大的港口,最靠近杭州的明州(今宁波)港为何没有成为第一大港,反而离杭州较远的泉州成为第一大港呢?经过对东南沿海丘陵地区出口商品的产地的研究,我发现泉州是南宋时期中国最大的出口陶瓷的产地,瓷器笨重易碎,而南洋诸蕃国运到南宋的香料、象牙等商品虽然价格不菲,但分量却比瓷器要轻一些。应该是泉州的出口瓷器吸引了来华蕃船,蕃客们在泉州卸下香料、象牙,装上泉州瓷器及东南沿海尤其是福建的其他出口商品,故得出宋代福建商品经济的较大发展是泉州港成为中国最大港口的原因这一观点[①],并逐渐形成"港口城市与其腹地的经济互动直接事关区域经济发展"这一初步认识。

近三十余年来,随着改革开放进程的加速,中国近代史的研究也取得了重大的进展。进展之一,是人们终于明白,1840年以后的百年历程,并不仅仅是帝国主义和封建主义要把中国变成殖民地半殖民地、中国人民展开反帝反封建的斗争的进程,也是中国逐步走向现代化的进程,而且肇始于近代的现代化进程今天还在迅猛地进行着。一幅中国百年现代化进程的绚丽的历史画卷,逐步展现出来。它使人们懂得:在古老的中国,钢筋水泥浇筑的高楼大厦,如何取代土墙木屋;轮船、火车、汽车、飞机,如何取代木船、驴车、步行;一座座现代化气息的城市,如何取代了一片片沉睡千年的村庄;一个个以数、理、化、语文、外语为教学内容、培养全面人才的新式学堂,如何取代只教儒学经

---

① 吴松弟:《宋代东南沿海丘陵地区的外贸港口、出口物资和泉州港繁盛的主要原因》,载复旦大学中国历史地理研究所主编《历史地理研究》第2辑,复旦大学出版社,1990。

典、以读书当官为目的的私塾……。它也使我明白,我所钟爱的历史地理,不能只研究古代而不研究近代,需要弄清在我们的祖父、曾祖父、高祖父的时期,近千万平方公里大地上发生的巨大的变迁。

1993年,我决定申请国家教委基金,研究"近七百年来东南沿海主要港口腹地的变迁",并请历史系的戴鞍钢兄一起申报。这一项目获得资助,此后我将部分精力放在这一区域港口—腹地关系的研究上。因担心对近代经济史了解不够,我的研究主要放在南宋到元明,清以后的时段主要吸收他人的研究成果,最关键的上海及其腹地联系则请近代史学者鞍钢兄研究。当时他开始随邹逸麟教授读在职博士研究生,我建议他将近代上海开埠以后的港口—腹地问题作为博士论文。他向沈渭滨先生请教研究这一题目的可行性,得到沈先生的肯定,此后又得到邹先生的确认。1998年戴鞍钢的博士论文《港口·城市·腹地——上海与长江流域经济关系的历史考察(1843—1913)》,由复旦大学出版社出版,入选全国首批百篇优秀博士论文。2001年我在《复旦学报》发表了《明清时期我国最大沿海贸易港的北移趋势及上海港的崛起》①,透过历史的迷雾,揭示了明清时期中国首要商港曲折地由南向北迁移的事实。

1999年樊如森考入复旦大学中国历史地理研究所,随我读研究生,2000年陈为忠、2001年方书生、姚永超,2002年王列辉、张珊珊相继成为我的研究生,此后又都从硕士生阶段进入博士生阶段。考虑到中国港口城市众多,每个港口城市都有自己的腹地,各个港口—腹地构成了近代新型的区域经济联系,有必要搞清各个港口—腹地的状况。于是,我请每个研究生选择一个沿海港口城市,探讨这个城市开埠以后与相关腹地的经济关系,以这种"港口—腹地"为切入点,通过进出口贸易研究,探讨中国各区域卷入世界市场的过程及其带动下的

---

① 吴松弟:《明清时期我国最大沿海贸易港的北移趋势与上海港的崛起》,《复旦学报》2001年第6期。

经济变迁的空间进程与区域差异。①

我一边指导他们研究,一边总结他们的研究成果,并通过学习相关理论、对照近代经济史的研究成果,进行理论思考。2004年,我在《河北学刊》发表《港口—腹地与中国现代化的空间进程》一文,强调作为文章标题的这一观点是我们前几年和今后研究的切入点,并从几个方面对研究途径、学术意义等方面作了论述。论文一发表,便被《高等学校文科学术文摘》、人大复印资料《地理学》详载或全文转载,产生了一定的影响。由于这一观点的重要性,此后又发表几篇论文,从不同的角度对此作了深入的解释。

二、从港口—腹地到近代经济地理

2002年以后,我指导的研究生人数不断增多,最多时每年在读的三届博、硕士生有十余人。② 为了让他们开拓眼界和获得锻炼,并便于

---

①他们的学位论文分别是:樊如森博士论文《天津港口贸易与腹地外向型经济的发展(1860—1937)》(2005);陈为忠硕士论文《山东港口与腹地研究(1860—1937)》(2003),博士论文《转型与重构:上海产业区的形成与演化研究(1843—1941)》(2014);方书生硕士论文《珠江三角洲港埠与腹地的空间形态(1842—1938)——以近代经济发展的地域尺度为视角》(2004),博士论文《近代经济区的形成与运作——长三角与珠三角的口岸与腹地(1842—1937)》(2007);姚永超硕士论文《大连港腹地核心地域结构演变的研究(1907—1931)》(2004),博士论文《国家、企业、商人:东北港口空间的构建与其绩效研究(1861—1931)》(2007);王列辉博士论文《区位优势与自我增强——上海、宁波两港空间关系演变的多维分析(1843—1941)》(2007);张珊珊博士论文《近代汉口港与其腹地经济关系变迁(1862—1936)——以主要出口商品为中心》(2007)。

②2006—2011年毕业的研究生的学位论文,分别是:唐巧天博士论文《上海外贸埠际转运研究(1864—1930年)》(2006);毛立坤博士论文《晚清时期香港对中国的转口贸易(1869—1911)》(2006);姜修宪博士论文《环境·制度·政府——晚清福州开埠与闽江流域经济变迁(1844—1911)》(2006);刘强硕士论文《重庆港口贸易与腹地经济关系研究(1891—1937)》(2006);刘伟峰硕士论文《近代的镇江与其腹地(1864—1931)——以海关档案资料为中心》(2007);王哲博士论文《晚清民国对外和埠际贸易网络的空间分析——基于旧海关史料等的研究(1873—1942)》(2010);李伟燕硕士论文《近代宁波内河轮运业研究(1895—1949)》(2010);董枫博士论文《清代地方的地理认知与社会控制——以浙江泰顺县研究为中心》(2010);祁刚博士论文《八至十八世纪闽东北开发之研究》(2010);马峰燕博士论文《北宋东南地区商业地理研究——以〈宋会要辑稿·商税杂录〉为中心》(2010);田戈硕士论文《明清时期今慈溪市域的海塘、聚落和移民》(2012);武强博士论文《近代上海港城关系研究(1843—1937)》(2011);张永帅博士论文《近代云南的开埠与口岸贸易研究(1889—1937)》(2011);李波硕士论文《广西近代进出口贸易的口岸选择(1877—1937)——以北海、龙州、梧州、南宁为中心》(2011)。

和各地不同学科的著名学者零距离接触,在2004—2009年,我们主办了三次国内外学术会议和25场学术报告。每次的学术会议和学术报告,我和研究生们在会上认真听讲,会下抓紧机会分头向请来的学者们请教。每当我看到经常前来开会的教授们,如台湾"中研院"的林满红、林玉茹,南开大学的王玉茹、许檀,天津社科院的张利民,南京师大的陆玉麒,中山大学的滨下武志,厦门大学的戴一峰,复旦的朱荫贵,上海社科院的樊卫国等教授,在会后时间被我的研究生们围住,耐心解答他们的每一个问题时,我内心充满了感动。

经过8年的努力,到2009年我们完成了对天津、大连、广州、武汉、青岛、烟台、宁波、福州、重庆、镇江、蒙自等一批港口城市或内陆口岸城市与其腹地的关系研究,以及上海、香港两大港口城市的中转贸易的初步研究,完成或接近完成13篇近代经济地理的博士学位论文和11篇硕士学位论文,发表了3部著作和80余篇论文。如加上戴鞍钢兄对上海及其腹地的研究,我们对近代中国沿海沿江的大部分主要港口城市及其与腹地的双向互动关系和对区域经济的影响,都进行过初步的探讨。一幅从沿海港口城市向广大内陆地区推进的中国现代化的壮阔画面,一个中国近代经济地理格局形成和发展的漫长而艰难的进程,包括各个经济区的形成、中心城市、交通网络,区域经济发展的差距及成因,中国现代化空间进程的水平层次和垂直层次,都开始展现出来。

随着研究的不断深入,一些以前少有人研究的课题,逐渐进入我的视野。其中最重要的研究,自然是"港口—腹地和中国近代经济变迁的空间进程",这是我们近代经济地理研究的切入点,也是指导思想和研究方法。2005年我们召开了题为"港口—腹地和中国现代化进程"的学术会议,对上一年发表在《河北学刊》上的《港口—腹地与中国现代化的空间进程》这篇论文的观点,从不同的角度展开了比较深入的探讨。我依据连续几年指导研究生研究不同区域的"港口—腹地"的体会,发表了《港口—腹地和中国现代化空间进程研究的基本构想》①,进一步阐述了基于空间角度研究近代经济变迁的重要性,认为有必要深入探讨沿海或沿边的口岸城市和其腹地的互动关系,并通过进出口贸易探讨区域产业变迁。只有这样,才能搞清各区域经济变迁的程度、途径及内外、地理和历史诸方面的影响因素。我们所说的"中国现代化的空间进程"主要指近代经济变迁,又经常写成"中国近代经济变迁的空间进程"。

此后,我在港口—腹地与我国三大区域经济差异的形成和发展②,北方的沿海通商口岸与经济变迁③,开埠通商与中国经济的巨变④,早期开埠通商的22个口岸开埠和近代海关设置时间及其过程⑤等方面,都发表了论文。在此基础上,对中国近代经济地理格局形成的机制与表现⑥,进行了虽然初步但还算全面的探讨,同时用"自东向西、由边向内"8字概括中国近代经济变迁的空间进程⑦,提出也要重视沿边口岸的开放对我国近代经济变迁的影响。

考虑到近代向来是历史地理研究较少的时段,以及近代作为古代社会和现代社会的连接部的重要性,我考虑联合内地与港台的力量,撰写九卷本的《中国近代经济地理》。2009年5月华东师范大学出版

---

① 复旦大学历史地理研究中心主编《港口—腹地和中国现代化进程》,齐鲁书社,2005。
② 吴松弟:《港口—腹地与东部和中西部经济差异的形成和发展》,载陕西师范大学西北历史环境与经济社会发展研究中心编《历史环境与文明演进:2004年历史地理国际学术研讨会论文集》,商务印书馆,2005。
③ 吴松弟:《近代北方的沿海通商口岸与经济变迁》,载复旦大学历史地理研究中心《历史地理研究》第3辑,复旦大学出版社,2010。
④ 吴松弟:《开埠通商与中国经济的巨变》,韩国釜山大学中国研究所(Institute of Chinese Studies in Pusan National University)编《中国研究》(China Yougu, The Journal of Chinese Studies, Vol(No.1),30 August,2006。
⑤ 吴松弟、杨敏敏:《近代中国开埠通商的时空考察》,《史林》2013年第3期,人大复印资料《中国近代史》2013年第10期、人大复印资料《经济史》2013年第6期全文转载。
⑥ 吴松弟:《中国近代经济地理格局形成的机制与表现》,《史学月刊》2009年第8期,人大复印资料《地理学》2009年第1期全文转载。
⑦ 吴松弟:《"自东向西、由边向内":中国近代经济变迁的空间进程》,载复旦大学历史地理研究中心、韩国仁荷大学韩国学研究所主编《海洋·港口城市·腹地:19世纪以来的东亚交通和与社会变迁》,上海人民出版社,2015。

社的王焰社长听说了我的设想,出于资深出版人对优秀学术的敏感,主动联系我,仅仅通过电话,便谈定了出版事项。

几个月后,我们联合内地和港台学者,开始撰写九卷本《中国近代经济地理》。第一卷为绪论和全国概况卷,提出我们的理论框架和研究方法,并叙述全国主要产业部门和人口、城市的变迁状况与空间分布。第二卷到第九卷为区域卷,我们将全国分为八大区域,每个区域为一卷,较为详细完整地探讨1840—1949年各区域经济变迁的内容、空间过程和地理特点及影响因素。

考虑到中国近代的经济变迁具有自身的规律性,我一再强调通过十年研究实践证明了的"港口—腹地与近代经济变迁空间进程"理论,各位研究者接受了这一理论,并结合自己区域的状况从不同角度予以探讨,使之逐渐趋于完善。中国面积广袤,区域众多并各具特性,各卷论述时既需注意各区域特性,又不可忽略全国的共性以及各区域的联系性。为此,我编写《〈中国近代经济地理〉工作手册》,将之提供给各位作者,以便在撰写时注意以下三个关注点:

第一,中国近代史的基本线索是现代化的艰难进程,尽管艰难,毕竟有所进展,中国才由古代进入现代。由此形成第一个关注点,即现代经济的成长和传统经济向现代经济的转型。既要如实论述传统经济中没有变化的一面,又要论述现代经济的成长和传统经济向现代经济的转型,并展示后者对经济地理格局的影响。

第二,港口—腹地是现代化空间进程的主要途径,先进的生产力和经济文化首先在通商口岸城市登陆,然后再沿着交通路线往广大的内陆地区扩展。由此形成第二个关注点,即高度重视口岸城市在区域经济变迁中的作用,重视进出口贸易对区域经济的影响,重视先进生产力自口岸往腹地的扩展过程及其影响,重视口岸城市通往腹地的主要路线以及位居交通路线上的重要腹地城市的作用。

第三,中国各区域基于地理和历史的原因,现代化进程存在较大的差异性,由此形成第三个关注点,即区域差异。要探讨现代产业成长和传统经济转型在速度上和水平上的空间差异,探讨因地理环境和经济结构、水平不同而形成的区域经济差异,并适度探讨这些差异形成的历史的、地理的和文化的因素。

基于以上的三个关注点,便形成内容上的两大板块以及写作时须有所论述的方面:

第一个板块是各区域近代经济的变迁过程及其结果,主要表现为经济变迁的背景、过程和内容。内容又可分为传统经济的转型和现代经济的兴起两个方面,为此要论述各产业部门的变迁,以及各地区都不同程度地存在着的市场化、外向化、半工业化及工业化等四个方面的表现。

第二个板块是各区域近代经济地理的简略面貌,主要表现为产业部门的地理分布、各区域的经济特点及影响各区域经济的因素分析。

为了达到一定的统一性,我还对写作时须有所论述的方面,例如各区域卷的话题和脉络、近代经济发展的历史背景和地理基础、贸易与商业、交通和邮政通讯、农牧业、手工业、现代工业、城市、人口、金融业、区域差异等11项研究内容如何进行论述,提出一些具体的要求。同时又强调,提出以上的3个关注点、2个板块、4个"化"和11项研究内容,是由于这些方面的重要性,需要特别强调,以免产生不应该的疏漏,也便于理清头绪。但各位作者只要记住以上的大致要求即可,研究时重在依据区域实际,不希望各卷写成按套路照套的八股文。

经过8年的努力,九卷本《中国近代经济地理》2016年全部出版,这套吸收各学科的研究成果与方法,从空间的角度反映全国和各区域经济变迁的概貌以及影响变迁的地理因素的著作,终于摆到书店的架子上,并于2018年10月获上海市第十四届哲学社会科学优秀成果奖学科学术奖著作类一等奖。

三、新资料的发现者、整理者和使用者

我们所进行的中国近代经济地理的研究,始于港口城市和进出口贸易。第二次鸦片战争以后在华西方人受清政府邀请,代其管理进出口贸易与多种相关事务,在此后的近90年中定期出版海关贸易报告。

颇具系统性、准确性、科学性的旧海关内部出版物，便成为我们首先需要利用的研究资料。由于这些资料长期供海关内部使用，在社会上流传有限，如何找到旧海关内部出版物，成为一大难题。2001 年中国海关总署和第二历史档案馆出版《中国旧海关史料》170 册，为我们的研究提供了极大的方便。然而不久，我们便发现旧海关资料不止 170 册，如何寻找更多的旧海关资料，成为我们研究中首先要解决的问题。

2003 年，哈佛大学东亚系系主任包弼德（Peter K. Bol）教授邀请我到哈佛进行一年的访问，并一起给研究生开设"中国地方史研究"课。在离开哈佛两个月的一天，我接到研究生方书生的电子邮件，请我帮他查查 1920 年后面几年的旧海关报告。我抱着试试看的想法，不仅找到了这几年的报告，1940 年代和 1860 年代的报告也找到不少。于是，最后两个月的时间，我改以寻找旧海关资料为主。回国以后，我将哈佛所收的部分书目和《中国旧海关史料》中的书目相对照，写文章介绍我在哈佛看到的旧海关出版物①。这篇文章提到的哈佛大学收藏的旧海关出版物，不仅引起国内学者的注意，也引起了哈佛燕京图书馆郑炯文馆长的注意。2005 年我在哈佛开会，将此篇论文送给郑馆长，第二天他便问我是否愿意接受他的邀请，来哈佛寻找更多的旧海关出版物，我高兴地答应了。

2006 年秋季我前往哈佛大学，查阅旧海关出版物，并于 10 月 12 日应费正清中心、哈佛燕京学社、哈佛燕京图书馆三单位联合邀请，在费正清中心做题为"中国历史（1840—1949）的资料宝库：哈佛燕京图书馆所收的中国旧海关出版物"的报告。报告之后郑馆长问我是否愿意将中国未出版的部分带到中国，请广西师范大学出版社集团有限公司出版。我自然十分高兴地接受这一建议。此后的几年，我几次到哈佛，搜集整理资料以便出版。同时，利用这些难得的资料，带领研究生率先研究近代经济地理。2016 年由我整理的《美国哈佛大学图书馆藏未刊中国旧海关史料（1860—1949）》共 283 册全部出版，收入 645

---

① 吴松弟：《一座尚未充分利用的近代史资料宝库——中国旧海关系列出版物评述》，第二作者方书生，《史学月刊》2005 年第 3 期，人大复印资料《中国近代史》2005 年第 7 期全文转载。

种报告、专刊和研究集。

中国海关总署上海档案室是国内最大最重要的旧海关出版物收藏单位。中国海关总署及其下属的中国海关学会素有海关史研究的传统，2015年哈佛旧海关史料出版，不久我成功说服了中国海关学会的领导，又通过他们说服了中国海关总署，打开了这座国内最大的资料宝库的大门。由我主编并撰写书目提要的《海关总署档案馆藏未刊中国旧海关出版物(1860—1949)》(简称总署丛刊)共60册，约300种书，2018年开始出版，2019年将完成出版。至今为止，我国已出版了四大套、共559册的旧海关内部出版物，其中的61%即343册都是经过我的努力得以出版的，而且这343册所收的近千种图书，我按照同一种类的报告或专刊，或各本图书各编一条书目提要的方法，撰写《书目提要》放入哈佛、总署两种丛刊中，以便读者利用这些综合性极强的旧海关出版物。

2012年我们还成功申请国家社科基金重大项目"中国旧海关出版物的整理研究"。此后，我发表了数篇关于旧海关内部出版物的论文，包括对其书名、内容和流变的考证①，海关出版物如何用于航海史、上海史的研究②，并利用旧海关报告探讨中国参加早期世界博览会的历史③以及海关关区的空间结构问题④。

四、学术拓展：创业文化、城乡关系和中外对比

学者通常被视为待在象牙之塔中的人，其实许多事物，仅仅待在象牙之塔中是难以得到认识的，学者需要从象牙之塔进进出出，用自

---

① 吴松弟：《中国旧海关出版物的书名、内容和流变考证：统计丛书之日报、月报和季报》、《中国旧海关出版物的书名、内容和流变考证：统计丛书之年刊系统》，分别载《上海海关学院学报》2012年第2期、2013年第1期。
② 吴松弟：《研究中国航海史的瑰宝：中国旧海关内部出版物中的航海资料》，载上海中国航海博物馆主办《国家航海》第13辑，上海古籍出版社，2015。
③ 吴松弟：《走向世界：中国参加早期世界博览会的历史研究——以中国旧海关出版物为中心》，《史林》2009年第2期，人大复印资料《经济史》2009年第5期全文转载。
④ 吴松弟、杨洋洋：《海关关区空间结构变动探析：以近代广东沿海为中心》，《云南大学学报(社会科学版)》2017年第1期，人大复印资料《中国近代史》2017年第5期转载。

己敏锐的眼光,观察社会,认识人生,才能做好学问。除了研究港口——腹地和近代经济地理,我在创业文化、城乡关系等方面也发表了一些论文和著作,偶而还将古今中外结合一体,加深对人性特点和东西方历史共性和差异性的认识。

我的家乡温州是中国民营经济的发祥地,尽管老家泰顺是温州的山区县,但决心改变山区落后面貌的同学、朋友、战友,紧随温州人的步伐,同样上演了一出出脱贫致富奔小康的大戏。2003年复旦大学出版社希望我写一本关于创业文化的书,我当即答应下来,通过采访和阅读,加上我自己的思考,写了《"上帝"让温州人发财:温州创业文化启示录》①这本小书和几篇文章,强调创业文化在区域经济发展中的重要性。在2004年到2008年这几年中,先后应吉林、江西、上海等省市以及杭州市委宣传部或组织部门的邀请,做了十多场关于温州人在发展民营经济中体现的创业文化的报告。我逐渐认识到人民群众强烈的致富欲望是各地发展经济的强大动力,也是近代中国经济变迁的根本动力。我以为如果认识不到这一点,无论是经济学还是经济史,恐怕都难以学好。

历史地理学科以历史时期的人文和自然地理现象为研究对象,为此需要将田野考察和书本知识相结合、历史状况和今日现象相对比。我于1993年至1998年,每年暑假用十余天时间陪同研究明清社会经济史的日本大阪大学的滨岛敦俊教授,在长三角的市镇和村庄采访农民、渔民、船工等各种职业的老人,内容涉及水利、土地利用、社会经济、聚落发展、文化风俗等多个方面。哈佛大学东亚系包弼德教授,长期研究宋元明时期今浙江金华地区的知识分子和思想文化,试图通过考察和研究,从家族、地域文化以及地理、经济等广阔的层面,了解金华士大夫群体的思想及形成的背景。应他的邀请,我参加了2000—2002年以及2004年在金华的各个市县的考察。2005年在包弼德教授的建议下,包弼德、我、上海交通大学的刘杰教授三人,分别带领哈

---

① 吴松弟:《"上帝"让温州人发财:温州创业文化启示录》,复旦大学出版社,2003。

佛大学、复旦大学与上海交通大学的师生,在浙江泰顺县政府的协助下,又在我的老家进行了为期两年,每年各一个月的地域考察。我们除了考察以古廊桥、古村落和古道为中心的古老文化,也通过在村庄的深入访谈去了解传统农村的经济、文化和家族。

我出生在农村,成年以后才离开农村,原以为自己了解农村,实际上通过长达十年、几乎每年都有十余天的考察,才对农村的经济文化有了一定的了解。我认识到在传统时代东南沿海山区虽然交通不便,县以下缺乏有力的行政控制,但通过家族、乡村组织以及地域概念的作用,仍可以构筑起垂直的社会结构,维持着农村的秩序①。传统时代在泰顺这种交通不便的山林区域,人们过着以农为主、多种经营,既无赤贫,又无巨富的平淡生活,且有自己的商品经济和市场②。家族文化是农村垂直地域系统的基础,而在温州,家族文化往往建立在科举的基础上,只有那些科举成功的家庭才会编家谱,从而建起家族文化的根基。③

当我的研究生们在探讨各个不同的港口—腹地区域的时候,我一方面跟踪他们的研究,另一方面进行他们很少开展的研究。主要集中在两个方面,一是如上所说的寻找旧海关资料并进行整理,二是研究城市地理。④

---

① 吴松弟:《中国东南山区的地域社会结构:以明清浙江泰顺县为例》,载《历史地理》第24辑,上海人民出版社,2010。
② 吴松弟:《以农为主,还是多种经营:近代浙江泰顺山区的商品经济》,载吴松弟主编《走入历史的深处:中国东南地域文化国际学术研讨会论文集》,上海人民出版社,2011;《河流、道路、市场与山区聚落:以1644—1949年的浙江泰顺县为例》,载黄富三主编《海、河与台湾聚落变迁:比较观点》,"中研院"台湾史研究所,2009。
③ 吴松弟:《国家科举与地方家族文化:对浙江泰顺旧家谱的分析》,载复旦大学历史地理研究中心、哈佛大学哈佛燕京学社编《国家视野下的地方》,上海人民出版社,2014。
④ 2012年以后毕业的研究生的学位论文:王中硕士论文《长三角地区内河航运(1950—1980年)的兴衰过程》(2013);徐智博士论文《改造与拓展:南京城市空间的形成过程研究(1927—1937)》(2013);杨敬敏博士论文《中国近代棉纺织进口替代工业的发展及其空间分布研究(1867—1936)》(2014);蔡卓君硕士论文《清末大清邮政上海邮界研究》(2015);金诗铧《近代通商口岸常关研究(1854—1931)》(2016);刘雅媛《清季民初上海县城厢市政权与城市空间的改造》(2016);伍伶飞《近代东亚灯塔体系与航运格局研究》(2018);杨洋洋《海关关区空间结构变动探析——以近代广东沿海为中心》(2017);王华震《宋代的海贼与滨海社会》(2018)。

近代以来,城市的重要性不断提高,尤其是"市"出现之后。然而,长期以来的城市研究者都忽略了"市"的出现及其巨大的影响力。我在《云南大学学报》2006年第5期上发文,探讨了"市"的兴起与近代区域经济的不均衡发展的关系①,以及通商口岸与近代城市空间分布的关系②。尤其在古代城市与近代城市比较的基础上,论述近代城市兴起的动力和特点,以及城市内部的巨大变迁,指出这是秦统一以来的第二场城市革命,古代城市的性质至此发生了根本的变化③。

我个人的研究经历,颇不同于大部分的历史学者,先进行十余年的古代史研究,此后再一步步地进入近代经济地理研究,又关注中外历史之不同和中国的区域差异,以及历史与现实的连接,偶尔还会尝试中外比较。例如,《从人口为主要动力看宋代经济发展的限度兼论中西生产力的主要差距》④这篇论文,通过对南宋主要区域人口密度的考察,发现宋代乃至元明清时期经济发展的主要动力是人口的增长,凡经济发达区域都是人口密度较高的区域,而不发达区域的人口密度都比较低。在这种人口—经济模式的控制下,发达地区因人力的易得和低廉、不发达地区因经济文化水平较低,都不利于节省或替代劳动力的装置的发明与推广,因此中国未能像中世纪后期的欧洲那样在生产领域广泛使用水力和风力驱动的机器,生产关系亦未发生质的改变。因此,以前作为"资本主义萌芽"的经典依据的"机户出资、机工出力",不过是人口密度较高地区出现的资本和劳力的合理搭配。就此而言,中西方的大分流早在宋代已经开始。

---

① 吴松弟:《市的兴起与近代中国区域经济的不平衡发展》,《云南大学学报》2006年第5期,人大复印资料《经济史》2007年第2期、人大复印资料《中国近代史》2007年第2期均全文转载。
② 吴松弟:《通商口岸与近代的城市和区域发展——从港口—腹地的角度》,《郑州大学学报(社科版)》2006年第6期《近代开埠城市与区域发展研究(笔谈·上)》,人大复印资料《中国近代史》2007年第6期全文转载此文以及同一笔谈的戴鞍钢、唐巧天、樊如森、陈为忠四人的文章。
③ 吴松弟:《20世纪之交的中国城市革命及其性质》,澳门大学主办《南国学术》2014年第3期,人大复印资料《中国近代史》2015年第3期全文转载。
④《人文杂志》2010年第6期,人大复印资料《宋辽金元史》2011年第2期全文转载。

本集中的论文,因发表于不同时期的刊物上,有的原来有"摘要"和"关键词",有的无"摘要"和"关键词"。为了统一起见,肖爱景、杨蕙瑜编辑为原本没有的论文编写了"摘要"和"关键词",并请我一一改定,在此感谢她们的好意和劳动。

人生有涯,学问无涯。对我而言,从事我喜爱的历史地理研究,是人生的一大幸福。谨用此语,作为《前言》的结束。

吴松弟

2018 年 12 月 18 日

目 录

中国近代经济地理

重视历史地理学在经济建设中的作用 …………………… 3
港口—腹地与中国现代化的空间进程 …………………… 10
《港口—腹地和中国现代化进程》前言 …………………… 25
港口—腹地和中国现代化空间进程研究的基本构想 …… 29
港口—腹地和中国现代化空间进程研究概说 …………… 45
港口—腹地:现代化进程研究的地理视角 ……………… 64
唐朝至近代长江三角洲港口体系的变迁轨迹 …………… 71
港口与腹地应互动发展
　　——访复旦大学历史地理研究中心吴松弟教授 …… 91
开埠通商和中国经济的巨变 ……………………………… 95
通商口岸与近代的城市和区域发展——从港口—腹地的角度 … 109
港口—腹地与东部和中西部经济差异的形成和发展 …… 118
近代北方的沿海通商口岸与经济变迁 …………………… 132

市的兴起与近代中国区域经济的不平衡发展 ……………… 161
经济空间与城市的发展——以上海为例 …………………… 190
近代中国的开港城市与东亚 …………………………………… 204
近代中国进出口贸易和主要贸易港的变迁 ………………… 222
20世纪之交的中国城市革命及其性质 ……………………… 240
近代中国的城市发展与空间分布 …………………………… 266
中国近代史的主线索和经济变迁的特点 …………………… 287
近代中国开埠通商的时空考察 ………………………………… 311
"自东向西、由边向内":中国近代经济变迁的空间进程 ………… 336
中国近代经济地理格局形成的机制与表现 ………………… 352
论加强边疆近代地理研究的重要性及边疆地理的复杂性 ………… 368
《天津与北方经济现代化(1860—1937)》序一 …………… 377
《国家、企业、商人与东北港口空间的构建研究(1861—1931)》序:
　　近代东北开发的意义与特点 …………………………… 381
《驶向枢纽港:上海宁波两港空间关系研究(1843—1941)》序 …… 385
《现代化视野下的港城关系研究(1842—1937)》序 ………… 390
《空间视角下的近代云南口岸贸易研究(1889—1937)》序 ……… 393
《华洋军品贸易的管理与实施》序 ……………………………… 398
《中国近代经济地理》工作手册 ……………………………… 402

旧海关资料研究

一座尚未充分利用的近代史资料宝库
　　——中国旧海关系列出版物评述 ……………………… 413

中国旧海关统计的认知与利用 …………………………………… 435
中国旧海关出版物评述:以美国哈佛燕京图书馆收藏为中心 ……… 455
中国历史(1840—1949)研究的资料宝库:哈佛燕京图书馆所藏的
　　中国旧海关出版物 ……………………………………………… 475
《美国哈佛大学图书馆藏未刊中国旧海关史料(1860—1949)》前言 ……
　　……………………………………………………………………… 487
中国旧海关出版物的书名、内容和流变考证:统计丛书之日报、
　　月报和季报 ……………………………………………………… 512
旧海关出版物的书名、内容和流变考证:统计丛书之年刊系统 ……… 528
近代海关贸易数据摘编本存在的问题分析
　　——以全国年进出口额和各关直接对外贸易额为例 …………… 556
旧海关内部出版物及其统计系列 ……………………………………… 573
旧海关内部出版物及各地经济调查 …………………………………… 577
走向世界:中国参加早期世界博览会的历史研究
　　——以中国旧海关出版物为中心 ………………………………… 582
中国近代经济地理变迁中的"港口—腹地"问题阐释 ………………… 601
海关关区空间结构变动探析:以近代广东沿海为中心 ……………… 625

中国近代经济地理

重视历史地理学在经济建设中的作用*

摘要：历史地理学是一门研究历史时期地理现象及其演变过程的学科，属于地理科学范畴，和现代地理学研究的对象是一致的，区别仅在于研究对象时间的不同。由于今天的地理现象是以往不同时代发展演变的结果，今天要改造、利用自然，首先要借助历史地理学认识自然本身演变、发展的规律，历史地理学也可以将过去在改造、利用自然过程中取得的经验、成就和教训展示给人们，以促进经济及文化建设的顺利进行。中华人民共和国成立以来，中国历史地理学在许多方面取得令人瞩目的研究成果，有的研究成果还具有相当大的实用性，为有关方面的决策提供有价值的依据和借鉴。本文举例说明历史地理能够为现实经济、文化建设提供直接、间接服务的诸多方面，并呼吁历史地理学研究的历史时代应尽量后移，在研究方法上注意将历史状况与现今状况进行比较，以寻找规律性，同时希望各级党政干部重视对有关问题的历史地理研究。

关键词：历史地理学；寻找规律性；为现实服务

历史地理学是一门研究历史时期地理现象及其演变过程的学科，属于地理科学范畴。它和现代地理学研究的对象是一致的，区别在于研究对象时间的不同。现代地理学是研究今天的地理，历史地理学则是研究自人类社会产生以来直至现今的全部地理变化。历史地理学与现代地理

---

* 本文原载《求是》1993年第7期，人大复印资料《地理学》1993年第4期转载。作者邹逸麟、吴松弟。

学同样包括自然和人文两大分支。前者研究气候、疆域、政区、植被、沙漠、海岸、河流、湖泊等自然要素的演变及其规律;后者研究农业(大农业)、矿冶、工业、商业、交通、城市、人口、文化等人文景观的地域分布及其演变规律。

今天的地理现象并非自古皆然,而是以往不同时代发展演变的结果,几乎所有地理现象的今昔面貌都是不同的,有的甚至迥然不同。因此,只有了解它的过去,研究它的发展轨迹,才能更好地认识它的今天,进而预测未来的发展。历史地理学的工作,就是首先如实地反映和把握已经消失的过去的地理现象,并将它们按时间顺序联系起来进行研究,寻找发展演变的规律,从而阐明当前地理景观的形成和特点。改造和利用自然,发展社会经济与文化,是社会主义现代化建设的长期任务。要改造、利用自然,首先要认识自然本身演变、发展的规律;要改变当前的社会经济结构、消灭贫富地区的经济差异、改变人们的落后的思想观念,也要研究这些状况形成的历史背景,这些都要借助于历史地理学。此外,历史地理学也可以将过去在改造、利用自然过程中已经取得的经验、成就和教训展示给人们,以促进经济及文化建设的顺利进行。因此,历史地理学完全应该而且能够为经济建设做出自己的贡献。

我国有着960万平方公里的广袤领土,5000年的悠久历史,浩如烟海的文献资料,这一切为历史地理研究提供了广阔的天地。我国古代很早就开始了对地理现象的记载和考察,但直至本世纪以前,研究内容仍主要限于历代政区、疆域、地名、水道的沿袭与变化,范围比较狭窄,成果往往被认为不过是给历史研究提供具体的空间舞台,因而视为历史学的辅助学科。20世纪30年代以后,现代科学意义上的历史地理学发轫,开始采用新的科学方法,扩大了研究范围。中华人民共和国成立以后,日新月异的社会主义经济建设向科学工作者提出许多重大课题,其中不少课题涉及地理现象。历史地理工作者在党的领导下,勇敢面对生产实践,研究新问题,开拓新领域,在历史自然地理和历史人文地理的各个主要领域都开展了研究工作并取得可喜的成果,从而建立了初具规模的中国历史地理学。实践证明,面向经济文化建设实践是历史地理学发展的必由之路,努力为当前的现代化经济建设服务,也将为历史地理学学科本身带来新的生机。

中华人民共和国成立以来,中国历史地理学研究取得了重大进展。除了谭其骧教授主编的八册《中国历史地图集》外,在历史气候、植被、沙漠、黄河和长江等水系、东部海岸、历史疆域政区、区域开发、历代古都、区域文化、人口分布和迁移、产业分布、交通等方面都取得了令人瞩目的研究成果。

历史地理研究成果,有的具有相当大的实用性,可以为有关方面的决策提供有价值的依据和借鉴,直接为经济建设服务,主要表现在如下方面:

为自然灾害的预测和应对服务。我国地域广大,自然灾害发生率较高,往往不是南涝北旱就是北涝南旱,此外还有地震、强台风、山区泥石流等。重大自然灾害往往给国家和人民生命财产造成惨重损失,甚至由此造成社会动荡。研究历史时期的气候变迁、水旱灾害和地震发生的周期规律与空间分布特点,可以对重大自然灾害的发生进行科学预测,从而早做预防,减轻其灾害。

为河流的治理与利用服务。我国有许多条名江大川,由于自然和人为的原因,历史上不少河流都发生过决溢泛滥,有的乃至改道。只有研究河流变迁规律,总结历史上的治河经验,才能较好地探索治河方略,有关黄河的历史地理研究受到重视便说明这一点。黄河下游的安危与否是事关华北平原几千万人民生命财产的重大问题。为了帮助国家驯服黄河,历史地理学家研究了历代河道的变迁史实和规律,分析了东汉以来黄河下游安危与黄土高原农牧变化的关系,得出结论:黄土高原利用方式由农转牧时,水土流失减轻,下游出现安流局面。这一结论,从历史地理角度证实了黄河下游变迁与中游水土流失的直接关系;另外,研究还表明,除了抓好中上游水土保持这一根本措施外,加固下游河防工程也能减轻河患。历史地理学者还研究了历代治理黄河经验和未来黄河改道后可能被选为河道的最佳路线。这些成果为今天全面治理黄河提供了历史依据。利用古运河对发展我国东部交通和南水北调有重要意义,但古运河湮废有其自然条件方面的原因,如今要重开运河,显然也要借助于历史地理学的研究。

为区域经济发展规划服务。要加快发展区域经济，离不开科学而全面的区域规划，必须综合考虑工业、农业、交通、人口、资源、地理、文化等方面的因素，这些都是历史地形成的。只有通过历史地理研究，才能理解上述诸因素的历史基础，把握本区域特点，扬长避短，因地制宜，最快最好地发展经济。例如，福建山地面积广大，平原狭小，发展粮食生产条件较差，但山海资源丰富，发展多种经营和海上交通条件优越。宋元时期福建曾利用山海资源大力发展商品经济获得极好效果。改革开放以后，福建省委和省政府根据历史经验和地理条件，提出大念"山海经"，加快发展商品经济的战略部署，促进了经济的发展。黄淮海平原是我国主要的粮棉油生产基地，然而由于常年旱涝沙碱灾害，产量不高，农业人口生活贫困。但历史上却不是这样的，汉唐时期黄淮海平原曾经是全国最富庶的地区，建都关中的政权都要靠这里提供粮食及其他物资以维持统治。今天的情况是近千年演变而来的。这种演变是什么样的原因造成的，演变的过程又是怎样？我们今天应怎样合理地改造和利用这片我国最大的平原？这些问题需要从历史地理学的角度来考察，找出正确的答案，合理地采取措施。

为历史文化城市的建设规划服务。我国历史悠久，历史文化名城星罗棋布。一般说来，这些城市在地理位置和山川地形方面都具有一定的优越性，这既是前人精心选择城址充分利用自然环境的结果，也是长期改造自然环境的结果，特别是那些著名的古都，在建城定都以前往往都经过精心周到的规划设计。这些城市往往还因山光水色、名胜古迹和特殊的文化氛围而成为旅游胜地。要很好地保护和建设历史文化名城，首先需要较好地认识城市发展的历史背景、地理环境、文化价值和历史经验，这就要借助于历史地理研究。历史地理研究还能较好地将城市历史文化介绍给国内外游客，能激发当地人民热爱家乡建设家乡的自豪感。首都北京是具有悠久历史的古都，历史地理学家对北京从一个聚落到元明清三代数百年首都的历史发展进行了深入的研究，使现代城市规划工作者知道北京是如何演变过来的，因而能从历史地理角度得出一些经验借鉴，更好地保护古都，建设古都。北京、西安、南京等城市的历史地理研究成果，对于市区范围和扩展地区的选择，水源的开辟利用，绿化区的布局设计，都起过重要的参考作用。

为农业生产服务。农业是我国国民经济的基础,但农业受到气候、水文、土壤等地理条件较大的制约。要争取农业增产增收,就必须充分认识当地自然条件。从历史地理角度研究边疆屯垦的兴废变迁、山区的开发、北方农牧界线的推移和各地区农作物的分布,对于根据自然条件合理利用土地有重要的参考意义。水利是农业的命脉,历史时期古河道、井泉、湖泊的研究,可以为寻找地下水源提供重要的线索。前人曾创造出许多用于引水、排涝或灌溉的水利工程,不少工程设计巧妙,有的仍然是今天利用的基础。研究继承前人兴修水利的经验,无疑也是必要的。历史地理研究还有助于改进农业生态环境。例如,要解决华北土壤盐碱化问题,必须弄清楚它在过去的形成条件和发生强度,才能了解盐碱化过程的性质和发展方向,以便制定出科学的改造方案。

为某些重大工程项目的设计和大型企业选址服务。设计重大工程项目和大型企业选址时,由于要从长远着想,必须考虑所选建地区的水文、地质、自然灾害(地震、滑坡、泥石流、洪涝灾害)乃至人文状况等因素,仅了解现在状况是不行的,还必须了解过去,这就需要历史地理研究。例如,建设规模宏大的长江三峡水利工程,必须充分考虑历史地震与三峡两岸的滑坡史,历史洪枯水位及其变化,库区上下地理环境的历史演变,三峡地区开发的历史进程等许多历史地理问题。只有经过对历史地理诸问题的细致研究,深刻认识三峡地区的地理现状及由来,才有可能预测建坝后可能出现的问题,从而在工程一开始就能主动采取一切必要的相应措施。此外,修建堤防、海塘和建设港口以及在邻海、河、湖地区兴建大型工厂,还需要了解历史时期海岸线、湖岸线和河流的变迁。上海金山石油化工总厂是我国著名的大型企业,工厂的选址凝聚着历史地理学家的心血。金山石化总厂位于上海西南海边,厂外的海滩历史上曾沦陷于海,且在滩地前沿有一深达50米的深槽,深槽稍有摆动都将危及厂址。工厂建于滩地,未来是否会沦陷于海或下沉是选址首先要解决的问题,这个问题是通过历史地理学研究解决的。历史地理学家考察了整个海岸线变迁过程,认为自元以来滩地即向外扩展,厂址所在的滩地是稳定的,滩地外深槽末端确有摆动,但方向对着大海,对滩地无影响,因而得出可以在此建厂的结论,帮助决策部门下定了在此建厂的决心。

为矿源勘探服务。在古代文献中保存有一些关于古代矿产开采兴废的记载,各地的地方志往往还有若干矿藏和古代采矿场(洞)的资料,这些资料经历史地理工作者研究整理后无疑可以为现代矿源勘探提供线索。这种方法称之为历史地理查矿法,以往在探矿中曾取得一些成功。这种方法也可以用于寻找地热和温泉。

历史地理的另外一些研究部分,例如历史政区地理、历史文化地理、历史人口地理的研究,也能为经济建设提供间接服务。行政区划的存在对经济区的产生和发展有着不可忽视的影响。我国今天的行政区划基本是从历史上沿袭下来的,其中包括某些必须改革的不合理因素。例如,秦岭南北的自然条件、人民习俗相差甚大,元以前尚不属于同一个政区,元代为从军事上控制岭南才将其和岭北的关中盆地包括在同一个陕西省内。一旦需要适当调整行政区划时,历史政区地理的研究显然就有借鉴的作用。区域历史文化背景,包括思想意识、宗教信仰、文化水平等往往也影响经济发展。近代以来,宁波籍商人闻名东南,他们的经商传统和经验无疑有利于宁波今后的发展。相反,在商品经济向来十分落后的某些内陆地区,要发展商品经济还需要克服种种不适应现代社会的落后思想。历史文化地理揭示出各种文化现象的空间分布和各区域的文化特征,有助于认识区域文化对经济的影响。近一二十年来,人口问题日益引起政府和人民的关注。随着工业化和城市化的进展,区域之间人口流动的规模越来越大,必将产生一系列相关问题。历史人口地理对历史人口分布与变迁规律的探讨,有助于深刻认识我国的人口发展规律,对解决现实问题会有一定的参考价值。

努力为经济建设服务是时代赋予历史地理学工作者义不容辞的任务。我们历史地理学工作者应在坚持运用马克思主义观点方法,坚持实事求是的良好学风的同时,努力搞好与学科建设有关的基础研究,尤其要注重研究与经济建设有关的重大课题。为使研究成果能为经济文化建设提供更多有价值的借鉴,我们认为,历史地理学研究的历史时代应尽量后移,尤其要加强对明清乃至民国时期历史地理的研究;在研究方法上应注意分析地理条件,注意将历史状况与现今状况进行比较,在深入细致研究的基础上找出规律性的东西。我们希望各级党政干部多一点历史地理学的观念，期待政府有关部门以及各地区在进行决策时重视对有关问题的历史地理研究。我们相信，中国历史地理学将在改革开放和经济文化建设中逐步发挥它的重要作用，中国历史地理学学科本身也必将进一步走向繁荣。

港口—腹地与中国现代化的空间进程*

摘要：1840年以来，中国的绝大部分区域，通过开放港口及沿边商埠，不同程度地卷入了世界经济体系。港口—腹地对中国近代交通和贸易体系、城市格局、经济区域以及现代化的区域差异等方面产生了重要影响。这些影响包括：指向贸易港口已成为近代交通和商业发展的主要特点；由于沿海沿江一些港口城市的发展速度超过其他城市，在不少区域实际已成为经济中心，从而发展为与政治中心城市二元并立的状况；20世纪前期形成的港口—腹地的格局至今仍在大体维持着；按照经济地理学的原理和近代的启示，当前的港口—腹地格局实际已预示着新的经济区的即将形成；远离东部港口城市和指向港口城市的交通道路是中西部落后于东部沿海的重要原因。

关键词：近代；港口—腹地；中国的现代化

1840年以来，中国现代经济的空间扩展模式，大体是首先形成于沿海港口城市及其附近地区，尔后再沿着交通路线往内地扩展，而港口城市及其腹地之间的物流关系，是沿海地带和内地经济联系的最主要表现方式之一，对双方的经济发展产生不可忽视的影响。除此之外，在长江一线也有不少开放港口，在流域的现代化过程中同样发挥了重要作用。各个开放港口都有自己一定的腹地范围，而各地区在腹地中的地位的不同，特别是与港口城市以及联系港口城市的主要交通路线的距离与便捷程度的

---

* 本文原载《河北学刊》2004年第3期，教育部委办《高等学校文科学术文摘》2004年第4期详细转载，人大复印资料《地理学》2004年第5期全文转载。

不同,导致了各地区经济发展速度以及水平的差异。因此,港口—腹地问题,实质上是理解中国经济现代化空间进程的关键。

一、港口、腹地、物流和研究路径

1842年第一次鸦片战争之后,在西方列强的武力胁迫下,清政府不得不结束长期以来的广州一口通商的局面,开始开放沿海主要港口。这一开放进程持续了几十年。此外,各地为了发展贸易的需要,也自行开放了一些港口。这样,在我国沿海、沿江(长江)和沿边(边疆地带),便形成一批对外开放的商埠。到20世纪20年代,在当地设立海关并在中国海关总税务司署的海关贸易报告年报上辟有分关报告的开放商埠,已达到40余个。

这些广泛分布的商埠,构成中国近代全面对外开放的格局。尽管这种开放大多是在外力的强迫下实现的,是中国丧权辱国的一个体现,然而它客观上促使着中国各区域的现代化和经济外向化。无论是沿海沿江还是沿边的开放商埠,在各区域的经济发展中都占有一定的地位,然而比较重要的仍是分布在沿海沿江的港口。自北向南,主要有东北的安东(今丹东)、大连、牛庄(营口),华北的天津、烟台、青岛,华中的上海、宁波、温州,华南的福州、厦门、汕头、广州、梧州,台湾的淡水、打狗(今高雄),以及香港和澳门。位于长江上游的重庆、万县,中游的汉口、九江,下游的芜湖、南京、镇江等港,也是重要的开放港口。

沿海港口的作用特别值得一提,它们是我国和国外以及我国沿海各地区之间发展交通和贸易联系的主要枢纽。一方面,各港口城市通过密切的海上联系,形成繁荣的埠际贸易,我国的南北区域以及沿海与内地的物资交流更加频繁。另一方面,我国的出口物资通过这些港口输往世界各国,各国的进口物资通过这些港口输入中国。这样,这些港口城市在中国的经济发展中,便成为国际、国内两个扇面连接的枢纽。一方面,它们通过进出口贸易,连接着中国通往外国的这一个扇面,另一方面又通过港口和其腹地的物资输送,连接着国外通往中国的另一个扇面。无论是国际市场和还是国内市场,对特定区域的经济而言都是不可忽略的外部市场,具有同样重要的意义,如果只研究国际市场而不研究国内市场,便不能看到区域经济外向性的规模和深度。事实上,1949年以前的中国海关总税务司署的各类出版物中,"进口货"和"出口货"便都包括国内市场和国际市场两个部分。本文采用这种划分方法。

对于港口而言,货物流通过量的多少决定其繁荣与衰落,而货物流通过量的多少又主要取决于港口腹地范围的大小及其经济发展程度。按照经济地理学的解释,所谓的腹地(Hinterland),指位于港口城市背后、提供出口物资和销售进口商品的内陆地区。这一解释当然是正确的,但由于近代港口商品集散的结构相当复杂,我们不能将腹地简单地等同于港口出口物资的来源地和进口物资的销售地。就进口商品而言,一部分通过港口背后的交通路线直接输往内地,一部分再复出口到其他港口(称为转口)。就出口商品而言,一部分从港口背后的内地直接运输而来,还有一部分则因某种交通、税收甚至政治上的原因,不走空间距离较近的港口而从较远的港口出口。在上述各部分中,我们只将与某一港口或这一港口的其他腹地陆地相连、直接销售港口进口物资和直接提供出口物资的区域,称为某一港口的腹地,那些销售该港口的转口物资和将物资舍近求远运至该港口出口的地区都不能算作该港口的腹地。

港口—腹地既是一片陆地相连的区域,必然会有自己的边界。然而,人文地理学的普遍规律告诉我们,除非有高大的山脉阻碍两侧的气流、物资、人员的流通和交换,导致山脉两侧的人文地理景观的巨大差异,人文地理区域边界两侧的人文现象的差异都不是一刀切、泾渭分明的,而是具有一定的过渡性,即在某一区域占主导的某种人文现象在边线以外的区域的边缘地带也有一定的存在,只不过这种现象在这一边缘不占主导地位并随着离开边线的距离的加大而不断减少罢了。港口腹地作为一种人文地理现象同样如此,各块腹地的边缘部分除了和所属的港口发生物流联系之外,也和其他港口发生同样的联系,虽然在物流总量中所占的比重后者往往不及前者。这种边缘地带,我们称为交叉腹地。交叉腹地在各港口腹地的边缘地区是一种相当普遍的现象。如果我们将基本不存在交叉现象的腹地称为基本腹地的话,任何一个港口的腹地便由基本腹地和交叉腹地两部分所组成。

有时,还存在这样一种状况,即在一些空间范围有限的区域内同时存在着几个港口,而几个港口又拥有共同的腹地,哪怕是稍为模糊的腹地边线也不易找到。在这种情况下,我们只能将这一区域视作若干个港口的共同腹地。例如,珠江三角洲就是广州、香港、澳门三大港口的共同腹地。

考察沿海沿江现代化程度较高的城市经济发展的轨迹,不难看出,这些城市无不是首先发展贸易,通过贸易推动交通和工业的发展,再通过贸易和其他经济活动去影响附近地区乃至遥远的内地的。因此,港口和港口城市的概念不同,通过港口的进出口贸易也只是全部贸易的一部分,港口城市的内涵要远远超过港口,二者在和腹地的联系方式和影响内容上必然有所区别。港口和腹地的经济联系基本上体现为货物流和客流,而港口城市和腹地的联系除了货物流和客流,还有各色各样的人员流,其影响则包括经济、文化、政治等等。如果要将港口—腹地研究透彻,就必须放在港口城市—腹地的大格局中;而且,除了研究双方的经济关系,还要研究双方的文化和政治关系。然而,为了便于研究,我们在前期仍只能将自己研究的对象限制在港口城市和腹地之间,通过港口进出口货物流体现的经济关系上。主要方法是,通过对货物流集散的分析确定港口的腹地,再从分析进口商品的销售、出口商品的生产以及货物流的运输入手,探讨港口城市和腹地之间首先通过港口货物流体现的双向经济联系。

二、港口进出口商品和腹地的经济变迁

开埠以后,中国的绝大部分区域,即使是相当偏远的西部地区,通过开放港口以及沿边商埠与国外发生了贸易往来,不同程度地卷入了世界经济体系。在这一方面,北方主要通过天津港而发生的外向型经济的崛起,提供了有力的证明。

近代天津港的腹地不仅包括附近的河北、山西和内蒙古,还包括较远的陕西、甘肃甚至新疆、青海和今蒙古国。迟到1876年,来自陕西、甘肃、青海等地的大黄已通过天津出口,西北的皮张、羊毛、羊肠、骨头等畜产品自天津出口的数量也在逐年加大。当时,西北通往沿海的近代交通尚未建成,出口物资外运主要依靠各种传统的交通方式,一再辗转,相当不便。

甚至到了20世纪初,新疆、甘肃等地的出口物资运到天津,仍要先用骆驼运到包头,再经包头水运到归绥(今呼和浩特),然后经平绥铁路运到北平转天津出口①。这一事实表明,即使是新疆、甘肃这样极为偏远交通不便的地区,人们在发展经济改善生活的强烈欲望的驱使下,仍会克服种种困难,将当地所产的货物外运出口。新疆、甘肃如此,那些交通方便或接近港口的地区,自然更是如此。

对于各区域的经济而言,商品进出口是形成外向型经济的主要方式。在进口商品的冲击下,当地消费结构因之发生改变,而出口商品带来的利益又会诱导一部分农民和手工业者投入出口生产。同时,近代交通和工厂的兴起也会导致进出口商品结构发生变化,进出口商品结构的变迁无疑是衡量各地区外向型经济发展程度的一个尺度。

天津的进出口商品结构在开埠后发生了显著的变化。第一,生产资料类商品在整个进口总值中所占的比重不断增长,价值剧增。在开埠后的头20年间,此类商品占天津整个进口总值的比重始终没有超过1%。但到19世纪90年代以后,此类进口有了明显的增加,1893年占整个进口总值的15.6%,1898年达到41.0%。1903年以后虽然下降到31.8%,但其实际进口值却比1898年要多得多。1903年进口值为5 925 383海关两,而1919年和1931年的进口值又分别为1903年的5倍多和6倍多,分别达到29 844 104海关两和37 446 775海关两。而且,与20世纪初相比,第一次世界大战以后天津港生产资料的进口种类已比较齐全。第二,生活资料类商品和非正常消费品鸦片的进口值在整个进口总值中所占的比重不断下降。1863年,生活资料和鸦片的进口值分别占全部进口总值的31.2%和36.4%;1883年二者所占的比重分别达到了80.7%和9.1%,一共占了进口总值的89.8%;到1903年,几乎已没有鸦片的进口,而生活资料类商品在进口总值中所占比重也下降为39.2%。此后因进口种类从原先的棉布、煤油、糖等有限的几种,增加了纸、牛乳、蛋类、蜂蜜、咖啡、米、面、酒、其他饮料、香料、食用果品等一二十种,生产类商品进口值有所上升,到二三十年代达到60%以上。1903年生活资料的进口值为7 312 219海

---

① 吴松弟、樊如森:《天津开埠对腹地经济变迁的影响》,《史学月刊》2004年第1期。

关两,1919年和1928年分别为1903年的4倍多和10倍多,达到32 039 445海关两和75 181 475海关两①。第三,出口值不断增加,而且增长速度超过进口的增长。开埠初期天津全部出口值极少,1866年总计2 687 962两,时进口值高达16 583 457两。到1922年,出口值为75 061 425关平两,折算成两大约是1866年的29倍,而同年进口值为169 454 907关平两,折算成两只相当于1866年的11倍。虽然进口的增长速度令人注目,但出口值的增长速度无疑比进口要快上一两倍。1866年出口值只相当于同年进口值的16.2%,此后由于出口的增长速度快于进口的增长,出口值相当于进口值的百分比不断上升,1922年已达43.2%。

天津作为北方最主要的贸易港,其进出口商品结构的变化是北方经济逐渐走向外向化和现代化的充分体现。进口的生产资料类商品,在20世纪以前主要是铁路器材、棉纱和机器;此后门类大增,主要是钢铁金属、化工及医疗器材、机器、铁路器材和交通工具,以及烟草、木材、棉花等生产原料。这就说明,生产资料进口量的大增及其在进口总值中所占的比重的逐步提高,无疑是北方交通和工业有所发展的体现。而鸦片进口从多到少再到无,生活资料类进口从种类较少到种类较多且进口值有较大增长,则是北方农村商品生产规模扩大、粮食种植面积减少、城市发展,以及对多种多样的生活消费品需求提高的体现。

总之,随着沿海港口的开辟,北方经济的外向性程度得到初步提高,开始形成以港口城市为龙头,以腹地众多商业城镇和市场网络为依托,以国内农畜产品和国外工业制成品为主要贸易内容的外向型经济体系,大大促进了北方的现代化进程。

三、网络和结点:港口—腹地的交通和贸易体系

港口无论大小,都有自己的连接腹地的运销网络,借此输入腹地的出口物资,将进口物资销往腹地各地。这种网络是错综复杂的,如同蜘蛛网一样,存在着纵线和横线以及纵、横线的交叉点即结点。在这里,纵、横线

---

① 樊如森:《论近代中国北方外向型经济的兴起》,《史学月刊》2003年第6期。

就是交通路线,而结点就是不同规模的商业城镇。通过这种纵、横线和结点的作用,大网络被分割成一个又一个的小网络,各个结点便是大小网络的连接点。如果我们将这种结点称为市场的话,那么大网络中的小网络便是以这种结点为终端的小腹地。换言之,即港口—腹地这个大的运销网络,由若干个小的运销网络所组成,大网络的终端是作为全部腹地物资进出口集散中心的港口,小网络的终端则是作为某个小腹地物资集散中心的市场。网络可以往下细分成几层,市场也可依其作用分成几级。假设我们将出口产品的市场分为三级的话,出口港为终端市场,产地为初级市场,结点便是中级市场。中级市场的物资由初级市场转运而来,这些物资到了中级市场除部分就地消费外,其余部分再运到终端市场出口。例如,20世纪初期自青岛出口的花生,主要来自胶东、大汶口、临浦集、济宁四个初级市场,除胶东的花生大多直接输送到青岛出口,因此不存在中级市场之外,后三个市场和终端市场的青岛之间都要经过济南这个中级市场。显然,这四个初级市场的覆盖区域便是青岛花生出口的腹地,而后三个初级市场的覆盖区域又是济南中级市场的腹地①。进口产品的运销同样如此。

　　交通和市场是构成港口运销网络的基础,二者的变化常常导致运销网络的变化和腹地的伸缩,甚至决定一个港口的兴衰。在1899年青岛对外开放以前的几十年间,位于山东半岛东端的烟台一直是山东最主要的贸易港口。当时自烟台进口的洋货西进,必须通过纵贯山东半岛的烟台—潍县大道和烟台—利津—济南的水运路线,出口货物运到烟台港则反之。1904年,青岛到济南的胶济铁路全线通车。由于铁路交通比传统的交通运输方式具有运输快捷、运价便宜的优越性,建成后很快就吸引山东境内的土货流向青岛,青岛的洋货也很快打败了烟台的洋货,占领了腹地的市场,并建立起与山东境内最大的集散市场济南的联系,青岛港的腹地范围因此扩大了几倍。烟台比青岛偏居山东东端,又缺乏通往内地的铁路,腹地范围因青岛的兴起而由山东的大部分地区萎缩到周围数县,进

---

① 陈为忠:《近代华北花生的运销体系(1908—1937)》,《中国历史地理论丛》2003年第1期。

出口货物通过量长期处于停滞甚至减少状态①。

以上的运销网络,是从港口的腹地而言的。由于近代的交通和商业已具有越来越明显的外向性,指向贸易港口成为近代交通和商业发展的重要特点。因此,港口的运销体系,可以视为区域内部的主要商业运销体系,而港口城市和某些重要的中级市场则是区内的主要的商业中心。例如,以上所提到的山东的烟潍大道和胶济铁路,莫不指向山东的主要的港口烟台或青岛,而青岛、烟台两大贸易港以及位于大道和胶济铁路沿线的济南、潍县、益都等城市都是山东的重要商业中心。港口—腹地的交通和市场一旦发生变化,必然会导致所在地区的商业网络、商业规模和城市规模的变迁。

在中国沿海港口的贸易中,各港间的埠际贸易(包括对国外的进出口商品和国内贸易商品两部分)具有相当重要的地位,其中又以上海和香港的地位最高。上海在1867—1894年间,平均约有71%的进口商品转运至其他口岸,54%的出口商品来自其他口岸②。1926年,上海由外国进口的商品中,复转口到我国其他口岸的商品所占的比重甚高,其中棉布占匹数的61.2%、码数的38.8%,煤油占64.7%,未镀锌钢铁条占50.7%;1928年,上海从中国各地进口的土货中,50%—75%以上出口到国外,10%—30%转运至外埠。1936年全国制成品埠际贸易总额中,72.1%为自上海输出,而全国半制成品的同类数据亦达到39.4%③。与上海有转口贸易来往的口岸,主要是长江流域港口和北方的港口。

由于香港是英国占领下的自由港,在中国旧海关的贸易报告中,一向作为中国的贸易对象而不是作为中国的口岸。在中国1864年的对外贸易总额中,香港地区占17.3%,居英国和印度之后。此后,香港所占比重不断上升,1879年达30.33%,已居第一,1893年更高达48.11%。此后香

---

① 陈为忠:《山东港口与腹地研究(1860—1937)》,硕士学位论文,复旦大学中国历史地理研究所,2003。
② 戴鞍钢:《港口·城市·腹地:上海与长江流域经济关系的历史考察(1843—1913)》,复旦大学出版社,1999,第73—77页。
③ 樊卫国:《民国上海埠际贸易的变迁(1912—1937)》,《社会科学》1997年第7期。

港所占比重开始下降,但1922年仍居22.31%①。香港不过弹丸之地,人口不多,消费有限,中国大陆出口中国香港的物资的绝大部分经香港出口欧美和南洋各国,香港成为中国向这些地区出口的转口港,同时又是英美国家对中国出口的重要中转港。估计在第一次世界大战前,全国对香港进出口贸易的大约70%属于对西方贸易,30%属于对南洋贸易(包括香港本地销售),战后这两个比例分别是60%和40%。在对香港的贸易额中,华南口岸占了70%左右,上海占了10%,其他口岸占了20%②。

据上所述,长江流域和北部沿海港口的货物进出往往经上海转口,而华南沿海港口的货物进出则多经过香港转口。可以说,中国当时的国际大港只有两个,那就是上海和香港。天津、大连、汉口、广州虽然是所在区域的大港,但规模都远不如上海和香港,而且往往要经上海或香港再转口,直接对外贸易有限。例如,北方第一大港天津,1899年直接对外贸易只占贸易总值的32.77%,而间接对外贸易(主要是经过上海的转口贸易)却占了67.23%;此后直接对外贸易有了较大的成长,但1905年间接对外贸易仍占到47.44%③。

探讨港口—腹地和中国现代化的关系,必须注意中国众多港口的不同层次。上海和香港处于最高层次,天津、汉口、大连、广州等四大港口处于第二层次,其他港口处于第三或第四层次。众多港口直接对外贸易并不多,主要是通过上海和香港的转口进行对外贸易和沿海贸易。通过上海和香港的转口,全国各港口的腹地得以打通;而上海和香港通过各港口腹地的一级级的市场网络,将转口的货物以及自己的经济、文化、政治影响送达各地。除此之外,现代的交通方式,铁路和公路的广泛兴修以及内河轮船的普遍使用,也是将各港口腹地有效连接的重要方式。

---

① 陈新华:《近代广东贸易史料》,载中国人民政治协商会议广东省委员会文史资料研究委员会编《广东文史资料》第70辑,1993。
② 上海社会科学院经济研究所、上海市国际贸易学术委员会编《上海对外贸易》,上海社会科学院出版社,1989,第186—188页。
③ 姚洪卓:《走向世界的天津与近代天津对外贸易》,《天津社会科学》1994年第6期。

四、双雄会：沿海沿江城市格局的新变化

我国沿海沿江的不少省份，都存在着政治中心和经济中心（或主要工商业中心）双峰并峙的现象。例如，山东省的济南和青岛，四川省在重庆直辖市分立以前的成都和重庆，江苏省在上海市分立以前的南京和上海。前者都是省会，省内传统的政治中心，后者则是省内经济中心或至少是主要的工商业中心，主要是近代才发展起来的城市。如果我们将视野放到比省更大的范围，也可以找到同样的例子，例如北京和天津。北京既是中国的首都，也是北方的政治中心，而天津则是北方的工商业中心。我们不妨借用小说家的词汇，称这种现象为中国区域城市的"双雄会"。

济南、成都、南京等城市之所以长期担任省会，是由于在地理位置上居于省内中心便于控制各地，又位于农业发达的平原地带具有一定的经济基础，为了满足麇集于此的大量的消费人口的需要又发展成为商业中心和手工业中心。到了近代，青岛、重庆、上海等开放口岸成为新兴生产力的登陆地，并由单一功能的贸易产业发展为多功能、多种产业的综合性经济城市。由于这些港口城市的发展速度快于非港口的城市，包括省会，其经济地位逐渐超过省会，省域内的经济中心便从省会城市转移到港口城市。北方经济中心从北京转到天津，江苏经济中心从南京或苏州转移到上海（上海还是江南和全国的工商业中心），山东经济中心从济南转移到青岛，四川经济中心从成都转移到重庆，无不如此。有些原先担任区域政治中心的城市，近代失去了最大经济中心的地位，仍可保持经济次中心的地位，而有的连第二的地位都不保。例如，北京在民国时期华北经济中的地位，便不仅不及天津，也不及青岛。

沿海沿江省份的省会城市，有的不靠海不靠江，也有的靠海靠江并且是开放商埠，这些省域城市的"双雄会"是由于省会城市的工商业发展慢于经济中心造成的。福建的福州和厦门，广东的广州和香港（尽管割让给英国，但区域经济上仍和广东一体）就是这样。这四个城市对外开放的时间约略相等，但福州在一段时间中发展慢于厦门，广州发展慢于香港，省会自难一市独尊。

甚至在远离沿海沿江的地带，那些在港口—腹地的运销网络中占据

重要地位的城市,同样得到较快的发展。例如,包头在1809年的时候才由村改为镇。随着天津进出口贸易的发展和京张铁路的向西延伸,包头作为陕、甘、新、内蒙及今蒙古国的皮张、羊毛的转运中心得到了长足的发展。当京绥铁路延伸到包头以后,包头遂取代归绥(今呼和浩特市)而成为内蒙古地区的经济中心①。济南因位居南北大通道津浦铁路和山东的东西大通道胶济铁路的连接处,成为山东省内贸易的中心,也是青岛港腹地运销网络最大的转运市场。济南在20世纪以后经济上在山东省仍有一定的地位,显然和其贸易中心的地位有关。

这种因在近代贸易运销体系中位置的不同导致的经济发展程度的差异,还可以使区域内不同城市的政治重要性倒置。如果省会城市因工商业发展速度慢于别的城市,以致经济规模和人口数量在省内都非居第一,有时便会将省会改置到其他城市。河北省的石家庄取代保定,河南省的郑州取代开封,都是这样的例子。这种状况不仅出现在省域,也出现在府域、州域甚至县域。例如,今上海市所在区域清代属于松江府和太仓州,两地的治所分别在今天的松江区和江苏的太仓县,市区所在属松江府上海县,1914年以此两府州及海门直隶厅辖境置沪海道,以上海县为治所,松江和太仓等原府州治所降为沪海道的下属县。广东东部旧潮州府的中心向来在潮州治所所在的海阳县(今潮州市),近代随着贸易的发展汕头兴起,成为府境最大的城市,并演变为区域行政中心,最后以汕头作为地区名。厦门原属于福建泉州同安县,城市兴起后成为周围数县的行政中心,而厦门市亦成为这一行政区的专名。

总的看来,随着对外贸易的兴起和发展、港口—腹地范围的扩大和新的交通体系的构建,内地的交通体系和运销体系,无论是旧有的还是新建的,或纳入港口—腹地的交通和运销体系,或与这一体系连接,以前以首都和各省省会为中心的交通和运销体系开始转化为以港口城市(经济中心)或省会为中心。这一体系的变迁,直接影响到各地的工商业状况和城市的发展,导致一些城市走向衰落,一些城市得以兴起,中国旧有的城市分布格局因之大变。

---

① 樊如森:《论近代中国北方外向型经济的兴起》,《史学月刊》2003年第6期。

五、港口—腹地和现代化的地域组合

我国地域广大,各地区的自然条件、经济生活存在着较大的差别,人们常说的经济区域便是基于经济活动的差异和内部的联系性而区分的空间地域组合。古代以农业为经济命脉,手工业在经济中不占重要地位,商业规模较小且多局限于一定的范围,然而商业仍然是维持区域内部经济联系的主要方式。那些不同等级的行政中心,如省会、府城、州城、县城,集中了区域内最多量的人口和消费者,往往是所在地区的交通中心和商业中心,吸引着一定范围的人员流和物资流。这种经济区域组合,虽然主要通过市场发生经济联系,但作为核心的中心城市却主要基于政治作用而形成并兴旺。

1840年以后,沿海沿江港口城市的率先发展开始改变这种地域组合。由于对外贸易和沿海贸易在经济中重要性的不断提高,由于现代的交通网络建设往往倾斜于沿海沿江地区,以及口岸城市工业的较快发展,一种全新的以口岸城市为核心,以城市、腹地与经济联系方向为基本要素的地域经济组合,开始在沿海沿江地区出现并逐渐扩大到全国。

当代经济地理学者周一星、张莉通过对进出口贸易货物集散、生成的区域分析,研究了1997年中国大陆40个局级海关所在的39个口岸城市的外向型腹地,在此基础上依据各地对外贸易货物流的主要联系方向,以沿海口岸城市为核心,划分出东北区、黄河流域区、长江流域区、华南区、山东区和福建区等6个我国在开放条件下的对外经济联系区[①]。如果将他们的研究,和戴鞍钢、樊如森、陈为忠、姚永超[②]、方书生[③]对近代上海、天津、青岛、大连、广州诸港的腹地的研究进行比较,不难发现:以上海为主导的长江三角洲口岸城市群为主要对外联系枢纽的长江流域区,大致就是近代上海港的腹地范围;以天津为对外联系的主要枢纽的黄河流域

[①] 周一星、张莉:《中国大陆口岸城市外向型腹地研究》,《地理科学》2001年第6期。
[②] 姚永超:《1906—1931年日俄经济势力在东北地区的空间推移——以港口、铁路、货物运销范围的变化为视角》,《中国历史地理论丛》2005年第1期。
[③] 方书生:《近代岭南商埠格局的变迁(1843—1939)》,《中国历史地理论丛》2004年第2期。

区,除去沿边对外经济联系亚区,大致就是近代天津港的腹地范围;以本省口岸为对外联系枢纽的山东区,大致就是近代烟台港和青岛港的腹地范围;以辽中南口岸城市群(大连发挥主导作用)为对外联系枢纽的东北区,除去沿边对外经济联系亚区,大致就是大连港及安东、牛庄的腹地范围;以广州、深圳为主导的珠江三角洲口岸城市群为对外联系枢纽的华南区,除去不在周、张两人研究范围的海南岛,大致与近代香港、广州和澳门组成的珠江三角洲港口体系及附近的汕头、湛江、北海、海口诸港共同组成的口岸群的腹地范围相一致,区别只在于香港和深圳这两个港口。由于香港有着独立的海关系统,当代学者在研究时没有考虑香港的作用,而深圳的崛起不过只有20多年的时间。尽管这样,深圳的崛起仍未导致华南港口—腹地系统的巨变。

上述比较表明,尽管由于交通和区域经济的巨大发展,各港口的腹地范围在边缘地区发生一些变化,但近代起重要作用的那些港口的地位以及其港口—腹地的大格局仍然没有发生重大的变化。这就说明,19世纪中叶至20世纪初期形成的港口—腹地的格局,奠定了以后的中国港口—腹地的基础。至今为止,这一基础仍然清晰可见,甚至可以说仍在大致维持着。近代开埠的沿海各港口仍是我国对外经济联系的主要通道,而港口—腹地格局又受到交通条件(其背后的重要原因是地理条件)和区域经济条件的制约,可以说是我国主要港口分布和港口—腹地格局仍大致维持下来的主要原因。可以预言,这种格局还将继续维持很长的时间。此外,近代港口腹地的范围和1997年的各对外经济联系区范围相差无几,这一点充分说明近代兴起的大连、天津、青岛、上海、厦门、广州、香港等贸易港及其腹地,不仅奠定了现代港口—腹地的基础,也奠定了现代的对外经济联系区的基础。

按照经济地理学的原理,经济区是在全国统一市场形成的过程中逐步发展起来的具有全国意义的专业化的地域生产统一体,各地主要通过市场进行密切的经济联系。每个经济区都有自己的经济中心,它往往由一个大的综合性城市或一组城市所组成,它是全区经济发展的核心,同时又是全区的交通中心,它的发展对整个地区的经济发展有着深刻的影响。对照近代的港口城市及其腹地,我们不能不认为,近代的港口—腹地实际上就是当时中国大地上新出现的经济区,那些特别重要的港口城市或港口城市群是区内的经济中心,而腹地通过港口和我国各区域与世界各国保持贸易关系成为区内经济联系的主要方式。这种全新的经济区,与传统经济时代的倾向政治中心的内向型经济区,已有了极大的区别。

六、港口—腹地与中国的区域经济差异

中国地域广大,区域发展不均衡向来是中国经济文化的显著特点。在经济方面,经济史学界占主流的看法认为唐以前中国经济重心在北方,北方的经济发展水平总体来说高于南方,唐中叶以后中国经济重心南移,南方经济发展的总体水平高于北方。到了近代,这种南北经济差异逐渐演变为东西经济差异。改革开放以来,由于东部经济发展速度快于中部和西部,这种东西经济差异便具体体现为东部沿海各省和中部、西部地区的差异。

如果从港口—腹地的角度看问题,我们会看到,中部和西部的经济发展水平落后于东部,并不仅仅是由于在改革开放中东部首先开放、中部和西部慢了一拍的原因,长期以来中部尤其是西部远离东部港口城市和指向港口城市的交通道路也是不容忽视的重要原因。近代以来,在西部沿边地带开设了一些开放商埠,在边疆地区发展对外贸易中起到一定的作用,但边疆地域广大,交通不便,民族复杂,这些口岸的影响仍未达到较大的范围。甚至在1997年,沿边口岸的外贸货物通过量仍只占全国贸易总额的4.2%①。沿边开放商埠的作用对于广大的西部地区而言,无疑相当有限。可以说,广大的中部和西部,除了范围有限的自然条件较好、经济基础比较雄厚的地区,以及那些可以通过沿边口岸保持对外联系的地区,其余的绝大部分地区如果不是自然条件特别差,其经济发展水平大致都和海岸线的距离成反比,即离海岸线越远,经济发展水平越低,离海岸线越近,经济发展水平越高。"中部不如东部,西部不如中部",这一区域经济差异的概括,就是最好的说明。

---

① 周一星、张莉:《中国大陆口岸城市外向型腹地研究》,《地理科学》2001年第6期。

如此说来,港口—腹地差不多就是近代的经济区域,港口城市就是区域经济中心和交通中心,各区域的经济联系越来越表现为倾向港口城市,通过港口城市发展国内外贸易。所以,靠近港口就是靠近市场,远离港口就是远离市场,要在远离市场的地区发展经济显然比靠近市场的地区要难得多。中部和西部的传统经济要比东部强大得多,而现代经济比东部微弱得多,远离市场无疑是一个主要的原因。此外,港口城市及其所在地区不仅是我国沿海贸易和国际贸易的主要通道,也是各种新式生产力和新文化首先发育壮大的区域。这些新式生产力和新文化在港口城市一带发育成长,然后顺着交通路线往其他地区渗透,同样具有随距离衰减的趋势。那些离港口城市较远的地区,或偏离连通港口城市的交通路线的地区,或交通不方便的地区,与港口城市的往来就相对较少,感受到的先进生产力和新文化的影响必然要少一些。这一状况,无疑又使中西部在发展现代经济文化方面可能慢于东部。需要一提的是,中国近代的产业发展和新文化的发展,不仅没有得到国家力量的有力支持和全面促进,反而遭受封建政治和外国侵略势力的挤压,加之长期的战争、动乱和灾害,先进生产力和先进文化自东向西的推进必然不快,而且越往西遭遇的阻力越大。

《港口—腹地和中国现代化进程》*前言

由复旦大学历史地理研究中心主办,于2004年6月29日—7月1日召开的"港口—腹地和中国现代化进程国际学术研讨会",目的是交流对1842年五口通商以来,由于外国资本主义的强力进入,在中国的沿海港口城市及其腹地所产生的巨大的变化。来自我国内地、港台澳以及东瀛日本的近四十位学者出席了研讨会,并在会上做了学术报告。

无论人们如何叫秦统一以后的中国社会,是叫封建社会、传统社会,或者古代社会,都不重要,重要的是这个社会在秦统一以后直至1840年鸦片战争爆发以前,尽管有着一次又一次的改朝换代,也有着经济、文化、科学的不断进步,但中国社会的本质并未发生根本性的变化。1842年五口通商以后,外国资本主义进入中国,中国社会开始发生根本性的变化,而且这一变化一直影响到今天。因此,研究1842年以后中国社会发生的巨大变化,无疑有着重大的学术和现实意义。

谁都必须承认,西方列强来到东方,不是为了帮助中国走向强大,而是为着自己的利益。而且,它们的所作所为,给中国带来了一次又一次的割地、赔款、丧权,并充满着血腥气。然而,人们又必须承认,比中国传统的政治经济具有更加强盛的生命力的西方的政治、经济,以及建立在此基础之上的科学和文化,在这一过程中也同时进入中国,由此导致中国社会的巨大变迁。因此,1840年以后的中国历史,并不仅仅是挨打和反抗的历史,更是中国走向近代化或者现代化的历史,忽略了这一点,就忽略了中国近代历史发展的大趋势,也会忽略了中国今日实现现代化的伟大的

---

* 本文原载复旦大学历史地理研究中心主编《港口—腹地和中国现代化进程》,齐鲁书社,2005。

历史使命,并可能会在国际国内事务上迷失应该努力的方向。在英语中,近代化或现代化都是同一单词 modernization,在意思上并无任何区别。我们提出"近代化"和"现代化"两个概念,只是强调1949年以前和以后中国社会的性质的区别而已,对于"现代化"本身而言并无根本的区别。

从历史地理的角度考察,1842年以后中国社会发生的巨大变化,实际上是首先发端于中国的沿海港口地区,尔后再通过主要的交通道路,往广大的内地扩展的。在这一过程中,进出口贸易及其所引起的人员、商品、资金、技术、信息的流动,是国外市场和先进生产力通过港口城市影响中国广大内地的主要方式之一。按照经济地理学的学术表达,为港口提供出口物资、吸纳进口物资的地区称为港口的腹地,而港口和腹地之间有着双向的互动关系。本次会议之所以叫"港口—腹地和中国现代化进程",主要就是讨论通过贸易导致的港口城市与其腹地之间的双向经济关系,以及这种关系对中国近代经济和近代经济地理的影响。

本次会议的主办者以及约三分之一的代表来自历史地理学界,而"港口—腹地"这一课题事实上是一个反映空间联系的历史地理的课题,因此,从历史地理的角度,分析中国现代化的空间进程,是本次会议的一大特色。然而,三分之二的参会者来自近代经济史、现代经济地理学、交通工程学等学科,这就使得本次会议能够反映经济史、经济地理,以及港口研究的专家对港口—腹地和中国现代化进程问题的思考。而且,参会者既有研究不同的港口和腹地的学者,也有从全国角度对此予以探讨的学者;既有研究历史的学者,也有研究现实的学者;既有来自中国内地、香港、台湾的学者,也有日本的学者;可以从各个角度、各种背景,对同一个课题予以探讨,互为补充,加深认识。

本书采用著作而不是论文集的形式,发表各位参会者的论文,目的是要便于读者的阅读,并避免论文集通常存在的各篇联系性不强的缺点,以给读者一个全面、完整的印象。同时,本书又努力保持各篇论文的原始面貌,除第一章仅来自一篇论文外,其余各章都是各篇论文自为一节,且大多数的节的标题采用原论文的标题,一些有所改变的则于此节的最后注明原来的标题名字。在文字上,各节除于开头部分删去按现在的编辑目的显得不必要的语汇,并统一注释符号和某些数字的使用之外,其余均不加任何修改,甚至某些内容相同而在不同的论文中叫法相异的词汇,以及某些概念相同但在不同的论文中表述有异的词汇,同样予以保留。为了完成各章之间内容的连接,我在各章的开头部分都加了一长段话。这段话,有的也表达了我自己的一点看法,因此未必代表各节内容的摘要。本书的这种尝试,得到了各位作者的谅解和支持,但效果究竟如何,还有待读者诸君的检验。

本次会议可能是国内关于中国近代的港口—腹地问题的第一次专题研讨会。与会者虽然来自不同的学科,并且是第一次讨论这一课题,但大家对这一课题的重要性已获得共识。在大会讨论结束以后的座谈会上,与会者表达了以下几个重要观点:

第一,中国现代化进程的研究,除了理论层面的研究和中西比较研究之外,选择某一切入点进行实证研究是更重要的途径,港口—腹地和中国现代化进程的研究就是一个很好的切入点。这一研究,不仅可以实实在在地透视主要从港口城市到广大内陆腹地的中国现代化的空间进程,也可以据此分析中国各区域现代化进程中表现的特点,以及这些特点形成的原因和对当时、今天和未来的影响。

第二,从国内外的贸易入手,分析港口—腹地关系及其对中国现代化的影响,是进行初步研究时必要的入门途径,但此"港口"应该理解成港口城市,而不只是承担货物运进运出和供旅客进出的交通部门,尽管港口在港口城市中占有极为重要的地位。而且,港口—腹地的研究不能仅仅停留在贸易、交通这一层面,还应该深入产业、金融、信息、文化、政治等层面。此外,虽然沿边口岸的重要性远不如沿海沿江口岸,但在局部地区的现代化进程中仍然发挥了重要的作用,也应该有人研究。就腹地而言,目前的研究往往侧重于先进的东部地区,对相对落后的中西部地区的研究比较薄弱,这种状况也应改变。只有大致完成多层面、多角度,而且遍及各个区域的港口—腹地、口岸—腹地的研究,才能真正揭示中国自沿海、沿江、沿边开始的现代化的历史进程。

第三,中国现代化的进程的驱动力,固然主要来自国外,但也不可忽视中国内部因素的作用。有的与会者认为,现代化或近代化,包括工业化和市场化两个层面,工业化动力来自国外,而市场化变迁其实在明清时代即已开始。这些看法是否正确还可以讨论，但至少中国各区域的现代化进程不可避免地与传统的经济文化相碰撞，受到传统的制约、影响、融合，却是必须承认的事实。如果说中国的现代化进程，比东邻日本要艰难得多，显然主要是受到各种传统的制约。中国地域广大，各区域的地理环境、空间位置、经济基础、文化传统不尽相同，现代化的进程也颇有差异，而上述种种因素今后仍将影响各区域的发展。

第四，港口—腹地和中国现代化进程的研究，不仅有助于弄清中国近代经济发展过程和近代经济地理，也有助于理解今天的东西部经济差异和经济关系的历史成因、各区域经济发展的特点、中国港口体系以及各港口的地位。因此，既具有重大的学术意义，也具有一定的现实意义。要真正研究好这一课题，需要进行历史学、历史地理学、经济学、经济地理学、交通学等多学科的合作，既要有扎扎实实的区域研究的成果，又必须做到对全国性研究的宏观把握。

第五，由于这一课题的重要性和研究的艰巨性，学术界应该有更多的人投入研究。因此，类似的港口—腹地和中国现代化进程的研讨会，将来还应召开多次，不仅有这次这样全国层面的研讨会，也应有以某一个港口城市及其腹地为中心内容的研讨会。而且，每一次的研讨会都不能只邀请本学科或同一研究区域的学者参加，还需要邀请以不同学科或不同区域为研究对象的学者参加。

会议闭幕之后，《社会科学报》《科学时报》《中国港口》《史学月刊》，乃至《新华文摘》，都详细报道了会议内容，交通部技术顾问、中国工程院院士刘济舟先生亦两次给我们来信，予以鼓励和期望。凡此种种，都表明这一课题研究的重要性和进一步探讨的必要。我们只有继续努力，才不辜负大家的期望，我们也殷切希望有更多的学者投入这项研究。

"港口—腹地和中国现代化进程国际学术研讨会"会议发起人
复旦大学历史地理研究中心教授　吴松弟
于农历乙酉年正月初五

港口—腹地和中国现代化空间
进程研究的基本构想*

摘要：本文是作者以2004年6月在复旦大学召开的"港口—腹地和中国现代化进程"学术研讨会的报告修改而成。共分三节，分别论述了"从历史地理角度研究港口—腹地的必要性"、"港口—腹地研究的理论基础"，以及"港口—腹地研究的主要概念和方法"。该文与同年发表的《港口—腹地和中国现代化进程》，都为近代经济变迁和近代经济地理研究奠定了理论基础，并提出必要的研究方法。

关键词：港口—腹地；经济现代化；空间进程

1840年的中英鸦片战争，在中国历史上无疑是一个重要的分水岭。第三年即1842年，在英国的武力威胁下，清朝政府与英国签订《南京条约》，次年又签订《中英五口通商章程》，被迫开放广州、厦门、福州、宁波、上海五个沿海港口城市为通商口岸，并将香港岛割让给英国。从此，清朝在多年的开放和闭关的反反复复之后，被迫向西方列强以及后来的东方日本洞开自己的国门。中华帝国在从来没有经历过来自西方的巨大压力下，走上了与以前完全不同的历史发展进程，中国社会逐渐发生了前所未有的巨变。尽管这一进程是在外力的蛮横胁迫下，伴随着失地、丧权、赔款的巨大痛苦，毕竟彻底改变了中国社会的性质。如果将西方以外的各国各地区，主要通过向西方学习先进的生产力、生产方式以及相应的政

---

* 本文原载复旦大学历史地理研究中心主编《港口—腹地和中国现代化进程》，齐鲁书社，2005。

治、经济制度,使自己国家或地区在经济上、政治上都与西方发达国家同样先进,并在文化上实行相应的变革,称之为现代化的话,可以说中国今日仍在进行的现代化进程,实际上是自1840年以后开始的,只不过在不同的阶段领导力量有所不同罢了。

1840年以来中国现代化的空间扩展模式,大体是首先形成于沿海港口城市及其附近地区,尔后再沿着交通路线往其腹地扩展。除此之外,在内地和边疆地带,尤其是长江沿岸,还有不少开放商埠,在现代化过程中同样发挥了作用。口岸城市在中国的现代化过程中扮演了极其重要的角色,而港口—腹地问题实质上是理解中国经济现代化空间进程的关键,并深刻地影响着今日中国。对于这样一个重要的课题,有必要从各个角度,进行认真全面的研究。由于港口—腹地反映的是港口城市与其腹地之间的点与面的空间联系的考察,它大体上是一种属于历史地理学为主导,历史学、经济学、现代地理学等多学科交叉的学术研究。因此,需要着重从历史地理的角度,论述有关港口—腹地和中国现代化空间进程的构想。

一、从历史地理角度研究港口—腹地的必要性

沿海沿江口岸作为外来生产力最先登陆并最早发展了新型经济的地区,其贸易状况和对区域经济产生的影响必然要引起学术界的注意。1949年以前,郑友揆、韩启桐等人都整理、介绍过海关的贸易资料,并发表过有关贸易史的论著。但是,1949年以后,中国近代经济史几乎是近代政治史的经济版,侧重研究生产关系,尤其着力论述西方列强将中国逐步变为殖民地半殖民地的过程,很少正面论述中国现代生产力的逐步发展,以及中国如何从传统经济转向现代经济的过程。由于沿海沿江的港口几乎都在西方的压力下被迫开放,这些港口在中国现代化进程的作用及其与广大腹地的经济联系,自然少有研究,更不用说全面论述了。

另一方面,中国的沿海贸易和贸易港却是海外中国汉学界经久不衰的一个研究课题。自二十世纪五十年代以来,费正清、墨菲、郝延平、费维恺、滨下武志等人,都从全国的层面与不同的角度作过论述。此外,还有一些学者研究具体港口及其联系区域的贸易和经济发展,墨菲对上海,刘

翠溶、罗威廉对汉口，Jack M. Potter 对香港新界等地的沿海贸易，都有过具体的研究。1964 年以后，我国台湾史学界对口岸贸易的研究一时蔚然成风，除了台湾三港之外，对大陆的汕头、九江、烟台、天津，以及四川、东北地区的港口贸易和对区域经济的影响都有所研究，在区域贸易港口的贸易分析、贸易影响、腹地经济变迁等方面具有开创性的贡献。①

国外和中国台湾学者对沿海港口贸易及其影响的研究的重视，和中国大陆学术界的漠视形成鲜明的对比，而且因受当时政治环境的影响，国内学术界对海外的研究状况知之甚少，更别提基本认知的差异了。近 20 年来，随着改革开放进程的进行，大陆学术界开始研究 1840 年以来的沿海贸易及其经济影响，涌现出很多的研究成果。这些成果，主要集中在港口史、港口贸易史，以及港口所在的城市史和区域经济史等三个方面。但是，仅仅这些研究是不够的，有必要从多个角度，放在中国现代化进程的总格局中，将港口、港口贸易、口岸城市和所在区域的经济史串联起来，进行全面的研究。只有这样，才能搞清口岸贸易及其对中国社会的全面影响，透视中国社会巨变的基本线索。在这一研究中，从历史地理的角度研究港口—腹地，具有不可替代的重要作用。

历史地理学作为现代地理学科向后的部分，十分重视对历史时期各种自然现象和人文现象的地理分析，目的是复原这些现象，寻找成因和发展规律。其中，历史经济地理学以历史时期的经济现象为研究对象，着力研究生产力的空间分布及其形成的种种人文和地理的原因，探寻其发展演变的规律，目的是为中国历史的发展提供自己的解释，并为今日建设和发展提供有益的借鉴。应用历史经济地理学的原理和方法研究港口—腹地，可以从地理学的角度探讨港口—腹地的双向经济联系、互动作用及其动力机制，更好地认识主要由港口—腹地塑造而成的中国现代生产力的空间分布状况及种种原因，对中国现代化的历史进行比较全面的透视。

这项研究，比之于单纯的历史考察，多了空间的维度。中国是一个领土广袤的国家，面积几乎与欧洲相等，各地区的地理现象极不相同，如不

---

① 参见林满红《口岸贸易与近代中国——台湾最近有关研究之回顾》，载"中研院"近代史研究所编《近代中国区域史研讨会论文集》下册，1986。

从地理角度进行分析,许多问题便讲不清楚。比之于不注重历史考察的单纯的当代地理分析,它多了时间的维度,可以从一段稍长或较长的历史时段,分析形成今日地理现象的历史背景,毕竟今日的地理现象是长期以来的人类活动和地理条件作用的结果,短时间的考察难以窥见今日现象的形成机制。事实上,近代史的"港口—腹地"这一概念的提出和表达,就是历史经济地理研究的结果。

就历史地理经济学科而言,由于历史的原因,以往的研究大多重视古代,忽略了对今天具有极其重要意义的近代的研究。研究港口—腹地,能够从影响近代经济地理的决定性因素入手,较好地展开近代经济地理的研究,从而在一定程度上弥补这一缺憾。为现实的经济建设提供借鉴,是历史经济地理研究的光荣任务之一。港口—腹地研究抓住影响今日中国经济地理格局的关键因素,从地理的角度对中国现代化的进程提供比较清楚可信的解释,这一研究对于认识今天的中国各区域的现代化问题,例如消除今日的东部和中、西部的地区经济差异,加强交通建设和港口布局的科学性,以及特定地区研究自己区域经济的现状与未来,都应该能够提供有益的借鉴。

二十世纪的八十年代中期,我在研究宋代东南沿海丘陵地区的经济开发时,得出泉州港之所以繁盛,主要是因为福建的商品经济大发展能够提供大量出口物资这一观点,并初步认识到腹地对于港口的重要性。[①] 1992年,我和复旦大学历史系的戴鞍钢先生合作申请国家教育委员会的研究基金,开始研究东南沿海的港口—腹地问题。1999年,戴鞍钢在邹逸麟教授指导下的博士论文《港口、城市、腹地——上海与长江流域经济关系的历史考察(1843—1913)》正式出版,成为这一领域成功运用历史地理方法研究的第一部著作。我在这方面也发表了几篇论文,并指导多名博士、硕士研究生,从事各地区的港口—腹地的具体研究。由于与大陆以外学术交流渠道的不畅,我们在相当长的时间,对中国台湾和国外的学术成果知之不多。前几年,开始读到一些海外论著,特别是林满红的《口

[①] 吴松弟:《宋代东南沿海丘陵地区的外贸港口、出口物资和泉州港繁盛的主要原因》,载复旦大学中国历史地理研究所主编《历史地理研究》第2辑,复旦大学出版社,1990。

岸贸易与近代中国——台湾最近有关研究之回顾》，才比较全面地得知台湾和国外的研究状况——尽管差不多已是近20年前的研究状况，从而放大了视野。总之，国内外的学术进展推动着我们港口—腹地和中国现代化进程研究的深入进行。通过几届研究生的努力，对天津的深入研究和对山东港口、岭南港口以及大连的初步研究已经完成，对宁波、武汉、重庆、福州的研究，以及对上海和香港两大港口的转口贸易的研究，正在进行之中。发表的相关论文已有30余篇。我们就港口—腹地研究的理论、方法、研究资料和研究内容，进行了多次深入讨论，并请历史系的朱荫贵、戴鞍钢先生前来报告并参与几次讨论。本文的基本内容，即建立在上述讨论的基础上。提出本报告的目的，是向与会专家请教，以进一步提高研究水平，并希望借此在学术界形成研究"港口—腹地和中国现代化空间进程"的风气，共同推进这项研究的开展。

二、港口—腹地研究的理论基础

我们从历史地理学的角度研究港口—腹地和中国现代化，是基于如下的认识：

第一，1840年以来中国社会的巨大变迁，首先发生于沿海沿江的口岸地带，之后再沿着主要交通路线向广大的内陆推进，从而构成中国现代化的空间进程。

第二，1840年以后，尽管农业仍是国民经济的基础，但工商业经济已日益重要，东部沿海的近代工商业和新型城市首先得到发展，相对落后的中部、西部与东部的经济差距逐渐拉开。

第三，腹地各地区离自己的货物吞吐港的距离，以及通往口岸城市的交通路线的远近和通达程度，直接关系到与口岸城市的联系程度。同时，在口岸和腹地之间存在着多层次的交通和商业网络。

第四，经济的变化必然要带来政治和文化的变化，港口—腹地之间的联系不仅是物流和人员流的联系，而且充分体现了我国现代化自沿海地区向内陆的推进。因此，研究港口—腹地是理解中国现代化空间进程和区域经济差异的关键。

那么,应该如何理解上述认识呢?

1842年第一次鸦片战争之后,清政府不得不开放广州、厦门、福州、宁波、上海等五个通商口岸,并将香港割让英国。在第二次鸦片战争结束以后的1858年和1860年,清政府又被迫开放南方沿海的台湾(台南)、淡水、琼州、潮州(后改汕头),长江沿岸的镇江、南京、九江、汉口,以及北方沿海的牛庄(后改营口)、登州(后改烟台)、天津等11个通商口岸。这一开放过程以后还在陆续进行着,除了按照清政府与各国列强签订的条约被迫开放的口岸,一些地方为了发展贸易和经济的需要也自行开放了一些口岸。根据海关总税务司署统计科1882年的报告,该年全国海关贸易年册上列出进出口贸易统计数据的海关共计19个,其中14个是沿海海关,5个是长江沿岸海关。到1912年,同类海关数目达到48个,其中21个是沿海海关(包括广九铁路),18个是包括长江沿岸在内的内地海关,9个是沿边海关。此后经过增减归并,到1931年同类海关仍达到46个。如加上英国统治下的香港和葡萄牙统治下的澳门,以及早已开埠通商但未列入海关统计范围的新疆的伊犁、塔城,西藏的亚东等商埠,构成一个包括沿海、内地和边疆的全面开放的局面。

在这一开放商埠体系中,最重要的是分布在沿海地带的港口。如将列名于中国海关总税务司署统计表上的海关,分成沿海、沿边、内地三种,并根据海关贸易年册,计算出它们在1882年、1912年和1931年这三个年度的中国进出口贸易总额中所占的比重(见下表),可以看出,沿海海关分别占了73.5%、64.7%和81.6%,内地海关分别占了26.5%、30.5%和17.4%;沿边海关1882年无数据,后两个年度分别占了5.1%和1%。据此可见,绝大部分的贸易额都是通过沿海海关发生的,内地海关在全国贸易总额中占一定的份额,而沿边海关可以说微不足道。在内地海关的贸易额中,绝大部分又是长江沿岸的各海关发生的,其他的开放地带如珠江流域和东北内陆均远远不及长江沿岸海关。沿海沿江诸港口在1882年、1912年和1931年分别占了全国进出口贸易总额的100%、87.4%和94.4%,可见其在开放商埠体系中的极端重要性。

各地带海关贸易值总额及占全国百分比

	1882 年		1912 年		1931 年	
	总额	百分比	总额	百分比	总额	百分比
沿海海关	185 461 660	73.5	789 093 596	64.7	3 212 687 879	81.6
沿边海关			61 618 815	5.1	39422959	1.0
内地海关	66 837 827	26.5	371 536 156	30.5	683 327 317	17.4
长江沿岸	66 837 827	26.5	277 275 742	22.7	504 190 015	12.8

资料来源:《光绪八年通商各关华洋贸易总册》,第六款;《中华民国元年通商各关华洋贸易总册》,第八款;《中华民国二十年海关中外贸易统计年刊·统计辑要》,《民国十八年至二十年海关贸易货值按关全数》。

说明:均包括洋货进口净值、土货进口净值和土货出口总数三项。1882年和1912年单位为两,1931年为关平两。

在港口—腹地的研究中,必须注意香港和澳门的因素。香港和澳门尽管当时属于外国统治,在海关的贸易报告中属于外国,但由于其贸易主要依赖中国内地,主要影响地区在中国内地,我们没有理由将之排除在研究之外。如果考虑香港和澳门的巨大的贸易量,则沿海港口所占的百分比还要提高很多。中国海关总税务司署有关报告均未统计新疆、西藏以及其他部分商埠的贸易量,这些商埠受地域和交通条件的限制,不可能会达到较大的规模,而且,这一部分贸易额远不能和香港、澳门的巨大贸易额相比。不可否认,沿边商埠和长江、珠江流域以外的内地商埠对于所在区域走向现代化的巨大作用,但它们在全国的作用远不能和沿海沿江的商埠相比。

沿海口岸是我国和国外以及我国沿海各地区之间发展交通和贸易联系的主要枢纽。一方面,各港口城市通过密切的海上联系,形成繁荣的埠际贸易,我国的南北物资交流以及沿海与内地的物资交流更加频繁。另一方面,我国的出口物资通过这些港口输往世界各国,各国的出口物资通过这些港口输入中国。这些港口城市在中国的经济发展中,便成为国际、国内两个扇面连接的枢纽。一方面,它们通过进出口贸易,连接着中国通往外国的这一个扇面,另一方面又通过港口和其腹地的物资输送,连接着国外通往中国的另一个扇面。

考察沿海沿江现代化程度较高的城市的经济发展轨迹,不难看出,相当多的城市在开埠以前已具有一定的基础,例如上海已是我国最大的国内贸易港了,①开埠通商使这些城市获得全新的发展空间,大多在开埠之后迅速走向新的繁荣;还有一些城市,例如大连、青岛、汕头,原先不过是人口有限的渔乡农村,开埠以后得到飞速发展。这些城市无不是借助港口首先发展国内外贸易,再通过贸易推动交通和工业的发展,从而成长为新兴的经济都会的,它们又通过贸易和其他经济活动去影响附近地区乃至遥远的内地。另外,近年来近代经济史的论著,包括戴鞍钢的著作和樊如森等人的论文,都证明我国的绝大部分区域,即使是离港口相当偏远的地区,通过开放口岸与国外发生了贸易往来,并或快或慢地迈上了现代化的进程,而腹地的发展又促进了口岸城市的进步。总之,随着沿海沿江港口的开放和城市的发展,我国各地区开始形成以港口城市为龙头,以腹地为依托,以国内农畜产品、手工业产品和国外工业制成品为主要贸易内容的外向型经济体系,直接推动了各地的经济现代化的进程。这就提示我们,要研究中国的现代化进程,必须首先研究口岸城市的巨大作用,研究它通过物流、人员流、资金流、信息流对腹地经济的推动作用,以及港口和腹地之间的双向经济互动。

中国地域广大,面积相当于一个欧洲,各地区的地理条件极其复杂,自古以来在经济、文化、社会甚至政治方面存在着一定的区域差异。因此,各区域的经济差异、经济特点和形成原因,例如东部和中部、西部地区现代化程度的差异以及形成原因,是我们考察中国近代经济和现代化过程中必须研究的另一项重要内容。

1840年以前,中国的区域经济差异主要表现为南北差异,在经济发展水平上唐中叶以前北方优于南方,唐中叶以后南方优于北方。这一点,尽管可以从历史上的人口南迁、南方和北方在中国处于战乱时的安危治乱的不同,以及北方的生态变迁等方面进行解释,其实最根本的原因在于

---

① 吴松弟:《明清时期我国最大沿海贸易港的北移趋势与上海港的崛起》,《复旦学报》2001年第6期。

农业对自然的要求。农业是当时国民经济的基本部门,农作物的生长深受自然条件的限制,当南、北两区域的生产技术和人口密度都达到了前近代时期的顶峰时,纬度地带性造成的气温、降水的差异最终决定了各地的农业发展程度,导致了南北经济差异。

1840年以来,中国在南北差异仍然存在的同时,开始出现东西差异并最终成为主要的区域经济差异。无论经济总量还是总体经济水平,大致体现出自东部沿海地带向中部、西部地区递减或递降的趋势,而经济的差异必然导致政治、文化、社会等方面发展程度的差异。这种差异,除了东部原先就是我国经济发展程度和人口密度较高的地区这一历史基础之外,主要是近代以来中国现代化空间进程的差异造成的。随着先进生产力在沿海地区的较早发展以及各区域陆续卷入世界贸易体系,尽管农业仍是国民经济的基础,但近代工商业已日益重要并代表着中国经济的发展方向。对于发展工商业而言市场十分重要,东部沿海港口城市是中国沟通外国市场的主要门户,而国内的主要市场也在人口密集、经济发展程度和生活水平相对较高的东部。在这种情况下,东部沿海的经济自然可以较早得到发展。而对东部沿海港口城市以外的地区来说,靠近东部沿海就是靠近市场,远离东部沿海就是远离市场,在发展市场经济和实行现代化方面必然比东部沿海有着较多的不利条件。

连接港口—腹地的交通路线,是口岸城市和广大腹地之间物流、人员流、资金流和信息流的通道。腹地各地区距口岸城市的远近,以及通往口岸城市的交通路线的通达性和疏密程度,直接关系到与口岸城市的联系程度。这一点,在那些有着广阔的空间的港口城市的腹地表现得尤其明显。例如,天津的腹地,不仅包罗黄河中下游的今北京、河北、山西、河南、内蒙古、陕西诸省区市,还包括上游的甘肃、宁夏和青海,甚至远达新疆的东部。远在腹地西部的甘肃、宁夏、青海和新疆东部与天津的联系,自然不如腹地东部的河北、北京、河南便捷和紧密,自天津传递到腹地西部的现代化气息自然要大大少于、慢于腹地东部。

除了上述原因,长期以来因各种自然和人文原因造成的区域的传统的经济、文化、政治状况,也在深深地制约着各地现代化的进程。

从历史上看,近代以前我国的商品经济以东部地区最为发达,以苏州、杭州、南京为中心的长江下游地区和以广州为中心的珠江三角洲地区,不仅是我国农业最发达的地区,也是手工业、商业、城市和市镇体系最为发达的地区。在这些方面,其他地区总体而言都不如长江下游和珠江三角洲,西部尤其如此。西部缺乏地势低平的大平原和谷地,广大地区或处于崇山峻岭,或处于高寒高原和干旱半干旱草原,或处于流动半流动的沙漠,自然条件较差,不少地区只能经营畜牧业和山地农业,手工业和商业相当落后。广大的少数民族聚居区因地处边远,交通不便,长期处于与世隔绝状态,文化素质低,人口稀少,经济更为落后。陈桦在分析清朝的区域经济差异时,已经注意到由于先进地区和落后地区间存在着巨大的差距,"商品经济由经济较发达地区向落后地区的推进,十分艰难"①。近代的新兴生产力,是一种性质不同于传统时期、更为高级和复杂的商品经济,传统时代的商品经济由先进地区往落后地区的推进尚且困难,近代商品经济在落后地区的推进速度必然要慢于商品经济发育程度较高的地区,并且会出现一些不同于先进地区的特点,从而导致这些地区的自然经济的分解远不如先进地区深刻,现代化进程也要缓慢得多。

因此,西部现代化进程比较缓慢,可以说是位于我国各港口—腹地的边缘位置与相对强大的旧经济、文化、政治传统相互作用的结果,前者使从沿海登陆的新兴生产力到达西部的时间要晚于中部和东部,送达西部的能量也要少于中部和东部,而后者又使西部传统经济、文化和政治的力量一般说来比中部和东部地区都要强,两者的结合自然使西部成为中国现代化程度最差的区域了。在这种背景下,加速建设通向东部沿海港口的交通道路,使用各种便捷快速的商务方式,及时通过东部沿海获取各国最新的科学技术和各种信息,用时间换取空间,便成为西部区域经济发展的必需前提。这就提示我们,从历史地理的角度研究港口—腹地,可以认识区域特点,透视中国现代化的区域差异的成因,并为加速经济发展、缩小地区差异,提供必要的学术借鉴。

在口岸城市与腹地农村之间存在着复杂的货物运销的网络。如果将

---

①陈桦:《清代区域社会经济研究》,中国人民大学出版社,1996,第22、18页。本段前部分论述亦依据此书。

港口城市视为这一网络的终端市场,底层的农村市场视为初级市场的话,两者之间一般还存在着一层甚至二层的中级市场。中级市场位于港口和腹地间交通网络的某一重要结点,它既通过主要的交通道路连接着整个网络的终端市场港口城市,又通过次要的交通路线联系着以它为终端的次一级的交通和市场网络。没有这样的中级市场,就没有港口和其腹地的紧密联系,当然也没有终端市场和初级市场的繁荣。

  一些重要的中级市场,除了因位于港口和腹地的重要连接部而成为全腹地的内陆交通和商业中心之外,自身也是所在区域的交通和商业中心。有的中级市场因周围有多条重要交通路线经过,自身的市场网络极为庞大,交通和商业上的重要性并不比终端市场口岸城市逊色多少,济南在山东境内的重要性就是一个证明。据陈为忠的研究,在山东的港口—腹地系统中,港口是腹地对外贸易的枢纽,但不是内部贸易和对其他地区陆路贸易的枢纽,后一枢纽仍需要济南这样重要的中级市场来承担。

  这种联系港口和腹地的交通路线及商业的网络,是我们考察港口—腹地和中国现代化进程的另一项重要内容。可以说自中国沿海港口地带开始的现代化过程,就是沿着这些大大小小的交通和市场网络,逐渐往内地推进的,而腹地范围的大小、腹地内各地区距离港口的远近和交通状况,往往又成了分析各地区和国际、国内沿海市场联系程度乃至现代化速度快慢、水平高低的一项重要内容。

  分析交通在中国现代化过程中的作用,除了分析它在沟通东西向的港口—腹地内部的作用,还需要分析它在贯通南北向的各个港口—腹地的作用。最值得我们注意的,是大运河、京广铁路、津浦铁路等南北向的大动脉,对天津、青岛、上海、广州、汉口诸港口的腹地的连通作用,以及上海、香港等主要港口通过频繁的埠际间的航运对我国沿海沿江各港口的连通作用。

  由于受西高东低的三级阶梯地形制约,我国的河流大多呈东西流向,在水运是最便捷的交通方式的前近代,东西向的交通要相对方便于南北向的交通,历代为了弥补南北向交通的不足不得不以巨大的人力物力开通大运河并维持其通畅。在津浦铁路未修成之前,上海港、青岛港和天津港的货物的北上和南下,往往都通过大运河。位居长江和运河之交的镇江在上海的港口—腹地中占据相当重要的地位,并长期以来有着较大的贸易额。津浦铁路通车以后,以其巨大的运量、相对低廉的运费和较快的速度,取代了大运河的地位,南北联系大为加强。位于铁路沿线的沧州、德州、济南、蚌埠等城市加速发展,甚至从村庄迅速发展为新兴城市,而位于运河沿线的城市却走向了衰落。京广、南满等铁路沿线也发生了类似的变化。

中国沿海沿长江的港口众多,但各港口的地位并不均衡,根据其贸易量可以分成主要、重要和一般几个层次。上海和香港是两大主要港口,不仅贸易量大,也通过埠际转口贸易对其他港口产生重大影响。根据有关学者和我们的初步研究,可以得出这样的结论:从浙江以北直到东北的港口以及长江流域各港口,在很长时间中主要是通过上海和国外发生联系的,而以南的福建、广东、广西和海南各港口则主要通过香港和国外发生联系。进入二十世纪以后,随着各港口直接对外贸易的增长,上海和香港转口贸易的地位才有所下降,但仍在各港的进出口物资中占有一定的份额。埠际贸易的需要,促使上海、香港加强了与各个对象港之间的航运、邮政、电讯、金融、信息等方面的联系,从而将影响输送到这些港口,并到达这些港口的腹地深处。上海、香港可以说是中国现代化的两只领头羊,而埠际贸易以及相关的联系方式是这种影响的主要输送途径。在上海、香港以下,还有大连、天津、汉口、广州等重要的港口,它们通过自己的埠际转口贸易的方式,将同样的影响送达有关的港口及它们的腹地。

交通和商业网络的重要性和复杂性,港口体系的多层次性和转口贸易的重要性,都提醒我们研究中国现代化进程要注意研究口岸城市和广大腹地的联系环节。总的说来,在一般的情况下,口岸城市的影响都不是一下子直接地送达广大的农村的,而是首先沿着主要交通路线送达位于交通路口的城市或集镇,再通过这些城市或集镇沿着次要的交通路线送到下面的农村。这种港口城市、腹地内交通路口城市或集镇、广大农村的几个层次,不仅体现了同一腹地内交通和商业网络的层次性,也体现了现代化进程的层次性,必然也要对区域经济差异产生影响。此外,我们还必须特别注意上海和香港在中国现代化进程中的特殊作用,分析近代史的各种现象时首先要将眼光放到上海和香港。还要根据各港口百余年中在中国港口体系中的地位,分析有关口岸城市在区域现代化中的作用以及未来的港口发展规划。

以上的论述,实际已涉及港口—腹地在中国现代化进程中的多方面的影响。港口—腹地体现的并不仅仅是物流、人员流和资金流、信息流,而是先进生产力自沿海沿江地区向内陆的推进,而经济的变化必然带来政治和文化上的变化。因此,理解港口—腹地关系,是理解中国现代化空间进程和区域经济差异的关键。按照我在《港口—腹地和中国现代化的空间进程》①一文中的论述,港口—腹地在中国现代化进程中的作用,还体现在以下方面:

第一,沿海沿江新兴的港口城市的发展速度大大快于其他地带的城市,经济实力超过区域内的其他城市,政治上的重要性也相应提高。在不少地区,沿海沿江的新兴城市都发展为区域经济中心或者与传统城市双峰并峙,有的还发展为区域的政治中心,从而压倒了原先的中心城市。上海压倒南京,青岛压倒济南,就是鲜明的例子,而天津由于在经济、贸易和金融上的重要性事实上已是华北区域经济的龙头。这种现象,甚至发生在远离沿海沿江的地区,那些在通往港口的运销网络中占据重要地位的城市,同样得到较快的发展,包头的崛起为此提供了例证。

第二,随着对外贸易的兴起和发展、港口货物集散范围的扩大和新的交通体系的构建,内地的交通体系和运销体系,无论是旧有的还是新建的,或纳入通往港口城市的交通和运销体系,或与这一体系连接。以前以首都和各省省会为中心的交通和运销体系,开始转化为以新兴经济中心(特别是口岸城市)或首都和省会为中心。

第三,十九世纪晚期和二十世纪初形成的港口—腹地格局,奠定了中国以后的港口—腹地的基础。至今为止,这一基础仍然清晰可见,甚至可以说仍在大致维持着。

第四,一种全新的以口岸城市为核心,以城市、腹地与经济联系方向为基本要素的地域经济组合即经济区,开始在沿海沿江地区出现并逐渐扩大到全国并影响至今。这种全新的经济区,与传统经济时代的倾向政

---

① 吴松弟:《港口—腹地和中国现代化的空间进程》,《河北学刊》2004 年第 3 期。

治中心的内向型经济区,已有了极大的区别。如果套用"龙"的概念,则在同一腹地内,口岸城市就是龙头,腹地是龙身,而主要的交通道路就是龙头连接龙身各部位的大小血管。

三、港口—腹地研究的主要概念和方法

港口—腹地研究的内容和目的,是在确定腹地标准的前提下,通过对港口贸易、腹地范围、交通和运销网络、市场体系、口岸城市现代化、腹地区域经济的综合研究,探讨1840年以后新兴生产力自东部沿海口岸向中西部腹地推进所引起的经济地理新格局及其内部的互动关系,分析中国现代化的空间的进程和规律性。在这里,港口、腹地是两个最基本的考察对象,相互作用的地理单位。

我们所说的港口,并不仅仅是货物和人员进出的场所,而是开埠通商的地方,并作为所在城市经济的一个重要组成部分而存在着。就近代的情况来看,我国沿海城市及其附近地区的发展,无不受惠于港口,是以港兴商、以港立市的结果。内陆沿江地区,在铁路、公路、航空等新式交通兴起之前,水路是主要的交通方式,沿江城市及其他附近的发展具有和沿海地带相近的特点。另一方面,如果没有城市和所在区域的良好的物质基础的支持,仅仅一个港口,即使拥有最优良的地理位置和天然的港湾条件,即使交通干道可以通往遥远的地方,也难以迅速发展为区域或全国的主要港口。连云港虽然通过陇海铁路连接兰新铁路,得以背靠广大的华北和西北,而且拥有较好的港湾条件,但因所在的地区经济基础较差,港口发展缓慢,所在的海关一直是处级海关,即是一个证明。

以一个城市及其腹地作为研究对象,远比以一个港口及其腹地作为研究对象要复杂得多。即以商业而论,城市商业包括外贸、内贸以及本地商业几部分,通过港口进出口的贸易只是全部商业贸易的一部分,而外贸和内贸的物资集散范围未必相同。由于城市经济的内涵过于丰富,难以一下子全面展开,我们在研究的初期阶段只能主要集中在港口的贸易发展史、腹地状况,以及进出口物资在港口和腹地之间的流动及双向影响。只有具备了这么一个基础,将来才能进行进一步的研究。当然,我们在进

行港口—腹地研究时,必须将之作为城市和区域经济的一部分,只有这样考虑,研究才会有广度和深度。

腹地是近年来学术界使用较多的一个概念,但各人使用的腹地的概念却有较大的区别。即使是港口的腹地,就有若干种解释,有核心腹地、交叉腹地、边缘腹地等因区分层次产生的概念,有海基腹地、陆基腹地等因面向不同方向产生的概念。有的学者将腹地视为与港口陆地相连的背后地,还有的学者将虽有物资从港口经过但没有陆地相连的区域也作为腹地的一部分。如果没有一个科学的界定,有关"腹地"的研究将极为混乱,并导致研究者在"腹地"问题上对话的困难。因此,界定"腹地"便成为港口—腹地研究的必要的前提。

按照经济地理学的解释,所谓的腹地(Hinterland),指位于港口城市背后、提供出口物资和销售进口商品的内陆地区。① 这一解释,适用于中国大陆这样有着广袤的陆地空间的区域。但是,由于近代港口商品集散的结构的复杂性,我们不能将腹地简单地等同于港口出口物资的来源地和进口物资的销售地。就进口商品而言,一部分通过港口背后的交通路线直接输往内地,一部分则复出口到其他港口。就出口商品而言,一部分从港口背后的内地直接运输而来,还有一部分则因某种交通、税收甚至政治上的原因,不走空间距离较近的港口而从较远的港口出口。在上述各部分中,我们只将与某一港口或其部分腹地有陆地相连、直接销售港口进口物资和直接提供出口物资的区域,称为某一港口的腹地,那些销售该港口转口来的物资或将物资舍近求远运至该港口出口的地区都不能算该港口的腹地。

腹地既是一片陆地相连的区域,必然会有自己的边界。然而,人文地理学的普遍现象告诉我们,除非有高大的山脉阻挡两侧气流的交换并阻碍彼此的交通,导致自然地理和人文地理景观的差异,一般说来不同地区的人文地理现象呈一定的过渡性,即在某一区域成为主导的某种人文现象,在边线以外的区域也有一定的存在,只不过这种现象在这一区域内不占主导地位,并随着离边线距离的加大而不断减少罢了。港口腹地同样

---

①《中国大百科全书(简明版)》第3册,中国大百科全书出版社,1998,第1452页。

如此，各块港口腹地的边缘地带，除了和腹地所属的港口发生物流联系之外，也和其他港口发生物流联系，虽然在物流总量中后者所占的比重往往不及前者。在这种边缘腹地，可以同时感受到不同港口的影响，只不过其中某一港口在该区域对各港口物流中占有最大的比重，故称这一区域为某港口的腹地罢了。

在确定了腹地的概念以后，研究中还可往下按照层次进行各级划分，如核心腹地、边缘腹地、过渡腹地。或者，按照与其他腹地的混杂情况，划分出交叉腹地、混合腹地或共同腹地等。只要确定了腹地的基本概念，往下进一步细分、如何细分，便不会困难。

那么，根据什么指标划分腹地呢？恐怕只能从分析港口进出口物资的流向入手，即分析港口的进口物资主要销往何处，出口物资主要来自何方，那些进口物资的主要销售地或出口物资的主要来源地区便是该港口的腹地。对于某一具体地区而言，要判断该地区属于何港口的腹地，则看其进口物资主要自何港口输入，出口物资主要经何港口输出。

研究港口—腹地之间的双向经济联系，无疑是港口和腹地研究首先要弄清楚的基本问题。这种联系，通过物流、人员流、信息流、资金流等多种渠道，都需要弄清楚，但首先值得考察的还是通过进出口物资体现的物流。要通过研究双方的物流联系，分析进出口商品结构变化对腹地经济的影响，以及腹地的生产和流通对港口贸易规模和与商品结构的影响，在此基础上结合空间距离、交通道路、产业结构、人口等方面的因素，分析城市和区域经济的成长及其差异。

以港口城市、道路、市镇、商业运销为基本内容的交通和商业体系，往往构建成空间地域结构。近代港口—腹地体系下的空间地域结构，基本上是外向型的、以港口城市为指向、以新式交通尤其是铁路为大动脉、以位于重要交通路口的城市或市镇为枢纽的网络结构。这种结构深刻地影响了当代乃至后代的城市分布、区域市场、货物流向、城市和农村的经济联系、经济区的形成和发展，从而最终改变了旧有的经济地理格局。这种因港口—腹地变化而发生的空间地域结构的演变，也是我们研究的主要内容之一。这一研究，有助于深入了解今天的经济地理分布格局，并可以预测其未来的发展趋势。

港口—腹地和中国现代化空间
进程研究概说*

摘要：1842年五口通商以后，由于先进的经济文化在沿海口岸成长并往内陆扩展，中国社会发生了根本性的变化。论文运用地理学空间分析的方法，放在中国现代化空间进程的大格局中，论述了开埠以后港口城市与其腹地的双向互动关系，这种关系对近代中国经济和区域现代化的巨大影响，最后简述了近代经验为当前和未来提供的历史借鉴。

关键词：港口—腹地；中国现代化；空间进程

1840年的中英鸦片战争，在中国历史上无疑是一个重要的分水岭。鸦片战争以前的中国社会，自秦统一以来，尽管有着一次又一次的改朝换代，也有着经济、文化、科学的不断进步，但社会本质并未发生根本性的变化。鸦片战争以后，清朝被迫开放广州、厦门、福州、宁波、上海等五个沿海港口城市为通商口岸，并将香港岛割让英国。1842年上述五个通商口岸相继开放通商，此后在列强的强迫下通商口岸越开越多，此外清政府也主动开放一批口岸。随着通商口岸的开辟，西方的经济文化开始在中国沿海沿江以及沿边地带登陆，中华帝国走上与以前完全不同的历史发展进程。如果将西方以外的各国各地区，主要通过向西方学习先进的生产力、生产方式以及相应的政治、经济制度，使自己的国家或地区在经济上、政治上都与西方发达国家同样先进，并在文化上实行相应的变革，称之为

---

* 本文原载《浙江学刊》2006年第5期，"港口—腹地和中国现代化空间进程"栏目，第25—35页。

现代化的话,可以说1842年五口通商以后中国开始了至今仍在进行的现代化进程。

由于中国的早期现代化并非内生而是外力强加的产物,人们对现代化完全没有思想准备,加之高度发育的封建专制制度对社会进步的阻碍,以及长期形成的"唯华独尊"思想的根深蒂固,鸦片战争后相当长的时间中绝大部分的人都没有认识到通过实行政治经济变革实现现代化的重要性和迫切性。而且,中国的现代化进程往往与列强侵略所带来的丧权、割地、赔款相伴随,而国内政治的腐败、社会矛盾的尖锐化、大规模内战也与现代化进程相交织,不断出现的内忧外患一次又一次地转移了人们对现代化的关注。中国的现代化曾有过多次延缓和巨大的挫折。尽管如此,实行现代化始终是中国人的伟大理想,现代化的艰难进程成为贯穿中国近代史的重要发展线索。

我们进行的"港口—腹地和中国现代化进程研究",目的就是对百余年的中国现代化进程,从地理空间的角度,进行全面的透视。中国地域广阔,各区域的现代化进程极不相同,现代化的程度差异极大,揭示各区域现代化进程和程度的差异及其形成的原因,有助于解释各区域经济文化发展的不平衡性并为今天和未来的发展提供历史的借鉴。这项研究的目的,是说明中国现代化空间进程主要从何处开始,往何处扩展,扩展中借助于何种载体,具有何种特点,造成什么结果,以及对今天产生的影响。

一、沿海沿江港口城市在中国现代化进程中的作用

近代以来,我国通过与列强签订不平等条约开放的通商口岸以及各地自行开放的通商口岸,到1930年广东中山港开埠为止,共有104个开放商埠、四个租借地,加上香港、澳门,可供通商贸易的口岸达到110个。我国今天的各省市自治区,除了山西、贵州、陕西、青海、宁夏,绝大部分都有了多个通商口岸。① 其中,最重要的是沿海和沿长江的通商口岸。

---

① 吴松弟主编《中国百年经济拼图:港口城市及其腹地与中国现代化》第一章,山东画报出版社,2006,第4页,吴松弟撰写。

以 1882 年、1912 年和 1931 年这三年为例,全国进出口总值中沿海海关分别占了 73.5%、64.6% 和 81.6%;内地海关分别占了 26.5%、30.4% 和 17.4%,其中长江沿岸的海关又分别占了内地海关总额的 100%、75% 和 74%;沿边海关 1882 年无数据,后两个年度分别只占全国的 5.0% 和 1%。① 可见,沿海口岸占了全国进出口总值的绝大部分,内陆口岸只占较小的部分,其中绝大部分又是沿长江的口岸发生的,沿边口岸占比例甚小。显然,如果将中国广大内地比作一个巨大的扇面,将国外比作更为巨大的另一个扇面,沿海口岸城市就是连接这两个扇面的枢纽。

沿海口岸在贸易上的重要性还体现在国内贸易上。中国河流大多是东西走向,在沿海口岸城市或附近注入大海,上海、天津、广州、福州、厦门、宁波等口岸城市都可以通过河流连接内地。在铁路、公路、航空等新式交通兴起以前,水运是最便捷的交通方式。沿海港口城市大多是某一个流域的出海口,流域的货物可以从这里下海,到达国外和中国沿海港口城市,再通过它们运到全国各地。新式交通兴起以后,由于新式交通的发展相对缓慢,也由于水运运输量大价廉,水运依然是最重要的交通形式之一。而且,新式交通建设也多侧重于东部沿海,沿海口岸城市始终是东部沿海甚至更大区域的交通和商业中心。以上提到 1882 年、1912 年和 1931 年的全国进出口总值,相当一部分就是运往沿海沿江各地区的国内贸易。

沿海口岸城市也是中国近代工业最为集中的地带。以 1933 年为例,这一年内地工业最发达的 12 个城市中,上海、天津、青岛、广州、福州、汕头等 6 个沿海城市,便占了工厂总数的 67%、工人总数的 72%、资本总额的 86%,以及生产净值的 85%,另 6 个非沿海口岸城市只占很小的份额。即使这 6 个非沿海口岸城市,也只有汉口、重庆、西安才是真正的内地,北京、南京、无锡都靠近沿海,而靠近沿海的后 3 个城市的工业规模又大大超过位于真正的内地的前 3 个城市。② 1933 年的这一项统计,没有将东

---

① 参见吴松弟主编《中国百年经济拼图:港口城市及其腹地与中国现代化》第一章,第 10—11 页,吴松弟撰写。
② 严中平等编《中国近代经济史统计资料选辑》,表 8"上海等十二个城市的工业",科学出版社,1955,第 106 页。

北、台湾算在内,即便这样,仍足以说明沿海口岸城市在中国工业中的崇高地位。

　　商业贸易的繁荣,工业的增长和集中,必然促使大量的农村人口向沿海地带迁移。因此,沿海口岸城市也是中国近代城市成长最快、城市化水平最高的地区。1933—1936年间全国有人口统计或估计数的城市总共有193个,147个分布在东南沿海地区,占了总数的76.2%;其中,人口超过50万的10个大城市,全部集中在沿海地带;人口在20万—50万的19个城市,16个分布于沿海地带。① 虽然这份研究报告所说的沿海地区范围比沿海通商口岸地区要大一些,一些人口数据也只是出于估计,但沿海通商口岸及其附近是当时中国最主要的城市分布区这一点却是没有疑问的。尤其是当时规模最大的城市,更是主要集中在沿海口岸。1933—1936年间,10个50万以上人口的大城市占了全国城市总人口的35.5%,而这10个大城市中,上海、广州、天津、香港、杭州、青岛等沿海口岸城市便占了6个,而在4个非沿海口岸城市中南京、北平、沈阳靠近沿海,只有人口相对较少的汉口位于内地。其中,上海一市就占了全国城市总人口的10.8%。②

　　近代的上海、天津、汉口、厦门、镇江、九江、广州等城市都设有租界,其中建的最早、规模最大的是上海的租界。上海租界新式商店林立,近代工厂云集,金融业和房地产业得到充分发展,人口密集,实际是上海市的经济中心。而且,按照西方的生活要求和科学规划建设起来的新式马路、城市垃圾处理系统、公共交通、自来水、煤气,以及电灯、电话、西医、西药、西式医院、新式报刊、新式学堂、新式演出舞台等种种新鲜事物,大多首先出现在租界。此外,还有严密有效的城市管理方式,其他城市的租界,往往也都如此,而租界的变化又总要波及城市的其他区域。尽管沿海口岸城市也有种种黑暗面,但在开眼看世界的知识分子看来,它们确实比中国其他地方先进,代表了中国的发展方向。戊戌变法的领袖康有为之所以走上维新变法的道路,就和他路过香港、上海时受到的震撼有关,"自是大

---

①沈汝生:《中国都市之分布》,《地理学报》1937年第4卷第1期。
②沈汝生:《中国都市之分布》,《地理学报》1937年第4卷第1期。

讲西学,始尽释故见"①。康有为一批先进知识分子在通商口岸受到的震撼,其实就是"现代化"的震撼,香港、上海等口岸城市不过是现代化的窗口和样板罢了。

中国号称河川之国,河流众多,许多河流有通航价值,以长江为甚。万里长江自青藏高原奔腾而下,浩浩荡荡,穿过中国的腹地,直达东海。如果将中国比作一把弓箭的话,漫长的海岸线是满开的弓,万里长江就是搭在弓上的箭,上海则是箭搭在弓上的部位,从上海乘船溯长江而上,可以一直到达四川的宜宾。由于中国的铁路主要分布在东部,中部和西部较少,长江在沟通东部、中部和西部方面发挥了大动脉的作用。长江沿岸的口岸城市镇江、南京、芜湖、九江、汉口、岳阳、重庆,长期以来都是河运中心,后来又是铁路和重要公路经过的地方,在中国的通商口岸系统中占有一定的地位。如上所述,长江口岸占了内地口岸进出口总额的绝大部分,就是一个证明。长江口岸的工业规模和城市化水平同样引人注目。在1933年全国内地工业最发达的12个城市中,沿江的南京、汉口、重庆3个城市是沿海口岸和无锡、北平之外的最主要工业区。② 在城市方面,沿江口岸也已形成一条仅次于沿海口岸的城市带。③

综上所述,沿海沿江口岸是中国近代内外贸易最发达、工业最集中、城市最密集、城市规模最大、现代化气息最浓厚的地区。它不仅是中国政治、经济、文化等方面的格局中地位最重要的区域,也是中国现代化的窗口和向广大内地发射现代化影响的强大的辐射源。上海、香港、广州、天津、大连、青岛、南京、武汉、重庆等沿海沿江港口城市将自己的影响送达广大的内地,成为各区域现代化的领头羊。因此,我们要研究港口——腹地和中国现代化的空间进程,必须首先将目光投射到沿海沿江口岸城市。

---

① 康有为:《康南海自编年谱(外二种)》,中华书局,1992,第11页。
② 严中平等编《中国近代经济史统计资料选辑》,表8"上海等十二个城市的工业",科学出版社,1955,第106页。
③ 沈汝生:《中国都市之分布》,《地理学报》1937年第4卷第1期。

二、港口—腹地：近代区域经济联系的主要体现

近代以来，主要通过沿海沿江的通商口岸，中国的出口物资输送世界各国，外国的进口物资输入中国，中国各个地区不同程度地纳入了世界经济体系。中国离沿海口岸城市最为偏远、交通最不方便的地区，莫过于西部的新疆、青海、甘肃、西藏和四川的川西高原。然而，迟到1876年，甘肃、青海的中药材大黄已通过天津出口国外，皮张、羊毛、羊肠、骨头等畜产品自天津出口的数量也在逐年增多。① 到了1920年代，内蒙古、甘肃、新疆等地区毛类产量的68.9%，乳类产量的44.14%，皮类产量的35.73%，已出口到国外和本国的沿海市场。② 西藏和川西的输出货物以羊毛为大宗，1885年英国立德洋行已在打箭炉和松潘设立收购站，将羊毛经上海运销美国，成为上海出口羊毛的主要来源，输入则以茶叶和进口棉纺织品为多。③ 既然最为偏远的西部的广大地区都通过口岸与世界市场发生联系，可以推测中国的绝大部分地区也都如此。

与此同时，随着先进生产力的率先发展，沿海沿江地区在全国的经济地位进一步提高，经济影响日益增强，并促进其他地区的先进生产力的发育成长。由于各区域先进生产力的成长和卷入世界贸易体系，虽然农业仍是国民经济的基础，近代工商业已日益重要并代表着中国经济的发展方向。在这种背景下，中国各地经济联系的模式开始改变。1840年以前，中国各地的经济交往规模不大，有限的联系往往倾向于各个级别的行政中心。首都、省会、府州治所、县城等各级行政中心集聚了较多数量的官员、军人以及他们的家属、工商服务人员，成为不同空间范围的消费中心，吸引各地的货物向它们流动；而在地形近似的区域，往往又是担任级别较高的政区的行政中心的城市，比担任级别较低的政区的行政中心的城市吸引更多的物流。到了近代，沿海沿江港口城市发展为中国主要城市群所在地，以及进出口贸易在经济中的地位不断提高，货物流动的主要

---

① 樊如森：《西北近代经济外向化中的天津因素》，《复旦学报》2001年第6期。
② 林满红：《口岸贸易与近代中国——台湾最近有关研究之回顾》，载"中研院"近代史研究所编《近代中国区域史研究会论文集》下册，1986。
③ 参见吴松弟主编《中国经济的百年拼图：港口城市及其腹地与中国现代化》第二章，第46—47页，戴鞍钢撰写。

方向改为沿海沿江港口城市。由于沿海沿江城市在贸易、经济和城市人口上的重要地位,甚至铁路、公路和轮船航线也往往以它们为起讫点,或者与通往这些城市的道路相连接。

上述种种变化,表明近代以来,中国各区域经济联系的主要方向,已不再主要是各种政区的行政中心,而是沿海沿江口岸地带。这种经济联系,包括人员和贸易往来、资金流动、技术和信息传播等多个方面。而且,双方经济联系的紧密程度,远远超出以前的与行政中心城市的联系,并有着本质上的区别。鸦片战争以前,各个行政中心大多因集聚较多的消费人口而吸引各地的物流,城市多是消费城市而非生产城市,因而未能为其他地区提供多少物资。近代兴起的沿海沿江城市,基本靠自己的城市人口和经济力量吸引其他地区的物资,不仅消费其他地区的物资,也为其他地区提供自己生产的物资。尤其值得注意的是,沿海沿江港口城市既是近代生产力最发达的地区,又是现代化的辐射源,它们和其他区域的经济关系,已包括物资的双向流动、资金、技术、信息、人员等各个方面。而近代以前的行政中心和区域的经济关系,主要是区域对行政中心城市的近乎单向性的物资供应和有限的人员流动。因此,近代沿海沿江城市对其辐射区域的经济影响的规模,远远超过古代行政中心城市与区域的经济关系,而且在性质上也有着极大的不同。在这种新型的城市—区域关系中,城市是相对主动、占有优势的一方,但区域也不是完全被动地接受城市的辐射,也会对城市产生不可忽视的影响。

近代的这种区域关系,我们从地理学的角度,称之为港口—腹地的双向经济互动的关系。"港口"指沿海沿江的港口城市,"腹地"指港口城市各自的腹地,从贸易的角度指位于港口城市背后的货物吞吐和旅客集散所及的空间范围,通常情况下这一范围内的客货经由该港进出在运输上比较经济与便捷。在这里,港口城市是一个点,腹地是一个面,交通和商业网络是口岸城市和广大腹地之间物流、人员流、资金流和信息流的通道。中国从沿海沿江港口地带开始的现代化,就是沿着这些大大小小的交通和市场网络,逐渐往内地推进的。我们的港口—腹地和中国现代化空间进程研究,从地理学的本身而言,就是研究现代化进程中的这种点(港口城市)、线(交通路线)、面(腹地)之间的空间关系,正是这种空间关系决定了中国近代的经济地理格局,并一直影响到今天。

中国地域广大,近代各港口城市通往自己腹地的交通和商业网络极为复杂。传统的交通形式有陆路、水路之别,新式交通兴起以后铁路、公路和轮船航运的作用日益增大,但它们在各地的分布极不均衡,传统的交通形式在很长的时期内仍然得到广泛地使用。即使新式交通工具,也分不同的层次,在载客量多速度快的高层次的交通工具得到广泛使用的同时,低层次的交通工具仍有众多的使用者。在长江三角洲大小河浜穿梭往返的小火轮,长期以来是上海与周围城乡联系的便捷工具,就是一个例证。①

商业网络依附于交通网络,但又有自己的特点,层次性是明显的特点之一。例如,近代出口货物的运销网络至少由三层市场所组成,港口城市是终端市场,农村市场是初级市场,两者之间一般还存在着由城镇构成的中级市场。中级市场位于港口和腹地间交通网络的重要结点,它既通过主要的交通道路连接着以港口城市为终端的整个网络,又通过次要的交通道路联系着以它为终端的次一级的市场网络。没有这样的中级市场,就没有港口和其腹地的紧密联系,当然也没有终端市场和初级市场的繁荣。

由于港口城市地带已成为新兴生产力首先发展的地区,而港口—腹地成为近代区域经济联系的主要表现,位于或者靠近口岸的地区往往能得到较早较快的发展。即使那些不在沿海,但位于港口—腹地的交通和商业网络重要节点上的城市,同样获得比其他城市快一些的发展。济南位于我国南北交通和山东东西交通的连结点,是港口城市烟台、青岛连接内地的重要节点和中级市场的所在地,济南在近代的发展显然与此有关。② 甚至远离沿海沿江的西部地区,也不例外。包头"本萨拉齐一市镇",由于位于西北和天津之间的货运枢纽,贸易兴盛。随着天津进出口贸易的发展和京包铁路的通车,包头作为陕、甘、新、内蒙和今蒙古国的皮

---

① 参见复旦大学历史地理研究中心主编《港口—腹地和中国现代化进程》第二章第二节《近代上海与长江三角洲——以航运网络为中心》,齐鲁书社,2005。
② 参见吴松弟主编《中国百年经济拼图:港口城市及其腹地与中国现代化》第七章,第263—264页,陈为忠撰写。

张、羊毛的转运中心得到了长足的发展。1926年设县,1938年设市,"其繁荣之程度,已驾于归绥(今呼和浩特)而上之,俨然内蒙第一市场也"①。

济南和包头的发展,也说明在港口—腹地系统中,港口城市是腹地对外贸易的枢纽,但因远离内地并不是腹地内部贸易和对其他地区陆路贸易的枢纽,后一个枢纽仍需要济南、包头这样重要的中级市场来承担。类似的中级市场既是港口连接腹地的重要节点,又是内地区域贸易的中心,在港口—腹地系统和区域经济中都占有重要的地位。

要探讨中国近代区域经济联系,还必须高度重视香港和上海两大城市的重要作用。

经过长期的发展,近代沿海沿江的各个港口在经济规律的作用下,通过埠际贸易已形成井然有序、等级分明的体系。在这一体系中,上海、香港等全国性的港口位居第一级,广州、汉口、青岛、天津、大连等大的区域性港口位居第二级,其他规模较小的区域性港口位居第三级甚至第四级。上海和香港不仅以贸易量大而居于诸港之上,而且通过埠际转口贸易对其他港口产生重大影响。在很长的时间中,从浙江以北直到东北以及长江流域的各港口,主要是通过上海和国外发生联系的,而浙江以南的福建、广东、广西和海南各港口则主要通过香港和国外发生联系。二十世纪初以后,随着各港直接对外贸易的增长,上海和香港转口贸易的地位下降,但仍在各港的进出口中占有一定的份额,而且仍有一些小港口要通过上海或香港的中转才送达世界市场。② 上海、香港在埠际贸易的过程中加强了与各个港口城市之间的航运、邮政、电信、金融、信息等方面的联系,将自己的影响输送到这些港口城市,并通过这些城市的港口—腹地系统到达它们腹地的深处。上海、香港可以说是整个中国现代化的两只领头羊,在它们之下的广州、汉口、青岛、天津、大连等重要的港口城市,也按照同样的方式将自己的影响送达相关的港口及它们的腹地。

以上所说的交通和商业网络的重要性和复杂性,港口体系的层次性和转口贸易的重要性,都提醒我们研究中国现代化进程要注意研究口岸

---

① 世界舆地学社编《中华最新形势图》,"绥远省·地方志·包头市",1937,第79页。
② 参见吴松弟主编《中国百年经济拼图:港口城市及其腹地与中国现代化》第九章、第十章,第309—351页,分别为唐巧天、毛立坤撰写。

城市和广大腹地的联系环节。总的说来,国外对中国沿海港口城市的影响,往往不是同时送达的,而是首先到达上海、香港两个城市,再通过这两个城市送达其他城市。各个口岸城市对腹地的影响,也不是一下子直接地送达广大的农村,而是首先沿着主要交通路线送达交通线上的城市或集镇,再通过这些城市或集镇沿着次要的交通路线送到农村。这种港口城市与腹地之间的联系方式,充分体现了中国区域经济联系和现代化进程的层次性,必然要对区域经济发展产生重大影响。

三、影响各区域现代化进程的因素分析

中国的现代化并非建立在没有人烟的荒原上,而是建立在高度发育的传统文明的基础之上,特定的地理环境和历史传统决定了中国现代化进程的快慢和特色。中国各区域的现代化进程,同样受到地理环境的历史传统的制约,具体地说,主要受到各区域和港口城市之间的空间距离、交通条件,以及区域内部的地理条件、历史状况等方面的制约。

如上所述,沿海城市是中国连接世界的枢纽、中国现代化最早最大的基地和辐射源,而港口—腹地已成为区域经济联系的主要表现,在这种情况下,各区域与口岸地区的空间距离和交通的通畅程度,便成为影响区域经济和现代化进展的关键因素。在大致相同的地理条件和历史基础的前提下,各区域经济发展速度和现代化进程的快慢,几乎主要取决于与口岸城市的距离和交通的通畅程度。东部沿海地区可以通过港口城市就近沟通国内外主要市场,市场经济和现代化较早得到了发展。而对东部沿海以外又缺少沿边海关的地区来说,远离东部沿海就是远离国内外大市场和现代化的源地,不利于发展区域经济和现代化的困难远远大于东部沿海。而且,这种困难往往随着空间距离的加长而变大。如果加上恶劣的交通条件,发展区域经济和现代化的困难将更加增多。

我国西部长期发展缓慢就是一个证明。如上所述,沿边口岸在中国的进出口总额中只占极小的比例,贸易额之小和沿边空间之广大极不成比例。西部虽然离沿海口岸相当遥远,大部分地区仍要通过天津、上海和香港进出口,处于这些港口城市广大腹地的边缘自然不利于现代经济的

成长。不幸的是,西部的铁道和公路的建设非常滞后,又缺少可以通航的河流,对外交通也极其不便。距离港口城市的遥远和交通的不便,使西部货物的运输成本大大增加,对市场反应的灵敏度下降,又使得那些落后的妨碍现代化的因素减少的速度和新的思想观念形成和普及的速度,都要缓慢于其他地区。西部的经济发展和现代化落后于中部,而中部的经济发展和现代化又相对落后于东部,主要出于上述原因。

地理环境和历史基础是影响各区域现代化进程的第三个和第四个因素。

我国疆域辽阔,各种类型的地貌、气候、降水一应俱全,地理环境千差万别。大体而言,平原和低地主要分布在东部,高山深谷沙漠多分布在中部和西部,降水量自东南向西北递减,可以通航的河流主要集中在南方,东部面对可以航行的大海,西部则环以不易通过的沙漠高山。无论是发展农业还是发展工商业,自古至今都以东部条件最优。地理环境的千差万别又造成历史时期经济生活的差异。首先是汉族地区和非汉族地区的差异,汉族地区自然条件较好,经济以农为主,经济文化水平相对较高,非汉族地区自然条件较差,经济以畜牧业或山地农业为主,经济文化水平相对落后一些。其次是汉族地区南方和北方的差异。北方曾是我国古代经济文化发达的区域,首都长期建在北方,以后因受战争、生态环境变迁等方面的不利影响经济发展速度慢于南方,唐宋以来南方经济文化发展水平超过北方,成为我国最主要的人口分布区和经济重心地区。当1840年鸦片战争的炮火轰响时,上述区域差别就明显存在着,成为各区域现代化的历史基础。

东部沿海之所以率先进入现代化,除了最重要的通商口岸都位于东部沿海这一因素,原先具有较高的经济文化水平,也是不可忽视的原因。在东部的相当多的地区,例如长江三角洲和珠江三角洲,城市和工商业水平高,商品经济发达,手工业门类齐全,工商业者在人口中占有较高的比例,农业稳产高产。甚至农民也大多不是单纯务农,而是在经营小块农田时,兼营以在市场上赢利为目的的小手工业、小商业和小服务业。这种集小农、小工、小商于一体的农民,他们的商品经济观念和对商品经济的熟悉程度,以及手工业技术水平和服务业的服务水平,显然要大大高于单纯务农的农民。此外,这些地区介于城市和农村之间的星罗棋布的工商业市镇,以及由城市、市镇和农村组成的市场网络的发育程度,也是有利于区域经济发展和现代化的不可缺少的因素。而在另外的一些地区,例如西北,直到清末,工商业人口在当地人口中仍只占极少的比例,手工业和商业大多集中于一些较大的城市,介于城市和乡村之间的工商业市镇非常少,手工业门类比较单一,大多是矿物开采以及与畜牧业有关的皮毛加工业,不少地方与外界甚至没有贸易关系。加之人们思想观念的落后,研究者不得不得出这样的结论:"商品经济由经济较发达地区向落后地区的推进,十分艰难。"①

上述影响区域现代化的因素分析,是就最一般情况而言,政治制度、政府作用、法制、文化,也是不可忽视的因素。此外,影响区域现代化的因素在不同时期、不同地区的作用程度、表现形式也有所不同,需要进行实事求是的分析。

四、港口—腹地和中国现代化空间进程

1840年以来在开埠通商、纳入世界经济体系背景下形成的港口—腹地这种新的区域经济联系模式,不仅是近代中国经济变迁的主要体现,也是中国现代化空间进程的主要表现,并直接导致全新的经济地理格局的形成。

港口—腹地影响中国现代化进程的表现颇多,铁路、公路、轮船航运等新式交通主要偏重东部沿海是其中之一。如果说港口主要分布在东部沿海是自然条件使之的话,而铁路、公路、轮船航运以东部为发达,除了东部平原广布、人口密集、经济发达这些历史原因之外,以港口城市为指向,将港口城市和其腹地连接起来,无疑是决定新式交通建设的主要因素。只要分析当时的中国铁路分布图,便可以看出,无论是东西向还是南北向的铁路,必有一端通向某个沿海或沿江的港口城市。不仅铁路如此,甚至可以认为,中国各地的新式交通,大多或以港口城市为指向,或与通往港

---

① 陈桦:《清代区域社会经济研究》,中国人民大学出版社,1996,第18页。

口城市的道路相连接。由于发生这种重大改变,近代以前以首都和各省省会为中心的交通体系,便转化为以港口城市或省会为中心的新格局。

中国大的区域经济差异从南北差异为主转化为东西差异为主,是港口—腹地影响中国现代化空间进程的第二个表现。

如上所述,唐中叶以后中国的区域经济差异主要表现为南北差异,在经济发展水平上南方优于北方,此外东部又优于西部。这一点,尽管可以从历史上南方和北方在中国处于战乱时的安危治乱的不同,以及北方的生态变迁等方面进行解释,其实最根本的原因在于国民经济的基本部门农业对自然的要求。农作物的生长深受自然条件的限制,当各大区域的生产技术和人口密度都逐渐达到了古代的顶峰时,气温、降水的差异最终决定了经济差异的形成。1840年以后,在南北差异仍然存在的同时,东西差异成为主要的区域经济差异,无论经济总量还是经济发展水平,大致体现出自东部沿海地带向中部、西部地区递减或递降的趋势。1840年以后中国新的区域经济差异格局的形成,除了东部在经济上拥有较好的历史基础之外,主要应归之于近代中国经济的巨大变迁:工商业在国民经济中占有越来越重要的地位;中国已纳入世界经济体系;沿海地区是中国联系世界的主要通道;东部的经济发展和现代化早于或快于中部和西部,成为中国现代化的基地和辐射源;港口—腹地成为全国各区域经济联系的主要模式。如果不计自然条件特别差的地方,一般说来,在同一个港口的腹地的内部,各地区的现代化程度与到达港口城市的距离和交通的方便程度往往成负相关关系,距离越远交通越不方便的区域现代化程度就越低,反之则越高。

近代经济区的形成是港口—腹地影响中国现代化空间进程的第三个表现。经济区是在一定空间范围内经济活动相互关联的客观存在的空间组织。它以某个城市或城市群作为经济中心,经济中心对经济区内的其他地方产生辐射作用,又依托次一级的经济中心把各地区连成一体,并通过各种交通、通信和商业系统构成复杂的经济网络,经济区内各地的经济活动有一定的相互联系和相互依赖。经济区是近代资本主义经济发展的产物。近代以来,中国广袤的空间,除了少数可以通过沿边口岸发展对外贸易的区域以外,几乎都成为沿海沿江各口岸城市的腹地,而沿长江、沿珠江的各个口岸,只不过是上海、香港、广州等沿海口岸城市伸入内地的贸易网络的重要节点而已。这种沿海口岸城市与其他地区的人员和贸易往来、资金流动、技术和信息传播,已成为中国各区域经济联系的主要形式。估计到 20 世纪初,以沿海主要口岸城市或城市群为中心,以它们的腹地为空间范围,以港口城市与其腹地通过主要交通道路保持密切联系的经济区,实际上已经形成。

  区域经济中心由传统的行政中心城市转移到沿海沿江港口城市,沿海沿江港口城市的政治地位大幅度提高,是港口—腹地影响中国现代化空间进程的第四个表现。在我国沿海沿江的许多省份,后来崛起的港口城市原来都不是行政中心。例如,山东的省会在济南而不在青岛,重庆直辖市分立以前的四川的省会在成都而不在重庆,江苏在上海分立以前省会在南京而不在上海。济南、成都、南京之所以长期担任省会,是由于在地理位置上居于省内中心便于控制各地,又位于农业发达的平原地带具有一定的经济基础,并为了满足麇集于此的大量的消费人口的需要而发展为工商业中心。到了近代,青岛、重庆、上海等通商口岸率先发展为多功能多产业的综合性经济城市,经济地位超过省会,省域内的经济中心便从省会城市转移到港口城市。于是,这些省域便出现不同城市分别担任行政中心和经济中心这种双峰并峙的现象。如果我们将视野放到比省更大的范围,也可以找到同样的例子,例如北京和天津。北京既是中国的首都,也是华北的政治中心,而天津在 1949 年以前的大半个世纪一向是华北的经济中心。有些沿海沿江省份存在着几个通商口岸,省会是其中之一。如果省会的发展速度慢于其他口岸城市,也造成双峰并峙的现象。福建的福州和厦门,广东的广州和香港(尽管曾割让给英国,但区域经济上仍和广东一体)就是这样。

  这种因在近代港口—腹地中位置不同或其他原因导致的经济发展程度的差异,还可以使区域内不同城市的政治重要性倒置。如果省会城市因工商业发展速度慢于别的城市,以致经济规模和人口数量在省内都不能保持第一的地位,有时便不得不将省会改置到其他城市。河北省的石家庄取代保定,河南省的郑州取代开封,都是这样的例子。这种状况不仅出现在省域,也出现在府域、州域甚至县域。例如,广东旧潮州府的中心向来在海阳县(今潮州市),近代随着贸易的发展汕头兴起,成为府境最大的城市,并演变为区域行政中心,最后以汕头作为地区名。厦门原属于福建泉州同安县,城市兴起后成为周围数县的行政中心,而厦门市亦成为这一行政区的专名。

城市型政区的兴起和城市主要分布在沿海地带,是港口—腹地影响中国现代化空间进程的第五个表现。自秦始皇在全国范围内实行郡县制以来,我国向来只存在着一种政区模式,即地域型政区。它是一种面状的行政区划,即省是国家的区划,县是省的区划,乡是县的区划,点状的城市始终不是政区的一种。① 近代以来,随着通商口岸的城市经济和城中工商业主政治诉求的不断增长,旧有的面状政区已无法管理新兴的工商业城市。1921年2月广州设立市政厅,成立市议会,划定市区范围,1925年7月正式设立广州市,②标志着"市"这种点状的城市型政区开始走上中国政治舞台。到1927年止,中国大陆最早产生的广州、汉口、南京、上海、杭州、宁波、安庆、重庆等八个建制市,除了安庆不是通商口岸,其余七个都是通商口岸,其中五个位于沿海。③ 可以说,中国市的设置,就是从沿海通商口岸城市开始,再往广大的地区扩展的,通商口岸城市是推动市的兴起并成为重要的行政区划单位的主要动力。

由于近代的工商业发展主要集中在沿海地区,沿海地区自然也成为我国市的主要分布地区,旧有的城市分布格局大大改变。1930年,著名的地理学家张其昀指出:上海、武汉、天津、大连、广州、香港为中国当时经济上之六大都会,位居内地的西安在汉唐盛时为人口50万乃至100万的大都市,而现在不过25万,在全国城市中居第21位。他认为,出现这种状况的原因,"盖近世海洋航业大兴,各国之最大都会不得不由大陆中心而移于江海交通之区,势使然也。"④

---

① 周振鹤:《上海设市的历史地位》,载苏智良主编《上海:近代新文明的形态》,上海辞书出版社,2004。
② 《东方杂志》第22卷第16号,上海商务印书馆,1925,第136页。
③ 参见吴松弟《市的兴起与近代中国区域经济的不均衡发展》,《云南大学学报(社会科学版)》2006年第5期;《高等学校文科学术文摘》2007年第1期有摘要,人大复印资料《经济史》2007年第2期、《中国近代史》2007年第2期均全文转载。
④ 张其昀:《中国地理大纲》第六章《中国之都市与交通》,商务印书馆,1930。

五、港口—腹地研究和今天的现代化建设

历史走到了21世纪,我国今天的经济发展和现代化水平与近代相比不可同日而语,然而,现代化依然是我们有待完成的任务,今天的经济地理格局是近代发展的结果,近代的经验无疑可以给我们提供许多有益的启示。特别是,时下我国已经告别计划经济,以市场经济和民营经济为主、与世界经济体系紧密联系的经济格局正在建设之中,许多方面需要完善和改进。借鉴国外和前人的经验,无疑可以使道路走得更加平坦、顺利一些。港口—腹地和中国现代化空间进程研究,以百余年的历史时段和各区域不平衡发展的角度,来考察中国区域经济发展的历史和现实,至少可以在以下几方面,为我国当前和未来经济的健康发展提供有益的借鉴。

第一,沿海沿江城市的港口和城市发展规划。

由于港口发展是沿海沿江港口城市发展的基础,近年来许多城市都制订了雄心勃勃的发展规划,力图将港口做大做强。然而,近代的经验表明,港口的发展离不开腹地因素,而中国的沿海沿江港口又是一个内部整齐有序、等级分明的体系,长期以来真正的国际性枢纽大港只有上海、香港两港,其他港口的地位都在它们之下。今天的情况固然不同于近代,对外贸易的迅速发展使得国际性大港可以不止上海、香港,然而也不是想建多大规模就建多大规模,仍然受到腹地和在港口体系中的地位的制约。例如,连云港通过陇海线、兰新线连接中原和大西北,到了上个世纪末因兰新线实现和中亚铁路的连接,又被称为欧亚大陆桥的出海口。按理,拥有广阔腹地的连云港应该能够发展为中国最重要的港口之一。然而,2004年连云港的集装箱吞吐量和货物吞吐量在全国各港中都只居第14位,不仅远远不能与上海、深圳、青岛、宁波等大港相比,甚至落在营口、泉州、苏州、日照等港口之后[①],城市经济的发展速度和经济总量也远不如江苏南部同样规模的城市。除了腹地内的许多货物分流到其他港口这些原因之外,作为连云港核心腹地的城市及苏北鲁南地区商品经济不发达

---

① 参见《2004年全国港口集装箱吞吐量前20名》《2004年全国沿海港口货物吞吐量前20名》,《中国港口》2005年第2期。

也是制约港口和城市的发展最重要的原因之一。

同一个区域,如果存在多个港口,彼此关系如何处理,是需要考虑的另一个问题。渤海湾西岸、长江三角洲、珠江三角洲、北部湾北岸等区域,在有限的空间内集中了多个港口,各个港口应该发展到什么规模,彼此如何配合,主从关系如何,很值得讨论。特别是,当某一个区域分别属于几个不同的行政区的时候,各个港口如何定位,不仅关系到自身的发展和国家财力人力施用得当的问题,也关系到各港口、各区域如何通过良性的竞争和合作获得发展的大问题。而港口城市在中国或区域港口体系中的作用如何,又直接关系到城市的发展。

近代华南的交通和贸易体系,形成了香港主外、广州主内、各港口主要通过香港的中转和国外与中国沿海贸易往来的格局。一方面,香港以外的各港口大多通过香港进出口。另一方面,广州是华南货物的集疏运中心,内地出口货物集中广州外运香港,香港的进口货物经广州运往华南内地。今天,珠江三角洲集装箱量的80%通过香港进出口,各港口除了深圳以外都是香港的喂给港;就香港、深圳、广州三大港口的分工现状而言,香港和深圳主要承担对外贸易的任务,广州主要承担对内贸易的任务。如果考虑到深圳与香港地域相连,可以看作是香港港区的扩大的话,则近代的粤、港两大港口在华南的地位以及职能分工仍然没有得到较大的改变。近代的格局历百余年而不变,显然它是在一定的地理条件下经济规律运作的结果。

上述历史经验告诉我们,各地在规划港口和城市发展时,必须考虑历史状况及其成因。

第二,经济区划分和区域合作范围的确定。

我国在20世纪50年代以来的30余年中实行严格的计划经济,在这种情况下出现的"经济区"与近代的经济区没有可比性。然而,随着市场经济的重建以及纳入世界经济体系程度的加深,近代经济区的轮廓又重新浮现在中华大地。经济地理学者周一星等人将1997年中国口岸城市的外向型腹地,依据各地对外贸易货物流的主要联系方向,以沿海口岸城市为核心,划分出东北区、黄河流域区、长江流域区、华南区、山东区和福建区等六个对外经济联系区。① 将这一研究和近代港口—腹地的研究相对照,可以看出,除了边缘地区以及深圳加入华南经济中心城市群之外,当代的对外经济联系区和近代的沿海港口的腹地范围并无太大的区别。这就表明,尽管交通和经济已有了巨大发展,近代起重要作用的那些港口城市的地位以及港口—腹地的大格局并没有发生重大的变化。我们有理由推测,目前的港口城市与其腹地之间的经济联系,为一种与过去计划经济和国有经济为主的时代完全不同的经济区合乎逻辑地出现奠定了基础。无论是中央还是地方政府考虑经济区和区域合作问题,都需要从这一状况出发。

建立在港口—腹地基础上的经济区的想法,或许还可用于分析区域经济的龙头。中央于二十世纪八十年代提出开发浦东、振兴上海,以上海作为发展长江流域经济的龙头。这一高瞻远瞩的构想,完全和近代市场经济下形成的经济区的状况相吻合,对上海和长江流域经济的发展起了很大的作用。除了上海和长江流域,其他区域也应该有自己的龙头,没有龙头的带动作用,区域经济发展的速度会受到影响。例如,华北地区,在1949年以前天津是最大的港口和工商业城市,华北经济的龙头。1949年以后片面发展北京的经济功能,加之北方交通布局的改变,天津已无法担任龙头,而北京作为政治中心又不应担任龙头。改革开放以来华北经济发展缓慢于长江中下游,京津唐地区发展缓慢于珠三角和长三角,应该与没有龙头有关。因此,确立龙头,发挥龙头的带动作用,是京津唐、环渤海乃至华北目前急待解决的重要问题。

第三,为破解区域经济差距尤其东中西差距难题提供新的思路。

近年来,我国在各地区经济普遍有所发展,人民生活有所提高的同时,区域之间的经济差距也在拉大,如何加速落后地区的经济发展以缩小区域差距,已成为亟待解决的重要课题。讲起区域差异,人们往往从改革开放的早晚、政策优惠的不均衡等方面寻找原因,而忽略了历史上和今天仍在起作用的港口—腹地的因素。

当前最大的区域经济差距莫过于西部和东部的差距了。如上所述,

---

① 周一星、张莉:《中国大陆口岸城市外向型腹地研究》,《地理科学》2001年第6期。

西部和作为中国现代化辐射源的沿海港口城市过于遥远以及落后的交通状况,是导致近代西部和东部差距拉大的主要原因。改革开放以来,我国重新启动长期陷于停滞的现代化进程并再次纳入世界经济体系。经济全球化的外部条件与中国工业化、城市化的内在需求的有机结合,将中国沿海港口城市推上了一个全新的更高的发展平台,这些城市发展经济的有利条件更加突出。另一方面,在资源全球配置的作用下,港口城市减弱了对内陆腹地的依赖程度,而内陆腹地则增强了对港口城市的依赖。因此,东部沿海未来在我国经济中的作用和优势地位,不仅不会减少,还会进一步加强。① 在此情况下,我国加速西部区域经济发展、缩小和东部地带的经济差距的任务将变得更加艰巨,对此要有清醒的认识,并认真考虑对策。

六、结语

1840年以来百余年中国经济的巨变,相当彻底地改变了原先的经济面貌。由于中国的现代化进程发端于东部沿海沿江城市,再沿着交通道路和商业网络往广大的内地扩展,由此造成各区域经济和现代化的不均衡。因此,如果忽略沿海沿江港口城市在现代化中的作用,中国现代化的研究就是无本之木、无源之水,只能是一些现象的罗列;而如果忽略港口城市和广大腹地之间的双向互动,就无法解释近代甚至当代中国经济地理格局的形成。"港口—腹地和中国现代化空间进程"的研究,目的就是抓住"港口—腹地"这一中国现代化空间进程的关键途径,融历史学、历史地理学和区域经济学的研究于一炉,为中国近代经济的巨变和经济地理格局的形成,为探讨各区域经济差距形成的历史背景和主要原因,提供确切而又全面的解释,并为今天的区域发展提供借鉴意见。

---

① 参见《港口—腹地和中国现代化进程》第七章第二节《中国现代化进程中港口—腹地关系演变的新趋势》,茅伯科撰。

港口—腹地:现代化进程研究的地理视角*

摘要: 从探讨港口—腹地入手,研究中国现代化的进程,以弄清中国现代化空间展开的过程、主导因素及对各区域的深刻影响,可称作对中国现代化进程从地理学角度的剖析。从广阔的领土内区域经济差异情况等空间角度进行的研究,对于探讨中国现代化的艰巨性、长期性和区域差异性,有着重要的意义。在中国现代化空间进程的"港口—腹地"关系中,港口城市起主导作用,并通过自身作用将自己的腹地带入现代化。但是,腹地作为港口城市赖以发展的基地,同样制约着港口城市的发展,这是进行中国现代化空间研究的主要途径。

关键词: 经济史;研究;方法;视角

历史学者开始研究中国自1840年鸦片战争以后开始的现代化进程,试图总结若干历史经验,以为今日的借鉴。这种研究,目前为止大致集中在对现代化趋势的认识、理论的探讨上,其实,近代产业、交通、文化和政治变动的研究往往也和现代化进程有关。其中,从探讨港口—腹地入手,研究中国现代化的进程,以弄清中国现代化空间展开的过程、主导因素及对各区域的深刻影响,可称作对中国现代化进程从地理学角度的剖析。中国领土广袤,区域情况差异较大,经济社会发展亦不均衡,这种从空间角度进行的研究,对于探讨中国现代化的艰巨性、长期性和区域差异性,自有其重要的意义。

---

* 本文原载《学术月刊》2007年第1期,第121—124页。

一

从港口—腹地入手,研究中国现代化的空间进程,是基于如下的认识:

第一,中国的早期现代化,是外力推动的结果,1840年以来中国的现代化因素首先产生于沿海沿江的通商口岸,之后再沿着交通路线向广大的内陆推进,从而构成中国现代化的空间进程。因此,研究港口—腹地是理解中国现代化空间进程的关键。

第二,1840年以后,虽然农业仍是国民经济的基础,但工商业经济已日益重要,近代工商业尤其代表了经济的发展方向。东部沿海的近代工商业和新型城市首先得到发展,拉大了和相对落后的中部、西部的经济差距。

第三,各区域都不同程度地卷入了世界经济体系,与外国的贸易和与东部沿海的贸易在经济中的重要性大大提高。与沿海口岸的贸易联系,成为各区域经济联系的主要方向,中国的近代交通也都以沿海口岸城市为主要指向,二者对中国的区域和城市发展造成重大影响。

第四,尽管沿海沿江的口岸城市是最值得注意的地方,也不可忽视内地交通枢纽或经济中心城市在现代化进程中的作用,港口城市、内地城市以及规模更小的市镇,通过交通道路的连接,形成特定的地域空间结构,影响了各区域的发展。

第五,中国是历史悠久、地域广袤的大国,各区域经济社会的发展一向不均衡,有所区别的历史背景、经济基础和地理条件成为影响各地现代化的发展速度和水平的重要因素。

上述认识可以作以下理解:

从1842年开始五口通商,到1930年止,中国的开放商埠和被迫出让的租借地、受殖民式统治地区达110个。除了山西、贵州、陕西、青海、宁夏等少数几个省份,绝大部分的省份都有了多个通商口岸。其中,最重要的是分布在沿海地带的口岸,大约占了中国进出口贸易总额的三分之二到五分之四;其次是长江口岸;边疆口岸所占的比重微不足道。因此,沿海口岸是中国和国外以及中国沿海各地区之间发展交通和贸易联系的主要枢纽。开埠通商和巨大的国际市场为这些城市走以港兴市、商贸兴市的发展道路准备了良好的基础。此外,近代在这些城市都设有租界,租界的设立固然使得这些城市成为列强扩大在华权益的基地,同时又使之成为中国最早实现现代化的窗口,按照西方的生活要求和科学规划建设起来的各种城市交通、生活、生产的设施以及新型的城市管理方式,无不首先出现在租界。尽管这些城市也有种种黑暗面,但在当时有头脑的知识分子看来,它们确实比中国其他地方先进,代表了中国的发展方向。从此,"实现现代化"就成了中国人百余年来为之奋斗不休的崇高目标。沿海口岸城市的先进经济文化的发展、壮大,不仅带动了所在区域的发展,还通过各种交通路线和商业网络,将影响送达广大的农村。各个口岸城市几乎都是空间范围不等的地区的现代化的领头羊,是中国百年来最值得关注的地方。

另一方面,近代以来中国纳入世界经济体系的程度不断加深,虽然新式工业长期以来主要局限于沿海沿江地区,但各区域哪怕是偏僻的青海、甘肃、西藏和四川西部都很早就和国外发生了贸易往来,外向型经济的重要性不断提高。各区域的进出口物资,绝大部分都通过上海、天津、广州、香港等沿海口岸吞吐,各区域的经济联系越来越明显地表现出倾向港口城市的趋势。通过物流以及相伴随的人员、信息、资金的流动,中国各地区开始形成以沿海港口城市为龙头,以各港口的腹地为依托,以国内农畜产品、手工业产品和国外工业制成品为主要贸易内容的外向型经济体系。内陆各地区在与沿海口岸地区的贸易过程中,感受到来自沿海的现代化因素,包括经济、政治、文化方面的冲击,或早或晚或快或慢地开始了现代化进程。

研究中国近代史如同研究任何断代史,都必须高度注意中国各区域的差异性。中国地域广大,面积接近于一个欧洲,各地区的地理条件相当复杂,自古以来在经济、文化甚至政治方面存在着较大的区域差异,经济社会发展不均衡一向是中国历史的显著特点。唐宋以来,区域经济社会的差异,首先体现在汉族地区和非汉族地区的差异,汉族地区自然条件较好,经济以农业为主,经济文化水平相对高于非汉族地区。其次体现在汉族地区南方和北方的差异,早期北方的经济文化发展水平超过南方,以后因战争、生态环境恶化逐渐落后于南方,唐宋以后南方成为中国最主要的人口分布区和经济重心。在此同时,也存在着东部沿海的经济文化发展水平一般又高于其他地区的特点。1840年以后,中国的区域经济差距逐渐朝着东西差距的方向发展,最终形成了今天的西部不如中部、中部又不如东部的经济差距。中国东部和中部、西部经济差距的形成,既是历史发展的产物,也是地理条件上东部好于中部、西部的产物,更是中国现代化空间进程从东部沿海发端再向西扩展、现代化的因素随着距离的拉大而不断减少的产物。因此,研究中国现代化的空间进程,必须分析各区域的历史背景、经济基础和地理条件,以及各区域与港口城市的空间距离和交通道路的状况。

各主要沿海港口城市一般都拥有广阔的腹地,港口城市连接腹地不仅通过大大小小的交通道路,也通过一个个内陆城市或市镇。这些城市或市镇一般位居重要交通线上,它既是港口城市连接腹地的重要节点,又是腹地某一个区域的交通枢纽或经济中心,在腹地的经济发展和现代化进程中拥有重要地位。港口城市、内地城市以及规模更小的市镇,通过交通道路的连接,形成特定的地域空间网络,影响了港口城市、腹地城市和乡村的发展。

二

抓住"港口—腹地"这一关键因素,探讨现代化因素在沿海港口城市发育以后,如何沿着主要交通路线向内地扩展,港口城市与其腹地之间有着怎样的互动关系,是进行中国现代化空间研究的主要途径。

此处所说的"港口",是指上海、天津、香港、厦门、大连等一大批位于中国沿海的港口城市;所说的"腹地",是指为各个沿海港口城市提供出口物资、消纳进口物资的基本地区。各个港口城市都有自己的腹地,有的港口城市,例如上海、天津、大连、香港的腹地范围都包括若干个省份。就全国而言,除了沿边有开放口岸的部分地区,中国的绝大部分地区都纳入沿海港口城市的腹地范围。港口城市与其腹地之间通过大大小小的交通道路保持密切的联系。从空间的角度而言,"港口—腹地"就是研究这种点(港口城市)、线(交通道路)、面(腹地)之间的关系。沿海港口城市的新兴生产力形成之后,顺着交通路线向它们各自的腹地伸展,将中国各地区都卷入现代化的浪潮。

在中国现代化空间进程的"港口—腹地"关系中,港口城市是主导的一方,通过它的作用将自己的腹地带入现代化。但是,腹地作为港口城市赖以发展的基地,同样制约着港口城市的发展。任何一个港口城市,如果其腹地的空间范围广大、经济文化发展水平较高、商品经济比较发达,城市的发展水平必然要高一些,城市规模也要大一些,反之则不然。现代化的进展速度同样如此,如果腹地的现代化进展较快,则港口城市的现代化发展速度要更快一些,反之港口城市的现代化速度也不可能很快。因此,我们研究港口城市及其与腹地之间的关系,并非只探讨港口城市对腹地的影响,也要探讨腹地对港口的影响。

如何确定腹地范围,是研究中首先遇到的重要问题。腹地是学术界使用较多的一个概念,但各人使用的腹地的概念有较大的区别。即使是单纯的水运意义上的"港口"的腹地,也有若干种解释,有的学者将腹地视为与港口陆地相连的背后地,有的学者则将虽有物资从港口经过但没有陆地相连的区域也作为腹地的一部分。按照地理学的解释和从港口贸易入手研究的需要,以及文献中反映的事实,笔者将腹地确定为位于港口城市背后的港口吞吐货物和旅客集散所及的地区范围。在通常情况下,这一范围内的客货经由该港进出在运输上比较经济与便捷。"位于港口城市背后"和"客货经由该港进出在运输上比较经济合理",是腹地必须具备的两个前提条件,因此并非任何一个与港口发生客货联系的地区都可以称为腹地。例如,上海的客货通过长江和铁路、公路可以到达长江中游,也可以经过海运先到达天津,再经过中转到达河北,长江中游位于上海的背后,河北不是位于上海的背后;从长江中游经上海通往中国沿海和国外,比经其他港口要经济和便捷一些,而从河北经上海通往中国沿海和国外,远不如经天津经济和便捷。因此,长江中游属上海的腹地,而河北不属于上海的腹地。当代地理学的研究表明,口岸城市的对内联系范围与口岸所在的海港的腹地范围空间上十分接近。因此,港口的腹地范围,几乎可以视为港口所在的城市的腹地范围,而对港口进出口货流国内流向的探讨,显然是探讨所在城市的腹地范围的基本途径。

腹地既是一片陆地相连的区域,必然会有自己的边界。然而,按照人文地理学的普遍规律,除非有高大的山脉阻碍两侧的物资、人员的流通和交换,腹地的边缘一般都不能一刀切,而是具有过渡的性质。确切地说,各港口城市的腹地的边缘部分除了和所属的港口城市发生客货联系之外,也和相近的另一个港口城市发生同样的联系,虽然在客货总量中所占的比重不及前者。对于这类地区,主要依据货物占优势的流向而决定它的归属。例如,浙江省旧绍兴府在1910年前后虽然与上海发生贸易关系,但货物主要经宁波吐纳,因此将其归入宁波的腹地。

中国近代工业的发展相当艰难,新兴产业长期局限于沿海口岸地区。但另一方面,国际贸易的发展却相当迅速,绝大部分的地区都卷入了国际贸易,中国各区域之间尤其是东、中、西三大区域之间的贸易也有了发展。国际贸易、东西贸易及其引起的人员、商品、资金、技术、信息的流动,是国外市场和先进生产力通过港口城市影响中国广大内地的主要方式之一。基于这样的考虑,中国现代化空间进程研究首先考察各口岸贸易的变迁和港口与腹地之间的物流联系,分析进出口商品结构变化对腹地经济的影响,以及腹地的生产和流通对港口贸易规模和商品结构的影响。在此基础上,结合空间距离、交通道路、产业结构、人口等方面的因素,分析贸易推动下的城市和区域经济的成长及其差异,进而对产业、交通、金融、信息、文化、政治等层面进行深入细致的研究,探讨在上述各方面港口城市如何影响广大的腹地以及腹地的互动和区域差异。

港口城市通过大大小小的交通路线和腹地保持密切的联系,要探讨双方关系必须研究交通。轮船、火车、汽车、飞机等现代交通方式在中国兴起较晚,发展缓慢,在相当长的时间中人们不得不依靠步行、木船、畜力牵引的大车这些传统的交通方式。即使现代交通兴起以后,传统交通方式仍不同程度地发挥着作用。然而,现代交通方式一经兴起便显示出远比传统交通方式运量多速度快的优势,而现代化交通的发展与区域现代化的进展差不多成了正相关的关系,凡是现代交通较为发达的地区经济发展和现代化的速度势必大大加速。自现代交通传入以后,中国现代化空间展开的过程,几乎就是现代交通方式发展的过程。

由港口城市、交通道路、腹地的城市和乡村构成的空间地域结构，基本上是外向型的网络结构，它以港口城市为指向，以新式交通尤其是铁路、公路、轮船航运为大动脉，以位于重要交通路口的城市或市镇为枢纽。这种结构深刻地影响了近代乃至后代的城市分布、区域市场、货物流向、城市和农村的经济联系，乃至经济区的形成和发展，并最终改变了旧有的经济地理格局。这种受港口—腹地的支配而形成的空间地域结构的演变，也是中国现代化进程的主要研究内容之一。在这里，最重要的研究对象，一是港口城市，它是区域现代化的辐射源和经济中心，区域物流、人员流、资金流的主要吞吐中心，它的发展带动了区域的发展；二是交通道路，它是港口城市连接腹地的动脉，无论新式交通还是传统交通都有其重要意义；三是腹地内的城市和重要市镇，它们既是港口城市联系内地的主要节点，又是腹地内不同区域的交通中心和经济中心；四是区域内的产业发展、商人活动以及相关的国内外形势和政治、经济政策，毕竟经济活动是人的活动，而现代化空间进程是人活动的结果。

要研究中国现代化的空间进程，还要注意层次性。就港口城市而言，中国沿海虽然有着众多的通商口岸，但最重要的无疑是上海、香港两大口岸。在开埠后相当长的时间中，浙江以北直到东北和长江流域各口岸的进出口物资，主要通过上海中转，而福建以南包括广东、广西、云南、台湾的进出口主要通过香港中转。进入20世纪以后，各港口的独立性增强，但许多港口仍需通过上海或香港连接国际市场甚至国内市场。因此，对港口城市来说，上海、香港位于第一层次，天津、大连、青岛、汉口、宁波、厦门、广州等位于第二层次，有的在第一层次、第二层次之下还有第三层次。就腹地而言，腹地内部的重要交通枢纽和经济中心城市，如沈阳、济南、包头是第一层次，次要的城市是第二层次，一般的市镇构成第三层次。国外对中国的影响，往往首先送到上海、香港两个最重要的城市，再通过这两个城市送达第二层次的城市，然后通过第二层次的城市送到它们的腹地，有的还要送到第三层次的城市然后再送到腹地。而沿海港口城市对腹地的影响，是首先送达作为腹地第一层次的交通枢纽和经济中心，然后再通过它们送达第二层次以及其下的村镇和村庄。层次的差异必然导致各城市和各地区的现代化发展速度和水平的差异。

唐朝至近代长江三角洲港口体系的变迁轨迹*

摘要:长江三角洲最重要的贸易港从唐代的扬州转移到宋元明时期的宁波及外港双屿港,近代开埠之前又转移到上海,大致呈现出自北向南,再自南向东的发展趋势。不同时期的主要贸易港和区域性港口形成分工协作、层次分明的港口体系。文章最后从港口区位条件、自然环境、腹地经济开发程度、对外联系等方面分析了推动长江三角洲重要港口转移和港口体系变迁的重要因素。

关键词:港口体系;长江三角洲;唐朝至近代

长江三角洲位于我国东部大陆海岸线的中段,万里长江的入海处。由于大海和长江的交汇,在长江三角洲形成一系列的港口,这里自古是我国海上交通比较发达的地区,海港是其对外交通的主要枢纽。今天,上海、宁波都是我国的重要港口,而南通、张家港、江阴、镇江、扬州、南京则是长江沿岸的重要港口。此外,还有一些地位未必那么重要但在区域经济中却发挥一定作用的小港口。还有一些港口,例如青龙港、太仓港,在历史上的某一个时期也发挥过重要的作用。探讨长江三角洲港口体系的变迁轨迹,对于探索历史时期长江三角洲地区经济文化的发展以及今日的区域经济发展,都具有重要意义。本文拟简述唐代以来长江三角洲主

---

* 本文原载《复旦学报》2007年第2期,第98—109页,第一作者吴松弟,第二作者王列辉。为复旦大学中国历史地理研究中心211工程项目"长江三角洲历史地理研究"的子课题"长江三角洲港口体系的变迁"的一部分。

要港口的变迁轨迹,主要是探讨在唐以后的各个时期,什么港口是区域的最大港口,以及其他港口和它的配合问题。

一、扬州——唐代第一大港

自隋代修通大运河以后,位于长江和大运河交汇处的扬州开始发展为我国最重要的交通枢纽和商业城市之一。由于距海不远,扬州的海上交通也相当发达,是当时长江三角洲最重要的贸易港。

唐代今南亚的印度、巴基斯坦、斯里兰卡,西亚的伊朗和阿拉伯国家的人民,由于濒临印度洋且有着发达的航海业,往往经海路乘船至我国东南沿海港口经商,安史乱后这些国家来中国的海商人数有所增加。为了保护外商的利益,唐文宗于太和八年(834)下谕:"南海番舶,本以慕化而来,固在接以恩仁,使其感悦。……其岭南、福建及扬州蕃客,宜委节度观察使常加存问,除舶脚、收市、进奉外,任其来往通流,自为交易,不得重加率税。"[1]据此可知,唐后期扬州与广州、泉州是当时我国海商较多的三个港口城市。至德年间田神功率军在扬州大加杀掠,据说"商胡大食、波斯等商旅死者数千人"[2],反映扬州的海商人数不少。扬州是唐后期全国工商业最发达的城市之一。大中九年(855),卢求说:"大凡今之推名镇为天下第一者,曰扬、益(即成都),以扬为首,盖声势也。"[3]徐凝诗"天下三分明月夜,二分无赖是扬州"[4],都是对扬州商业繁荣状况的写照。唐后期扬州的商业地位,几乎相当于今天上海在中国的地位,而唐后期扬州港在长江三角洲的地位,也几乎相当于上海在今天的长江三角洲的地位。

唐代长江三角洲的另一个重要港口,是今天宁波所在的明州港。明州港位于长江三角洲南侧,素以港阔、水深、波平、浪静而闻名,又靠近中国对日本的主要航道。而且,明州所在的江南地区自南朝以来即成长为中国经济水平最高的地区,唐代又是中国丝绸、茶叶、纸张、瓷器等大宗商

---

[1] 李昂:《太和八年疾愈德音》,《全唐文》卷七五,上海古籍出版社,1990年影印本,第342页。
[2] 刘昫:《旧唐书》卷一一○《邓景山传》,中华书局,1975,第3313页。
[3] 卢求:《成都记序》,《全唐文》卷七四四,第3413页。
[4] 徐凝:《忆扬州》,《全唐诗》卷四七四,中华书局,1960,第5377页。

品的主要产区之一,有着发展海上商业的良好条件。开元二十六年(738)明州港正式开港,到唐朝后期已经成为我国重要的对外贸易港口之一,其中和日本的关系最为密切。日本遣唐使船在初期走的是海道北路,到了公元8世纪中叶,因日本和朝鲜半岛上的新罗关系紧张,开辟了海道南路。这条航线是从日本筑紫的博多(今福冈)扬帆,沿九州西岸南下,经过萨摩循种子岛、屋久岛、奄美岛等岛屿,在奄美岛附近横渡中国东海,在明州(宁波)登陆。然后利用浙东运河到杭州,再沿着江南运河到扬州,并由江淮运河、汴河经汴州(今河南开封)去长安,史称南岛路。① 这条航线拉近了中国与日本之间的距离,同时又避免了朝鲜半岛政治形势的干扰,加之港口条件优越的宁波港比江淮之间的泥质海滩更安全,在宁波港背后又有浙东运河、江南运河沟通洛阳、长安,所以这一航线一经发现,很快就成为海上常路,作为登陆港的宁波港自然成为中日交通的最主要的港口。

天宝十一载(752),日本遣唐使者在明州登岸,这是日本使船第一次到达明州港,也是明州港第一次接待外国船只。此后,日本遣唐使舶于贞元二十年(804)、开成三年(838)两次在明州登岸,由明州经扬州、楚州、汴州(今河南开封)、洛阳到达长安。开成四年(839)日本停止派遣遣唐使到中国,但两国的民间往来更加频繁。从那时起,到907年唐朝灭亡的近70年间,中国商人从明州港出发到日本进行贸易的次数就有30多次。②

尽管由于史料的缺乏,难以确切比较扬州港和明州港的繁盛状况,但综合上述有关资料,可以推测,明州的客商主要来自日本,而扬州的客商则来自大食、波斯、日本等国,扬州是全国商业最繁荣的城市,又是中国南北物资转运的枢纽。在这种背景下,扬州作为长江三角洲贸易港的重要性超乎明州以上,那是没有疑问的。在当时长江三角洲的港口体系中,扬州港是最重要的港口,明州港由于靠近中国对日本的航线,在对日本的交通联系中也发挥了一定的作用。明州的地位之所以不如扬州,按照黄盛璋的研究,要归之于明州介于扬州和泉州之间的不利的港口位置,"日本

---

① 李孝聪:《中国区域历史地理》,北京大学出版社,2004,第318页。
② (日)木宫泰彦:《日中文化交流史》,胡锡年译,商务印书馆,1980,第153页。

南下之道,常为扬州所夺,而外商由广州北上扬州之道,中间已有泉州停顿,所以明州在唐代始终不能成为大港市"①。

二、明州——宋元第一大港

唐朝末年天下大乱,扬州所在的淮南地区战乱频仍,扬州也遭到惨重的破坏,据说"被兵六年,士民转徙几尽",后在割据者杨行密的大力招抚下才慢慢得到恢复。② 但是,五代和北宋扬州在全国的地位已无法和唐后期"扬一益二"的盛况相比。另一方面,明州所在的江南地区因长江的阻隔很少受到战乱的破坏,人口和区域经济都有了一定程度的发展,经济发展程度已经超过淮南,江南经济的发展极有力于明州港的发展。此外,随着长江三角洲的逐渐发育,特别是今天的南通市及其以东地区的逐渐成陆,使得长江口从唐代扬州以东不远的今江阴一带,一直推进到接近今天的长江口。而长江口的东移又使得昔日宽广的扬州—镇江间的长江流速放缓,河段日渐束狭,江心洲发育,不利于航行。到了北宋,位于扬州以西的真州(今江苏仪征市)逐渐取代了扬州的地位,成为大运河和长江的交汇点,当时的江、淮、两浙、荆湖等路的发运使均驻在真州。然而,真州只是内河航运的中心,前来停泊的外国商船为数不多。政治经济和自然地理面貌的巨大变化,使得长江三角洲的主要港口,开始从长江以北向长江以南转移,确切地说,是从长江北岸的扬州向杭州湾以南东滨大海的明州转移。

北宋时期,朝廷把海外贸易视作国家财政收入的重要来源,在一些贸易港口设立专门的管理机构——市舶司,长江三角洲的杭州、明州等地相继设立市舶司。

杭州位于长江三角洲繁荣地区的腹心,可以通过杭州湾入海,又是大运河的始发地。北宋端拱二年(989),宋太宗下诏:"自今商旅出海外蕃国贩易者须于两浙市舶司陈牒,请官给券以行,违者没入其宝货。"③这一

---

①黄盛璋:《中国港市之发展》,《地理学报》1951年第1、2期合刊,第21—40页;又载黄盛璋《历史地理论集》,人民出版社,1982,第88—110页。
②《资治通鉴》卷二五九,唐昭宗景福元年八月,中华书局,1956,第8434—8435页。
③《宋会要辑稿》职官四四之二,中华书局,1957年影印本,第3364页。

诏令说明至迟在端拱二年杭州已经成立两浙市舶司。元丰五年(1082)之后朝廷规定:"诸非杭、明、广州而辄发过南海商舶者,以违制论。"①可见北宋时杭州位居全国三大港之列,只有杭州、明州、广州三市舶司同意发往南海的贸易船只,才被视为合法下海的贸易船。

尽管明州在唐代是重要的贸易港之一,但在北宋设立市舶司的时间仍稍晚于杭州。淳化三年(992)两浙市舶司移到明州的定海县,次年又移回杭州;到了咸平二年(999),始于杭州和明州两地都设立市舶司。②明州设立市舶司以后发展很快,贸易地位迅速上升。元丰三年(1080)朝廷规定"诸非广州市舶司辄发过南蕃纲舶,非明州市舶司而发过日本、高丽者,以违制论",也就是把去日本、高丽的唯一合法港限定在明州。五年之后又补充道"诸非杭、明、广州而辄发过南海商舶舡者,以违制论"(上揭),即明州也是去南海船舶的合法始发港之一。

南宋定都杭州,称为临安,明州因靠近首都地位更加突出。杭州尽管是首都所在地,但由于钱塘江潮急浪高,暗礁密布,港口的地位不如明州。当时"商舶船只怖于上潭,惟泛余姚小江,易舟而浮运河,达于杭、越"③。也就是说,船舶一般先来到明州港,再经余姚江和浙东运河到达杭州,明州实际上担任了杭州外港的角色。南宋时,明州港的海外贸易十分繁荣,交往的国家很多,最主要的国家是日本和高丽。到了绍熙元年(1190)光宗继位以后,朝廷禁止商船停泊在附属于杭州的澉浦港,此后杭州也不再置市舶司;庆元元年(1195)宁宗继位以后,朝廷又禁止商船前往江阴军、温州、秀州,原先设立在这些地方的市舶机构都撤销了,只有明州一处尚有市舶司;此后,"凡中国之贾高丽,与日本诸蕃之至中国者,惟庆元(南宋改明州为庆元府)得受而遣焉"④。也就是说,明州(庆元府)成为全长江三角洲唯一的国内贸易和对外贸易的港口。

宁波港所在地区元代改称为庆元路,庆元与泉州、广州并称全国三大

---

①苏轼:《苏东坡全集·奏议集》卷八《乞禁商旅过外国状》,中国书店,1986,第493页。
②据《乾道临安志》卷二"廨舍"载:"提举市舶司旧在城中,淳化三年四月庚辛移杭州市舶司于明州定海县。"而《宝庆四明志》卷六《市舶》载:"浙务初置杭州,淳化元年徙明州,逾六年复故,咸平二年杭明二州各置务。"
③吴自牧:《梦粱录》卷一二《浙江》,浙江人民出版社,1984。
④《宝庆四明志》卷六《市舶》,《宋元方志丛刊》本,中华书局,1990。

港口,虽然泉州、广州的地位特别突出,但在长江三角洲庆元毫无疑问是最重要的港口。至元十四年(1277)元朝在庆元设立市舶司,同时又于上海、澉浦分别设立市舶司,至元二十一年(1284)又于杭州设立市舶都转运司,在元朝于沿海设立的7个市舶司中长江三角洲竟占了4个;但是,到了大德二年(1298)以后设立于澉浦、上海以及温州的市舶司都被并入庆元市舶司,直隶中书省,而杭州市舶司则被并入当地税务。① 仅此一点,便足以说明庆元港在长江三角洲地区的重要性。

庆元港不仅是元代的三大贸易港之一,还是一个重要的军港和漕粮起运港。至元二十九年(1292)元朝征爪哇,调集福建、江西、湖广士兵两万、战舰千艘从庆元港登舟涉海。② 元朝漕粮北运的主要航线原先从长江南岸的刘家港(在今江苏太仓县境)出发,皇庆元年(1312)开始从庆元港运粮入京。③

除了宁波和杭州,在长江三角洲,青龙镇、上海镇、浏河等港口也曾有比较繁荣的贸易。

青龙镇在今上海市青浦区东北的旧青浦,位于当时长江三角洲东部的主要干流吴淞江的下游,循江而上可直达苏州,经支流可与华亭(今上海市松江区)、秀州(今浙江嘉兴市)等地交通。北宋初置镇,到元丰年间,这里已是海商聚集之地,"海舶辐辏,风樯浪楫,朝夕上下,富商巨贾、豪宗右族之所会,人曰小杭州"④。由于贸易的发展,青龙镇一度改称通惠镇。政和三年(1113)朝廷于秀州华亭县设立市舶务,⑤实际就是管理青龙镇的海上贸易。南宋建炎四年(1130)有人建议干脆将华亭市舶务移到青龙镇,两浙市舶司移到华亭⑥,这一建议几年后被采纳。按照邹逸麟、茅伯科先生的看法:"这一措施,标志着上海地区最早的海上贸易港青龙镇已从民间的商港上升到南宋政府官方的正式对外贸易港,两浙市舶

---

①《元史》卷九四《食货》,中华书局,1976年点校本。
②《元史》卷二一〇《爪哇传》。
③虞集:《道园学古录》卷四一,四库全书本。
④唐锦:弘治《上海志》卷二,《天一阁藏明代方志选刊续编》,上海书店,1990。
⑤《宋会要辑稿》职官四四之一一,第3369页。
⑥《宋会要辑稿》职官四四之一三、一四,第3370页。

司迁至华亭,也意味着青龙市舶务是两浙市舶司辖下的五务中最重要的一个"①。到了南宋时期,由于港口条件的日益恶化(主要是吴淞江的逐渐淤浅),青龙港已趋于衰落。

就在青龙港逐渐衰落的时候,位于青龙镇下游吴淞江南岸的上海镇开始兴起。上海因东濒吴淞江支流上海浦而得名,明嘉靖《上海县志》载:"迨宋末,该地人烟浩穰,海舶辐辏,即其地立市舶提举司及榷货场,为上海镇。"可见在南宋末上海已经设立市舶机构,说明青龙港的地位已由上海港取代。到了元末明初,受吴淞江泥沙淤积的影响,上海港的航道逐渐淤浅,来往海船纷纷转趋浏河港。

宋代鼓励发展海上贸易,吴淞江下游的江湾镇,长江口南岸的黄姚镇,钱塘江口的澉浦镇,长江南岸的江阴军,也曾是不同时期的海上贸易港,并出现过一定的繁荣局面。然而,所有的明州以外的港口,甚至作为南宋首都所在地的杭州,都未能撼动明州港在长江三角洲的龙头地位,可以说在宋元时期明州港基本上都是长江三角洲的最为重要的港口。然而,明州港的繁荣又始终不能使这一区域的其他港口自动退出舞台,这些港口尽管地位不如明州重要,却都在区域港口体系中扮演着特定的角色,尤其是分布在今上海地区的诸多港口。这就使我们想到,在长江三角洲,明州由于位置靠南,实在难以成为这一区域北部地区的进出门户,这就为北部地区港口的存在提供了合理性。而随着长江三角洲海岸线的不断东移,长江两岸港口已难以回到唐代扬州那样尊贵的地位了,这些港口的重要性不仅不如明州港,甚至也不如上海地区的诸多港口。而在上海地区,随着三角洲的向东扩展,港口开始了逐步东移的过程。

三、明代的私人贸易港和宁波双屿港的勃兴

明代的对外贸易分两种形式。一种是通过市舶司进行的贡舶贸易,一种是不经过市舶司的私人海上贸易。贡舶贸易是由外国官方派出,以进贡名义、通过市舶司进行的贸易,而私人贸易是未经政府许可的违法贸

---

① 邹逸麟、茅伯科:《上海港:从青龙镇到外高桥》,上海人民出版社,1991,第9—10页。

易。因此,明人说:"贡舶者,王法之所许,市舶司之所司,乃贸易之公也;海商者,王法之所不许,市舶之所不经,乃贸易之私也。"①

明初,市舶司设于太仓州黄渡(在今上海市嘉定区黄渡),不久因朝廷担心"海夷狡诈无常,迫近京师,或行窥伺",遂罢不设。② 洪武七年(1374),又于宁波府(明代以庆元府改)、泉州和广州设立市舶司,其中宁波接待日本、琉球(在今日本冲绳群岛)的船只。明朝认为"琉球、占城诸国皆恭顺","任其时至入贡";而"日本叛服不常",只许十年一贡,每次人止二百,船止二艘,后期虽放宽到十年一贡,每次三百人,船只三艘。③ 从1404年至1547年,共计143年中,日本船来宁波17次,明朝船去日本仅8次,足见宁波港之萧条了。④

明前期对私人海上贸易采取极力压抑的作法。洪武二十七年(1367),朱元璋下令禁止民间使用来自海外的番香番货,严禁私人海上贸易,规定"敢有私下诸番互市者必置之重法。凡番香、番货皆不许贩鬻,其见有者,限以三月销尽。民间祷祀,止用松、柏、枫、桃诸香,违者罪之"⑤。明朝法律明确指出:"奸豪势要军民人等,擅造二桅以上违式大船,将带违禁货物下海前往番国买卖,潜通海贼同谋结聚,及为向导劫良民者,正犯比照谋叛已行律处斩,仍枭首示众,全家发边卫充军。若将大船雇与下海之人,分取番货,及虽不曾造有大船,但纠通下海之人接置番货,与探听下海之人,番货到来,私买贩卖苏木、胡椒至一千斤以上者,俱发边卫充军,番货并入官。"⑥由于朝廷允许使用的单桅船较小,难以对付较大的风浪,不必说下海通番经商,即使在沿海从事国内贸易和海上渔业也几乎不可能。明人王忬的话即是证明,他说:"国初立法,寸板片帆,不许下海。百八十年以来,海滨之民,生齿繁息,全靠渔樵为活。每遇捕黄

---

①郑若曾:《筹海图编》卷一二,《四库全书》本。
②沈德符:《万历野获编》卷一二《户部·海上市舶司》,中华书局,1985年点校本,第317页。
③《明史》卷八一《食货志》,中华书局,1974年点校本,第1980页。
④郑绍昌主编《宁波港史》,人民交通出版社,1989,第84—85页。
⑤王士骐:《皇明驭倭录》卷一,上海古籍出版社,《续修四库全书》本。
⑥熊鸣岐:《昭代王章》卷二,《玄览堂丛书》初辑,正中书局,1982,第124页。

鱼之月,巨艘数千,俱属犯禁。"①

尽管如此,仍有一些沿海人民为重利所诱,违禁下海贸易,"海禁虽密,然海舶何尝不往来"②,即反映了这种现象。由于朝贡贸易对外国船只的来华时间、船只数量和人数均有种种限制,贸易规模较小,远远不能满足国外市场的需要,私人贸易成为海上贸易的主流。例如,在宁波府一带:"海乡之民,以沧溟为菑畲。每岁孟夏以后,大舶数百艘,乘风挂帆,蔽大洋而下,而台、温、汀、漳诸处海贾,往往相追逐,出入蛟门中。"③明前期,东南沿海各地对海上私人贸易"守臣不敢问,戍哨不能阻……一向蒙蔽公法","人情安于睹记之便,内外传袭,以为生理之常",违禁贸易的局面"相延百数十年",并保持着一定的规模。④

由于违禁私人贸易已成为对外贸易的主要途径,洪武至隆庆(1368—1567)二百年间的主要对外贸易港口,并不是市舶司所在的港口,而是位于地方比较隐蔽、官方控制比较薄弱的违禁私人贸易港口,这种港口南从广东的东莞、涵头,北至长江三角洲的丁屿、马迹,不下于数十处。⑤自嘉靖初起,最重要的私人违禁贸易港开始向宁波府的双屿港(在今舟山市普陀区西南部的六横岛)转移。

正德年间(1506—1521),葡萄牙商人到广东沿海进行贸易,为避开广东市舶司的重税,也为了"省陆运","福人导之,改泊海仓月港,浙人又导之,改泊双屿",每年"以六月来,望冬而去"。⑥嘉靖三年(1524)因"岁凶","双屿货壅",销售不畅;适值明朝罢市舶司,来华的日本贡船难以进行合法的贡舶贸易,双屿港的中国海商趁机"贩货以随售",即廉价出售于日本商船,"官司禁之,弗得。西洋船原回私澳(在广东),东洋船通布海洋,而向之商舶悉变而为寇舶矣"⑦。此后,"佛郎机(即葡萄牙)、彭亨

---

①王忬:《王司马奏疏·条处海防事宜仰祈速赐施行疏》,陈子龙等辑《明经世文编》卷二八三,中华书局,1962,第2997页。
②陈懿典:《陈学士集·驳倭议》,《明经世文编》卷四六五,第5109页。
③张邦奇:《张文定集·西亭饯别诗序》,《明经世文编》卷一四七,第1465页。
④唐枢:《御倭杂著·复胡梅林论处王直》,《明经世文编》卷二七〇,第2850页。
⑤王忬:《王司马奏疏·倭夷容留叛逆纠结入寇疏》,《明经世文编》卷283,第2997—2998页。
⑥郑若曾:《筹海图编》卷一二。
⑦郑若曾:《筹海图编》卷一二。

(在今马来西亚)、暹罗(今泰国)诸夷亦前来宁波双屿港内售泊,内地奸人交通接济,习以为常"①,双屿港的私人海上贸易规模扩大。

据明代文献记载:"许栋、王直辈挟万众双屿诸港,郡要缙绅利互市,阴通之。"②许、王所挟的"万众",数量是否真实,是否都是双屿港上从事海上贸易的人员,至今已无可考证,但这条资料至少可以证明双屿港海上贸易已达相当大的规模。嘉靖二十七年(1548)直接指挥摧毁双屿港的提督浙闽海防军务朱纨,事后向朝廷报告,亦提到中外海商"占据双屿,相传已二十余年";从岛上道路的状况来看,"贼徒占据之久、人货往来之多,不言可见";他又说:在此经商的货船数量极多,仅在港口被摧毁之日逃往外洋的船只便达一千二百九十余艘。③ 双屿港的繁荣,也在一位到过东方的外国旅行家宾托(Ferand Mendea Pinto)笔下留下记载:"谓宁波(即双屿——引者注)在当时较印度及全亚洲之任何地方为壮丽,为殷富。而其繁荣,自二年前发见与日本贸易后,可谓登峰造极,总贸易额超过三百万金,而对日贸易占其总额之大半,获利之巨,可达投下资金之三四倍。总人口共三千人,其中葡人一千二百人,几占其半数。家屋千余所,家屋每所之建筑费,有耗至三四千金以上者,教堂六七宇,医院二所,每年经费达三万金以上。其繁盛可以想见矣!"④

嘉靖二十七年,明朝军队摧毁双屿港,港口成为废墟。⑤ 但是,长江三角洲沿海的私人海上贸易仍保持相当的规模。双屿港破后,海商首领王直率众改住烈港(在今浙江定海县西北),势力渐强,"以所部船多,乃令毛海峰、徐碧溪、徐元亮分领之……兴贩之徒,纷错于苏、杭近地"。⑥由于前往贸易的中外商人众多,地方官唐枢上书督府,要求在定海设关开市,允许中国商人在定海验关收税后再赴列港贸易。⑦

除了列港,武装海商集团还曾占据过上海县附近的若干个地方,特别

---

①朱纨:《朱中丞集·海洋贼船出没事》,《明经世文编》卷二〇五,第2161页。
②王世贞:《弇州四部稿》卷八一《湖广按察副使沈公传》,四库全书本。
③朱纨:《朱中丞集·双屿港填工完事》,《明经世文编》卷二〇五,第2165页。
④宾托:《东洋纪行》,转引自周景濂《中葡外交史》,商务印书馆,1991,第45页。
⑤朱纨:《朱中丞集·双屿填港工完事》,《明经世文编》卷二〇五,第2164、2165页。
⑥郑若曾:《筹海图编》卷一一《引都督万表语》。
⑦唐枢:《御倭杂著·上督府开市事宜》,《明经世文编》卷二七〇,第2853页。

是柘林(在今上海奉贤区东南滨海),企图将这些地方变成私人海上贸易的港口。柘林具有优越的地理位置,不仅"去海斥近,既便泊舟","既乏州县,亦无聚落,去来无禁",而且有水路和陆路通往松江、嘉兴、湖州、杭州、苏州乃至南京等地,便于贸易。① 清人章鸣鹤在论述明代上海地区的商港时,认为明初港口在松江(一称崇阙),"外泊海船,商贾咸集",至明中叶"海舶集于卫城外,卫城人雄于赀",至清顺治初卫城被屠,"而商贾皆集于沪上矣"②。明代仅在上海设立金山一卫,其卫城在今上海南部的金山卫,距柘林甚近,所说的"海舶集于卫城外",当指集于柘林一带。

隆庆元年(1567),明朝于漳州月港重开海禁,"易私贩而为公贩"。由于其他港口并未获准开放,各地海商纷纷转到月港经商,月港发展为我国最大的贸易港,从而影响到江南沿海的私人贸易港的发展。尽管这样,由于在长江三角洲从事海上贸易的腹地和区位条件优于福建、广东等地,明后期不仅有越来越多的福建海商在此购货、下海,而且有越来越多的江南人参与了海上贸易,从而出现海上贸易比较发达的地区由福建南部逐渐向浙江东部转移的趋势。明后期人王在晋指出这种趋势:"夫漳、泉之通番也,其素所有事也,而今乃及福清;闽人之下海也,其素所习闻也,而今乃及宁波、宁海;通贩于今创见,又转而及予杭州。"他认为出现这一趋势的原因,是"杭之置货便于福,而宁之下海便于漳。"③

四、上海港——开埠前最大的内贸港

明代的私人海上贸易的繁荣,到了清初因严厉的迁海令和禁海政策而被压制下去。康熙二十四年(1685),由于台湾郑氏集团降清,禁海令解除,海上贸易重新出现蓬勃发展的局面。就沿海地区的国内贸易而言,不仅原有的海路都得已开通,而且开始有海舟经过山东登州海面,直趋明代"通商未广"的天津和奉天(今辽宁省)的海港。江浙海船开始赴奉天贸易时,"岁止两次",几十年后增加到"一年行运四回。凡北方所产粮、

①何良俊:《何翰林集·与涂任斋验封书》,《明经世文编》卷二〇四,第2150页。
②章鸣鹤:《谷水旧闻》,上海博物馆藏清乾隆二十一年抄本。
③王在晋:《越镌》卷二一《通番》,中国科学院图书馆藏明万历三十九年刻本。

豆、枣、梨,运来江浙,每年不下一千万石"。① 与各国的贸易同样很兴盛,"商舶交于四省,遍于占城、暹罗、真腊、满剌加、浡泥、荷兰、吕宋、日本、苏禄、琉球诸国"。② 在此背景下,上海港开始得到发展。

上海港的发展,与长江三角洲内部的环境变迁有着密切的关系。明永乐元年(1403),户部尚书夏元吉主持太湖流域治水工程,经过疏浚形成一条黄浦江水道,后又经过多次整治形成河道宽深、水量丰沛的出海航道,取代了吴淞江的干流地位,奠定了上海港的发展基础。清康熙二十四年江海关在上海设立,"凡运货贸迁皆由吴淞口进泊黄浦,城东门外舳舻相衔,帆樯比栉",上海商业的繁荣程度不下当时号称繁胜的仪征(今属江苏)和汉口。③

浏河港在明代和清前期仍保持一定程度的繁荣,明永乐年间郑和数次下西洋均从这里起航。它与江南最重要的城市苏州有浏河直接沟通,为苏州通海之门户。但受潮汐的影响,浏河港亦有一个泥沙淤积的问题。因疏于治理,港口水文状况恶化,海船进出受阻,交通苏州等地的浏河也日渐淤狭,浏河港渐趋衰落。到了嘉庆中叶,"南北商人皆席卷而去"④,海船相继转往邻近的上海港。

位于上海港南端的乍浦港一度也颇为兴旺。它地处杭州湾畔平湖县境内,直接面海,西与嘉兴府城相距不远,有河道相通。元明两代,海运往来曾有一定规模。自清康熙年间海禁放开,聚泊该港的海船接踵而至,大多往返于华南及日本航线⑤。但由于偏离长江入海口,与江南经济富庶地区的交通联系不及浏河、上海便捷,港口外又有浅滩横亘,退潮时"商船难拢口岸"⑥,乍浦港的贸易规模终受制约,不少原先停泊该港的闽、广商船,后来多移至上海港。

浏河、乍浦港的衰退,使开埠前的上海作为长江三角洲主要出海港的

---

① 谢占壬:《海运提要序》,《清经世文编》卷四八,第 1154 页。
② 姜宸英:《海防总论拟稿》,《清经世文编》卷八三,第 2032 页。
③ 乾隆《上海县志》卷一《风俗》,《中国地方志集成》影印本。
④ 道光《浏河镇记略》卷五《盛衰》,江苏古籍出版社,1992。
⑤ 参见冯佐哲《乍浦港与清代中日贸易和文化交流》,《明清论丛》第 2 辑,紫禁城出版社,2001。
⑥ 道光《乍浦备志》卷六《关梁》,《中国地方志集成》影印本。

地位愈发突出。

清代的沿海航线分南洋、北洋两种,"出(上海)吴淞口,迄南由浙及闽、粤,皆为南洋;迄北由通(南通)、海(海门)、山东、直隶及关东,皆为北洋"①。上海和天津是北洋航线的南、北两大中心,人称"海船南载于吴淞,而北卸于天津,两地为出口入口之总汇,实海运成始成终之枢要"②。当时,行驶在北洋航线的船舶是吃水浅适应北方沿海水浅礁硬特点的沙船,上海是沙船的主要聚集地。聚集在上海的沙船约达三千五六百艘,自康熙二十四年开海禁后"关东豆麦每年至上海者千万余石,而布、茶各南货至山东、直隶、关东者亦由沙船载而北行"③。进出上海的南洋海船多来自浙江、福建、广东等地,以及东南亚各国。到了嘉庆年间,"闽、粤、浙、齐、辽海间及海国巨舶……辄由吴淞口入舣城东隅,舳舻尾衔,帆樯如云";"鳞萃羽集,远及西洋(指南洋群岛)、暹罗之舟,岁亦间至";加上保持相当规模的长江航运,上海成为"号称烦剧,诚江海之通津,东南之都会也"的汇合长江流域、沿海及国际航运的中心。④

1832年,英国人胡夏米奉命偷航上海,当他在吴淞口看到7天之内就有400余艘100吨—400吨来自天津和奉天的船只驶入上海,每天又有三四十艘船只从福建、台湾、广东以及东南亚国家驶入上海时,他认为仅仅就国内贸易而言上海已经超过广州。⑤ 根据樊百川的估算,鸦片战争以前,每年进出上海的北洋航船和闽、广、浙的海船,以及长江航船和江南各处及本地内河客货船,当不下300万吨;他认为上海港这样巨大的吞吐量不仅为国内各港口所不及,即与当时的西方国家相比亦可纳入大港之林。⑥ 邹逸麟、茅伯科亦认为:"可以肯定地说,19世纪初,上海已经是我国东部沿海第一贸易大港。"⑦

---

①齐彦槐:《海运南漕议》,《清经世文编》卷四八,中华书局,1992,第1160页。
②魏源:《复魏制府询海运书》,《清经世文编》卷四八,第1174页。
③齐彦槐:《海运南漕议》,《清经世文编》卷四八,第1160页。
④嘉庆《上海县志》卷一《风俗》,《中国地方志集成》影印本。
⑤南木:《鸦片战争以前英船阿美士德号在中国沿海的侦查活动》,载列岛《鸦片战争史论文专集》,三联书店,1958,第110页。
⑥樊百川:《中国轮船航运业的兴起》,四川人民出版社,1985,第47—48页。
⑦邹逸麟、茅伯科:《上海港:从青龙镇到外高桥》,第29页。

鸦片战争以前,虽然受清朝规定的一口通商的限制,对外贸易只可在广州进行,但中国最大宗的出口物资生丝、丝绸、茶叶却多产自江浙,长途运输导致了丝茶价格大大提高。当西方人了解到这一情况以后,开始来到宁波贸易,并要求政府开放长江三角洲的港口。闽浙总督杨应琚分析洋船一再前来宁波的原因,在于"今浙省出洋之货,价值即贱于广东";"惟番商希图避重就轻,收泊宁波,就近交易,便益良多"。① 由于这一原因,当1840年以后西方列强的洋枪洋炮改变了长期存在的广州一口通商的局面,我国最大的外贸港口数年后便移到上海。此后,我国最大的国内贸易港和最大的国际贸易港都在上海。

需要指出,在上海崛起之前,宁波港是长江三角洲最主要的贸易港,上海港之所以能取代宁波港,主要归功于北洋航线上交通和贸易的迅速发展。宋元明时期,由于屡受战争和黄河决溢改道引起的生态变迁的不利影响,我国北方地区的社会经济日趋衰落,人口增长长期裹足不前,加上长江以北海岸线多是沙岸不便航行,南北间的海上交通和贸易保持在较低的水平。到了清代,随着美洲传入的粮食作物和经济作物在北方的广泛传播,北方人民获得对付生态恶化的有利武器,人口数量大增,商品生产出现宋明以来没有达到过的繁荣程度,而东北的初步开发也为南北物资运输提供了大量的新品种。在此背景下,长期备受冷落的北洋航线出现空前繁荣的局面。上海正当南北洋航线的交汇处,南方的深水船要北上北方,北方的浅水船要南下南方,都需要在上海换船,而上海一带的沙船又适合北方航线的需要。在此背景下,上海迅速成为长江三角洲甚至中国最重要的港口。就此而言,没有北洋航线的繁忙,上海居于中国南北航线交汇处的优势就无法发挥出来,也就很难在宁波等长江三角洲其他港口的竞争中胜出。

五、开埠之后的港口体系

1842年英国迫使清朝签订中英《南京条约》,条约规定开放广州、上

---

① 乾隆《东华实录》卷四六;《高宗实录》卷五四九。

海、厦门、福州、宁波等五个沿海城市为通商口岸。由于区域和地理位置的重要，五个通商口岸竟有两个位于长江三角洲地区。1856年，英、法两国发动第二次鸦片战争，通过《天津条约》和《北京条约》，清朝增开12个通商口岸，长江三角洲的镇江、南京也在开放之列。

开埠以后，长江三角洲港口体系发生的最令人注意的变化，是本已成为中国最大的内贸港的上海港获得进一步的迅速发展，发展势头远远超过其他通商口岸，而这一切又和港口条件的率先改善分不开。

上海开埠前，过往的是各类木帆船，港口设施简陋，货物装卸全凭人力。1845年，英国人首先在外滩建造两座驳船码头，至1853年后外滩江边已有10余座驳船码头。19世纪60年代轮运业趋盛，外商又在近岸水位较深的黄浦江虹口、浦东段兴建码头、仓栈。这些码头水深，仓库占地广，设施好，装卸效率大为提高。为了解决长江口泥沙淤积不利航行的问题，1846年以后在江口浅沙处设立了多座浮筒灯标，用来提示进港航道。应外商的要求，1890—1891年清朝地方官府雇佣数千人，着手疏浚离租界不远的吴淞江（又称苏州河）河道的淤泥。自1906年以来，更对吴淞口内外沙进行了大规模的治理，到1924年万吨级的船舶能每日乘潮进出上海港。在此同时，港区范围也得到了极大的拓展，由苏州河口以南、以北、浦东和内河四大部分组成，业务各有侧重，互为联系，形成港岸线长、内外贸衔接、江海内河航运配套的基本态势，具备了近代枢纽大港的港口条件和物质基础。

良好的区位位置和优越的港口条件，为上海港的发展提供了必要的前提。自19世纪50年代开始，上海港的进出口贸易总值开始超过广州港，跃居中国各大港的首位。据19世纪70年代开始的中国海关贸易报告提供的数据，此后历年上海的贸易量始终雄居中国各港口之首，且占较大的份额，在20世纪以前占中国对外贸易总值的一半以上，此后虽有下降但到抗战前仍占40%上下。

19世纪下半叶，丝、茶始终是上海港输出的大宗出口商品。这些出口丝、茶，绝大部分来自长江流域各地。海关贸易报告曾这样概括："上海差不多是全中国（广州除外）生丝出口的商业中心，但上海本地并不出产任何种丝"。① 19世纪80年代始,棉花、烟叶、皮革、羊毛等由上海港输出的商品明显增长。其中,原棉大多来自包括上海近郊在内的江苏东南部乡村,而烟叶、皮革、羊毛等则多来自长江中上游。在此同时,从国外进口的商品,也经由上海输往上述地区。上海港对外贸易的这种增长,既是腹地越来越多的地区程度不等地卷入世界资本主义市场的产物,更是和上海港因其远洋及沿江沿海和内河航线的增辟,特别是长江轮运的贯通,对外贸易覆盖地区的大范围扩展以及规模日大的国内埠际贸易相辅相成,互为促进的。此外,上海港开埠后,以它为主要中转点的国内沿海各港口间传统的货物流通并未中止,且随着各地商品经济的发展和凭借轮运业的沟通,它们大多还有新的发展,颇具规模。

上海港的繁荣,建立在广阔的腹地的基础上。近代上海港的腹地,由长江及沿江内河水系沟通,它北抵秦岭南麓、河南省黄河南岸和山东的鲁西南平原,西至四川盆地和青藏高原东缘,南接云贵高原、南岭及武夷山脉。其中,长江三角洲是上海关系最为密切的直接腹地。长江三角洲密如蛛网的河道水系为上海与各地的水上联系提供了方便,把上海港与长江三角洲连为一体。自19世纪末开始,沪宁铁路、沪杭铁路相继建成,形成贯通长江三角洲的铁路干线,上海港与长江三角洲各地间的联系更为便捷。自20世纪开始,长江三角洲的公路网络开始兴建,上海至各主要城市的公路相继通车。长江三角洲各地的商品流通,受上海港内外贸易引力的吸纳,经由宁波、镇江、杭州等城市的中介,组合成以上海为中心的集散体系。②

上海港的巨大发展及其在长江三角洲港口体系中的突出地位,极大地改变了这一区域原先的港口体系。长江三角洲其他港口的贸易尽管在开埠以后有了较大的程度的发展,但都远远逊色于上海港,它们的进出口贸易甚至部分国内贸易,实际上都需要通过上海港的转口,这些港口无一例外地沦为上海港的支线港。

宁波作为中英《南京条约》规定开放的五口之一,于1844年1月1日

---

① 姚贤镐:《中国近代对外贸易史资料 1840—1895》,中华书局,1962,第 1482 页。
② 本节以上有关上海港的论述,依据吴松弟主编《中国百年经济拼图:港口城市及其腹地与中国现代化》第二章,山东画报出版社,2005,戴鞍钢撰写。

正式开埠,并于1861年在此设立了浙海关。然而,开埠后宁波的进出口贸易总值却呈不断下降的趋势,从开埠之初的50万元跌落至1849年的5万元,以至于有人建议用宁波去换其他口岸,只是由于英国商务监督德庇时想把宁波作为一个所有贸易都操在中国人手里的"外港"的典型,从而对主要市场——上海起辅助作用而作罢。① 到了19世纪60年代,宁波港的对外贸易有所回升,但直接对外贸易却逐渐衰微。在1870—1899年间,宁波港直接从外洋进口的货物最多时也仅占到进口总值的1/4,此后一直在5%左右徘徊,直接出口的土货更是少得可怜,从未超过1%。② 宁波港的绝大部分进出口贸易都是通过上海港来完成的,被时人称为"非常像上海的郊区",宁波港实际已成为上海港的支线港。然而,在浙江省内,宁波港仍然是最重要的对外贸易港口。虽然温州和杭州的相继开埠分流了一部分货物,但宁波港腹地的缩小仍有一个曲折的过程。在1861年到1931年的70年间,宁波港的进出口贸易总值除1909年略低于杭州之外,一直大大高于杭州、温州两港。此外,宁波港在很长时间内还是安徽省南部的徽州府和江西省东北部的广信府货物的主要出纳口。③ 因此,尽管宁波港的地位明显不如上海港,但它仍是长江三角洲南翼的一个重要港口。到了19世纪末,宁波港的腹地大致维持在浙江的杭州湾以南和瓯江流域以北的区域,以及安徽南部和江西东北部,位于浙江北部的杭州府则演变为上海港和宁波港的混合腹地。直到1896年10月1日杭州开埠以后,徽州府辖下各县以及绍兴府、严州府、衢州府、金华府等地都通过杭州的集散货物,才慢慢改由杭州。④ 由于杭州没有港口,进出口物资都要经过上海,杭州的腹地实际可看成上海的腹地。

  近代长江三角洲沿长江的港口以镇江的贸易地位最高。在大运河开通的时期,北方和上海以及长江以南地区的物资交流,往往要经大运河南下,通过镇江进入长江以南地区。总的看来,自开埠到20世纪初,镇江的对外贸易均呈现不断增长的趋势,据海关贸易报告提供的数据,1906年

---

① (美)马士:《中华帝国对外关系史》第一卷,张汇文等译,三联书店,1963,第405页。
② 参见吴松弟主编《中国百年经济拼图:港口城市及其腹地与中国现代化》第四章,山东画报出版社,2005,王列辉撰写。
③ 参见吴松弟主编《中国百年经济拼图:港口城市及其腹地与中国现代化》第四章。
④ (日)胜部国臣:《中国商业地理》下卷,霍颖西译,中国商业出版社,1911,第69页。

贸易总额为3594.9万两,创历年进、出口贸易的最高纪录。20世纪以来,随着沪宁、津浦铁路的相继通车,运河在南北物资运输中的作用几乎废止,镇江港口也逐年淤浅,外地出口商品大都改道或直运上海出口,镇江对外贸易渐趋衰落。1911年进出口贸易总额已减为2434.6万两,1915年更减至2006.4万两,仅为1906年的过半数。到1932年,进出口贸易总值下降到1271万海关两,仅及最高年份的35%。设在镇江的洋行及进出口商行纷纷迁往上海。

镇江的对外贸易也主要通过上海转口进行。由于子口税的障碍,以及本身出口土货品种有限等原因,镇江直接土货出口一向不畅,出口土货如丝、金针菜、药材、鸡毛、鸭毛等类皆由上海转运外洋①。就货运总值而言,镇江在长江沿江口岸中与上海港的联系程度仅次于汉口。

总的看来,近代开埠以后长江三角洲形成以上海为龙头的发达的港口体系,上海港的地位远远超过其他港口,宁波、镇江等港口的国内外贸易大多要通过上海的转口来进行。尽管这样,宁波、镇江两大港口分居南北,仍是长江三角洲南北两翼地区重要的物资集运中心,所在区域主要的出入门户。长江三角洲就是通过这种主次搭配、有序结合的港口体系,完成自己对国外和国内其他地区,甚至区域内部的物资流动和人员流动。

六、简单的总结

纵观历史时期长江三角洲港口体系的发展过程,不难看出:唐朝时扬州是最重要的港口,宋元时期宁波上升为最重要的港口。明代虽然海上贸易处于非正常的状态,但也显示出中国最重要的贸易港口向长江三角洲转移的趋势,宁波外侧的双屿港一度成为中国最大的港口,自然是当时长江三角洲最重要的港口。清代康熙年间开放海禁以后上海港发展迅速,并随着北洋航线的兴盛逐渐发展为本区域乃至中国最大的内贸港。鸦片战争开埠以后上海港发展更为迅速,不仅贸易量远远居于其他港口之上,而且将区域内的其他港口都变成自己的支线港和喂给港。

透过上述复杂变化的轨迹,可以看出长江三角洲最重要的贸易港,大

---

① 《光绪十六年镇江口华洋情形论略》,载《中国旧海关史料》第16册,京华出版社,2001。

体上呈现出自北向南、再自南向东转移的趋势,先从长江北岸的扬州转移到杭州湾南岸的宁波,又从宁波转移到接近长江三角洲东部沿海的上海港。这种空间变化,既是长江三角洲不断向东成陆并渐次开发的结果,也是随着科学技术和生产力的进步船只航行能力不断提高的结果。

尽管唐代的扬州、宋元的宁波,甚至近代地位极高的上海港,在不同时期的长江三角洲的港口体系中占有领导地位,上海港甚至将其他所有的港口都变为自己的支线港喂给港,但这并不影响其他规模较小的港口的存在,这些港口仍在不同地区的经济发展中扮演了重要的作用。Taaffe 等人对加纳和尼日利亚的港口体系研究[1],以及 Rimmer 对新西兰和澳大利亚的港口体系的研究[2],都显示在港口体系发展到一定阶段后,随着某一港口的发展,其他港口会趋于衰落。长江三角洲从来都没有出现一港独尊、众港皆灭的现象。这和 Notteboom 对 1980—1994 年间欧洲大陆的港口体系的研究结果相似。他认为集装箱化并不一定意味着导致集中和分散现象,港口体系并不是先减少到一个或几个较强的中心,然后再由小港口对原有的港口体系进行挑战。因为当地交通或政策的缘故,小港口在港口体系中继续存在。[3]

长江三角洲港口体系的发展特点,显然和这一地区的形态和河流状况有关。三角洲的区域形态使得任何一个港口都只能为邻近的地区提供最便捷的进出口条件,而对稍远的地区来说倒不如利用附近的港口进出要方便得多。因此,宋元时期虽然宁波港是最重要的港口,而长江三角洲东部,即今天的上海地区却宁愿经青龙港、上海镇等小港口出海,这一区域的北部也愿意经江阴军下海。到了近代,尽管上海港居极其显著的龙头地位,宁波港和镇江港仍然是长江三角洲南北两翼的进出口港和物资中转中心。

---

[1] Edward J. Taaffe; Richard L. Morrill; Peter R. Gould, "Transport Expansion in Underdeveloped Countries: A Comparative Analysis." *Geographical Review* 53.4 (1963): 503-529.

[2] Peter J. Rimmer, "The Changing Status of New Zealand Seaports, 1853-1960." *Annals of the Association of American Geographers* 57.1 (1967): 88-100. "The Search for Spatial Regularities in the Development of Australian Seaports 1861-1961/2." *Geography Annual. Series B*, *Human Geography* 49.1 (1967): 42-54.

[3] Theo E. Notteboom, "Concentration and Load Centre Development in the European Container Port System." *Journal of Transport Geography* 5.2 (1997): 99-115.

那么,什么是推动长江三角洲重要港口转移和港口体系变迁的主要因素呢?

第一,是港口所在地在长江三角洲区域内部的地位。我国内地各区域历史时期的经济开发,大致呈现自北向南的趋势,扬州所在的淮南地区是南方开发较早的地区,扬州率先成为长江三角洲最早的重要港口,除了大运河的因素也有这样的区域经济背景。此外,长江三角洲内部的开发呈现出先山麓后平原,最后是沿海冲积平原这样的趋势,上海地区因成陆较晚,开发要晚于其他地区,并且越向东开发越晚,区域最重要的港口最后才转移到上海显然有这样的原因。

第二,是腹地的因素。腹地是港口发展的必要前提,腹地范围的大小和腹地内商品经济的发育程度,直接影响着港口出口物资的多寡和进口物资的吸纳程度。在传统经济时代,贸易量保持在较小的规模,可以提供给外区域的商品总数以及可能消耗其他地区的商品总数相对有限,对腹地的要求便低得多。然而到了近代,随着各地卷入资本主义世界市场程度的不断加深,进出口的物资越来越多,港口对腹地的依赖程度随之增大,往往只有拥有较大的腹地并且有着方便的交通连接腹地的港口,才有可能成为最重要的港口。上海港通过万里长江连接着中国最为广大的富庶地区,又位居中国大陆海岸线的中点,可以和南、北方的港口发生贸易往来,这一优越的区位位置和腹地条件是宁波港和其他港口所不具备的,这两点便决定了在近代对全世界开放的大格局下,上海能够发展成为长江三角洲也是中国最重要的贸易港口。

第三,我们还必须要注意到北洋航线对上海崛起的作用。如果没有北洋航线的发达,上海居中国大陆海岸线中点的优势便难以发挥出来,它不过只是长江流域的出海口而已。清代中期上海港发展超过宁波港显然是出于上述原因。

第四,港口条件尽管不是决定长江三角洲重要港口转移的关键性因素,却也是不可缺少的前提之一。扬州港的衰落,上海地区港口的兴替,无不是因自然环境变迁导致的港口条件改变的结果,而近代以来上海港如果没有港口条件的不断改善,显然也很难获得大发展。①

---

① 本文原于文末附"唐朝至近代长江三角洲港口体系变迁轨迹图",如需阅读,烦请查阅本文原载的《复旦学报》2007年第2期第108页。

港口与腹地应互动发展

——访复旦大学历史地理研究中心吴松弟教授*

摘要：本文为《人民日报》记者刘文波就港口与腹地的关系问题,对吴松弟的采访稿。进行"近代港口—腹地"和中国现代化空间进程研究,目的是要研究港口城市和所在区域之间的双向联系、互动作用及其对各区域现代化的影响。为此,需要探明各个港口可能的规模,以及影响港口发展的城市本身和腹地的因素。

关键词：港口的层级；港口发展；腹地因素

中国究竟需要几个国际性大港？区域性港口,个个都需要做大做强吗？考虑港口城市发展时,如何考虑城市本身和腹地的因素？复旦大学历史地理研究中心吴松弟教授最近进行的"近代港口—腹地"和中国现代化空间进程研究,目的就是要研究港口城市和所在区域之间的双向联系、互动作用及其对各区域现代化的影响。厘清这种关系,对于区域协调发展有重要意义。

问：一个港口的腹地是怎么界定的呢？

答：从贸易角度来考虑,腹地指位于港口城市背后的港口吞吐货物和旅客集散所及的地区范围,在通常情况下,这一范围内的客货经由该港进出在运输上比较经济与便捷。在这里,"位于港口城市背后"和"客货经

---

* 本文为记者刘文波采访吴松弟教授时的记录稿,刊登在《人民日报(华东新闻)》2005年4月14日第19版,《中国水运报》2005年4月15日全文转载。

由该港进出在运输上比较经济合理"是两个必须的前提条件,并不是任何一个与港口发生客货联系的地区都可以称为腹地。

问:近代港口—腹地关系方面的研究,目前有哪些基本成果呢?

答:目前,我们已基本完成对上海、大连、天津、青岛、广州等城市的港口—腹地关系的研究,对武汉、重庆、福州、宁波等城市的港口—腹地关系,以及上海、香港两大港口与其他港口的埠际贸易的研究,都在进行中。目前的研究大致获得以下几点基本认识:

1840年以来,通过110个通商口岸,中国形成全面开放的格局,其中最重要的是沿海沿江口岸。这些口岸城市是中国现代化的领头羊,口岸城市及其所在地带率先发展为中国经济最发达、现代化程度最高的地区。

中国的绝大部分地区,除了可以通过沿江口岸发展对外贸易的区域,都成为沿海各口岸的腹地,而沿江口岸只不过是上海这个中国最大的口岸城市在长江流域庞大的贸易网络中的不同节点而已。这种口岸与其他地区的贸易往来,成为中国各区域经济往来的主要形式。不仅中国的交通格局、工业和城市分布的重点在沿海口岸,甚至商业联系也主要倾向沿海口岸城市。以它们的腹地为龙身的新式经济区,实际已经形成。

中国沿海沿江口岸城市,形成井然有序、等级分明的内部结构。上海、香港两大口岸城市居第一级,是当时中国仅有的两个国际性大港,广州、汉口、青岛、天津、大连等港居第二级,其他各港均第三级。在相当长的时间内,中国北、南地区的货物进出口,主要由第二、三级的港口,通过第一级的两大港口,即上海、香港中转,两大口岸城市在密切的埠际间的贸易和人员往来的同时,将自己的资金、技术、工业品、信息送达各港,再通过各港送达它们的腹地,由此产生全国性的影响。

各港口城市通过铁路和河流等交通连接自己的腹地,形成各自的交通和贸易网络。在这一网络中,值得注意的,不仅是作为龙头的港口城市,还有位于重要节点的腹地城市,如青岛腹地中的济南、周村,它们是局部地区的物资集运中心,港口连接腹地的枢纽。凡是位于这种节点的城市,同样获得较快的发展。

问:从港口—腹地入手,可以抓住影响近代经济地理形成和变迁的关键问题。已有的经验教训对我国当前的港口—腹地建设和区域经济协调发展有哪些借鉴作用呢？

答：当代经济地理是从近代经济地理发展而来，在市场经济和民营经济已成为我国经济主体的情况下，我们通过自己的研究，对当代经济的某些问题也产生了一些认识。

问：中国究竟需要几个国际性大港？

答：近代中国沿海沿江尽管有着数十个港口，但真正的国际性大港，实际只有上海、香港两个，其他港口主要经过上海、香港的中转贸易而和国际市场甚至国内市场发生联系。今天中国的贸易量远远超过1949年以前，国际性大港或许有增加的必要。但究竟达到几个，值得探讨。因为，各地货物集中几个大港转运国际市场，比停留在许多港口分别集运，可以省去大量的等待时间，货物的进口也同样如此。更何况，港口建设要耗费大量的资金和人力物力。

问：区域性港口，个个都需要做大做强吗？

答：中国有一些区域，例如长江三角洲、珠江三角洲、北部湾沿岸，在有限的区域集中了多个港口，在当前经济发展的前提下，不少港口都有做大做强的打算。例如，珠江三角洲，算其广义，面积不过4.2万平方公里，狭义不到9000平方公里，却集中了香港、澳门、广州、深圳、珠海、中山等多个港口，而且又都是以珠江三角洲为主要的货源地和吸纳地，难免会发生激烈的货源竞争。各个港口如何正确定位，不仅关系到自身的发展和国家财力人力施用得当的问题，也关系到各港口、各区域如何通过良性竞争和协作获得发展的大问题。

问：建设港口时，怎样考虑腹地的影响？

答：在考虑港口城市发展时，要考虑城市本身和腹地的因素。随着区域经济的发展，相关城市的作用也会发生变化。港口城市究竟朝着多大的规模发展，将来如何定位，是一个非常重要的问题，不仅关系到城市发展，也关系到区域经济。总的说来，港口城市的发展，既受到城市和所在地区的制约，也受到其腹地的制约。例如，连云港通过陇海线和兰新线以及通往中亚国家的铁路，应该拥有极其广大的腹地，人们以为它可以发展为中国最重要的港口城市之一。然而，至今为止它只是处级海关，城市发展速度也不如江苏南部。原因是腹地虽然广大，但许多货物分流到其他港口，而不是都到连云港，而作为连云港直接腹地的城市及其所在的苏北鲁南地区经济欠发达,没有太多的出口物资,也无法消费太多的进口物资,这一点直接制约着港口和城市的发展。不能否认,苏北鲁南地区需要建设一定规模的城市,但如果只考虑腹地,将连云港建设为较大规模的城市却又缺乏经济基础。

问:这种联动是否提出了另一个问题,在构思经济区时,一定要考虑港口—腹地的因素。

答:对。按照经济地理学的原理,经济区是在全国统一市场形成的过程中逐步发展起来的、具有全国意义的专业化的地域生产统一体,各地主要通过市场进行密切的经济联系。每个经济区都有自己的经济中心,它往往由一个大的综合性城市或一组城市所组成,它是全区经济发展的核心,同时又是全区的交通中心,它的发展对整个地区的经济发展有着深刻的影响。

对照近代的港口城市及其腹地,近代的港口—腹地实际上就是当时中国大地上新出现的经济区,那些特别重要的港口城市或港口城市群是区内的经济中心,而腹地通过港口和我国各区域与世界各国保持贸易关系成为区内经济联系的主要方式。既然近代形成的港口—腹地的格局在今天仍然大致维持着,而近代港口—腹地实际已成为靠内在的经济联系着的经济区,我们有理由推测,由于市场经济和民营经济成为中国经济的主体,目前的港口城市与其腹地之间的经济联系,为与过去计划经济和国有经济时代完全不同的经济区的合乎逻辑的出现奠定了基础。

问:通过这一系列的研究,您得出怎样的结论?

答:近代港口和腹地的互动和由此开启的中国现代化空间不均衡发展,使得整个中国的经济地理格局从传统时代的南北差异,转化为近代的东西差异为主、南北差异为次的局面。由于我国近代经济主要是市场机制自发调节的商品经济,和当前我国社会主义市场经济的资源配置方式有相通之处,研究近代港口—腹地的发展历史,厘清港口—腹地互动关系以及其对区域经济格局形成和发展有何影响,或许可以对我们目前的东中西互动的区域协调发展有着重要的启发作用。

开埠通商和中国经济的巨变*

摘要：1840 年的中英鸦片战争和开埠通商，标志着外国资本主义的政治经济文化开始进入中国。到了 1930 年代，中国开埠通商的口岸达到 110 个左右。沿海沿江尤其是沿海口岸占了中国进出口贸易量的绝大部分，是经济发展最快的城市和中国现代化的基地。从此中国的现代化主要从沿海口岸开始，顺着交通路线向内陆延伸，构成中国近代经济变迁的空间进程和港口—腹地的关系。中国交通分布和商业联系的主要方向，近代改为主要倾向于沿海城市，交通、工业和城市主要集中东部沿海的经济格局得以形成。受此影响，新型经济区域开始出现。在沿海地区，口岸城市的发展速度超过非口岸城市，在内陆地区位于通往沿海城市的主要交通路线上的城市的发展速度超过其他城市，位于非口岸城市和远离近代交通线的传统政治中心的地位开始动摇。

关键词：近代；开埠通商；中国经济变迁

1840 年的中英鸦片战争和不久开始的开埠通商，标志着外国资本主义的政治经济文化开始进入中国，中国进入了全新的历史时期。谁都知道，西方列强来到东方，是为了自己的利益。在这一过程中，中国蒙受了一次又一次的割地、赔款、丧权的羞辱。然而，人们又必须承认，比中国传统的政治经济具有更加强盛的生命力的西方的政治经济，以及建立在此

---

* 本文原载韩国釜山大学中国研究所《中国研究》2006 年第 1 期。China Yougu, The Journal of Chinese Studies, Vol(No.1), Institute of Chinese Studies in Pusan National University, 30 August, 2006.

基础之上的科学和文化,在这一过程中同时进入中国,由此导致中国社会的根本性变迁。从此,中国开始了现代化的艰难进程,今天仍然处在这一进程之中。从空间的角度考察,中国社会的巨大变化,首先发端于沿海的港口地区,再沿着交通道路往广大的内地扩展。最近八年来,我和我的同事以及研究生,从事中国开埠以后的港口城市及其腹地和中国现代化进程的研究,目的就是探讨这一场持续一百多年的深刻的社会变革,主要从港口城市发端以后,如何向广大的内地发展,从而形成后来的经济地理格局;港口城市和它的腹地如何互动;这种互动对当时和后来的区域经济发展,产生什么样的影响。本文即建立在这一研究基础上。

一、从一口通商到百口通商

清代的对外贸易多次发生变化,1757 年规定外国商船只能到广州贸易,并对中国商人从事外贸采取严厉的限制措施。1842 年,中英签订《南京条约》,根据条约清政府除开放广州以外还被迫开放厦门、福州、宁波、上海为通商口岸,并将香港割让给英国。1851 年,在中国北面强邻俄国的压力下,清朝将伊犁(今新疆伊宁)、塔尔巴哈台(今新疆塔城)开为商埠,开始在边疆设立通商口岸。1856 年,清政府再一次在列强的炮口下,与英、法、美、俄等国签订《天津条约》和《北京条约》,增开台湾(今台湾台南)、淡水、琼州(今海南海口)、潮州(后改汕头)、牛庄(后改营口)、登州(后改芝罘,今山东烟台)、镇江、南京、九江、汉口、天津,加上喀什噶尔(今新疆喀什),一共 12 个通商口岸。此后,通过 1876 年的《中英烟台会议条款》、1881 年的《中俄改订伊犁条约》、1895 年的中日《马关条约》,以及 1905 年的《中日会议东三省事宜条约》等多个不平等条约,清朝又相继开放了数十个通商口岸。此外,在 1898 年开始的新一轮的民族危机中,德、俄、英、法等国分别租借了胶州湾(今青岛)、旅顺口和大连湾(今大连市)、威海卫、广州湾(今湛江)。

以上这种通商口岸,都是在外国列强的压力下,通过签订条约的形式开放的,人们称为约开口岸。除此之外,还有一种中国自行开放的口岸,称为自开口岸。自 19 世纪 70 年代以来,朝廷和地方的一些官员看到通商口岸城市的成长,以及开埠通商可以给地方经济和财政带来的好处,也为了和外国争夺利益,产生了自行开放、趋利避害的想法。在这种压力下,1898年清政府自行开放上海的吴淞,第二年又自行开放三都澳(在今福建宁德)、岳阳、秦皇岛。此后几年,济南、潍县(在今山东潍坊)、周村(在今山东淄博)、海州(在今连云港)、鼓浪屿(在今厦门),以及南宁、浦口(在今南京)、昆明等地,纷纷自行开放为通商口岸。1910年以后,外国势力迫使中国政府开放通商口岸的浪潮已经结束,但中国政府自开商埠的浪潮却方兴未艾,遍及中国各地。直到1928年,这股浪潮才结束。

截止到1930年广东中山港开埠,中国共有104个开放商埠、4个租借地①,加上香港、澳门等2个受外国殖民统治的地区,可供外国人通商贸易的口岸达到110个。这时,除了山西、贵州、陕西、青海、宁夏等少数几个省份,中国绝大部分的省份都有了多个通商口岸。

在清朝和外国签订的一系列不平等条约中,除了开埠通商以外,还有割地赔款、协定关税、治外法权、外国商轮的沿海贸易权等内容,并许可外国在中国口岸设立工厂,还在上海、天津等城市设立了供外国人居住,由外国人管理行政、税收、警察和司法的租界。这些条约严重损害了中国的主权,外国势力在中国政治、经济、文化各方面的影响越来越大。尽管如此,通商口岸和租界对中国的影响,并非全是负面的、消极的,客观上带来许多积极的作用,需要进行实事求是的分析。

我们不妨看看上海、宁波、厦门、福州、广州等五个最早开放的城市,在开放以后发生的巨大变化。开放以前,这些城市的贸易量,除广州外都只面对购买力比较低的国内市场,停留在较低的水平上。开埠通商以后,各国商人接踵而至,这些城市的市场便由以前有限的国内市场,扩大到广阔的国外市场,市场的扩大,为这些城市走以港兴市、商贸兴市的发展道路,奠定了良好的基础。近代的上海、天津、汉口、厦门、镇江、九江、广州等城市都设有租界,这些租界在所在的城市往往成为现代化的一个窗口。其中,建的最早、规模最大的是上海的租界。上海租界新式商店林立,近代工厂云集,金融业和房地产得到充分发展,人口密集,实际上是上海市

---

① 九龙既设海关,又是英国租借地,此处只统计在商埠中。

真正的经济中心。按照西方的生活要求和科学规划建设起来的新式马路、城市垃圾处理系统,以及煤气、电灯、电话、自来水、公共交通这些中国以前没有的新鲜事物,都率先出现在租界。加上严密有效的西方式的城市管理方式,迥然不同的城市面貌让过往的中国人啧啧称羡,留下深刻的印象。此外,中国最早的西医、西药和西式医院、新式报刊和学校、新式演出舞台以及出版机构,大多首先出现在口岸城市。

以上提到的五个口岸城市,有的由于拥有优越的地理位置和区域经济,开埠以前已经是一定规模的工商业城市了,如广州、福州;有的是重要的交通枢纽,如上海。但是,这些城市获得比较快的发展,形成崭新的近代面貌,却都是在开埠以后。还有一些城市,如大连、青岛、汕头,原先只是人口不多的渔乡农村,后来之所以成长为城市,完全是开埠以后飞速发展所致。

由于中国最初的现代化因素是西方资本主义输入的,通商口岸便在中国现代化的初期阶段扮演了重要的角色。它既是中国联系世界、世界进入中国的门户,又是展示现代化的政治、经济、文化和城市风貌的窗口,中国人建设自己现代化家园的样本。对于广大的内地而言,口岸城市的先进的经济文化具有强烈的辐射作用。这些城市的成长、壮大,不仅带动了所在区域的发展,还通过各种交通路线和商业网络,将影响送达广大的农村。各个口岸城市几乎都是空间范围不等的地区现代化的领头羊,是中国百年来最值得关注的地方。

二、沿海沿江口岸与它们腹地的经济联系

虽然有一百余个通商口岸,各个通商口岸都在不同地区扮演了重要的角色,但就全国而言,最重要的是分布在沿海、沿江(长江)的口岸,特别是沿海口岸城市。

如果将中国广大内地比作一个巨大的扇面,将国外比作更为巨大的另一个扇面,沿海口岸就是连接这两个扇面的枢纽。中国对外贸易的绝大部分,都是通过沿海口岸城市进行的。近代中国设立海关总税务司署,管理全国各海关的进出口贸易。如果将某几年,例如1882年、1912年和

1931年的各海关的贸易总值,按沿海、沿边、内地三种海关进行组合,并算出它们在中国进出口总额中分别占的比重,便可以清楚地看出各地带的海关所占的地位。据表1,在这三个年度的全国进出口总值中,沿海海关分别占了73.5%、64.6%和81.6%,内地海关分别占了26.5%、30.4%和17.4%;沿边海关1882年无数据,后两个年度分别占了5%和1%。可见,中国绝大部分的进出口贸易都是通过沿海海关发生的,内地海关在全国贸易总额中占一定的份额,而沿边海关简直微不足道。①

表1 各地带海关贸易总值及占全国的百分比

	1882年		1912年		1931年	
	总额	百分比	总额	百分比	总额	百分比
沿海海关	185 461 660	73.5	789 093 596	64.6	3 212 687 879	81.6
沿边海关			61 618 815	5.0	39 422 959	1.0
内地海关	66 837 827	26.5	371 536 156	30.4	683 327 317	17.4
(长江沿岸)	66 837 827	26.5	277 275 742	22.7	504 190 015	12.8

资料来源:《光绪八年通商各关华洋贸易总册》,第六款;《中华民国元年通商各关华洋贸易总册》,第八款;《中华民国二十年海关中外贸易统计年刊·统计辑要》,《民国十八年至二十年海关贸易货值按关全数》。均载京华出版社影印《中国旧海关史料》。

说明:贸易总值都包括洋货进口净值、土货进口净值和土货出口总数三项。1882年和1912年单位为两,1931年为关平两。

沿海口岸城市在贸易上的重要性,不仅体现在对外贸易上,还体现在国内贸易上。中国地域广大,在铁路、公路、航空等新式交通兴起以前,水

---

① 中国海关总税务司署的统计数据不包括新疆、西藏和甘肃的通商口岸的数据,但这些口岸的贸易数据肯定不会多。这一点,只要分析西南的重庆、蒙自、思茅、腾越等四个海关的情况即可清楚。据《民国元年通商各关华洋贸易总册》的数据,重庆等四海关1912年只占全国进出口总值的4%,人口数倍于新疆、西藏和甘肃的四川、云南两省尚且有限,新、藏、甘的口岸贸易量不大自是情理之中。此外,我们也要注意到,香港、澳门在中国海关总税务司署的贸易统计中,向来作为中国的贸易对象而不是作为中国的口岸,而香港的贸易量巨大。据陈新华《近代广东贸易史料》(载《广东文史资料》第70辑)所示,1879年香港在中国进出口总值中已达30.33%,居各国各地区第一。如果考虑到香港、澳门的因素,沿海海关在全国进出口总值中所占的百分比还要上升许多。

运是最便捷的交通方式,即使在铁路、公路修好后仍然是最重要的交通方式之一。中国河流大多是东西走向,在沿海口岸城市附近注入大海,上海、天津、广州、福州、厦门、宁波等口岸城市,都可以通过河流连接内地,又可以通过海运连接中国沿海各港口。由于这样的原因,沿海通商口岸城市既是中国沿海商业和对外国贸易的中心,又是某一个流域的出海口和商业中心。中国的近代交通兴起以后,铁路、公路仍以东部地区最为发达,沿海港口城市往往是重要铁路和公路的起点,铁路、公路和河运、海运航线在此相交。借助铁路、公路和新式的轮船航运,沿海港口城市将自己的商业影响送达更为遥远的中国内地,并加大了和中国各区域联系的密度,在中国的商业和经济地位更加重要。表1中的进出口贸易,其实相当一部分是运往中国沿海沿江城市的国内贸易。

沿海口岸城市不仅是中国商业和进出口贸易最发达的地带,也是中国近代工业最为集中的地带。以1933年为例,这一年内地工业最发达的12个城市中,上海、天津、青岛、广州、福州、汕头6个沿海口岸城市,便占了工厂总数的67%、工人总数的72%、资本总额的86%、生产净值的85%,另外的6个非沿海口岸城市只占很小的份额。即使这6个非沿海口岸城市,也只有汉口、重庆、西安才是真正的内地,北京、南京、无锡都靠近沿海地带,而这3个靠近沿海地带城市的工业规模又大大超过位于真正内地的前面3个城市。① 1933年的这一项统计,并没有将东北、台湾的工业算在内,但即使这样,仍然足以说明沿海口岸城市在中国工业中的重要地位。

商业贸易的繁荣,工业的增长和集中,必然促使农村人口向这里迁移,导致城市的迅速成长。因此,沿海口岸也是中国近代城市成长最快、城市化水平最高的地带。研究表明,1933—1936年,中国10个人口超过50万的城市全部集中在沿海地带;人口在20万—50万的19个城市中,16个分布于沿海地带;全国总共有193个城市,其中的147个分布在东南沿海地区,占了总数的76.2%。② 虽然这本书所说的沿海地区,范围比沿

---

① 严中平等编《中国近代经济史统计资料选辑》,表8"上海等十二个城市的工业",科学出版社,1955,第106页。
② 参见顾朝林等《中国城市地理》第三章《中国近代城市发展与分布》,商务印书馆,2004。

海通商口岸所在的地区要大一些,有关城市人口数据也未必那么确切,但通商口岸所在的沿海地区是当时中国最主要的城市分布区这一点却是没有疑问的。而且,口岸城市是沿海城市中最重要的一部分,当时,10个50万以上人口的大城市占了全国城市总人口的35.5%,而在这10个大城市中,其中的6个即上海、广州、天津、香港、杭州、青岛是口岸城市,而上海一市就占了全国城市总人口的10.8%。

中国众多的河流中,长江是流程最长、流域面积最大、最富通航价值的河流。长江自西面的青藏高原奔腾而下,浩浩荡荡,穿过中国的腹心,直达东海。从上海溯江而上,可以一直到达四川盆地的宜宾。由于中国的铁路主要分布在东部,中部和西部较少,长江发挥了沟通东部、中部和西部的大动脉的作用。因此,长江沿岸的口岸城市镇江、南京、芜湖、九江、汉口、岳阳、重庆,长期以来都是各个大小区域的交通中心,新式交通兴起以后又都是铁路和重要公路经过的地方,它们在中国的通商口岸系统中占有一定的地位。如果说,沿海口岸的开放使中国向外国资本主义敞开大门的话,沿江口岸的开放则使外国资本主义的影响直接进入中国广大的内地。

据表1,在1882、1912和1931这3个年度的中国进出口总额中,内地海关分别占了26.5%、30.4%和17.4%,其中长江沿岸的海关又分别占了全国总额的26.5%、22.7%和12.8%。可见内地海关贸易量的绝大部分是长江沿岸的海关产生的,长江口岸在中国进出口贸易中的重要性仅次于沿海口岸。在工业规模和城市规模上同样如此。在工业方面,1933年全国内地工业最发达的12个城市中,沿江的南京、汉口、重庆等3个城市,占了工厂总数的16%、工人总数的10%、资本总额的7%、生产净值的5%。表明沿江口岸是仅次于沿海口岸城市和无锡、北平之外的主要工业区。① 城市方面,1933—1936年沿江口岸城市约占全国城市总数的41.5%,而且集聚了2/5的大城市和近1/2的中、小城市。如果加上既是沿海又是沿江的上海,已形成以上海—南京、武汉和重庆为核心的三大城

---

① 严中平等编《中国近代经济史统计资料选辑》,表8"上海等十二个城市的工业",第106页。

市群集区。①

综上所述,沿海沿江口岸城市是中国内外贸易最发达、工业最集中、城市最密集、城市规模最大、现代化气息最浓厚的地区,是中国广大地区现代化的主要辐射源。其中,尤以沿海口岸城市最为重要,它是外国资本主义最早登陆的地方,是中国现代化的最初的基地,并发展为工商业和近代文化发达的地区。

近代以来,随着中国纳入世界经济体系程度的不断加深,工商业在经济中的重要性不断提高,各区域的经济联系越来越明显地表现出倾向港口城市的趋势。

中国离沿海口岸城市最为偏远的地区,莫过于西部的新疆、青海、甘肃、西藏和四川的川西高原。然而,这些地区通过天津、上海等沿海口岸,很早就和国外发生了贸易联系。至迟到1876年,来自甘肃、青海的中药材大黄已经通过天津出口国外,皮张、羊毛、羊肠、骨头等畜产品自天津出口的数量也在逐年增多。当时,西北通往沿海的铁路、公路尚未建成,出口物资外运主要依靠传统的交通方式,多次辗转,相当不便。甚至到了20世纪初,新疆、甘肃等地的出口物资运到天津,仍要先用骆驼运到包头,再经黄河运到今天的呼和浩特,然后通过平绥铁路运到今天的北京,再转天津出口②。到了1920年代,内蒙古、甘肃、新疆等地区毛类产量的68.9%,乳类产量的44.14%,皮类产量的35.73%,已都用于出口到国外和本国的沿海市场。③ 西藏和川西经上海的进出口物资,需要先经松潘、打箭炉、江卡等地,再分别转岷江或青衣江河谷,然后顺长江东下,经宜宾、重庆、汉口,到达上海。西藏和川西输出的货物以羊毛为大宗,1885年英国立德洋行已在打箭炉和松潘设立羊毛收购站,将羊毛经上海运销美国,成为上海港出口羊毛的主要来源。输入的商品主要是茶叶和进口棉纺织品,数量其多。上海和西藏间保持着相当密切的商业联系,现在的西藏自治区档案馆就藏有一幅1902年上海洋泾桥长发货栈图的汉文挂历,即使

---

①顾朝林等:《中国城市地理》第三章《中国近代城市发展与分布》。
②参见樊如森《西北近代经济外向化中的天津因素》,《复旦学报》2001年第6期。
③参见林满红《口岸贸易与近代中国——台湾最近有关研究之回顾》,载"中研院"近代史研究所编《近代中国区域史研究会论文集》下册,1986。

普通藏族同胞家中也存有不少反映近代上海和西藏经济、文化交流的物品。上海援藏干部去藏族同胞家中做客,就曾发现不少藏族同胞家中的橱柜上至今还贴着上海二十世纪二三十年代的广告招贴画。①

既然最为偏远的西部的广大地区都主要通过沿海口岸城市与世界市场发生联系,可以推测中国的绝大部分地区也都如此。也就是说,自1840年以来,中国的绝大部分区域,即使是离沿海相当偏远的地区,通过沿海口岸都与国外发生了不同程度的贸易往来,并或快或慢地迈上了现代化的进程。这种为港口提供出口物资,并消费港口的进口物资的区域,在地理学上称为港口的腹地。事实上,港口城市和其腹地的经济联系,并不仅仅限于贸易和物流,相伴随的还有人员往来、资金流动、产业转移,以及技术和信息传播。港口城市的进步促进了腹地经济的发展,而腹地的发展又促进了口岸城市的进步,双方存在着相互依赖、相互影响的双向经济互动关系。我国各地区开始形成以港口城市为龙头,以腹地为依托,以国内农畜产品、手工业产品和国外工业制成品为主要贸易内容的外向型经济体系,直接推动了各地经济现代化的进程。

经济区是经济地理学的基本概念之一,它是具有全国意义的地域生产统一体,内部主要通过市场进行密切的联系。各个经济区都有自己的经济中心,这一中心往往由一个大的综合性城市或一组城市所组成,是全区域经济发展的核心和交通中心,它的发展对整个地区的经济发展有着深刻的影响。开埠以后沿海港口城市的逐步成长和对腹地影响的不断扩大,以及港口城市和腹地经济联系的不断密切,便为近代经济区域的形成创造了条件。大约在20世纪前夕,以沿海主要口岸城市为龙头,以它们的腹地为龙身,通过主要交通道路密切连接的经济区,实际上已经形成。那些特别重要的港口城市或港口城市群是各个经济区的经济中心,而腹地通过港口城市和我国各区域及世界各国保持贸易关系成为区内外经济联系的主要方式。

近代以来,中国广袤的空间,除了少数可以通过沿边口岸发展对外贸

---

① 参见吴松弟主编《中国经济的百年拼图:港口城市及其腹地与中国现代化》第二章,山东画报出版社,2006,第46—47页,戴鞍钢撰写。

易的区域以外,几乎都成为沿海口岸城市的腹地,而沿长江、珠江的各个口岸城市,不过是沿海城市伸入内地的贸易网络的重要节点而已。以香港和广州为中心的华南经济区,以厦门、福州为中心的福建经济区,以上海为中心的华中经济区,以青岛、烟台为中心的山东经济区,以天津为中心的华北经济区,以大连与沈阳(沈阳是大连沟通东北各地的主要连接点)为中心的东北经济区,事实上已经形成。当代经济地理学者周一星等人将1997年中国口岸城市的外向型腹地,依据各地对外贸易货物流的主要联系方向,以沿海口岸城市为核心,划分出东北区、黄河流域区、长江流域区、华南区、山东区和福建区等六个对外经济联系区。[①] 将他们的研究和我们的研究相对照,可以看出,除了边缘地区以及个别地区增加了新的经济中心(主要是深圳)之外,周一星所说的六个对外经济联系区和我们所说的六个经济区的空间范围和经济中心,并没有太大的差异。这就表明,尽管交通和区域经济的巨大发展使经济区发生某些变化,但近代起重要作用的那些港口城市的地位以及港口—腹地的大格局并没有发生重大的变化,因此近代经济区的格局一直维持下来。

三、港口—腹地与中国新型经济格局的形成

近代港口城市的发展,带动了腹地经济的外向化和现代化,而这种港口—腹地体系又对中国经济的诸多方面产生重大影响。除了以上提到的进出口货物的流向、工业和城市的分布以及经济区形成之外,它还对中国交通格局、商业联系的方向、各区域中心城市的转移、新型政区的形成和中国东中西三大区域经济差距的拉大,产生关键性的影响。

中国的近代交通,如铁路、公路和新式轮船航运业,不仅首先出现在东部,密度也以东部为最大,空间分布极不均衡。轮船航运取决于水运条件,东部水运条件好于其他地区,应是东部轮船航运业发达的主要原因。而铁路、公路的偏在东部,却不能用自然条件来解释。以铁路而言,按照1930年代的地理学家的看法,"大抵偏在东北而略于西南,注重沿海而忽

[①] 周一星、张莉:《中国大陆口岸城市外向型腹地研究》,《地理科学》2001年第6期。

于腹地,贪图目前近利之支线,而不顾经营远略之干线"①。除了东部人口密集经济发达之外,以港口城市为指向,将港口城市和其腹地连接起来,无疑是铁路建设肇始于东部并且偏重东部的重要因素。只要分析当时的中国铁路分布图,便可以看出,无论是东西方向还是南北方向的铁路,必有一端是通向某个沿海或沿江的港口城市。不仅铁路如此,甚至可以认为,随着外向型经济的发展和港口—腹地范围的扩大,中国的交通体系,无论是旧有的还是新建的,或纳入港口—腹地的交通体系,或与这一体系相连接。由于发生这种重大改变,近代以前以首都和各省省会为中心的交通体系,近代便逐渐转化为以港口城市或省会为中心的新格局。

交通格局的变化,必然促使货物的运销、人员的流动,甚至技术和资金的流向发生同样的变化,各区域相当一部分货物开始以沿海沿江城市为流动方向,货物的主要流动方向改为沿海沿江城市,而不是原先的区域行政中心。在这种情况下,不仅沿海沿江港口的商业率先得到发展,甚至在远离沿海沿江的地带,那些在港口通往内地的主要交通道路上地位重要的城市,同样可以得到较快的发展。例如,今内蒙古的包头市1809年才由村改为镇。随着天津进出口贸易的发展和铁路的向西延伸,包头作为陕、甘、新、内蒙古及今蒙古国的皮张、羊毛的转运中心得到了长足的发展。当铁路延伸到包头以后,包头便取代归绥(今呼和浩特市)而成为内蒙古地区的经济中心。济南因位居南北大通道津浦铁路和山东的东西大通道胶济铁路的连接处,成为山东省内贸易的中心和青岛港口—腹地系统中最大的转运市场。济南在20世纪以后经济上在山东省仍有一定的地位,显然和其在山东新的交通格局与港口—腹地体系中的地位有关。

总的看来,在口岸城市与其腹地之间,往往存在着复杂的交通和商业网络以及多层次的市场体系,没有这样的网络和体系,就没有港口城市和腹地之间的紧密联系。那些位于网络的重要节点的城市,在多数情况下都能比其他城市获得较快的发展,成为某一个港口—腹地系统的枢纽城市和内陆经济中心,尽管其发展速度和发展水平仍然无法与港口城市相比。

---

① 张其昀:《中国经济地理》,商务印书馆,1930,第103—104页。

交通格局和商业联系方向的改变,直接影响到各个地区的工商业和城市的发展,导致一些城市走向衰落,一些城市得以兴起。受此制约,中国旧的城市分布格局有所改变,工商业和城市主要集中在东部沿海的失衡现象进一步加剧。还需要指出,由于经济和城市发展失衡,中国不少的区域都出现政治中心和经济中心相分裂的现象。近代以前,首都或省会、州府的治所等不同层次的政治中心,由于聚集了较多的消费人口,商品消费量大,工匠人数多,往往是区域内的经济中心。到了近代,那些以前并非政治中心的沿海沿江口岸城市成长为区域经济中心,而以前集政治中心和经济中心为一体的首都或省会、府州的治所却大多经济地位下降,不再是区域经济中心。这种政治中心和经济中心各由不同的城市担任的现象,在沿海沿江的不少省份都有存在。例如,山东省的济南和青岛,四川省在重庆直辖市分立以前的成都和重庆,江苏省在上海市分立以前的南京和上海,无不如此。前者都是省会,省内传统的政治中心,后者则是省内经济中心,主要在近代才发展起来的城市。如果我们将视野放到比省更大的范围,也可以找到同样的例子,例如北京和天津,北京和上海。北京既是中国的首都,也是北方的政治中心,而天津则是北方的工商业中心。上海不是首都,在设直辖市以前也不是省一级的政治中心,却是中国的经济中心。我们不妨借用武侠小说家的词汇,称这种现象为中国区域城市的"双雄会"。

有的省会城市位于沿海沿江,本身也是开放口岸,但发展速度慢于省内的其他口岸城市,由此也会导致省会城市经济地位的下降。例如,福建的福州和厦门,广东的广州和香港(香港尽管一度割让给英国,但区域经济仍和广东一体)就是这样。这四个城市对外开放的时间约略相等,但福州发展慢于厦门,广州发展慢于香港,省会自难一市独尊。

这种经济中心城市和政治中心城市双峰并峙、原先政治中心城市经济地位下降的现象,还可以使两类城市在区域内的政治重要性倒置。省会城市如果因经济发展速度慢于别的城市,以致经济规模和人口数量在省内都不能保持第一,有时中央政府便会将省会改置到经济中心或经济有望得到迅速发展的新兴的交通中心。河北省的石家庄取代保定,河南省的郑州取代开封,都是这样的例子。这种状况不仅出现在省域,也出现在府域、州域甚至县域。今上海市所在区域清代属于松江府和太仓州,两地的治所分别在今天的上海市松江区和江苏的太仓市,市区所在区域属松江府上海县,1914年以此两府州及海门直隶厅辖境置沪海道,以上海县为治所,松江和太仓等原府州治所降为沪海道的下属县。广东东部旧潮州府的行政中心向来在海阳县(今潮州市),近代口岸城市汕头兴起,成为府境最大的城市并演变为区域行政中心,最后以汕头作为地区名。厦门原属于福建泉州同安县,城市兴起后成为周围数县的行政中心,而厦门市亦成为这一行政区的专名。

沿海沿江港口城市的发展,还导致出现了"市"这种中国历史上不曾有过的新型政区。近代最早出现的"市",如广州、上海、南京、青岛、天津、重庆、汉口,都是位于沿海沿江的口岸城市,只有北平、西安或因故都,或因西北区域中心而上升为市。当时的"市"只管辖人口密集的城市建成区,是因城区工商业发展人口聚集而成立的新政区。

中国是一个人口众多、面积广大、地域情况复杂的国度,始终存在着各区域经济发展不均衡的问题。1840年以前,中国的区域经济差距主要表现为南北差距,在经济发展水平上自唐中叶以后南方一直高于北方。产生这种差距的最根本的原因,在于国民经济基本部门——农业对自然的要求。农业生产深受自然条件的限制,当生产技术和人口密度都达到了古代的顶峰时,南方在气温、降水和生态环境上优于北方这一点最终决定了南方经济水平高于北方。1840年以来,中国在南北差距仍然存在的同时,东西差距逐渐发展为最主要的区域经济差距。无论经济总量还是总体经济水平,大致体现出自东部沿海地带向中部、西部地区递减或递降的趋势,而经济的差距必然导致政治、文化、社会等方面发展程度的差距。

这种差距,除了中国的平原主要集中在东部,可通航的河流主要在东部,经济发展程度和人口密度较高的地区主要在东部这些地理条件和历史基础之外,主要是近代以来中国现代化空间进程的差异造成的。中国现代化的基地和辐射源在东部沿海的口岸城市,中国与世界市场、与先进生产力的连接点也在于此。1840年以后,尽管农业仍是中国国民经济的主体部分,但外向型经济的兴起和近代工商业的发展在经济中逐渐占有重要的地位,代表了经济的发展方向。东部由于有着众多的较早开放的沿海沿江口岸,又有着良好的经济基础,率先得到了发展,东部的率先发展加强了它在中国经济格局中的优势地位。对于东部以外的地区而言,靠近东部沿海,就是靠近现代化源地,可以更快更多地接收到现代化的气息、先进的生产力与文化;靠近东部沿海,就是靠近中国的主要市场和世界市场,而是否靠近市场是影响现代市场经济发展的重要因素。受此因素制约,东部以外地区的经济发展表现出离东部口岸越远速度越慢的特点。西部地区远离沿海口岸,发展速度自然最慢。除了远离东部口岸城市这一不利因素,铁路、公路等新式交通兴起较晚、密度比较稀疏这一点加剧了西部对外联系的不便,也不利于市场经济的发展和先进生产力、先进文化的进入。可以说,今天中国的东中西三大部分经济差距的形成,主要是中国现代化的空间进程始于东部沿海再逐步往西推移这一特点造成的。

四、结语

通过以上对1842年以来沿海沿江通商口岸给中国经济面貌带来巨大变化的论述,可以看到,这场变化极其深刻,已将中国各地从以前相对封闭、自给自足的经济状态,带入世界经济体系,并开始了现代化的进程。在这一进程中,沿海沿江的口岸城市起到了现代化的示范者和辐射源的作用,而口岸城市和其腹地的双向经济联系形成的港口—腹地体系,促使商业联系、交通格局、城市经济、工业和城市分布、经济区、区域经济差距诸多方面,都发生了根本性的变化,从而形成全新的经济地理格局。这种经济地理格局至今仍然维持下来,而近代的港口—腹地体系仍在发挥着不可忽视的作用。因此,沿海沿江口岸城市的港口—腹地问题,揭示的不仅仅是港口城市与其腹地之间的点与面的空间联系,更是中国现代化空间进程的具体体现,以及中国近代经济地理的萌芽、形成过程和内在关系的反映。要探讨中国各区域现代化的进程与全国今天经济面貌的形成,必须透彻理解本文所说的港口—腹地与中国现代化的关系。

通商口岸与近代的城市和区域发展

——从港口—腹地的角度*

摘要：五口通商以来，先进生产力首先在沿海沿江沿边口岸城市形成，这些城市率先得到发展。此后，这种新兴生产力主要沿着重要的交通路线向广大的内陆地区扩展，由此构成中国传统经济变迁和新型生产力扩展的空间进程。在这一进程中，沿海沿江沿边口岸城市及其各自的腹地双向互动，而腹地对港口（口岸）城市的互动又受到历史基础、地理环境以及距主要交通路线远近的影响，由此导致各地现代化速度和水平的差距。当时与后世的中国经济地理格局，就是上述因素控制和演变的结果，其影响延续至今。

关键词：通商口岸；开埠城市；港口—腹地；区域发展

1840年的中英鸦片战争和此后的被迫开埠通商，标志着中国进入了全新的历史时期。众所周知，西方列强来到东方，是为了自己的利益，在这一过程中，中国蒙受了一次又一次的割地、赔款、丧权的羞辱。然而，比中国传统的政治经济更具旺盛的生命力的西方的政治经济，以及建立在此基础之上的科学和文化，在这一过程中同时进入中国，中国从此开始了现代化的艰难进程。这一进程，直到今天仍在进行着。从空间的角度考

---

* 本文原载《郑州大学学报（社科版）》2006年第6期，"近代开埠城市与区域发展研究（笔谈·上）"栏目，第5—8页。人大复印资料《中国近代史》2007年第6期全文转载此文以及同一笔谈的戴鞍钢、唐巧天、樊如森、陈为忠四人的文章。

察,中国社会的巨大变化首先发端于沿海沿江的通商口岸,再沿着交通道路往广大的内地扩展,由此导致各区域的巨变。最近8年来,我和我的同事及研究生们开展中国现代化的空间进程的研究,目的就是探讨这一场持续100多年的深刻的社会变革,如何从港口城市向广大的内地发展,通过双方的互动形成后来的经济格局,从而对当时和今天产生重要影响。通商口岸与近代的城市和区域发展,是这一研究的主要内容之一。

一、沿海沿江口岸在中国现代化进程中的作用

从1842年开放广州、厦门、福州、宁波、上海为通商口岸,到1930年代开放广东中山港止,清朝通过签订条约形式被迫开放的口岸和自行开放的口岸,达到104个之多,再加上胶州湾、旅顺口和大连湾、威海卫、广州湾等4个租借地和香港、澳门2块实行殖民统治的地区,可供外国人通商贸易的口岸达到110个。除了山西、贵州、陕西、青海、宁夏等少数省份,中国绝大部分的省份都有了多个通商口岸。尽管各个通商口岸都在不同地区的现代化中扮演了重要的角色,但就全国而言,最重要的是分布在沿海、沿长江的口岸,特别是沿海口岸。

如果将中国广大内地比作一个巨大的扇面,将国外比作更为巨大的另一个扇面的话,沿海口岸就是连接这两个扇面的枢纽。中国对外贸易的绝大部分,都是通过沿海口岸城市进行的。据近代中国管理各海关进出口贸易的海关总税务司署提供的数据,中国进出口总额的绝大部分都是沿海海关完成的,其次是沿长江的海关,沿边海关微不足道。各年度的情况都是如此。

沿海口岸城市在贸易上的重要性,还体现在国内贸易上。中国地域广大,在铁路、公路、航空等新式交通兴起以前,水运是最便捷的交通方式。中国河流大多是东西走向,在沿海口岸城市附近注入大海,上海、天津、广州、福州、厦门、宁波等口岸城市,既可以通过河流连接内地,又可以通过海运连接中国沿海各港口。因此,这些口岸城市既是中国沿海商业和对外贸易的中心,又是所在流域的出海口和商业中心。近代交通兴起以后,铁路、公路、轮船航运仍以东部最发达,沿海港口城市往往是重要铁路和公路的起点,河运、海运航线也在此相交。借助于方便的交通,沿海

港口城市将自己的商业影响送达遥远的中国内地,加大了和各区域联系的密度,在中国的商业和经济地位更加重要。

长江是我国流程最长、流域面积最大、最富通航价值的第一大河,它从青藏高原奔腾而下,穿过中国的腹心,直达东海。由于我国的铁路主要分布在东部,中部和西部较少,长江发挥了沟通东部、中部和西部的大动脉的作用。因此,长江沿岸的口岸城市镇江、南京、芜湖、九江、汉口、岳阳、重庆,长期以来都是各个大小区域的交通中心,新式交通兴起以后大多又是铁路和重要公路经过的地方,因此在中国的通商口岸系统中占有一定的地位。如果说,沿海口岸的开放使中国向外国资本主义敞开大门的话,沿江口岸的开放则使外国资本主义的影响直接进入中国广大的内地。

尽管主要通商口岸的开放,是外力强迫的结果,与之相伴随的一系列不平等条约,都严重损害了中国的主权,然而,开放通商口岸的影响,并非全是负面的、消极的。开放以前,口岸城市的贸易量,除广州以外都只面对购买力比较低下的国内市场,停留在较低的水平上。开埠通商以后,这些城市的市场由国内市场扩大到广阔的国外市场,从而为这些城市走以港兴市、商贸兴市的发展道路奠定了良好的基础。

近代的上海、天津、汉口、厦门、镇江、九江、广州等城市,都设有供外国人居住,由外国人管理行政、税收、警察和司法的租界。其中,建的最早、规模最大的是上海的租界。上海租界新式商店林立,近代工厂云集,金融业和房地产发达,人口密集,是上海市真正的经济中心。按照科学规划建设起来的新式马路、煤气、电灯、电话、自来水、公共交通、垃圾处理系统,这类中国以前没有的新鲜事物,都率先出现在租界。加上严密有效的西方式的城市管理方式,迥然不同的城市面貌让过往的中国人啧啧称羡,给人留下深刻的印象。绝大多数城市的租界,都发生了类似上海那样的变化。此外,中国最早的西医、西药、西式医院、新式报刊、新式学校、新式演出舞台以及出版机构,也大多首先出现在口岸城市。由于中国最初的现代化因素是自西方资本主义输入的,通商口岸城市便成了展示现代化的政治、经济、文化和城市风貌的窗口,中国人建设自己现代化家园的样本。

沿海沿江口岸城市不仅是中国商业和交通最发达的地带,也是近代工业最集中的地带。1933年,在我国东北、台湾以外的广大地区工业最发达的12个城市中,沿海的上海、天津、青岛、广州、福州、汕头等6个口岸城市,占了工人总数的72%和生产净值的85%;其次是沿江的南京、汉口、重庆等3个口岸城市,占了工人总数的10%和生产净值的5%。同时,沿海沿江口岸也是我国城市成长最快、城市化水平最高的地区。民国时期直属中央的7个特别市和12个院辖市中,通商口岸城市分别占了86%和83%。从人口规模等级的角度看,1930年代,人口200万以上的全国第一大城市上海是通商口岸,人口100万—200万的4个特大城市中3个是通商口岸,人口50万—100万的4个大城市都是通商口岸。甚至在人口20万—50万和人口10万—20万这2个等级的城市中,通商口岸城市也占到67%和52%。

对于广大的内地而言,口岸城市先进的经济文化具有强烈的辐射作用。这些城市的成长、壮大,不仅带动了所在区域的发展,还通过各种交通路线和商业网络,将影响送达广大的农村。各个口岸城市几乎都是空间范围不等的地区现代化的领头羊,是中国百年来最值得关注的地方。

二、沿海沿江口岸与它们腹地的经济联系

近代以来,随着中国纳入世界经济体系程度的不断加深,工商业在经济中的重要性不断提高,各区域的经济联系越来越明显地表现出倾向通商口岸城市的趋势。

中国离沿海口岸城市最为偏远的地区,莫过于西部的新疆、青海、甘肃、西藏和四川的川西高原。然而,这些地区通过天津、上海等沿海口岸,很早就和国外发生了贸易联系。据研究,迟到19世纪80年代,尽管通往沿海的铁路、公路尚未建成,出口物资外运主要依靠传统的交通方式,甘肃、青海的中药材大黄已通过天津出口国外,皮张、羊毛、羊肠、骨头等畜产品自天津出口的数量也在逐年增多。此时,英国立德洋行已在打箭炉和松潘设立羊毛收购站,将羊毛经上海运销美国,成为上海港出口羊毛的主要来源。到了20世纪20年代,内蒙古、甘肃、新疆等地区毛类产量的近七成,乳类产量和皮类产量的四成左右,都已用于出口到国外和本国的

沿海市场。既然最为偏远的西部的广大地区都主要通过沿海口岸城市与世界市场发生联系,可以推测中国的绝大部分地区也都如此。也就是说,自1840年以来,中国的绝大部分区域,即使是离沿海相当偏远的地区,通过沿海口岸都与国外发生了不同程度的贸易往来,并或快或慢地迈上了现代化的进程。

这种为港口提供出口物资,并消费港口的进口物资的区域,在地理学上称为港口的腹地。事实上,通商口岸和其腹地的经济联系,并不仅仅限于贸易和物流,还有人员往来、资金流动、产业转移,以及技术和信息传播等。口岸城市的进步促进了腹地经济的发展,而腹地的发展又促进了口岸城市的进步,腹地范围的大小和经济发展的快慢也影响口岸城市的发展,双方存在着相互依赖、相互影响的双向经济互动关系。我国各地区开始形成以主要的通商口岸城市为龙头,以它们的腹地为依托,以国内农畜产品、手工业产品和国外工业制成品为主要贸易内容的外向型经济体系,直接推动了各地经济现代化的进程。

在这种港口—腹地模式的直接影响下,我国的交通和各地商业联系的方向,都出现了新的格局。

中国的铁路、公路和轮船航运等近代交通,不仅首先出现在东部,密度也以东部最大,空间分布极不均衡。轮船航运取决于水运条件,东部水运条件好于其他地区,应是轮船航运业发达的主要原因。而铁路、公路的偏在东部,却不能用自然条件来解释。以铁路分布而言,除了东部人口密集经济发达之外,以口岸城市为指向,将口岸城市和其腹地连接起来,无疑是铁路建设肇始于东部并偏重东部的重要因素。只要分析当时的中国铁路分布图,可以明显看出,无论是东西方向还是南北方向的铁路,必有一端是通向某个沿海或沿江的港口城市。不仅铁路如此,甚至可以认为,随着外向型经济的发展和港口—腹地范围的扩大,中国的交通体系,无论是旧有的还是新建的,或纳入港口—腹地的交通体系,或与这一体系相连接。总之,近代以前以首都和各省省会为中心的交通体系,近代已逐渐转化为主要以口岸城市或省会为中心的新格局。

通商口岸城市的率先发展和全国交通格局的巨变,必然促使货物的运销、人员的流动,甚至资金的流向,发生重大的变化。在全国范围内,上海与各地的物资、人员、资金的流动,已代替原先的首都与各地的流动,成为首要的流动方向。而在省或省以下的行政区域,口岸城市和各地的物资、人员、资金的流动,同样代替行政中心和各地的双向流动,成为区域内部物资和人员的主要流动方向。区域行政中心只有本身也是通商口岸且保持一定的发展速度,或者虽非口岸但历史基础雄厚又在近代交通体系中占有一定地位,才可能继续成为区域内部物资和人员的主要流动方向。在这种情况下,通商口岸在区域内部物资和人员流动的中心地位才会退居次要。

三、港口—腹地与区域和城市的发展

沿海沿江口岸的开放和率先发展,国内外贸易规模的扩大,新的交通格局和物流、人员流、资金流方向的形成,促进了近代中国新的区域整合,并成为影响区域和城市发展的关键因素。

近代区域的经济发展,大致体现出从重要开放口岸沿河流、铁路、公路与依然使用的主要的传统陆上道路,向口岸的内陆腹地逐渐推进的特点。经济区是经济地理学的基本概念之一,它是具有全国意义的地域生产统一体,内部主要通过市场进行密切的联系。各个经济区都有自己的经济中心,这一中心往往由一个大的综合性城市或一组城市所组成,是全区域经济发展的核心和交通中心,它的发展对整个地区的经济发展有着深刻的影响。开埠以后沿海港口城市的逐步成长和对腹地影响的不断扩大,港口城市和腹地经济联系的不断密切,为近代经济区域的形成创造了条件。大约到20世纪前后,主要以沿海重要口岸城市为经济中心,以它们的腹地为范围,通过主要交通道路密切连接的经济区,已经初步形成。到了民国时期,我国至少已存在七大经济区,它们是:以香港和广州为中心主要包括珠江流域以及湘赣黔三省南部的华南经济区,以厦门、福州为中心包括今福建省的福建经济区,以上海为中心主要包括长江中下游和浙江的华中经济区,以青岛、烟台为中心主要包括今山东省和毗邻地区的山东经济区,以天津为中心主要包括黄河流域大部分以及内蒙古及今蒙古国的华北经济区,以大连与沈阳(沈阳是大连沟通东北各地的主要连接点)为中心主要包括东北各省和内蒙古东部的东北经济区。

我国地域广袤,各地区的地理位置和自然条件差异很大,对经济发展产生不可忽视的影响。近代同样如此,上述七大经济区内部都存在着明显的经济差异。尤其是面积广大的华中、华北两大经济区,地跨东部、中部和西部,区域内的经济发展水平明显存在西部不如中部、中部又不如东部的特点。这种差距,除了农耕条件较好的平原和可以通航的河流主要在东部,经济发展程度和人口密度较高的地区主要在东部,中部次之,西部较差,这些地理条件和历史基础之外,主要是近代以来中国现代化空间进程的差异造成的。1840年以后,尽管农业仍是中国国民经济的主体部分,但外向型经济和近代工商业在经济中慢慢占有重要的地位,并代表了经济的发展方向。东部由于有着众多的较早开放的通商口岸,又有着良好的经济基础,率先得到了发展,并强化了它在中国经济格局中的优势地位,成为中国现代化最主要的基地和辐射源。对于中部、西部地区而言,靠近东部沿海,就是靠近现代化源地,可以更快更多地接收到现代化的气息、先进的生产力与文化;靠近东部沿海,就是靠近中国的主要市场和世界市场,而是否靠近市场是影响现代市场经济发展的重要因素。由于受上述因素制约,我国各地区的经济发展大致表现出离东部口岸越远速度越慢的特点。西部远离沿海口岸,发展速度自然最慢,而铁路、公路等新式交通兴起较晚、密度比较稀疏这一点,加剧了西部对外联系的不便,也不利于市场经济的发展和先进生产力、先进文化的进入。可以说,今天中国的东中西三大部分经济差距的形成,主要是现代化的空间进程始于东部沿海再逐步往西推移这一特点造成。

港口—腹地对近代区域发展的影响,不仅体现在新的经济区的形成和促使东中西三大地区经济发展水平差距的扩大,也体现在同一地区内经济发展的不平衡。各地区的发展往往以口岸所在的沿海或沿江一带较快,而在并非沿海沿江的地带,发展较快的往往是在重要口岸通往腹地的主要交通线上担任交通枢纽的城市。今内蒙古的包头市1809年的时候才由村改为镇,后随着天津进出口贸易的发展和铁路的向西延伸,包头成为陕、甘、新、内蒙古及今蒙古国的皮张、羊毛的转运中心,以后又取代归绥(今呼和浩特市)而成为内蒙古地区的经济中心。济南因位居南北大通道津浦铁路和山东的东西大通道胶济铁路的连接处,成为山东省内贸易的中心和青岛港口—腹地系统中最大的转运市场。济南在20世纪以后经济上在山东省仍有一定的地位，显然和其在山东新的交通格局与港口—腹地体系中的地位有关。

受近代的港口—腹地体系制约，以及新的交通格局和物流、人员流、资金流方向的改变与区域发展差距的影响，一些城市走向衰落，一些城市得以兴起，中国旧的城市分布格局有所改变，城市主要集中在东部沿海的失衡现象进一步加剧。1930年代的建制市，无论人口规模处于何种等级，都以沿海省份占较大的比重，而且人口规模的等级越高，沿海省份所占的比重也就越高，至于人口数量众多的大城市，可以说绝大多数都集中在沿海省份。

口岸城市与位于口岸通往腹地的交通线上的城市的率先发展，还改变了各行政区内部原先的城市分布格局，颠倒了一些城市的经济地位。近代以前，首都或省会、州府治所等不同层次的行政中心，因聚集了较多的消费人口，商品消费量大，工匠人数多，不仅是区内最大的城市，往往也是区域内的经济中心。到了近代，那些以前并非行政中心的口岸城市或位于口岸通往腹地的交通线上的城市，经济发展速度超过行政中心所在城市，成为区域经济中心，而以前集行政中心和经济中心为一体的首都或省会、府州治所却大多经济地位下降，不再是区域经济中心。

这种行政中心和经济中心各由不同的城市担任的现象，在沿海沿江的不少省份都有存在。例如，山东省的济南和青岛，四川省在重庆直辖市分立以前的成都和重庆，江苏省在上海市分立以前的南京和上海，无不如此。前者都是省会，省内传统的行政中心，后者则是省内经济中心，主要在近代才发展起来的城市。如果我们将视野放到比省更大的范围，也可以找到同样的例子，例如北京和天津，北京和上海。北京既是中国的首都，也是北方的政治中心，而天津则是北方的工商业中心。上海不是首都，在设直辖市以前也不是省一级的行政中心，却是中国的经济中心。

有的省会城市位于沿海沿江，本身也是开放口岸，但发展速度慢于省内的其他口岸城市，也会导致省会城市经济地位的下降。例如，福建的福州和厦门，广东的广州和香港（香港尽管割让给英国，但区域经济仍和广东一体），就是这样。这四个城市对外开放的时间约略相等，但福州发展慢于厦门,广州发展慢于香港,省会自难一市独尊。

这种经济中心城市和行政中心城市双峰并峙、原先行政中心城市经济地位下降的现象,还可以使两类城市在区域内的政治重要性倒置。省会城市如果因经济发展速度慢于别的城市,以致经济规模和人口数量在省内都不能保持第一,有时中央政府便会将省会改置到经济中心或经济有望得到迅速发展的新兴的交通中心。河北省的石家庄取代保定,河南省的郑州取代开封,都是这样的例子。这种状况不仅出现在省域,也出现在府域、州域甚至县域。广东东部旧潮州府的行政中心向来在海阳县(今潮州市),近代口岸城市汕头兴起,成为府境最大的城市并演变为区域行政中心,最后以汕头作为地区名。厦门原属于福建泉州同安县,城市兴起后成为周围数县的行政中心,而厦门市亦成为这一行政区的专名。

四、结语

如上所述,可以看出,1842年以来沿海沿江通商口岸的渐次开放和国内外贸易的发展,给中国经济面貌带来深刻的变化,已将中国各地从以前相对封闭、自给自足的经济状态,带入世界经济体系,并开始了现代化的进程。在这一现代化进程中,沿海沿江口岸城市起到了现代化的示范者和辐射源的作用,而口岸城市和其腹地的双向经济联系形成的港口—腹地体系,促使商业联系、交通格局、区域发展、城市经济诸方面,都发生了根本性的变化,从而形成全新的经济格局,并一直维持下来。因此,沿海沿江口岸城市的港口—腹地问题,揭示的不仅仅是港口城市与其腹地之间的点与面的空间联系,更是中国现代化空间进程的具体体现,以及中国近代经济地理的萌芽、形成过程和内在关系。要探讨中国各区域现代化的进程与今天全国与各地区经济面貌的形成,必须透彻理解通商口岸的港口—腹地与中国现代化的关系。

中国地域广大,各区域通商口岸的港口—腹地关系不尽相同,对有关区域和城市发展的作用与形式也不相同。戴鞍钢、樊如森等人的相关文章,将对有关区域的港口—腹地及其对现代化的影响展开简要的论述,用具体的实例阐释、补充本文的论述,并借此展示不同地区现代化空间进程的特点。

港口—腹地与东部和中西部经济差异的形成和发展[*]

摘要：改革开放以来，在全国各地经济普遍获得较大增长的同时，区域之间的经济差异，尤其是东部地区和中部、西部地区的经济差异，也在迅速扩大。这种区域经济差异，主要体现在发展速度上，中部、西部不如东部；在经济总量上，中部、西部GDP在全国所占的比重日趋下降，而且人均GDP远远小于东部且呈现不断下降的趋势。就中西部而言，西部发展速度又不如中部。因此，这种区域经济差异，可以简单总结为中部不如东部，西部又不如中部。本文立足于对港口—腹地的研究，主要是探讨近代港口—腹地的格局，对形成东部和中西部经济差异的关键性作用。论文认为，必须明确港口—腹地对西部现代化的重要意义，透彻理解僻居腹地西部边缘给现代化带来的不利影响，加强和东部沿海及国外地区的联系，通过各种途径发展最为快速有效的交通和对外联系手段，用时间换取空间，是西部加快现代化步伐的关键一招。还要大力发展东西部互动，主动参与以东部港口城市为中心的沿海经济圈的重大经济活动，通过东部港口加强与外部世界的紧密经济联系；发展边疆贸易；开拓新的入海口；发展航空商务。

关键词：中西部；经济差异；形成原因；解决思路

---

  * 本文是2004年历史地理国际学术研讨会报告，原载陕西师范大学西北历史环境与经济社会发展研究中心编《历史环境与文明演进：2004年历史地理国际学术研讨会论文集》，商务印书馆，2005，第1—8页。

改革开放以来,在全国各地经济普遍获得较大增长的同时,区域之间的经济差异尤其是东部地区和中部、西部地区的经济差异也在迅速扩大。这种区域经济差异,主要体现为在发展速度上,中部、西部不如东部;在经济总量上,中部、西部GDP在全国所占的比重日趋下降,而且人均GDP远远小于东部。就中西部而言,西部发展速度和发达程度又不如中部。因此,这种区域经济差异,可以表达为中部不如东部,西部又不如中部(见表1)。

表1 中国区域经济差异的变化

		1952年	1978年	1985年	1990年	1995年	1997年
GDP(亿元)	东部	273	1798	4225	9239	33957	42573
	中部	183	1060	2608	5159	16080	20640
	西部	87	559	1369	2810	8226	10210
	合计	543	3417	8202	17209	58264	73452
GDP(%)	东部	50.2	52.6	51.5	53.7	58.3	57.96
	中部	33.7	31.0	31.8	30.0	27.6	28.1
	西部	16.1	16.4	16.7	16.3	14.1	13.9
人均GDP（元/人）	东部	116	457	983	1960	6863	8848
	中部	95	310	702	1265	3749	4951
	西部	67	251	572	1079	2966	3791
	全国平均	120	480	1003	1725	5355	5634
以西部人均GDP为100	东部	172	182	172	182	231	233
	中部	141	123	123	117	126	131
	西部	100	100	100	100	100	100

资料来源:转引自叶裕民《中国区域开发论》,表2.2,中国轻工业出版社,2000,第59—60页。

据表1可见,1952年至1997年间,尤其是1985年以后,东、中、西三大区域经济差异日渐扩大。可以说改革开放不仅没有达到人们预期的缩小区域差异的目标,反而使差异进一步扩大。然而,这不是改革开放的过错,这是1840年以来中国先进生产力自东部沿海向西部扩展必然产生的结果,而改革开放重新启动了长期陷于停滞状态的先进生产力的扩展过程,于是在普遍有所发展的同时,东部和中西部的区域经济差异进一步扩大。

近几年来,我在从事港口—腹地研究时,已注意到近代的港口—腹地格局对形成东部和西部经济差异的关键性作用。① 现对港口—腹地与西部的经济发展的关系予以详论,以期就教于方家。

一、推动西部现代化的外力分析

1840年鸦片战争以后,中国社会发生了前所未有的巨变。在外力的蛮横胁迫下,在伴随着失地丧权的巨大痛苦的同时,主要在沿海登陆尔后在全国扩张的先进生产力逐渐改变了中国社会的性质。这种生产力在各地区的发育程度,直接导致了现代化(也可称近代化,但二者在英语中并无区别)程度的差异。我国各地区通过对外贸易,都不同程度地与国际市场发生了密切的经济联系。西部也不例外,例如,西北的蒙、甘、新等省区1920年代毛类产量的68.9%,乳类产量的44.14%,皮类产量的35.73%,都用于出口到国外和本国的沿海。② 贸易的发展导致区域商品流通结构和经济结构的变迁,影响交通格局、城市分布和人民生活水平。此外,我国各区域现代化经济的发育程度并不相同,往往与开埠通商的时间、口岸的数量、通过这些口岸的贸易量的大小和人员的多少有关。因此,要分析西部地区现代生产力的形成和发育,必须首先从通商口岸开始。

近代以来,西部的新疆、西藏、宁夏、甘肃、陕西、贵州、青海、云南、四川等省区,先后设立了众多的通商口岸(见表2)。

---

① 参见吴松弟《港口—腹地和中国现代化空间进程》,《河北学刊》2004年第3期;《港口—腹地研究浅议》,载复旦大学历史地理研究中心编《港口—腹地和中国现代化进程》,齐鲁书社,2005。

② 参见林满红《口岸贸易与近代中国——台湾最近有关研究之回顾》,载"中研院"近代史研究所编《近代中国区域史研究会论文集》下册,1986。

表2 近代西部通商口岸及设关时间

省别	通商口岸	约定开埠时间	依据条约
云南	蒙自	1887年	中法续议商务专条
	思茅	1895年	中法续议商务专条附草
	河口	1895年	同上
	腾越	1897年	中英续议缅甸条约附款
	昆明	1905年	1910年滇督奏开
四川	重庆	1890年	中英新订烟台条约续增专条
	万县	1902年	中英续议通商行船条约
甘肃	嘉峪关	1881年	中俄伊犁条约
新疆	伊犁	1851年	中俄伊犁塔尔巴哈台通商章程
	塔尔巴哈台	1851年	同上
	喀什噶尔	1860年	中俄北京条约
	乌鲁木齐	1881年	中俄伊犁条约
	哈密	1881年	中俄伊犁条约
	吐鲁番	1881年	中俄伊犁条约
	奇台	1881年	中俄伊犁条约
西藏	亚东	1893年	中英藏印条款
	江孜	1906年	中英续订藏印条约
	噶大克	1906年	同上

资料来源:据王铁崖编《中外旧约章汇编》,三联书店,1962,第1—3册整理编制。

据上表,西部通商口岸共18个,最早的2个通商口岸新疆的伊犁、塔尔巴哈台均开埠于1851年。这一时间,比根据1842年《中英南京条约》开放的广州、上海、福州、宁波、厦门等第一批开埠的五口的开放时间只略晚9年,比1858年根据《中英天津条约》开放的牛庄、登州、汉口、台南等北方、长江和台湾港口还早了7年。然而,其他16个通商口岸,要在此后30年的19世纪八九十年代才开埠,作为西部贸易量最大的口岸的重庆要到1890年才开埠,而长江中下游、南方和北方沿海的主要通商口岸此前都已经开放。因此,西部通商口岸的开放时间总体而言要晚于东部。

到1922年中国约开商埠为79个,各地自开商埠1924年为34个①,约开、自开共113个。西部18个口岸占我国约开、自开商埠总数的16%,而面积占了我国国土总面积的55%。东部、中部虽然只占国土总面积的45%,却拥有约开、自开商埠的84%。可见对于面积广袤的西部而言,开放商埠显得极其有限。

仅仅比较商埠数量,尚不足以说明对外贸易状况和开放程度,还需要依据贸易数据进行分析。

表3 西部主要口岸进出口贸易额及占全国百分比

	1912年	占全国	1931年	占全国
蒙自	19 569 689	0.016044	26 402 306	0.006709
思茅	262 801	0.000215	232 879	0.00006
腾越	2 506 905	0.002055	2 962 629	0.000753
重庆	26 870 867	0.02203	75 302 847	0.019135
万县			17 066 384	0.004337
合计	49 210 262	0.040344	121 967 045	0.030992

资料来源:《中华民国元年通商各关华洋贸易总册》,第八款;《中华民国二十年海关中外贸易统计年刊·统计辑要》,《民国十八年至二十年海关贸易货值按关全数》。

说明:均包括洋货进口净值、土货进口净值和土货出口总数三项。1912年单位为两,1931年为关平两。

以上五关,分别是四川省的全部通商口岸和云南省通商口岸的大部分,由于两省拥有西部贸易额的较大份额,显然已代表了西部贸易额的相当大的部分,然而,它们不过只占1912年和1931年这两年全国对外贸易总额的4%和3%。另外,我们也看到中国海关总税务司署的统计数据均不包括新疆、西藏和甘肃的通商口岸的数据,我们也必须注意到香港、澳

---

① 参见隗瀛涛主编《中国近代不同类型城市综合研究》,表4-5、表5-1,四川大学出版社,1998,第211—212、239—240页。

门两大商埠当时因在英国和葡萄牙的分别统治下同样未列入中国进出口贸易总额中,但考虑开放商埠对中国现代化的影响却不能不考虑香港、澳门的因素,而这两大港口的进出口贸易额无论如何要远远大于新疆、西藏和甘肃的小口岸,则西部在包括香港、澳门在内的全国进出口贸易总额中所占的比重实际应低于上述两年的4%和3%。西部的各个通商口岸在全国对外贸易总额中所占的比重,实在是微乎其微的。

戴鞍钢、樊如森等人的研究,表明西部地区的进出口物资只有一部分通过本地的口岸,还有很大一部分通过陆路和水路转运,在天津、上海、青岛、广州等沿海口岸进出口。其中,在西北地区,除少量物资通过新疆境内的通商口岸输出入到俄罗斯和中亚地区,大部分地区的物资都应通过天津港集散;这些地区,包括新疆东部、青海、甘肃、陕西、宁夏,都属于天津港的腹地范围。① 在西南地区,人口占西南一半以上的四川的货物,大体通过长江经上海输出入;而云南、贵州、西藏的货物集散,一部分通过沿边口岸直接与国外联系,一部分经西江上游经华南出口,还有一部分则进入四川通过长江与上海联系,19世纪末期以来经长江部分所占的比重有所上升。②

基于上述状况,可以说,除新疆物资主要经俄罗斯进出口,西藏部分物资通过印度进出口,云南大部分物资通过缅甸或越南经香港进出口,其余均通过天津、上海或华南港口进出口。考虑到西北、西南的人口分布,可以说西部有人口居住的地区的大部分已分别纳入天津、上海两大港口的腹地范围,小部分则属于广州、湛江、香港及越南、缅甸、印度等国的港口的腹地,只有新疆进入俄罗斯的物资没有纳入某个港口—腹地系统。据此可见,西部对国际市场和我国东部沿海的物资进出口,绝大部分通过沿海港口,而其中主要部分又是通过我国东部的沿海港口,推动西部近代经济变迁和社会进步的动力主要来自东部沿海口岸。考虑到地理位置和空间距离,可以说西北、西南两大区域的主要地区,大致属于中国沿海主要港口的广阔腹地的西部边缘地带。

① 樊如森:《西北近代经济外向化中的天津因素》,《复旦学报》2001年第6期。
② 戴鞍钢:《港口·城市·腹地:上海与长江流域经济关系的历史考察(1843—1913)》,复旦大学出版社,1998,第204页。

中国地域广袤,一些重要港口的腹地往往拥有广阔的空间。例如,天津的腹地,不仅包罗黄河中下游的今天津、北京、河北、山西、河南、内蒙古、陕西诸省区市,还包括上游的甘肃、宁夏和青海,甚至远达新疆的东部。由于空间距离的差异,腹地西部的甘肃、宁夏、青海和新疆东部与天津的联系,自然不如腹地东部的河北、北京、河南便捷和紧密,自天津传递到腹地西部的现代化气息自然要大大少于腹地东部,西部的现代化程度显然也要弱于东部。

由于中国现代化的因素,主要是在东部沿海港口登陆尔后渐次向西部扩张,受广阔的空间距离和交通的影响,其在西部的扩张时间、扩张速度、扩张深度,不仅要弱于东部沿海地区,而且也要弱于中部地区。西部通商口岸设置之晚、之少,从一个侧面提供了证明。这种现代化程度随空间距离的加大而相应弱化的现象,不仅出现在东部和中部、西部三大区域之间,甚至出现在西部内部,如果将沿边口岸附近地区略而不计,在西部地区同样存在着离东部沿海距离越远、现代化程度越低的现象。

二、新的交通格局与西部的不利局面

连接港口—腹地的交通路线,是口岸城市和广大腹地之间物流、人员流、资金流和信息流的通道,同样在各区域的现代化过程中起着重要的作用。腹地各地区距口岸城市的远近以及通往口岸城市的交通路线的通达性,直接关系到与口岸城市的联系程度和输入的现代文明的多寡。

近代以来,轮船、火车、汽车等新式交通工具,展示了比步行和借助于畜力、帆船更大的优越性,不仅载人、载货更加便捷,数量更多,而且单位运价一般也要便宜得多。这种新式交通工具,一经产生,便显示了自己极大的威力。有的地方,因居于交通路口而迅速崛起为新的城市(如安徽蚌埠和河北石家庄),而有的地方则因旧式交通系统的日渐废弃而新式交通又未能得到发展而趋于衰落(如江苏淮阴和河南周口)。在地广人稀的东北,"惟籍铁道为开发富源之锁匙。铁道之功用,为吸收移民,吸收资本,并开拓世界市场。如中东路运输北满特产出口,自1906年至1913年,增加11倍,至1921年增加25倍,因铁道之建筑,促进富源之开发,未有若此彰明较著者也。"①新式交通对于贸易的影响自不待言。例如,陕西关中是我国重要的商品小麦产区,陕西距汉口并不遥远,然而"汉口之面粉厂,其所用之小麦,大部分来自美国西雅图、波得兰,盖以西北麦价虽廉,然以人力兽力之运输,其成本反较美国小麦为贵也。"②

新式交通在中国的发展历程相当曲折。以铁道而言,中国铁道真正的起步始于1894年甲午战争以后,到1911年全国只有铁路近万公里。这一点铁道,对于有着广袤空间的中国无疑是非常有限的。特别值得我们注意的是,这些铁道绝大部分都分布在东部沿海和东北地区,今京广铁路以西的广大地区数量极少。在西部,二十世纪二三十年代以前除了一条自昆明到达河口的窄轨铁道,便无任何铁道。后世对西部极其重要的陇海铁路三十年代尚未进入陕西,1949年前仅修到天水,另一条黔桂铁路仅建成柳州至都匀一段,而宝成、湘黔、包兰等重要铁路都是1949年以后所建。由于西部缺少可供航运的河流,唯有运输量大运费低廉的铁道运输才可能成为后世主要的交通工具,但1949年以前只有极少的地区才有铁道,这无疑不利于西部的经济发展。

近代中国的铁道建设,实际是以港口城市为指向的,只要分析当时的铁道分布图,便可以看出,无论是东西向还是南北向的铁道,都通向某个沿海或沿江的港口城市。中国铁道主要集中在东部沿海有着种种原因,以港口城市为指向,将港口城市和其腹地连接起来,无疑是指导铁路建设的重要目的。不仅铁路如此,甚至可以这样认为,随着对外贸易的兴起和发展,随着港口—腹地范围的扩大,中国的交通体系,无论是旧有的还是新建的,或纳入港口—腹地的交通体系,或与这一体系相连接,以前以首都和各省省会为中心的交通体系,开始转化为以港口城市(经济中心)或省会为中心。交通体系的变化,又必然影响运销体系,促使其发生和交通体系同样的变迁,并对城市发展、农村变迁产生重要影响。

对于那些远离港口的西部地区而言,通过发展现代交通,用时间换取空间,无疑是加强与港口城市联系、摆脱边缘地位的主要途径。近代新式

①张其昀:《中国经济地理》第四章《行》,商务印书馆,1930,第99—124页。
②同上。

交通布局偏向东部，在西部的进展极为缓慢，这种状态使西部用时间换取空间的努力遭到重创。

三、传统和边缘位置的共同作用导致现代化进展缓慢

1840年以前，中国的区域经济差异主要表现为南北差异，在经济发展水平上唐中叶以前北方优于南方，唐中叶以后南方优于北方。这一点，尽管可以从历史上的人口南迁、南方和北方在中国处于战乱时的安危治乱的不同，以及北方的生态变迁等方面进行解释，其实最根本的原因仍在于农业对自然的要求。农业是当时国民经济的基本部门，农作物的生长深受自然条件的限制，当南、北两区域的生产技术和人口密度都达到了前近代时期的顶峰时，纬度地带性造成的气温、降水的差异最终决定了各地的农业发展程度，导致了南北经济差异。

1840年以后中国区域经济差异，在南北差异仍然存在的同时，开始出现东西差异并最终成为主要的区域经济差异。无论经济总量还是总体经济水平，大致体现出自东部沿海地带向中部、西部地区递减或递降的趋势，而经济的差异必然导致政治、文化、社会等方面发展程度的差异。这种差异，除了东部原先就是我国经济发展程度和人口密度较高的地区这一历史基础之外，主要是近代以来中国现代化空间进程的差异造成的。随着先进生产力在沿海地区的较早发展以及各区域陆续卷入世界贸易体系，尽管农业仍是国民经济的基础，但近代工商业已日益重要并代表着中国经济的发展方向。对于发展工商业而言，市场十分重要，外向型经济的主要市场在国外，东部沿海港口是中国沟通外国的主要门户，而内向型经济的主要市场也在人口密集经济发展程度较高的东部，在这种情况下，东部沿海的经济自然可以较早得到发展。而对东部沿海港口以外的地区来说，靠近东部沿海就是靠近市场，远离东部沿海就是远离市场，由此导致外向型程度和现代化水平的差异，即西部不如中部，中部又不如东部。因此，远离东部港口城市，缺乏通往东部港口的便捷密集的现代交通网，必然制约西部的经济发展。

除了上述原因,长期以来因各种自然和人文因素造成的区域的经济、文化、政治差异,也在深深地制约着各地现代化的进程,这一种传统的力量同样不容忽视。

我国地域广大,各地区地理条件千差万别,人口、经济、文化的空间分布同样极为复杂。从历史上看,近代以前我国的商品经济以东部地区最为发达,以苏州、杭州、南京为中心的长江下游地区和以广州为中心的珠江三角洲地区,不仅是我国农业最发达的地区,也是手工业、商业、市镇体系最为发达的地区,其他地区总体而言都不如长江下游和珠江三角洲。西部地区尤其如此。西部缺乏地势低平的大平原和谷地,广大地区或处于崇山峻岭,或处于高寒高原和干旱半干旱草原,或处于流动半流动的沙漠,自然条件较差,不少地区只能经营畜牧业和山地农业,手工业和商业相当落后。

陈桦对清代各区域社会经济的比较研究表明:西北(此处指新疆和甘肃境内黄河以西)直到清末经济规模和水平仍十分落后,手工业和商业多集中于一些较大的城市之中,工商业市镇非常少,手工业生产的门类比较单一,不少地方与外界没有贸易往来。西南(此处指云、贵两省及四川盆地、广西西部)地区经济极不均衡,四川盆地西部经济发达,素有天府之国之称;平原坝子和河谷丘陵以及城镇通衢之处,自然条件和经济程度尚且较好;但广大的少数民族聚居区因地处边远,交通不便,长期处于与世隔绝状态,文化素质低,人口稀少,生产落后。广大的青藏高原(此处指西藏、青海和四川的川西高原)长期处于封闭隔绝状态,为以牧业为主、农业为辅的农牧混合型经济,经济发展迟缓,程度更低。① 陈桦将今陕西省和甘肃省的黄河以东地区列入华北经济区,由于该区域经济的论述重点在华北东部,对于西部的陕西和甘肃东部着墨不多。在这方面,田培栋的研究可为人们提供一些思路。田培栋论述明清时期的关中手工业落后于江南的根本原因,是关中的人们不重视手工业,不但一般人不习工艺,增加收入,即使这个地区的大商人也不愿意投资经营。至于商业,明代关中

---

① 陈桦:《清代区域社会经济研究》,中国人民大学出版社,1996,第27、313、358—362页。

成为闭塞之区,清代有了较大的发展,但仍属于不发达地区。①

陈桦在分析清朝的区域经济差异时,已注意到由于先进地区和落后地区间存在着巨大的差距,"商品经济由经济较发达地区向落后地区的推进,十分艰难"。② 近代的新兴生产力,本质上是一种性质不同于传统时期、更为高级和复杂的商品经济,传统时代的商品经济由先进地区往落后地区的推进尚且困难,近代商品经济在落后地区的推进速度必然要慢于商品经济发育程度较高的地区,并且会出现一些不同于先进地区的特点。况浩林的研究表明,外国列强在我国少数民族地区的经济活动便不同于在其他地区,具体表现在:对外贸易量不大,直接投资少,而直接投资中又较多集中在商业与金融业,工业投资主要又是矿山的投资。由于这些特点,必不可免地使通过输出商品、掠夺原料以及投资兴办工业等方式导致的对少数民族地区的自然经济的分解,远不如内地这样深刻,从而也必然影响到少数民族地区的资本主义工业,特别是加工业的发展,促使近代中国社会经济发展的不平衡进一步加剧。③

必须指出,尽管少数民族生活地区占西部面积的较大部分,但就人口而言汉族占了西部人口的较多部分,况浩林总结的特点是否同样是西部少数民族的特点,尤其是整个西部的特点,仍需要探讨。然而,西部通商口岸贸易量不大,外国资本在中国开办的工业企业大都集中在沿海口岸附近,在云南、贵州等地主要投资于矿山,极少投资于加工工业,却已为近代经济史论著一再证明。因此,况浩林总结的特点,不仅大体适用于西部的少数民族地区,而且一定程度上也适用于西部的汉族地区。

1840年以后我国各地区的现代化过程,既是先进生产力不断壮大的过程,也是旧有的落后生产力逐渐消亡的过程,新旧生产力、新生事物和传统力量的矛盾、冲突贯穿于整个过程。而且,影响现代化的因素,不仅体现在经济上,也体现在思想上、文化上和政治上。各个区域现代化进程的快慢、难易,现代化过程中展示的区域特点,无不是新旧两种力量较量的结果。就各区域的情况来看,凡是地理位置不闭塞、原先商品经济比较

① 田培栋:《明清时代陕西社会经济史》,首都师范大学出版社,2000,第222、263—269页。
② 陈桦:《清代区域社会经济研究》,中国人民大学出版社,1996,第22、18页。
③ 况浩林:《中国近代少数民族经济史稿》第二编第一章第四节,民族出版社,1992。

发达、交通比较方便,而且位于或比较接近沿海的地区,现代化因素的成长就容易一些,发育程度就要高一些,反之成长就要艰难一些、发育程度就要低一些。因此,西部现代化进程比较缓慢,可以说是位于我国各港口—腹地的边缘位置与相对强大的旧经济、文化、政治传统相互作用的结果,前者使从沿海登陆的新兴生产力到达西部的时间要晚于中部和东部,送达西部的能量也要少于中部和东部,而后者又使西部传统经济、文化和政治的力量一般说来比中部和东部地区都要强,两相比较,自然使西部成为中国现代化程度最差的区域了。

自二十世纪的三十年代开始,西部地区曾有过两次现代化建设的浪潮。第一次是抗日战争时期,沿海地带的部分民族企业内迁西南,内地的新兴工业一度有所发展,但抗战胜利以后大部分工厂回迁沿海。第二次在1953—1978年的26年间,为改变生产力过于集中东部沿海的严重不均衡状况并考虑到战备的需要,我国在连续几个五年计划期间对中部和西部地区的投资一般要占到全国的56%—69%。西部的经济面貌有了较大的改变,建成一批大工业企业和先进的城市,经济、文化教育和科学技术的面貌都有了较大的改变。然而,西部农村的发展步伐远远落后于城市,商品经济不发达的面貌并未改变,大多数的县城人口有限,而各省工业部门大多存在国有经济、重工业和军事工业比重大的特点。改革开放以后,国家改变对西部的资金倾斜,西部经济发展缓慢,和东部的距离越拉越大,各省的经济总量、人均经济指标大多处于全国倒数的位置。

四、港口—腹地和西部未来的发展

新世纪以来,中国的现代化建设进入一个崭新的历史阶段,经济全球化的外部条件与中国工业化、城市化的内在需求的有机结合,将中国沿海、沿江港口推上了一个全新的更高的发展平台,港口对内陆腹地经济的拉动力和影响力越来越大。同时,在资源全球配置的作用下,沿海港口减弱了对内陆腹地的依赖程度,而内陆腹地则增强了对港口的依赖。因此,沿海港口地区未来在我国经济中的作用,不仅不会减少,还会进一步加强。① 在此情况,西部加速区域经济发展、缩小和东部地带的经济差异的任务将变得更加艰巨,对此必须有清醒的认识,并认真考虑对策。

对于僻处上海、天津、广州等城市的港口—腹地边缘的西部各地区而言,只要有条件就应该寻找新的距海较近的港口,以改变过去出海不便的状况。除了西藏、云南应利用缓和的国际形势和日益紧密的对外经济联系,尽量利用距海较近的邻国的港口,四川、云南、贵州、重庆等省市应利用我国北部湾沿岸港口和通往这些港口的铁路、高速公路建设形成的全新的交通格局,通过近便的铁路和港口出海。

表4 西南四省市出海距离一览表(公里)

	成都		重庆		贵阳		昆明	
	铁路	公路	铁路	公路	铁路	公路	铁路	公路
上海	2351	2410	2516	2150	2060	2120	2699	2780
广州	2527	2200	2023	1870	1560	1360	1637	1530
湛江	1961	1830	1516	1500	1056	990	1275	1160
钦州	不详	1610	不详	1280	不详	770	不详	940

资料来源:孙光圻等《关于规划我国西南国际航运中心的初步思考》,载《中国港口》2003年第2期。

据表4所见,自成都、重庆、贵阳、昆明前往湛江或钦州,无论经铁路或公路,都比经上海或广州要省去好几百公里甚至1000公里以上,缩短几分之一(自成都、重庆)甚至一半以上(自贵阳、昆明)的路程。因资料的原因,本表没有列出广西的防城港,自西南各省前往防城港比前往湛江港又减少几十公里。正由于这一原因,在交通部2003年的《我国沿海港口发展的基本思路》中,列湛江、防城、北海、钦州等港口为我国西南地区的主要出海口,认为发展这些港口对西部开发具有十分重要的意义。西南各省选择湛江、北海、防城港等作为主要出海通道,将大大缩短和海外

---

① 参见茅伯科《中国现代化进程中港口—腹地关系演变的新趋势》,载复旦大学历史地理研究中心主编《港口—腹地和中国现代化进程》,齐鲁书社,2005。

市场的空间距离,有利于现代化进程的加速。

寻找近便的出海口,只是改变西部远离港口—腹地格局的一个重要途径,加强和沿海地区的经济文化联系是另一个重要途径。西部各地区要充分理解僻居腹地西部边缘给现代化带来的不利影响,认识加强与我国通向世界的主要门户东部沿海联系的重要性,将沿海地带视为它们对我国各地区经济文化联系的首要区域,通过各种方式尽快地获取沿海和国外的政治、经济、文化和科技信息,要大力发展东西部互动,主动参与以东部港口城市为中心的沿海经济圈的重大经济活动。此外,还要大力加强通往沿海的快速交通道路的建设,发展航空商务和电子商务。只有这样,才能用时间换取空间,改变偏处港口—腹地的边缘部分的不利局面,加速现代化的进展。

近代北方的沿海通商口岸与经济变迁*

摘要：本文简要探讨北方近代经济变迁的过程与原理。近代北方广泛分布的63个口岸，绝大部分的商贸均得到发展。其中，主要由天津和前期的营口、烟台与后期的大连、青岛构成的沿海口岸，占了北方进出口贸易总值的极大比重。沿海口岸城市借助于开放和外贸，走上以港兴市、商贸兴市的道路，加之某些租界的示范作用，迅速发展为内外贸易中心和综合性经济城市，有的还成为区域的经济中心。口岸城市带动广大地区开始早期现代化，而进出口贸易和国内商业的兴盛又促使北方经济朝着市场化和外向化的趋势发展，工业化和城市化之风也吹到内地的一些地方。各区域经济联系开始倾向沿海口岸城市，以沿海重要口岸城市为核心的各个经济区逐渐形成，各地区的经济面貌发生不同程度的重要变化。最后，本文对如何理解"开埠通商和国外先进生产力进入的大背景"、如何看待近代进出口贸易和市场化外向化的作用，以及如何看待"港口—腹地互动作用"等四个理论问题，进行了初步探讨。

关键词：北方；通商口岸；带动腹地；经济变迁

    本文简要论述近代北方沿海口岸城市在开埠通商以后引起的商贸、工业与城市的成长，并探讨沿海口岸城市在北方商贸中的地位和对北方广大地区的经济辐射。为了阐明沿海口岸开埠的意义，有时也涉及沿边和内陆口岸的状况。撰写的目的，是试图为近代北方复杂的经济变迁，从

---

* 本文原载复旦大学历史地理研究中心主编《历史地理研究》第3辑，复旦大学出版社，2010，第66—93页。

口岸对其腹地影响的角度,提供自己的解释。本文是国家社会科学基金项目"近代以来北方主要港口城市—腹地的经济互动"(05BJL051)的绪论的一部分,由于绪论目的是为论述北方各区域的港口—腹地经济变迁,并为各章的展开提供总体背景和论述线索,因此只能从比较宏观的角度予以论述。本文所说的北方,不仅包括我国秦岭—淮河以北的北部地区,也包括今蒙古国以及第二次鸦片战争以后被迫割让俄罗斯的原属于我国的领土。

一、通商口岸的渐次开放

我国北方有着漫长的国境线,1840年以前,主要与俄罗斯、朝鲜以及1870年代被俄罗斯吞并的中亚诸国相毗邻。东邻渤海、黄海、日本海以及鄂霍次克海,并通过这些海域进入浩瀚的太平洋。沿海自北而南,分布着众多的海港。从这些港口出发,向东可进入朝鲜半岛、日本以及原属于中国后被迫割让俄罗斯的远东,向南进入我国的南方沿海,并经此连接通往东南亚、南亚、西亚和欧洲的远洋航线。

北方通商口岸的开放以沿边口岸较早,最早可以追溯到根据清雍正五年(1727)3月签订的《中俄恰克图条约》开放的恰克图。此后直到鸦片战争以前,恰克图口岸都大体维持下来,尽管在乾隆朝三次闭市,但闭市时间均只有几年。① 鸦片战争之后,北方沿边口岸的开放速度开始加快。1852年在俄国的压力下,清朝将新疆的伊犁、塔尔巴哈台开为商埠。1858年和1860年,在第二次鸦片战争中战败的清政府,被迫与英、法、美、俄等国签订新的不平等条约——《天津条约》和《北京条约》,增开12个通商口岸。其中,天津、牛庄(不久改为下游的营口,正式公文中仍沿袭牛庄之称),以及芝罘(最初规定开放登州,后东移芝罘),均位于北方沿海。它们的开埠,标志着北方口岸的开放,从沿边扩展到沿海。与此同时,新疆的喀什噶尔(文献中有时称疏附,为喀什噶尔的回城)、今蒙古国的库伦,1861年也开为通商口岸。另外,传统的恰克图口岸的边境贸易也发生了重要变化,1862年以后俄商可以深入中国内地采办中国土

---

① 参见米镇波《清代中俄恰克图边境贸易》第一章,南开大学出版社,2003,第13—23页。

货了。①

到了十九世纪七八十年代,北方开放通商口岸的进程以加速度进行着。根据1881年的《中俄改订伊犁条约》,甘肃的肃州,新疆的吐鲁番、哈密、乌鲁木齐、古城,今蒙古国的乌里雅苏台,分别开为通商口岸。

在1898年开始的新一轮的民族危机中,北方沿海和沿边的口岸再次成为开放的重点。1898年,德国和俄国分别占领胶州湾、旅顺与大连湾,迫使清朝同意两地成为其租借地,不久两地开为商埠。与此同时,英国也获得威海卫的租借权,威海开埠。根据1903年的《中美通商行船制度续订条约》和1905年的《中日会议东三省事宜条约》,以及1909年的《中日图们江界务条款》等不平等条约,奉天省(后改为辽宁省)的安东、大东沟、铁岭、新民屯、通江子、法库门、凤凰城、辽阳、奉天,吉林省的吉林、长春、三姓、龙井村、局子街、头道沟、百草沟、珲春,黑龙江省的滨江、满洲里、绥芬河、齐齐哈尔、瑷珲、宁古塔、海拉尔,相继开为通商口岸。

自十九世纪七十年代以来,朝廷和地方的一些官员看到开埠通商可以给地方经济和财政带来好处,也看到外国力量控制下多种利益的损失,产生了自行开放口岸的想法。在1898年的维新变法时期,清政府宣布"广开口岸"。这股自行开放口岸的浪潮也冲击到北方,1899年直隶省(后改为河北省)的秦皇岛自行开放,此后几年,山东的济南、潍县、周村、济宁、龙口,辽宁的葫芦岛、锦县、郑家屯,内蒙古各部的多伦诺尔、归化、张家口、包头、赤峰,黑龙江的洮南,江苏的徐州、海州,安徽的蚌埠,河南的郑州,纷纷自开为通商口岸。

表1 北方口岸分布与开埠年份

今山东省

口岸名	今地	开埠年份	口岸名	今地	开埠年份	口岸名	今地	开埠年份
芝罘	烟台市	1862	胶州湾	青岛市	1899	威海卫	威海市	1899
济南	济南市	1906	潍县	潍坊市	1906	周村	淄博市周村区	1906
龙口	龙口市	1915	济宁	济宁市	1921			

① 参见米镇波《清代中俄恰克图边境贸易》第四章,第57页。

今江苏省北部地区

口岸名	今地	开埠年份	口岸名	今地	开埠年份
徐州	徐州市	1922	海州	连云港市海州区	1921

今安徽省北部地区

口岸名	今地	开埠年份
蚌埠	蚌埠市	1924

今天津市

口岸名	今地	开埠年份
天津	天津市	1861

今河北省

口岸名	今地	开埠年份	口岸名	今地	开埠年份
秦皇岛	秦皇岛市	1901	张家口	张家口市	1916

今河南省

口岸名	今地	开埠年份
郑州	郑州市	1922

今内蒙古自治区

口岸名	今地	开埠年份	口岸名	今地	开埠年份	口岸名	今地	开埠年份
满洲里	满洲里市	1907	海拉尔	呼伦贝尔市海拉尔区	1910	多伦诺尔	多伦县	1914
归化	呼和浩特市	1914	包头	包头市	1921	赤峰	赤峰市	1917
通辽	通辽市	1914	呼伦	呼伦贝尔市	1907			

今甘肃省

口岸名	今地	开埠年份
肃州	嘉峪关市	1881

今辽宁省

口岸名	今地	开埠年份	口岸名	今地	开埠年份	口岸名	今地	开埠年份
营口	营口市	1861	大连	大连市	1899	安东	丹东市	1907
大东沟	东港市	1907	铁岭	铁岭市	1906	新民屯	新民市	1906
通江子	昌图县境	1906	法库门	法库县	1906	凤凰城	凤城市	1907
辽阳	辽阳市	1907	奉天	沈阳市	1908	葫芦岛	葫芦岛市	1914
锦县	锦州市	1916						

今吉林省

口岸名	今地	开埠年份	口岸名	今地	开埠年份	口岸名	今地	开埠年份
郑家屯	辽源市	1917	吉林	吉林市	1907	长春	长春市	1907
龙井村	龙井市	1909	局子街	延吉市	1909	头道沟	龙井市西	1909
百草沟	汪清市	1909	珲春	珲春市	1910	洮南	洮南市	1914

今黑龙江省

口岸名	今地	开埠年份	口岸名	今地	开埠年份	口岸名	今地	开埠年份
三姓	依兰县	1909	哈尔滨	哈尔滨市	1907	绥芬河	绥芬河市	1907
齐齐哈尔	齐齐哈尔市	1907	瑷珲	黑河市爱辉区	1907	宁古塔	宁安市	1910

今新疆维吾尔自治区

口岸名	今地	开埠年份	口岸名	今地	开埠年份	口岸名	今地	开埠年份
伊犁	伊宁市	1852	塔尔巴哈台	塔城市	1852	喀什噶尔	喀什市	1861
吐鲁番	吐鲁番市	1881	哈密	哈密市	1881	乌鲁木齐	乌鲁木齐市	1881
古城	奇台县	1881						

今蒙古国

口岸名	今地	开埠年份	口岸名	今地	开埠年份	口岸名	今地	开埠年份
恰克图	恰克图	1728	库伦	乌兰巴托	1861	乌里雅苏台	哲布哈兰图	1881
科布多	科布多	1881						

资料来源：除恰克图据米镇波《清代中俄恰克图边境贸易》第一章，其余均据：A.严中平等编《中国近代经济史统计资料选辑》第一种，科学出版社，1955，"二　商埠、租界、租借地"之表1、表3，第41—48页，第54—56页；B.《中华最新形势图》，世界舆地学社，1929，有关口岸城市的文字说明部分。口岸的今地据同上《中华最新形势图》，市县据民政部编《中华人民共和国行政区划简册(2006)》，中国地图出版社，2006。

以上63个口岸，广泛分布在我国北方今天除陕西、山西、青海以外的各省市自治区以及蒙古国，形成了全方位的口岸体系，标志着北方的全面开放。

二、口岸城市的商贸发展

二十世纪三四十年代的地理学家在研究各地经济地理时，注意到各个口岸的状况。尤其是世界舆地学社1929年出版的《中华最新形势图》，在分省简述各城市的人文地理时，无不列出各个口岸并提到它们开埠以后的经济尤其是商业状况（详见下文）。依据这些论述，可以得出这样的结论：除了个别因区位位置不好或交通的原因商贸规模有限之外，通商口岸城市的商贸均得到发展，并在区域商业和经济发展中起到了重要的作用，大部分城市还发展为区域经济中心，即使位置偏僻交通不便的边疆也不例外。

北方的西部和北部地区深居内陆，距离大海甚为遥远，相当多地区的进出口主要通过沿边和内地口岸进行。如"北方西部地区和北部地区口岸分布图"①所示，通过1852年、1861年、1881年等年度的开埠，新疆和

---

① 如需查看此图，请参阅本文原载的复旦大学历史地理研究中心主编《历史地理研究》第3辑，复旦大学出版社，2010。

今蒙古国、甘肃在靠近沿边和内地交通路口,设立了 11 个对外开放的商埠,加上原已开放的恰克图,共达 12 个口岸。除了嘉峪关,开埠后"以非贸易适宜之区,不能发达"之外,其余商埠开埠后商业在旧有基础上又有了新的发展。

新疆共有 7 个开放口岸。其中,伊宁、喀什、塔城 3 个口岸位于中俄边境。伊宁,"自清咸丰元年开为对俄贸易之商埠后,富商大贾群集,红茶、砖茶之贸易甚盛"。喀什,"清咸丰十年,与俄订约,开为商埠,中亚、印度、阿富汗等地之商货,毕集于此,商务之盛大,盖犹超省城而上"。塔城,"咸丰元年,许俄经商,光绪七年(1881),准俄免税贸易",虽然贸易规模不如喀什、伊宁,但因靠近中亚的交通要道,却是中俄人民交往的重要孔道。4 个内地口岸以省会迪化(今乌鲁木齐)最重要,"光绪七年,因伊犁条约,开为对俄贸易之商埠,津、晋、湘、陇之商人及缠商,密集于此,贸易以羊毛、皮革、布帛为大宗,繁华富庶之状况,冠于全省,有'小南京'之号焉"。古城次之,光绪七年开埠,"繁盛之况,可拟于省会"。哈密、吐鲁番与乌鲁木齐、古城同时开埠,哈密"商市聚于回城外西北隅,贸易尚盛",吐鲁番"俄商在此买卖者十余家",贸易也有一定的发展。

今蒙古国当时的政治中心在库伦,商业中心也在此,"清咸丰十年,开为对俄贸易之商埠,蒙古进出口之贸易,胥由此集散,盖亦全蒙经济之中枢也"。科布多和乌里雅苏台于光绪七年分别开为对俄贸易商埠,两地商业兴盛。科布多,"汉、回、蒙、俄之人,皆设商肆于此,遂成蒙西第一市场,牲畜、茶砖、皮毛之贸易尚盛"。乌里雅苏台,"有俄商、蒙商及山西商人颇多,贸易以家畜、皮毛为大宗"。历史悠久的恰克图口岸,"本以茶砖为大宗",后因内地之茶直接运往海参崴,以转输全俄,恰克图的"商市已不如往日之盛",原有商店数百家,蒙古独立以后仅剩数十家。

北方东部地区的口岸多达 51 个。沿海有安东、大东沟、大连、营口、锦县、葫芦岛、秦皇岛、天津、龙口、芝罘、威海卫、青岛、海州等 13 个口岸,内陆有 38 个口岸,其中满洲里、海拉尔、瑷珲、绥芬河、珲春、龙井村、局子街、头道沟、凤凰城等9个口岸靠近边境,属于沿边口岸。①

关于北方东部诸口岸的商贸状况,《中华最新形势图》未提到济宁、锦县、葫芦岛,其他口岸开埠以后的商贸状况分两种情形。一种情形是辽阳、凤凰城与瑷珲。辽阳"贸易未甚发达";凤凰城"以密迩安东,商务未盛";瑷珲在城市的精华部分于1900年被俄国军队摧毁之后,商埠商业一蹶不振。另一种情形是开埠以后商贸得到较大的发展,这类口岸占了绝大部分。该书在论述其余40余个口岸时,无不提到它们开埠以后商贸得到发展。最值得注意的,是沿海口岸城市的发展。

第二次鸦片战争以后开埠的天津、烟台、营口,是北方最早开埠,也是最先得到发展的沿海口岸城市。《中华最新形势图》说天津:"地当五巨川之会点,往时漕运所经,已臻繁盛。迨海道大通,辟为商埠,轮舶麋集,帆樯如织,后又兴筑铁路,北抵北平,南达浦口,东至沈阳,商旅络绎,贸易殷繁,黄河全域及漠南各省之货物,靡不聚散于此,遂为华北商务之中心。"说烟台,"本福山县一渔村……自清同治元年,依咸丰十年所订之天津条约,代登州开为商埠,遂为山东一大贸易港。"说营口开埠之后,"赖辽河水运之利,关东土产,海外货物,均萃集于此,为东三省贸易之总枢"。

到了二十世纪前后,青岛和大连同时兴起,逐渐取代了烟台和营口的地位,发展为北方仅次于天津的主要贸易港和重要经济中心。《中华最新形势图》说德国租借青岛,在此"辟市场,浚船坞,建炮台,置戍兵,又筑铁路以达济南,数年之间,遂勃兴而为远东之大军商港"。说大连市:"本名青泥洼,为一荒寒之渔村,自俄日相继经营,以形势优良,遂迅速发展,成为东三省贸易之中心。"

《中华最新形势图》说这些港口城市,是"华北商务之中心"(天津)、"山东一大贸易港"(烟台)、"东三省贸易之总枢"(营口)、"远东之大军商港"(青岛)、"东三省贸易之中心"(大连),表明它们在不同时期已分别成长为华北、东北或山东这些大区域或省区的商贸中心,经济地位超越区域内的其他口岸城市。

---

① 本文原于此段前附"北方东部地区口岸分布图",如需查看,请参阅本文原载的复旦大学历史研究中心主编《历史地理研究》第3辑,复旦大学出版社,2010。

三、沿海口岸在北方商贸中的地位

北方诸口岸无疑以沿海口岸最为重要。《中华最新形势图》中的论述，不仅表明沿海口岸在口岸区域商贸中的重要性，也表明它们在整个北方商贸中的重要性。除此之外，进出口数据同样表明它们的重要性。

表2 北方东部地区海关贸易总值及沿海海关所占百分比

	1882年		1912年		1931年	
	总额（海关两）	百分比（%）	总额（海关两）	百分比（%）	总额（海关两）	百分比（%）
东部地区海关	38 313 056	100	364 969 146	100	1 344 223 403	100
其中:沿海海关	38 313 056	100	317 221 246	86.9	1 269 543 523	94.4

资料来源:《光绪八年通商各关华洋贸易总册》，第六款;《中华民国元年通商各关华洋贸易总册》，第八款;《中华民国二十年海关中外贸易统计年刊·统计辑要》;《民国十八年至二十年海关贸易货值按关全数》。均载京华出版社影印《中国旧海关史料》，2001年出版。

说明:贸易总值包括洋货进口净值、土货进口净值和土货出口总数三项。

据表2,1882年北方东部地区只有沿海三口开放,沿海海关占了区域海关贸易总值的100%。1912年和1931年因沿边与内地口岸增多,沿海海关在区域贸易总值中所占的百分比有所下降,但也高达86.9%和94.4%,内陆和沿边海关所占的百分比甚为微小。

需要指出,表2所示的数据,除1882年之外,1912年和1931年都未包括全部口岸。1912年已开放35个口岸,列入统计的只有瑷珲、三姓、满洲里、哈尔滨、绥芬河、珲春、龙井村、安东、大东沟、大连、牛庄、秦皇岛、天津、芝罘、胶州等15个。1931年已开放51个口岸,列入统计的只有瑷珲、滨江、珲春、延吉、安东、大连、山海、秦王(皇)岛、津海、龙口、东海、威海卫、胶海等13个。在这些口岸中,内地和沿边口岸的贸易额大大少于沿海口岸。以1912年各海关登记的贸易额为例,该年内地和沿边的7个海关中,珲春、龙井村两关均只有几十万两,瑷珲、三姓两关均只有一二百万两,哈尔滨关达600多万两;只有满洲里和绥芬河达到1000余万两和

2000余万两,即使这样,也只相当于大连、牛庄、天津、胶州诸口岸的几分之一。① 那些未列入海关贸易总册与年刊统计范围的口岸,由于《中华最新形势图》对其商业评价比列入统计范围的珲春、龙井村、瑷珲、三姓等口岸低很多,它们的进出口贸易数据,毫无疑问应该少于列入海关贸易总册与年刊统计范围的口岸。因此,这些口岸虽未列入统计范围,但不会从根本上改变沿海口岸在北方东部的地位。

"市"的设立,或许可以为讨论北方东部各口岸的贸易规模提供另一个视角。

民国时期,"市"这种城市型政区开始出现和发展,成为区域商业和经济的中心。任何一个市的建立,尽管有着政治、经济、人口等多方面的原因,但一般都有着商贸发展的基础。因此,口岸市镇能否上升为"市",可以看作口岸贸易规模与辐射范围大小的一个反映。

东北是我国近代经济增长较快和市设立较多的区域,但在全部28个口岸中,设市的仍只有营口、大连、安东、辽阳、沈阳、锦州、辽源、吉林、长春、延吉、哈尔滨、齐齐哈尔等12个口岸,大东沟、铁岭、新民屯、通江子、法库门、凤凰城、葫芦岛、龙井村、头道沟、百草沟、珲春、洮南、三姓、绥芬河、瑷珲、宁古塔等16个口岸,都未设市。这些未设市的口岸,除了市镇人口规模较小这一点之外,商贸规模一般不如设市的口岸,是另一个重要因素。《中华最新形势图》对此有所论述。以辽宁省而言,大东沟虽与安东同时开埠,但"近以港口淤浅,轮舶之寄碇,颇感困难,木材贸易,多为安东所夺,此间商务,遂形衰落";法库,"迨南满、四洮等路成,商贾改道,贸易大受打击,景况远不如昔";凤城,"以密迩安东,商务未盛"。如果加上未列入海关贸易总册的口岸可能的贸易数据,沿海口岸在北方东部贸易总值中所占的比重,自然会低于表2所示的沿海海关在区域贸易总值中所占的比重,即86.9%和94.4%,但毫无疑问沿海口岸的贸易总值还是大大超过内陆和沿边口岸合计的贸易总值。

近代位于新疆、甘肃、内蒙古中西部境内和今蒙古国的口岸,同样没

---

① 参见《中华民国元年通商各关华洋贸易总册》上卷,第一节第八款,载中国海关总署办公厅、中国第二历史档案馆编《中国旧海关史料》,京华出版社,2001。

有列入中国海关总税务司署的统计范围。不过,我们可以以新疆和今蒙古国这两大区域为例,讨论它们的进出口贸易规模。

新疆位居祖国西北边陲,近代与俄罗斯和中亚各国接壤,以这些国家为主要贸易对象。开埠前新疆主要出口产于内地的茶叶,进口货也大部分运往内地销售。由于道路遥远、交通不便,贸易规模相对有限。口岸渐次开放之后,贸易额得到增长。十九世纪末,俄国铺设中亚铁路,并向新疆边境延伸,随着交通条件的改善,双方贸易额迅速增长。因新疆通往中国内地的交通状况并未获得改善,十九世纪末以后双方贸易主要表现为新疆地区与俄国之间的贸易往来。① 1909年,新疆对俄罗斯的进出口贸易总值达到754.7万两。② 我们不妨将新疆的对俄贸易数据,与列入海关统计的那些地区的数据相比较,以考察新疆的贸易地位。列入海关统计的全国洋货进口和土货出口总值,1909年为78 093万两,1912年为86 887万两③,与其比较,新疆对俄贸易总值均连1%都不到。北方东部地区列入海关统计的洋货进口和土货出口总值,1912年为36 496.9万两(详见表2),与其比较,新疆1909年的对俄贸易总值只相当于2%。如与该年北方沿海各口岸的进出口贸易总值比较,新疆的对俄贸易总值不及北方的安东、秦皇岛,更不如其他沿海口岸,它只有大连、牛庄、芝罘、胶州等口岸的几分之一,天津的十几分之一。④

今蒙古国虽然同样位居亚洲的内陆,但却比新疆靠近海洋和北京,加之蒙古族和满族的结盟关系,清朝初期便和内地保持着比较密切的贸易关系。著名的中国与俄罗斯之间的恰克图贸易,从雍正年间开始,同治元年(1862)以后俄商可以深入中国内地采办土货。中国主要的输俄商品

---

① 参见吴轶群《清代新疆边境地区城市对比研究——以伊犁、喀什噶尔为中心》,博士学位论文,复旦大学历史地理研究中心,2007,第四章、第五章。
② 据新疆中俄通商局及交涉局季报整理,引自厉声《新疆对(俄)苏贸易史(1600—1900)》,新疆人民出版社,1993,第141页。
③ 据《中华民国元年通商各关华洋贸易总册》上卷,第一节第五款《通商各关洋货进口、土货出洋、洋货出洋价值按年总数》,载京华出版社影印《中国旧海关史料》,2001。
④ 据《中华民国元年通商各关华洋贸易总册》上卷,第一节第八款,《通商各关洋货进口、土货进口、土货出洋价值按关总数》,1909年这些海关的进出口价值分别是:安东1101.9万两,秦皇岛923.5万两,大连6052.4万两,牛庄5038.5万两,天津10225.8万两,芝罘2873.6万两,胶州5471.2万两。

茶叶在汉口装船,沿长江而下,抵达上海,通过北上的漕船运到天津,再经运河抵通州,然后走陆路,经张家口到恰克图。① 随着库伦、科布多、乌里雅苏台相继设为口岸,今蒙古国境内的进出口贸易得到了发展。1861年沙俄对今蒙古国的输出贸易不足22万卢布,到1890年增长到300万卢布,30年时间增长近13倍。1891年之后,今蒙古国和俄国的贸易总值继续增长,1915年达到1390万卢布。② 按当时的汇率,约折银910万两。③

与新疆一样,中国海关总税务司署的贸易统计同样不包括蒙古国,不过也可将1915年的蒙古国数据与列入海关统计的那些地区的数据相比较。1915年蒙古国的对俄贸易总值约910万两,只相当于1909年列入海关统计的全国洋货进口和土货出口总值78 093万两的1.16%,相当于1912年同项数据86 887万两的1.04%。1915年蒙古国的这一数据,若与1912年北方东部地区列入统计的海关的洋货进口和土货出口总值36 496.9万两相比,只相当于2.49%。若与该年北方沿海各口岸的贸易数据相比,它不及沿海口岸中贸易规模较小的安东、秦皇岛,更只有大连、牛庄、芝罘、胶州等口岸的几分之一,天津的十几分之一。

如果我们估计内蒙古未列入统计的口岸的进出口贸易数据与蒙古国大略相等,而只有一个口岸的甘肃的进出口贸易数据只及蒙古国的一半的话,加上新疆和蒙古国,这些未统计地区的进出口贸易数据,大约只相当于全国同类数据的3.5%、北方同类数据的10.5%。当然,上述地区的对俄贸易总值并不等于这些区域进出口贸易总值,也不等于各海关贸易总值的总和,而10.5%也只是一个估计。但考虑到对俄贸易是新疆和蒙古国进出口贸易的主要部分,10.5%这一估计即使有误差也不致相差太远。基于上述论述,可以得出中国北部的绝大部分的进出口贸易,通过沿海口岸实现这一结论。

如果对沿海口岸进行进一步的细致研究的话,不难发现,北方巨大的贸易量,竟然是由数量有限的几个大港口完成的,这几个港口占了纳入海

---

① 米镇波:《清代中俄恰克图边境贸易》第七章,南开大学出版社,2003,第108—113页。
② (苏联)兹拉特金:《蒙古人民共和国史纲》,陈大维译,商务印书馆,1972,第106页。
③ 据http://zhidao.baidu.com/question/20373238?fr=qrl3,1905年末,10华元=7.2两白银,1906—1915年,1华元=1.1卢布。

关统计范围的全部口岸贸易量的绝大部分。

表3 1882、1912、1931年各沿海口岸进出口总值及在北方所占的百分比

	1882年		1912年		1931年	
	总额 (海关两)	百分比 (%)	总额 (海关两)	百分比 (%)	总额 (海关两)	百分比 (%)
北方	38 313 056	100	364 970 959	100	1 344 223 403	100
沿海口岸	38 313 056	100	317 223 029	86.9	1 269 543 522	94.4
安东			11 019 041	3.0	67 814 886	5.0
大东沟					350 151	0.1(统计入安东)
大连			60 524 303	16.6	404 283 565	30.0
牛庄 (营口)	6 625 182	17.3	50 385 326	13.8	122 909 077	9.1
秦王岛			9 235 726	2.5	36 716 801	2.7
天津	22 525 267	58.8	102 258 118	28.0	350 229 937	26.1
芝罘 (烟台)	9 162 607	23.9	28 736 450	7.9	49 082 925	3.7
龙口					11 344 343	0.8
威海卫					8 886 801	0.7
胶州(青岛)			54 712 914	15.0	218 275 187	16.2

资料来源:《光绪八年通商各关华洋贸易总册》,第六款;《中华民国元年通商各关华洋贸易总册》,第八款;《中华民国二十年海关中外贸易统计年刊·统计辑要》;《民国十八年至二十年海关贸易货值按关全数》。均载京华出版社影印《中国旧海关史料》。

说明:贸易总值都包括洋货进口净值、土货进口净值和土货出口总数三项。

表3列举了1882年、1912年和1931年3个年度的进出口贸易数据。1882年北方沿海只有营口(牛庄)、天津、烟台(芝罘)3个口岸,占了全部贸易额的100%;天津一个口岸便几乎占了59%。1912年北方沿海口岸已达到8个,1931年更增加到10个,大连、青岛(胶州)崛起为北方的重要口岸,并取代营口和烟台的地位。尽管这样,在北方进出口总额中所占

比重9%以上的口岸,始终是天津、大连、青岛和营口。此四个口岸,1912年合计占北方进出口总值的73.4%,1931年更高达81.4%。因此,我们讨论近代北方港口与北方区域的经济发展,最需要注意的沿海口岸城市是天津、大连、青岛、营口和早期的烟台。

四、口岸城市的经济发展

清朝开放的口岸,绝大部分都是在战败之后或列强的强力压迫下,通过签订不平等条件而被迫开放的。北方同样如此,在近代北方开放的63个口岸中,除了秦皇岛、济南、潍县、周村、葫芦岛、张家口、包头、徐州、蚌埠、郑州等19个口岸是十九世纪末自行开放之外,占北方全部口岸总数的70%的另外的44个口岸,则通过不平等条约而开放。

通过一系列的不平等条约,列强大大扩大了在中国获得的各种权益:除了割地赔款、开埠通商,还有进出口货税必须同外国商议的"协定关税",外国侨民犯罪应交外国领事依照外国法律处理的治外法权,大致在5%的关税,外国商轮的沿海贸易权,等等。在一些口岸城市,还出现了供外国人居住,由外国人管理行政、税收、警察和司法的租界。北方的口岸中,除了天津设立英、法、美、德、日、俄、比、意、奥等国租界,其他一些口岸也设立类似租界的区域,它们是:塔尔巴哈台俄人贸易圈、伊犁俄人贸易圈、北戴河避暑地、秦皇岛商埠区、营口英人居留区、营口新市街、烟台外人居留区、中东铁路附属地、安奉铁路附属地、安东新市街。①

不平等条约严重损害了中国的主权,从此,中国的领土不再完整,独立主权遭到破坏,外国势力在中国政治、经济、文化各方面的影响越来越大。然而,外国列强当时已进入比封建时代要高的资本主义发展阶段,它们在中国所进行的一系列工商业活动,客观上促进了中国近代经济的成长,从此中国开始艰难地走上现代化的道路。通商口岸和租界对中国的影响,同样如此,并非全是负面的、消极的,客观上带来许多积极的作用,需要进行实事求是的分析。

---

① 费成康:《中国租界史》,附录1"中国租界一览表"、附录2"主要的未辟租界及类似租界地区一览表",上海社会科学院出版社,1991,第427—436页。

天津、营口、烟台是北方最早开埠的口岸,早在开埠之前已有一定规模的沿海贸易量,与北方和南方的沿海地区保持着密切的海上交通和贸易联系。外国列强之所以选择这三港开埠,显然也是基于历史的原因。①然而,这些港口的大发展,仍是在开埠之后。

表4　1875—1904年北方三口岸进出口贸易净值的增长

单位:前为海关两,后为%

年份	天津	增长	烟台	增长	营口	增长
1875	17 058 711	100	7 786 786	100	5 513 055	100
1880	21 668 434	127	9 905 815	127	6 725 036	122
1885	26 242 763	154	10 583 486	136	8 298 116	151
1890	34 133 168	200	12 862 382	165	14 448 281	262
1895	50 175 806	294	17 495 041	225	9 353 705	170
1900	31 920 658	187	27 058 328	347	22 024 643	399
1904	68 954 694	404	34 255 175	440	41 517 878	753

资料来源:交通部烟台港务管理局编《近代山东沿海通商口岸贸易统计资料(1859—1949)》,表1、附表3,对外贸易教育出版社,1986。

由于在最初的数年中各海关的统计报告只有进出口商品的一些单项数据,缺乏商品合计的总值,难以进行各年度贸易增长的比较,因此表4中的数据只能从1875年开始。即便如此,北方最早开埠的天津、烟台、营口三口岸贸易净值的增长已相当快速。在表中所列的以5年为一个统计单位的数据中,按时间看各港除了1900年前后的一个统计单位有所减少之外,各统计单位都呈增长态势。因此,1904年各口岸的贸易净值,均相当于1875年的400%以上,增长最快的营口口岸相当于1875年的753%。简言之,各口岸在30年中均增长了3到6倍,速度不可谓不快。

市场的扩大无疑是进出口贸易数倍增加的主要原因。开放以前,这些口岸的贸易量,由于只面对购买力比较低的国内市场,都停留在较低的

---

①参见复旦大学历史地理研究中心主编《港口—腹地和中国现代化进程》第五章第一节《近代通商口岸城市发展的历史脉络——以"北洋三口"为中心》,齐鲁书社,2005。

水平上。开埠以后,各国商人接踵而至,这些口岸的市场由以前的有限的国内市场,扩大到广阔的国外市场,市场扩大了,贸易量自然翻倍增长。中国和各国的经济发展史告诉我们,以港兴商、商贸兴市,是沿海城市成功的发展道路。近代进出口贸易的发展,为北方沿海城市走以港兴市、商贸兴市的发展道路,提供了良好的基础。

我国近代口岸城市中的租界,采用欧美资本主义的管理方式,且有着较好的法治和相对安定的社会环境,在所在的城市往往成为现代化的一个窗口。北方口岸的租界同样如此。以天津的租界为例,1883年租界区已成了天津的贸易、航运中心,1895年以后租界面积是县城的3倍,天津的贸易、航运、工业、金融无不云集于此,实际上是天津真正的经济中心。① 按照西方的生活要求和科学规划建设起来的新式马路、城市垃圾处理系统、煤气、电灯、电话、自来水、公共交通这些以前没有的新鲜事物,都率先出现在租界。

天津、营口、烟台三个最早开埠的沿海口岸,在开埠前已有一定的沿海贸易,城市发展具有一定基础。但是,这些口岸获得比较快的发展,形成崭新的城市面貌,却都是在开埠以后。后来开埠的沿海口岸大连、青岛,原先只是人口不多的渔乡或农村,之所以成长为北方主要的贸易城市和工商业中心之一,除了优良的地理区位和深水条件之外,基本上是开埠以后飞速发展所致。

沿海口岸城市在贸易上的重要性,不仅仅体现在对外贸易上,还体现在国内贸易上。

自元代定鼎北京之后,连接首都和南方的大运河便成为朝廷经济上的生命线,居于五川交会的天津成为北方的河运中心和首都的门户。清末海运兴起,居河海之交的天津又成为北方最大港口和进出口贸易的中心。近代开埠以前,营口通过辽河航运连接辽河平原和内蒙古东部,为东北最大的港口和重要的商业城市。开埠以后,天津仍然保持其在北方交通和贸易中的优势地位,营口地位下降,而原先地位一般的烟台,甚至没

---

① 费成康:《中国租界史》第八章第二节《天津租界》,上海社会科学出版社,1991,第277—287页。

有任何地位的大连和青岛,成长为山东或东北的重要交通中心和贸易中心。各地的出口商品通过这些口岸运达全国和世界各国,而进口商品则经这些港口运到北方的广大地区。表2、表3中的进出口贸易,其实相当一部分是运往中国沿海沿江各城市的国内贸易。

沿海口岸城市不仅是北方进出口贸易最发达的地带,也是北方近代工业最为集中的地带。

表5 北方主要工业城市的民族工业状况

	1933年民族工业				1947年民族制造业		
	工厂数（个）	工人数（人）	资本数（千元）	生产净值（千元）	工厂数（个）	合于工厂法者*（个）	职工数（人）
天津	1224	34769	24201	74501	1211	215	8076
北京	1171	17928	13029	14181	272	49	2141
青岛	140	9457	17650	27098	185	96	2740
西安	100	1505	161	413	69	24	1177
沈阳					275	117	4371
兰州					39	17	575
合计	2635	63659	55041	116192	2051	518	19080

资料来源:1933年据严中平等编《中国近代经济史统计资料选辑》,表8"上海等十二个城市的工业";1947年据经济部全国经济调查委员会《全国主要都市工业调查初步报告》,1948。按《中国近代经济史统计资料选辑》上表也收入《全国主要都市工业调查初步报告》中的数据,但未注明此只是制造业。

* 当时的《工厂法》规定:凡使用动力且工人在30名以上者,为符合《工厂法》规定的工厂。

据表5,1933年列入中国民族工业最发达的12个城市(不包括东北和台湾),北方有天津、青岛、北京、西安等4个城市;而在此4个城市中,通商口岸城市天津和青岛合计占了全部工厂数的52%、工人数的70%、资本额的76%,占生产净值的比重更高达88%。无论工厂数、工人数、资本额还是生产净值,都是天津第一。北京虽然工厂数和工人数超过青岛,但资本数和生产净值均不如青岛。深居内陆的西安的各项数据更远远少于沿海的三个城市,尤其是口岸城市天津和青岛。

1947年的民族制造业已包括东北和台湾,列表的城市包括通商口岸城市天津、沈阳、青岛,未开埠的北京、西安和兰州。其中,天津、青岛两个沿海通商口岸城市占了全部工厂数的68%,合于工厂法的工厂数的60%,职工人数的57%。如加上内地口岸沈阳,则口岸城市在以上三项指标中所占的比重,分别达到82%、83%和80%。非口岸城市北京虽然工厂数在各城市中居第三位,但合于工厂法的工厂数量和职工人数却只居第四位,均不如天津、沈阳和青岛,只高于内地城市西安和兰州。民族工业固然只是工业中的一部分,但民族工业如此,外国投资的工业更是如此,外国资本首先并主要投资于中国沿海口岸,早已是学术界公认的事实。

　　国内外贸易的繁荣,工业的集中,必然促使大量的农村人口向口岸迁移,促进口岸城市的迅速成长。据表6,1933—1936年北方人口规模在100万—200万的城市两个。

表6　北方市的人口等级规模(1933—1936年)

人口规模(万)	数量	市的名称
100—200	2	北平、天津
50—100	2	青岛、沈阳
20—50	7	大连、济南、哈尔滨、保定、开封、长春、周口
10—20	16	徐州、威海、济宁、烟台、太原、西安、汉中、兰州、安东、营口、旅顺、锦州、抚顺、吉林、张家口、西宁
5—10	18	亳州、阜城、唐山、山海关、潍坊、周村、石家庄、郑州、洛阳、安阳、许昌、大同、辽阳、迪化、银川、齐齐哈尔、归绥、包头

资料来源:沈汝生《中国都市之分布》,载《地理学报》第4卷第1期,1937年。

　　大城市北平(北京)和天津,一个是前朝旧都,一个是北方最大的开埠城市;人口规模50万—100万的2个大城市青岛和沈阳,均是口岸城市,其中青岛是沿海口岸城市;20万—50万的7个城市中,3个是口岸城市,其中一个是沿海口岸城市;10万—20万的16个城市中,10个是口岸城市,其中6个是沿海口岸城市;5万—10万的18个城市中,9个是口岸城市,其中一个是沿海口岸城市。显然,"市"这种民国时期才兴起的城市型政区,主要是建立在口岸城市发展的基础上,而沿海口岸城市又是其中最重要的一部分。① 至于非口岸城市,除了北京由于是前朝首都和北洋政府的中心而保持较多的人口之外,一般规模较小,而且大多由于历史基础尤其是担任省会和交通中心才保有自己的地位。

  在传统经济时代,首都、省会、府城、州城乃至县城等不同等级的行政中心,形成一个个规模等级大致与其行政等级相等的大小城市。它们之所以能够担任不同的行政中心,成为规模不等的城市,主要是由于地理位置上居于不同区域的中心或交通枢纽,便于控制行政区域内的各地,为了满足麇集于此的大量的消费人口的需要,而发展为工商业中心;此外,很多城市因位于农业发达的平原或河谷,自身也具有一定的经济基础。沿海通商口岸由于靠近海岸线而离以前主要的陆路交通有一定的距离,它们大多不是省会,有的甚至在自身所在的府州内也只是一般的县城,而不是府城或州城。近代,通商口岸率先发展为多功能多产业的综合性经济城市,经济地位超过原先承担区域政治、经济双重中心角色的城市,于是便发生了区域经济中心从原先的行政中心所在城市转移到口岸城市的现象。

  上述这种现象,同样出现在北方地区。

  近代以前,青岛只是山东省内人烟稀疏的渔村,毫无经济地位。开埠以后城市获得迅速发展,不仅成为山东人口规模首屈一指的通都大邑,更成为省内乃至北方的重要经济中心,地位超过省会济南。

  大连的状况与青岛相同,开埠前只是规模不大的村庄,开埠以后城市迅速发展,不仅超越了原先的营口,成为东北的主要港口,而且发展为东北最重要的经济中心之一。

  天津在开埠以前因是北方的重要交通中心已具一定的城市规模,但其规模和地位无法与邻近城市北京相比,北京不仅是中国的首都,也是北方的经济中心、最大的城市。开埠以后天津迅速发展,二十世纪以后发展为北方最大的经济中心,在人口规模上也赶上了北京。

---

① 参见吴松弟《市的兴起与近代中国区域经济的不平衡发展》,《云南大学学报(社会科学版)》2006年第5期。

在一些省份,经济中心的转移并未带来行政中心的转移,于是便出现新兴的经济中心城市和传统的政治中心城市双峰并峙的现象,如山东的青岛与济南。有的经济中心城市,虽然未能成为省会,却由于城市规模和重要性而成为直辖于中央的特别市或院辖市。民国时期北方的城市先后有北平、青岛、天津、大连、沈阳等五个城市成为特别市或院辖市,除北平(北京)因是前朝旧都和北洋政府所在地而继续保持城市规模和繁荣,沈阳因长期担任辽宁省会且是东北南部的交通枢纽和工业中心而跻身直辖市行列之外,青岛、天津、大连三个城市原先都是非省会城市。

五、沿海口岸城市对北方广大地区的经济辐射

由于中国最初的现代化因素,不是自身产生,而是西方资本主义输入的,通商口岸便在中国现代化的初期阶段扮演了重要的角色。它既是中国联系世界、世界进入中国的门户,更是展示现代化的政治、经济、文化和城市风貌的窗口,中国人建设自己现代化家园的样本。对于广大的内地而言,口岸城市较早形成新兴的生产力,长期以来是中国经济文化最为发达、生活水平最高的地方,对于广大的内陆地区具有强烈的辐射作用。在北方,天津、济南、青岛、沈阳、大连这些城市,本身就是较大区域的交通中心和经济中心,在政治、文化方面也有巨大的影响力。这些口岸城市的成长、壮大,不仅带动了所在区域的发展,还通过各种交通路线和市场网络,将影响送达自己的腹地,并与自沿边口岸进入的现代化影响相汇合,共同推动现代化因素的发育和成长,导致整个北方的经济发生重大变迁。各个口岸城市几乎都是空间范围不等的不同地区现代化的领头羊,是探讨近代北方经济变迁首先值得关注的地方。主要在沿海口岸城市的带动下,不仅北方沿海地带开始了早期现代化的进程,广大的内陆地区甚至没有边关的省份,也同样开始了这一进程,发生了不可忽视的变迁。

主要通过沿海的通商口岸,北方的出口物资输送到世界各国,外国的进口物资输入北方,北方的各个地区都不同程度地纳入了世界经济体系。西部的新疆、青海、甘肃是北方距海最远、最为偏僻的地区,然而,迟到1876年,甘肃、青海的中药材大黄已通过天津出口国外,皮张、羊毛、羊

肠、骨头等畜产品自天津出口的数量也在逐年增多。① 到了1920年代，内蒙古、甘肃、新疆等地区毛类产量的68.9%，乳类产量的44.14%，皮类产量的35.73%，都已出口到国外和本国的沿海市场。② 既然最为偏远的新疆、青海、甘肃的广大地区都通过口岸与世界市场发生联系，可以推测北方的绝大部分地区也不例外。

进出口贸易和国内商业的兴盛，促使北方经济朝着市场化和外向化的趋势发展。鸦片战争以前，全国的市场化和外向化程度都不高，北方地区又落后于南方。北方广大地区农业和畜牧业大体上处于自给自足的状态，农产品以粮食作物的种植为主，经济作物仅在国内区域性的市场间贸易，畜产品中皮张等的市场化程度非常低，而羊毛尚未作为商品。十九世纪八十年代前后，北方开始有了一定的农牧产品出口，以后出口的种类和数量都在持续的增长，进入二十世纪以后农牧产品已成为天津出口贸易的两大支柱。

以棉花为例，华北诸省的一些地区已出现一批以出口国内外市场为生产目的的商品棉专业种植区。《中华国货报》1916年的调查说："吾国之产棉之区，在北方黄河流域者，则为直隶、山东、山西、河南、陕西诸省。直隶以保定、正定、顺德、广平为最，山东以周村以北、新城（治今桓台县）附近为最，山西以平阳、蒲州（治今永济市）、解州（今解县）、绛州（今新绛县）、泽州为最，河南以郑州为最，陕西以西安、同州（治今大荔县）为最，年产不下50万担，以天津为集散市场。"③。在上述专业生产区，棉花种植已成为农民的主要生活来源。河北"正定一带居民，类皆以产棉为主要之职业……农民对于耕作地，十分之八皆为植棉之用"，"故食料一项，不得不仰给于山西及临近各省矣"④，即是一个有力的证明。1920年前后，由于日本人在沿海广兴纱厂，陕西、河南、山西等省人民便广种棉花，争趋其利，甚至有每年连麦全不种的⑤。

---

① 参见樊如森《西北近代经济外向化中的天津因素》，《复旦学报》2001年第6期。
② 参见林满红《口岸贸易与近代中国—台湾最近有关研究之回顾》，载"中研院"近代史研究所编《近代中国区域史研究会论文集》下册，1986。
③ 章有义：《中国近代农业史资料》第二辑，三联书店，1957，第220页。
④ 章有义：《中国近代农业史资料》第二辑，三联书店，1957，第133页。
⑤ 章有义：《中国近代农业史资料》第二辑，三联书店，1957，第150页。

畜牧业的市场化外向化程度同样很高。以上提到的内蒙古、甘肃、新疆的毛类、乳类、皮类产量的相当一部分用于出口,即是一个证明。据日本人在甘肃、青海和内蒙古的阿拉善、鄂尔多斯等地的调查,"十五六年前,即1895年,羊毛还未经洋行之手办理,当地畜牧的主要目的是食用,羊皮被利用来作为冬天的寒衣。自从洋行开始进出这一地带后,羊毛的需求量猛增,羊的经营完全改变成以羊毛为目的的饲养。"由于饲养的羊只能取毛或取皮,牧民多以取毛为主,导致"优质的羊皮逐渐减少,羊毛产量逐渐增加,这也可以看出洋行的买卖给这一地区的牧业生产带来怎样的后果"。① 在皮毛大量出口的同时,原来没有什么用途的羊肠、骨头等的出口量也在逐年加大。②

近代工厂的建立是现代化的一个主要内容,1895年中日甲午战争结束以后,我国民族工业得到初步发展。兴办工厂之风不仅吹到沿海各省,也吹到偏远的陕西、甘肃等西北各省。1893年陕西省内民族资本兴办的工厂已有216家,1912年增加到364家。当年甘肃也有工厂106家,西北各省只有新疆没有。③ 表4所列的北方6个主要工业城市,西安、兰州均位于偏僻的内地,而且都不是口岸。尽管这些城市的工业水平和规模远不能与沿海地带的城市相比,但毕竟表明近代民族工业已在这些城市兴起。

开埠以后,在国外机器、机制工业品和资本主义生产方式的冲击下,我国自给自足性的传统手工业趋于衰落,而商品化手工业的相当一部分则在不断的学习、调适中快速向前发展。以土布纺织业为例,由于进口洋标布售价只有国产土布的一半而宽度是土布的1倍,1870—1872年间洋标布"大批涌进,销售极健",但国内土布仍在顽强挣扎,不久得以复兴,土布产量的剧增导致其价格大跌,"人民争乐用之,于是洋标布输入数量,萎缩甚巨焉"。④ 进入二十世纪初,河北高阳等地织布业普遍过渡到使用

---

①和龚等辑译《"新修支那省别全志"宁夏史料辑译》,北京燕山出版社,1995,第147页。
②国民政府工商部工商访问局编辑《工商半月刊》,一卷十三期,"调查"部分,《天津肠衣调查》,第13页。
③黄炎培:《民国元年工商统计概要》,上海商务印书馆,1914。
④班思德编《最近百年中国对外贸易史》,海关总税务司署统计科译印,1931,第176页。

机制纱和半机械化的铁轮机的新式织布工艺,很大程度上完成了由传统手工织布向现代化机器织布的转型,高阳布远销北方各地。① 与此同时,在北方沿海口岸城市的所在省份甚至离其较远的一些地区,还兴起散布在广大农村,为出口服务的如蛋类加工、草帽辫加工、榨油等农副产品加工业。

城市化是考查现代化水平的另一个标杆。表5所列的人口100万—200万以及人口50万—100万的城市,固然都位于沿海省份,但人口20万—50万的7个城市中已有2个是内地省份的城市即河南的开封与周口;在10万—20万人口的16个城市和5万—10万人口的18个城市中,分别有7个与10个属于内地省份,其中的西安、兰州、西宁、乌鲁木齐、银川等城市都位于西部。尽管这些城市的规模较小,但考虑到民国时期政府对某地是否可以设市,在城市人口与工商业发展程度这两个方面都有标准②,这些设市的城市显然已不同于近代以前的单纯的政治中心或交通中心。

港口—腹地影响北方现代化进程和各区域经济发展的表现颇多,各区域经济联系倾向沿海口岸城市,是首先值得注意的重大变化。

近代,各区域的经济联系除了仍然倾向于原先的传统政治中心之外,已主要倾向于沿海口岸城市和内地那些在沿海—内地贸易路线上担任转运中心的城市。由于上述城市在国内外贸易、工商业经济中的重要性以及可观的城市人口规模,甚至近代的重大交通建设,也往往以沿海口岸为起点,或者与通往这些城市的道路相连接。铁路运输以其量大快捷而成为近代经济变迁的重要方面,而中国近代的铁道主要分布在东部,直到今天还没有重大的改观。如果说港口分布在东部沿海是自然条件使然的话,我国铁路以东部为最发达,除了东部平原广布、人口密集、经济发达这些历史原因之外,以港口城市为指向,将港口城市和其腹地连接起来,无疑是决定铁道建设的主要因素。只要分析当时的中国铁路分布图,便可以看出,无论是东西向还是南北向的铁路,必有一端通向某个沿海或沿江

---

① 李大本修,李晓冷等纂《高阳县志》卷二《实业》,民国二十二年(1933)铅印本。
② 参见吴松弟《市的兴起与近代中国区域经济的不平衡发展》,《云南大学学报(社会科学版)》2006年第5期。

的城市。地理学家张其昀对此评论道:"吾国铁道,大抵偏于东北而略于西南,注重沿海而忽于腹地,贪图目前近利之支线,而不顾经营远略之干线。"①

我国公路网以沿海地带最为稠密,其余地区的稠密度往往和其与口岸城市的距离成负相关,也是基于同样的原因。河道数量与通航条件是航运发展的基础,我国便于通航的河流基本上在东部而不在西部,更决定了近代新兴的轮船航运只能主要分布在东部,其次是中部,西部极少。

北方的东北和华北是我国铁路网较为稠密的区域,这两个区域铁路网的分布同样具有指向港口的特点。据"1920年代末之中国北方铁路分布图"②所示,1920年代末东北的铁路网,实际以中东铁路和南满铁路为骨干。中东铁路东端是今俄罗斯的港口城市海参崴,西端是沿边口岸满洲里。当俄国修建中东铁路时东北北部是俄国的势力范围,东北北部丰富的农产品可以经中东铁路运到海参崴出海,或经西伯利亚铁道西行。南满铁道以大连为起点,东北南部的丰富物资经大连出口外运。华北铁道的起点,一是天津(大沽属天津),二是青岛,三是连云港(海州属连云港),都是沿海口岸城市。而且,凡各条东西向铁道的修建,无不首先开始于沿海口岸地带,再向西、向北延伸。

由于港口城市地带已成为新兴生产力首先发展的地区,港口—腹地成为近代区域经济联系的主要表现,位于或者靠近口岸的地区往往能得到较早较快的发展。即使内陆城市,只要位于港口—腹地的交通和商业网络的重要节点上,发展速度也比内陆的其他城市快一些。济南位于我国南北交通和山东省东西交通的连接点,是口岸城市烟台、青岛连接内地的重要节点和中级市场的所在地,济南在近代的发展显然与此有关。③甚至远离沿海沿江的西部地区也不例外。包头"本萨拉齐一市镇",由于位于西北和天津之间的货运枢纽,贸易兴盛。随着天津进出口贸易的发

---

① 张其昀:《中国经济地理》,商务印书馆,1930,第99页。
② 如需查看此图,请参阅本文原载的复旦大学历史地理研究中心主编《历史地理研究》第3辑,复旦大学出版社,2010。
③ 参见吴松弟主编《中国百年经济拼图:港口城市及其腹地与中国现代化》第七章,山东画报出版社,2006,第263—264页。

展和京包铁路的通车,包头作为陕、甘、新、内蒙古及今蒙古国的皮张、羊毛的转运中心得到了长足的发展。1926年设县,1938年设市,"其繁荣之程度,已驾于归绥(今呼和浩特)而上之,俨然内蒙第一市场也"。①

近代经济区的形成是港口—腹地影响北方现代化空间进程的另一个表现。经济区是在一定空间范围内,经济活动相互关联的客观存在的空间组织。它以某个城市或城市群作为经济中心,经济中心对经济区内的其他地方产生辐射作用,又依托次一级的经济中心把各地区连成一体,并通过各种交通、通信和商业系统构成复杂的经济网络,经济区内各地的经济活动有一定的相互联系和相互依赖。近代以来,北方广袤的空间,除了少数可以通过沿边口岸发展对外贸易的区域以外,几乎都成为天津、营口、大连、烟台、青岛等沿海口岸城市的腹地。这种沿海口岸城市与其他地区的人员和贸易往来、资金流动、技术和信息传播,成为北方各区域经济联系的主要形式。估计到二十世纪初,以天津—北京、大连—沈阳、青岛—济南等沿海主要口岸城市或城市群为中心,以它们的腹地为空间范围,以港口城市与其腹地通过主要交通道路保持密切联系的北方经济区、东北经济区和山东经济区,实际上已经形成。

总之,沿海口岸城市对其辐射区域的经济影响的规模,远远超过古代行政中心城市与区域的经济关系,在性质上也有着极大的不同。在这种新型的城市—区域关系中,城市是相对主动、占有优势的一方,但区域也不是完全被动地接受城市的辐射,也会对城市产生不可忽视的影响。此外,各区域的现代化的快慢与经济变迁的程度,还受到自身的自然条件、历史基础,以及与沿海口岸城市或沿边口岸的空间距离的影响。

六、结论

本文的论述大致展示了北方近代经济变迁的主要路径。即在开埠通商和国外先进生产力进入的大背景下,在进出口贸易的强大推动下,在港口—腹地双向互动的作用下,沿海城市率先得到发展,广大农村的市场

---

① 世界舆地学社编《中华最新形势图》,"绥远省·地方志·包头市",世界舆地学社,1937,第79页。

化、外向化的趋势得以形成,近代北方经济发生巨大的变化。尽管这种变化程度各地极不相同,而且大体上北方仍然处于贫困落后的状态,但毕竟持续几千年的传统经济面貌,已得到极大地改变。

以上提到的近代经济变迁的路径,不仅在北方得到了充分的表现,在中国的其他地方也得到了充分的表现。① 尽管笔者在多种场合表达过上述认识,但以精练的语言表达的近代经济变迁的路径的观点,本文是第一次。为了便于读者理解,有必要对上述表达的内容略加解释。

第一个问题是如何理解开埠通商和国外先进生产力进入的大背景。

中国是在非常特殊的情况下,走上现代化之路的。中国有着悠久的文明历史,宋代达到了文明的巅峰。自明代以来,由于高度发育的君主专制政治阻碍了社会的进步,束缚了人们的思想,中国文明发展趋于迟缓,和同一时期的欧洲文明的突飞猛进,形成了鲜明的对照。1840年,当鸦片战争的炮声轰响时,英国、法国、美国这些西方大国早已确立了资本主义的政治经济制度,并完成了以蒸汽机的发明和机器生产为标志的工业革命,生产力突飞猛进。而中国却仍然停留在封建君主专制时代,农业为基本经济部门,生产劳动依靠人力和畜力,手工业除了满足朝廷需要的官方手工业和制盐、矿山等家庭无法进行的部门之外,大多是建立在农业基础之上,为自身需要而生产的家庭手工业。商品交换虽然广泛存在,交换货物除了食盐、铁器以及矿山产品一类,主要是农民家庭自给有余的产品,交换范围限制在较小的空间。进出口贸易保持在相当小的规模,且往往因政局与朝廷政策的变动而处于时开时闭的状态。

近代的开埠通商,一方面使中国被纳入世界经济体系,另一方面也使得国外的先进生产力在中国各口岸尤其是沿海沿江通商口岸登陆并壮大,并通过各种政治的经济的文化的途径,全面扩大影响,使中国在被迫卷入全球化的同时,也无可奈何地逐渐地接受了这种生产方式。中国绝大部分的省份都有了多个通商口岸,形成了全方位开放的态势,各地区都卷入国际市场。进出口贸易迅速增长,在其推动下国内市场迅速扩大。

---

① 参见吴松弟主编《中国百年经济拼图:港口城市及其腹地与中国现代化》,山东画报出版社,2006。

国内外市场的扩大有利于近代经济朝着市场化、外向化的方向发展。同时,轮船、火车、汽车这些现代交通工具陆续来到中国,以它们所具有的速度快、运输方便、运量大的优势,加上近代先进的邮政和电讯网络的兴起,成为改变中国经济面貌的另一个重要因素。上述各项因素的出现,促使中国经济从传统向近代转型。开埠通商和国外先进生产力的进入,无疑是促使近代经济变迁的不可缺少的外因。没有这一外因,中国就不会进入近代。

另一方面,外因要通过内因起作用,发展经济的最终动力来自广大人民群众过美好生活的强烈欲望,因此没有中国内部的因素即内因的作用近代经济的变迁也是不可能的。各地民众对外来生产方式和生活方式等方面的接触、了解和适应,无疑是近代经济变迁的内因即根本原因。北方农牧民之所以最终调整了原有的产业结构,去努力适应国内外市场对农牧副产品和手工业产品不断增长的需求,最根本的还是现实经济利益的驱动。随着进出口贸易对经济的冲击,他们本能地意识到了传统产业对增加自己收入方面的局限,看到了为市场和出口而生产给自己带来的明显实惠。对农民而言,种植棉花比种植谷物能够获得更多的经济收入。对牧民而言,进行羊毛、羊皮出口和加工,要比单纯地养羊吃肉获取更多的经济收入。因此,农牧民们便主动地从事农畜产品的市场化外向化生产,并通过半工业化手段进行出口产品的加工,用以适应国内外市场日益增长的需要,而市场化外向化半工业化的扩大,势必又促进交通、商业、城镇以及加工业的发展,反过来又促进农牧业的发展。①

第二个问题,是如何看待近代进出口贸易的作用。近代的进出口贸易作为国内外市场之间的商业行为,难免有其利弊两面。长期以来,大陆学术界对其多持负面的看法。近一二十年来,近代经济史学者已开始改变看法,认为进出口贸易对中国经济发展的促进效果要远远大于破坏效果。吴承明先生对近代手工业的研究表明,在中国32个传统的手工业行业中,鸦片战争后衰落的只有7个,继续维持的有10个,有较大发展并向机制工业过渡的则有15个,另外还产生了新兴的手工行业11个。而少

---

① 本段关于近代中国经济变迁的内因与市场化外向化的论述,相当一部分思想来自樊如森。

数手工行业的衰落,并不全是进口洋货造成,而是中国本土新兴的机制产品竞争的结果。① 笔者和戴鞍钢、樊如森以及其他从港口—腹地入手研究近代经济变迁的学者的论著,都已表明近代进出口贸易的积极作用。

近代经济的变迁,首先从港口城市开始,而港口城市无不走以港(航运业)兴商(商业和服务业),以商兴产、兴金(金融业)的道路,受此影响,港口城市与腹地的经济变迁,也具有贸易与商业先行的特点,从而带动出口农业和近代工业、金融业的发展。关于进出口贸易对各个经济部门的推动作用,王良行作了细致的说明。据他的研究,在中国近代贸易的上游关联效果方面,至少有4000万劳动力投入丝茶等出口商品的产销工作;航运、铁路、保险、金融、公用事业等基础建设以及煤铁矿、钢铁厂、土木工程、机器制造、船舶修造等现代产业,随着对外贸易的成长有了长足的发展。在下游关联方面,金属及棉纺织品的进口固然淘汰了少部分传统工业,但也促进了农具、家用品、船舶、建材、油漆、庙宇装饰品、锡箔、包装材料、军火、机械、纺织、印染等传统或现代工业的发展或兴起;而出口商品如生丝和棉花的增产,除了促进食品加工及丝织等传统手工业的发展之外,更刺激了现代机纺工业的兴起。而且,这些关联效果的地理分布非常广泛。简言之,清末对外贸易所产生的关联效果,对全中国都有相当程度的影响。②

第三个问题,是如何看待近代市场化外向化的作用。

工业化无疑是中国现代化的一个重要内容,但就中国近代的现代化进程而言,由于现代工业的发展经历了漫长的过程,不仅规模较小,而且空间分布不均衡,主要局限在沿海口岸城市和铁路经过地带,工业化对近代经济变迁的促进作用似乎不如市场化和外向化。考虑到进出口贸易对中国传统经济结构的改变有着举足轻重的作用,我们认为,近代中国经济变迁的一个不容忽视的特点,就是市场化和外向化趋势的不断加强,在各区域实现工业化之前首先起作用的就是这两个因素,而在工业化之后其作用更加突出。

---

① 吴承明:《中国资本主义与国内市场》,中国社会科学出版社,1985,第105、170—180页。
② 王良行:《清末对外贸易的关联效果》,载王良行《近代中国对外贸易史论集》,(台湾)知书房出版社,1997。

市场化指的是生产活动主要以面向市场而不是满足自己家庭的需要为目的。市场化在传统社会向近代社会转变中的重要作用，不仅为荷兰、英国等西方国家的经济史所证实，也正为我国经济史学者所认识，并被研究所揭示的历史事实所证明。例如刘佛丁、王玉茹所著《中国近代的市场发育与经济增长》，对此便有很好的论述。①

外向化趋势建立在市场化趋势的基础上，指生产不仅是为了满足生产者自己的需要，也不只是满足生产者所在的狭小区域的消费需要，而是面向更广大区域即国际市场和中国其他区域的大市场。我们以为，近代除了市场化趋势之外，还明显存在着外向化的趋势，仅仅强调市场化趋势而不同时强调外向化趋势，仍难以解释近代经济变迁的主要特点。

第四个问题，是如何看待"港口—腹地互动作用"。

综上所述，在中国近代经济的变迁过程中，港口城市是先进生产力首先形成的地方，其经济总量和生产生活水平又高于其他地区，成为中国现代化的源地与窗口。港口城市将自己的影响通过主要交通路线送达自己的腹地区域，从而带动腹地区域近代经济的变迁。另一方面，腹地也并非被动地接受港口的经济辐射，也通过各种贸易、生产、金融、人力、文化、政治的形式，影响着特定的"港口—腹地"范围内港口城市的发展。因此，在港口城市与腹地之间存在着双向互动作用。不过，在港口城市与腹地的双向互动作用中，何者明显居于主导地位，何者居于被动地位，要依地依时依物而言，不同的"港口—腹地"会有不同地表现形式。因此，港口—腹地是近代先进生产力空间扩散和区域之间经济联系的主要途径。笔者的多种论著论述过"港口—腹地互动作用"，此不赘言。

---

① 参见刘佛丁、王玉茹《中国近代的市场发育与经济增长》，《序论》，高等教育出版社，1996。

市的兴起与近代中国区域经济的不平衡发展*

摘要：民国时期市的兴起，改变了秦统一以来中国只有面状的地域型政区的行政区划模式，此后这种点状的城市型行政区划日益重要。论文回顾了民国时期市的出现和扩展的过程，分析了期间产生的 151 个市的空间分布状况，指出市最早产生在沿海通商口岸，口岸城市近代经济的迅速发展和人口的增加是市产生和发展的主要动力，受此驱动的各区域经济的不平衡发展导致中国的城市主要分布在沿海地区。由于市能否设立主要依据城市的人口和税收数量，传统的各种等级的行政中心如果能够较早被设立为市，大多数情况是由于它们经济有所发展并承担起区域经济中心的结果，否则设市要慢一些甚至不能设市。

关键词：民国时期；建制市；兴起；区域经济；不均衡发展

在我国现行的各种行政区划单位中，最晚兴起的是市，至今只有 80 余年的发展历史。然而，自市于民国年间兴起以后，数量迅速增加，地位日益重要。最近 20 年来，各地普遍撤县设市，市的数量更是得到惊人的增长。且不用说省级行政区划单位的首府全是市，地级行政区划单位的首府绝大部分也是市，甚至在县一级的行政区划单位中市的数量也紧逼

---

* 本文原载《云南大学学报（社会科学版）》2006 年第 5 期。《高等学校文科学术文摘》2007 年第 1 期第 191 页有摘要；人大复印资料《经济史》2007 年第 2 期、《中国近代史》2007 年第 2 期，均全文转载。本文在写作过程中，得到复旦大学历史地理研究所周振鹤教授和傅林祥先生的启发和帮助，谨此志谢。

古老的行政单位县。2000年,我国县级行政区划单位共有2861个,市辖区和县级市达1187个,占全部县级单位的41.4%。到2003年,县级行政区划单位总数没有变,市辖区和县级市的数量却达到1219个,占全部县级单位的比重提高到42.6%。① 在市的数量得到加速度增长的今天,回顾它在诞生初期即民国时期的发展状况、空间分布及其原因,有助于探讨它的发展历程以及与经济的关系。

一、市的出现与成长

自秦始皇在全国范围内实行郡县制以来,我国向来只存在着一种政区模式,即地域型政区。它是一种面状的行政区划,即省是国家的区划,县是省的区划,乡是县的区划,点状的城市始终不是政区的一种。② 1911年辛亥革命以后,江苏等省将达到一定人口数量的县治和大镇称为市并设立董事会等行政机关,几年以后其他省的一些大城市也设立各种形式的市政管理机构,并有着自己的管辖区域。尽管如此,这些市还不能视为一级行政区划单位,而且在1914年袁世凯停办地方自治以后江苏等省的市制也停止施行。③

中国大陆第一个具有行政区划单位意义的市,形成于广州。1917年,受到袁世凯排挤的孙中山来到广州,在地方军阀的支持下组织中华民国军政府。1920年,中华民国军政府任命陈炯明为广东省长,陈炯明企图使广州成为不受旧行政区划管辖的城市,委托从美国学成回国的孙中山的儿子孙科起草有关条例。1921年2月中旬,广东省署公议通过孙科所撰的《广州市暂行条例》57条。《广州市暂行条例》是我国首次以市为行政单位订立的法规,其中的第三条规定:"广州市为地方行政区域,直接

---

① 2000年和2003年我国政区的设置情况,分别据2001年和2004年民政部编《中华人民共和国行政区划简册》,中国地图出版社2001年、2004年分别出版。
② 周振鹤:《上海设市的历史地位》,载苏智良主编《上海:近代新文明的形态》,上海辞书出版社,2004。
③ 参见傅林祥、郑宝恒《中国行政区划通史·中华民国卷》上编第二章第六节《自治市制与城市型政区的萌芽》,复旦大学出版社,2007,第60—63页。

隶属于省政府,不入县行政范围"。① 根据这一条例,广州市成为一个与县平级的行政区域,而在中国历史上尚无一个城市能够如此。因此,这条规定,实际宣告中国第一个城市型政区的诞生。②

1921年2月15日,广州市政厅成立,孙科为首任广州市长。广州市政厅由市长和财政、公安、教育、卫生、工务、公用事业等6个局的局长共7人所组成,行使市政管理的职能,并设立30人组成的市议会。市议会成员中,10人由市长指定,10人由普选产生,另有10人由商会、教育、医药、工程、律师等不同的协会和工人团体所选出。市议会的职能是将市民的请愿书转交市政厅,决定市政厅交办的事务,检查各个职能部门的工作。此外,又设立审计处,主审计员由市长任命。③ 市长、市政厅、市议会、审计处这些中国历史上从未出现过的政府行政机构,以及体现了资本主义议会政治的某些民主形式,开始进入中国的城市。1925年7月,广东划省城城区及附近地区正式置广州市,隶属于广东省。④

1921年以广州为中心的南方政府还不是全国性政府,所以广州市的城市型政区模式不可能立即推行全国。但是北京的北洋政府显然注意到了广州市的变化,于是仿照其例,在同年7月3日颁布了《市自治制》。这是我国第一部全国性的关于城市的法规,它首次把全国城市通过法律确定为地位相当于县的特别市和受县知事监督的普通市两种,后者人口满一万人以上的城镇均可设立。然而,在当时的条件下,这一法规影响有限,而在全国范围内正式设市的城市寥寥无几,更多的是在大城市设立督办商埠公署,在中等城市设立市政筹备处,以此作为管理城市市政的过渡性机构。⑤

1926年10月,北伐军占领汉口、汉阳和武昌,不久分别成立汉口市

---

① 《东方杂志》第22卷第16号,上海商务印书馆,1925,第136页。
② 傅林祥、郑宝恒:《中国行政区划通史·中华民国卷》上编第二章第六节,复旦大学出版社,2007。
③ 广州市地方志编纂委员会办公室、广州海关志编纂委员会编译《近代广州口岸经济社会概况》,《粤海关十年报告(1912—1921)》,暨南大学出版社,1995,第995—1048页。
④ 郑宝恒:《民国时期政区沿革》,湖北教育出版社,2000,第6页。
⑤ 傅林祥、郑宝恒:《中国行政区划通史·中华民国卷》上编第二章第六节,复旦大学出版社,2007。

政委员会(兼辖汉阳县城)和武昌市政厅。1927年1月,国民政府从广州迁到武汉,武汉成为临时首都。4月,经国民党中央政治委员会决议,汉口、汉阳和武昌三镇合一,成立武汉市政府,后改为武汉特别市。① 同年4月,国民政府定都南京,5月设南京特别市,直隶国民政府,此后上海、杭州、宁波、重庆等地相继设市。

1927年5月7日,国民党中央政治会议通过并公布《上海特别市暂行条例》。条例规定:"本市为中华民国特别行政区域,定名为上海特别市";"上海特别市直隶中央政府,不入省县行政范围"。② 上海成为中国第一个直辖(特别)市。6月,设立南京特别市。上海、南京这些直属于中央而与省平行的特别市,与先前设立的广州市等省辖市一起,组成了我国第一批城市型政区。

1928年7月3日,国民政府颁布《特别市组织法》和《普通市组织法》,规定市分特别市和普通市两种,特别市直属国民政府,普通市隶于省政府。凡首都和人口百万以上的都市,以及其他有特殊情形的都市,经过中央政府的批准,可以设为特别市。根据这个法规,全国先后设立南京、上海、北平、天津、青岛、汉口、广州7个特别市。关于普通市,法规规定:凡人口满20万以上之都市,得依所属省政府之呈请暨国民政府之特许建市。

1930年5月,中央政府又颁布《市组织法》,废除原先的特别市与普通市,将市分为直隶于行政院的院辖市与直属于省政府的省辖市两种。院辖市设立的标准,依照该法规定,凡首都或人口在百万以上者,以及政治上、经济上有特别情形者,得直隶行政院,设为院辖市。但以上各项均以非省政府所在地为限,如为省政府所在地者,该市应隶属于省政府。到1933年5月,国民政府取消了省会不设院辖市的规定。

关于省辖市,《市组织法》规定凡人民聚居地方有下列情形之一者设为省辖市:1.人口在30万以上;2.人口在20万以上,所收营业税牌照费土地税每年合计占该地总收入一半以上。设市标准比以前大为提高,因此

---

① 参见皮明庥主编《近代武汉城市史》第十三章第一节《三 武汉三镇的行政机构》,中国社会科学出版社,1993,第92—95页。
②《国民政府公报》1927年5月11日宁字第二号,第12页。

在以后的相当长时间中,有的城市只能以市政筹备处及市政委员会等形式进行过渡。① 直到1947年7月,再次修正的《市组织法》始降低准予设市的城市人口标准。

从有关市设置的资料来看,在相当长的时间中,人口和税收是国民政府批准各地设市的主要标准。1933年长沙设市获得行政院批准,理由是城市人口已逾30万,且市政筹备已有头绪②;1927年广西设立梧州市,但因人口不满10万,一直没有得到行政院的批准,并于1932年被广西裁撤③,都是其中的例子。然而,如果城市地位特别重要,行政院也会降低人口和税收的标准而予以设市。1935年江苏省政府决定析灌云县墟沟老窑一带设置连云市。内政部认为连云人口约有10万左右,税收也不多,尚未达到设市程度,但它是滨海重镇,港埠市政的规划设施实属刻不容缓。行政院复交内政、军政、财政三部及江苏省政府再行审查,最后准予市。④ 1929年广东省政府要求设立汕头市,认为虽然城市人口只有14万,与《市组织法》不相符,但从交通、贸易及税收而言实有设市的必要,这项要求获得国民政府批准。⑤

我国在民国时期直到抗战胜利以前,曾存在伪满洲国、汪伪政权、伪蒙疆联合自治政府等外国侵略者扶持建立的傀儡政权,台湾亦在日本的占领下,这些政权在各自范围内都设立过市。尽管情况有所不同,但人口和税收无疑也是主要的标准。例如,1941年伪满洲国17个主要市的城市人口,奉天(后改为沈阳)、哈尔滨、新京(后改为长春)3市均在50万以上;安东(后改为丹东)、抚顺、吉林市、鞍山四市均在20万—30万,牡丹江、营口、阜新、锦州、齐齐哈尔、佳木斯、辽阳7市均在10万—20万,只有本溪湖(后改名本溪)、四平和铁岭3市在5万—10万。⑥ 虽然少数城市

---

① 姚骧:《市组织法释义》,上海世界书局,1937,第3—4页。
② 钱端升等:《民国政制史》下册,上海商务印书馆,1946,第417页。
③ 钱端升等:《民国政制史》下册,第420页。
④ 钱端升等:《民国政制史》下册,第424页。
⑤ 《国民政府指令第2359号》(民国十八年10月21日),1929年10月22日第300号《国民政府公报》,第6页。
⑥ (日)"满洲国史编纂刊行会"编《满洲国史(分论)》,《东北沦陷十四年史》吉林编写组译,《主要十七城市人口》,1988年内部发行,第360页。

人口的数量低于同时期的关内,毕竟看得出一定的城市人口仍是伪满洲国设市所坚持的标准。因此,可以这样说,在中国的各个区域,大致上只有那些人口数量达到一定的规模,并且具备一定经济实力和税收额度的城市,才有可能被批准设市。这一点,为探讨市的设立和经济发展关系提供了可能性。

民国时期设市的情况极为复杂。为便于研究,本文依据多种政区和商埠的资料制成"附表",用以反映截止到1949年9月底以前全国市的设置情况,以及这些市的开埠状况。凡是1949年9月底以前,中央政府批准设立的市,此外日本占领台湾时期在台湾所设,抗战期间汪伪政权、伪满洲国、伪蒙疆联合自治政府所置,凡在1945年抗战胜利后得到中央政府承认的市,以及中国共产党革命根据地所设和中华人民共和国成立前的解放区所设,到1949年年底仍然存在的市,同样入表。设市的时间,均以市政府的成立为标志。为了便于论述,本文又依据附表制成相应的各表。

表1 各时期市的设置

	合计	全面抗战以前	全面抗战时期	抗战胜利以后
数量	151	40	41	70
占比重(%)	100	26.5	27.1	46.4

资料来源:据附表。

据表1,到1949年共设立过151个市。如将其分为三个阶段,全面抗战(1937年7月7日卢沟桥事变)以前设立40个市,全面抗战期间(从卢沟桥事变至1945年日本宣布投降止)设立41个,抗战胜利以后设立70个,不同时期所设市占总数的比重,分别是26.5%、27.1%和46.4%,体现出时间越后,所占比例越高的趋势。如果按平均每年的设市数量来算,各时期分别是平均每年2.2个、5.1个、17.5个,明显具有时间越后,设市速度越快的趋势,最后一年1949年设市数达到46个。虽然不同时期设市的标准不尽相同,特别在人口数量上一开始要求比较严格,后来有所下降,而解放区所设的市人口数量的标准往往有所放低,尽管这样,仍体现出设市速度不断加快的趋势。显然,这20余年虽然经历了军阀混战、土地革命战争、抗日战争、解放战争等,但在经济发展和城市化的强大力量的支持下市的发展速度仍然很快。

在各个层次的行政区划单位中都有"市",是市迅速发展的另一个体现。就中国大陆而言,最初设立的市,或是隶属于中央政府的特别市,或是隶属于省政府的普通市,两者后来演变为院辖市和省辖市。民国定都南京以后,实行省管县的制度,在行政区划的层次上直隶中央的特别市和院辖市相当于省一级,隶于省的普通市或省辖市相当于县一级。抗战胜利以后,山东、河南等地的根据地和后来的解放区开始实行专署管县的制度,受专署管辖的市相当于县一级,而专署(后改称专区)受相当于省一级的行政公署的管辖,这种市在解放区的行政区划的层次上已相当于第三级。1945年以后,山东、河南等地的解放区设立了龙口、博山、周村、周口等县级市,1949年广东也设了佛山、江门、韶关等一批县级市。如果加上日本占领时期在台湾所设,抗战胜利后仍保留,隶属于县的宜兰、花莲港两市,市的行政等级已包罗省、专区、县、县以下等四级行政区划。1949年10月中华人民共和国成立以后,除台湾和香港、澳门以外省、专区、县三级制得以确立,于是市也就分成中央辖市、省辖市和专区辖市三种了。

空间分布的迅速扩大,也是市迅速发展的体现之一。我国的市最早出现在沿海地带,在1927年已经设立的13个市中,只有汉口、安庆、重庆三市位于内地,其他10个市都位于沿海地带。然而,1928年成立的7个市中,昆明、郑州、西安、归绥等4市都已位于内地。表明除了沿海地带之外,市这一新生事物,正沿着长江航道和主要铁路干线,向广大的内地挺进。到了1949年的年底,按今天的各省市自治区范围算,除了西藏尚未设立市,其他地区都有了不同数量的市了。

二、市的空间分布的不均衡

民国时期市的空间分布的显著特点是不均衡。

在民国时期设立的151个市中,80个分布在沿海各省,71个分布在内陆各省。沿海13个省,虽然只占今天的32个省市自治区(暂不计未列入附表统计的香港和澳门两个特别行政区)的40.6%,却占了市的总数的53%。足以说明我国市的分布,主要在东部沿海地区,内陆地区相对较少。

直属中央政府的特别市、院辖市更是主要分布在沿海省份。在 7 个特别市中,南京、上海、北平、青岛、天津、广州 6 市都位于沿海省份,只有汉口位于内陆省份。在 12 个院辖市中,南京、上海、北平、青岛、天津、广州、大连、沈阳等 8 个都位于沿海省份,只有汉口、重庆、哈尔滨、西安等 4 个位于内陆省份,内陆市在院辖市中只占 33%。内陆市在特别市、院辖市等重要城市中所占的比重,比在全部市的数量中所占的比重还要低一些。这一点,足以说明中国重要的市,更是主要分布在沿海省份。

城市是人的居住空间,人口数量的不同是城市重要性差异的主要体现。要认识市的空间分布的差异,还需要分析市的人口等级规模的状况。

表 2 中国市的人口等级规模(1933—1936 年)

人口规模(万)	数量	市的名称
大于 200	1	上海
100—200	4	北平、广州、天津、南京
50—100	4	汉口、杭州、青岛、沈阳
20—50	18	成都、长沙、大连、济南、武昌、滨江、苏州、福州、保定、开封、重庆、南昌、无锡、宁波、长春、镇江、温州、周口
10—20	33	徐州、扬州、南通、绍兴、嘉兴、芜湖、安庆、蚌埠、景德镇、沙市、宜昌、衡阳、自贡、厦门、汕头、佛山、昆明、贵阳、威海、济宁、烟台、太原、西安、汉中、兰州、安东、营口、旅顺、锦州、抚顺、吉林、张家口、西宁
5—10	30	常州、泰州、金华、衢州、亳州、阜城、合肥、九江、赣州、江门、肇庆、南宁、梧州、桂林、唐山、山海关、潍坊、周村、石家庄、郑州、洛阳、安阳、许昌、大同、辽阳、迪化、银川、齐齐哈尔、归绥、包头

资料来源:沈汝生《中国都市之分布》,《地理学报》第 4 卷第 1 期,1937 年。

因民国时期缺乏全面精确的人口统计,表 2 只收入大陆地区 91 个市的人口数量。尽管如此,收入的城市已占全国城市数的 60% 以上,借此分析各地的市的人口数量的等级规模,仍具有一定的合理性。

据表 2 可见,人口规模 200 万以上的第一大城市上海,100 万—200 万的特大城市北平、广州、天津、南京,50 万—100 万的大城市汉口、杭州、青岛、沈阳,共9个市,除了汉口位于内地省份,其余8个都位于沿海省份,另外,汉口的城市人口规模要远远小于9个中的至少5个。人口众多的大城市主要分布在沿海省份,是表2给人们的第一个印象。

在中小规模的市的数量中,内陆城市所占的比重比在大城市中所占的比重要高得多,但仍然低于沿海省份。其中,人口20万—50万的18个城市,8个位于内地,10个位于沿海。人口10万—20万的33个城市,14个位于内地,19个位于沿海。人口5万—10万的30个城市,15个位于内地,15个位于沿海。因此,人口居中小规模的城市数量沿海省份仍然多过内陆地区,是表2给人们的第二个印象。

总之,中国的市,无论人口规模处于何种等级,都以沿海省份占较大的比重,而且人口规模的等级越高,沿海省份所占的比重也就越高,至于人口数量众多的大城市,可以说绝大多数都集中在沿海省份。

三、通商口岸与市的兴起

民国所设的市中,有59个是晚清和民国前期或被迫开放或主动开放的通商口岸城市,占了市的总数的39%。这一数据,表明通商口岸城市在全国城市中占有重要的地位。至于各个区域的情况,则有较大的差异。

表3 通商口岸城市占不同地区的市的比重

	沿海地区	沿海省份的其他地区	内陆省份	内陆省份的长江沿岸	内陆省份的其他地区	全国合计
市的数量	39	41	71	13	58	151
通商口岸数	25	13	21	7	14	59
口岸占市数量的比重(%)	64	32	30	54	24	39

资料来源:据附表。

据表3,若将中国的广大地区,分成沿海地区、沿海省份的其他地区和内陆省份三类的话,通商口岸城市在各地区的市的数量中所占的比重,表现从沿海向内地不断下降的趋势,从沿海地区的64%,下降到沿海省份其他地区的32%和内陆省份的30%;而在内陆省份,又表现出通商口岸在市的数量中所占的比重,长江沿岸高达54%,其他地区只占24%的趋势。显然,在沿海地区和内陆省份的长江沿岸,通商口岸城市已成为市的主要部分,而在沿海省份的其他地区和内陆省份的其他地区,通商口岸城市在市的数量中并不占重要地位。

以上系分析通商口岸城市在不同空间的城市数量中所占的比重,如果分析它在全国不同等级的城市中所占的比重,又会得出什么结论呢?据表4,在直属中央的7个特别市和12个院辖市中,通商口岸城市分别占了86%和83%,可见除了个别市之外,重要的市几乎都是通商口岸城市。如从人口规模等级的角度看,人口200万以上的全国第一大城市上海是通商口岸,人口100万—200万的4个特大城市中3个是通商口岸,人口50万—100万的4个大城市都是通商口岸。甚至在人口20万—50万和人口10万—20万这2个等级的城市中,通商口岸城市也占到67%和52%。只有在人口5万—10万这一等级的城市中,所占比重才下降到37%。据此不难得出这样的结论:中国重要的市大多是通商口岸,全国市的人口的大部分都生活在通商口岸城市。

表4 通商口岸城市在不同行政等级和人口规模的市中所占的比重

类别	总数数量	通商口岸城市数量	口岸城市占比重(%)	通商口岸城市名称
特别市	7	6	86	南京、上海、青岛、天津、广州、汉口
院辖市	12	10	83	南京、上海、青岛、天津、广州、汉口、重庆、大连、哈尔滨、沈阳
人口200万以上	1	1	100	上海
人口100万—200万	4	3	75	广州、天津、南京
人口50万—100万	4	4	100	汉口、杭州、青岛、沈阳
人口20万—50万	18	12	67	长沙、大连、济南、滨江(哈尔滨)、苏州、福州、重庆、无锡、宁波、长春、镇江、温州

续表

类别	总数数量	通商口岸城市数量	口岸城市占比重(%)	通商口岸城市名称
人口10万—20万	33	17	52	徐州、芜湖、蚌埠、沙市、宜昌、厦门、汕头、昆明、威海、济宁、烟台、安东、营口、旅顺、锦州、吉林、张家口
人口5万—10万	30	11	37	九江、江门、南宁、梧州、周村、郑州、辽阳、迪化、齐齐哈尔、归绥、包头

资料来源:据表2和附表。

还有必要从时间的角度,分析通商口岸城市的作用。表5的数据表明,通商口岸城市在不同时期设立的市中所占的比重,明显具有时间越早、比重越高的特点,全面抗战以前高达62.5%,全面抗战时期仍达到46.3%,只有在抗战胜利以后才下降到21.4%。可以说,中国市的设置,是通商口岸城市发展的必然结果,市的广泛设立就是从沿海通商口岸城市开始,再往广大的地区扩展的,通商口岸城市是推动市的兴起并成为重要的行政区划单位的主要动力。

表5 各时期设立的市中通商口岸所占的比重

	全面抗战以前	全面抗战时期	抗战胜利以后	合计
设市数	40	41	70	151
通商口岸数	25	19	15	59
口岸占市的比重(%)	62.5	46.3	21.4	39.1

资料来源:据附表。

通商口岸尤其沿海口岸城市之所以能够成为推动中国市兴起的主要力量,是其城市经济较快增长、城市规模较快扩大的结果。晚清时期的大多数通商口岸,都是清朝在列强的压力下通过被迫签订的不平等条约而开放的。此外,在上海、天津等口岸,还出现供外国人居住,由外国人管理行政、税收、警察和司法的租界,还有一些沿海地区沦为列强的租借地。

被迫开放和设立租界与租借地,严重损害了中国的主权,象征着丧权、侮国和屈辱。但另一方面,口岸开放却为先进生产力和经济文化在某些地区的率先兴起打开了方便之门。

我们不妨看看上海、宁波、厦门、福州、广州等5个最早开放的城市,在开放以后发生的巨大变化。开放以前,这些城市除广州有对外贸易之外,因无对外贸易都只面对购买力比较低的国内市场。开埠通商以后,各国商人接踵而至,这些城市的市场便由以前的有限的国内市场,扩大到广阔的国外市场,市场的扩大,为这些城市走以港兴市、商贸兴市的发展道路,准备了良好的基础。近代的上海、天津、汉口、厦门、九江、广州等城市都设有租界,这些租界在所在的城市往往成为现代化的一个窗口。其中,建的最早、规模最大的是上海的租界。上海租界新式商店林立,近代工厂云集,金融业和房地产得到充分发展,人口密集,实际上是近代上海市真正的经济中心。按照西方的生活要求和科学规划建设起来的新式马路、城市垃圾处理系统,以及煤气、电灯、电话、自来水、公共交通这些中国以前没有的新鲜事物,都率先出现在租界。加上严密有效的资本主义的城市管理方式,无不给过往的中国人留下深刻的印象。甚至到二十世纪的三十年代,人们还认为上海"市中繁盛区域,首推特别区(作者按:以公共租界、法租界的设置为例),马路修广,廛区整齐,为全市精华所萃"①。当然,上海、香港等口岸城市也有种种黑暗面,但在当时有头脑的知识分子看来,它们确实比中国其他地方先进,代表了中国的发展方向。

沿海口岸城市也是中国近代工业最为集中的地带。以1933年为例,这一年内地工业最发达的12个城市中,上海、天津、青岛、广州、福州、汕头等6个沿海口岸城市,便占了工厂总数的67%、工人总数的72%、资本总额的86%,以及生产净值的85%。② 商业贸易的繁荣,工业的增长和集中,城市文化的发达,必然促使大量的农村人口向这里迁移。因此,沿海口岸城市自然是中国近代城市成长最快、城市化水平最高的地区。

近代获得较快发展的沿海口岸,有的原先就是县城、府城甚至省城,

---

①世界舆地学社编《中华最新形势图》,"上海市",世界舆地学社,1937,第4页。
②严中平等编《中国近代经济史统计资料选辑》,表8"上海等十二个城市的工业",科学出版社,1955,第106页。

已有一定的人口数量和经济基础。例如,在列入特别市和院辖市的10个通商口岸城市中,南京、上海、天津、广州等城市在开埠前分别是省城、府城或县城,南京、广州在开埠前就已经是具有一定规模的工商业城市,而上海、天津已经是重要的交通枢纽。尽管如此,这些城市获得较快的发展,形成崭新的近代面貌,却都是在开埠以后。十九世纪三四十年代的地理学家对这一观点持高度认同的态度。例如,天津:"地当五巨川之会点,往时漕运所经,已臻繁盛。迨海道大通,辟为商埠,轮舶麇集,帆樯如织,后又兴筑铁路,北抵北平,南达浦口,东至沈阳,商旅络绎,贸易殷繁,黄河全域及漠南各省之货物,靡不聚散于此,遂为华北商务之中心。"①广州:"其地在海禁未开之时,已有外人通商;迨道光二十二年,正式开作商埠,海外侨商,咸来萃集,贸易大盛。今则藉其水陆交通之便,滇黔粤桂及湘赣南部之货物,无不毕集于此,遂为南部第一大埠,我国五大贸易港之一也。"②

还有一些城市,原先只是人口不多的市镇甚至渔乡农村,后来之所以成长为一个城市,完全是由于拥有较好的地理位置和自然条件,在开埠以后飞速发展所致。附表中开埠时的聚落属于"县下"的沿海口岸,计有台北、青岛、汕头、营口、烟台、大连、湛江、威海卫、龙口、旅顺、江门、海口、秦皇岛等市,这些城市在开埠前都不是县城,规模稍大的是一般的镇,而规模小的只是普通的村庄,开埠通商以后获得迅速发展。例如,大连市"本名青泥洼,为一荒寒之渔村,自俄日相继经营,以形势优良,遂迅速发展,成为东三省贸易之中心。"③青岛在光绪二十四年(1898)"德人藉口曹州教案,订立租借约,辟港筑路,锐意经营,遂由海滨荒岛,一跃而成远东大海港。"④汕头于清咸丰十年(1860)开埠之后,"凡韩江所经,广东东部、福建南部及江西东南隅之所出入货物,均以此为转输之地,贸易之盛,本省中舍广州外无与伦比。"⑤

① 《中华最新形势图》,"天津市",第46页。
② 《中华最新形势图》,"广东省·地方志·广州市",第32页。
③ 《中华最新形势图》,"辽宁省·地方志·大连",第69页。
④ 中国史地图表编纂社编《中国地理教科图》,"青岛市",亚光舆地学社,1947,第24页。
⑤ 《中华最新形势图》,"广东省·地方志·汕头市",第33页。

不仅沿海口岸,内地口岸城市借助于开埠通商和新式交通,往往也能得到较快的发展。例如,包头"本萨拉齐一市镇",由于位于西北和天津之间的货运枢纽,贸易兴盛。1921年开埠,1923年以今北京为起点的平绥铁路延伸至此,城市经济发展加速,1926年设县,1938年设市,"其繁荣之程度,已驾于归绥(今呼和浩特)而上之,俨然内蒙第一市场也"。① 又如,哈尔滨"昔时本一荒凉之村落,自俄国经略远东,以斯地为关东中心,乃筑东清支干路交会于此,并辟作商埠",交通和贸易得到迅速发展,城市人烟日稠,"俨然为东北一大市场,有'东方莫斯科'之称焉"。②

到1930年广东中山港的设埠为止,中国曾出现了104个开放商埠、4个租借地,分布在除山西、贵州、陕西、青海、宁夏之外的绝大部分省份。③已经设市的59个通商口岸,占了108个口岸的57%。那么,另外的49个为何没有设市呢?

这些口岸之所以未能设市,大多是由于当地尚未发展到城市的规模,不具备设市的资格。

设立在新疆、西藏、今蒙古国、甘肃、云南、广西的通商口岸伊犁(今新疆伊宁)、塔尔巴哈台(今塔城)、喀什噶尔(今喀什)、吐鲁番、哈密、古城(今奇台)、库伦(今蒙古乌兰巴托)、乌里雅苏台、肃州(今甘肃嘉峪关)、蒙自、河口、思茅、腾越、亚东、江孜、龙州等16个口岸,尽管口岸贸易都达到一定的规模,并对自己所在的区域产生经济影响,但由于边疆人口和经济相对落后的原因,尚未发展到城市的规模。东北是我国近代经济增长较快的区域,但城市的增长同样需要时间。设在东北的铁岭、新民屯、通江子、法库门、绥芬河、凤凰城、瑷珲、三姓、龙井村、头道沟、百草沟、珲春、宁古塔、洮南、郑家屯、多伦诺尔等16个口岸,大多是1905年在日本的逼迫下,通过《中日会议东三省事宜条约》而开放的。这些口岸,除了铁岭、洮南等少数地方原先略具人口和经济基础,其他的基础都很差,在开埠和铁路贯通之后尽管贸易有所发展,但聚落尚未发展到城市的规模,因此也

---

① 《中华最新形势图》,"绥远省·地方志·包头市",第79页。
② 《中华最新形势图》,"吉林省·地方志·滨江",第71页。
③ 吴松弟主编《中国百年经济拼图:港口城市及其腹地与中国现代化》第一章第一节,山东画报出版社,2006。

未能建市。位于沿海沿江的北海、三都澳（在今福建宁德境）、公益埠（在今广东台山境）、铜鼓（在今台山境）、中山港、岳阳、万县等7个口岸,尽管开埠后贸易和经济都有所发展,但也尚未发展到建市的规模。

除此之外,剩下的口岸,如拱北、吴淞、鼓浪屿、浦口、宾兴洲、大东沟、香洲、葫芦岛、三水,或位于市的郊区,或贴近某一个市,并无建市的必要。

总之,通商口岸大多是近代中国经济和城市增长最快的地方,随着城市的增长出现了最早的市,此后凡城市规模已达到一定程度的口岸城市无不建为市,而在建成的市中地位较高人口较多的城市大多位于通商口岸,口岸城市群成为了中国市的主要分布地区。

四、省会与市的兴起

1840年鸦片战争以前,我国传统的城市绝大部分首先都是不同区域的行政中心。它们在所管辖的行政区域内,往往因拥有较好的地理位置和交通条件,集聚了较多的消费人口,同时也发展为区域内贸易和工商业最发达的城市,有的甚至在全国占有一定的地位。1840年以后那些开埠通商的行政中心城市,在新的形势下经济发展加快,城市规模扩大,有的便成长为新型的城市型行政区划单位——市。在民国早期的7个特别市和后期的12个院辖市中,北平（今北京）是定都南京以前的首都,南京、天津、广州、沈阳、西安设市前本是省城,有的设市以后仍是省城,重庆长期担任府城,而上海、汉口则是县城,只有青岛、大连、哈尔滨原先是县下的聚落。总之,在民国时期的151个市中,相当多的在设市前分别担任过省、府州、县的行政中心,管辖着比市域面积要广阔得多的空间范围,当然主要是农村。这些城市如何由传统的管辖农村和城镇的行政中心,转化为只管辖市区的市,在具备什么条件时才可以转化,是讨论经济发展与市的兴起关系的一个重要问题。不妨以省城为例,对此予以探讨。

到1949年9月底,中国省一级的行政区域,只有西康、西藏和独立前的蒙古3个以牧业经济为主的地区未设市。但各个省城转化为市的历程,却各有千秋。

抗战以前设市并在以后长期维持下来的省城,计有广州、杭州、天津、昆明、济南、成都、长沙、沈阳、齐齐哈尔、武昌、归绥、吉林等。这些省城城市，近代以来经济都有了较大的发展，并在省内有着较高的地位。

《中华最新形势图》说：广州是"南部第一大埠，我国五大贸易港之一也"；杭州"户口殷阗，商旅辐辏，特产饶富，工艺兴盛，为东南一大都会"；天津"黄河全域及漠南各省之货物，靡不聚散于此，遂为华北商务之中心"；昆明"无论在政治、军事、商业、文化、交通上，皆为全省之中心，西南一大都会也"；济南"工商之盛大，与青岛相伯仲"；成都"城内人烟稠密，市肆繁昌，我国西部第一大都会也"；长沙"户口殷繁，工商辐辏，繁富冠于全省"；沈阳"夙为关东政治、军事之枢纽，东三省第一大都会也"。由于区域开发较晚，黑龙江（当时范围主要集中在嫩江流域）没有特别繁荣的城镇经济，《中华最新形势图》对齐齐哈尔和其他城市的经济都无较高的评价。然而，直到1949年为止齐齐哈尔都是黑龙江省内唯一的市，足以表明其地位在省内无出其右者。总之，上述省城民国时期在自己的省内不仅保有作为省会的政治中心地位，而且由于经济发展也成为省内的经济中心，基于这一原因，它们不仅成为省内最早建立的市，而且长期维持下来。

归绥（今呼和浩特）、武昌、吉林也是抗战以前设市的省城，但它们在省内的经济地位并不如上述省城那样高。

绥远省经济最发达的城市，不是归绥，而是包头。《中华最新形势图》说包头"实扼西北水陆交通之枢纽。凡黄河上流及乌、伊二盟输出之牲畜、皮毛、农产，及平津输入之绸布、杂货，咸萃集于此。毛织、面粉等工业，亦渐有发达之象。其繁荣之程度，已驾于归绥而上之，俨然内蒙第一市场也。"

在湖北省内，武昌、汉口和汉阳三镇既各具不同的城市功能，又地域相连，"武昌为政治之都市，汉口为经济之都市，汉阳为工业之都市。鼎足分峙，气息相通，实一而三，三而一也"，汉口和武昌有过多次的组合建市和分别建市的过程。作为政治都市的武昌经济上自然不如作为经济都市的汉口发达。

吉林虽然长期担任吉林省的省城，但长春自清末中东、南满、吉长三条铁路在此交会，开埠以后经济发展速度超过吉林，"遂为关东中部一大都会。贸易范围,几及三省全部,故商况之盛,省会不逮也"。①

1950年以后,武昌和汉口、汉阳又并为武汉市,呼和浩特仍是内蒙古的首府,而吉林的省城却从吉林市移到长春。②

抗战以前安庆、福州、开封、西安等几个省城也都建过市,但以后又一度撤废,此后过若干年再重新建市。其中,安庆在1927年设市,但三年后便并入怀宁县,1949年又设过,不久再废,直到1950年再设置县级市。福州1933年建市,次年撤,1946年复置。开封于1927年成立市政筹备处,1929年改组为市政府,但第二年便遭裁撤;此后1936年1月复置,当年又废,直到1948年再置。西安于1928年置市,1930年废,1932年中央政府定西安为陪都,并将之改名西京,直属行政院,但仅设筹备委员会,并未设立市政府,直到1943年才正式设立西安市。

这些省城之所以设而复撤,主要是由于在省内的经济发展速度慢于其他城市,失去了经济中心的地位。安庆由于地理位置密迩芜湖、九江两个城市,以及周围水利不治的原因,开埠以后"贸易不能兴盛",在省内的经济地位不如芜湖、蚌埠和合肥。福州同样如此,当时厦门"五洲船舶,万国商人,咸来萃集,繁盛乃甲于全省",福州只能屈居其次。在河南省境,自平汉铁路修成以后,郑州"形势之重,远过省会",繁荣已经超过开封。③河南省政府裁撤开封市的原因,就是"城市人口不及20万,市县分设徒增负担"。④ 如果开封的城市经济迅速发展,是断不会有此话的。1950年以后,福州仍是福建省会,但安徽省会却从安庆移到合肥,河南省会由开封移到郑州。合肥、郑州这些新兴的经济中心,最终夺得省内行政中心的位置。

西安的情况不同于安庆、福州、开封等省城。西安不仅是我国古都,而且向来是西北的经济中心,"商业夙甚繁盛,盖以其地实东南与西北贸易之枢纽也"。⑤ 在省内的地位不曾受到其他城市的挑战。因此,西安市

---

① 以上据《中华最新形势图》相关分省的"地方志"。
② 有关1949年10月1日以后的省城变动情况,详史为乐编《中华人民共和国政区沿革》有关部分,本文下同。
③ 以上据《中华最新形势图》相关分省的"地方志"。
④《中华最新形势图》,"河南省·地方志·郑县",第52页。
⑤《中华最新形势图》,"陕西省·地方志·长安",第59页。

的多次设而撤,只能归之于另有政治或经济的原因。

抗战期间和抗战胜利以后,南昌、贵阳、兰州、银川、西宁、张家口、迪化、阳曲、承德、桂林、通化、乌兰浩特、保定、镇江等省城,分别设市。

《中华最新形势图》说:南昌"户口之殷繁,街市之繁华,贸易之兴盛,均冠于全省";贵阳"为全省政治、军事、工商、交通之中心";兰州"俨为西北一大都会";银川"为本省唯一之都会";西宁向为青海经济中心,"凡全省对外省之贸易,胥集中于此";张家口"贸易以牲畜、皮毛、茶叶、绸缎为大宗,繁盛冠于热察绥三省",早在属于直隶省时,即被察哈尔省借为省会,因此城市地位远高于其他城市;迪化(今乌鲁木齐)"繁华富庶之状况,冠于全省,有'小南京'之号焉";阳曲(今太原)"为全省交通之大中心……盖为全省政治、教育、经济之重心点也"。据此,南昌、贵阳等8个省城,在成为市之前,不仅是省内的行政中心,同时也是省内的贸易或经济中心。

承德、桂林、通化、保定、镇江等5个省城的情况不同于南昌等省城。

在热河省内,最早建立的市不是承德,而是赤峰,1945年8月赤峰设市,1947年废,1948年复设,在赤峰重新设市之年承德建为市。据此,当时赤峰的经济地位不在承德之下。

广西首府本在桂林,1912年由桂林迁南宁,1936年由南宁迁桂林,1950年再次迁到南宁,定为首府。

通化于1942年设市,原是伪满洲国的通化省省城,控制着今吉林省东部的通化、临江、长白、抚松、辑安、辉南、柳河、金川、濛江等10县,人口和经济实力超过这些县。抗战胜利后并辽宁省东部诸县成立安东省,通化是安东省的省城,但其经济实力似乎不如安东。1949年改设辽东省,以安东为省城,通化为省辖市之一。

保定在河北省内的经济地位不如被称为"我国有数之矿工业都市"①的唐山,加之北有北平、天津等著名都市,保定在河北的经济影响有限。主要是因"北平西南之门户,省境腹地之重地"这种军事上的重要性,保定才成为省会的。尽管如此,保定直到1948年才建市。1958年以后河

---

① 《中华最新形势图》,"河北省·地方志·唐山",第45页。

北省会移到天津,后又移到石家庄,保定不再担任省会。

国民政府定都南京以后,江苏省会从南京移到镇江。镇江原是我国南北物资转运中心之一,到了晚清时期,因津浦、陇海铁路相继通车,运河不用于漕运,镇江经济地位日形衰落,在省内不如无锡、苏州、徐州等城市。1949年设市时不过是县级,解放初江苏被分成苏北、苏南两大省级区域,苏南的首府在无锡而不在镇江,镇江成为镇江专区下辖的县级市,而无锡、苏州都是地级市。

以上我们已历述了各省会城市的设市状况。如果对照这些不同时期建立的市的行政等级和人口数量规模等级,我们会发现二者之间存在着某种联系。

表6 不同时期设立的省会市的行政等级与人口数量等级

等级类别	1937年7月前已设的省会市		1937年7月至抗战胜利后已设的省会市	
	数量	名称	数量	名称
特别市和院辖市	3	广州、天津、沈阳		
人口100万—200万	2	广州、天津		
人口50万—100万	2	杭州、沈阳		
人口20万—50万	4	成都、长沙、济南、武昌	5	福州、开封、南昌、镇江、保定
人口10万—20万	2	昆明、吉林	7	安庆、西安、贵阳、兰州、西宁、张家口、太原
人口5万—10万	2	齐齐哈尔、归绥	3	银川、迪化、桂林
缺数据			2	承德、通化
有人口数据的城市合计	12		15	

资料来源:据表2。

据表6可见,无论是市的行政等级还是人口数量等级,全面抗战前设立的省会市普遍高于全面抗战期间和抗战胜利以后设立的省会市。全面抗战前设立的省会市大多位于沿海省份,全面抗战期间和抗战胜利以后设立的省会市大多位于西部和边疆地区。福州、开封、安庆、南昌、太原等虽然没有位于西部或边疆,但建市较晚自有其政治、经济的原因。其中,福州、开封、安庆、西安等市在设市后经历过撤废、再置的反复过程,直到抗战胜利以后才最后确定。

综上所述,民国时期各省的省城普遍设为市,但设市的早晚和过程有所不同。凡是较早设市的省城,不仅大多位于相对发达的沿海省份,而且也是近代经济发展较快、集省内行政中心和经济中心于一体的城市。凡是设市较晚的省城,大部分是由于位于现代生产力发展相对缓慢的西部和边疆地区,城市发展的速度较慢;还有一部分虽然位于经济相对发达的地区,但由于发展速度慢于其他城市,城市仅仅是行政中心而不是同时兼为经济中心,在市的设置上不得不经历设而复撤,然又再设的反复过程,因此影响了设市的进度,有的最终还将行政中心的地位让给了新兴的经济中心城市。因此,省会市建立的早晚以及其城市行政等级与人口等级的大致一致,既反映了中国近代先进生产力从沿海向内陆推进过程中产生的地区经济差距,又反映了省内各城市经济发展速度差异对行政区划制度的影响。

五、结语

民国市的设置情况极为复杂,还有许多方面,例如,那些既非口岸城市,又非省会城市的经济发展与设市问题,也值得好好研究。

尽管这样,通过对设市过程、市的空间分布,以及通商口岸城市和省会城市设市的分析,至少可以得出这样的结论,即市这种中国历史上从来没有出现过的城市型政区的设立与否,完全依据城市自身的经济实力和人口规模,而不是依据原先聚落所在的行政区划单位的级别。甚至是否是行政中心、军事要地、帝王巡幸之地,以及原先的行政区划的级别,这些1840年以前设置政区时常需参考的因素,民国设市时也已退居次要的地位。西安虽然一度建为陪都却迟迟不能建市,一些省的省会建市反而晚于省内城市,数十个城市直接由以前的具下单位设置为市甚至是直属于中央的院辖市,都从不同的方面证明这一结论。城市的经济实力以及在省内的经济地位,直接决定设市的早晚以及设立以后能否长久维持。

此外,市的设置首先从沿海港口城市开始,市的分布和城市人口主要集中沿海,以及比较重要的市大多集中在沿海,这些方面都说明近代先进生产力的发展,是市这一城市型政区兴起、分布和推广的基本动力,而近代生产力分布的空间差异直接导致了各地市兴起的早晚、分布和重要性的差异。

附表　各市的设置和开埠状况一览表

年度	城市	设市前地位	设市状况	开埠状况	
				时间	聚落
1920	台北	州城	1920年9月划城郊设,1945年后仍为台北市,设为台湾省城	1862	县下
	台中	州城	1920年9月划城郊设,1945年后仍为台中市		
	台南	州城	1920年9月划城郊设,1945年后仍为台南市	1863	府城
1924	高雄	州城	1924年12月划打狗港附近设,1945年仍为高雄市	1863	县下
	基隆	郡下	1924年12月划基隆城区设,1945年后仍为基隆市		
1925	广州	省城	1921年设市,1925年7月划城区及附近地正式置。1930年1月设特别市,8月降为省辖市,1947年升为院辖市	1843	省城
1926	汉口	县城	1926年10月设汉口市,1927年4月汉口、武昌和汉阳三镇合设武汉特别市,6月更名汉口特别市(不含武昌),7月降为湖北省辖市,1932年升为院辖市(不含武昌、汉阳),1936年又降为省辖市,1947年再升院辖市	1862	县城
1927	南京	首都	1929年1月改称首都特别市,1930年改为行政院辖南京市	1899	省城
	上海	道城	1924年成立市公所,1925年设立淞沪商埠督办公署,1927年成立特别市政府,后为院辖市	1843	县城
	杭州	省城	省辖市	1896	省城
	宁波	道城	省辖市,1931年废入鄞县	1844	府城
	安庆	省城	1930年废入怀宁县		
	重庆	道城	1927年置,为省辖市,1929年成立市政府,1939年升为院辖市	1891	府城

续表

年度	城市	设市前地位	设市状况	开埠状况 时间	开埠状况 聚落
1928	北平	首都	1928年设特别市,1930年6月降为省辖市,11月升为院辖市		
	天津	省城	1928年设特别市,1930年改为院辖市,不久又降为省辖市,1936年复为院辖市	1861	府城
	苏州	县城	1930年废入吴县,1949年复	1896	省城
	昆明	省城	省辖市	1908	省城
	郑州	县城	1927年设筹备处,1928年设市政府,1930年废,1949年复	1922	县城
	西安	省城	1928年置,1930年废;1932年定为陪都,改名西京,直属行政院,仅设筹委员会,1943年设西安市,1947年升为院辖市		
	归绥	省城	1937年改厚和豪特,1945年改归绥,1954年改为呼和浩特	1914	省城
1929	青岛	租借地	1897年被租借。1922年以日本交还的胶澳商埠设(督)办公署,隶北洋政府,1925年改为商埠局,隶省,1929年置青岛特别市,1930年改院辖市	1897	县下
	济南	省城	省辖市	1906	省城
	九江	县城	1927年设立市政厅,1929年改为市政府,省辖市,1936年废	1862	府城
	开封	省城	1927年设筹备处,1929年设市政府,1930年废,1936年复,当年废,1948年复置		
	沈阳	省城	1931年日本改名奉天市,抗战胜利后复名沈阳,1947年改为院辖市	1908	省城

续表

年度	城市	设市前地位	设市状况	开埠状况 时间	开埠状况 聚落
1930	成都	省城	省辖市		
	汕头	县下	1921年置市政厅,1930年正式设市,省辖市	1860	县下
	嘉义	州下	1930年以城区置,隶台南州,1945年以后仍为嘉义市		
	新竹	州城	1930年划城区置,1945年后仍为新竹市		
1932	长春	伪满首都	1929年设市政筹备处,1932年3月伪满改为新京特别市,抗战胜利后改省辖市	1907	府城
1933	长沙	省城	省辖市	1904	省城
	福州	省城	1933年设,次年废,1946年复置	1844	省城
	哈尔滨	特别行政区行政中心	伪满洲国设特别市,抗战胜利后仍之,1945年改院辖市	1907	县下
	彰化	州下	划城区置,隶台中州,1945年后仍为彰化市		
	屏东	州下	以阿猴街置,隶高雄州,1945年后仍为屏东市		
1935	连云	县下	省辖市,1949年并入新海连市。	1921	县下
	厦门	县城	1933年设市政筹备处,1935年正式设市,省辖市	1843	县城
1936	吉林	省城	伪满洲国设,抗战胜利后仍之	1907	省城
	齐齐哈尔	省城	伪满洲国设,抗战胜利后仍之	1907	省城
1937	武昌	省城	1926年置武昌市,后并入武汉,1937年复设武昌市,省辖市		
	锦州	省城	伪满洲国设,抗战胜利后仍之	1916	县城
	鞍山	县下	伪满洲国设,抗战胜利后仍之,1949年升为中央直辖市,1954年降为省辖市		
	抚顺	县城	伪满洲国设,1947年废,1949年复,直属中央,1954年降为省辖市		
	安东	省城	伪满洲国设,抗战胜利后仍之	1907	县城

续表

年度	城市	设市前地位	设市状况	开埠状况 时间	开埠状况 聚落
1937	四平	县下	伪满洲国设,抗战胜利后仍之,本名四平街市,1941年改		
	牡丹江	省城	伪满洲国设,抗战胜利后仍之		
	佳木斯	省城	伪满洲国设,抗战胜利后仍之		
	营口	县城	伪满洲国设,抗战胜利后仍之	1861	县下
	辽阳	县城	伪满洲国设,抗战胜利后仍之	1907	县城
1938	南昌	省城	1927年拟设市未成,1935年设市,1938年成立市政府,省辖市		
	包头	县城	1933年设市政筹备处,1938年伪政权设市,1945年胜利后仍之	1921	县下
	烟台	县下	1934年置特区,1938年伪政权改市,抗战胜利后仍之,省辖市	1862	县下
1939	石门	县下	1925年置市政公所,1939年设市,省辖市,1947年得到国民政府核准,12月改名石家庄		
	本溪	县城	原名本溪湖,伪满洲国设,抗战胜利后改名,1947年废,1948年复,1949年升为中央直辖市,1954年改为省辖市		
1940	桂林	省城	省辖市		
	唐山	县下	1940年正式设立,抗战胜利后仍之,省辖市		
	宜兰	州下	划城区置,1945年后仍为宜兰市,为县属市		
	花莲	厅城	划城区置,1945年后仍为花莲市,为县属市		
	阜新	县城	伪满洲国设,抗战胜利后仍之		

续表

年度	城市	设市前地位	设市状况	开埠状况 时间	开埠状况 聚落
1941	贵阳	省城	1930年行政院同意设市,1941年正式成立,省辖市		
	兰州	省城	1929年中央政府同意设市,1941年正式设市,省辖市		
	海拉尔	县城	1936年伪满成立市政管理处,1941年设市,抗战胜利后仍之	1910	府城
	满洲里	县城	1927年设立市政公所,1940年降为满洲里街,1941年伪满升市,抗战胜利后仍之	1907	府城
1942	自贡	县城			
	通化	省城	伪满洲国设,抗战胜利后仍之		
1943	陕坝	县下	1943年置,抗战胜利后仍之,1949年废		
	衡阳	县城	省辖市		
	延吉	省城	1929年设市政筹备处,1943年伪满洲国设间岛市,1947年改延吉	1909	府城
1945	大连	租借地	1898年被租借,1945年收回后设院辖市	1898	县下
	徐州	省城	省辖市	1922	道城
	湛江	租借地	1898年被租借,1945年由广州湾法租界收回省辖市	1898	县下
	威海卫	租借地	1898年被租借,1930年设行政区,隶中央,1945年设省辖市,1949降为县级市,1950年废,1951年又设县级市	1898	县下
	银川	省城	省辖市		
	西宁	省城	省辖市		
	张家口	省城	省辖市	1916	县下
	羊口	县下	1950年并入寿光县,在今山东		
	博山	县城	1950年5月撤,11月复置,改名淄博		

续表

年度	城市	设市前地位	设市状况	开埠状况 时间	开埠状况 聚落
1945	周村	县下	1950年废,当年复,与张店合为张周市	1906	县下
	赤峰	县城	1947年废,1948年复	1917	县城
	兴山	县下	后改名鹤岗		
	迪化	省城		1881	省城
1946	龙口	县下	1945年以黄县龙口镇置龙口特区,1946年改市,1950年废	1915	县下
	济宁	县城	1946年设市,1950年降为县级市	1921	县城
	枣庄	县下	1950年废		
1947	蚌埠	省城	以凤阳县蚌埠集置	1924	县下
	太原	省城	省辖市		
	界首	县下	1953年废		
	张店	县下	1950年和周村合为张周市		
	许昌	县城			
	旅顺	租借地	1898年被租借,1945年收回,1960年并入旅大市	1898	县下
	乌兰浩特	省城	1947年由自治区直辖,1949年改属兴安盟		
	北安	省城			
1948	保定	省会			
	阜城	县城	1950年废,今安徽阜阳		
	亳城	县城	1950年废		
	石岛	县下	1950年废,在今山东荣成县		
	德州	县城			
	潍坊	县城		1906	县城
	新海	县下	1949年与连云市和云台工作委员会合置新海连市		
	朱集	县下	以河南商丘县朱集镇置,1951年废		

续表

年度	城市	设市前地位	设市状况	开埠状况	
				时间	聚落
1948	周口	县下	1958年废		
	漯河	县下			
	洛阳	县城			
	南阳	县城			
	承德	省城			
1949	镇江	省城		1861	府城
	常州	县城			
	无锡	县城	1929年设市政筹备处,1930年撤销	1923	县城
	南通	县城			
	扬州	县城			
	泰州	县城			
	嘉兴	县城			
	湖州	县城			
	绍兴	县城			
	衢州	县城			
	金华	县城			
	兰溪	县城			
	温州	县城		1877	府城
	三河	县下	1950年废,在今安徽肥西县三河镇		
	合肥	县城			
	芜湖	县城		1877	县城
	当涂	县城	1950年废,在今安徽当涂		
	屯溪	县下			
	宣城	县城	1950年废		
	大通	县下	1950年废,在今安徽铜陵境		
	赣州	县城			

续表

年度	城市	设市前地位	设市状况	开埠状况	
				时间	聚落
1949	景德镇	县城			
	新堤	县城	1950年废		
	宜昌	县城		1877	府城
	沙市	县下		1896	县下
	佛山	县城			
	江门	县下	1925年设市政厅,1930年认为难以设市,1949年正式设市	1904	县下
	肇庆	县城			
	韶关	县城	1943年置市政筹备处,1946年撤,1949年设市		
	海口	县下	1926年曾置市政厅,1930年撤,1949年又置	1876	县下
	梧州	县城	1927年设市政厅,因人口未过10万未获批准,1949年又置	1897	县城
	柳州	县城	1946年8月核准,1949年11月设市政府		
	南宁	县城	1946年置,1949年设市政府	1907	县城
	秦皇岛	县下		1901	县下
	山海关	县城	1953年并入秦皇岛		
	宣化	县城	1963年撤		
	安阳	县城			
	新乡	县城			
	信阳	县城			
	驻马店	县下	1952年废		
	大同	县城			
	宝鸡	县城			
	南郑	县城			
	榆林	县城			
	金州	县城	1950年废		
	辽源	县城	原名西安,1952年改		

资料来源:1.市的设置,除台湾省据《行政区划网》外,其余据郑宝恒:《民国时期政区沿革》,湖北教育出版社,2000。个别据《中国地理教科图》(亚光舆地学社,1949)、严重敏主编《中国城市辞典》(四川辞书出版社,1992)和《辞海·地理分册》做了订正和补充。

2.开埠情况,据严中平等编《中国近代经济史统计资料选辑》,《二　商埠、租界、租借地》,科学出版社,1955。

经济空间与城市的发展

——以上海为例*

摘要：本文提出城市的"经济空间"这一概念,并以上海为例,对此作了说明。明清以来上海的经济空间经历了三个变化阶段,对经济发展产生了决定性的影响。在此基础上,论述了经济空间三个层次的彼此关系,以及经济空间对城市和区域发展的重要意义。

关键词：经济空间；上海的经济空间；阶段变迁；区域发展

笔者在研究港口城市及其腹地时,感到我国城市的发展,受到多重区域的影响,需要提出"经济空间"这一概念,用来表达以考虑中心城市的发展为首要目的,着重考察区域经济联系的主要方向的中心城市和相关区域结成的空间结构。因此,它不同于以前所说的经济地域的各个系统,如"经济区""经济带""城市带""城市地域系统""地缘经济系统"。

"经济空间"包括三个层次。第一个层次是位于中心城市背后的区域即经济腹地,它是城市生产资料和生活资料的重要供应者,并是为城市的进出口贸易提供出口物资、消费进口物资的主要区域,在金融、技术、信息和人员往来等方面也与城市保持着密切的经济关系。依据与中心城市

---

* 本文原载《云南大学学报（社会科学版）》2007年第5期,第57—65页。人大复印资料《经济史》2008年第2期全文转载,第3—10页。本文为以下两项基金项目的阶段性成果：国家社会科学基金项目"近代以来北方主要港口城市—腹地的经济互动"（05BJL051）；复旦大学九八五工程哲学社会科学创新基地 2005 年度研究项目"开埠以来黄渤海港口体系与北方经济现代化的历史考察"（05FCZD003）。

的空间距离,可以将之称为内层经济圈。第二个层次是在中心城市的腹地之外,与该城市发生较多经济往来的另外一些城市以及它们的腹地,可以称之为外层经济圈。第三个层次,是与中心城市发生贸易往来的国家与海外地区,不妨称之为海外市场。本文试图以上海为例,对"经济空间"予以初步的解释,以引起学术界的重视。

  本文讨论经济空间,将从分析经中心城市进出、覆盖国内外两大市场的出口货物的主要来源地区与进口货物的主要销售地区入手。对于市场经济的发展而言,无论是近代还是现代,只有货畅其流,城市商业和贸易才会繁荣;只有货畅其流,本地的产品大有销路,工业才会发展;只有货畅其流,城市经济的其他方面才会同时繁荣。中国近代的经济发展,首先体现在进出口驱动下的贸易方面,而工业的发展则要晚得多。上海同样如此,上海近代走的是以港兴商、以商兴市的发展道路,繁荣的进出口贸易是上海得以迅速发展的主要动力。而作为中心城市的上海,和经其输出入货物的广大的腹地以及其他贸易区域,经济上保持着互动的关系,上海的发展同样对与其发生贸易关系的区域发生重要的影响。上海的经济空间,在很大的程度上就是城市的贸易范围。

  从明清时期到1949年,上海的经济空间的变化大致经历了三个阶段,对上海的发展产生重要的影响。

一、明至清前期上海的经济空间

  唐中叶以后中国经济重心南移到上海所在的长江三角洲,明清沿袭这样的格局。清人称:"以苏、松、常、镇、杭、嘉、湖、太仓推之,约其土地无有一省之多,而计其赋税实当天下之半,是以七郡一州之赋税,为国家根本也。"①长江三角洲不仅是国家赋税的主要来源和商品的主要供应地,生活水平在全国也居前列。明人称:"今天下财货聚于京师而半产于江南……至于民间风俗,大都江南侈于江北,而江南之侈尤莫过于三吴。"②长江三角洲的经济中心和贸易中心长期以来是苏州、杭州。苏州尤为繁

---

① 梁章钜:《浪迹丛谈》卷五《均赋》,中华书局,1981,第81—83页。
② 张瀚:《松窗梦语》卷四《百工纪》,上海古籍出版社,1986,第67—70页。

盛,人们称"天下有四聚,北则京师,南则佛山,东则苏州,西则汉口。"①

苏州、杭州的繁盛,建立在发达的区域经济和国内贸易的基础上。明中后期长江三角洲的市场经济有了较大的发展,养蚕织丝、种棉织布在区域经济中占有重要地位,多为商品性生产,粮食种植面积相对缩减,二者刺激了长途贸易和区域商业的发展。苏州地处长江三角洲平原的中心,西滨太湖,东接大运河;杭州位于长江三角洲平原的南部,为大运河的南端起点。便捷的水路交通将苏州、杭州与大小不等的江南市镇连在一起,形成以苏州、杭州为中心的市场网络,并伸展到全国。

在长江三角洲,上海立县并不早,唐宋尚属于华亭县,元至元二十九年(1292)建立上海县,先属松江府,中间几年改属嘉兴路,以后一直属于松江府。② 但直到鸦片战争以前,上海在长江三角洲不过是一个普通的县城,它夹于苏州、杭州两大经济中心之间,苏杭之间的水路交通和贯穿我国南北的交通大动脉大运河都不经过上海,因而上海在长江三角洲区域内部的交通体系中并不占有优越的位置。从区位上看,上海拥有襟江靠海的地理位置,可以作为长江三角洲的出海口。然而,明前期以"防倭寇"为由,严格限制私人对外贸易,仅仅通过市舶司保持规模有限的官方贸易,而明代设于长江三角洲的市舶司,除洪武初曾短暂设于太仓州的黄渡(在今上海市嘉定区)以外,都设在宁波,上海不再是官方许可的贸易港。明后期私人海上贸易冲破政府禁令而兴,长江以南的私人贸易港大多分布在岛屿林立、港湾曲折的宁波、舟山沿海,宁波以南的双屿港一度成为当时中国规模最大的贸易港,上海附近的私人贸易港并不多。③ 在这种背景下,拥有襟江带海之利的上海并未发挥长江三角洲门户的地理优势,上海港的地位也远不如宁波港。

不可否认,晚明清初以上海县城为主的松江府一带是全国最重要的土布贸易中心,上海出产的土布销行于秦晋、京边、湖广、江西、两广等

---

① 刘献廷:《广阳杂记》卷四,中华书局,1957,第194页。
② 参见《大清一统志》卷五八,文渊阁《四库全书》本。
③ 参见吴松弟《明清时期我国最大沿海贸易港的北移趋势与上海港的崛起》,《复旦学报》2001年第6期。

地。① 然而,上海土布的销售范围缺乏地域上的相连,并非地理学意义上的经济腹地,而主要依靠上海县城吐纳商品的腹地,估计仍局限在县内以及邻县的某些相邻地方。上海的内层经济圈如此狭小,更不用说外层经济圈和海外市场了。即使市场经济的发育水平,今上海境内也不如苏州。明万历三十三年(1605)所编《嘉定县志》将位于今上海辖境且比较靠近苏州的嘉定和苏州进行对比:"苏州当江淮岭海,楚蜀之走集,其人浮游逐末,奇技淫巧之所出也。嘉定濒海而处,四方宾客商贾之所不至,民生鲜见外事,犹有淳朴之风焉。"②

二、清康熙以后上海的经济空间

康熙二十二年(1683),清朝统一台湾,不久解除禁海令,中国沿海的海上贸易出现蓬勃发展的局面。不仅原有的沿海海路得已开通,而且海船开始直趋明代"通商未广"的今天的天津和辽宁的海港。江浙海船赴辽宁贸易,开始"岁止两次",几十年后增加到"一年行运四回。凡北方所产粮、豆、枣、梨,运来江浙,每年不下一千万石"。③ 与各国的贸易同样很兴盛,"商舶交于四省,遍于占城、暹罗、真腊、满剌加、浡泥、荷兰、吕宋、日本、苏禄、琉球诸国";为便于管理对外贸易,清朝在广东澳门、福建漳州府、浙江宁波府和江南云台山设立四个榷关④,其中的江南云台山即在今上海松江境内。在此背景下,上海的进出口贸易开始得到发展。

清代的沿海航线分南洋、北洋两种,"出(上海)吴淞口,迤南由浙及闽、粤,皆为南洋;迤北由通(南通)、海(海门)、山东、直隶及关东,皆为北洋"。⑤ 上海和天津是北洋航线的南、北两大中心,人称"海船南载于吴淞(上海),而北卸于天津,两地为出口入口之总汇,实海运成始成终之枢要"。⑥ 当时,行驶在北洋航线的船舶是吃水浅、适应北方沿海水浅礁硬

---

① 参见叶梦珠:《阅世编》卷七《食货五》,上海古籍出版社,1981。
② 参见万历《嘉定县志》卷二《疆域考·风俗》,《中国方志丛书》,台北成文出版社,1983。
③ 谢占壬:《海运提要序》,《清经世文编》卷四八,中华书局,1992年影印本,第1154页。
④ 姜宸英:《海防总论拟稿》,《清经世文编》卷八三,第2032页。
⑤ 齐彦槐:《海运南漕议》,《清经世文编》卷四八,第1060页。
⑥ 魏源:《复魏制府询海运书》,《清经世文编》卷四八,第1173页。

特点的沙船,上海是沙船的主要聚集地。① 进出上海的南洋海船多来自浙江、福建、广东等地,以及东南亚各国。加上一定规模的长江航运,上海成为"号称烦剧,诚江海之通津,东南之都会",②汇合长江流域、沿海及国际航运的中心。史学界根据中外文献记载,大多认为在1843年开埠以前,上海已经是我国沿海第一贸易大港。③

沿海航运业的兴起,将晚明清初长江三角基本依靠内陆交通的状况,一举改变为内陆交通和沿海交通并举。这种改变,对沿海地区的开发极为有利,对上海的发展尤其有利。上海从此摆脱在长江三角洲传统交通格局中相对偏东的不利位置,成为这一区域的海上门户。

此外,北洋航线的开通和发展也是有利上海发展的一大因素。以前,因北洋航线长期处于不发达状态,上海位居两洋交通枢纽的优势未能得到发挥,在长江三角洲港口体系中的地位不如宁波,贸易规模和港口地位都不如宁波。北洋航线开通以后,上海成为南北洋航运的枢纽,在长江三角洲港口体系中的地位超越宁波。此后,长江三角洲丰富的物资经上海源源不断地外运,我国各沿海地区以及国外的物资经上海源源不断地输入,南北各沿海港口城市都通过航运和上海发生了贸易往来。

尽管如此,1843年开埠以前来到上海的欧洲船只比较少,和南洋、日本的贸易量同样有限,上海的海上贸易主要是与我国沿海港口城市之间的贸易,属于内向型的国内贸易。而且,上海与长江沿岸各地的航运联系稀少。在长三角地区,以长江和运河为基干的内河航运,仍是该地区与内地省份物资交流的主要渠道。顺长江而下的各省商船,多将苏州作为它们货物购销的终端。无论是与长江流域还是与沿海各省的航运往来,上海往往是作为苏州的外港发挥着作用。④ 在这种情况下,上海的经济空间无论是内层经济圈还是外层经济圈,尚未得到较大地扩张。乾隆以后朝廷只允许广州一口通商,更使上海的进出口贸易几乎就是中国沿海的

---

① 齐彦槐:《海运南漕议》,《清经世文编》卷四八,第1060页。
② 参见嘉庆《上海县志》卷一《风俗》,嘉庆十九年(1814)刻本。
③ 参见吴松弟《明清时期我国最大沿海贸易港的北移趋势与上海港的崛起》,《复旦学报》2001年第6期。
④ 参见戴鞍钢《港口·城市·腹地:上海与长江流域经济关系的历史考察(1843—1913)》第一章,复旦大学出版社,1998,第8—16页。

国内贸易。

三、开埠以后至1949年前上海的经济空间

1843年的开埠通商,为上海打开全新的国外市场,长江三角洲巨大的经济能量,上海优越的区位位置和适宜的社会环境,使得上海在开埠以后的进出口贸易的发展速度远远快于其他口岸。开埠不过一年,洋行即达11家之多,而进出上海的中国航船也相当繁盛,往来华北区域的约有14000—20000艘,经苏州及运河至内地的帆船为数也不少。开埠不久,上海即成为中国最大的生丝出口港,所有欧美各国采办的华丝,几乎全由上海供给。经上海输出的茶叶数量增长之快,并不减于生丝。约10余年的时间,原经由广州出口的生丝、茶叶,几乎全部改由上海输出。① 长江三角洲是中国主要的产丝区域,附近山区也盛产出口茶叶,上海开埠以后出口生丝和出口茶叶大多经上海外运,表明长江三角洲及周围地区开始成为上海的经济腹地。

1862年以来,镇江、南京、九江、汉口、重庆等长江港口城市相继开埠通商。这些新口岸的开放,意味着长江中游开始成为上海的经济腹地。外国观察家充分注意到开放长江口岸对上海的重要意义,认为:"按照人口与贸易情形而论,上海将为东亚最富庶之商埠,凡出入长江流域及横渡太平洋之轮船,将以该埠为枢纽。他日执中国商业之牛耳者,非此莫属焉。"②1891年重庆开埠以后长江上游的广阔地区也成为上海的腹地。

长江流域的汉口、镇江、九江、芜湖诸港,浙江的宁波、温州诸港,是与上海经济关系最密切的城市,在1864—1904年间,它们占了上海洋货转运国内值的平均65.2%、土货进口值的平均68.6%。这些城市的进出口无不严重依赖上海的中转,在上述时期,经上海转运占汉口进口总值年平均86.6%,占汉口出口总值平均70.2%。1895年经上海转运占镇江进口总值的91.1%,镇江运往上海的土货所占比重虽然没有那么高但也在不

---

① 以上参见班思德编《最近百年中国对外贸易史》,海关总税司署统计科译印,1931,第47—56页。
② 班思德编《最近百年中国对外贸易史》,海关总税司署统计科译印,1931,第92页。

断增长之中。九江、芜湖、宁波、温州等地几乎没有直接对外贸易,对外贸易大多要通过上海中转。①

1862年以来,烟台、牛庄、天津等北方口岸相继开埠通商,对上海而言意味着与北方的埠际贸易和其他方面的经济联系可以得到发展。在上海的中转贸易中,华北和东北的主要口岸天津、烟台、营口也占有一定的比重,1864—1904年占上海洋货转运国内值平均30.8%,土货进口值平均14.6%。经上海外贸转运,占华北和东北口岸进口总值平均70.1%,出口总值平均42.7%,说明这些港口城市在二十世纪初之前受上海外贸转运的影响很大。只有福建、广东、广西等口岸的进出口贸易主要依赖香港进行,通过上海的中转值微不足道。②

通过与长江流域和南北方沿海城市的中转贸易,上海逐渐发展为全国外贸转运中心。据唐巧天研究,1864—1904年间每年中国进口的洋货,一半左右由上海进口,转运至各主要通商口岸,再运到全国各地。在土货出口方面,1864—1895年间,上海土货转运国外占全国出口总值比重平均约24%,这一比重虽然不如上海洋货转运在全国进口总值中的比重高,但在全国口岸中是无可比拟的。1895年以后,上海土货外贸埠际转运占全国出口的比重,逐步上升到37%。自二十世纪初开始,天津、汉口等口岸直接对外贸易发展迅速,同时又兴起大连、青岛等一批独立性很强的重要口岸,经上海的转运占全国进口总值的比重开始持续下降,到1930年降至最低值15.9%。然而,1930年以后上海外贸总值占全国的比重下降却不大,仍在40%以上。上海之所以还能够维持全国外贸中心的地位,是因为已经不靠外贸埠际转运,而是靠其自身在对外贸易中消耗与输出的增长。上海工业生产所需的原料、燃料及机器等商品,大量由国外进口,上海出口的工业制成品也逐渐增多。上海将自身工业制成品输往其他口岸供其消费,其他口岸将原料运往上海供其生产,上海开始显示出多功能经济中心的性质。1929年上海内贸埠际直运在全国内贸中所占

---

① 以上参见唐巧天《上海外贸埠际转运研究(1864—1930年)》,博士学位论文,复旦大学历史地理研究中心,2006。

② 参见唐巧天《上海外贸埠际转运研究(1864—1930年)》。

的比重已达到63%。① 上海与各地展开贸易的过程,也是与各地航运、金融、信息等各方面往来扩大的过程,上海由此发展为中国最大的经济中心。

通过与长江流域和沿海地带的繁忙的经济往来,上海建立起广阔的经济空间。

这一经济空间,内层经济圈是作为上海直接经济腹地的长江流域,以及靠近上海的浙江全省以及安徽南部、江西东部地区。浙江北部原来便属于上海的直接腹地,而宁波、温州等口岸1862年以后基本通过上海的中转来完成进出口,与上海经济联系紧密,两个港口的腹地浙江中部、南部以及皖南、赣东北地区,实际上成为上海的间接腹地。外层经济圈是那些在进出口贸易上对上海中转具有一定依赖性的北方沿海港口城市及其腹地。通过与这些城市的经济往来,上海将自己的经济影响送达北方的广大地区。1843年以后,上海面对的海外市场,从以前的主要是东亚、东南亚各国,扩展到包括欧洲、美洲、亚洲、澳洲各国的广阔市场,已拓展许多倍。上海的内层经济圈、外层经济圈和海外市场的极大拓展,为上海构筑出空前广大的经济空间。没有经济空间的极大拓展,上海近代的勃兴是难以想象的!

四、最近三十年上海的经济空间

1949年以后,中国包括上海的经济发展都经历了曲折的过程。改革开放以后特别是九十年代以来,上海重新焕发了作为中国经济中心应有的活力。随着中国越来越深地卷入世界经济体系,上海经济空间的第三个层次即海外市场无疑比过去又广阔许多。然而,上海经济空间的内层经济圈和外层经济圈,近30年没有扩大,内层经济圈还出现明显的萎缩,上海港各航线的数据为此提供了证明。

上海港的航线,分国外、北方沿海、南方沿海、长江、内河等5条,4条属于国内航线。由于上海及其相邻地区需要的煤炭、石油等资源主要依

---

① 以上参见唐巧天《上海外贸埠际转运研究(1864—1930年)》。

赖北方供应,1990年以前在上海港的货物吞吐量中,北方沿海航线始终占较高的比重。1990年以后北煤、北油南运的状况没有得到改变,北方沿海航线继续保持繁荣。此外,以长江航线和内河航线(主要是长江三角洲内部航线)比较重要。但就发展趋势而言,在总吞吐量中所占的比重,长江航线呈下降之趋势,内河航线呈不断上升的趋势,尤其在出口方面,到1990年内河航线已占出口总吞吐量的42.5%。内河航线在出口总吞吐量中的较高比重,和北方沿海航线在进口总吞吐量中的较高比重相映成趣,反映了北方为上海提供原材料,而发达的长江三角洲为上海提供出口产品的格局(见表1)。

表1 上海港分航线进出口吞吐量统计

吞吐量单位:万吨

		1970年		1980年		1990年	
		吞吐量	比重	吞吐量	比重	吞吐量	比重
进口	总吞吐量	2858.1	100	5713.9	100	9461.1	100
	国外航线	505.1	17.7	1358.8	23.8	1868.6	19.8
	北方沿海航线	1545.9	54.0	2673.8	46.8	4819.1	50.9
	南方沿海航线	111.7	3.9	345.9	6.0	573.4	6.0
	长江航线	545.6	19.0	1133.4	19.8	1596.0	16.9
	内河航线	149.8	5.2	202	3.5	604.2	6.4
出口	总吞吐量	1132.9	100	2590.8	100	4498.1	100
	国外航线	181.4	16.0	423.7	16.4	724.4	16.1
	北方沿海航线	152.6	13.5	91.5	3.5	199.6	4.4
	南方沿海航线	165.4	14.6	467.3	18.0	630.7	14.0
	长江航线	318.5	28.1	592.3	22.9	1032.5	23.0
	内河航线	315.0	27.8	1016.0	39.2	1910.9	42.5

资料来源:张燕主编《上海港志》,《解放后上海港分航线进出口吞吐量统计表》,上海社会科学院出版社,2001,第261页。表中数据系相关各项合计。

对上海国际贸易的分析,有助于加强我们对长江三角洲重要性的认识。在1995年和2003年的上海口岸进、出口商品收发货总值中①,上海分别占了55%、50%(1995年)和65%、41%(2003年);江苏分别占18%、16%(1995年)和20%、30%(2003年);浙江分别占8%、15%(1995年)和5%、20%(2003年)。江苏、浙江、上海两省一市合而计之,在上海的进口、出口总值中,1995年分别占87%、87%,2003年分别占了95%、93%。其他省市在上海进口总值、出口总值中所占的比重,除了北京曾占5%—6%左右、少数在1%左右,其余都在1%以下。据此可见,上海进出口的物资绝大部分来自上海本地以及相邻的江浙两省,只有很少一部分来自其他省市。而另一份资料提供的数据表明,上海口岸的出口集装箱中,上海市和非上海市箱源之比约为49∶51;非上海市箱源主要来自江苏和浙江,尤以苏锡常与杭嘉湖两大地区为集中。② 长江三角洲尤其是苏锡常、杭嘉湖地区对上海的进出口贸易和港口业、航运业的贡献于此可见。

曾是上海内层经济圈重要组成部分的长江中上游日渐与上海疏离,是上海经济空间变化的值得注意的另一个方面。除了以上提到的长江航线在上海港吞吐总量中所占的比重下降的证明之外,铁路货运为之提供了另一个证明。铁路是我国各省市之间经济联系的主要载体,表2列出长江流域主要省市在1986、1993、2004三个年度中,区域间铁路货物运输量最大的前四个单位,以及这些单位在各省市输出省外的货物运输总量中所占的比重。

表2 1986、1993、2004年长江流域主要省市的铁路货物联系

(主要到达省市及占省际运输比重)

省市	1986年	1993年	2004年
四川	鄂14,黔11,云8,陕7	鄂17,云10,粤10,黔8	鄂13,桂11,贵10,粤9
贵州	粤25,川21,桂15,湘9	粤23,桂20,川19,云7	桂46,粤14,湘8,川8

---

① 上海海关:《1995上海海关统计年鉴》,"1995年上海口岸进出口商品收、发货单位省市分类总值表",上海社会科学院出版社,1996。《2002—2003上海海关统计年鉴》,"2003年上海口岸进出口商品收、发货单位省市分类总值表",上海文化出版社,2004。

② 万征、陆瑞华:《上海港集装箱货源综述及增长潜力》,《集装箱化》2005年第8期。

续表

省市	1986年	1993年	2004年
湖北	豫21,粤12,湘8,川7	豫16,粤14,川12,桂8	粤16,豫9,赣9,川8
湖南	粤24,鄂16,桂11,豫9	粤42,桂13,鄂9,豫5	粤38,赣11,桂10,闽5
江西	浙23,闽8,粤11,沪9	浙28,闽15,沪11,粤10	闽23,浙23,粤14,湘12
浙江	沪53,苏7,赣6,鲁4	沪39,赣8,鲁5,苏4	赣21,湘15,川8,闽8
安徽	苏32,沪13,浙12,闽9	苏38,浙14,沪13,闽8	苏37,浙20,沪7,赣7
江苏	沪18,皖15,豫14,鲁8	沪16,皖11,豫10,鲁9	豫13,皖11,浙11,晋10
上海	浙12,赣11,闽8,皖8	浙12,闽8,赣7,鲁6	浙12,川10,赣7,新5

资料来源:中国交通年鉴社编《中国交通年鉴》,1986年、1993年、2004年。2004年的四川、重庆合并统计。

归纳表2提供的数据,可以看出:位居长江上游的四川(包括重庆市)、贵州,位居长江中游的湖北、湖南等省,区际联系的主要方向都不是上海,而是广东或广西。位居长江中游的江西,区际联系的主要方向是浙江和福建,其次是广东,上海退居次要地位。位居长江下游的安徽,区际联系的主要方向是江苏,其次是上海和浙江,在后两个年度浙江的重要性超过上海。位居长江下游的江苏和滨海省份浙江因靠近上海,区际联系的主要方向长期以来都是上海。然而,1993年上海在两省所占的百分点有所下降,2004年继续下降,以至退出前四位。2004年,内陆省份江西、湖南、河南、安徽成为江浙两省区际联系的主要方向。

将水运交通和铁路交通体现的区际联系,和近代以几乎全部长江流域和浙江省作为内层经济圈的情况相比,上海的内层经济圈已严重萎缩,估计已退缩到以长江三角洲为中心的区域。① 上海对长江三角洲的依赖性相当大,长江三角洲的经济发展成为上海经济发展的必要前提。同理,上海的发展也是长江三角洲繁荣的重要前提。

---

① 由于交通年鉴一般不登载公路的状况,无从得知公路物流在区际之间的主要流向。不过,既然同样作为主要交通工具的水运和铁路运输体现了上述倾向,有理由相信公路物流也应如此。

五、经济空间与城市的发展

上海的发展史表明,城市发展和城市经济空间的扩大是同时进行又互为促进的过程。城市经济没有达到一定的规模,城市的经济空间必然比较狭小,城市经济空间的狭小势必又限制了城市规模的扩大和城市地位的提高。而在城市经济空间的三个组成部分中,第一层次内层经济圈显然是最重要的部分,没有一定范围的可靠的具有一定经济实力的内层经济圈,城市经济和城市规模就会限制在不大的范围内,也难以形成对其他区域一定规模的经济来往。第二层次外层经济圈是经济空间的另一个组成部分、国内经济往来的重要区域,与外层经济圈频繁的经济往来是城市经济辐射力的重要体现。第三层次海外市场,构成城市经济空间的国外的扇面,没有一定规模的海外市场,就没有一定规模的城市的内层经济圈和外层经济圈。而海外市场范围的大小,除了国内外政治环境和城市经济实力的制约之外,又受到区位位置、地理环境等方面的限制。总之,这三个层次互为依靠,缺一不可,共同推动或限制着城市的发展。

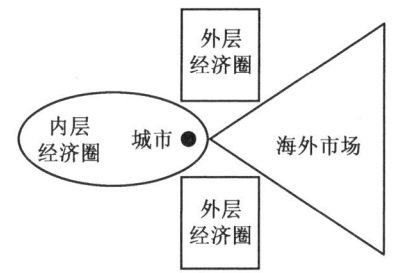

图1 城市经济空间的三个层次

影响中心城市经济空间的因素颇多,除了城市的区位位置和经济实力之外,城市通往各地的交通状况和各城市的经济实力对比的变化也是重要的因素。

城市之间的经济往来,依赖于交通的发展,中心城市的空间联系范围往往随着交通的发展而得到拓展。另一方面,交通既然是城市之间经济联系的主要工具,交通格局的改变也会改变特定城市对外经济联系的主要方向。上海与原先作为其内层经济圈的中心城市武汉经济关系的疏远,就是交通格局改变的结果。武汉原先的进出口的主要途径,是通过长江航运,将物资运送到上海,再转运国外和中国沿海城市。京广铁路全线修成以后,相当一部分物资通过铁路南下,主要通过广州进出口。二十世纪五十年代以来长江航运日益萎缩,铁路在运输中所占比重不断上升,但武汉与上海之间一向缺少便捷的东西向铁路,于是武汉及其所在的长江中游地区最终脱离上海,纳入广州、香港的内层经济圈。甚至近十余年这一线的民工潮,也主要指向珠江三角洲,而不是上海所在的长江三角洲。

此处所说的不同城市的经济实力变化对经济空间的影响,包括几层含义。一是指各个经济腹地地域相连的中心城市之间的实力变化,如果某个城市的经济发展速度超越另外的腹地地域相连的中心城市,以致原先的经济实力的状态被极大地改变,势必导致这样的变化,即经济实力大大增强的中心城市的经济空间,无论是内层经济圈还是外层经济圈,都会相应扩展,而其他中心城市的经济空间因之萎缩。香港、广州经济空间的扩展,除了交通形势的改变之外,中心城市香港以及广州和所在的珠江三角洲经济实力的大幅提高无疑也是重要的原因。二是指某一个城市原先属于某个中心城市的经济空间特别是内层经济圈,以后由于这个城市的经济发展加速或交通条件的改善而摆脱原先的中心城市的影响,不再成为这一中心城市的内层经济圈。宁波为此提供了例证。宁波长期依赖上海进出口,可以说是上海的内层经济圈。然而,随着近20年来浙江经济的迅猛发展以及宁波港深水优势的发挥,直接通过宁波进出口的物资数量大大增加,2001—2004年间有85%左右的国际集装箱通过国际航线直接进出宁波港,仅有3%左右的集装箱通过内支线到上海港转运,且呈下降的趋势。①

经济空间的变动,对城市的重大影响是不言而喻的。近代开埠以后,武汉的对外贸易曾获得跳跃式的发展,并带动全市工业、交通、邮电、通信及城市建设的同步发展,武汉近代经济的发展势头一度与沿海通商大埠比肩,甚至"驾而上之"。然而,这种势头没能长期维持下去,到了二十世纪三十年代以后已经缓慢于沿海地区。② 除了战争、天灾等方面的原因,交通新格局也是原因之一。人们分析交通新格局形成,一方面改善了湖北的内外交通,另一方面又缩小了武汉的经济空间,对其经济发展造成不

---

① 参见王列辉《上海宁波两港空间关系研究》,《地理研究》2007年第26卷第6期。
② 参见皮明庥主编《近代武汉城市史》第二十二章《武汉经济中心透视》,中国社会科学出版社,1993,第571—597页。

利影响:"陇海路通达西安,陕甘之宝藏流入徐海;郑州握四方交通之枢纽,中州之贸迁遂不一其途;(粤汉路)株韶接轨,三湘货物南入百粤。"①原本汇聚武汉再沿长江东下的陕、甘、河南、湖南的物资,因之改道而去,包括湖北境内的物资也改道沿京广铁路南下。

　　导致武汉经济发展缓慢的另一个原因,可能是其从上海内层经济圈的腹心部分,改属于广州、香港内层经济圈的边缘部分。从空间距离上看,武汉到粤港的距离要比到上海远得多,空间的远近必定会影响来自沿海城市——中国现代化的窗口和辐射源地辐射力的强弱。从空间范围的大小和区域经济能量上看,长江三角洲无论在近代还是在当代,都要大于珠江三角洲,经济能量的高低必然影响其对别的地区的辐射力度。如果武汉将上海及其所在的长江三角洲同时也作为自己经济联系的主要方向,城市和区域现代化的速度当会大大加快。就此而言,加快建设沿江铁路大通道,加速开发长江航运,对于武汉以及中部地区经济发展,无疑具有重要意义,并会大大加速西部的发展。

　　上海居于中国黄金海岸线的中点,万里长江的出海口,所在的长江三角洲自唐后期以来便是中国的经济重心所在。上海作为中国最大的经济中心,未来的继续繁荣和发展不仅事关长江三角洲的发展,也事关中国的发展。优越的区位位置,良好的经济基础,城市和所在地区深厚的人文底蕴,是上海继续发展的良好前提。然而,上海经济空间的萎缩与经济发展的要求不相符合。我们固然不能以近代的情况相衡量,以为上海的内层经济空间应该包括全部长江流域和浙江,但事实上目前的长江三角洲及其附近区域这一内层经济圈未免太过狭小了。上海的航运业、工商业、金融业要获得较大的发展,并进一步提高自己在中国与东亚经济中的地位,就有必要扩大自己的经济空间,进一步密切与相关城市和区域的经济关系。这种经济空间的扩大,主要途径是扩大经济辐射力,通过加强区际交通联系和区域经济合作,使相关区域以上海为区际联系的主要方向。有关部门对此需要有所认识和有所准备。

　　有关城市的经济空间问题,至为复杂。本文粗浅的探讨,旨在抛砖引玉,期望能引起大家的重视。

---

① 《汉口商业月刊》,1934年第1卷第7期。

近代中国的开港城市与东亚*

摘要：在1842年以来的百余年中,在外力的压迫下,中国开放了众多的通商口岸,其中最重要的是沿海港口城市。这种口岸体系的形成及其变化,在影响中国不同区域的经济发展的同时,也加大了中国与东亚各国的经济联系。这种中国的通商口岸与中国各区域、东亚各国的港口城市的关系,主要体现在:第一,南方和北方的港口,20世纪以来在中国进出口贸易中的地位有较大的变化。开埠以来直到20世纪初南方占有较大的比重,北方微不足道。到20世纪30年代北方上升到占全国的1/3,而南方的上海、其他沿海与长江港口则下降到分别占全国的1/3。第二,中国各区域的经济发展,列强在中国经济扩张开展的早晚和力度的大小,是导致中国港口体系变迁的基本推动力。开埠初期,欧美国家在中国进出口贸易值中占据大头。1894年甲午战争以后日本展开在中国的经济扩张,另一方面则是东北开发的扩大和华北工矿业和农业商品化的进展,导致20世纪以来中国的对外贸易对象和港口体系、外资构成,都发生了重要改变。第三,东亚地区并未出现垄断性的港口,尽管神户的地位在上海之上,但神户、上海和香港仍各自拥有自己的优势,发挥不同的区域功能。第四,中国是一个地域辽阔的海陆国家,主要通过沿海港口联系世界。中国内部繁密的埠际贸易既是区域经济联系的主要方式,也是走向国际市场必不可少的第一站。因此,不应忽略中国口岸之间的埠际联系。

关键词:港口城市;东亚;埠际贸易;国际市场

---

* 本文原是2011年12月参加韩国仁荷大学韩国学研究所主办的国际学术会议"2011年东亚开港都市国际学术会议"的会议论文,后用英文在韩国发表,论文名"The Economic Connection between the Opening Port Cities of China and East Asia during 1843–1949",刊载在 *The Journal of Korean Studies*, No.26, Feb. 2012,第119—142页,杂志主办单位是韩国仁荷大学韩国研究中心(Center for Korean Studies Inha University, Korea)。第一作者吴松弟,第二作者王哲。

中国是一个既拥有广大的内陆,又面临浩瀚的海洋的大国。自1842年中国被迫开放五口通商和香港被英国占据以来,来自欧美的先进生产力和政治经济在中国的主要沿海口岸城市登陆,并顺着重要交通路线往广大的内陆地区推进,中国开始走上了艰难而又痛苦的现代化的道路。这种现代化的进程,今天仍在进行之中。基于这种认识,笔者和戴鞍钢等人在20世纪末开始研究"港口—腹地与中国现代化"问题,此后笔者更指导研究生,以天津、大连、烟台、青岛、上海、宁波、镇江、汉口、芜湖、重庆、福州、广州、北海等沿海沿江口岸城市和云南边境口岸城市,以及它们的腹地为研究对象,进行了至今十余年的研究。这项研究,致力于探讨中国自1842年开埠以后,因西方生产力和政治经济进入引起的中国经济的变化,试图解释港口城市和其腹地的经济发展以及双方之间的双向互动关系,并注意到中国各港口之间的联系。

　　由于较近的区位和历史上千丝万缕的联系,以中国、日本和朝鲜半岛为主的东亚地区的国际贸易关系一直较为紧密,探讨中国开港城市与东亚其他开港城市的密切联系,有助于我们从更广大的视野,探讨中国的"港口—腹地和现代化进程"问题。笔者与王哲博士共同撰写文章,并和樊如森博士荣幸地参加此次会议,希望共同推进这项重要的研究。

一、近代的中国港口及各港口间的贸易网络

　　1842年五口通商之后,广州、厦门、福州、宁波、上海都成为中国对外贸易港口,香港被英国占据。就贸易规模而言,厦门、福州、宁波都远不能与上海和香港相比。上海的发展速度远快于广州,自1853年开始,上海港进出口总额大大超过广州港,跃升为中国第一大港。第二次鸦片战争后,中国进一步开放了天津、烟台、牛庄、汉口等商埠,加上之前中俄设立的陆路口岸,共开辟20处商埠。此后,天津很快成为继上海、广州后的第三大港,并成为华北贸易的枢纽,汉口则成为内地贸易的枢纽。到1930年广东中山港开埠,在中国大地上共出现104个开放商埠,4个租借地,加上香港、澳门2个受外国殖民式统治的地区,可供外国人贸易的口岸达

到110个。①

尽管有着如此众多的通商口岸,但最重要的通商口岸仍然是沿海通商口岸,其次是以长江沿线口岸为主的内地口岸,沿边口岸所占的比重微不足道(见表1)。

表1 中国各地带海关贸易总值及占全国的百分比

	1882年		1912年		1931年	
	总额	百分比	总额	百分比	总额	百分比
沿海海关	185 461 660	73.5	789 093 596	64.6	3 212 687 879	81.6
沿边海关			61 618 815	5	39 422 959	1
内地海关	66 837 827	26.5	371 536 156	30.4	683 327 317	17.4
(长江沿岸)	66 837 827	26.5	277 275 742	22.7	504 190 015	12.8

数据来源:《光绪八年通商各关华洋贸易总册》,第六款;《中华民国元年通商各关华洋贸易总册》,第八款;《民国二十年海关中外贸易统计年刊·统计辑要》,《民国十八年至二十年海关贸易货值按全数》。均载京华出版社影印《中国旧海关史料》。

说明:贸易总值都包括洋货进口净值、土货进口净值和土货出口总数三项。1882年和1912年单位为两,1931年为关平两。

中国最主要的沿海开埠港口,是上海、天津、广州,以及东北的大连(大连兴起前东北主要港口是营口)和山东的青岛(青岛兴起前山东主要港口是烟台),长江中游的汉口,以及英国占领下的香港。图1反映了上海、广州、汉口、天津、大连等5个主要港口货值在中国不同时期的进出口中所占的份额。

---

①吴松弟:《中国经济百年拼图:港口城市及其腹地与中国现代化》,山东画报出版社,2006,第4页。

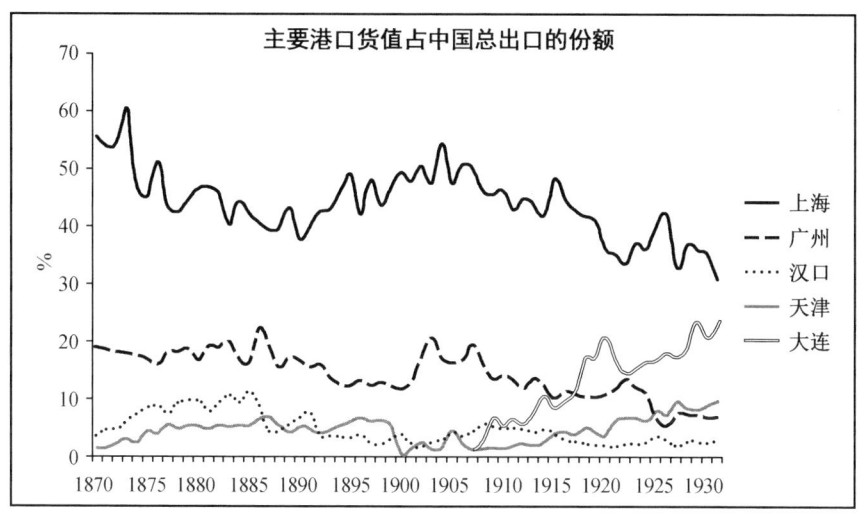

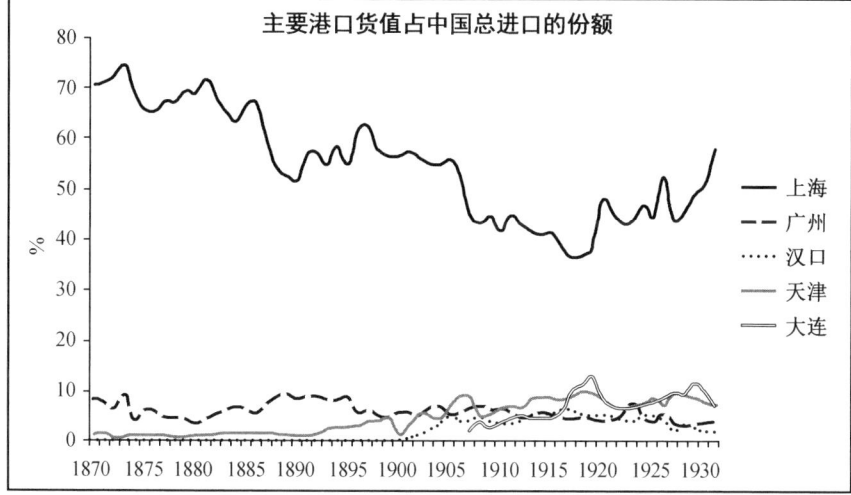

图 1 主要港口货值占中国进出口中的份额

数据来源:1.1870—1928年比重,除大连依据中国第二历史档案馆、中国海关总署办公厅编《中国旧海关史料》,京华出版社 2001 年版,大连关历年统计整理而得,其余据杨端六、侯厚培等《六十五来中国国际贸易统计》,第十四表"六十一年来出入口货价值港口统计表",以及第一表"六十五年来出入口货总数统计表"中相关数字计算,国立中央研究院社会科学研究所专刊第四号,1931 年。

2.1929—1931 年比重,据《中国旧海关史料》相关数字计算。

中国的沿海口岸无疑以上海最重要。图 1 表明,19 世纪 70 年代,上海在中国总进口中的比重达70%多,到了1874—1887年间虽然有所下降,其占总进口的比重仍在60%以上。这一期间,上海在中国总出口中的比重虽然低于其进口在全国总进口中所占的比重,但仍远远高于其他主要港口。此后在1888—1906年间上海所占的比重均有所下降,但始终是中国最主要的进出口贸易港,一般占全国进出口货值的一半左右。此后出口货值所占比重呈下降趋势,进口货值比重先有下降后又有所提高,到1931年仍是全国第一位的港口,但所占比重已下降到34%。

图1表明,随着更多对外贸易口岸的开放,广州港在中国对外贸易中的地位日趋下降,后期甚至被天津、大连超过。长江中游的汉口是以土货出口为主的港口,其洋货直接进口甚少,在全国总额中的份额很小。20世纪以来,在日本的控制下大连港得到飞速发展。1907—1916年间,大连在中国总出口中的比重由开埠初的不足1%上升至10%,1917—1931年继续提升至11%—23%。在中国主要出口港口的位置中,大连在开港后的两三年先后超越天津和汉口,1917年更是越过广州成为第二大出口港。

天津地处华北东部,地势平坦,"九河下梢天津卫"说明了其内河航运的便利,开埠之前,天津便是北方经济重镇。1860年,《中英北京条约续约》使得天津成为北方开埠三口之一,由于其广阔的腹地范围以及河流运输条件,天津成为北方毋庸置疑的龙头港口。但在大连开埠以后,更为优越的海港自然条件使得大连在1920年代的进出口贸易值超越天津。尽管如此,多年的贸易积累仍旧让天津成为北方工业和金融业的中心城市。①

当时香港因在英国统治下,不属于中国海关总税务司署的管辖范围,且其是自由港,并无统计数据。然而香港是近代中国对外贸易的主要转口港之一,凭借优越的地理位置及独立自由的贸易机制,形成了与国内其他通商口岸有很大差别的贸易模式。这体现在香港贸易以转口为主、正

---

① 樊如森:《天津与北方经济现代化(1860—1937)》第二章第二节,东方出版中心,2007,第44—66页。

常贸易与走私贸易并行、特货贸易发达等方面。① 当时,大批身在异国他乡的华侨对国内农副土特产品的需求量很大,同时也把当地的农产品运往国内销售,而当时南洋和上海之间的直接班轮较少,大部分经由香港转口。上海与香港就是这条双向贸易路线上最重要的两个点,上海是国内广大腹地各类出口土特产品和进口洋货的集散地,香港则是对土货进行精加工并分销南洋及将洋货转口国内的中转地。②

除了以上主要的港口,在中国的沿海沿江还有数十个规模较小的港口和陆地口岸。各港口不仅开展进出口贸易,也开展口岸之间的埠际贸易。"中国国内港口间埠际贸易"图③反映了中国国内港口间的埠际贸易状况,因口岸城市的增多,1936—1940年间国内贸易的网络较之1885—1904年更加复杂。

如果将枢纽性的港口与支线港口分开,并对其进行较长时间尺度的考察,可以进一步看出国内埠际贸易流的网络变化趋势(见图2)。

如图2所示,在1885—1904年间,在饼状图中心的天津、上海、汉口和广州等枢纽性的港口间的贸易,占了全国贸易总量的绝大部分。这一状况在此20年间一直未曾变化,体现了开埠初期的特点。尽管如此,还能看出一个不甚明显的趋势:上述枢纽城市间贸易份额在逐渐减少。1936—1937年是国内埠际贸易的顶峰时期,贸易结构已极大地复杂化。另一方面,最重要的若干枢纽城市(津沪穗港)间的贸易规模未与全国贸易总量成比例同步增长,主要原因是较小城市间的直航代替了枢纽城市的转运功能。换言之,随着全国埠际贸易的扩大化,枢纽城市的所占份额和中转作用均明显下降。

---

① 毛立坤:《晚清时期香港对中国的转口贸易(1869—1911)》,博士学位论文,复旦大学历史地理研究所,2006,第19页。
② 毛立坤:《晚清时期香港对中国的转口贸易(1869—1911)》,第14页。
③ 如需查看此图,烦请参阅王哲《晚清民国对外和埠际贸易网络的空间分析——基于旧海关史料的研究(1873—1942)》,博士学位论文,复旦大学历史地理研究所,第80页。

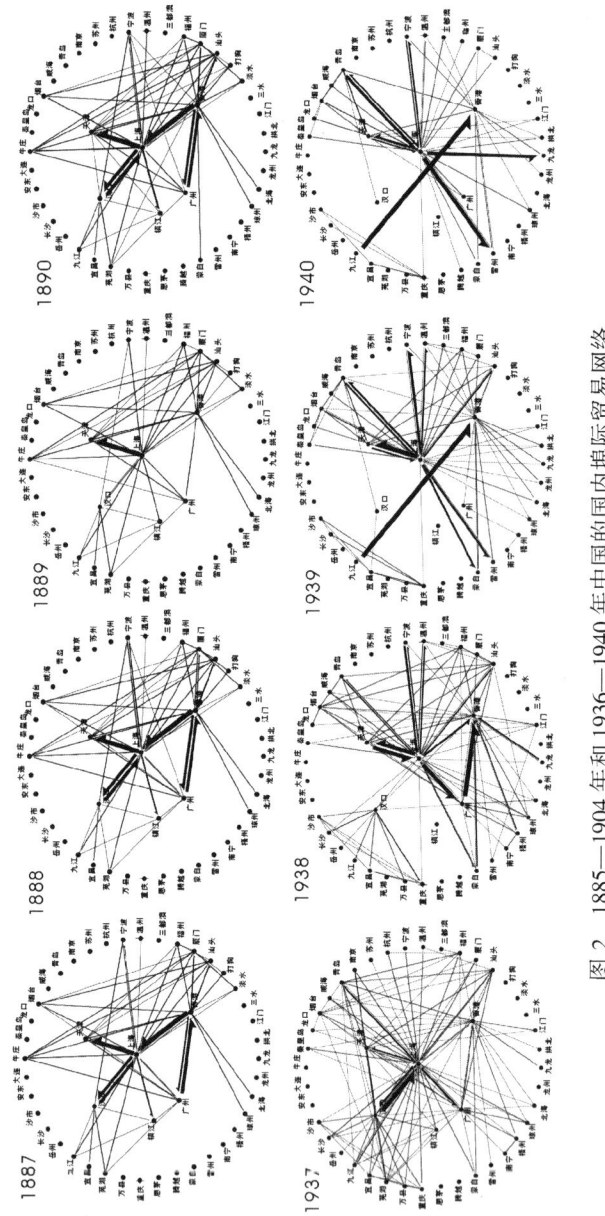

图 2 1885—1904 年和 1936—1940 年中国的国内埠际贸易网络

数据来源：引自王哲《晚清民国对外和埠际贸易网络的空间分析——基于旧海关史料的研究（1873—1942）》，博士学位论文，复旦大学历史地理研究所，2010。贸易数据依据中国第二历史档案馆、中国海关总署办公厅编《中国旧海关史料》，京华出版社，2001。

二、中国港口与东亚的贸易网络

由于靠近中国且有着方便的海上交通,东亚各国是中国传统的贸易对象国,在近代中国的对外贸易中也占有重要地位。19 世纪 70 年代到 80 年代中期,东亚在中国总出口中约占 1/4,在总进口中占 1/3 至 1/2。中法战争之后的晚清和民国时期,东亚在中国总出口中的份额过半数,在中国总进口中大致占 2/3 至 1/2 不等。

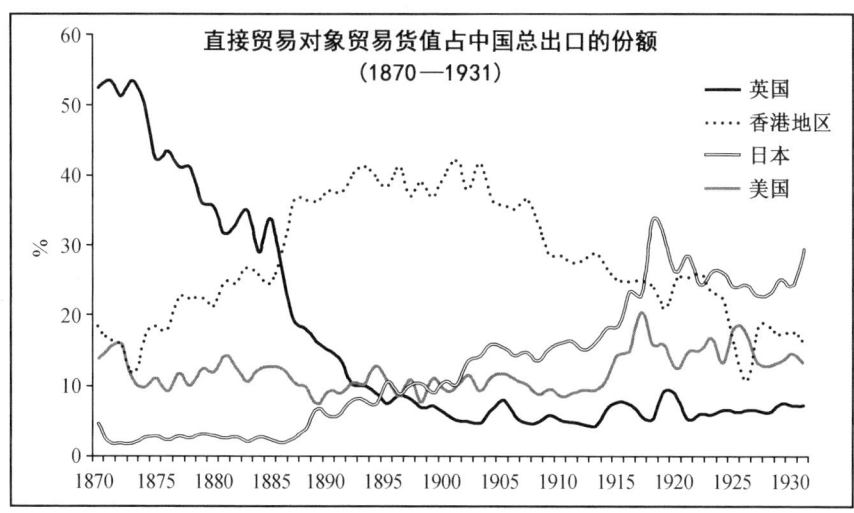

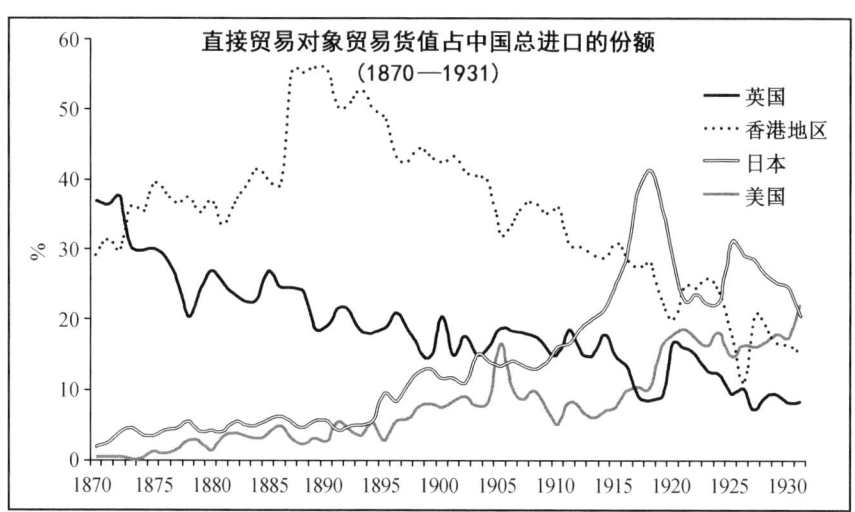

图3 直接贸易对象贸易货值占中国进出口的份额(1870—1931)

数据来源：根据杨端六、侯厚培等《六十五来中国国际贸易统计》，中研院《社会科学研究所专刊》，1931；中国第二历史档案馆、中国海关总署办公厅编《中国旧海关史料》，京华出版社，2001。

中国与东亚国家的贸易，以中日间贸易为大宗。图3表明，1870—1931年中国对日本出口可分为三个主要阶段。1870—1888年间，日本在中国总出口中的比重除1870年和1888年稍高外(4.49%和3.86%)，其余年份大多在2%—3%内；1889—1893年之间也只提高到6%—8%。中日甲午战争以后，尤其是1905年日俄签订了《朴次茅斯和约》以后，日本继承了俄国在中国东北的大部分特权，自中国进口迅速增长。1895—1915年间，日本从中国输入商品占中国总出口的份额已经提升到10%—20%；第一次世界大战发生后，西方列强暂时放松了对中国的争夺，日本趁机发展对华贸易，1915—1931年间，日本在中国总出口中的份额进一步提升到20%—30%，1918年甚至达到33.63%。

日本对华输出商品方面，1870—1894年占中国总进口比重的变动范围在1.96%—6.37%，并且多数年份在5%附近摆动。此后增长迅速，1895—1912年间，日本对华输出商品基本占中国总进口的8%—18%，1913—1931年日本在中国总进口中的份额大体在20%—30%之间，1918年前后几年更是在40%附近。总之，在一战期间以及一战之后，日本在中国总出口和总进口中均跃升到首位。

甲午战争以后随着日本势力的扩张以及东北、华北商品经济的发展，中国各区域的港口在全国进出口贸易中所占的比重发生了微妙的变化。表2将海关有所统计的全国港口，按东北、华北、上海、长江流域、华南五个区域进行合计。

据表2，1895年和1931年各区域港口贸易货值在全国所占的百分比有较大的变化。一是上海虽然仍是全国最大贸易港，但其在全国所占的百分比由过半下降到略超过1/3；二是华南港口由占近40%下降到不到18%；三是东北、华北和长江流域港口以前在全国占较低的百分比甚至可以说微不足道，1931年均有较大的提高，东北、华北的提高尤其显著，已分别占到全国的17%。简言之，1895年全国进出口贸易货值主要集中在上海和华南的港口，到1931年前已形成上海、北方(东北、华北)、南方

(长江流域、华南)各占 1/3 左右的局面。显然,中日甲午战争以后中国的开埠通商朝着北方和长江流域发展,20 世纪以来这一进程仍在持续,而且新港口的进出口贸易发展迅速,导致中国港口体系新格局的形成。

表 2 中国各区域港口贸易货值及占全国的百分比

	1895 年海关进出口贸易值		1931 年海关进出口贸易值	
	进出口贸易值	占全国份额(%)	进出口贸易值	占全国份额(%)
东北	5 442 414	1.7	669 687 400	17.0
华北	17 214 281	5.2	674 535 994	17.1
上海	168 839 947	51.1	1 344 803 490	34.2
长江流域	6 849 187	2.1	540 502 461	13.7
华南	131 797 542	39.9	705 908 802	17.9
全国合计	330 143 371	100.0	3 935 438 147	100.0

数据来源:1895 年根据杨端六、侯厚培等《六十五来中国国际贸易统计》,中研院《社会科学研究所专刊》,1931,第 14 表"六十一年来出入口货价值港别统计表";1931年据《民国二十年海关中外贸易统计年刊·统计辑要》,"民国十八年至二十年海关贸易货值按关全数",载京华出版社《中国旧海关史料》,2001。

日本自明治维新以后迅速成为东亚的强国,中国与东亚的贸易主要就是与日本的贸易。而且,1910 年 8 月 22 日日本正式吞并朝鲜,此后朝鲜从中国国际贸易的国别中消失,有关贸易数据并入日本统计。有理由认为,中国东北、华北两大区域开港数量的增多和区域进出口贸易货值的不断增加,与日本在这一区域的经济扩张同步进行,体现了同样的发展趋势。显然,日本的经济扩张及其产生的强大影响,是东北和华北港口贸易发展的主要动力之一,并促进了中国港口体系的改变。

日本经济扩张对我国各地港口的影响,不仅可从东北、华北两大区域在全国进出口贸易货值中所占的比重得出结论,也可从我国各地港口贸易对象的变化中得到佐证。武堉干于 1930 年出版《中国国际贸易概论》,详论中国当时的对外贸易状况,专辟一章分析中国各主要口岸的贸易对象,为我们清楚展示了各国在这些港口中的贸易地位。①

大连是当时东北最主要的港口,"就各国在大连贸易上的势力以观,自以日本居第一,美国居第二,英国、埃及、荷兰、德国等次之。民国十四年,大连由日本输入之货物,几近五千万两;出口至日本之货,且达八千四百余万两,其贸易总额,差为美国之九倍,英国十三倍有余,其他各国更无足论矣。"进出大连的各国轮船,以装货吨位为标准,日本所占的吨数,常为大连进出口船只总吨数70%以上。

安东(今辽宁丹东)同为东北对外贸易两大门户,由于安东和大连两港都以日本为主要贸易对象,"实则不啻谓为对日贸易两大门户之为当"。安东有铁路通往日本占领下的朝鲜半岛,并通过对马海峡连接日本的铁路,铁路的便捷使安东成为东北对朝鲜和日本贸易的重要口岸。安东进口的日本棉布之多,超过东北的任何口岸,其他各货的进口也颇以称盛。到了1920年代以后安东对日本的出口也"渐臻盛矣"。

天津是北方最主要的港口。1912年进出天津的外国轮船以英国居第一,日本次之,美国最微。10年后便以日本居首位,英次之,美更次之。日本轮船吨位,1912年为608804吨,1920年为735905吨,在全部进出天津的外轮吨位中所占的比重分别是26%和29.5%。1925年日本轮船吨位为1840000吨,已占各国进出天津的外轮吨位的38%。在近代,各国轮船一般都是运输输出入本国的货物,因此各国进出某港的轮船的吨位的多寡,大体反映了在该港进出口贸易中的地位。

青岛是北方的另一个主要口岸城市。早在1913年青岛的直接对外贸易即以日本为最盛,1921年青岛对各国的对外贸易,日本为3000万两,香港为530万两,美国为270万两,英国为140万两,日本远远超过其他国家。就进出青岛的外国轮船吨位而言,1921年日本已占了64%以上。

上海是我国最大的港口,近代以来一向以英国、美国为主要贸易对象,20世纪以后日本的贸易增长迅速。据表3所示,在1924—1926年间,

---

① 武堉干:《中国国际贸易概论》第六章《由主要埠别上观察中国国际贸易》,商务印书馆,1930,第361—464页。

美国居上海对外贸易的第一位,日本略逊之居第二位,而英国已退居第三位且在这三年中地位也呈下降趋势。此外,菲律宾群岛也是上海在东亚的贸易伙伴之一。

表3 1924—1926年部分国家和地区与上海的贸易额及其所占比重

(单位:关银百万两)

	1924年		1925年		1926年	
	贸易额	占上海比重(%)	贸易额	占上海比重(%)	贸易额	占上海比重(%)
英国	131.60	17.4	99.26	13.4	123.43	12.9
美国	180.57	23.9	179.96	24.4	228.67	23.9
菲律宾	5.20	0.7	6.47	0.88	8.24	0.86
日本	153.08	20.25	150.89	20.44	174.53	18.21
香港地区	46.07	6.09	39.22	5.3	56.40	5.88

数据来源:据武堉干《中国国际贸易概论》第361页"近三年上海对外贸易国别比较表"修改绘制。

汉口是中国长江中游的主要港口,长江中上游地区的进出口物资集散地。1913年日本已居汉口对外贸易的第一位,达到1500余万两,英国占580万两居第二位,美国、印度、俄国及其他国家合计不过占100万两上下。第二年因欧洲发生第一次世界大战,对德贸易逐渐减少,英国地位为美国所取代,日本贸易额继续增加。因此,汉口对外贸易国别,以日本为第一,美国居第二,英国第三。1925年在汉口进出口总额中,日本和美国分别占30.35%和20.64%。

广州是我国南方的贸易大港,由于靠近英国统治下的香港,英国在广州一向有着优越的商业地位。日本对广州贸易虽有所增长,仍未能超越英国。

武堉干的《中国国际贸易概论》较少提到朝鲜以及它的港口,1910年8月22日日本正式吞并朝鲜,此后朝鲜从中国国际贸易的国别中消失应是主要原因。尽管如此,该书仍零星提到中国东北的个别边境口岸与朝鲜的贸易。例如,珲春的对外贸易以对日本最盛,对俄国和朝鲜也重要。龙井村的对外贸易以日本最盛,其次以朝鲜为主。

中国海关总税务司署发布的1922年至1931年的《最近十年各埠海关报告》,在介绍各埠的进出口贸易时,也简略提到主要的贸易对象国。如将相关的情况反映在"1922—1931年中国主要开港城市及其重要贸易对象"一图①上,可以看出:

在1922—1931年东北和华北12个港口城市的主要贸易对象,2个(哈尔滨、瑷珲)是苏联,4个(营口、葫芦岛、烟台、威海)是日本;在其他6个通商口岸城市,日本都是主要的贸易对象国之一,日本之外的主要贸易对象分别是英美(秦皇岛、天津、青岛)、苏联(沈阳、珲春)、朝鲜(珲春、安东、大连、青岛)、香港地区(大连、青岛)。长江流域和华南的17个港口的主要贸易对象,3个(温州、基隆、高雄)是日本,4个(杭州、宁波、广州、香港)是英美;在其他10个通商口岸城市,日本都是主要的贸易对象国之一,日本之外的贸易对象分别是英美(上海、武汉、宜昌、长沙、九江、福州、厦门、汕头),以及香港地区(上海)。据此可见,无论在东北、华北、长江流域或华南的港口城市,日本都是主要的贸易对象国,只是其贸易地位在东北、华北要高于在长江流域和华南,而在长江流域和华南美英的贸易地位大体上仍高于日本。

日本学者冈本二雄1942年于《统一的港口分类》(《港湾规格の统一》)中将中国港口分类:上海、天津、香港定为第一等港口,港口的目标是吸引国际航路的船舶;青岛为二等甲类港口;汉口、南京、广东为二等乙类港口,要吸引太平洋、印度洋等地的船舶;秦皇岛、芝罘、连云港等为三等港,吸引日本海、黄海、东南沿海的船舶;其他港口为四等港,只吸引中国沿海的船舶(见表4)。这与本文上述分析大体契合。

表4　中国沿海港口分类

种别	水深(米)	船舶吨数	目标	事例
一等港	11	50000	国际海运航路船	上海、天津、香港
	10	20000		

---

① 如需查看此图,烦请参阅本文原载的 The Jouranl of korean Studies, NO. 26, Feb. 2012,第119—142页。

续表

种别	水深(米)	船舶吨数	目标	事例
二等港	甲 9.5	15000	太平洋、印度洋	青岛
	乙 8.5	8000		汉口、南京、广东
三等港	甲 7.7	5000	日本海、黄海、东南沿海	秦皇岛、芝罘、连云港、重庆、厦门、海口
	乙 7	3000		
四等港	甲 5	1000	中国沿岸	其他
	乙 3	500		

资料来源：转引自王列辉《驶向枢纽港：上海、宁波两港空间关系研究(1843—1941)》，浙江大学出版社，2009，第76页。

三、近代上海在东亚港口中的地位

毫无疑问，上海港是中国近代第一大港口。但上海港在东亚港口网络中的地位仍具争议。我们不妨看看1923—1925年世界各大港的情况。

表5 1923—1925年世界各大港口的进口船舶吨位

(单位：百万吨)

埠别	1923年	1924年	1925年
伦敦	21	23	24
纽约	19	……	……
利物浦	18	19	20
神户	17	19	19
香港(除帆船)	16	17	14
汉堡	15	16	17
上海(进口帆船亦并计内)	15	17	15
鹿特丹	14	16	17
蒙特利尔	13	15	17
新加坡(50吨以下不计)	11	12	13
横滨	8	9	9
大阪	8	11	11

资料来源:引自武堉干《中国国际贸易概论》,第 358—360 页,"最近世界各大商埠进口船舶吨位比较表",不计本为通过口岸的苏伊士运河和巴拿马运河。该表据上海浚浦局出版的 The Ports of Shanghai 中的图表改制而成的。

依据上表,在 1923—1925 年间,进入上海港的船舶吨数通常在一千六七百万吨上下,在全球次于伦敦、纽约、利物浦、神户 4 个大港。武堉干对此评论道:"以现在黄浦港口尚未浚深,其发达已届如此,则将来之发展诚未可限量也。"① 然而,远东的另一个港口神户在世界港口中的地位超过上海,香港的地位则与上海不分伯仲,而日本的另两个港口横滨、大阪也列于世界大港之列。就东亚港口的排名而论,神户第一,上海第二,横滨第三,大阪第四,中国在东亚的四大港口中只占有一个。

王列辉依据中国海关出版的 Trade of China, 1935 中的数据,制成"1934 年世界 15 大港口进口船只吨位表",展示了 1930 年代中的世界大港状况。据表 6,在世界大港中,神户第三,上海第五,香港第六,大阪第八;在东亚的大港中上海排在神户之后,大阪排在上海之后。上海港包含国内贸易的份额,如果将之去掉,则在世界和东亚的排名将下滑。

表 6　1934 年世界 16 大港口进口船只吨位表

（单位:吨）

排名	港口	吨位	排名	港口	吨位
1	纽约	34 948 123	8	大阪	17 928 027
2	伦敦	29 373 605	9	费城	17 000 013
3	神户	26 832 622	10	安特卫普	16 839 835
4	鹿特丹	20 962 096	11	利物浦	16 737 928
5	上海(1934 年)	19 935 047	12	马赛	16 636 723
5	上海(1935 年)	19 846 017	13	旧金山	16 296 314
6	香港	18 611 437	14	新加坡	14 922 617
7	汉堡	18 432 459	15	洛杉矶	14 582 536

数据来源:王列辉《驶向枢纽港:上海、宁波两港空间关系研究(1843—1941)》,浙

① 武堉干:《中国国际贸易概论》,商务印书馆,1930,第 360 页。

江大学出版社,2009,第 82 页;原数据来自 Trade of China, 1935,载《中国旧海关史料》第 118 册,第 173 页。

以港口体系的角度来看,上海港毫无疑问是国内港口的核心枢纽,但是在世界航运体系中,尤其是在中美航线上,上海港却是日本港口的支线港口。这主要是日本轮船公司在航线选择上有较大的权力。1917 年 7 月,日本两大轮船公司大阪商船会社与日本邮船会社决议将往来上海的船舶,"改驶细得勒、旧金山、神户间,其所定计划,在今所有较大之大洋船行驶于欧美神户间,更以其所有五十万吨较小之海岸船,来往于神户与中国海口间,由是则中国商品输出欧美各国者,必由日船装至神户,更由神户改装大船,以运赴欧美。又由欧美输入中国者,亦必由欧美装日船驶至神户,更由神户改装小船,以驶至中国海口。故中国之国外贸易,自后皆必以神户为运输之中心",进出上海港的货物必须经神户中转,"日本今已占领太平洋之航业,各国无敢与抗,充其所极,将使上海成一小海口,而以神户为东方第一大埠,中国商业中心将由上海而移至神户。"

港口发展的水平与国家综合实力是紧密相关的,全球的航运中心首先在伦敦建立,后来移到纽约,皆因全球经济重心的转移。而在近代东亚地区,经济贸易发展水平并不高,上海、香港、神户三个港口呈现三足鼎立的局面,没有一个港口能够建立起统治性的地位。

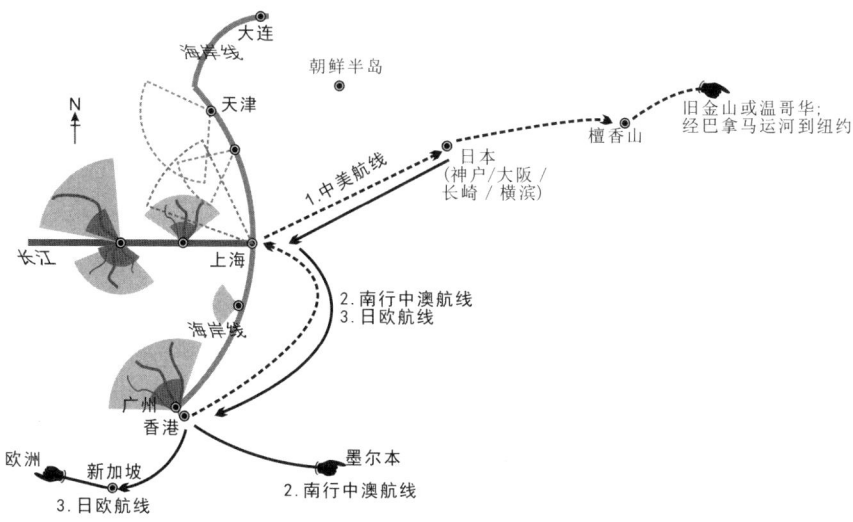

图 4　上海港在东亚港口网络中的作用

资料来源:根据王列辉《驶向枢纽港:上海、宁波两港空间关系研究(1843—1941)》,浙江大学出版社2009年,第84页的文字描述绘制。

如图4所示,中国远洋航运可分三线:一是东行——中美航线,其起点在小吕宋或香港,上海为经过的一个大商埠,再经过日本的长崎、神户、大阪、横滨,寄碇檀香山,以达温哥华或旧金山,更可由巴拿马运河以达纽约。二是南行——中澳航线,其起点在日本,经过上海至香港,更向南分两路:一路经马尼拉或新加坡、巴达维亚;一路经槟榔屿、加里亚得来特,以达悉尼及墨尔本。三是西行——亚欧航线,其起点亦多在日本,上海为经过之一大商埠,复由香港,西经西贡、新加坡、哥伦布,经苏伊士运河,出地中海以达欧洲各大埠。由此可知,上海港是中国三条远洋航线的主要港口,但不是三条航线的始发港或终点。①

四、总结

综上所述,我们可以得出如下几点结论:

第一,近代中国不同区域之间,通过港口的开埠,各区域的经济发展水平有不同的消长,由此导致各区域在全国对外贸易中的比重有升有降。

东北在19世纪末仍旧以农业生产为主,其对外贸易仅占全国的百分之一有余,而在20世纪30年代,由于大连等港口的出口贸易拉动,东三省农业发展加速,农产品运销量极大,港口进出口贸易值占到全国17%。华北的对外贸易亦在同期内有了3倍的增长,港口进出口贸易值同样占到全国17%。与之相反的是,华南诸埠的进出口贸易权重则有了明显降低,由全国之四成降低为跟华北一样的份额。

对具体港口而言,上海一直占据中国港口进出口贸易值的首位,但第二、第三名港口的争夺非常激烈。开埠10余年之后广州成为第二位的港口,但由于东三省出口量的激增,大连港在1907年设立海关之后的短期内就升到了全国第二位。

第二,中国各区域内部的经济发展和列强在中国经济扩张开展的早

---

① 王列辉:《驶向枢纽港:上海、宁波两港空间关系研究(1843—1941)》,浙江大学出版社,2009,第84页。

晚和力度的大小,是导致中国外贸主要对象和港口体系变迁的基本推动力。

开埠初期,英美等西方国家在中国进出口贸易值中占据大头。1894年甲午战争以后日本开始展开在中国的经济扩张,另一方面则是东北开发的扩大和华北工矿业和农业商品化的进展。一战期间以及之后,由于地缘优势以及日本工业的发展,日本产品逐渐蚕食英美的相当一部分份额,同时也成为中国北方出口农产品的主要市场。在 1922—1931 年,中国东部港口基本都以日本为最重要的贸易对象,东北和华北的港口尤其如此。在东北和华北,日本产品的广泛流通和本地农产品对日本的大量出口,恰和大连港和天津港的增长,构成互相推动的正反馈过程。

就此而言,20 世纪初前后中国的对外贸易对象、港口体系、外资构成,都随着北方区域经济增长和日本经济势力的迅速扩张而发生了不可忽视的重要改变。这一点是中国近代的对外贸易史、对外交通史、外资投资史、经济变迁史,乃至政治史、国际关系史以及日本对华战争的背景研究,必须高度注意。

第三,东亚地区并未出现垄断性的港口,尽管神户的地位在上海之上,但神户、上海和香港仍各自拥有自己的优势,发挥不同的区域功能。

虽然近代中日间经济发展水平差别较大,但日本港口并未建立统治性的优势,这是因为中国诸多港口依托广阔的腹地、种类繁多价值巨大的出口土产和大量的消费人口,将进出口贸易值维持在一个较高的水平,使得东部诸多港口拥有了较高的区域地位。

第四,不应忽略中国口岸之间的埠际联系。

中国是一个地域广大的海陆国家,主要通过沿海港口联系世界。广大内陆口岸及部分沿海口岸城市将自己的货物输送到沿海主要口岸城市,进而通过它们连通国际市场。中国内部繁密的埠际贸易既是区域经济联系的主要方式,也是走向国际市场必不可少的第一站。研究东亚开港城市,不能忽视各国内部的埠际贸易联系的研究。

近代中国进出口贸易和主要
贸易港的变迁*

摘要:利用学术界较少利用的中国海关总税务司署统计科撰写的《最近百年中国对外贸易史》中的资料,较细致地论述了近代对外贸易的发展过程与不同时期的影响因素,指出总体而言发展较快,尤其是1882—1931年的50年间,进出口贸易量整整增长了15倍。依据进出口贸易量,探讨近代上海、广州、汉口、天津、青岛、大连等主要港口的地位变化,最后探讨不同区域的港口在20世纪前后的地位变迁,强调指出在以前上海常占全国份额的半数,华南诸港约占40%,其他口岸微不足道。进入20世纪以后,由于华北、东北和长江流域商品经济的较大发展,以及日本在这些区域政治经济势力的迅速增长,形成华北和东北、华南和长江流域、上海各占全国份额三分之一的格局。

关键词:近代;进出口贸易;港口地位变迁

在近代经济变迁的过程中,进出口贸易具有特别重要的作用。中国在古代主要与比自己落后的国家发生贸易关系,所能进口的大多是初级农林产品,而近代的主要贸易国家却是比中国发达的资本主义国家,进口产品大多是机器生产的工业产品。发达国家既采用机器生产,又采用先进的资本主义管理制度,其产品质量之优、价格之便宜,无疑为中国手工

---

* 本文为国家自然科学基金项目"港口—腹地与中国近代经济地理格局的形成"(41171100)成果。原载《史学集刊》2015年第3期,人大复印资料《中国近代史》2015年第8期转载。

产品所望尘莫及。就此而言,近代的中外贸易,其实是先进生产力传入中国的最早最有效的一种形式,可以说在早期现代化时期是促使传统经济变迁的主导因素。①

近20余年来,中国近代进出口贸易的研究已取得长足的进步,但仍有大量重要的数据和一些可靠详尽的资料未加以利用。晚清民国主管全国进出口贸易的中国海关总税务司署,按照西方科学的统计方法对近代进出口贸易数据进行系统的登记和分析,在海关工作的一些洋员还研究并撰写关于近代贸易史的著作。其中,曾任江海关二等帮办和总税务司署税务司的班思德所著的《最近百年中国对外贸易史》②,颇多他书少见的史实和建立在海关数据基础上的对贸易发展过程的细致论述。由于此书长期附在中国海关总税务司署编纂的"最近十年各埠海关报告"中,无论过去还是当今学者对它的利用尚不充分,导致一些问题还有探讨的余地。因此,尽管有关近代进出口贸易的论著已相当多,笔者仍不揣浅陋,拟主要利用班思德书和海关史料,动态地叙述近代中国进出口贸易的发展过程。考虑到以往研究进出口贸易时多忽略港口的分布与变迁,拙文将港口也作为贸易的一个影响因素进行研究。祈望得到方家的指正。

一、近代进出口贸易的展开

1842年中英《南京条约》的签订和随后五口通商的开辟,强力打破了清朝以前对外商的种种束缚,中国大门开始为列强打开。当时西方各国工业发展方兴未艾,五口通商之后对中国市场,"不免过怀奢望,而尤以英人为甚",在签约后的几年间,英国商人输送到中国的洋货数量,"超过华人需要之额远甚"。几年后英国的棉纺织技术与日俱增,价格日趋低廉,逐渐对中国土布造成较大的冲击,16年间英国对华棉布出口增加50%。尽管如此,英国从中国进口的货值仍超过对中国的出口货值,英国不得不

---

①详见吴松弟、樊如森主编《近代中国北方经济地理格局的演变》,载《中国近代史的主线索和经济变迁的特点》,人民出版社,2013,第12—15页。
②海关总税务司署统计科译印,1931。载中国海关总署办公厅、中国第二历史档案馆编《中国旧海关史料》,京华出版社,2001,第157册。

通过罪恶的鸦片贸易,来弥补对华贸易的逆差。①

1858年西方列强挟第二次鸦片战争之余威,又迫使清朝于当年签订《天津条约》,并于1860年签订《北京条约》,此外在1851年沙俄又迫使清朝签订《伊犁塔尔巴哈台通商章程》。加上《江宁条约》规定的五口通商,共有22个沿海、沿江与边疆通商口岸在西方列强不平等条约的规定下被迫开放,如果加上英国占领的香港和葡萄牙占领的澳门,可通商的口岸共达到了24个。五口通商时的口岸分布在长江以南的东南沿海地带,此后数年开设的伊犁、塔尔巴哈台2个口岸则远在新疆,极其遥远。由于中国幅员广大,加之缺乏现代交通工具,第一次鸦片战争后开埠的5个口岸对中国的辐射范围比较有限。第二次鸦片战争以后新增的15个口岸,不仅加大了东南沿海和西北新疆的口岸密度,深入长江中下游,而且进入北方沿海和蒙古的腹心,中国的大部分地区通过通商口岸都纳入了进出口贸易的网络。

进入1860年代以来,《天津条约》《北京条约》等不平等条约开始产生重大影响。其一,条约规定所有的进出口货物,除鸦片、丝、茶三项外,或规定从价"值百抽五",或以"值百抽五"为标准,订定从量税率。其二,聘用洋人管理中国海关的制度,由上海推行到全国,逐渐建立各项完备的海关管理措施。其三,准许外国人在各通商口岸按民价买屋租地。其四,洋货(不包括鸦片)由通商口岸运往内地销售,及洋商由内地所购之土货运赴口岸出口,均按值百抽二点五的标准缴纳子口税一次,以后概免重征。洋船迅速安稳,又向保险公司纳费投保,在条约签订前已形成对中国船的优势,条约签订后中国帆船"相形益绌,而转口贸易,遂愈为洋船所攘夺"②。

除此之外,还有若干方面涉及进出口贸易。这些规定,有的是原有的总结,有的则是新增的。班思德评论道:"换言之,即举原有各约之规定,悉依通商各国之解释,重行订入新约之内。是则此次修约之举,实开中国贸易史上一新纪元也,良以天津条约关于中外贸易厘定之新章,均寓鼓励

---

①班思德:《最近百年中国对外贸易史》,海关总税务司署统计科译印,1931,第33页。
②班思德:《最近百年中国对外贸易史》,第74—77页。

商务之意:如沿海所开通商口岸,则已衔接一气,有如环形;海关行政,则使集权中央,扫除昔日省自为政之弊;进出洋土货物,则借子口税单得以往来内地而享不再重征之待遇;所有国内陆路贸易以及内河沿海之中国帆船运输事业,则逐渐转入洋船之手,外商与洋船之地位,则得条约与领事之保障而愈趋优越。凡此种种,均予中外贸易以莫大之鼓励。"①简言之,《天津条约》极有利于中外贸易的扩大,而外国商人获益尤多。

此外,1844年的中美《五口贸易章程:海关税则》第八条允许美国商船:"准其自雇引水";雇用"跟随、买办及延请通事、书手,雇用内地艇只搬运货物、附载客商,或添雇工匠、厮役、水手人等",②为外国商人服务的买办队伍逐渐形成。欧美与中国相隔遥远,商业文化相差甚大。在各个口岸,中国商人早已形成古老的商业经营方式、行会组织和商品流通渠道。外商新来乍到,语言不通,行情不明,地理不熟,不知交易常规,因用武力打开中国大门,中国人对其也有一定的抵制情绪。在此情况下,除非通过中国人作为居间中介,便难以做成生意。买办队伍的逐渐形成,自然有利于外国商人在华的经营活动。

尽管上述方面有利于洋商扩大进出口贸易,但由于受席卷长江中下游的太平天国运动的破坏,而美国正陷于南北战争、国内棉花生产下降、英国棉布着力运销美国,以及1866年上海金融突生变故等原因,并未带来口岸贸易的急剧增长。直到1868年,口岸贸易才进入兴盛时期。该年各埠对外贸易总值,计银14 000万两,比上年的12 700万两,③增长了约10%。

1869年11月17日,欧亚交通要道苏伊士运河通航,大大缩短了从东亚各港口到达欧洲的航程,最多可缩短一万公里,大大省去了航行的时间。在运河开通以前,各国来华贸易大多以香港或上海为目的地,其余港口输出的土货,大抵先用轻便的船只运货到香港或上海,再转船出口,经福州和上海出口的茶叶则用快艇装运。苏伊士运河通船以后,因运输时间大大缩短,上海以外各口岸的对外贸易范围扩大,茶叶等出口货物不必

---

① 班思德:《最近百年中国对外贸易史》,第77—78页。
② 王铁崖:《中外旧约章汇编》第一册,三联书店,1957,第52页。
③ 班思德:《最近百年中国对外贸易史》,第81—85、103—105页。

经上海转运。①

1871年6月3日,欧洲与香港、上海之间的海底电缆连接,标志着中国与欧洲从此可以直接通电话。以往两地通信息,通过船只送达需数月,此后通过电话数分钟可达且转瞬间可得到回音,大大方便了国际贸易的进行。以前洋商从中国运丝织品出口,要等到货物到达进口国才可进行推销,而货物未销之前,资金不能运转,盈亏难以预料。电话联通后,洋商在中国打算购入丝织品,先致电伦敦,获得订单和预约款,风险大大减少,而且便利异常。②

与苏伊士运河开通差不多同时,美国横贯大陆的太平洋铁路也得以完工,美国与中国贸易比过去方便。不久,俄国黑海海滨港口与东亚开始通航,俄国对中国的贸易路线由陆路一线增加为海陆两线。

谈到1870年代以后的口岸贸易,还须注意欧美工业生产的效率问题。1869—1870年的《英国领事报告》指出,中国农民纺纱、织布,除了原料以外,几无其他成本可言。③ 严中平先生认为:只要进口棉纺织品的价格略高于中国棉花的价格,中国农民的手工织布就有和外国进口棉纺织品周旋的余地。而来到中国的英美纺织品,不但要支付原料和加工生产的成本,还要加上关税、运费、保险费等一系列的费用,以及扣除进口商人和中间商人的利润。它们在这方面处于劣势地位是显而易见的,当然大工业生产的效率大大超过中国农民的手工生产,但当时生产力的提高尚不足以弥补这些"流通过程的各种非生产费用",它就难以和中国手工棉布竞争了。由于这样的原因,"在19世纪70年代以前,英国的社会生产力还不能广泛扭转这种形势。"④ 到1870年代以后,随着工业的进步,英国机制布对中国的手工棉布才有了一定的价格优势。

尽管中国的大门是在欧美列强的强力下被迫打开的,但对于中国这样一个拥有悠久历史和高度文明的国家,并非强力和不平等条约便能解决一切问题。以上所述,表明进出口贸易的成长,还受到了强力和不平等

---

① 班思德:《最近百年中国对外贸易史》,第112—113页。
② 班思德:《最近百年中国对外贸易史》,第124—125页。
③ 姚贤镐:《中国近代对外贸易史资料1840—1895》第一册,中华书局,1962,第1335、1343页。
④ 严中平:《中国近代经济史1840—1894》上册,人民出版社,2001,第331—332页。

条约之外的因素的制约。这些因素,包括市场的开拓(通商口岸的设立与增多是重要条件)、中外商品的质量与成本的比较(受多方面的制约,如技术水平导致的工业生产的效率、原材料的价格、运输成本、通讯成本、管理成本、税收等),以及中国消费者对外国商品的了解程度、国内外经济状况、购买力、政治环境和自然灾害等诸多方面。

因此,开埠之后进出口贸易尽管大体呈上升趋势,但在开埠之后头二三十年上升速度并不快,且呈曲折成长的状态。第二次鸦片战争时签订的不平等条约以及其后发生的包括苏伊士运河和欧洲到中国电话电报的开通等方面的重大变化,固然极有利于中外贸易的扩大和外国商人的获利,促使中外贸易的不公平状态的扩大,但通商口岸的增开、按照国际惯例开放贸易和管理海关,乃至技术进步带来的世界航运和电话电报等方面的重大变化,同样有利于中国商人降低运输和交易成本。不过,中国长期以自然经济为主,进出口贸易并不发达,要促进进出口贸易的持久迅速地发展,还需要更多的制度、技术、市场的变化以及必要的经济增长。而且,发生在十九世纪五六十年代的中国的太平天国战争和美国的南北战争,也是影响这期间贸易的不利因素。

中国人对外国商品认识的逐步加深,是促使贸易规模尤其是进口规模扩大的另一重要因素。以上海嘉定县为例,传统的取火工具是火石,"其色青黑,以铁片擦之,即有火星射出,与纸吹相引而生火";洗衣服去污垢的用品,"曩日皆用本地所产皂荚";夜晚照明,"农家用篝(俗称油盏),城镇用陶制灯檠,家稍裕者则用瓷制或钢锡制者,有婚丧事,则燃烛";窗户"旧用蛎壳,亦有以纸糊者";洗面擦身所用的布,"多用土布,有用高丽布者已为特殊,其布仿于高丽,质厚耐久"。① 对于长期使用传统生活用品的百姓而言,要弃用使用已久的中国传统用品,改用来自西方的舶来品,并非短时间所能做到。因此,在开埠后相当长的时间中,来自西方的生活必需品进口数量还不稳定,在"华人之心目中,尚以其为奢侈品,惟少数富有之家及头脑较新之人,始能购置耳"②。

---

①《嘉定县续志》卷五《风土志》,转引自黄苇、夏林根编《近代上海地区方志经济史料选辑》,上海人民出版社,1984,第343—344页。
②班思德:《最近百年中国对外贸易史》,第166页。

到了1880年代,洋货进入中国已有三四十年的时间,人们对洋货尤其是窗玻璃、火柴、煤油等日常生活用品普遍有了认识,输入已相当频繁,相当多地区的人民已经使用这些洋货。关于窗玻璃,1879年驻镇江英国领事说:"中国人民,无论贫富,现在喜用玻璃镶制窗牖,常见各村屋舍,低窗中心,咸镶有方片玻璃,而富裕之家,窗牖全面,则尽复以玻璃也。"关于火柴,1881年汉口英国领事的商务报告中说:"近来市场之上,仿造火柴,甚为充斥,而中国人民,亦非火石时代可比,对于火柴,咸乐购用。"关于煤油,《最近百年中国对外贸易史》说:"煤油一项,进口激增,尤足表现人民守旧习惯,逐渐破除,新式需要,乘时而兴。"班思德对上述洋货销行情况进行总结:"由此观之,人民习尚渐有变更,概可知矣。"①

类似的变化,发生在中国的大部分地方。其中,变化最早、最为剧烈的是沿海口岸地区,例如以上提到的靠近上海的嘉定县。嘉定县在光绪乙未、丙申之际(1895—1896)或前后,多种传统的国产日用品已被进口商品所淘汰,其中,火石为火柴所淘汰,皂荚为肥皂所淘汰,灯擎为使用进口煤油的煤油灯所淘汰,洗面擦身的土布为白毛巾淘汰,窗户用的蛎壳和窗户纸为窗玻璃所淘汰。②

表1 1882—1931年全国进出口货值每10年比较表

(货值单位:千关平两)

年度	进口货值	指数	出口货值	指数	进出口总值	指数
1882	77 715	100	67 337	100	145 052	100
1891	134 004	172	100 948	149	234 952	162
1901	268 303	345	169 657	252	437 960	302
1911	471 504	607	377 338	560	848 842	585
1921	906 122	1166	601 256	893	1 507 738	1039
1931	1 433 489	1845	909 476	1351	2 342 965	1615

资料来源:班思德编《最近百年中国对外贸易史》,第244—245页。

---

① 班思德:《最近百年中国对外贸易史》,第184、183页。
② 《嘉定县续志》卷五《风土志》,转引自黄苇、夏林根编《近代上海地区方志经济史料选辑》,第343—344页。

1892—1901年是近代进出口贸易迅速发展的重要时期,据表1数据,1901年的进出口总值,比10年前即1891年增加86%。《最近百年中国对外贸易史》总结原因,认为:

其一,是川、桂、滇、粤、江、浙、闽、鲁等省口岸,如重庆、龙州、梧州、蒙自、腾越、思茅、三水、南京、苏州、杭州、三都澳、胶州的相继开埠。这些商埠的对外贸易虽然不能与上海、广州等大口岸相比,"然因是洋货得有便利,可以运销内地,而中国土产,亦易于转输外洋,对于贸易之发展,实有莫大之助也"。此外,1898年4月《内港行轮章程》之施行,使得所有的中外轮船,都可按章程行驶于中国的内河,各地的货物运输大为便利。①

其二,是1895年中日签订的《马关条约》有准许日本在中国各通商口岸来往办厂的条文,各国引最惠国条款,纷纷效尤,"各埠机器制造工厂,遂如雨后春笋,相继成立";而"华人鉴于新兴工厂较诸旧式工业优异远甚,乃弃旧更新,相率效仿,始则各处设立,以便尝试,继而风起云涌,勃然而兴"。新式工厂的设立,导致对国外的机器设备、洋纱洋棉需求的激增,而国内的出口商品的种类和数量亦随之推高。"其首先设立者,为纱厂及丝厂,故自光绪二十三年(西历一八九七年)以后,进口棉花突然激增者,即系纱厂崛兴之故。而上文所述本期厂丝出口激增,亦以此耳。"在新兴的工厂中,一部分是口岸地方的土货粗加工业。由于"内地土货,来源不一,品类庞杂,式样粗糙,势非经过相当整理,难邀海外光顾,故利用机器,从事除垢,拣选分类及包装,外观齐整,品类分明,始得易于销售,出口因而畅旺。"②

其三,是这一时期的末期,中国的铁路建设已开始启动,铁路器材以及相关配件得以进口,"此外政府购运之军火、电报机、机器及兵工和铸币等厂所用之材料,数量亦甚可观。"③

1902—1911年的进出口贸易呈现比前一个10年发展更为迅速的局面,据表1数据,1911年的进出口总值比1901年增加94%。班思德认为,进出口贸易蓬勃发展的原因有三个:一是各处铁路的纷纷兴筑;二是

---

① 班思德:《最近百年中国对外贸易史》,第222页。
② 班思德:《最近百年中国对外贸易史》,第223页。
③ 班思德:《最近百年中国对外贸易史》,第223页。

期间新辟口岸12个,其中10个位于东北,东北所产的大豆及其制品得以大量出口;三是"日本商务,蒸蒸日上"。①

1912—1921年国内政治动荡,先是清室倾覆、民国代兴,继而政体多变、战乱相循,国外则爆发第一次世界大战,全球贸易俱陷坎坷,而中国的金银汇价涨落之剧前所未有。尽管如此,辛亥革命带来的一些制度上的变革客观上有利于经济的发展,中国经济现代化进入新的阶段。1927年南京国民政府代替了北洋军阀政府,虽然国内各种战争与动乱不时发生,一些地方割据势力依然存在,但国内的统一已初步实现。国民政府于1929年从列强手中基本收回关税自主权,并开始在国内裁撤厘卡,实行统税改革与货币改革。此外,政府还加强了铁路、公路、航运与邮电等交通通信事业的建设,有利于国内经济的发展。

在进出口贸易上,虽然存在诸多影响贸易的不利因素,但非独不见退步,而且颇有进展。据表1数据,1921年进出口总值关平银15亿两,比1911年增加78%;其中进口货值和出口货值分别增加92%和78%。此后在1921—1931年的10年间,进出口总值又增加了55%。1931年进出口总值是起始年度1882年的16.15倍,50年间整整增长了15倍。

口岸的全面开放,便于各地区卷入国际市场,进出口贸易的迅速增长就是越来越多的地区卷入国际市场的产物。中国离沿海口岸最为偏远、交通最不方便的地区,莫过于西部的新疆、青海、甘肃、西藏和四川的川西高原,在现代交通兴起之前货物自这些地区运到沿海港口,需多次转换不同的交通工具,耗时长运费贵。尽管这样,这些地区通过天津、上海等沿海口岸,很早就和国外发生了贸易联系。迟到1876年,来自甘肃、青海的中药材大黄已通过天津出口国外,皮张、羊毛、羊肠、骨头等畜产品自天津出口的数量也在逐年增多。②1885年英国立德洋行已在今川西高原的打箭炉和松潘设立羊毛收购站,将羊毛经上海运销美国,成为上海港出口羊毛的主要来源之一,从上海输入的茶叶和进口棉纺织品也数量不少。③

---

①班思德:《最近百年中国对外贸易史》,第225—226页。
②参见樊如森《西北近代经济外向化中的天津因素》,《复旦学报》2001年第6期。
③参见吴松弟主编《中国百年经济拼图:港口城市及其腹地与中国现代化》第二章,戴鞍钢撰写。

既然最为偏远的西部的广大地区都通过沿海口岸城市与世界市场发生联系,可以推测中国的绝大部分地区也都如此。

二、主要贸易口岸及其变迁

中国进出口贸易商品的绝大部分,都通过沿海港口城市输出和输入。进出口贸易主要通过哪些口岸输出入,影响口岸地位变迁的主要是什么因素,也是研究进出口贸易时必须探讨的重要问题。

自1842年五口通商到1930年广东中山港开埠,中国共出现104个开放商埠、4个租借地,加上香港、澳门2个受外国殖民式统治的地区,可供进出口贸易的口岸达到110个。其中,最重要的是华东的上海,华北的天津,华南的广州,东北的大连(大连兴起前东北主要港口是营口),山东的青岛(青岛兴起前山东主要港口是烟台),长江中游的汉口,以及英国占领下的香港。表2反映了上海、广州、汉口、天津、营口、大连、烟台、青岛等8个主要口岸在中国不同时期的进出口总额中所占的份额。

表2 主要口岸进出口总值及占全国比重

单位:千海关两;%

	1882年		1893年		1915年		1928年	
	总值	比重	总值	比重	总值	比重	总值	比重
上海	88 503	60.3	133 740	49.5	399 652	44.6	910 828	41.4
广州	17 197	11.7	28 920	10.7	68 165	7.6	113 422	5.2
汉口	6387	4.3	4640	1.7	44 215	4.9	78 169	3.6
天津	4806	3.3	9861	3.7	57 535	6.4	194 630	8.8
烟台	1108	0.8	2081	0.8	11 059	1.2	9264	0.4
青岛	无		无		7547	0.1	63 567	2.9
营口	253	0.02	2838	1.1	11 517	1.3	25 402	1.2
大连	无		无		60 488	6.8	305 406	13.9
全国	146 841	100	269 959	100	895 925	100	2 201 357	100

资料来源:相关数据来自《中国旧海关史料》有关各年的表格"Value of the direct

foreign trade of each port",京华出版社,2001。其中,1882年的数据来自第9册,第478页;1893年的数据来自第20册,第24页;1915年的数据来自第68册,第45页;1928年的数据来自第104册,第141页。

五口通商的最初几年,在整个19世纪40年代,由广州输入英国的货值居于五口的首位,在各口总值中的比重,最高达91.7%(1846年),最低也在75%以上(1848年),中美贸易情形同样如此。但即使在这个时期,广州对外贸易的绝对值已出现下降的趋势,而上海对外贸易的绝对值在上升。1850年代以后贸易重心由广州北移上海,上海更加引人注目。①此后,上海始终稳居中国首位港口的地位。据表2,上海占全国进出口总值的比重,1882年为60.3%,1893年为49.5%,1915年为44.6%,1928年为41.4%。

尽管中国外贸中心在1850年代已北移上海,但在此后的数十年中广州仍是我国重要的口岸,1882年占全国进出口总额的11.7%。此后随着更多对外贸易口岸的开放,广州在中国对外贸易港口中的地位日趋下降,1928年已被大连、天津超过。

长江中游的汉口是以土货出口为主的港口,洋货直接进口甚少。在全国外贸中所占的份额屡有变化,多数时期数额有限,占全国进出口总额的比重在1.7%—4.9%之间,1882年居全国第三位,1928年居全国第五位。

天津地处华北东部,地势平坦,内河航运便利,开埠前已是北方经济重镇。1860年开埠之后天津成为北方开埠三口之一,由于其广阔的腹地范围以及河流运输条件,天津发展为北方的龙头港口。但在大连开埠以后,更为优越的海港自然条件使得大连在1915—1928年的进出口贸易值超越天津。②

在大连崛起以前,营口(牛庄)因可以通过辽河连接辽宁和吉林的广大区域,发展为东北的主要口岸。20世纪以来,大连港得到飞速发展,贸易规模逐渐超过营口而成为东北第一港。1928年大连在中国进出口贸

---

① 黄苇:《上海开埠初期对外贸易研究》,上海人民出版社,1961,第144、145页。
② 樊如森:《天津与北方经济现代化(1860—1937)》,东方出版中心,2007,第44—55页。

易总额的比重达到13.9%,仅次于上海而居全国第二位。

烟台亦是北方较早开埠的口岸,山东第一大港。青岛开埠不久通过修建胶济铁路极大地扩大了腹地范围,并方便了港口和腹地的联系,青岛在山东的港口地位逐渐超越了烟台。

香港因在英国统治下,不属于中国海关总税务司署的管辖范围,且其是自由港,并无贸易统计数据。然而香港是近代中国对外贸易的主要转口港之一,凭借优越的地理位置及自由的贸易机制,形成了与国内其他通商口岸有很大差别的贸易模式。这体现在香港贸易以转口为主、正常贸易与走私贸易并行、特货贸易发达等方面。当时,大批身在异国他乡的华侨对国内农副土特产品的需求量很大,同时也把当地的农产品运往国内销售,而当时南洋和上海之间的直接班轮较少,大部分经由香港转口。上海与香港就是这条双向贸易路线上最重要的两个点,上海是国内广大腹地各类出口土特产品和进口洋货的集散地,香港则是对土货进行精加工并分销南洋及将洋货转口国内的中转地。①

中国近代港口格局的变迁,受到内外两大因素的影响。内部因素,指中国各区域经济状况和对外开放程度。外部因素,指与我国发生贸易往来的主要对象国别及其在华政治经济力量的变迁。葡萄牙、西班牙、英国、法国、美国以及俄罗斯等欧美国家较早来到中国的商人,除俄罗斯主要经过陆路,自北方进入中国,其他大多从南方海路进入中国。由于这一原因,南海之滨的澳门被葡萄牙租用并建成他们控制下的贸易港,广州、厦门、福州、宁波、上海则是清朝在鸦片战争后被迫开埠的第一批贸易口岸,香港被英国占领并建成自由港。在此后相当长的时间内,广州、上海、汉口、天津、大连等五个口岸都是中国最重要的贸易港。其中,广州、上海位于南方沿海和东南沿海,汉口在长江中游,天津、大连位于北方沿海。

将港口按区域组合,看各区域在全国贸易总量中的地位变化,是考察近代港口的另一重要视角。如果我们将海关有所统计的全国各港口,按东北、华北、上海、长江流域、华南5个区域进行组合,便能看到,各大区域

---

① 毛立坤:《晚清时期香港对中国的转口贸易(1869—1911)》,博士学位论文,复旦大学,2006年,第19、14页。

港口的进出口贸易值占全国的百分比,1895年和1931年有着极大的不同。

据表3,将各大区域1931年在全国所占的百分比和1895年在全国所占的百分比相比,不难发现以下几点:

第一,上海始终是全国最大贸易港,但其在全国所占的百分比由1895年的51.1%,1931年下降到34.2%,即由过半下降到三分之一。

第二,华南港口由1895年占全国的39.9%,1931年下降到17.9%,即由占全国的五分之二下降到五分之一以下。

表3 中国各区域港口进出口贸易值及占全国的百分比

	1895年海关进出口贸易值		1931年海关进出口贸易值	
	进出口贸易值	占全国份额(%)	进出口贸易值	占全国份额(%)
东北	5 442 414	1.7	669 687 400	17.0
华北	17 214 281	5.2	674 535 994	17.1
上海	168 839 947	51.1	1 344 803 490	34.2
长江流域	6 849 187	2.1	540 502 461	13.7
华南	131 797 542	39.9	705 908 802	17.9
全国合计	323 240 171	100.0	3 935 438 147	100.0

数据来源:1895年根据杨端六、侯厚培等《六十五来中国国际贸易统计》,中研院《社会科学研究所专刊》,1931,第十四表"六十一年来出入口货价值港别统计表";1931年据《民国二十年海关中外贸易统计年刊·统计辑要》,"民国十八年至二十年海关贸易货值按关全数",载京华出版社影印《中国旧海关史料》。

第三,东北、华北和长江流域港口1895年占全国的百分比都相当的低,甚至可以说微不足道,合而计之也不过9%。然而,到1931年都有了较大的增长,合计达到47.8%,即由占全国不到十分之一增长到接近一半,其中东北和华北合计为34.1%。

简言之,1895年全国进出口贸易货值主要集中在上海和华南的港口,而1931年则是上海、北方(东北、华北)、南方(长江流域、华南)各占三分之一左右的局面。

东北、华北和长江流域在全国进出口贸易总额中所占比重的较大提高,与日本在我国的经济扩张有着直接的关系。

据武堉干研究,自1870年以来我国最主要贸易对象,是英国、美国、日本以及香港地区,然而日本在1870—1890年所占中国对外贸易总额的比重,不过在3.16%—5.70%,远不及英美。1894年中日甲午战争以后,尤其是1905年日俄签订了《朴次茅斯和约》以后,日本继承了俄国在中国东北的大部分特权,在中国进出口贸易中所占的比重有了较大的提高。1895—1915年间,日本在中国进出口贸易总额中所占的比重,由10.16%上升到22.66%,均超过了美国和英国,但不及香港地区。第一次世界大战发生后,西方列强暂时放松了对中国的争夺,日本趁机发展对华贸易,1915—1925年间,日本在中国进出口贸易总额中所占的比重,由22.66%上升到30.75%,远远超过了香港地区、英国和美国等任何一个贸易对象。①

日本的对华贸易增长速度,也远远超过其他贸易对象。武堉干指出:如以1870年的贸易额为标准数,至1926年为止,中国对英国贸易额仅增3倍,对美国增加42倍以上,对香港地区增加15倍以上,而对日本的贸易额却增加到一百四五十倍以上。如果扣除物价上涨的因素,中国对英国的贸易额并无增长,而中国对日、美两国的贸易额仍有相当的增长,日本的增长尤其令人注目。武堉干强调:"在我国对外贸易之国家,其与我国之贸易额能逐年发达增进至如此地步者,仅日本一国耳。"②

近代中国有几个重要的设立通商口岸的时期,其中之一是甲午战争以后的三四年间。日本通过《马关条约》《会议东三省事宜正约》等不平等条约,从中国攫取两亿两的军费银、占领台湾和澎湖,并迫使中国开放长江流域的重庆、沙市以及杭州。东北的通商口岸也由营口一口增加到20余个,且由最南部的港口城市大连,扩大到内地和内陆边境,东三省的南部实际沦为日本的势力范围。此后,日本又挟战胜国之余威加紧经济扩张,在第一次世界大战爆发以后乘欧美各国无暇东顾之际,进一步加速经济扩张。尤其是棉货输入,"日货在战前本不及英货,乃以大战发生,英

---

①武堉干编《中国国际贸易概论》,上海书店,1932年影印本,第247—249、230、233页。
②武堉干编《中国国际贸易概论》,第231—233页。

人以运费贵,成本昂,且无暇以经营,于是在华市场,尽为日本取而代之。"①在东北、华北、长江流域等口岸进出口贸易中份额的提高,是日本在我国经济扩张的重要表现。

武堉干1930年出版的《中国国际贸易概论》第六章《由主要埠别上观察中国国际贸易》,为我们展示了各国在各区域主要港口中的贸易地位。

大连是东北最主要的港口,"就各国在大连贸易上的势力以观,自以日本居第一位,美国居第二位,英国、埃及、荷兰、德国等次之。民国十四年,大连由日本输入之货物,几近五千万两;出口至日本之货,且达八千四百余万两,其贸易总额,差为美国之九倍,英国十三倍有余,其他各国更无足论。"②

安东(今辽宁丹东)后来超过营口,成为东北仅次于大连的第二大港,大连、安东两港"实则不啻谓为对日贸易两大门户之为当"。安东有通往日本占领下的朝鲜半岛,并通过对马海峡连接日本的铁路。安东进口的日本棉布之多,超过东北的任何口岸,其他各货的进口也颇以称盛。到了1920年代以后安东对日本的出口也"渐臻盛矣"。③

天津是华北第一大港,1912年进出天津的外国轮船以英国居第一,日本次之,美国最微。10年后便以日本居首位,英次之,美更次之。日本进出天津的轮船吨位,1912年为608 804吨,1920年为735 905吨,在全部进出天津的外轮吨位中分别占26%和29.5%。1925年日本轮船吨位为1 840 000吨,已占各国进出天津的外轮吨位的38%。在近代,各国轮船一般都是运输输出入本国的货物,因此各国进出某港的轮船的吨位的多寡,大体反映了在该港进出口贸易中的地位。④

青岛是北方的另一个主要口岸城市。早在1913年青岛的直接对外贸易即以日本为最盛,1921年青岛对各贸易对象的对外贸易额,日本为3000万两,香港为530万两,美国为270万两,英国为140万两,日本远远超过其他贸易对象。就进出青岛的外国轮船吨位而言,1921年日本已占了

---

① 武堉干:《中国国际贸易概论》,第45页。
② 武堉干:《中国国际贸易概论》,第383页。
③ 武堉干:《中国国际贸易概论》,第424、425页。
④ 武堉干:《中国国际贸易概论》,第395、396页。

64%以上。①

汉口是长江中游的主要港口,长江中上游地区的进出口物资集散地。1913年日本已居汉口对外贸易的第一位,达到1500余万两,英国580万两居第二位,美国、印度、俄国及其他国家合计不过100万两上下。第二年因欧洲发生第一次世界大战,汉口对德贸易逐渐消退,英国地位为美国所取代,日本贸易额继续增加。因此,汉口对外贸易国别,以日本为第一,美国第二,英国第三。1925年在汉口进出口总额中,日本和美国分别占30.35%和20.64%。②

上海是我国最大的港口,近代以来一向以英国、美国为主要贸易对象,20世纪以后日本的贸易增长迅速,在上海的贸易地位不断上升。在1924—1926年间,美国居上海对外贸易的第一位,日本略逊之居第二位,而英国已退居第三位且在这三年中也呈下降趋势。③

广州是华南的贸易大港,由于靠近英国统治下的香港,英国在广州一向有着特殊优越的商业地位。20世纪以后日本对华南的贸易有了较大的增长,但仍未能超越英国。④

必须指出,当日本在东北、华北和长江流域展开迅猛的经济扩张的时候,这三个区域也已进入明清以来经济发展最为迅速的阶段,农业多种经营和现代交通业、工矿业都得到较大的发展。尤其是东北,本是地广人稀、工农业极其落后的区域,19世纪末20世纪初由于关内移民的涌入进入大开发的时期,逐渐形成中国的新式农业区和工业基地。华北、东北和长江流域出口商品的迅猛增加,即是三个区域的商品经济有了较大发展的集中体现。

如表1所示,1931年全国进出口总值是1882年的16.15倍,其中进口总值是1882年的18.45倍,出口总值是1882年的13.51倍。出口货值的增长速度虽然不如洋货进口,却也增速惊人,而出口货值的增长无疑又是进口货值增长的必要前提。20世纪以来不同种类出口商品的货值的

---

① 武堉干:《中国国际贸易概论》,第419、420页。
② 武堉干:《中国国际贸易概论》,第407、408页。
③ 武堉干:《中国国际贸易概论》,第361、362页。
④ 武堉干:《中国国际贸易概论》,第416、417页。

增长,差异相当明显。长期以来,丝茧类和茶叶都是中国的主要出口商品,中国的出口可以说几乎就是丝茧类和茶叶的出口。但进入19世纪后期,豆类和豆制品、植物油、皮革等类出口商品的出口值激增,从而导致中国出口值的迅速增长。

豆类出口,以前不多。1905年日俄战争之后日本在东北进行全面经济扩张,1908年日商三井洋行将东三省大豆运伦敦试销成功,出口渐多,1913年大豆出口价值达2300余万两,"自此以后遂巍然为出口货之大宗"。1927年豆饼出口值7000万两以上,加上黄豆出口值6400余万两、豆油出口值3000万两,豆类及豆制品出口全部合计18 000万两之谱,"几占我国出口货总值五分之一。其价值之巨,在出口货中,盖未有可与之抗衡者也"。①

到了二十世纪二三十年代,西北的皮货、羊毛,长江流域的蛋粉、猪鬃等货也逐渐发展为年出口值在千万两以上的大宗商品。皮货,1923年出口值2000万两,占出口总值的2.5%;1924年出口值2100余万两,占出口总值的2.8%。绵羊毛出口始于1881年,以后外商往来于蒙古各地收买,出口转盛,到第一次世界大战时出口值达到一千二三百万两。此外,相当部分来自华北的棉花的年出口值,也达三千万两左右。②

出口豆类主要来自东北,出口皮毛主要来自西北和蒙古高原,华北是出口棉花的重要产地,猪鬃、桐油、茶叶相当部分产于长江流域。显然,上述区域商品生产的巨大进展,无疑是华北、东北和长江流域诸港口的进出口贸易额占全国比重迅速提高的主要原因。此外,1900年以后展开的铁路建设也为国际贸易的发展提供了便利条件,"因铁路之发达,内地货物转运便利,对外出口,始渐呈长足之进步"。③ 另外,外国资本的涌入和在各地的特权以及对进出口贸易不遗余力的控制,也是上述区域出口货物逐步增长的原因之一。武堉干分析"豆类出口何以发达迅速如斯"的原因时指出:"此与日本在满洲之特权地位极有关系",日俄战争以后俄国在东北的特权转移到日本,"日人即日夕以谋当地产业之发展,如油坊之增

---

① 武堉干:《中国国际贸易概论》,第126页。
② 武堉干:《中国国际贸易概论》,第146、153、150、160、117页。
③ 武堉干:《中国国际贸易概论》,第126页。

设,农产物之改良,对外贸易之提倡,日人皆倾全力以经营之"。当然,日本在东北发展经济的目的,"初非为我国计,乃全然为自己拓殖经济势力计"。

显然,华北、东北、长江流域商品生产的巨大进展,日本的经济扩张及其产生的强大影响,是以上三个区域港口贸易发展的主要动力,并促进了中国港口体系的重大改变。

三、结语

综上所述,近代进出口贸易总体呈现较快的增长态势,其中在1882—1931年的50年间便整整增长了15倍。但如分阶段考察,在1843年五口通商口岸渐次开埠之后的10余年贸易额仍比较有限,而且英国从中国进口的货值不抵对中国的出口货值,不得不通过罪恶的鸦片贸易来弥补逆差。1860年代以来通商口岸增加到20余口,加上新的税率的制订、聘用洋人管理中国海关制度的推行,以及买办队伍的逐渐形成,进出口贸易额开始有一定的增长。尤其是1869年以来随着苏伊士运河的通航,欧洲与上海、香港之间的海底电缆的连接,以及英国工业的较大进步和中国人对外国商品认识的加深,进出口贸易迅速发展。此后这一趋势长期保持下来,无论是进口商品还是出口商品,都有了10余倍的增长,我国的绝大部分地区都卷入了世界市场。

近代的进出口贸易绝大部分通过沿海沿江的口岸进行,而沿海沿江的口岸又可按区域组合,分成上海、华南、长江流域、华北、东北等5个区域;各区域口岸在全国贸易总量中所占的份额,又可按甲午战争发生几年以后(大致在20世纪初)为界限,分成前后两个阶段。在前一阶段,上海常占全国份额的半数,华南诸港约占40%,其他口岸微不足道。20世纪初以来口岸贸易的发展呈现出北部的华北和东北、中部的长江流域快于其他区域口岸的趋势。到了1931年,华北、东北和长江流域的口岸在全国进出口贸易额中所占的比重已有了极大的提高,导致上海、华南口岸所占比重的下降。该年如将各区域的份额分成上海、华北和东北、华南和长江流域三组,每组各占全国的三分之一左右。华北、东北和长江流域商品经济的较大发展以及日本在这些区域政治经济势力的迅速增长,是导致我国港口格局重大改变的主要原因。

20世纪之交的中国城市革命及其性质①

摘要：中国近代对外开放和先进生产力兴起的浪潮中，一批沿海沿江的口岸城市首先发展为工商业城市，并带动交通和工矿类型城市的兴起与传统城市的转型。原有的管理行政中心型城市的制度已不适应，清末推行地方自治，各地富有的工商业者逐渐掌握所在城市的政治权力，并导致历史上从来没有出现过的专门管理城市的行政单位"市"的出现并推及全国。"市"的设置与否依据人口数量和税收性质，不取决于行政中心的地位，对城市的管理亦具有相当浓厚的资产阶级地方政权的性质。论文还比较了近代城市和古代城市在人口构成、城乡关系、城市体系、城市功能等方面的重大区别，认为自清末开始到北伐战争胜利以后的数年，各地的城市自治运动实际是秦汉以来的第二次城市革命。

关键词：20世纪前后；资产阶级；城市革命

城市是与农村异质的大型聚落，不仅是人口的集中居住区，也是物质文明、精神文明集中的区域。近代是我国城市得到较快发展的时期，中国历史上从来没有过的资本主义工商业城市在沿海沿江口岸地带成批出现，并促使传统的行政中心型城市通过发展工商业向近代城市转型。在经济、政治发生巨大变化的背景下，沿续几千年的传统城市向资本主义文明为指向的近代城市转变，并导致相当多的城市在行政体制、领导阶层、

---

① 本文原载澳门大学主办《南国学术》2014年第3期。人大复印资料《中国近代史》2015年第3期全文转载，《社会科学报》2014年11月6日第4版"学术看台"论点摘要，《历史学文摘》2015年第2期转摘。本文为教育部人文社会科学重点研究基地重大项目"港口—腹地与中国近代经济地理格局的变迁"（11JJD770020）的成果。

城市空间等方面都发生了影响深远的变迁。近代城市的发展成为我国走向现代化的重要内容,深刻地影响着中国社会。

一、鸦片战争前的城市概貌

古代的中国城市与欧洲的城市有一些区别。按照马克斯·韦伯的看法,西欧的城市是自治的,而中国城市却没有自治,它是军事要塞和皇帝的行政机构的官邸所在地。他又认为,城市是封建领主和其他政治当权派,在那里花销他们城市之外的土地租息或者其他的,特别是受政治制约的收入的地方。他将北京称为"官员城市",而废除农奴制之前的莫斯科是"吃土地租息者的城市"。①

中国古代的城市绝大多数都是政治型的城市,它是因作为一定等级的行政中心而积聚一定数量的人口,从而形成区域内消费量最大的聚落即城市。宋代以后商业日趋发达,按照梁庚尧的看法,当时的城市"是以行政中心兼具工商、文化、娱乐等方面的功能";如果细致考察南宋临安等城市人口的职业构成,不难看出,"南宋城市居民的行业与身份以政府人员和商人为重要",手工业工人的数量相对少一些。②

临安是首都所在地,首都以外的城市人口的职业构成如何呢?据《津门保甲图说》,清中叶担任南北水运枢纽的天津,城内共有户数32761,除去未知职业的烟户(一般居民)9719户、土著746户、其他22户,别的人户均已知职业。其中,人户最多的是大小商人(盐商、铺户)11998户,其次是从事货物运输的人员(船户、负贩)6384户,官员、生员(绅衿)和为官府服劳役的人员(应役)2991户,佣作707户,乞丐89户,僧道105户。③显然,已知职业的人户,主要是商人和从事货物运输的人员,其次才是绅

---

① (德)马克斯·韦伯:《经济与社会》,约翰内斯·温克尔曼整理,林荣远译,商务印书馆,2006,第567—570页。
② 梁庚尧:《南宋城市的社会结构》,原刊台湾《大陆杂志》第81卷第4期至第6期,1990年10月至12月;后收入载梁著《宋代社会经济史论集》上册,允晨实业文化股份有限公司,1997,第591、618页。
③ 罗澍伟:《近代天津城市史》,"清代天津城居人口职业、身份和区域分布一览表",中国社会科学出版社,1993,第100页。

衿和为官府服劳役的人员，似乎没有从事手工业生产的人员。因资料的原因，不知烟户、土著户以及"其他"的具体职业，但他们总共10487户，只相当于经商、运输、绅衿与为官府服劳役人员合计21373户的49%。可见，天津的总户数中即使含有从事手工业的人户，人数也将大大小于其他职业的人数。

据上所述，可以推测古代大多数城市尚缺乏较大规模的商品生产，城市自身所产货品只能满足本地的部分需要，对外地的货物输出不会很多。就经济职能而言，城市主要是消费中心，生产不占重要地位。

甚至乡村货物的主要输出对象也并非城市，而是别的地方的农村，而输往远方也未必要经过城市。赵冈指出，除了苏州等一两个城市以外，中国庞大的棉布市场的交易量，对于大城市几乎很少发生影响；他推断，每年销售的31500万匹棉布，大概只有15%卖给了城市居民，而85%是由江南地区直接卖到北方农村居民手中。这是乡村对乡村的交易。另一方面，大布商愈来愈向农村靠拢，城市并非货源地，农村才是真正的货源地。①

就城乡关系而言，作为国民经济主要部门的农业的生产和分配过程都不依赖城市，但城市对乡村却具有依赖性。城市中不少人在农村拥有一定数量的田地。宋人谓："士大夫发迹垄亩，贵为公卿，谓父祖旧庐为不可居，而更新其宅者多矣。复以医药弗便，饮膳难得，自村疃而迁于邑，自邑迁于郡者亦多矣。"②清道光以前的人说："江南烟户业田多，而聚居城郭者什之四五，聚居市镇者什之三四，散处乡村者什之一二。"③显然自宋代以来都有一定数量的由士大夫、富户组成的富裕阶层自乡村移往城市和市镇，而江南地区清代乡村富裕阶层的大部分人已移居城镇。地主城居并非和农村割断联系，他们在经济上主要依赖农村地租，城居致富后还要在农村购买土地，即使经商和兴办手工业企业，原料与商品的来源和商品的销售对象都离不开农村。在一些地区，例如清前期的江南可以说城

---

①赵冈：《中国城市发展史论文集》，(台北)联经出版事业公司，1995，第18—19、21—22页。
②洪迈：《容斋随笔·续笔》卷十六《思颍诗》，上海古籍出版社，1998。
③赵锡孝：《徭役议》，载道光《苏州府志》卷十，道光四年刊本。

居地主控制了乡村的相当部分的土地。①

秦汉时期,随着君主集权政权的建立和强化,首都成为全国皇权的中心,朝廷建立了通过不同等级的行政区划对全国实行有效统治的垂直统治体系。这些行政区划相对均衡地分布在全国,一般是全国下辖百余郡或府州,各个郡级单位再下辖千余县,各级行政中心大致位于行政区域的中心地或交通要冲上。住在首都的皇帝通过郡、县这种行政区划统治全国各地,而首都—郡城—县城则构成与其行政区划级别相匹配的全国城市体系。

各级行政中心的官僚人数、驻兵数量、服务人员和他们的家属以及官属工匠的数量,除个别位置特别重要的地方或官属工业特别发达的地方,大体上与行政体系相匹配,级别越高,人数越多。城市的规模也与其所在政区的级别相匹配,级别越高,城市规模一般也越大。章生道根据近代测绘地图,测量了19世纪90年代中国部分府城、县城的城内平均面积,认为"在11个省的每一个省中,抽测的府城平均面积显然比县城平均面积要大";成一农分析了清代1390座城市的周长,结论是平均规模,省城是10973.16米,府级城市是5195.7米,县级城市是2850.7米。当然,城市规模并非仅仅由行政等级所决定,也受到地形等其他方面的影响,因此仍有一些城市的规模超越其上级单位的治所城市。②

自先秦到唐代,中国的城市主要采用了封闭式的管理制度,作为城市之首的首都尤其如此。杨宽先生认为,整个都城的制度发展史可分为前后两个时期:前一阶段从先秦到唐代,郭内采用封闭式的居民"坊里"和集中贸易的"市"。"坊里"和"市"四周都筑有围墙,所有门户设小官管理,早晚定时开闭,夜间不准出入。等到了晚上坊门、市门关闭,大街上便不准通行,而一般居民的住宅只准造在"坊里",不许当街开门。唐宋之际,中国的都城制度发生重大改变,进入后一阶段即北宋到明清的开放式

---

① 乾隆《吴郡甫里志》卷五《风俗》载:"土著安业者田不满百亩,余皆佃户,上田半归于郡城之富户。"
② 参见成一农《清代的城市规模与行政等级》,《扬州大学学报(人文社会科学版)》2007年第3期。

都城制度时期。① 这种变化,主要表现在:第一,居民区与商业区融为一体,夜市兴旺发达;第二,兴建高楼和商店私自向街道伸展的"侵街"现象屡屡出现;第三,草市在诸多旧城外兴起,逐渐改变了旧城的外部形象,此后部分草市上升为镇,城市和镇的数量增加,并都有专门的城市户口即厢坊户。加藤繁首先指出的中国城市的这种重大变化现象,后被学者普遍接受,称为中国历史上的"城市革命"。②

经济史家在关注城市内部变化的同时,也关注市镇的成长及其数量的增多。然而,尽管从宋代直到明清市镇达到了一定的数量,明清时期有的市镇超过所在的县城,但总体上说绝大多数的市镇人口规模仍然不如县城,更不用说县城之上的州城水平了。因此,尽管宋以后出现城市变革和市镇成长的浪潮,但直到1840年鸦片战争来临,行政中心型城市占绝对地位的状况并没有得到根本的改变。而且,历代行政区划只有管理片状区域的省府州县,而没有管理点状聚落的"市"。无论城市达到多大的规模,都在县的管理之下,连首都也不例外。金元时期一度设立录事司和司候司,用以管理城市人口。③ 然而,录事司、司候司制度进入明代便被废除④。清代同明代一样,不设专门管理城市的行政区划。

二、近代工商业城市的兴起与传统城市的转型

在近代对外开放和先进生产力传入的浪潮中,一批沿海沿江的口岸城市首先发展为新兴的工商业城市,接着拥有优良的地理位置的冲要之地和蕴藏丰富的矿区也分别成长为一定规模的交通城市和工矿业城市,它们都带动了一大批传统城市通过发展工商业向近代城市转型。

工商业尤其工业的发展是近代城市兴起和壮大的主要动力,它不仅促进城市经济的发展,也促使外来移民的涌入,导致城市人口的加速成

---

①杨宽:《中国古代都城制度史研究》,《序言》,上海古籍出版社,1993,第1—4页。
②(日)加藤繁:《中国经济史考证》第一卷,吴杰译,《宋代都市的发展》《唐宋时代的草市及其发展》,商务印书馆,1962。
③韩光辉:《12至14世纪中国城市的发展》,《中国史研究》1996年第4期。
④《万历温州府志》卷一"舆地志·永嘉县"载:"附府城……元以州为路,别置录事司治城内,而县辖城外厢乡都。国朝复改路为府,革录事司,而县仍统四隅四厢五十二都。"

长。20世纪初,上海海关注意到:"近几年来上海的特征有了相当大的变化。以前它几乎只是一个贸易场所,现在它成为一个大的制造中心。"①1865年上海只有69万人,1910年达129万人,1915年超过200万人,1942年近400万人,1949年达到546万人。② 当上海成为南方工业城市的时候,天津也迅速发展为北方的工业城市。1914—1928年是天津工业迅速腾飞的时期,天津成长为仅次于上海的全国第二大工业城市。1906年天津城市人口42万人,1910年达到60万人,1925年为107万人,1936年达到125万人③,超过北京成为仅次于上海的全国第二大城市。无锡清代是常州府属县,受邻近的工商业大都市上海的影响,1895年近代企业开始形成,金融业得到发展,1936年已跻身中国重要工业都市之列。1949年4月无锡建市,市区人口近49万。④

如果说天津、上海、无锡这些城市,原来或是府城,或是县城,多少有一点经济和人口的基础的话,近代还有一批城市,例如青岛、大连、石家庄,原来只是渔村或乡村,几乎谈不上有经济和人口的基础,完全是由于工商业或交通的发展而迅速兴起为城市。青岛原是胶州湾的小港口,1901—1905年间先后建成大小2个港口和几个靠泊码头,1904年胶济铁路通车,近代工业也随之发展起来,1936年工厂数和工人数均在北方居第一。城市人口1902年约1万余,1910年达16万余,1930年代已达60多万,人口数量超过省会济南。⑤ 大连"本名青泥洼,为一荒寒之渔村"⑥。自1906年开作自由港后,1910年超越营口,成为东北最大的货物进出口贸易中心⑦,1920年成为东三省南部最大工业都市。1903年大连

---

① 徐雪筠等译编,张仲礼校订《上海近代社会经济发展概况(1882—1931):〈海关十年报告〉译编》,上海社会科学院出版社,1985,第158页。
② 邹依仁:《旧上海人口变迁的研究》,上海人民出版社,1980,第90—91页,第112—115页。
③ 罗澍伟:《近代天津城市史》,中国社会科学出版社,1993,第416—417、433、455页。
④ 无锡市地方志编纂委员会编《无锡市志》,江苏人民出版社,1995,第337页;虞晓波:《比较与审视:"南通模式"与"无锡模式"研究》第三章,安徽教育出版社,2001。
⑤ 吴松弟、樊如森等:《港口—腹地与北方的经济变迁(1840—1949)》,浙江大学出版社,2011,第290页。
⑥ 世界舆地学社编《中华最新形势图》,"辽宁省·地方志·大连",世界舆地学社,1937,第69页。
⑦ 张富全:《辽宁近代经济史》,中国财政经济出版社,1989,第295页。

城市人口不到3万人,1915年增长到近8万人,1930年已发展到29万人。①石家庄1903年仍是一个只有三四十户人家的小村庄,1905年以后随着京汉铁路和正太铁路的通车,成为冀晋两省的交通咽喉,从此商贾云集、工业兴起。日本发动侵华战争前已是拥有6万余人的工商业城市,1939年设市,1940年已拥有20万人口②。

民国时期全国各地建立了百余个"市",它们的绝大部分,都是因具备一定的人口规模,且地方财政倚赖工商业税收而升为市的。将这些"市"作为城市对待,自然比没有任何人口和税收的数据,仅仅依据文献描述要科学得多。下面依据各省省城设"市"的情况,进一步探讨工商业对城市发展的影响。

到1949年9月底止,中国省一级的行政区域,除了西康、西藏和独立前的蒙古三个以牧业经济为主的地区之外,其他各省都设了市;省城尤其如此,凡清末已担任省城的城市全部设为市,民国开始担任省城的城市也大部分设为市。然而,各省城设市的历程却各有千秋。

1937年7月7日"卢沟桥事变"以前设市并在以后长期维持下来的省城,计有广州、杭州、天津、昆明、济南、成都、长沙、沈阳、齐齐哈尔、归绥(今呼和浩特)、武昌、吉林等。这些省城城市,近代以来工商业经济都有了较大的发展,并在省内有着较高的地位。

世界舆地学社《中华最新形势图》说:广州是"南部第一大埠,我国五大贸易港之一也";杭州"户口殷阗,商旅辐辏,特产饶富,工艺兴盛,为东南一大都会";天津"黄河全域及漠南各省之货物,靡不聚散于此,遂为华北商务之中心";昆明"无论在政治、军事、商业、文化、交通上,皆为全省之中心,西南一大都会也";济南在胶济铁路开通和自开商埠后城市得到扩展,而"工商之盛大,与青岛相伯仲";成都"城内人烟稠密,市肆繁昌,我国西部第一大都会也";长沙"户口殷繁,工商辐辏,繁富冠于全省";沈阳"夙为关东政治军事之枢纽,东三省第一大都会也"。由于区域开发较

---

①吴松弟、樊如森等:《港口—腹地与北方的经济变迁(1840—1949)》,浙江大学出版社,2011,第303—304页。
②江沛、熊亚平:《铁路与石家庄城市的崛起:1905—1937年》,《近代史研究》2005年3期;宓汝成:《帝国主义与中国铁路1847—1949》,上海人民出版社,1980,第610页。

晚,黑龙江省(当时范围主要集中在嫩江流域)没有特别繁荣的城镇经济,《中华最新形势图》对齐齐哈尔和其他城市的经济都无较高的评价。然而,直到1949年为止齐齐哈尔都是黑龙江省内唯一的市,足以表明其地位在省内无出其右者。总之,上述省城民国时期在省内不仅保持省会的政治中心地位,而且也成为省内的经济中心。

归绥、武昌、吉林也是1937年以前设市的省城,但它们在省内的经济地位并不如上述省城那样高。

绥远省经济最发达的城市不是归绥,而是包头。《中华最新形势图》说包头:"实扼西北水陆交通之枢纽。凡黄河上流及乌、伊二盟输出之牲畜、皮毛、农产,及平津输入之绸布、杂货,咸萃集于此。毛织、面粉等工业,亦渐有发达之象。其繁荣之程度,已驾于归绥而上之,俨然内蒙第一市场也。"

在湖北省内,武昌、汉口和汉阳三镇既各具不同的城市功能,又隔江相望,"武昌为政治之都市,汉口为经济之都市,汉阳为工业之都市。鼎足分峙,气息相通,实一而三,三而一也",汉口和武昌有过多次的组合建市和分别建市的过程,作为政治都市的武昌经济上不如作为经济都市的汉口发达。

吉林虽然长期担任吉林省的省城,但长春自清末中东、南满、吉长三条铁路在此交会,开埠以后经济发展速度超过吉林,"遂为关东中部一大都会。贸易范围,几及三省全部,故商况之盛,省会不逮也"。①

1937年以前安庆、福州、开封、西安等几个省城也都建过市,但以后又一度撤废,此后过若干年再重新建市。其中,安庆在1927年设市,但三年后便并入怀宁县,1949年又设过,不久再废,直到1950年再设置县级市。福州1933年建市,次年撤,1946年复置。开封于1927年成立市政筹备处,1929年改组为市政府,但第二年便遭裁撤;此后1936年1月复置,当年又废,直到1948年再置。西安于1928年置市,1930年废,1932年中央政府定西安为陪都,并将之改名西京,直属行政院,但仅设筹备委员会,并未设立市政府,直到1943年才正式设立西安市。这些省城之所以市设

---

① 以上据《中华最新形势图》相关分省的"地方志"。

而复撤,主要是经济和城市人口增长较慢,不符合中央政府建市的标准。

抗战期间和抗战胜利以后,南昌、贵阳、兰州、银川、西宁、张家口、迪化(今乌鲁木齐)、阳曲(今太原)、乌兰浩特、承德、桂林、通化、保定、镇江等省城,分别设市。

《中华最新形势图》说,南昌"户口之殷繁,街市之繁华,贸易之兴盛,均冠于全省";贵阳"为全省政治、军事、工商、交通之中心";兰州"俨为西北一大都会";银川"为本省唯一之都会";西宁向为青海经济中心,"凡全省对外省之贸易,胥集中于此";张家口"贸易以牲畜、皮毛、茶叶、绸缎为大宗,繁盛冠于热察绥三省";迪化"繁华富庶之状况,冠于全省,有'小南京'之号焉";阳曲"为全省交通之大中心……盖为全省政治、教育、经济之重心点也"。乌兰浩特位于今内蒙古东部,原名王爷庙,1947年5月1日全国第一个少数民族自治政府内蒙古自治区人民政府在此成立,同年11月改名乌兰浩特市,1949年12月自治区人民政府西迁,1964年7月取消市建制。总之,南昌、贵阳等9个省城,在成为市之前,一般都是区域内的行政中心,同时也是贸易或经济中心。

承德、桂林、通化、保定、镇江等5个省城的设市情况不同于南昌等省城。

在热河省内,最早建立的市不是承德,而是赤峰,1945年8月赤峰设市,1947年废,1948年复设,在赤峰重新设市之年承德建为市。据此,当时赤峰的经济地位不在承德之下。

桂林向为广西省城,因偏在省域东北,对边疆鞭长莫及,1912年广西将省城移到南宁,1936年省城迁回桂林,1950年2月又迁回南宁。1940年桂林设市,1949年南宁设市。《中华最新形势图》说桂林:"商业昔颇繁盛,自省会南迁,日形凋敝,今迅复旧观。而以自古为西南名城,得中原风气最先,由来人文称盛,虽在省会南迁时,终不失为全省之文化中心。"说南宁:"城市经近年努力经营,马路日辟,绿荫扶疏,颇有新都市之气象,商业已尚繁盛。已于清光绪三十三年自开为商埠,左、右二江流域之货物,胥集中于此,在本省中繁荣仅亚于苍梧(今梧州)而已。"据此,民国时期的广西,南宁为政治中心,桂林为文化中心,而1897年开埠1949年同时设市的梧州则为商业中心。

通化于1942年设市,原是伪满洲国的通化省省城,1945年抗战胜利后原属于通化省的吉林东南部和辽宁省东部成立安东省,通化是安东省的省城,但其经济实力似乎不如安东。1949年改设辽东省,以安东为省城,通化为省辖市之一。

河北省城原在天津,1935年天津分设中央直辖市,河北省城移到保定。保定在河北省内的经济地位,一向不如被称为"我国有数之矿工业都市"的唐山①,在石家庄兴起后又被其超过。1921年保定县城有8万人,比同时期石家庄6000人多10余倍;但到1932年,石家庄增至约9万人,保定县城仅剩4.2万人②,1958年以后保定不再担任省会。

镇江原是我国南北物资转运中心之一,但到了晚清时期,因津浦、陇海铁路相继通车,运河不用于漕运,镇江经济地位日形衰落,在省内不如无锡、苏州、徐州等城市。尽管在国民政府定都南京以后江苏省会移到镇江,但镇江城市发展仍相当缓慢,1949年设市时不过是县级市。中华人民共和国成立初江苏省被分成苏北、苏南两大省级区域,苏南的首府在无锡而不在镇江,镇江成为镇江专区下辖的县级市,而无锡、苏州都是地级市。

以上已历述了各省会城市的设市状况。如果对照这些不同时期建立的市的行政等级和人口数量规模等级,我们会发现二者之间存在着某种联系。

不同时期设为市的省会的行政等级与人口数量等级

等级类别	1937年7月前已设市的省会		1937年7月至抗战胜利后已设市的省会	
	数量	地名	数量	地名
特别市和院辖市	3	广州、天津、沈阳		
人口100万—200万	2	广州、天津		
人口50万—100万	2	杭州、沈阳		

①《中华最新形势图》,"河北省·地方志·唐山"。
②江沛、熊亚平:《铁路与石家庄城市的崛起:1905—1937年》,《近代史研究》2005年3期。

续表

等级类别	1937年7月前已设市的省会		1937年7月至抗战胜利后已设市的省会	
	数量	地名	数量	地名
人口20万—50万	4	成都、长沙、济南、武昌	5	福州、开封、南昌、镇江、保定
人口10万—20万	2	昆明、吉林	7	安庆、西安、贵阳、兰州、西宁、张家口、太原
人口5万—10万	2	齐齐哈尔、归绥	3	银川、迪化、桂林
缺数据			2	承德、通化
有人口数据的城市合计	12		15	

数据来源：都市人口据沈汝生《中国都市之分布》，载《地理学报》第4卷第1期，1937年。

据表可见，民国时期各省的省城普遍设为市，但设市的早晚和过程有所不同。凡是较早设市的省城，不仅大多位于工商业相对发达的沿海省份，而且也是近代经济发展较快、集省内行政中心和经济中心于一体的城市。凡是设市较晚的省城，大部分位于近代生产力发展相对缓慢的西部和边疆地区；还有一部分设市较晚的省城，虽然位于经济相对发达的地区，但由于发展速度慢于其他城市，城市仅仅是行政中心而不是同时兼为经济中心，在市的设置上不得不经历了设而复撤，然后再设的反复过程，因此影响了设市的进度，有的最终还将行政中心的地位让给了新兴的经济中心城市。因此，省会市建立的早晚及其城市行政等级与人口等级的大致一致，既反映了中国近代先进生产力从沿海向内陆推进过程中产生的地区经济差距，又反映了省内各城市经济发展速度差异对行政区划制度的影响。

近代新兴城市以工商业经济为基本功能，工商业的规模直接影响城市人口数量和城市规模。在此规律主导下，传统的行政中心城市也不得不朝着兼具政治和经济功能的方向转化，以避免走向衰落。城市居民的行业与身份发生了较大的改变，从事工商业（包括服务业）的就业人口一般都占了城市就业人口的过半数①,在某些工矿业城市工业人口又超过商业与服务业人口。

这种工商业城市,并不仅仅消费从农村运来的物资,同时也将自己生产的各类工业产品运到农村。而且,农村需要购入或运销的物资往往也要通过工商业城市中转,城市的商人不仅组织物资流动,往往还掌握价格的制定。显然,近代城市不再是古代难以脱离本地乡村而存在的聚落,而是掌握农民经济命脉的超级大鳄。城市工商业的发展促使农民流入城市,大量增加的流动人口给城市带来空前未有的管理上的压力。在这种背景下,沿用2000年的将城市作为农村一部分加以管理的省府州县制度面临着挑战,需要采取城乡分治的办法,创造出完全不同于管理农村的城市管理制度。

三、城市革命的第一阶段:地方自治

本文所说的"城市革命",指自清末地方自治以来,各地富有的工商业者逐渐掌握所在城市的政治权力,并导致"市"这种中国历史上从来没有出现过的专门管理城市的行政机构的出现并遍及全国。尽管各地的城市革命都有自己的特点,但较早开埠的通商口岸在其中起了开风气之先的作用却是毫无疑问的。要探讨这一点,需要对广泛分布在许多口岸的租界略作一些分析。

列强在许多城市建立的租界,固然是西方列强侵入中国的产物,加剧了中国社会的半殖民地化进程,同时又是资本主义世界在封建主义中国的一块"飞地",客观上具有扩散资本主义思想文化、促进中国社会新陈代谢的功能。尤其是西方人集中居住的租界引人瞩目的现代市政文明,因其先进、方便、清洁、有序等诸多优点,更引起市民强烈的好奇、兴趣、羡慕,从而产生强烈的效仿的冲动。

现代化的市政建设是租界的一大特色。在上海,西方人不习惯中国旧式生活环境,在租界营造本国样式的建筑和道路。他们用水泥砖头砌

---

① 据邹依仁《旧上海人口变迁的研究》,上海人民出版社,1980,第37页。上海解放前夕,商业人口占全部就业人口的31.69%,工业人口占全部就业人口的21.77%。

成的独院式高级住宅和花园洋房,代替中国土木结构的院落式低层建筑,用石材铺砌或水泥浇筑的马路代替晴天尘土、雨天污泥的中国旧式土路。城市垃圾处理系统、煤气、电灯、电话、自来水、邮电通讯、公共交通这些中国从来没有的新鲜事物,都普遍出现在租界。在进行现代市政建设的同时,又在租界实行西方式的管理措施,并使之制度化。租界迥然不同的城市面貌,与华界的拥挤、肮脏、混乱、破败形成鲜明的对比。①

上海租界从1854年开始,已实行华洋杂居。而且在租界和华界之间,人员可以自由流动,租界体现的西方物质文明和精神文明,可以毫无阻碍地扩散到华界。通过租界展示的西方文明,租界与华界的巨大差距,极大地刺激着上海人,推动他们学习西方的步伐。以市政建设为例,1864年3月上海第一家煤气公司大英自来火房开张,1882年电灯开始出现在租界。此外,租界的道路比华界宽阔、整洁,市政管理更比华界严格、讲究法治。华界居民对这些都先是诧异、不解,继而便是理解、仿效,试图以租界为榜样,迈向现代化。1895年上海士绅成立了上海马路工程局,以建设市政、缩小华界与租界的差距为重点。与此同时,租界实行的议会制度、生活方式、伦理道德、价值观念,乃至审美情趣,也对华界形成示范效应。②

不仅上海如此,其他设有租界的条约口岸城市无不存在着租界和华界的巨大差距。例如汉口,有人回忆道:"当时汉口各租界街道房屋清洁整齐,治安秩序良好,并备设有巡捕房,轮派巡捕日夜守望……。反之,武汉的街道和里巷,人极复杂,漫无秩序,甚至当街便溺,当街晒衣,毫无交通卫生的讲究,一到夜间,盗贼充斥。以此情况与租界相比,自是相形见绌。"③

目睹租界与华界的巨大差距,本地人受到极大震撼。生活在上海的李平书便是如此:"吾一言通商以后之上海而为之愧,为之悲。愧则愧乎同一上地,他人踵事增华,而吾则因陋就简也;悲则悲夫同一人民,他人俯视一切,而吾则局促膝下也。要之通商以来,上海,上海,其名震人耳目

---

① 参见袁燮铭《工部局与上海早期路政》,《上海社会科学院学术季刊》1988年第4期。
② 参见张仲礼主编《东南沿海城市与中国近代化》,上海人民出版社,1995,第43—44页。
③ 策前:《清末武汉的警察机构》,《武汉文史资料》第一辑,1986,第97页。

者,租界也,非相形见丑耶?"①

周积明说:"思想上的震撼与落伍的时代感往往是深刻反思与新追求的开端。中国近代革命思潮的形成,虽然并非因租界刺激而起,但香港和租界里的资本主义文明,确确实实对传统世界中的中国人起有一种文化示范和思想诱发作用。"②地方自治和市的设立首先始于口岸城市,并以口岸城市的表现为最剧烈,显然与口岸的市民对中外差距认识最清楚,要求改变的愿望最强烈,而且具备改变的物质与思想基础,有着莫大的关系。以上所提到"吾一言通商以后之上海而为之愧,为之悲"的李平书,以后便是上海自治的领袖人物。

1900年八国联军进攻北京,慈禧太后率光绪皇帝仓皇出逃。危急的时局迫使他们思考对策。1901年1月29日慈禧太后以光绪皇帝名义在西安发布上谕,宣布变法革新。此后各地实行的地方自治,便属于革新的内容之一。地方自治为资本主义国家的一种地方管理制度,通过民主选举,实行地方自治,民众可以根据大多数人的意志和实际情况自由处理本地事务,使地方获得较快发展。

在中国,对城市自治制度的介绍始于十九世纪五六十年代,那些走出国门、目睹域外城市文明的驻外使臣和留学生已注意到国外独特的城市管理制度。积淀所至,"清季以来,谈国是者,咸以地方自治为立国之基础"③。

在关于地方自治的大讨论中,无疑以梁启超影响最大。梁启超在其所著的《中国文化史·社会组织篇》中,认为中国历史不乏地方自治,但这种自治只是在乡村家族而不在城市,与西方比较,"欧洲国家,积市而成,中国国家,积乡而成,故中国有乡自治而无市自治";"欧洲各国,多从自由市展扩而成。及国土既恢,而市政常保持其独立,故制度可纪者多。中国都市,向隶属于国家行政之下,其特征可载者希焉"④。"彼之所发达

---

① 《上海县续志》卷三十《论上海》,(台湾)成文出版社,1918。
② 周积明:《租界与中国早期现代化》,《江汉论坛》1997年第6期。
③ 柳诒征:《中国文化史》下册,中国大百科全书出版社,1988,第840—841页。
④ 梁启超:《饮冰室合集》第十册,专集之八六,《中国文化史·社会组织篇》,中华书局,1989,第52、61页。

者,市制之自治;而我所发达者,族制之自治也";而中国都会"状态之凌乱",都是中国人"皆能为族民不能为市民之明证也"。①他强调地方自治的重要性,强调要培养市民的城市自治意识。

20世纪前后,资产阶级为争取参政、议政,获取一部分地方行政权,成立了许多地方自治团体。上海是我国近代工商业兴起较早、规模最大的城市,也是资产阶级力量最强的城市。因此,晚清民初上海自治运动表现的气概和力量远远超出其他城市。

清代沿袭前代的制度,管理都市的仍是传统的州县、坊厢和保甲制度。这种行政管理制度,对建立在传统农业基础上的小县城尚有成效,但对于建立在工商业基础上且具有一定人口规模的近代城市则难以收到成效,不仅办事效率低,许多方面甚至无人管理。在上海、天津、汉口、广州等工商业发达较早的城市,由商人组成的民间组织不得不承担多方面的市政事务,从而为地方自治打下基础。

清末以前上海并无专门的市政机构,所有清道、安装路灯、筑造桥路、修建祠庙、举办团防等事宜,悉由地方慈善团体辅元堂经办。1895年商人成立南市马路工程局,负责修筑马路等事宜,1897年南市外马路建成后改名"南市马路工程善后总局",上海始有常设市政机构之雏形。由于善后总局的组织既不完善,所完成的任务也无足述,"上海士绅之开通者多惕于外权日张,主权渐落,道路不治,沟渠积污,爰议创设总工程局,整顿地方,以立自治之基础"。1905年10月上海道袁树勋采纳上海县绅商提出的成立上海城厢内外总工程局的建议,同意"即将南市工程局撤除,所有马路、电灯以及城厢内外警察一切事宜,均归地方绅商公举董事承办"。不久,通过投票,推举76人为董事,宣告成立总工程局。② 在总工程局成立之后,上海商界纷纷组织"地方自治研究会""地方公益研究会"等组织,探讨本地的地方自治问题。③

---

①梁启超:《饮冰室合集》第七册,专集之二二,《新大陆游记节录》,中华书局,1989,第121—122页。
②《清季上海地方自治与基尔特》,载上海通社编《上海研究资料续集》,上海书店,1984,第153—154页;《上海自治志》,《上海市自治志大事记》甲编,《上海城厢内外总工程局大事记》。
③《清季上海地方自治与基尔特》,载上海通社编《上海研究资料续集》,上海书店,1984,第155页。

1909年初,清廷颁发《城镇乡地方自治章程》,上海县城厢内外总工程局改名为"上海县城厢内外自治公所",权限得到进一步扩充,商人组织成了地方上的强大力量。1936年撰成的《清季上海地方自治与基尔特》一文对此评论道:"清季上海地方自治,既有众多的基尔特(引者按:同业互助组织)参加,并有两个研究团体,以商人为中坚分子,这样他们就造成了地方政治上的一种势力。对内有商团的组织,系纯粹由商人自己武装起来保卫自己的行动;对外则对于外人租界扩张的企图,竭力防止,也奏相当成效。至于辛亥革命之役,不血刃而使革命军得手,实际上他们一种政治上的势力是发挥了相当作用的。"①1913年又以自治公所的原班人马改名组成上海市政厅。经过10余年的努力,上海的地方自治,便由以前只拥有一部分地方行政权,受清朝地方官府监控的民间市政机构,发展成为正式的资产阶级地方行政机关。

　　天津也是清末尝试地方自治较早的城市。1906年,袁世凯委派天津知府凌福彭等筹设天津自治总局,作为直隶城乡最高的自治领导机关。8月,天津自治总局成立,各州县选派"举、贡、生员或中学堂以上毕业者,家道殷实、勤于公益之绅商",分批进入总局附设的自治研究所,学习地方自治制度和管理国家必备的知识。为了让民众加深对地方自治的认识,袁世凯又委派学习过法政又深谙土风的多位本地人士,分赴天津属府城乡进行宣传,并分发有关地方自治的基础知识。经过一年多的准备,1907年6月天津开始按照选举规章选举,在2572名候选人中选出30名议事会议员。8月18日,天津议事会及议长、副议长等被隆重选出。这个议事会是中国第一次"普选制"试运行。这个样板被层层复制,1911年天津的州县大体都成立议事会。②

　　地方自治运动本由各地自发举办,1909年年初转入在清政府的督导下全面推行阶段。据不完全统计,到辛亥革命爆发前,全国已成立的城市自治公所超过850个,镇自治公所超过530个,乡自治公所在1970个

---

①《清季上海地方自治与基尔特》,载上海通社编《上海研究资料续集》,上海书店,1984,第157页。
②徐永志:《论20世纪初直隶地区的社会整合》,《清史研究》2000年第3期。

以上。①

这些城市建立的自治机构,大多采用了西方议行分立的组织体制。议决机关为议事会,执行机关为董事会,两者互相监督,是大众参与政治的重要环节。民主选举、议行分立等民主化因素在这些城市最先出现,推进了城市的政治近代化。在地方官员的监督下,日益城市化了的绅商们关注城市的发展,积极参与城市公共事务,成为城市自治的主体力量,使得自治运动开展得有声有色。② 个别大城市自治机构的行政权限,例如上海,已经包括财政、工务、警务、学务、卫生、司法等。③ 而1909年成立的汉口各区基层自治机关,已具有对地区性公益事务进行管理的权限,俨然是城市基层政权。④

在各地的城市自治中,商会发挥了重要的领导作用。1904年初清政府颁行《商会简明章程》,谕令各省设立商会:"凡属商务繁富之区,不论系会垣、系城埠,宜设立商务总会,而于商务稍次之地,设立分会。"⑤ 到1905年,全国共创设商务总会和分会约70个,而次年一年之内所设立的商会就达108个。与此同时外洋各埠的华侨商人也纷纷设立中华商务总会。⑥ 1911年,四川、江苏都成立全省性的商会联合会,次年11月各省又联合成立全国性的中华全国商会联合会。

当时,除了少数地区以外,各地为数众多的晚清新式社团,"它们大多以商会为中心和基线,构成一个关系紧密的社团群落。在这个群落中,商会扮演着某种领袖团体的角色,或者说勉为其难地代行了部分资产阶级政党的职能。"通过功能的联结,以商会为中心的新式社团网络已拥有不完全的市政建设权、商事裁判权、地方治安权,以及工商、文教、卫生和其他公益事业权,并随着地方自治运动的深入,进一步集中、加强了控制市政建设和管理的权利。一种潜在的地方性"自治政府"正在悄然无息地

---

①参见丁旭光《近代中国地方自治研究》,广州出版社,1993,第92—93页。
②赵可:《清末城市自治思想及其对近代城市发展的影响》,《史学月刊》2007年第8期。
③张仲礼:《近代上海城市研究》,上海人民出版社,1990,第635页。
④皮明庥:《近代武汉城市史》,中国社会科学出版社,1993,第100页。
⑤《商部奏定商会简明章程二十六条》,载《大清光绪新法令》第十六册。
⑥虞和平:《中国现代化历程》(三卷本)第一卷第三编第十一章,《资产阶级的初步成长》,江苏人民出版社,2001,第262页。

形成,"它不仅填补了封建官府所留下的权力空间,并且还在不懈地开拓更大的发展空间。而这正是晚清民间社会自治组织运动的根本趋势和实质,也是资产阶级区域性阶级整合的基本目标和方向。"①

由于辛亥革命是革命派、立宪派和旧官僚共同参与的推翻清朝的行动,因此民国初年形成各派共同参政的局面。"就地方政府的成员组成而言,有不少社会上层人士直接进入政府机构担任职务。由于各省在起义和光复中,都有革命派、立宪派、旧官僚,以及社会各界人士参与其事,因此在成立新政府时也就不可能仅仅限于某一派人士,往往是革命派掌握军事权,立宪派掌握财政、实业等民政权。"在上海军政府中,立宪派和工商界领袖人物,如李平书、沈缦云、朱葆三等,多人担任了民政、财政、交通、工商、市政各部厅的部长、次长、市长、顾问等职务。其他各省的政府成员构成,也都不同程度上存在着类似的状态。②

民国初期,袁世凯为复辟帝制,重申地方自治的宗旨是"辅佐官治,振兴公益",决非脱离官制而独立;他还诋毁各自治团体"良莠不齐,平时把持财政,抵抗税捐,干预词讼,妨碍行政",并于1914年3月"着各省民政长通令各属,将各地方现设之各级自治会立予停办"。③

然而,1914年3月以后地方自治运动是否真的遭到扼杀,仍有讨论的必要。根据《清季上海地方自治与基尔特》,自入民国直到撰写该文的1936年6月8日,上海商人在地方政治上的力量并无任何减弱的迹象。民国初期,上海商人与地方政治势力几乎打成一片,很多商人在沪军都督府等高级行政机关任官和任职,或者与地方政治势力保持良好的关系。到了1913年二次革命以后,"对于官厅当局,上海商界也站在领导者的地位,热烈的争取治权,如地方自治回复问题,闸北市政问题,淞沪特别市组织问题,等等,俱为彰明昭著的表现";"而这种表现的力量,直到现在

---

① 虞和平:《中国现代化历程》(三卷本)第一卷第三编第十一章,《资产阶级的初步成长》,江苏人民出版社,2001,第271—274页。
② 虞和平:《中国现代化历程》(三卷本)第一卷第三编第十一章,《资产阶级的初步成长》,江苏人民出版社,2001,第380页。
③ 白蕉:《袁世凯与中华民国》,载荣孟源《近代稗海》第三辑,四川人民出版社,1985,第83—84页。

(1936)还是有增无已"。① 可见,不消说1914年3月以后上海的地方自治运动并未遭到扼杀,甚至对1927年国民政府统一南北之后上海的城市自治问题仍须细致探讨。

民国学者顾敦鍒在《中国市制概观》中分析"向来重乡治而忽市政"的传统清末被大大改变的原因,认为是受到西洋三种影响所致:一是"交通频繁,商业逐渐发达"。二是"机器的输入,工厂并设",这两种原因导致中国的城市化启动。第三种原因,"是最大的原因,那就是德谟克拉西的影响"。他解释说:晚清新政运动"与市政有极大的关系。原来所谓西洋政治,就是立宪政治;立宪政治,就是民主政治,民主政治的初步,就是地方自治;而市政的推行,就是地方自治的一部分的工作"。② 显然,20世纪初的有识之士在探索救亡图存方略时,找到了地方自治特别是城市自治这一西方民主政体的根基,从而自觉地将民主政治与作为地方自治重要构成部分的市政推行紧密相联,将实现民主政治的愿望寄托在争取城市自治之上。③

四、城市革命的第二阶段:市的推行

1908年12月27日清政府颁布《城镇乡地方自治章程》,第一次以国家法律的形式,将城镇区域和乡村区域区别开来,确认双方都是县下的基层行政建置。民国初年继承晚清的制度,如江苏临时省议会通过的《江苏暂行市乡制》,重申市、乡分治的原则,并对各自的功能、下设机构名称和人员组成做了明确的规定。几年以后其他省的一些大城市也设立各种形式的市政管理机构,并有着自己的管辖区域。尽管如此,这些市还不能视为一级行政区划单位,只能算是"市"的雏形,而且在1914年袁世凯停办地方自治以后江苏等省的市制也停止施行。④

---

①《清季上海地方自治与基尔特》,载上海通社编《上海研究资料续集》,上海书店,1984,第143—158页。
②顾敦鍒:《中国市制概观》,《东方杂志》第26卷第17号,1929,第33页。
③赵可:《清末城市自治思想及其对近代城市发展的影响》,《史学月刊》2007年第8期。
④参见傅林祥、郑宝恒《中国行政区划通史·中华民国卷》上编第二章第六节《自治市制与城市型政区的萌芽》,复旦大学出版社,2007,第60—63页。

中国大陆第一个具有行政区划单位意义的市形成于广州。1917年，孙中山因受袁世凯排挤而来到广州，在地方军阀的支持下组织中华民国军政府。军政府任命陈炯明为广东省长，陈炯明企图使广州成为不受旧行政区划管辖的城市，委托从美国学成回国的孙中山的儿子孙科起草有关条例。1921年孙科草拟《广州市暂行条例》，呈省长核准后于同年2月15日公布施行。广东省遂将广州两年前所设的市政公所改组为广州市政厅，以孙科为广州市长。《广州市暂行条例》的第三条规定："广州市为地方行政区域，直接隶属于省政府，不入县行政范围。"①广州市成为一个与县平级的独立的行政区域，广州市政厅成为独立的一级行政权力机关，而在中国历史上以前尚无一个城市能够如此。因此，这条规定实际宣告我国第一个城市型政区的诞生。②

市政厅由市长和财政、公安、教育、卫生、工务、公用事业六个局的局长共7人所组成，行使市政管理的职能，并设立30人组成的市参事会。依《条例》的规定，市参事会是"代表市民辅助市行政之代议机关"。其职能主要有三项：一是议决市民的请愿案，咨送市行政委员会办理；二是议决市行政委员会送交的案件；三是审查市行政各局办事成绩。市行政委员会对于市参事会的议决有异议时，得提交复议，如参事会仍执前议，市行政委员会应即执行。市参事员30人，10人由省长指定，10人由市民直选产生，另有10人由商会、教育、医药、工程、律师等不同的协会和团体选出。参事员任期一年，连选可连任。此外，又设立审计处，处长由省长委任，任期一年，但得连任，地位和市长平行。③

显然，广州市的政府结构不同于中国历史上的任何地方行政机构，而与清末民初地方自治时清政府颁布的《城镇乡地方自治章程》、江苏临时省议会通过的《江苏暂行市乡制》规定的行政机构，有较多的相似处。由此可见，尽管1914年袁世凯停办地方自治，但各地的地方自治仍然在继续运行且在有些地方达到了新的高度。

1921年以广州为中心的南方政府还不是全国性政府，不过北京的北

---

①《东方杂志》第22卷第16号，1925，第136页。
②傅林祥、郑宝恒：《中国行政区划通史·中华民国卷》上编第二章第六节。
③钱实甫：《北洋政府时期的政治制度》（下），中华书局，1984，第326—328页。

洋政府却已注意到了广州市的变化。1921年7月3日,北洋政府公布《市自治制》,恢复了市的行政建制,9月9日再公布《市自治制施行细则》。① 然而在当时的条件下,这一法规影响有限,而在全国范围内正式设市的城市寥寥无几,更多的是在大城市设立督办商埠公署,在中等城市设立市政筹备处,以此作为管理城市市政的过渡性机构。

在1920年已展开并持续到1925年的10余个省的联省自治运动中,南方各省颁布的省宪均有关于市制的规定。这些都直接刺激和诱发了人们压抑已久的地方自治热情,城市自治运动又开始重新活跃。1922年北洋政府将北京改称京都,定为特别市,在自治机关没有成立前先设立筹备处,由官府督办。北京市民为反对官府督办市政,拒交警捐,要求提前设立市自治会,由市民自办市政。② 1925年5月30日,临时执政又公布《淞沪市自治制》。时人有言:"故年来地方自治之声浪洋溢于耳,各大通商口岸之居民复因种种需要与刺激,感觉创办市政之必要,于是乎市制度乃极为一般人所注目。"③此后,随着北伐军的节节胜利,"市"开始在一些重要城市建立。

1926年10月,北伐军占领汉口、汉阳和武昌,不久分别成立汉口市政委员会(兼辖汉阳县城)和武昌市政厅。1927年1月,国民政府从广州迁到武汉,武汉成为临时首都。4月,经国民党中央政治委员会决议,汉口、汉阳和武昌三镇合一,成立武汉市政府,后改为武汉特别市。④ 同年4月,国民政府定都南京,5月设南京特别市,直隶国民政府,此后上海、杭州、宁波、重庆等地相继设市。

1927年5月7日,国民党中央政治会议通过并公布《上海特别市暂行条例》。条例规定:"本市为中华民国特别行政区域,定名为上海特别市";"上海特别市直隶中央政府,不入省县行政范围"。⑤ 上海成为中国第一个直辖(特别)市。6月,设立南京特别市。上海、南京这些直属于中

---

①《市自治制》,《东方杂志》第18卷第14号,1921,第129页。
②《北京通信:市民反对警捐,要求提前设立市自治会》,载《申报》1924年2月4日。
③张锐:《市制新论》,商务印书馆,1926,第2页。
④参见皮明庥主编《近代武汉城市史》第十三章第一节《三 武汉建市》,中国社会科学出版社,1993。
⑤《国民政府公报》,1927年5月11日宁字第二号,第12页。

央而与省平行的特别市,与先前设立的广州市等省辖市一起,组成了我国第一批城市型政区。

1928年7月3日,国民政府颁布《特别市组织法》和《普通市组织法》,规定市分特别市和普通市两种,特别市直属国民政府,普通市隶于省政府。凡首都和人口百万以上的都市,以及其他有特殊情形的都市,经过中央政府的批准,可以设为特别市。关于普通市,法规规定:凡人口满20万以上之都市,得依所属省政府之呈请暨国民政府之特许建市。

1930年5月国民政府又颁布《市组织法》,废除原先的特别市与普通市,将市分为直隶于行政院的院辖市与直属于省政府的省辖市两种。院辖市设立的标准,依照该法规定,凡首都或人口在百万以上者,以及政治上、经济上有特别情形者,得直隶行政院,设为院辖市;但以上各项均以非省政府所在地为限,如为省政府所在地者,该市应隶属于省政府。到1933年5月,国民政府取消了省会不设院辖市的规定。

关于省辖市,《市组织法》规定凡人民聚居地方有下列情形之一者设为省辖市:1.人口在30万以上;2.人口在20万以上,所收营业税牌照费土地税每年合计占该地总收入一半以上。设市标准比以前大为提高,因此在以后的相当长时间中,有的城市只能以市政筹备处及市政委员会等形式进行过渡。① 直到1947年7月,再次修正的《市组织法》始降低准予设市的城市人口标准。

从有关市设置的资料来看,在相当长的时间中,人口和税收都是国民政府批准各地设市的主要标准。1933年长沙设市获得行政院批准,理由是城市人口已逾30万,且市政筹备已有头绪②;1927年广西设立梧州市,但因人口不满10万,一直没有得到行政院的批准,并于1932年被广西裁撤③,都是其中的例子。然而,如果城市地位特别重要,行政院也会降低人口和税收的标准而予以设市。1935年江苏省政府决定析灌云县墟沟老窑一带设置连云市。内政部认为连云人口约有10万左右,税收也不多,尚未达到设市要求,但它是滨海重镇,港埠市政的规划设施刻不容缓。

---

①姚骧:《市组织法释义》,上海世界书局,1937,第3—4页。
②钱端升等:《民国政制史》下册,上海商务印书馆,1946,第417页。
③钱端升等:《民国政制史》下册,第420页。

行政院复交内政、军政、财政三部及江苏省政府再行审查,最后准予设市。① 1929年广东省政府要求设立汕头市,上级部门认为虽然城市人口只有14万,与《市组织法》不相符,但从交通、贸易及税收方面考量而有设市的必要,这项要求获得国民政府批准。②

我国在民国时期直到抗战胜利以前,曾存在伪满洲国、汪伪政权、伪蒙疆联合自治政府等外国侵略者扶持建立的傀儡政权,台湾亦在日本的占领下,这些伪政权在各自范围内都设立过市。尽管情况有所不同,但人口和税收无疑也是主要的标准。例如,1941年伪满洲国17个主要市的城市人口,奉天(后改为沈阳)、哈尔滨、新京(后改为长春)3市均在50万以上;安东、抚顺、吉林市、鞍山4市均在20万—30万,牡丹江、营口、阜新、锦州、齐齐哈尔、佳木斯、辽阳7市均在10万—20万,只有本溪湖(后改名本溪)、四平和铁岭3市在5万—10万。③ 虽然少数城市人口的数量低于同时的关内,毕竟看得出一定的城市人口仍是伪满洲国设市所坚持的标准。可以说,在中国的各个区域,大致上只有那些人口数量达到一定的规模,并且具备一定经济实力和税收额度的城市,才有可能被批准设市。

南京国民政府建立的市政体制采取的是独任制,即市长一人由国民政府或省任命,管理行政,监督所属机关,其下设处、局、科分管具体事务。按《市组织法》,市应设立参议会,为代议机构,由公民选举参议员组成,三年一任,每年改选三分之一。《市组织法》颁布后在全国范围内推广,对中国市制的形成起了重要的推动作用。市政府正式成为国民政府在城市中的政权机关,从而一举改变过去大中城市城乡合治的状况,有利于加强城市管理,促进市政建设和社会、经济的发展。

笔者以为,自晚清开始直到北伐战争胜利以后的数年,以通过民主选举实行地方自治,在城市中以建立市政府为主要目的的城市自治运动,无疑是中国近代历史上的重要事件。从历史的角度,应将其看作是自唐宋

---

① 钱端升等:《民国政制史》下册,第424页。
② 《国民政府指令第2359号》,1929年10月22日第300号《国民政府公报》,第6页。
③ (日)"满洲国史编纂刊行会"编"《满洲国史(分论)》",《东北沦陷十四年史》吉林编写组译,《主要十七城市人口》,1988年内部发行,第360页。

城市革命以后所发生的再一次城市革命。以往学界将这一场持续30余年的自治运动人为地缩短为晚清自治的有限几年,且将这场自治运动视为"具文"和"遮羞布",同时又忽视北伐战争以后席卷全国的设市潮流及其意义。经过这样的"拆零"处理,在贬低自治运动的意义的同时,自然也忽视了这一场城市革命的意义和性质。

五、城市革命的意义及其影响

如上所述,在清末民初的30余年中,中国城市发生了巨大的变化。

第一,出现专门管理城市的行政区域"市",城市开始与农村分属于不同的行政机构管理,以前的城乡合治变为城乡分治。

传统社会之所以没有设立城市管理机构,最根本的原因是统治建立在自给自足的小农经济基础上,统治者主要根据农村社会需要制定相应的政策和措施,而城市集中体现的是政治、军事和文化功能,代表城市自身发展的经济功能当时情况下难以持续发展,也不可能形成可以制约国家权力的社会精英,在社会结构、价值理念和伦理习俗等方面城乡差别并不明显。① 而近代出现城乡分治,是城市的工商业和人口数量都得到较大发展,沿用2000年的将城市作为农村一部分加以管理的省府州县制度面临着挑战,需要采取城乡分治的办法,建立不同于农村的管理机构的产物。经此变革,在中国出现最早、持续时间最长的最下一级行政区划单位"县",此后变成基本管理农村及其聚落的行政区划单位。

第二,中央政府批准设市,一般要求该市必须有相当多的人口数量,而且营业税、牌照费、土地税必须占该市每年财政总收入的一半以上。这一点表明,工商业者已成为城市人口的主体部分,工商业是城市的主要功能,城市由商品少出多进的地方变成工商业中心。随着市的普遍建立,人们逐渐将市等同于城市,而将人口较多但未设市的聚落称之为镇,从而又将市与农村、设市的城市与未设市的城市、市与市镇区别开来。

第三,中央政府批准建立市的标准,主要不是依据它的行政中心的级

---

① 张利民:《艰难的起步:中国近代城市行政管理机制研究》,天津社会科学院出版社,2008,第35页。

别而是依据人口和税收的标准,基本不考虑它是地方垂直行政体系的哪一级的行政中心,甚至是不是行政中心。这一点,标志着中国的城市开始从数千年的行政中心型,转向了经济中心型,不再像以往那样主要依据行政等级的高低来决定城市的重要性。

第四,形成市长、市政厅、市参事会(议会)、市董事会、市行政委员会、审计处等城市行政管理机构,市议会的大部分成员理论上要通过选举产生,并对市政厅具备一定的监督、检查的职能。这种行政机构、立法机构和民主选举方式在中国历史上可说是闻所未闻,是纯粹的资本主义政治文明的舶来品。资本主义议会政治的民主形式已正式进入中国的城市。尽管各地的某些做法徒具其表,或者停留在较浅的层次,但资本主义议会政治的民主形式毕竟从此深入人心。

自秦始皇统一以来,中国建立了高度集权的君主专制,在政治上不消说乡村农民享受不到民主,城市居民同样难以想象三权分立、投票选举、议行分立等来自欧美的政治民主。尽管清末民初的地方自治运动的宗旨是要协调官府和民间的关系,以民治辅助官治,在专制权力面前始终处于受控状态和弱势地位,无法成为拥有独立行政权的一级政权实体。但政治民主进入中国的城市,毕竟是前所未有的大事,它不仅预示着中国社会的发展方向,也清楚地表明近代的城市已根本不同于古代的城市。因此,这场城市革命,其性质不但不同于唐宋之际的城市革命,也不同于其他任何时期的城市变革,是一场资产阶级城市革命。

在发生上述城市革命的同时,传统城市主要功能以行政中心为首、经济相对弱化的状态,已朝着经济功能为主的方向发展。与此同时,城市功能得到改变,城市人口有了较多的增加,加之现代交通逐渐取代旧式交通,科学技术日渐发达等因素,城市内部的空间格局也发生了重大变化。例如,数千年作为重要的防御工事的城市的城墙,因影响了城市交通的改善和城市建成区的扩大,民国以后在渐及全国的拆城运动中大多被拆除。① 如果说宋代的城市革命,拆除的是城市内各居民区"坊"的坊墙的

---

① 刘雅媛:《清末以来城墙拆除的阶段、动因与地区差异》,载《历史地理》第31辑,上海人民出版社,2015。

话,清末民初的城市革命则将历代作为城市标志的城墙也拆除了。又如,中国古代的城市一般都位于较大河流的一侧,并没有在河流沿岸形成对称的市区,沿江、沿河分布成为传统的中国城市的一大特点。开埠后随着城市经济的不断发展和人口的增多,尤其是桥梁修建材料和技术的根本性改进,双岸城市开始大量出现,双岸或多岸城市成为近代中国大部分城市空间结构的一大特征①。总之,近代城市空间也发生了多方面的变化,城市革命也是重要的推动力之一。

---

① 王列辉:《近代双岸城市的形成、特点及机制分析》,载《城市史研究》第24辑,天津社会科学院出版社,2006。

近代中国的城市发展与空间分布*

摘要：近代是我国城市得到较快发展的时期，发展的动力在于近代工商业的成长。但近代的城市发展呈相当不均衡的状态，得到发展的城市大部分是条约口岸城市，非条约口岸的部分城市因位居近代兴起的交通要道工商业得到发展，或促进一些村镇形成城市，而一些传统政治中心城市则发展缓慢。总之，开埠通商、新式交通和工商业对近代城市的发展具有重要意义，城市的数量和规模都呈现自东部向中部、西部减少、变小的特点。

关键词：中国近代；通商口岸；城市发展；对外贸易

近代是我国城市得到较快发展的时期，发展的动力在于近代工商业的成长。随着外来的先进生产力和政治、文化的传入，中国历史上从来没有过的资本主义工商业城市在沿海沿江口岸地带成批出现，并带动了一大批传统城市向近代城市的转型。近代城市的巨大变化，不仅对中国经济，也对中国政治、文化产生了根本性的影响。

1921年，我国诞生了"市"这一主要管理城市区域的新型行政区划单位，凡是工商业发达、具有一定人口数量的大型聚落，经过政府批准，得以设市。考虑到探讨的方便和科学性，拟分条约口岸城市与非条约口岸城

---

* 本文原载《历史地理》第29辑，为国家社科基金重大项目"中国旧海关内部出版物的整理与研究"（11&ZD092），以及教育部人文社科重点研究基地重大项目"港口—腹地与中国近代经济地理格局的变迁"（11JJD770020）的中期成果。

市两类,选择民国时期设立的"市",进行探讨①。先探讨城市的成长问题,最后探讨城市的空间分布问题。

一、条约口岸城市的兴起

从 1842 年开放广州、厦门、福州、宁波、上海为通商口岸,到 20 世纪 30 年代开放广东中山港止,共有通商口岸 108 个,租借地 4 个;其中,通过签订条约被迫开放的口岸 79 个,是自行开放口岸的 2.39 倍,占了全部同类口岸的 70%。而且,条约口岸的开放比自开口岸的开放要早了半个多世纪。尽管各个通商口岸都在不同地区的经济发展中扮演了重要的角色,但就全国而言,最重要的仍是条约口岸,尤其是分布在沿海、沿长江的条约口岸。据表 1 所示,中国对外贸易的绝大部分,都是通过沿海条约口岸城市进行的,其次是沿长江的海关,沿边海关微不足道。

表1 各地带海关贸易总值及占全国的百分比

	1882 年		1912 年		1931 年	
	总额	百分比	总额	百分比	总额	百分比
沿海海关	185 461 660	73.5	789 093 596	64.6	3 212 687 879	81.6
沿边海关			61 618 815	5.0	39 422 959	1.0
内地海关	66 837 827	26.5	371 536 156	30.4	683 327 317	17.4
(长江沿岸)	66 837 827	26.5	277 275 742	22.7	504 1900 15	12.8

资料来源:《光绪八年通商各关华洋贸易总册》,第六款;《中华民国元年通商各关华洋贸易总册》,第八款;《民国二十年海关中外贸易统计年刊·统计辑要》;《民国十八年至二十年海关贸易货值按关全数》。均载京华出版社《中国旧海关史料》,2001 年。

说明:贸易总值都包括洋货进口净值、土货进口净值和土货出口总数三项。1882 年和 1912 年单位为两,1931 年为关平两。

我们不妨以天津、营口、烟台等 3 个北方最早开埠的口岸的成长,看

---

① 有关市的标准和设立,详见拙文《市的兴起与近代中国区域经济的不平衡发展》,《云南大学学报(社会科学版)》2006 年第 5 期。

看开埠通商对进出口贸易的促进作用。这3个港口早在开埠之前已有一定规模的沿海贸易量,与北方和南方的沿海地区保持着密切的海上交通和贸易联系。外国列强之所以选择这3港开埠,显然也是基于历史的原因。① 然而,这些港口的大发展,仍是在开埠之后。

表2　1875—1904年北方三口岸进出口贸易净值的增长

单位:前为海关两,后为%

年份	天津	增长	烟台	增长	营口	增长
1875	17 058 711	100	7 786 786	100	5 513 055	100
1880	21 668 434	127	9 905 815	127	6 725 036	122
1885	26 242 763	154	10 583 486	136	8 298 116	151
1890	34 133 168	200	12 862 382	165	14 448 281	262
1895	50 175 806	294	17 495 041	225	9 353 705	170
1990	31 920 658	187	27 058 328	347	22 024 643	399
1904	68 954 694	404	34 255 175	440	41 517 878	753

资料来源:交通部烟台港务管理局编《近代山东沿海通商口岸贸易统计资料(1859—1949)》,表1、附表3,对外贸易教育出版社,1986。

由于在最初的数年中各海关的统计报告只有进出口商品的一些单项数据,缺乏商品合计的总值,难以进行各年度贸易增长的比较,因此表2的数据只能从1875年开始。即便如此,北方最早开埠的天津、烟台、营口三口岸贸易净值的增长已相当快速。在表中所列的以5年为一个统计单位的数据中,按时间看各港除了1900年前后的一个统计单位有所减少之外,各统计单位都呈增长态势。因此,1904年各口岸的贸易净值,均相当于1875年的400%以上,增长最快的营口口岸相当于1875年的753%。简言之,各口岸在30年中均增长了3到6倍,速度不可谓不快。

市场的扩大无疑是进出口贸易数倍增加的主要原因。开放以前,这些口岸的贸易量,由于只面对购买力比较低的国内市场,都停留在较低的

---

① 许檀:《近代通商口岸城市发展的历史脉络:以"北洋三口"为中心》,载复旦大学历史地理研究中心主编《港口—腹地和中国现代化进程》,齐鲁书社,2005。

水平上。开埠以后,各国商人接踵而至,这些口岸的市场由以前有限的国内市场,扩大到广阔的国外市场,市场扩大了,贸易量自然翻倍增长。进出口贸易的发展,为各沿海城市走以港兴市、商贸兴市的发展道路,提供了良好的基础。

近代的上海、天津、汉口、厦门、九江、广州等城市,都设有供外国人居住,由外国人管理行政、税收、警察和司法的租界,还有一些沿海地区沦为列强的租借地。被迫设立租界与租借地严重损害了中国的主权,然而租界对中国的影响并非全是负面的、消极的,客观上有许多积极的作用,突出地表现在租界对所在城市发展的推动作用。

其中,建得最早、规模最大的是上海的租界。自1863年以来上海租界日趋繁荣,上海的对外贸易主要通过租界进行,租界内出现数以万计的洋行、商店。20世纪初期,界内又建成先施公司、永安公司等当时中国第一流的百货商场,商店林立的南京路和霞飞路(今淮海路)是全国最繁盛的商业街道。上海租界是中国近代航运的枢纽、金融业的中心,也是中国近代工厂最集中的地方,实际上是近代上海真正的经济中心。① 并逐渐成长为上海最主要的人口聚居区,1942年曾占上海市人口的62%。②

租界在各个城市,几乎都成为城市现代化的一个窗口。在上海,按照西方的生活要求和科学规划建设起来的新式马路、城市垃圾处理系统,以及煤气、电灯、电话、自来水、大口径砖砌下水道、公共交通这些中国以前没有的新鲜事物,都相继出现在租界。中国最早的西医、西药和西式医院、新式报刊,非常不同于中国传统的学校和教育方法的新式学堂,以及出版机构和新式的演出舞台,也大多首先出现在各口岸城市的租界,并在口岸城市获得发展,再影响到全国。到了20世纪20年代,凡是西方大都市兴建的近代化市政建设,上海租界已全部仿行,城市管理也日趋制度化③。

"十里洋场"迥然不同的城市面貌,与华界的拥挤、肮脏、混乱、破败

---

① 费成康:《中国租界史》,上海社会科学院出版社,1991,第269—271页。
② 邹依仁:《旧上海人口变迁的研究》,上海人民出版社,1980,第92页。
③ 费成康:《中国租界史》,上海社会科学院出版社,1991,第269—271页。

形成鲜明的对比。① 南市位于华界区,北市位于租界区,虽然南市的房价只是北市的三四分之一,而上海人"皆乐于舍贱而就贵"②,愿意生活在租界。路过上海的外省人更对租界啧啧称羡,印象深刻。甚至到了20世纪30年代,人们还认为上海"市中繁盛区域,首推特别区(以公共租界、法租界设置),马路修广,廛区整齐,为全市精华所萃";当然,作为中国人,人们也感受到租界地"一切行政管理之权,悉据外人,反客为主"的耻辱。③

其他口岸的租界,尽管规模大小、现代化水平有所不同,但都出现类似上海的现象。例如天津的租界区,1883年已成了天津的贸易、航运中心,1895年以后租界面积是县城的3倍,天津的贸易、航运、工业、金融无不云集于此,实际上是天津真正的经济中心。④

沿海条约口岸城市不仅是中国商业和交通最发达的地带,也是近代工业最集中的地带。1933年,我国除东北、台湾以外的广大地区工业最发达的12个城市中,上海、天津、青岛、广州、福州、汕头等6个沿海条约口岸城市,占了工人总数的72%和生产净值的85%;其次是沿长江的南京、汉口、重庆等3个条约口岸城市,占了工人总数的10%和生产净值的5%。⑤ 可以说我国的现代工业主要分布在沿海沿江的条约口岸城市,而近代工业的迅速发展,则是上海、天津、武汉、重庆、广州等沿海沿江城市从中等城市扩大为特大城市的关键原因。

何一民在探讨上海、天津、武汉、广州、重庆等由中等城市发展为百万以上人口的特大城市时,高度重视工业发展对城市规模扩大的作用。以上海为例,他认为:"工业的发展确实成为上海城市发展的重要推动力。大量劳动密集型工厂的建立,产生了巨大的拉力,吸引着为数众多的外地人口到上海来谋生,其结果是一方面使城市人口迅猛增加,另一方面也导致了城市用地规模扩大。同时,上海城市飞速发展的制造业也直接推动

---

① 参见袁燮铭《工部局与上海早期路政》,《上海社会科学院学术季刊》1988年第4期。
② 《申报》1896年7月14日、12月8日,杨逸:《上海市自治志》公牍甲编,第29页。
③ 世界舆地学社编《中华最新形势图》,"上海市",世界舆地学社,1937,第4页。
④ 费成康:《中国租界史》第八章第二节《天津租界》,上海社会科学院出版社,1991,第277—287页。
⑤ 严中平等编《中国近代经济史统计资料选辑》,表8"上海等十二个城市的工业",科学出版社,1955,第106页。

了城市商业的进一步发展,使商业、金融业及其他各种服务业和文化娱乐业变得活跃。可以说没有工业的飞跃发展,上海仅靠商业贸易不可能在较短时期内形成世界级的特大城市。"何一民对天津也做了同样的分析,并指出工业的发展使天津由一个单纯的商业贸易城市发展成为以工业为基础,以商业、金融为主导,具有先进的交通通信设施的多功能的经济中心城市。①

近代城市经济发展史表明,商业贸易的繁荣,工业的增长和集中,城市文化的发达,以及较高的管理水平,必然吸引大量的农村人口向城市迁移。工商业发展迅速的上海,自然成为吸收外来移民最多的城市。1852年,上海只有54万人,1949年达到546万人,已是百年前的10倍。上海的人口增长基本来自外地移民,其中大部分来自江苏和浙江,1935年上海约有37%的人原籍浙江,53%的人原籍江苏,总共占上海总人口的90%。② 不仅上海如此,其他工商业发达的口岸城市无不如此。天津在进入20世纪以后现代工业迅速发展,外来移民迁入较多。1906年天津城市人口42万人,1910年达到60万人,1925年为107万人,1936年已达到125万人③,超过北京成为全国第二大城市。

近代获得较快发展的条约口岸城市,有的原先因担任不同级别的行政中心而已有一定的人口数量和经济基础。例如,在列入特别市和院辖市的10个条约口岸城市中,鸦片战争前南京、广州已经是一定规模的工商业城市,而上海、天津则是重要的交通枢纽。尽管如此,这些城市获得较快的发展,都是在近代。

世界舆地学社1937年出版的《中华最新形势图》,在简述各省城市的人文地理时,大多提到晚清民国的经济尤其是商业状况,使我们得以了解民国时人的看法:

上海:"清道光二十三年,以鸦片战争之结果,依江宁条约,开为商埠,为我国最先中外通商之五口之一。以地当长江吐纳之口,南北洋及欧美

---

① 何一民:《试析近代中国大城市崛起的主要条件》,《西南民族学院学报(哲学社会科学版)》1998年第6期。
② 邹依仁:《旧上海人口变迁的研究》,上海人民出版社,1980,第90—91、112—115页。
③ 罗澍伟:《近代天津城市史》,中国社会科学出版社,1993,第455页。

往来之冲,举长江全域之精华,供其取用,世界各国之商品,经其吞吐,遂成全国贸易之中心,经济之首都,而为远东第一大埠。近来计算其总额,与今全国贸易总额之比例,常在百分之五十左右,可以想见其盛况。"①

天津:"地当五巨川之会点,往时漕运所经,已臻繁盛。迨海道大通,辟为商埠,轮舶麇集,帆樯如织,后又兴筑铁路,北抵北平,南达浦口,东至沈阳,商旅络绎,贸易殷繁,黄河全域及漠南各省之货物,靡不聚散于此,遂为华北商务之中心。"②

广州:"其地在海禁未开之时,已有外人通商;迨道光二十二年,正式开作商埠,海外侨商,咸来萃集,贸易大盛。今则藉其水陆交通之便,滇黔粤桂及湘赣南部之货物,无不毕集于此,遂为南部第一大埠,我国五大贸易港之一也。"③

南京因受太平天国战乱破坏,民国政府建都前人口仅37万余,"建都以后,冠盖云集,工商辐辏,乃日增月盛,至二十四年已达一百〇一万三千余人"。有下关、浦口二镇,其中浦口为民国元年(1912)自行开放的商埠,"仓栈林立,货运殷繁",但因太靠近南京,市况不如下关。④

据上所述,四大城市工商经济发展的主要原因,除南京主要依靠民国迁都以后政治中心的拉动之外,上海、天津、广州无不依靠开埠通商、对外贸易与现代交通的进展。

还有一些城市,如青岛、汕头、营口、烟台、大连、湛江、威海卫、旅顺、江门、海口等沿海口岸城市,在开埠前都不是县城,规模稍大的是一般的镇,而规模小的只是普通的村庄,原先人口并不多,开埠通商以后由于拥有较好的地理位置和自然条件,都获得迅速发展。

青岛原是胶州湾的小海口,1901年至1905年间先后建成大小两个港口,1904年胶济铁路通车,此后近代工业迅速兴起,城市人口急剧增加。1902年青岛只有万余人口,1910年16万余,30年代已60多万。⑤

---

① 《中华最新形势图》,"上海市",第4页。
② 《中华最新形势图》,"天津市",第46页。
③ 《中华最新形势图》,"广东省·地方志·广州市",第32页。
④ 《中华最新形势图》,"南京市",第9页。
⑤ 吴松弟、樊如森等:《港口—腹地与北方的经济变迁(1840—1949)》,浙江大学出版社,2011,第290页,陈为忠撰写。

大连"本名青泥洼,为一荒寒之渔村"①。自1906年开作自由港,1910年成为东北最大的货物进出口贸易中心②,1920年成为东三省南部最大工业都市。1903年大连城市人口不到3万人,1915年增长到近8万人,1930年已发展到29.3万人。③ 青岛和大连以后都成长为我国著名的工商业都市,并都成为院辖市,而台北、汕头、营口、烟台、湛江、威海卫、旅顺、江门、海口也因拥有一定数量的人口和一定规模的工商业民国时都建市。

甚至内地口岸城市借助于开埠通商和新式交通,往往也能得到较快的发展。例如,包头"本萨拉齐一市镇",由于是西北和天津之间的货运枢纽,贸易兴盛,1921年开埠,1923年以今北京为起点的平绥铁路延伸至此,1926年设县,1938年设市,"其繁荣之程度,已驾于归绥(今呼和浩特)而上之,俨然内蒙第一市场也"。④ 哈尔滨"昔时本一荒凉之村落,自俄国经略远东,以斯地为关东中心,乃筑东清支干路交会于此,并辟作商埠",交通和贸易迅速发展,城市人烟日稠,"俨然为东北一大市场,有'东方莫斯科'之称焉"。⑤

万里长江纵贯我国中部,流域内人口众多,资源丰富,水运方便,又有上海作为出海口,为近代内地发展较快的区域。众多的口岸城市在开埠以后都得到不同程度的发展,其中以汉口、重庆发展最快。汉口地当长江与汉水交汇口之北,为长江中游的货物集散地。1858年开为商埠,"陕甘豫晋滇蜀湘黔皖赣及本省之货物,咸萃于此,遂成中部贸易之中心,称为东方之芝加哥"⑥。1860年汉口人口约有10万,后因战争等原因人口时有升降,到1948年达到84万人。⑦ 重庆居四川盆地的底部,为长江和嘉陵江的交汇点。1891年重庆开埠,"以地扼四川全省之锁匙,江域上流之

---

① 《中华最新形势图》,"辽宁省·地方志·大连",第69页。
② 张富全:《辽宁近代经济史》,中国财政经济出版社,1989,第295页。
③ 吴松弟、樊如森等:《港口—腹地与北方的经济变迁(1840—1949)》,浙江大学出版社,2011,第303—304页,姚永超撰写。
④ 《中华最新形势图》,"绥远省·地方志·包头市",第79页。
⑤ 《中华最新形势图》,"吉林省·地方志·滨江",第71页。
⑥ 《中华最新形势图》,"湖北省·地方志·汉口省",第16页。
⑦ 皮明庥:《近代武汉城市史》,中国社会科学出版社,1993,第659—661页。

枢纽,凡陕甘川康滇黔之商货出入长江者,胥以是为转迁之机轴,遂为长江上流第一大埠"。① 1937年国民政府内迁重庆,城市工业和人口迅速增长,人口从1937年的47万增长到1946年的124万余。②尽管1945年抗日战争胜利后大批内迁移民随内迁工厂迁回沿海,但重庆已成长为西南经济中心和大都市。

新疆位于我国的西北角,位置偏僻,工业化和城市化刚刚启动,但各条约口岸在开埠以后内外贸易仍得到一定的发展,省会迪化(今乌鲁木齐)尤其兴盛:"津、晋、湘、陇之商人及缠商密集于此,贸易以羊毛、皮革、布帛为大宗,繁华富庶之状况,冠于全省,有'小南京'之号焉。"③1945年迪化设市,为新疆唯一的一个市。

晚清民国(截至1930年)被迫开放的条约口岸79个,其中设市46个,占条约口岸的58%,仍有33个未设市。其中,有设立在新疆、西藏、蒙古、甘肃、云南、广西的通商口岸伊犁(今新疆伊宁)、塔尔巴哈台(今塔城)、喀什噶尔(今喀什)、吐鲁番、哈密、古城(今奇台)、库伦(今蒙古乌兰巴托)、乌里雅苏台、肃州(今甘肃嘉峪关)、蒙自、河口、思茅、腾越、亚东、江孜、龙州,设立在东北的铁岭、新民屯、通江子、法库门、绥芬河、凤凰城、瑷珲、三姓、龙井村、头道沟、百草沟、珲春、宁古塔、多伦诺尔等口岸。这些口岸,或由于边疆人口和经济相对落后,或由于开埠较晚的原因,尽管开埠后有了一定的发展,但尚未达到建市的要求,因而都未能建市。这一点,说明开埠通商和进出口贸易对条约口岸的地方经济和人口发展的推动作用的大小,还受到经济基础、地理条件和交通状况诸多因素的制约,并非都能收到较大的效果。

不消说以上那些位于人口密度较低、交通不便且又经济落后的地区的口岸,或贴近城市的规模较少的口岸,未能形成城市,即使一些早期开埠的沿海条约口岸,对外贸易和工业发展也未必都顺利,有的口岸便未达到建市的标准。例如,福州虽然是福建省城,五口通商口岸之一,但因多山的原因口岸通往腹地的交通极其不便,加上社会环境不安定等原因,贸

---

①《中华最新形势图》,"四川省·地方志·重庆市",第24页。
②隗瀛涛:《近代重庆城市史》,四川大学出版社,1991,第384—387页。
③《中华最新形势图》,"新疆省·地方志·迪化",第83页。

易进展曲折。虽然1866年洋务派已在福州建立著名的福州船政局,但因区域投资不足,城市人口增长缓慢。1928年福州人口约34万,还不及开埠前。① 1933年福州设市,次年即废,直到1946年才复置。

二、非条约口岸城市的发展

茅家琦先生总结近代中国城市的发展道路,认为呈现两种类型,一类即上海、天津、广州等根据不平等条约对外开放的城市,外国商人利用获得的特权,经营工商业、公用事业以及文化教育事业,并占有租界,可以说是外国资本主义势力将这些城市推向近代化。另一类是非条约开放的城市,虽然受到条约开放城市的辐射影响,但主要是在传统社会经济的基础上,中国人靠自己的努力推动城市走上近代化的。前一类城市走上现代化具有特殊性,后一类城市走上现代化则具有普遍性。②

轮船、火车、汽车和飞机都是近代兴起的交通工具,除飞机因兴起较晚民国时期尚不重要外,其他三种交通工具都在使用它们的城市中发挥了重要作用,或促使乡间荒村形成城市,或促进城市工商业的发展。

东北是我国较早大规模修建铁路的区域,其中以横贯满洲里—海参崴并在哈尔滨南下大连的中东铁路,以及自北京到沈阳的北宁铁路关外段为东北较早的铁路,此后外国资本和本国资本又修建了一些新的铁路。交通发达有利于工商业发展和城市规模的扩大,以上提到的大连、哈尔滨等重要城市的发展,既离不开开埠通商和现代工业的发展,也离不开铁路建设带来的交通便利。18世纪末叶以前,长春尚为人烟稀少的荒原,以后因垦荒出现了聚落。1905年后南满铁路、中东铁路交会于此,1907年开埠,长春发展为东北中部最大的中心市场,奠定了后来成为东北大城市的基础。③

东北还有更多的在铁路建成以后以车站为中心而兴起的中小城市。

---

① 隗瀛涛:《中国近代不同类型城市综合研究》,四川大学出版社,1998,第383—397页。
② 茅家琦:《总序》,载虞晓波《比较与审视:"南通模式"与"无锡模式"研究》,安徽教育出版社,2001。
③ 吴松弟、樊如森等:《港口—腹地与北方的经济变迁(1840—1949)》,浙江大学出版社,2011,第308页,姚永超撰写。

例如牡丹江,以前仅是中东铁路沿线一个荒凉的村庄,修图宁线(图们至牡丹江)时牡丹江开始繁荣,到修建牡丹江到林口、林口到佳木斯、林口到虎头的铁路时牡丹江已成为东北东部的一个中心城市。白城、北安、绥化、佳木斯、通化也都是铁路铺设促使村庄急剧扩展为城市的例证。① 依据《中华最新形势图》的城市说明,在铁岭、开原、通辽、洮南、安东、吉林、海拉尔、满洲里等中小城市的发展中,铁路开通都是重要因素甚至是首要因素。

关内地域广袤,东部、中部各省因修铁路而兴起的城市也不在少数。在北京、天津、上海、广州、青岛等特大型城市的发展中铁路要素之重要自不必说,大量的中小型城市,如京汉、粤汉线上的石家庄、郑州、衡阳,津浦线上的德州、蚌埠,陇海线上的连云港,都是因铁路而兴,此后建为市。

石家庄 1903 年只是一个三四十户人家的小村庄,1905 年和 1907 年随着京汉铁路全线竣工和正太铁路通车,成为冀晋两省的交通咽喉,从此商贾云集。日本发动侵华战争前已发展为拥有 6 万余人、以工商业为经济主体的城市。1939 年设市,1940 年已拥有 20 万人口。②

郑州是历史悠久的古城,但明清以来极度衰落,光绪年间城市人口不过 2 万人。1904 年,京汉铁路修到郑州并于 2 年后全线通车,经过郑州的陇海铁路的中段汴洛铁路 1909 年也部分通车,郑州成为中国重要的铁路枢纽,经济得到较快的发展,城市人口大幅度增加,在车站和旧城西门外形成新城区。1922 年郑州自开为商埠,1937 年已达 8 万人。③

蚌埠在 20 世纪初为夹淮河分布的两个小集镇,以北岸的小蚌埠较大,约有 50 余户商号。1909 年在此修建津浦铁路淮河铁桥,南岸蚌埠集顿时繁荣。1912 年铁路全线通车以后日趋发展,蚌埠发展为安徽东北部的交通枢纽和商业重镇。1934 年人口已达到 10 万人,④1947 年建市。

皮明庥先生和隗瀛涛先生在论述近代城市发展时,都将工业作为推

---

① (日)"满洲国史编纂刊行会"编《满洲开发四十年史》",《东北沦陷十四年史》辽宁编写组译,《交通、建设篇》,1988 年内部发行,第 365 页。
② 江沛、熊亚平:《铁路与石家庄城市的崛起:1905—1937 年》,《近代史研究》2005 年第 3 期;宓汝成:《帝国主义与中国铁路 1847—1949》,上海人民出版社,1980,第 610 页。
③ 何一民等:《中国城市史纲》,四川大学出版社,1994,第 358 页。
④ 蚌埠市地方志编纂委员会编《蚌埠市志》,方志出版社,1995,第 411 页。

动城市发展的重要因素。① 在他们列举的成都、北京、太原、唐山、安源、焦作、鞍山、本溪、南通、贵阳、兰州、玉门以及湖南冷水滩等13个城市中，安源、焦作、玉门以及湖南冷水滩都是矿业城市，唐山、鞍山、本溪是在矿业的基础上同时发展为制造业为主的工业城市，而成都、北京、太原、南通、贵阳、兰州则是在原先的传统行政中心基础上逐渐发展近代工业，工业都是推动城市发展的重要因素。这13个城市，无一是口岸城市，并且除了安源、焦作、玉门、冷水滩外其他9个城市均建市。

据不完全统计，在洋务运动期间共有官办煤矿6处、官督商办9处，金属矿官办3处、官督商办18处。采矿以及相应的冶炼业，导致一批矿冶城镇的产生。唐山、安源、焦作因煤而兴，湖南冷水滩(锡矿)、甘肃玉门(石油)因采掘而兴。江西安源本是赣西人烟不稠的乡野，由于煤矿的开采，集结几万矿工和商民，形成数里长街，一时号称"小南京"。河南焦作的手工采煤业虽然开始较早，但规模不大。1907年英国中福公司出资修建道清铁路，将岔道直接修到了矿厂，同时焦作煤矿开始使用机器采煤，大大提高了煤的产量和销量②。

有的矿业城市利用本地丰富的矿产资源，发展了相应的工业部门，成为重工业城市。唐山、鞍山、本溪等3个重工业城市即建立在本地发达的矿业基础上。

唐山原来只是个村庄。为解决北京和天津的煤炭供应，唐山开平煤矿自1882年开始，大规模使用机械动力进行开采，并用铁路运输煤炭。此后，随着京奉铁路的通车，越来越多的工矿企业在这里设立并发展起来。到1924年，唐山"有交通大学、铁工厂、巡警局、矿务局、中国医院、矿务局养病院、铁路工厂、学校、新开市场，建筑宏敞，非内地县城所能比"③。到20世纪30年代，已发展成以煤炭工业为主，人口达10万余人

---

①皮明庥：《洋务运动与中国城市化、城市近代化》，《文史哲》1992年第5期；隗瀛涛主编《中国近代不同类型城市综合研究》。
②皮明庥：《洋务运动与中国城市化、城市近代化》，《文史哲》1992年第5期；河南省地质调查所：《河南矿产志》，1933，第64页。
③白眉初：《中华民国省区全志》第一册第二卷，北京求知学社，1924，第35页。

的综合型城市。①

鞍山原属于辽宁台安县境的农村,铁矿蕴藏丰富,甲午战争后清政府因军火生产需要在此招商采矿。1903年今长春至大连的铁路建成通车,设立鞍山站(即今旧堡站),并建立了"铁路附属地"。1904年日俄战争后日本取得沙俄的一切特权,鞍山仍属于"铁路附属地",旧堡村由于车站所在日渐兴盛。1918年日本成立鞍山制铁所,1937年伪满洲国在鞍山设市,全市人口8万余人。到1945年鞍山市人口近29万余。②

本溪本是辽阳州属下的集镇,1906年设县,属于奉天省。1911年日本财阀成立本溪湖煤铁有限公司,经中国交涉由中日合办,此后开始在此铺设道路和桥梁,煤铁公司逐渐朝着具有采矿、选矿、炼铁、炼焦、化工、发电等多种能力的工业企业发展。1939年伪满洲国设立本溪湖市,人口近7万人,1944年人口增加到18万余。③

工业对非矿业城市的推动作用,可以无锡、南通、苏州、太原、西安和北京为例说明。

无锡原是常州府属下的古县,清代为江南大米和土布的重要产区和交易中心。1865年遭太平天国战争毁坏的无锡米市再度恢复,成为全国四大米市之一。土布纺织业因洋布输入而逐年衰落,但蚕桑生产和土丝交易却日益兴盛。受邻近的工商业大都市上海的影响,1895年无锡的近代工业开始形成,金融业得到发展,城市基础建设相继起步。随着纺织业的发展,无锡也成为全国著名的棉花销售中心。1923年中央政府批准无锡开埠,到1936年无锡的缫丝业、纺纱业的规模均在全国名列前茅。1949年4月无锡建市,市区人口近49万。④

南通为通州治所,本是一个传统的中小商业城市,"不仅没有机器生

---

① 隗瀛涛:《中国近代不同类型城市综合研究》,四川大学出版社,1998,第573—583、610—615、742页。
② 鞍山市人民政府地方志办公室编《鞍山市志·综合卷》第五篇《人口》,沈阳出版社,1990,第244—248页。
③ 本溪市地方志编纂办公室编《本溪市志》第一卷,新华出版社,1991,第239、286、511页。
④ 无锡市地方志编纂委员会编《无锡市志》,江苏人民出版社,1995,第337页;虞晓波:《比较与审视:"南通模式"与"无锡模式"研究》第三章,安徽教育出版社,2001,第80—142页。

产的工厂,就是小工业作坊也很不发达"。① 推动南通城市发展的近代工业,是由民族资本家张謇创办的。张謇利用当地丰富的原料棉花和有利的销售市场,发展了多家纺织工厂,以及冶厂、铁厂、印书局、酿造公司、面粉公司、盐业公司、肥皂厂、造纸厂、轮船公司、电话公司、房地产公司等企业。在此同时,又大力发展教育事业和各项社会事业。1937年南通公安局登记的市区人口达21万人②,1949年南通设市。

苏州是历史悠久的古城,在上海崛起之前是长江三角洲地区的经济中心,宋代以来一直以城市富庶优美、丝织业发达而著称。后受太平天国战争破坏丝织业陷于停顿,直到19世纪80年代至90年代初才得到恢复和发展,19世纪末进入高潮时期,从业人员将近10万人。1896年苏州出现第一家近代缫丝企业,1917年出现利用日本提花铁机,使用机器生产的近代丝织企业,同时还存在着大量的手工工场和独立的个体手工业者,直到全面抗日战争前夕机器丝织业才占了多数。尽管苏州的近代工业有一定的发展,但在长三角的经济地位却随着上海、无锡、南通的发展而降低,工业地位不仅不如上海,也不如无锡和南通,而贸易中心的功能也相形见绌。苏州市区人口1908年约为17万人,此后直到20世纪二三十年代都没有超过30万人,长期处于停滞状态。③

太原是山西省会,民国前工业规模不大。民国建立后,阎锡山在清末山西机器局的基础上建设太原兵工厂,军火以外的产业部门也得到发展,1927年采用机器生产的工厂共37家,大部分由地方政府投资,私营资本所占成分甚少。④ 1932年以后军火工业大部分转为民用产品生产,太原形成了重工业为主的现代工业体系。⑤ 1919年太原市区人口不到4.6万,1924年达到8万余,工商就业人员占全部职业人口的55%。⑥ 1947年太原建市。

---

① 王象五、闵仲辉:《解放前南通工业成长的过程与特点》,载《南通文史资料》第2辑,1982。
② 王培塘:《江苏乡土志》,民国二十六年(1937)。
③ 隗瀛涛:《中国近代不同类型城市综合研究》,四川大学出版社,1998,第603—610页。
④ 实业部国际贸易局编《中国实业志(山西省)》第三编第一章《太原》,实业部国际贸易局,1937,第15页。
⑤ 景占魁:《民国时期的太原工业》,《太原日报》2010年7月26日。
⑥ 晋绥总司令部统计处编《山西省第七次人口统计》,民国十三年(1937)油印本。

长期作为政治、文化和商业中心的北京，一直是以北方最大的消费城市而不是生产城市而存在，尽管这样，民国时期工业也有了一定的发展。到1936年为止，约有"700余工厂，7万余工人"①，象牙雕刻、景泰蓝、地毯、宫灯、日用小商品和中成药的制作等远近闻名，并建立了制呢厂、煤矿、炼铁厂等一定规模的企业。不过，北京工业多为手工业生产，直到抗战胜利后手工业仍然占80%以上②。由于现代工业发展缓慢，外地移民数量不多，城市人口长期增长缓慢，1917年为81万，1935年为111万，1948年为151万。③ 20世纪前夕城市人口长期居全国第一的北京只好将第一位"让"给上海，到了20世纪的二三十年代天津又超过北京成为华北人口最多的城市。

西安的第一家近代企业，是左宗棠1869年建立的西安机器局，建后不久便西迁到兰州。甲午战争以后清政府又在西安建立陕西机器局，用以生产军火。1904年，西安知府尹昌龄兴办陕西工艺厂，主要有竹工、木工、掌工、针工等手工业部门，此后手工纺织业与制革等手工业得以兴起。1937年陇海铁路关中线通车，关中的公路建设也开始展开，不久东部一些工厂内迁，西安的现代工业得到较大的发展，并重新成为西北的重要商埠。抗战胜利后来自东部的一些工厂回迁，西安的工业规模大幅下降。1949年，使用机器的工厂仅占35%，作坊工场手工业占65%。④ 市区人口，1932年只有11万余，1937年近21万，1941年25万，后因内迁移民的迁入一度膨胀到50万，抗战胜利后又有较大的减少。⑤ 由于长期发展缓慢，西安建市之路相当不平坦，1928年置市，1930年废，1932年中央政府定西安为陪都，但仅设筹备委员会，并未设立市政府，直到1943年才正式设立西安市。

综上所述，非条约口岸城市走上现代化的道路，一方面不同于条约口

---

① 池泽汇、娄学熙、陈问成：《北平市工商业概况》，北平市社会局，1932，第1页。
② 中国人民大学工业经济系编《北京工业史料》，北京出版社，1960，第1—3页。
③ 韩光辉：《北京历史人口地理》，北京大学出版社，1996，第131页。
④ 参见宋仲福主编《西北通史》第五卷第三章，兰州大学出版社，2005，第152—410页；岳珑：《抗日战争中兴起的西安工业》，载周生玉、张铭洽主编《长安史话·民国》，陕西旅游出版社，1991；张铭洽主编《长安史话·宋元明清》，陕西旅游出版社，1991。
⑤ 崔林涛：《西安的历史变迁与发展》，西安出版社，2003，第521—522页。

岸城市,它们中除了东北、台湾等曾受殖民式统治的地区以及其他省份的个别地方,大多数并非外力直接作用的结果,而是内力推动的结果,相当多的城市甚至外国资本、政府资本(无论中央和地方)的投入都相当有限。另一方面,不同的非条约口岸城市,虽然大多是随着新形势下现代交通和工矿业的发展而得到推动,但在现代化道路上又表现出差异性与多样化。

南通和无锡近代经济发展较快,在抗战以前已成为长江三角洲地区仅次于上海的重要工业城市及各自区域的中心城市,其发展水平都超过了邻近的苏州(长三角传统中心城市)、镇江(通商口岸)、常州等原先经济水平较高的城市。有学者认为,南通、无锡是非条约口岸城市近代化的典型,而且都是民族资本家推动城市的工业化,无论中央政府还是地方政府都没有进行实际支持。其次,它们走的是近代大工业与传统农副工业的紧密结合之路,都是从轻纺工业起步,充分利用当地的资源和劳动力条件,并与传统的农副工业紧密结合,将先进的机器工业与传统的农村家庭手工业融合在一起而形成一条以工业为中心,工农业协调发展的区域经济发展道路。南通和无锡具有地区特色的现代化道路,说明"中国城市化运动始终与开埠通商相关联,以商业化为自身发展的主要动力,迟迟没有完成向工业化的转变"这一观点,未必正确。当然,作者也指出无论南通和无锡,都以一定的商品市场为前提,而两个城市的近代化进程,都深受位于长江三角洲且后来发展为全国经济政治文化中心的最大的条约口岸城市上海的巨大影响。①

近代交通尤其是铁路在中国一出现,便显示出传统的交通工具无法比拟的巨大优势,既大大方便了各地物资和人员的流动,也改变了原有的经济地理格局和城市分布的格局,并涌现许多因交通而兴起的城市。石家庄、郑州、蚌埠一类城市都主要依靠交通枢纽而得到发展,车站先于城市而建立,车站附近首先发展为城市中心区即是最好的说明。另外,矿产资源是现代工业发展的动力之源和工业原料,对这些资源的巨大需求促

---

①虞晓波:《比较与审视:"南通模式"与"无锡模式"研究》,安徽教育出版社,2001,第3—4、230—231、240—241页。

使矿山得到开发,而要使矿产得到方便使用还需要建立相配合的选、洗、粗加工一类工厂。因此,交通中心城市和矿业城市的兴起,相对于南通、无锡等制造业为主的城市的兴起,显然要简单得多。当然,如果仅仅依靠交通和矿业,城市只能保持较小的规模,必须同时发展其他的工业部门特别是制造业,才能发展为规模较大的城市。由于资金、技术、文化、科技、商业等方面的原因,非口岸城市,尤其是交通中心城市和矿业城市,要发展成较大规模的工商业城市是比较困难的。因此,非条约口岸城市,一般都保持中小城市的规模,只有北京等个别城市例外。北京是清朝首都和北洋政府的政治中心,尽管现代工业发展缓慢,但仍是中国的特等城市之一。

在非条约口岸城市中,还有相当多的担任级别不同的行政区域的治所,如苏州、南通是府州治所,西安、太原是省城,北京是首都。这类传统行政中心城市的转型,值得认真研究。从近代城市的发展道路来看,传统城市近代工业企业的增长是推动城市朝着现代化方向发展的主要动力,而苏州慢于无锡和南通,北京慢于上海和天津,都说明城市产业的转型还受到政治、经济、文化、交通等多方面因素的制约。太原的工业之所以在北方引人注目,与阎锡山的重视和投资分不开,但尽管这样,在相当长的时间里在工业中就业的人口还远远不如商业。

另外,距离条约口岸城市的远近,直接关系着接收到国外和沿海的先进经济文化的多少,自然也对近代工业的形成和壮大产生重大影响。贵阳和兰州地处西部,尽管创办过若干近代企业,但直到日本发动侵华战争前工业仍十分落后,仅有一些小型的轻工业工厂。抗战胜利以后因沿海工厂、人口内迁和资金流动,两地的近代工业才有了较大的发展,即是说明。

三、近代城市的不均衡分布

我国是一个地域广袤、各区域历史和地理相当复杂的大国,各区域接受现代化影响的早晚又有所不同,由此导致民国市的分布呈明显的不均衡的状态。

1.不同区域在城市总数中所占的比重分析

民国时期共设立过151个市①,由于缺乏全面精确的人口统计,下表只收入大陆地区的90个市的人口数量。由于90个市已占全国市的数量的60%以上,借此分析各地区市的人口数量的等级规模,仍具有一定的合理性。

表3 中国市的人口等级规模(1933—1936年)

人口规模(万)	数量	市的名称
大于200	1	上海*
100—200	4	北平、广州*、天津*、南京*
50—100	4	汉口*、杭州、青岛*、沈阳*
20—50	18	成都、长沙*、大连*、济南、武昌、哈尔滨*、苏州*、福州*、保定、开封、重庆*、南昌、无锡、宁波*、长春*、镇江*、温州*、周口
10—20	33	徐州*、扬州、南通、绍兴、嘉兴、芜湖*、安庆、蚌埠*、景德镇、沙市*、宜昌*、衡阳、自贡、厦门*、汕头*、佛山、昆明*、贵阳、威海*、济宁*、烟台*、太原、西安、汉中、兰州、安东*、营口*、旅顺*、锦州*、抚顺、吉林、张家口*、西宁
5—10	30	常州、泰州、金华、衢州、亳州、阜城、合肥、九江*、赣州、江门*、肇庆、南宁*、梧州*、桂林、唐山、山海关、潍坊、周村、石家庄、郑州*、洛阳、安阳、许昌、大同、辽阳*、迪化*、银川、齐齐哈尔、归绥*、包头*

说明:带*为通商口岸城市。

资料来源:城市名称和人口见沈汝生《中国都市之分布》,载《地理学报》1937年第4卷第1期。

据表3,人口规模200万以上的第一大城市上海,100万—200万的特大城市北平、广州、天津、南京,50万—100万的大城市汉口、杭州、青岛、沈阳,共9个市,8个位于沿海省份,只有汉口位于内地省份,内地省份只

---

①吴松弟:《市的兴起与近代中国区域经济的不平衡发展》,《云南大学学报(社会科学版)》2006年第5期。

占全国人口50万以上的大城市的11%。而且,汉口的城市人口规模要远远小于9个中的至少5个。人口众多的大城市主要分布在沿海省份,是表3给人们的第一个印象。

在中小规模的城市中,内陆城市所占的比重比在大城市中所占的比重高得多,但仍然低于沿海省份。其中,人口20万—50万的18个城市,8个位于内地,10个位于沿海。人口10万—20万的33个城市,14个位于内地,19个位于沿海。人口5万—10万的30个城市,15个位于内地,15个位于沿海。因此,人口居中小规模的城市数量沿海省份仍然多过内陆地区,是表3给人们的第二个印象。

总之,中国的市,无论人口规模处于何种等级,都以沿海省份占较大的比重,而且人口规模的等级越高,沿海省份所占的比重也就越高,至于人口数量众多的大城市,可以说绝大多数都集中在沿海省份。

2.通商口岸城市在市的总数中所占的比重

据表3,若将中国的广大地区,分成沿海地区、沿海省份的其他地区和内陆省份三类的话,通商口岸城市在各地区的市的数量中所占的比重,表现出从沿海向内地不断下降的趋势。从沿海地区的64%,下降到沿海省份其他地区的32%和内陆省份的30%;而在内陆省份,又表现出通商口岸在市的数量中所占的比重,长江沿岸高达54%,其他地区只占24%。显然,在沿海地区和内陆省份的长江沿岸,通商口岸城市已成为市的主要部分,而在沿海省份的其他地区和内陆省份的其他地区,通商口岸城市在市的数量中并不占重要地位。

以上系分析通商口岸城市在不同空间的城市数量中所占的比重,如果分析它在全国不同等级的城市中所占的比重,又会得出什么结论呢?据表4,在直属中央的7个特别市和12个院辖市中,通商口岸城市分别占了86%和83%,可见除了个别市之外,重要的市几乎都是通商口岸城市。

表4 通商口岸城市在不同行政等级的市中所占的比例

类别	总数数量	通商口岸城市数量	口岸城市占比重(%)	通商口岸城市名称
特别市	7	6	86	南京、上海、青岛、天津、广州、汉口
院辖市	12	10	83	南京、上海、青岛、天津、广州、汉口、重庆、大连、哈尔滨、沈阳

如从表3人口规模等级的角度看,人口200万以上的全国第一大城市上海是通商口岸,人口100万—200万的4个特大城市中3个是通商口岸,人口50万—100万的4个大城市都是通商口岸。甚至在人口20万—50万和人口10万—20万这2个等级的城市中,通商口岸城市也占到67%和52%。只有在人口5万—10万这一等级的城市中,所占比重才下降到37%。据此不难得出这样的结论:中国重要的市大多是通商口岸,全国市的人口的大部分都生活在通商口岸城市。

近代以来,中国的城市发展呈相当不平衡的状态,有的城市得到较快的发展,有的城市却走向衰落。得到发展的城市除了少数之外,大部分是通商口岸城市。20世纪40年代后期,中国12个最重要的大城市(院辖市)除北京和西安之外,上海、天津、广州、南京、重庆、青岛、哈尔滨、沈阳、汉口、大连等10个大城市均是开埠通商城市。

依照如上的考察,不难发现通商开埠和对外贸易对近代城市发展的重要意义。事实证明,凡对外贸易比较发达的通商口岸城市,其城市化的发展进程比非通商口岸都要迅速得多,开埠通商和对外贸易对早期现代化城市形成和发展的作用无疑具有一定的普遍性。

从上述城市在晚清时期行政区划体系中的地位来看,北京是首都,西安、广州、南京、沈阳是省城,天津、重庆是府城,上海、汉口是县城,青岛、哈尔滨、大连只是普通的村庄。显然,近代重要城市中,大部分城市或者只是较低级别的行政单位的治所府城与县城,或者干脆只是村庄。担任首都和省城的只有5个城市,在大城市数量中只占小部分。

需要指出,北京和西安之所以名列12个重要的城市之中,主要基于政治的原因而非工商业发达。1933年列入中国工业最发达的12个城市

（不包括东北和台湾），北方有天津、青岛、北京、西安等4个城市，通商口岸城市天津和青岛合计占了全部工厂数的52%、工人数的70%、资本额的76%，占生产净值的比重更高达88%。北京虽然工厂数和工人数超过青岛而居第二，但资本数和生产净值均不如青岛。深居内陆的西安的各项数据更远远少于沿海的3个城市，尤其是口岸城市天津和青岛。① 显然北京由于是前朝首都和北洋政府的中心而保持较多的人口并成为交通中心，但其工业规模远不及天津和青岛。而西安1928年置市1930年废市，1932年中央政府虽然定西安为陪都，并将之直属行政院，但仅设筹备委员会，并未设立市政府，直到1943年才正式设立西安市。地位如此重要的西安仅仅设市两年即废市，以后又长期不设市，表明其工商业经济的落后和城市人口尚少。如果不计北京和西安，则大城市中治所级别较高的行政中心城市占比率还要少。

以上系按照内陆、沿海的区分，讨论不同地带在中国城市人口中所占的地位。张朋园先生在探讨湖南省的早期现代化问题时，列有《中国沿海沿江各省都市人口》一表，说明城市人口占当地人口的百分比。② 据此表，民国前后，中国沿海沿江各省城市人口超过当地人口总数6%的，已有广东(1902年，8.1%)、浙江(1921年，14.05%)、江苏(1921年，上海尚未分置，19%)、山东(1922年，6%)、直隶(1920年，天津尚未分置，7.9%)、东三省(1915年，10.2%)。考虑到广东统计年度比其他省都要早了18—20年，到了20世纪20年代初城市人口占全省人口比重无疑要比1902年高出很多，可以认为在20世纪20年代城市人口占全省人口比重最高的，应是江苏、浙江、广东三省，其次是东三省、直隶(今河北和天津)和山东。③

---

① 参见严中平等编《中国近代经济史统计资料选辑》，表8"上海等十二个城市的工业"，科学出版社，1955，第106页。
② 张朋园：《湖南现代化(1860—1916)的早期进展》，岳麓书社，2002，第411页。
③ 本文原于文末附"20世纪30年代中国不同等级的城市分布图"，如需查看，烦请参阅本文原载的《历史地理》2014年第1期。

中国近代史的主线索和
经济变迁的特点*

摘要：本文据2011年于复旦大学召开的"近代中国北方经济地理格局的演变"的会议报告，修改成稿。结合复旦大学近代经济地理研究团队，从港口—腹地角度切入北方研究的体会，认为中国近代史的主要线索是现代化的艰难进程，反侵略反封建则是中国这样的国度实现现代化必不可少的前提和手段。就北方而言，其经济变迁的主要路径，是在开埠通商和国外先进生产力进入的大背景下，在进出口贸易的强大推动下，在港口—腹地双向互动的作用下，沿海城市率先得到发展，广大农村的市场化、外向化的趋势得以形成，北方经济发生巨大的变化。尽管各地变化程度极不一样，而且内陆大体上仍处于贫困落后的状态，但毕竟持续几千年的传统经济面貌在相当多的地区已得到改变。

关键词：近代史；主线索；经济变迁；特点

1842年清朝与英国签订中英《江宁条约》，被迫开放广州、厦门、福州、宁波、上海等五个沿海港口城市为通商口岸，并将香港岛割让给英国。这一事件表明，清朝在多年的开放和闭关的反反复复之后，被迫向西方列强洞开自己的国门。具有数千年悠久历史、拥有广袤疆域的中华帝国，在西方的巨大压力下，历史发展被迫拐了一个大弯，走上了与以前的几千年有着极大不同的发展进程，中国社会开始发生了前所未有的巨变。尽管

---

* 本文原载吴松弟、樊如森主编《近代中国北方经济地理格局的演变》，人民出版社，2013。

这一进程是在外力的作用下,伴随着失地、赔款、战争的巨大痛苦,毕竟极大地改变了中国社会的性质。

近10余年来,我们从港口—腹地角度切入中国近代经济地理研究,试图首先从空间的角度,对中国传统经济如何演变为近代经济的历史过程,进行扼要论述。在此基础上,再探讨中国近代经济地理的主要面貌和不同区域的特点。我们关于港口—腹地与北方经济变迁的最新研究①,大致展示了北方近代经济变迁的主要路径。即在开埠通商和国外先进生产力进入的大背景下,在进出口贸易的强大推动下,在港口—腹地双向互动的作用下,沿海城市率先得到发展,广大农村的市场化、外向化的趋势得以形成,近代北方经济发生巨大的变化。尽管这种变化程度各地并不相同,而且内陆大体上仍然处于贫困落后的状态,但毕竟持续几千年的传统经济面貌,已得到很大地改变。以上提到的经济变迁的路径,不仅在北方得到了充分的表现,在中国的其他地方也得到了充分的表现。②

近些年来,国内外学术界在中国近代经济史以及近代史的其他方面,都取得许多重大的突破。这些突破和我们基于空间角度的近代经济变迁的研究,促使我们探讨更深层次的理论问题。笔者不揣浅陋,在此提出自己的一点看法,这些看法,有的是曾在某些场合提出过的对本团队研究的总结,有的则是最新的思考。目的是抛砖引玉,希望引起学术界的讨论,从而加深对近代中国的认识。

一、中国近代史的主线索是现代化的艰难进程

"现代化"是最近二三十年国内外使用频率很高的一个名词,学者对它的定义有不同的看法。根据多年研究俄国、日本、中国等国现代化的美国学者的看法,现代化"指的是从一个以农业为基础的人均收入很低的社会,走向着重利用科学和技术的都市化和工业化社会的这样一种巨大转

---

①吴松弟、樊如森等:《港口—腹地与北方的经济变迁(1840—1949)》,浙江人民出版社,2011。

②参见吴松弟主编《中国百年经济拼图:港口城市及其腹地与中国现代化》,山东画报出版社,2006。

变"。要完成这样的重大转变,在政治制度、经济制度乃至教育文化方面,都要进行相应的改革甚至革命,因此,现代化是"人类历史上最剧烈的、最深远并且显然是无可避免的一场社会变革","这些变化终究会涉及到与业已拥有现代化各种模式的国家有所接触的一切民族,现存社会模式无一例外地遭到破坏。"①

人类最早的现代化,发源于英国、法国和美国。自16世纪20年代开始,英国、法国都自上而下地进行了宗教改革和政府机构、议会制度的改革,从政治上和文化上为资本主义的发展扫除了障碍。1640年英国正式确立了资产阶级的君主立宪制度。从1760年代开始,以蒸汽机和机器大生产为标志的工业革命,在英国各地展开,英国工业得到飞速发展。到了1860年,英国这个只占世界总人口2%的小岛国,生产的工业品竟占世界工业品总产量的45%,拥有的商船占世界商船总数的1/3,进出口贸易值占世界出口总额的1/4、世界进口总额的1/3。② 美国在1775年建国以后,法国在1790年的大革命以后,也都效仿英国,开始了工业革命,并大致在鸦片战争发生前夕的19世纪30年代完成了第一次工业革命。继英、美、法之后,德国、意大利、加拿大、澳大利亚、新西兰、俄国、日本完成了现代化,拉丁美洲、印度、中国开始了至今仍未完成的现代化进程。③

纵观全球,中国的现代化不过是全球现代化的一个组成部分,而1840年的鸦片战争只是西方列强用武力将中国硬拖入现代化进程的一个开端而已。按照美国学者的观点,在全球的现代化浪潮中,英、法、美等最早实现现代化的国家是先行者,其他国家都是后来者,先行者的现代化是在很长的一段时间内,循序渐进地转变了各种本土因素的结果,而后来者的现代化在很大程度是依靠借鉴外来模式,并通过扩张或更换现存结构的结果,本土因素和外来因素都会对后来者的现代化产生影响。④ 这

---

① (美)吉尔伯特·罗兹曼:《中国的现代化》,国家社会科学基金"比较现代化"课题组译,江苏人民出版社,1988,第1、4、5页。
② 参见罗荣渠《论现代化的世界进程》,《中国社会科学》1990年第5期。
③ 章开沅、罗福惠:《比较中的审视:中国早期现代化研究》,浙江人民出版社,1993,第41—54页。
④ (美)吉尔伯特·罗兹曼:《中国的现代化》,国家社会科学基金"比较现代化"课题组译,第5—6页。

一点,就使得各国的现代化尽管都有一些共同具备的内容,但又明显带有本国的特色,现代化的速度也有快有慢。

自19世纪中叶西方列强东来以后,现代化便成为东亚各国不可抗拒的潮流,无论主动顺应,还是被动应付,都要走上现代化之路。诚如马克思所说:"资产阶级,由于一切生产工具的迅速改进,由于交通的极其便利,把一切民族甚至最野蛮的民族都卷到文明中来了。它的商品的低廉价格,是它用来摧毁一切万里长城、征服野蛮人最顽强的仇外心理的重炮。它迫使一切民族——如果它不想灭亡的话——采用资产阶级的生产方式,它迫使它们在自己那里推行所谓文明,即变成资产者。"① 东亚各国同样如此,都被迫卷入现代化的浪潮。

中国是在非常特殊的情况下,走上现代化之路的。中国有着悠久的文明历史,宋代达到了古代文明的鼎盛阶段。自明代以来,由于高度发育的君主专制政治阻碍了社会的进步,束缚了人们的思想,中国文明发展趋于迟缓,和同一时期的欧洲文明的突飞猛进形成了鲜明的对照。当1840年鸦片战争的炮声轰响时,英国、法国、美国这些西方大国早已确立了资本主义的政治经济制度,并完成了以蒸汽机和机器大生产为标志的工业革命,生产力突飞猛进。而中国却仍然停留在封建君主专制时代,农业为基本经济部门,生产劳动依靠人力和畜力,手工业除了满足朝廷需要的官手工业和制盐、矿山等家庭无法进行的部门之外,大多是建立在农业基础之上,为了自身需要而生产的家庭手工业。商品交换虽然广泛存在,交换货物除了食盐、铁器以及矿山产品一类,主要是农民家庭自给有余的产品,交换范围大体限制在较小的空间。进出口贸易保持在相当小的规模,且往往因政局与朝廷政策的变动而处于时开时闭的状态。可以说,如果没有强大的西方资本主义力量的冲击,中国自身要走上资本主义的道路、形成并发展资本主义的生产力,仍要经历漫长的发展路程。

西方列强为了自己的经济政治利益来到东亚,而武力侵略和各种不平等条约是实现这种利益少不了的手段。另一方面,在大举进入东亚以

---

① 马克思、恩格斯:《共产党宣言》,《马克思恩格斯选集》第一卷,人民出版社,1995,第276页。

前,他们早已建成并习惯了资本主义社会的政治经济文化,在进入东亚以后自然要在自己的生活区域实行这种政治经济文化。他们在东亚极力推销的产品,除了早期的鸦片等毒品之外,大部分都是资本主义生产力生产出来的商品。因此,西方列强在中国充当侵略者的同时,又不自觉地充当了现代化的"老师"的角色。现代化的"老师"同时又是侵略者,导致东亚各国的现代化过程,注定是一个艰难、痛苦、社会动荡的过程,而所经历的艰难、痛苦和社会动荡的程度和持续时间的长短,又取决于各国内部的历史传统和受此控制下的当时人的认识和应对。

中国是一个地域广袤且历史悠久的国度,文明程度向来领先于东亚各国,人口数量和国家实力更是超迈于东亚各国,一向是东亚文明的中心。由于东方文明和西方文明的相对隔绝,中国统治阶层和一般士大夫均对东方以外的世界了解不多,绝大部分人的内心深处充满了对本国文明的盲目虚骄和对其他文明的无知和排斥。受此种文化的控制,在中国历史上从来没有出现过的先进而强大的西方文明的挑战面前,中国政府在相当长的时间内昧于对现实的认识,多次应对失当。在中国,新的政治经济因素的成长,与实行自上而下改革的东邻日本相比,显得相当缓慢和艰巨。现代化进程的缓慢和艰巨,又加剧了中国的内忧外患。长期以来,中国一方面饱受帝国主义列强的凌侮,另一方面高度专制下的腐败统治也使得民众和政府的重大冲突,每过若干年便席卷全国的重要区域。中国的现代化进程因外患和内乱而时快时慢,乃至多次中断。按照经济史家的意见,在通常所说的中国近代社会的100多年中,近代经济较为正常的发展时期,只有19世纪80年代至20世纪30年代这50年左右的时间,尽管这期间外国入侵和国内战争仍然相当频繁。① 如果将考察的时段向后延伸,甚至可以说,直到1978年改革开放以后,才迎来了至今已有40余年的加速现代化的难得的局面。然而,毋庸讳言,我国的现代化任务直到今天还没有全面完成。

综上所述,可以说1840年以后中国社会所发生的激烈的冲击、震荡

---

① 刘佛丁主编,王玉茹、赵津副主编《中国近代经济发展史》,高等教育出版社,1999,第74页。

和变迁,主要因西方列强的入侵而形成,而这种冲击、震荡和变迁,决不仅仅限于帝国主义侵略和中国人民的反侵略,更包括席卷全球的现代化浪潮。侵略与反侵略和现代化浪潮,是西方列强入侵以后影响中国的两个主要方面,但对后世社会的巨大影响而言,可以说现代化浪潮对中国的影响,远远超出侵略与反侵略。现代化浪潮代表了中国的发展趋势,反侵略以及必须同时进行的反封建,是在中国这样的国度实现现代化必不可少的前提和手段。如果我们只强调反侵略、反封建而忽略了现代化的第一等重要性,势必只看到手段而忽略了目的。如果按照这样的方法写历史,写出的历史必定是不完整的历史:它难以让人全面看清当时社会的各个方面,难以让人看清中国在当时以及以后相当长时期内的前进方向。

尽管长期以来进展艰难,我们仍须看到,中国的现代化潮流百余年始终在顽强地向前推进。在1949年10月1日中华人民共和国成立以前,中国与1840年时相比也已发生巨大的变化。许涤新、吴承明先生认为:"如果没有资本主义的一定的发展,没有中国资产阶级和中国无产阶级,就不会有鸦片战争以来资产阶级领导的旧民主主义革命,就不会有五四运动以来无产阶级领导的新民主主义革命。可是,如果中国资本主义有了充分的发展,革命就不会是那样的曲折,甚至也不一定是走农村包围城市的道路。我国社会主义革命的道路,即中华人民共和国成立后从新民主主义向社会主义的转变,也是这样。没有资本主义所创造的社会化大生产,向社会主义过渡是不可能的。同时,如果中国原来是个发达的资本主义社会,过渡又将是另一种道路、另一种方式了。"①这些话,从资本主义的发展和不发展的角度,充分说明了中国现代化艰难曲折的历程及其取得的进步。

近些年来,国内外学术界出版了不少研究现代化的理论与论述现代化在中国的实践的论著,各有自己的学术贡献,而现代化理论已被相当一批中国学者视为近代史研究的指导理论之一。我们提出中国近代史的主线索是"现代化的艰难进程",不仅强调"现代化"是近代中国日益明显的发展趋势和引发激烈震荡和重大变迁的中心线索,也强调中国现代化的

---

① 许涤新、吴承明:《中国资本主义发展史》第一卷,人民出版社,2003,第6页。

"艰难进程"。近代中国现代化之艰难和痛苦,早已为当时和后来的国人所体会,但虽然艰难和痛苦,毕竟有所进展,经过这一变化中国才由古代进到现代。基于这一认识,我们在研究近代经济变迁时便形成第一个关注点,即在论述经济变迁时,既要如实论述传统经济中没有变化的一面,也要如实论述现代经济的成长和传统经济向现代经济转型的一面,只有这样才能将真实的画面展示出来。

二、沿海通商口岸城市是各区域现代化的始发地和重镇

第一次鸦片战争以后的五口通商,仅仅是中国广开国门的开端。此后,通商口岸不断增多,口岸城市的分布从沿海地带深入沿江(尤其是长江和珠江)地带,直至广大内陆地区和沿边地带。到1930年代,我国通过条约开放的口岸和朝廷同意地方自开的口岸达到110个左右。中国绝大部分的省份都有了多个通商口岸,形成了全方位开放的态势,各地区都卷入国际市场。开埠通商一方面使中国纳入世界经济体系,另一方面也使得国外的先进生产力在各口岸登陆并壮大,并通过各种政治的、经济的、文化的途径,全面扩大影响,使中国在被迫卷入全球化的同时,也无可奈何地逐渐地接受现代化的生产方式。

我国虽然有100余个通商口岸,各个通商口岸都在不同地区扮演了重要的角色,但就全国而言,最重要的是分布在沿海、沿江(长江、珠江)的港口城市,特别是沿海口岸城市。如果将中国广大内地比作一个巨大的扇面,国外比作更为巨大的另一个扇面的话,沿海口岸城市就是连接两个扇面的枢纽。近代中国设立海关总税务司署,管理全国各海关的进出口贸易。表1表明,在1882年、1912年和1931年等三个年度的全国进出口贸易总值中,沿海海关分别占了73.5%、64.6%和81.6%,内地海关分别占了26.5%、30.4%和17.4%,沿边海关1882年无数据,后两个年度分别占了5.0%和1%。可见,中国很大部分进出口贸易都通过沿海海关,内地

海关在全国贸易总额中占一定的份额,沿边海关占比重甚小。①

表1　各地带海关贸易总值及占全国的百分比

	1882年		1912年		1931年	
	总额	百分比	总额	百分比	总额	百分比
沿海海关	185 461 660	73.5	789 093 596	64.6	3 212 687 879	81.6
沿边海关			61 618 815	5.0	39 422 959	1.0
内地海关	66 837 827	26.5	371 536 156	30.4	683 327 317	17.4
长江沿岸	66 837 827	26.5	277 275 742	22.7	504 190 015	12.8

资料来源:《光绪八年通商各关华洋贸易总册》,第六款;《中华民国元年通商各关华洋贸易总册》,第八款;《民国二十年海关中外贸易统计年刊·统计辑要》,《民国十八年至二十年海关贸易货值按关全数》。均载京华出版社影印《中国旧海关史料》。

说明:贸易总值都包括洋货进口净值、土货进口净值和土货出口总数三项。1882年和1912年单位为两,1931年为关平两。

清朝政府在历次战败后和外国签订了一系列不平等条约,条约中规定的内容,除了开埠通商和割地赔款,还有进出口货税必须同外国商议的"协定关税",外国侨民犯罪应交外国领事依照外国法律处理的治外法权,外国商轮的沿海贸易权,等等。在上海、天津等口岸,还出现供外国人居住,由外国人管理行政、税收、警察和司法的租界。这些条约严重损害了中国的主权,外国势力在中国政治、经济、文化各方面的影响越来越大。尽管如此,通商口岸和租界对中国的影响,并非全是负面、消极的,客观上带来许多积极作用,需要进行实事求是的分析。

我们不妨看看广州、厦门、福州、宁波、上海等五个最早开放的城市,在开放以后发生的巨大变化。开放以前,这些城市的贸易量,除广州外都只面对购买力比较低的国内市场,都停留在较低的水平上。开埠通商以

---

①中国海关总税务司署的统计数据不包括新疆、西藏和甘肃的通商口岸的数据,但这些口岸的贸易数据肯定不会多。这一点,只要分析西南的重庆、蒙自、思茅、腾越等四个海关的情况即可清楚。据民国元年(1912年)《通商各关华洋贸易总册》的数据,重庆等四海关1912年只占全国进出口总值的4%,人口数倍于新疆、西藏和甘肃的四川、云南两省尚且有限,新、藏、甘的口岸贸易量所占比重不大自是情理之中。

后,各国商人接踵而至,这些城市的市场便由以前的有限的国内市场,扩大到广阔的国外市场,市场的扩大,为这些城市走以港兴市、商贸兴市的发展道路,准备了良好的基础。近代的上海、天津、汉口、厦门、镇江、九江、广州等城市都设有租界,这些租界在所在的城市往往成为现代化的一个窗口。其中,建的最早、规模最大的是上海的租界。上海租界新式商店林立,近代工厂云集,金融业和房地产得到充分发展,人口密集,实际上是近代上海真正的经济中心。按照西方的生活要求和科学规划建设起来的新式马路、城市垃圾处理系统,以及煤气、电灯、电话、自来水、公共交通,这些中国以前没有的新鲜事物,都率先出现在租界。中国最早的西医、西药和西式医院,新式报刊,非常不同于中国传统的学校和教育方法的新式学堂,以及出版机构和新式演出舞台,大多首先出现在口岸城市,并在此获得发展,再影响到全国。加上严密有效的资本主义的城市管理方式,租界这一"十里洋场",让过往的中国人啧啧称羡,留下深刻的印象。

毋庸讳言,口岸城市也有种种黑暗面,但在当时有头脑的知识分子看来,绝大部分的口岸城市都比非口岸城市发展好一些,比其他地方先进,代表了中国的发展方向。中国知识分子尽管饱读祖先传下的典籍,自小浸润在儒家传统的说教之中,但只要能够正视现实,无不在口岸城市受到极大的震撼。清朝戊戌变法的领袖康有为从饱读儒家诗书的"南海圣人",到受到较大西方思想文化影响的维新变法的领导人,就和他路过香港、上海时受到的震撼有关。康有为在香港,"览西人宫室之瑰丽,道路之整洁,巡捕之严密","乃始知西人治国有法度,不得以古旧之夷狄视之";在上海,目睹"上海之繁盛","益知西人治术之有本",离开时购买大批介绍西方文化的书籍,"自是大讲西学,始尽释故见"。①康有为一类的知识分子在通商口岸受到的震撼,其实就是"现代化"的震撼,香港、上海等口岸城市,不过是现代化的窗口和样板罢了。从此,"实现现代化"就成了中国人百余年来为之奋斗不休的崇高目标。

以上提到的五个口岸城市,由于拥有优越的地理位置和区域经济,开

---

①康有为:《康南海自编年谱》,光绪五年己卯条、光绪八年壬午条,中华书局,1992,第9—11页。

埠以前有的就已经是有一定规模的工商业城市,如广州、福州;有的已经是重要的交通枢纽,如上海。但是,这些城市获得比较快的发展,形成崭新的近代面貌,却都是在开埠以后。还有一些城市,如大连、青岛、汕头,原先只是人口不多的渔乡农村,后来之所以成长为一个城市,完全是开埠以后飞速发展所致。

沿海口岸城市不仅是我国对外贸易的枢纽,也是国内贸易的中心。我国地域广大,由于长期以来首都在北方,经济重心在南方,连接南北方的交通显得特别重要。在铁路、公路、航空等新式交通发展起来以前,水运是最便捷的交通方式。中国河流大多是东西走向,在沿海口岸城市附近注入大海。由于这一原因,沿海口岸城市大多是某一个流域的出海口和商业中心。即使在铁路、公路修好后,因沿海城市的重要性,我国一些主要的铁路和公路仍然以沿海口岸为起点或终点。因此沿海口岸城市始终是中国东部沿海,甚至更大区域的交通和商业中心。

沿海口岸城市是中国近代工业最为集中的地带。以1933年为例,这一年内地工业最发达的12个城市中,上海、天津、青岛、广州、福州、汕头6个沿海口岸城市,便占了工厂总数的67%、工人总数的72%、资本总额的86%,以及生产净值的85%,其他的汉口、重庆、西安、北京、南京、无锡等6个非沿海口岸城市只占很小的份额。而这6个非沿海口岸城市中,汉口、重庆、南京、无锡都是沿江口岸城市,而南京、无锡、北京都位于或靠近沿海。[①] 1933年的这一项统计,并没有将东北、台湾的工业算在内,但即使这样,仍足以说明沿海口岸城市在中国工业中所占的崇高地位。

商业贸易的繁荣,工业的增长和集中,必然促使大量的农村人口向这里迁移,导致城市的迅速成长。因此,沿海口岸城市也是中国近代城市成长最快、城市化水平最高的地带。1930年代,人口200万以上的全国第一大城市——上海是沿海通商口岸;人口100万—200万的4个特大城市,广州、天津、南京是沿海通商口岸,只有北京不是;人口50万—100万的4个大城市中,杭州、青岛是沿海口岸城市,汉口是沿江口岸城市,只有沈阳不是。在人口20万—50万的18个城市、10万—20万的33个城市,

---

① 严中平等:《中国近代经济史统计资料选辑》,科学出版社,1955,第106页。

以及5万—10万等级的城市中,沿海地区所占的城市数量仍然超过内陆地区。总之,沿海地带已成为中国城市的主要分布地区,而通商口岸城市又在沿海的城市人口占了较大的比重。①

综上所述,沿海通商口岸城市是中国内外贸易最发达、工业最集中、城市最密集、城市规模最大、现代化气息最浓厚的地区,是中国广大地区现代化的主要辐射源。由此形成我们研究近代经济变迁的第二个关注点,即高度重视口岸城市在全国和区域经济变迁中的作用和对各区域的巨大影响。

三、广大的内陆腹地同样发生了较大的经济变迁

由于通商口岸是西方列强影响首先进入的地方,各区域现代化的始发地和重镇,理所当然地引起近代史学者的关注,研究者无不肯定沿海口岸城市在近代的巨大变迁。然而对于口岸城市的背后地,即其广大的腹地所发生的经济变迁,却有相当多的研究者给以较低的评价。这方面以美国墨菲(Rhoads Murphey)教授的观点最为著名。他认为:受西方经济影响的口岸地区范围甚小,而口岸地区与其腹地又极少关联,腹地商业除了少数出口品由外商控制外,其他商业仍多由中国行会把持。即使有外国进口货,也多由华商承运,腹地使用物品仍以中国货为主,而"口岸进口的洋货主要仍供口岸消费","口岸都市是一个完全按照西方模式缔造的城市,与其乡村腹地极少关联。"因此,他把口岸城市与腹地称为两个世界。②

笔者与樊如森、陈为忠、姚永超、戴鞍钢等人所著的《港口—腹地与北方的经济变迁(1840—1949)》一书的实证研究,已充分表明:北方的沿海口岸城市,无不通过日趋繁忙的交通路线,与自己的腹地保持着密切的经济联系,没有腹地的经济往来,就很难有口岸城市的繁荣;洋货不仅供口

---

①吴松弟:《市的兴起与近代中国区域经济的不均衡发展》,《云南大学学报(社会科学版)》2006年第5期。
②Rhoads Murphey, "The Treaty Ports and China's Modernization: What Went Wrong?", *Michigan Papers in Chinese Studies*, No.7(1970).

岸城市消费,同样供腹地地区消费;口岸城市固然与国外保持较为密切的联系,但同时保持的与腹地和沿海其他口岸城市两个方向联系的强度与密度,并不弱于与国外的联系,甚至可能还有所超过。当时的口岸城市,并没有像今天那种可以大体脱离腹地、主要依靠外来原材料进行加工、装配,并以输出国外市场为主的"三来一补"式的产业。当时口岸城市的繁荣,建立在广大腹地农副产品的出口和为出口而配套的商业和加工业的基础上,而进口商品的输入内地也是口岸城市繁荣的另一个基础。所以说没有广大腹地的支撑,就没有口岸城市的繁荣。

上海是中国最大的口岸城市,其繁荣同样离不开广阔腹地的支撑。第二次鸦片战争以后北方和长江流域口岸的相继开放,使得上海外贸埠际转运(指上海与各口岸之间开展的与对外进出口相关的贸易往来)的规模和范围有了极大的发展。据英国领事贸易报告的观察,"在外国货船运载的商品中,多数是转口的进口商品,以及从内地口岸装来供出口的土产"。1863年上海进口商品(不包括鸦片)中留存本地消费不到1/3,其余2/3均转运其他口岸,"已清楚地表明了上海作为扬子江和沿海各口岸的商业中心的程度"。① 汉口位居华中水陆交通要冲,自古以来即是长江腹地辐射南北各地的交通枢纽和货物集散地,更是上海全国外贸埠际转运最重要的对象口岸,1864—1930年间汉口直接对外贸易能力虽然有所增长,对上海洋货外贸埠际转运依赖性相应降低,但直接出口能力始终未见明显增长,仍以经上海土货外贸埠际转运为主。可见汉口尽管在贸易上的进口能力增强了,但作为内河口岸,发展直接对外贸易始终不像海港那样方便,在航运上仍要受内河口岸的局限。②

香港是中国南部的贸易大港、中国重要的城市,香港的繁荣同样离不开腹地的支撑。研究表明,香港与各省尤其是广东、广西、云南、贵州、台湾、福建等省保持着频繁的转口贸易联系,刺激了各个口岸城市外向型经济的兴起,香港则在与诸港口的贸易往来中发挥了一些共同的功能。第一,香港很早就发展成为大宗消费品及走私商品的输出地和特殊贸易的

---

① 李必樟编译《上海近代贸易经济发展概况》,上海社会科学院出版社,1993,第73、80页。
② 参见唐巧天《上海外贸埠际贸易研究(1843—1937)》第三章,博士学位论文,复旦大学历史地理研究所,2006。

交易所。大批鸦片、盐、军火从香港走私到沿海各地,华南沿海的一些城市又通过沙船将大量供外国消费的中国产品运入香港。第二,香港是内地初级产品的精加工中心。无论是云南的大锡,广西的锑矿,广东的土糖、腌姜、蜜饯、禽毛、鲜蛋,甚至还有北方的皮毛,都需要先运往香港做进一步精加工,使之达到国际市场的要求。第三,香港是小额进口特货及出口杂货的重组港。诸如军火、机械、铁路器材等进口货大多采取先出口到香港,再由专门经营沿海航运业的轮船公司将其与其他出口商品重新拼装后沿固定的航线运至最终消费地。第四,香港是国内大宗工业原材料、燃料的消费地。第五,香港是内地受灾地区及缺粮省份进口南洋大米的集中转口港之一。广东由于大面积种植经济作物,经常要通过香港进口西贡米。长江下游地区也不例外,必要时也会通过香港进口大量洋米运到产丝区交换蚕丝。第六,香港还在转口港的贸易、航运、金融、保险等相关的领域,发挥了船舶修造、航运保险、金融汇兑等方面的功能。①

诚然,口岸城市与腹地的现代化程度的差距,仍然明显地存在着。墨菲所说的腹地主要是中国人的天下,腹地使用物品以华货为主,口岸城市与腹地农村存在明显差别,这些方面大体上是对的。但我们不应看到这一方面的事实,便抹煞另一方面的事实,即腹地的巨大变化以及口岸与腹地的联系。依笔者看来,口岸城市与腹地在经济上的差别,在于口岸城市包括其所在的沿海地带(其范围并非像墨菲说的那样狭小),已步上发展现代工业之路,口岸城市周边农村经济的市场化外向化程度已相当高,而腹地的广大地区大体上还没有走上现代工业之路,经济的变化主要体现在外向化与市场化,而两化的程度也不如沿海地带。

如果将情况比较特殊的东北略而不计,我们还可以发现,北方口岸地带与腹地的最主要的差距,并不在经济上,而在政治上和文化上。无论是中国的学者还是其他国家的学者,往往将主要精力放在沿海省份,很少研究内陆省份,对内陆研究不够,恐怕是无视内陆经济变化的主要原因。

依据上述论述,形成我们研究近代经济变迁时的第三个关注点,即重

---

① 参见毛立坤《香港的埠际贸易(1843—1937)》第二章,博士学位论文,复旦大学历史地理研究所,2006。

视位于港口城市背后的广大腹地地区的近代经济变迁,以及腹地对口岸城市的影响。

四、港口—腹地是中国现代化空间进程的主要途径

中国是地域广袤的国家,历代都存在着明显的区域经济、文化发展不平衡的状态。近代经济同样如此,着重体现在经济的变迁首先开始于沿海口岸城市,经济发展以沿海口岸地带最快,水平也以沿海地带最为发达。先进的经济文化在沿海形成以后,再沿着交通路线往广大的内陆地区扩展,全国除了有自己口岸的沿边地带,各地区无不受到沿海经济文化的辐射,受空间衰减规律的作用,必然表现出离口岸越远强度越弱的特点。

广大内陆地区的现代化,除了自身有通商口岸的边疆地区,起步一般都要晚于沿海地区,并多是受到沿海辐射的结果。随着通商口岸的不断增多和国外商品销售的扩大,中国各区域的农副产品通过沿海通商口岸的出口规模也相应扩大,内陆腹地越来越深地卷入国际市场。与此同时,内陆地区和沿海口岸地区的经济联系也空前扩大,国际资本和国内资本对内陆地区工农业的控制不断加剧。沿海口岸城市与自己腹地的关系,逐渐成为区域之间经济联系的主要表现。[1]

受其控制,全国和地区间物流的主要流向,由古代的主要流向各级行政中心,近代逐渐改为口岸城市和近代交通中心。在物流流向改变的同时,人员流和资金流也发生了同样的改变,从而影响了全国交通布局的改变。港口所在的沿海区域成为我国铁路兴建最早、分布最密的地带。不仅铁路,甚至可以认为,中国的新式交通,大多或以港口城市为指向,或与通往港口城市的道路相连接。由于发生这种重大变化,近代以前以首都和各省省会为中心的交通体系,便转化为以港口城市或省会为中心的新格局。交通格局的改变,又对我国城市的分布产生重大影响,一方面城市

---

[1] 林满红:《口岸贸易与近代中国——台湾最近有关研究之回顾》,载"中研院"近代史研究所编《近代中国区域史研讨会论文集》下册,1986。

主要分布在东部沿海省份的特点更加突出,另一方面是那些位于港口连接腹地的重要道路上的近代交通中心以及重要矿山,成为我国城市的另一个分布地带。①

按经济地理学的表述,经济区是在一定空间范围内经济活动相互关联的客观存在的空间组织。它以某个城市或城市群作为经济中心,经济中心对经济区内的其他地方产生辐射作用,又依托次一级的经济中心把各地区连成一体,并通过各种交通、通信和商业系统构成复杂的经济网络,各地的经济活动有一定的相互联系和相互依赖。近代以来,中国广袤的空间,除了边疆可以通过沿边口岸发展对外贸易的区域形成自成一体的沿边经济区之外,其余地区几乎都成为沿海各口岸城市的腹地,并在此基础上形成经济区。估计在20世纪的头20年,以沿海主要口岸城市或城市群为中心,以它们的腹地为空间范围,口岸城市与其腹地通过主要交通道路保持密切联系的经济区,实际上已经形成。根据港口—腹地的状况,大体上可划为以沈阳—大连为中心的东北经济区,以天津—北京为中心的北方经济区,以青岛—济南为中心的山东经济区,以上海为中心的华中经济区,以厦门—福州为中心的福建经济区,以香港—广州为中心的华南经济区。②

综上所述,在中国近代经济的变迁过程中,口岸城市是先进生产力首先形成的地方,其经济总量和生产生活水平又高于其他地区,成为中国现代化的源地与窗口。口岸城市将自己的影响通过主要交通路线送达自己的腹地区域,从而带动腹地近代经济的变迁。另一方面,腹地也并非被动地接受口岸的经济辐射,也通过各种贸易、生产、金融、人力、文化、政治的形式,影响着特定的"口岸—腹地"范围内口岸城市的发展。因此,在口岸城市与腹地之间存在着双向互动作用。不过,在口岸城市与腹地的双向互动作用中,何者明显居于主导地位,何者居于被动地位,要依地依时依物而言,不同的"口岸—腹地"会有不同的表现形式。因此,口岸—腹地是近代先进生产力空间扩散和区域之间经济联系的主要途径。由此形

---

① 参见吴松弟《中国近代经济地理格局形成的机制与表现》,《史学月刊》2009年第8期。
② 参见吴松弟《中国近代经济地理格局形成的机制与表现》,《史学月刊》2009年第8期。

成我们研究近代经济变迁时的第四个关注点,即重视先进生产力自口岸往腹地的扩展过程及其影响,重视口岸城市及其腹地的双向互动关系。

五、进出口贸易是促使传统经济变迁的主导因素

进出口贸易是不同国家之间的贸易往来,中国早在汉代三国即通过广州等港口与国外发生了贸易往来。近代以来,西方列强用武力打开中国大门,最初涌入的以鸦片毒品居多,此后鸦片减少,但1860年代以后大量涌入的洋货又以其价廉物美而对中国的部分手工业产品造成巨大的冲击。因此,长期以来,大陆学术界对近代的进出口贸易多持负面的看法。近一二十年来,近代经济史学者通过实事求是的研究,已开始改变看法,认为进出口贸易对中国经济发展的促进效果要远远大于破坏效果。

吴承明先生的研究表明,在中国32个传统的手工业行业中,鸦片战争后衰落的只有7个,继续维持的有10个,有较大发展并向机械工业过渡的则有15个,另外还产生了新兴的手工行业11个。而少数手工行业的衰落,并不全是进口洋货造成,而是中国本土新兴的机制产品竞争的结果。① 笔者和戴鞍钢、樊如森以及其他从港口—腹地入手研究近代经济变迁的学者的论著,都已表明近代进出口贸易的积极作用。因此,单纯谴责洋货对国内市场的冲击,已经不起历史事实的检验。

近代经济的变迁,首先从港口城市开始,而港口城市无不走以港(航运业)兴商(商业和服务业),以商兴产(工业、农业等产业)、兴金(金融业)的道路,受此影响,港口城市与腹地的经济变迁,也具有贸易与商业先行的特点,从而带动出口农业和近代工业、金融业的发展。关于进出口贸易对各个经济部门的推动作用,王良行作了细致的说明。据他的研究,在中国近代贸易的上游关联效果方面,至少有4000万劳动力投入丝茶等出口商品的产销工作;航运、铁路、保险、金融、公用事业等基础建设以及煤铁矿、钢铁厂、土木工程、机器制造、船舶修造等现代产业,随着对外贸易的成长有了长足的发展。在下游关联方面,金属及棉纺织品的进口固然

---

① 吴承明:《中国资本主义与国内市场》,中国社会科学出版社,1985,第105、170—180页。

淘汰了少部分传统工业,但也促进了农具、家用品、船舶、建材、油漆、庙宇装饰品、锡箔、包装材料、军火、机械、纺织、印染等传统或现代工业的发展或兴起;而出口商品如生丝和棉花的增产,除了促进食品加工及丝织等传统手工业的发展之外,更刺激了现代机纺工业的兴起。而且,这些关联效果的地理分布非常广泛。简言之,清末对外贸易所产生的关联效果,对全中国都有相当程度的正面影响。①

中国近代的进出口贸易之所以不同于古代,除了古代进出口贸易的规模较小、市场规模的扩展极其缓慢这一点之外,还在于贸易对象国及其所能提供的产品的极大不同。中国古代基本上与比自己落后的国家发生贸易关系,所能进口的是初级农林产品,而近代的主要贸易国家却大多是比中国发达的资本主义国家,进口产品是机器生产的工业产品。发达国家既采用机器生产,又采用先进的资本主义管理制度,其产品质量之优良、价格之便宜,无疑为中国手工产品望尘莫及。因此,一旦展开正常的贸易,洋货对中国市场的冲击势所难免。1870年代中外贸易开始进入正常状态并迅速增长,此后各地区都卷入国际市场,中国不仅进口剧增,出口增长也相当惊人,反映出中国百姓具有较好的市场应对的本领。

在1881年以前的10年中,茶叶、生丝、糖等传统商品的出口大体上保持上升态势,同时草帽辫、皮革、大豆、豆油、羊毛等新兴出口商品的地位日渐重要。② 在1882—1931年这50年中,出口货值的增长速度虽然不如洋货进口,却也增长10余倍,尤其是大豆、豆饼、棉花、皮革、羊毛、花生、茶籽油等农牧产品增长惊人。手工业在一些部门由盛转衰的同时,土布、草帽辫、花边、发网、榨油、缫丝、蛋品等新兴部门发展起来,许多产品已大批出口国外。③ 其中的一部分手工业部门,还采用国外机器的一些部件和进口原料,改进原来的生产方式。例如,20世纪初河北高阳等地织布业普遍采用机制纱和半机械化的铁轮机的新式织布工艺,很大程度

---

① 王良行:《清末对外贸易的关联效果》,载王良行《近代中国对外贸易史论集》,知书房出版社,1997。
② 班思德编《最近百年中国对外贸易史》,载中国海关总署办公厅、中国第二历史档案馆编《中国旧海关史料》第157册,京华出版社,2001,第186—218页。
③ 班思德编《最近百年中国对外贸易史》,载中国海关总署办公厅、中国第二历史档案馆编《中国旧海关史料》第157册,京华出版社,2001,第218—254页。

上完成了由传统手工织布向现代化机器织布的转型。① 此类情况也发生在其他地区,甚至西部的云贵两省。② 学术界对进出口贸易对近代经济的正面作用多有论述。例如,林满红在总结台湾学术界探讨大陆、台湾等地的进出口贸易的作用、对出口结构和产地的有利调整、新技术的引进、出口所得收入的分配有利资金积累等方面,都予以正面的评价,并认为口岸贸易对晚清全国经济整合具有全面的影响。③ 总之,无论人们对近代经济的变迁程度给以如何不同的评价,但只要承认有一定的变迁,都会看到进出口贸易对中国传统经济结构的改变起着主导的作用。

此外,进出口贸易的发展,也极大地促进了城乡交通环境的改善、金融业的发展和农村市镇的繁荣。在进出口贸易的推动下,国内市场同步迅速扩大。吴承明先生依据韩启桐《中国埠际贸易统计(1936—1940)》提供的数据,估计1936年中国的全部埠际贸易额约47.3亿元,比鸦片战争前的长距离贸易1.1亿元约增长43倍。④ 国内外市场的扩大有利于近代经济朝着市场化、外向化的方向发展。

相比较而言,直到20世纪的上半期,中国虽然人口居世界第一,但在世界主要的56个国家中,进口贸易额、出口贸易额不过居世界第十二位和第十三位,占世界贸易总额的比重和人均贸易额均比较低下,其对外贸易的依存度确实不高。然而,相比于大国的人口数和较低的国民收入来讲,对外贸易对经济增长所发挥的作用不容低估。以不变价格计算,整个近代时期中国对外贸易的年均增长率是国民收入年均增长率的两倍多。⑤

进出口贸易在近代中国经济转型中居于如此重要的地位,是当时列强向中国大力推销工业产品、抢夺农产品和工业原料,而中国工业化又长

---

① 李大本修,李晓冷等纂《高阳县志》卷二《实业》,民国二十二年(1933年)铅印本。
② 戴鞍钢:《发展与落差:近代中国东西部经济发展进程比较研究》第二章第三节,复旦大学出版社,2006,第102—130页。
③ 林满红:《口岸贸易与近代中国——台湾最近有关研究之回顾》,载"中研院"近代史研究所编《近代中国区域史研讨会论文集》下册,1986。
④ 吴承明:《论我国半殖民地半封建国内市场》,载吴承明著《中国资本主义与国内市场》,中国社会科学出版社,1985。
⑤ 刘佛丁主编,王玉茹、赵津副主编《中国近代经济发展史》,高等教育出版社,1999,第298—300页。

期进展缓慢的产物。我们由此形成研究近代经济变迁的第五个关注点,即重视进出口贸易的过程、货物构成、洋货销售地和土货出口地,尤其是进出口贸易对农业和手工业的产业结构的影响。

六、市场化外向化的作用不容轻视

工业化无疑是中国现代化必须具备的重要内容,但中国现代工业的发展经历了漫长的过程,1894年甲午战争以前只有沿海港口城市才有一些规模有限的现代工业,甲午战争以后现代工业开始分布到沿海港口城市以外的地区。然而,即使对近代中国工业发展速度作较高估计的学者也认为,虽然就工业本身看曾有过迅速发展,"但中国经济作为一个整体,直至解放前仍然是很不发达的,工业的增长对其他部门的冲击很小,并未使整个经济结构得到改造,即使在原有的轨道上继续运行下去,也未必就能实现国家的工业化"。不仅现代工业如此,即使在西方作为产业革命基础的工场手工业,也是在19世纪末期和20世纪前期才真正得到发展。①

笔者以为,一方面由于近代工业发展迟缓、对其他部门的冲击很小,另一方面考虑到进出口贸易对中国传统经济结构的改变有着举足轻重的作用,在对近代经济变迁的推动作用上,市场化和外向化的作用要大大超过工业化。近代中国经济变迁的一个特点,就是市场化和外向化趋势的不断加强,在各区域工业化起步之前首先起作用的就是这两个因素,在工业化起步之后其作用更加突出。

所谓市场化,从生产者而言指的是生产活动主要以面向市场而不是以满足自己家庭的需要为目的。市场化在传统社会向近代社会转变中的重要作用,不仅为荷兰、英国等西方国家的经济史所证实,也正为我国经济史学者所认识,并被研究所揭示的历史事实所证明。例如刘佛丁、王玉茹所著《中国近代的市场发育与经济增长》,对此便有很好的论述。②

外向化趋势建立在市场化趋势的基础上,指生产不只是为了满足生

---

①刘佛丁主编,王玉茹、赵津副主编《中国近代经济发展史》,高等教育出版社,1999,第138、148页。

②参见刘佛丁、王玉茹《中国近代的市场发育与经济增长》,高等教育出版社,1996。

产者自己的需要,而且也不只是满足生产者所在的狭小区域的消费需要,而是面向更广大区域即国际市场和中国其他区域的大市场。近代除了市场化趋势之外,还明显存在着外向化的趋势,仅仅强调市场化趋势而不同时强调外向化趋势,便难以解释近代经济变迁的主要特点。

  近代市场化、外向化趋势的形成,有其深刻的外因和内因。外因在于近代中国绝大部分的省份都有了多个通商口岸,形成了全方位开放的态势,各地区都卷入国际市场,而进出口贸易的迅速增长,又推动着国内市场的迅速扩大。在此背景下,各地区不得不通过市场化和外向化以适应新经济的需要。此外,轮船、火车、汽车这种速度快、运输方便、运量大的现代交通工具陆续来到中国,加上近代先进的邮政和电信网络的兴起,也为市场化和外向化提供了必要的交通工具和通信工具。

  另一方面,外因要通过内因起作用,各地民众对外来生产方式和生活方式等方面的接触、了解和适应,无疑是近代经济变迁的内因即根本原因。总的看来,并非全部传统因素对外来新因素都持否定或抗拒的态度。例如进口商品,在1881年之前的10年中,其日常生活类商品已逐渐为中国百姓所接受。班思德称:"火柴、针及窗玻璃销售续增,至期末二三年,国内各地,特别繁荣,各货销售,愈为畅旺。而煤油一项,进口激增";这一切,"尤足表现人民守旧习惯,逐渐破除,新式需要,乘时而兴"①。各地进出口贸易的剧增,商人利用新时期的新契机发展自己的工商业,工场棉织业采用外国机器零部件和进口原料进行生产,民族企业的缓慢发展,都表明人民的守旧习惯逐渐破除。大量的资料表明,近代对外来经济因素一直采取否定或抗拒态度的顽固不化的人,主要存在于靠薪俸便能过好日子的官僚阶层,而不是直接参与经济活动的百姓,百姓即或有之,也是因新的经济因素导致一些行业萧条,从而夺走了自己的经济利益所导致。单纯因文化的原因而反对到底的百姓,毕竟人数不多。

  传统文化中迎合新经济因素的一面,更多的来自百姓在新格局形势下的利益驱动。利益驱动是人的本性,在近代对外开放、市场化外向化成

---

① 班思德:《最近百年中国对外贸易史》,载中国海关总署办公厅、中国第二历史档案馆编《中国旧海关史料》第147册,京华出版社,2001,第183页。

为不可逆转的趋势的背景下,利益的驱动有了更多的可能。利益驱动的最大得益者是外资,但绝大多数的人也有不同程度的得益。随着进出口贸易对经济的冲击,各地民众本能地意识到了传统产业在增加自己收入方面的局限,看到了为市场和出口而生产能够带来的明显实惠。对农民而言,种植棉花比种植谷物能够获得更多的经济收入。对牧民而言,进行羊毛、羊皮出口和加工,要比单纯地养羊获取更多的经济收入。因此,农民主动调整种植结构,牧民主动地从事农畜产品的市场化外向化生产,有的农牧民还通过半工业化手段进行出口产品的加工,利用或现代或传统的交通工具以适应远方市场的需要。而市场化外向化半工业化的扩大,势必又促进交通、商业、城镇以及加工业的发展,反过来又促进农牧业的发展。①

市场化和外向化在近代中国经济转型中居于如此重要地位,我们由此形成研究近代经济变迁的第六个关注点,即重视各地市场、交通和通信的建设情况,重视生产者思想意识的变化,重视市场化和外向化对区域经济结构的影响和改造。

七、中国各区域基于地理和历史原因的现代化进程差异

中国是一个历史悠久的文明古国,鸦片战争以前独特的历史发展和深厚的历史文化积淀深深制约着中国的现代化进程。此外,中国又是一个地域辽阔的国家,面积几与欧洲相等,各地的自然地理条件和历史传统有一定的差别,这种差别不仅表现在主要生活在中原地区的汉族与周边民族经济生活、社会发展和民族传统的差别,也表现在汉族地区的南方和北方、东部和西部的历史文化和经济生活的差别。东亚各国的现代化进程,都受到自身的历史文化和地理条件的制约,而中国内部一些地区之间的差别程度,丝毫不亚于东亚各国之间。

以上这种状况,必定直接或间接影响着各区域的现代化进程,导致各

---

① 参见吴松弟、樊如森等著《港口—腹地与北方的经济变迁(1840—1949)》有关各章。

区域现代化的动力大小、变迁程度有所区别。

任何一个地方的历史经济文化,都是区域内部的历史、地理、政治、经济、传统文化诸因素共同作用的产物。北部地区平原面积广大,有着很好的发展耕作业的条件,历史上人们依赖农业和家庭手工业便可以满足衣食之需,农业一向在经济中占有特别重要的地位。南部地区,特别是长江以南的广大区域,地表以山地丘陵为主,平原面积较少,相当多的地区缺少发展农耕作业的有利条件,人们在从事农业的同时也不得不依靠工商业作为自己的补充甚至是主要的谋生手段。因此,历史上南方的经济结构,实际是农业和工商业并重的二元经济:平原地区农业发达,人们对农业的依赖性较大;在山区,工商业和利用山林资源的农业多种经济在经济中占重要地位。除此之外,海岸线的状况也是影响南北经济结构的重要原因。自唐朝后期以来,因陆上丝绸之路衰微,海上交通成为我国发展对外交通和对外贸易的主要方式。由于北方的海岸线大多是不便于停泊船只的沙岸,我国的海上贸易主要集中在长江以南,由此也助长了南方地区的商业之风。如果进一步细分,则我国古代在存在南北差异的同时,还存在东西差异,这种差异到了近代逐渐发展为我国最为明显的区域差异。除了南北、东西的差异,近代还存在着城市和乡村、山区和平原、沿海和内地等多种差异。

东部沿海之所以率先进入现代化,除了最重要的通商口岸大多位于东部沿海,原先具有较高的经济文化水平,也是不可忽视的重要原因。在东部的相当多的地区,城市和工商业水平高,商品经济发达,手工业门类齐全,工商业者在人口中占有较高的比例,农业稳产高产,甚至农民也大多不是单纯务农,而是在经营小块农田时,兼营以在市场上赢利为目的的小手工业、小商业和小服务业。这种集"小农、小工、小商"于一体的农民,他们的商品经济观念,对商品经济的熟悉程度,以及手工业的技术水平和服务业的服务水平,显然要大大高于单纯务农的农民。我们不能轻视这种"三小"农民,东部沿海过去的乡镇企业,今天蓬勃发展的民营企业,之所以能够兴起并壮大,与这种"三小"农民有着密切的关系。此外,发达地区介于城市和农村之间的工商业市镇,以及由城市、市镇和农村组成的市场经济网络的发育程度,比之于落后地区往往要高出好多。我们同样不能轻视这种星罗棋布的小城镇,今天东部沿海民营经济和市场经济发达地区,正是过去小城镇密集的地区,而昔日小城镇不发达的地区今日的民营经济和市场经济就要逊色得多。

全国许多地方,并不都像东部那样有着便于近代先进生产力发育的良好基础。陈桦的研究表明:西北(此处指新疆和甘肃境内黄河以西)直到清末经济规模和水平仍十分落后,手工业和商业多集中于一些较大的城市之中,工商业市镇非常少,手工业生产的门类比较单一,不少地方与外界没有贸易关系。西南(此处指云贵两省及四川盆地、广西西部)地区经济极不均衡,四川盆地西部经济发达,素有天府之国之称;平原坝子和河谷丘陵以及城镇通衢之处,自然条件和经济程度尚好;但广大的少数民族聚居区因地处边远,交通不便,长期处于与世隔绝状态,文化素质低,人口稀少,生产落后。广大的青藏高原(此处指西藏、青海和四川的川西高原)长期处于封闭隔绝状态,为以牧业为主、农业为辅的农牧混合型经济,经济发展迟缓,程度更低。① 陈桦将今陕西省和甘肃省的黄河以东地区列入华北经济区,由于该区域经济的论述重点在华北东部,对于西部的陕西和甘肃东部着墨不多。在这方面,田培栋的研究可提供一些思路。田培栋论述明清时期的关中手工业落后于江南的根本原因,是关中的人们不重视手工业,不但一般人不习工艺,增加收入,即使这个地区的大商人也不愿意投资经营。至于商业,明代关中成为闭塞之区,清代有了较大的发展,但仍属于不发达地区。②

陈桦在分析清朝的区域经济差异时,注意到先进地区和落后地区间存在着巨大差距,"商品经济由经济较发达地区向落后地区的推进,十分艰难"③。近代新兴生产力,本质上是一种性质不同于传统时期、更为高级和复杂的商品经济,传统时代的商品经济由先进地区往落后地区的推进尚且困难,近代商品经济在落后地区的推进速度必然要慢于商品经济发育程度较高的地区,并且会出现一些不同于先进地区的特点。例如,外

---

①陈桦:《清代区域社会经济研究》,中国人民大学出版社,1996,第27、313、358—362页。
②田培栋:《明清时代陕西社会经济史》,首都师范大学出版社,2000,第222、263—269页。
③陈桦:《清代区域社会经济研究》,中国人民大学出版社,1996,第22、18页。

国列强在我国少数民族地区的经济活动便不同于其他地区,具体表现在:对外贸易量不大,直接投资少,而直接投资中又较多集中在商业与金融业,工业投资主要又是矿山的投资。由于这些特点,必不可免地使通过输出商品、掠夺原料以及投资兴办工业等方式导致对少数民族地区自然经济的分解,远不如内地这样深刻,从而也必然影响到少数民族地区的资本主义工业,特别是加工业的发展,促使近代中国社会经济发展的不平衡进一步加剧。①

1840年以后我国各地区的现代化过程,既是先进生产力不断壮大的过程,也是旧有的落后生产力逐渐转化或消亡的过程,新旧生产力、新生事物和传统力量的矛盾、冲突贯穿于整个过程。而且,影响现代化的因素,不仅体现在经济上,也体现在思想上、文化上和政治上。各个区域现代化进程的快慢、难易,现代化过程中展示的区域特点,无不是新旧两种力量较量的结果。

各区域的现代化的进程都受到自身的地理条件和历史传统的制约。大凡地理位置偏僻的地区,自然条件较差的地区,或者历史上工商业经济不发达的地区,现代经济的发展就要缓慢一些,现代化水平就要低一些。由于沿边口岸以外的各个区域,大致都要通过沿海口岸走向世界,凡靠近沿海口岸的区域,现代化速度就要快一些,现代化水平也要高一些,反之则要慢一些、低一些。我们由此形成研究近代经济变迁的第七个关注点即区域差异。要探讨现代产业成长和传统经济转型在速度上和水平上的空间差异,探讨因地理环境和经济结构、水平不同而形成的经济区域,并探讨这些差异形成的历史的、地理的和文化的原因。

---

① 况浩林:《中国近代少数民族经济史稿》第二编第一章第四节,民族出版社,1992。

近代中国开埠通商的时空考察*

摘要: 关于近代早期通商口岸的开埠、设关时间及过程,学术界有着较大的争议。论文对开埠通商早期的22个口岸开埠和近代海关设置时间及过程进行考察,对实际开埠时间和设立海关的时间做出尽量准确的判断。并且结合其开埠和设关过程,分析不同时期、不同口岸中外对开埠通商的态度变化,以及从中反映出的各方利益的冲突和调整。

关键词: 通商口岸;开埠;设关时间

晚清通商口岸的开放始于1842年中英《江宁条约》,此后通过1858年的《天津条约》、1860年的《北京条约》,以及1851年的《伊犁塔尔巴哈台通商章程》,共有22个沿海、沿江与边疆通商口岸在西方列强的不平等条约规定下被迫开放,形成了近代早期的开埠通商格局。关于各口岸的开埠时间、近代海关设立时间及其过程,学术界多有论及。民国年间黄序鹓著《海关通志》②、班思德著《最近百年中国对外贸易史》③,1955年严中平等著《中国近代经济史统计资料选辑》之"二 商埠、租界、租借地"④,

---

* 本文为国家自然科学基金项目"港口—腹地与中国近代经济地理格局的形成"(KRH3142011)成果;复旦大学人文社会科学跨学科研究重大项目(JJH3142003)成果。本文原载《史林》2013年第3期,第一作者吴松弟、第二作者杨敬敏。原名"近代早期开埠通商的时空考察",后为杂志社改。人大复印资料《中国近代史》2013年第10期及《经济史》2013年第6期,均全文转载。

② 黄序鹓:《海关通志》,共和印刷厂,1917。
③ 班思德:《最近百年中国对外贸易史》,海关总税务司署统计科译印,1931。
④ 严中平等:《中国近代经济史统计资料选辑》,科学出版社,1955。

近年陈诗启著《中国近代海关史》①、孙修福著《中国近代海关史大事记》②，以及莱昂斯著《中国海关与贸易统计（1859—1948）》③，对近代各口岸的开埠时间、海关设立时间均有记载。此外，一些具体口岸及其所在区域的研究著作，对这些口岸的开埠、设关时间亦有所提及④。王尔敏著《五口通商变局》⑤，则对最早开埠的五个口岸的开埠、设关过程有详细分析。

阅读相关论著，不难看出，在相当多口岸的开埠时间或海关设立时间的判定上，学术界有着较大的争议，有的争议还涉及一些具体的过程。近代我国各区域的巨大变迁，无不始于通商口岸的开埠，而这些口岸的相当一部分今天又是我国重要的城市，因此厘清通商口岸的开埠时间或设关时间及其过程，对于特定口岸城市和区域的研究无疑具有极重要的意义。而且，近代早期是各项通商章程、海关制度与具体税则逐渐创设、完善的过程，对早期通商口岸的开埠与设关时间及其过程的研究，有助于探讨这些对近代中国影响较大的制度的建立过程。基于这一考虑，本文拟对此22个口岸的开埠和近代海关设置过程进行考察，对实际开埠时间和设立海关的时间做出尽量准确的判断，并结合其开埠和设关过程，分析中外对具体口岸开埠的态度以及从中反映出的各方利益的冲突和调整。

一、第一次鸦片战争以后东南五口的开埠通商

（一）开埠过程

1842年英国通过鸦片战争轰开中国的国门，清朝被迫在当年的8月29日签订中英《江宁条约》。《江宁条约》规定："广州、福州、厦门、宁波、上海等五处港口，贸易通商无碍"⑥，开放为通商口岸。1843年7月22日

---

①陈诗启：《中国近代海关史》，晚清部分，人民出版社1993年出版，民国部分1999年出版。2002年人民出版社出版合并本。本文所用的《中国近代海关史》，均为人民出版社2002年版。
②孙修福：《中国近代海关史大事记》，中国海关出版社，2005。
③（美）托马斯·莱昂斯：《中国海关与贸易统计（1859—1948）》，毛立坤、方书生、姜修宪译，浙江大学出版社，2009。
④此类著作数量繁多，兹不赘述。
⑤王尔敏：《五口通商变局》，广西师范大学出版社，2006。
⑥王铁崖：《中外旧约章汇编》，三联书店，1957，第31页。

《议定广州、福州、厦门、宁波、上海五港通商章程》(简称《五口通商章程》)在香港公布,并在附件《五口通商附粘善后条款》中对相关内容作了具体的说明。之后,英方派李太郭、记里布、巴富尔、罗伯聃等分赴广州、厦门、上海、宁波、福州口岸担任领事①,五口陆续开埠。

广州。《五口通商章程》公布不久,由于英国商人急于通市,清政府批准广州地方官奏折,准许英国商船按照中英双方商定的时间即道光二十三年七月一日(1843年7月27日)进入广州,"照新例贸易输税",当天正式开埠。截至闰七月初十(9月3日),共进口英国货船53只,征收税银128900余两,比上年同样长短的时间有增无减。八月十五日(10月8日)双方商谈租地办法,据当时照会以李太郭为首任领事。② 因当时广州尚未设立新关,所有的来自外国轮船和中国民船的征税事项,均由原有的粤海关征收。其中,征自外国商船的关税最初称夷税或洋税,后统一称洋税,征自中国民船的关税称常税。上海等四口在开埠以后,均采用了广州的收税制度。

上海。英国领事官巴富尔于道光二十三年九月十七日(1843年11月8日)到达上海,议定通商细则,遂即于九月二十六日(1843年11月17日)开埠,当时有7艘外国货船进泊,对其征收洋税。③

厦门。英国领事记里布于道光二十三年九月初四日(1843年10月26日)抵达厦门,择定码头、住所,并和地方官议定,于九月十一日(1843年11月2日)开市,"一切通商事宜遵照广东议定各款"④。

宁波。英国领事罗伯聃于道光二十三年十月二十八日(1843年12月19日)抵达宁波,经与地方官会商,要求于十一月十二日(1844年1月1日)开市,双方确定此日正式开埠。⑤

---

① 文庆等编《筹办夷务始末》,道光朝卷69,中华书局,1963,第2741页。
② 文庆等编《筹办夷务始末》,道光朝卷69,第2741页。
③ 文庆等编《筹办夷务始末》,道光朝卷70,第2777页。
④ 文庆等编《筹办夷务始末》,道光朝卷70,第2784页。严中平《中国近代经济史统计资料选辑》,第41页,作同年11月1日,当为清朝纪年转换公历纪年所误。又,马士《中华帝国对外关系史》第一卷(张汇文等合译本,上海书店出版社2000年版),第408页,载"这个口岸在一八四四年六月因英国领事的到达而开放",则厦门开埠时间应为1844年6月,不知有何依据。
⑤ 文庆等编《筹办夷务始末》,道光朝卷70,第2793页。

福州。五口通商各口以福州开埠最晚。道光二十三年八月初一日（1843年9月24日）及十一日（10月4日），即在广州开埠不久，英公使璞鼎查两次通知清朝钦差大臣耆英，除福州外，各口均已派妥领事官员，一俟领事到达，即可开市。①道光二十四年五月十五日（1844年6月30日）英国领事李太郭到达福州②，十月间对一艘外国商船征过税，但此后又有较长的一段时间没有外船③。因此，学者对福州开埠时间，大约有四种说法，一以领事到达之道光二十四年五月（1844年6月）④，二以道光二十四年五月十八日（1844年7月3日，不知依据）⑤，三以开始收税之道光二十四年十月（1844年11月10日—12月9日）⑥，还有一种判断为1845年7月。⑦

笔者以为，依据官方记载，迟至道光二十五年四月十五日（1845年5月20日），清政府依然认为福州"并未通市"⑧，而道光二十六年五月初二（1846年5月26日）的一份奏折则称福州通市"一载有余"⑨，据此推断福州开埠时间可能在1845年5月底。⑩

（二）开埠内容与开埠时间的确定

《江宁条约》第二条规定："自今以后，大皇帝恩准英国人民带同所属家眷，寄居大清沿海之广州、福州、厦门、宁波、上海等五处港口，贸易通商无碍；且大英国君主派设领事、管事等官住该五处城邑，专理商贾事宜，与

---

① 璞鼎查通知耆英两信，见英国国家档案局（Public Record Office）文件，引自王尔敏《上海开关及其港埠都市之形成》，载《五口通商变局》，第306、336页。
② 文庆等编《筹办夷务始末》，道光朝卷72，第2838页。
③ 文庆等编《筹办夷务始末》，道光朝卷73，第2911页。
④ 班思德编《最近百年中国对外贸易史》，第36页。
⑤ 严中平等编《中国近代经济史统计资料选辑》，第41页。
⑥ 王尔敏：《福州口岸商埠概观》（载《五口通商变局》），以为英国领事李太郭虽然在五月十五日到达福州，但直到十月起始有英船止式交易，故应以此月为开埠之始。
⑦ 陈诗启：《中国近代海关史》，第7页，对福州开埠有如下叙述：李太郭到任后英船前来贸易极少，其间还有领事强租城内住处、领事调换等问题的争执，故迟至1845年7月继任者阿礼国到达后才开征洋税。不过，陈书对阿礼国到达后开征洋税未举史料证明。
⑧ 文庆等编《筹办夷务始末》，道光朝卷74，第2922页。
⑨ 文庆等编《筹办夷务始末》，道光朝卷75，第2988页。
⑩ 据《筹办夷务始末》道光朝卷74，第2912页，李太郭离任为4月，阿礼国继任为5月，福州开埠时间应以1845年5月底为妥。

各该地方官公文往来,令英人按照下条开叙之例,清楚交纳货税、钞饷等费。"①据上所述,广州、上海、宁波、厦门、福州等五个口岸的开埠,基本依照此条规定的做法,大致上包括领事到达口岸、设立领事馆(至少须有可供领事临时办公与居住的建筑物)、议定通商细则、确定开始收洋税的时间、开始征收洋税等一系列过程。

此外,各口的开埠时间,一般指事先由中英双方共同议定,对停泊该口的外国商船实际征收洋税的第一天,用当时的说法,叫作"开市"之日。由于清廷或海关总税务司署并未对"开埠时间"下过明确的定义,由此造成以往研究中对某个口岸如福州开埠时间的不同看法。在福州开埠时间上,上述四种看法,一种未提供依据,两种依据开始收税时间(但在哪天算是开始收税时间上有分歧),还有一种以领事到达时间为开埠之日。显然,选取开埠时间的标准的异议,是导致人们在特定口岸开埠时间上产生分歧的主要原因。

还有一点值得注意,尽管五口都是依照《江宁条约》的规定而开埠,且条约对开埠的过程之内容有规定,但开埠的早晚仍要视英国商人对其重视程度,或该口的贸易繁盛程度而定。广州之首先开埠,是由于"夷酋急望开市",而"伊国众商货船停泊外洋者已有三十余只",耆英遂在未"待会奏条例,奉部议复"的情况下即行开埠②,而英国委派领事官也在开埠之后。上海、宁波、厦门三口的情况与广州相似。当领事巴富尔到达上海议定通商细则时,已有7艘外国货船停泊在黄浦江上③,因此巴富尔到达上海10日即行开市。英领事官抵达宁波时,当时"港内计该夷有货船三艘",而邻近的定海在年初便有货船停泊,遂在14日后即行开市。④ 厦门在英领事官抵达7日后开市,当时货船数量虽未载明,但据次年敬穆等所奏,厦门亦有"夷船久住"⑤。五口中福州迟至1845年5月底才开埠,在此后的9年间,由于"并无洋商经营合法贸易,洋船虽有行驶至该埠者,

---

① 王铁崖编《中外旧约章汇编》第一册,第31页。
② 文庆等编《筹办夷务始末》,道光朝卷67,第2647页。
③ 文庆等编《筹办夷务始末》,道光朝卷70,第2777页。
④ 文庆等编《筹办夷务始末》,道光朝卷65,第2578页。
⑤ 文庆等编《筹办夷务始末》,道光朝卷65,第2839页。

然其任务或为私运鸦片,以弋取不法之利益,或为护送船只,以防海盗之劫掠",英国当局甚至考虑将福州弃置不顾,或要求中国另辟他埠以代之。① 可见,英国在特定通商口岸开埠的实施上,采取了实用主义的态度。

综观五口开埠通商的过程可见,上海、宁波、福州、厦门、广州为近代第一批开埠的口岸城市,开埠与设关事务为英国全盘掌握。在开埠之初,各口岸的开埠通商便依照其贸易繁盛程度即英商的贸易获利大小次第办理,其各种事务也是英人一手包办。可见在开埠通商的最初期,相对于列强,清政府完全处于被动接受的状态。

(三)第一批新关的建立过程及其时间考

专司征收外国船只的关税洋税的海关新关的建立,在各通商口岸的发展史上都是一件大事。广州、宁波、上海、福州、厦门五个港口,自清代康熙年间统一台湾之后,都发展为对外贸易和沿海贸易的商港。清政府在广州设立粤海关,在上海设立江海关,在杭州设立浙海关,另于定海县城设一榷关公署。又在福州和厦门设立闽海关,闽海关的官衙原在福州,后迁到厦门。

五口通商之后、1854年7月之前,各口并未设立新的海关,所有的对外国船只征收的关税洋税和对国内民船征收的关税常税,都由原来的海关常关负责征收。1853年9月,上海小刀会起事,江海关不能在旧址收税,上海道台同意英、美领事提出的领事代征制。1854年7月6日英美法三国领事组成关税管理委员会,7月12日在临时海关开始办公,此后长期维持下来。② 因原来的海关江海关还在,故新成立的海关被称为江海新关,俗称新关,而原来的海关江海关仍沿用旧的通名常关。从此,上海征收的洋税和常税,改由新关(又称洋关)和常关分别征收。

上海发生的这种变化,1860年前后波及其他四口,也都建立新关。其中,广州称粤海新关,厦门称厦门新关,宁波称浙海新关,福州称闽海新

---

①班思德:《最近百年中国对外贸易史》,第48—49页。
②(美)马士:《中华帝国对外关系史》,张汇文等译,第三卷第一章《上海税务司》,商务印书馆,1963。

关。在这些新关成立的时间问题上,学术界向有不同的看法。粤海新关有1859年10月24日、1860年10月1日两个时间①;厦门新关有1862年3月、1862年3月30日两个时间②;浙海新关虽然只有1861年5月20日一说,但学者尚持推测态度③;闽海新关有1861年7月和1861年7月14日两说④。对于一个口岸城市而言,近代海关的建立是促进进出口贸易和城市发展的重要一步,海关建立时间这个标志性的日子需要通过认真考证而搞清,不能有几种看法,也不能只到月而不到日。

依据的资料不同是分歧产生的主要原因。例如,《筹办夷务始末》⑤载粤海新关建立时间为咸丰九年九月二十九日(1859年10月24日),而黄序鹓《海关通志》⑥则载咸丰十年八月十七日(1860年10月1日)于南海县城外之沙基建立粤海新关。而只有月而无日的模糊记载,则由于所依据的资料原本如此。因此,要进行正确的考证,还需要另辟蹊径。

班思德《最近百年中国对外贸易史》论研究中国对外贸易史的资料:

> 研究中国贸易情形者,至本章所述之时期(引者按:1859—1871年),已易著手,则以本期史料较为丰富而与前此迥不相侔也。盖自中国海关施行新政后,即陆续开始编制贸易统计,而以江海关为最早,始于咸丰八年冬(1859年初)。阅时一年,粤海关缀之。潮海关则肇自咸丰十年五月十三日(1860年7月1日),至咸丰末年(1861年)津海、浙海、

---

①1859年10月24日(咸丰九年九月二十九日),见贾桢等编《筹办夷务始末》,咸丰朝卷45,中华书局,1979,第1725页。1860年10月1日(咸丰十年八月十七日),见黄序鹓《海关通志》(上),第157页。

②1862年3月,见陈诗启《中国近代海关史》,第71页。1862年3月30日,见孙修福主编《中国近代海关史大事记》,第23页。

③《筹办夷务始末》,咸丰朝卷78,第2877页,载咸丰十一年四月二十五日(1861年6月3日)王有龄奏报李泰国"派华为士(费莱士)暂行代办(宁波副总税务司)……今既有副总税务司,应即仿照江海关之例,在宁波设立新关,专收外国税钞,以期事有归束。"又言"现在宁波已设新关……"。陈诗启《中国近代海关史》,第70页,认为:"5月20日费士莱被派为宁波海关税务司,大约同时宁波也开办了浙海关。"由此推断浙海新关设置在1861年5月。查宁波海关贸易数据的起始时间,可推定其新关设置时间为5月22日。

④1861年7月,见陈诗启《中国近代海关史》,第70页。1861年7月14日,见中华人民共和国福州海关《福州海关志》,鹭江出版社,1991,第19页。

⑤贾桢等编《筹办夷务始末》,咸丰朝卷45,第1725页。

⑥黄序鹓:《海关通志》(上),第157页。

闽海诸关亦均相继仿行。同治元年(1862年)厦门关亦开始编制,余如东海关与长江流域各关,则昉自同治二年(1863年),翌年山海关与台湾打狗、淡水两关,复先后创刊。至同治四年(1865年),各关税务司更按年编辑贸易报告。①

按至今所见到的海关贸易报告,均在新关成立以后所编,无一例外。因此,新关的成立时间,不应晚于最早的贸易报告数据的起始时间,甚至在同一天。由于各海关早期的贸易报告至今仍然大量存在,不妨参用这一资料,对相关的看法进行考证,从而得出比较接近事实的观点。据此,对五口新关中看法有分歧的四个海关设立的时间考证如下:

粤海新关。《筹办夷务始末》记载的建立时间为咸丰九年九月二十九日(1859年10月24日),《海关通志》记载的时间是咸丰十年八月十七日(1860年10月1日)(详上)。按笔者所见的1865年粤海关贸易报告列出1860年的全年贸易数据,证明新关只能在1859年10月而不是1860年10月建立,此外《海关总税务司署通令第1535号(第二辑)》附件"按开埠日期排列之通商口岸等一览表"②,广州新关的建立年份亦为1859年。因此,粤海新关的建立时间,应是《筹办夷务始末》记载的1859年10月24日。③

厦门新关。按陈诗启《中国近代海关史》以为1862年3月建立,孙修福主编的《中国近代海关史大事记》以为在该月的30日。按厦门关贸易数据始于1862年3月31日④,而在其前一天的3月30日代理总税务司赫德任命华为士为厦门关首任税务司⑤,3月30日成立新关一说应该得

---

①班思德:《最近百年中国对外贸易史》,第84页。
②海关总署《旧中国海关总税务司署通令选编》编译委员会:《旧中国海关总税务司署通令选编》,第1卷,中国海关出版社,2003,第622页。
③陈诗启、孙修福:《中国近代海关常用词语英汉对照宝典》(中国海关出版社,2002)附"中国海关新设关一览表"中记为1859年8月。
④*Returns of the import and export trade, Amoy, 1862*,《中国旧海关史料》第一册,京华出版社,2001,第211页。
⑤参见孙修福主编《中国近代海关史大事记》,第23页。

到确认。①

浙海新关。咸丰十一年四月二十五日（1861年6月3日）王有龄奏报李泰国："派华为士（费莱士）暂行代办（宁波副总税务司）"；又言"现宁波已设新关"。② 陈诗启认为："5月20日费士莱被派为宁波海关税务司，大约同时宁波也开办了浙海关。"③查宁波海关贸易数据的起始时间为5月22日，④可推定陈诗启的估计不误，浙海新关极可能在1861年5月22日建立。

闽海新关。现有陈诗启《中国近代海关史》的1861年7月和福州海关《福州海关志》的1861年7月14日之说。⑤ 按贸易年报的起始时间为7月14日，⑥故应取7月14日一说。

1858年中国与英、法、美、德等国签订《通商章程善后条约》，其中的海关税则确定了"新关"运作的规则，规定在管理上统一采用外籍税务司制度，"任凭总理大臣邀请英人帮办税务并严查漏税"⑦。可见，某口岸开埠并按照《通商章程善后条约》制订的标准开始运作之后，新关设置才算完成。此后各通商口岸新设的海关，中国人习惯上称之为"新关"或"洋关"。但在海关贸易报告及外人著作中并无这一区分，它们所言的海关成立时间都是新关设置的时间。到了1915年7月1日以后，按税务处的规定，凡是洋关、新关之名不再用于海关，而钞关、户关之名也不再用于常关，所有官方文件，统称为海关和常关。⑧

---

①陈诗启、孙修福：《中国近代海关常用词语英汉对照宝典》附"中国海关新关设关一览表"中记为1862年1月。
②贾桢等编《筹办夷务始末》，咸丰朝卷78，第2877页。
③陈诗启：《中国近代海关史》，第70页。
④*Returns of the import and export trade*, Ningpo, 1861, 载《中国旧海关史料》第一册，第101页。
⑤陈诗启、孙修福：《中国近代海关常用词语英汉对照宝典》附《中国海关新关设关一览表》中记为1861年8月。
⑥*Returns of the import and export trade*, Foochow, 1861, 载《中国旧海关史料》第一册，第121页。
⑦王铁崖：《中外旧约章汇编》第一册，第118页。
⑧陈诗启：《中国近代海关史》，第699页。

二、第二次鸦片战争以后沿海和台湾的开埠通商

1856年英、法两国发动第二次鸦片战争,1858年战火烧到北方,列强进犯天津。1858年6月清政府派钦差大臣桂良、花沙纳,与俄、美、英、法等国代表分别签订《天津条约》,规定牛庄、登州、台湾、潮州、琼州、镇江、淡水、江宁辟为通商口岸,并准长江沿岸"将自汉口溯流至海各地选择不逾三口,准为英船出进货物通商之区"①。1860年8月英法联军进占天津,10月攻入首都北京,清朝又被迫与英、法、俄等国签订《续增条约》(即《北京条约》),增开天津、喀什噶尔、库伦为通商口岸。②

1861年1月20日,清廷命崇厚为办理三口通商大臣,驻扎天津管理牛庄、天津、登州三口通商事务;潮州、琼州、台湾、淡水、广州、福州、厦门、宁波、上海及内江三口,各口通商事务则由署理钦差大臣江苏巡抚薛焕办理。③ 自此,条约规定新开口岸陆续开埠。

如果说《江宁条约》规定设立的5个通商口岸,全部分布在长江以南的东南沿海的话,则《天津条约》《北京条约》规定设立的10余个通商口岸,已从东南沿海扩展到台湾、长江沿岸、华北、东北、新疆和蒙古。以下简述上述各口岸的开埠与设关的时间及其过程,长江口岸和新疆、蒙古的口岸另节论述。

(一)东南口岸

潮州(汕头)。潮州原设有粤海关分口,咸丰三年(1853)移至汕头妈屿岛(今广东汕头市)。九年十二月初九(1860年1月1日)广州总税务司李泰国主持开设新关潮海关,并准美商于同日在潮州先行开市。④

琼州。由于来到琼州(今海南省海口市)的船只数量极少,1876年4

---

① 王铁崖:《中外旧约章汇编》第一册,第86—113页。
② 王铁崖:《中外旧约章汇编》第一册,第144—153页。
③ 贾桢等:《筹办夷务始末》,咸丰朝卷72,第2692页。
④ 贾桢等:《筹办夷务始末》,咸丰朝卷45、卷46,第1716页、1742页。另,陈诗启、孙修福:《中国近代海关常用词语英汉对照宝典》附"中国海关新关设关一览表"中记为1860年3月。

月1日才建立琼海关,开关起征。①

(二)台湾口岸

淡水。淡水为台湾最早开埠的口岸,咸丰九年(1859)十月,美国请在台湾开市,闽浙总督庆端等奏定以淡水厅八里岔沪尾为通商之处。②当时由于美使未至,且"适值彰化会匪滋事,未能刻期会议"③,淡水开港一事暂时搁置。十一年(1861)六月英国领事官郇和到台,并于同治元年(1862)六月"移驻沪尾"④。当时"有洋船停泊口岸",遂于"六月二十二日(1861年7月29日),先行起征",因"应议章程"尚需"另行会议呈报","所有征收税银,自应仍令该道(台湾镇道)一手经理,以资熟悉"⑤。迟至1864年5月,在沪尾设置淡水关。⑥

鸡笼、打狗、台湾府。据同治三年正月十七日(1864年2月24日)左宗棠、张宗干等奏"台湾府城(今台南安平)海口,查明淤浅,难以开办",而鸡笼、打狗(今高雄)两处"既有洋船停泊,应一律添设子口,均归沪尾正口管辖"。当时便上奏,请求准开"鸡笼、打狗二处,均可作为外口",并"咨行福州将军会同该都抚臣妥议,如无滞碍,即行奏明开办"。据此上奏,鸡笼口(今基隆)已于同治二年八月十九日(1863年10月1日)作为沪尾外口开关起征。⑦ 按打狗—台湾府海关贸易统计始于1863年10月

---

①严中平等:《中国近代经济史统计资料选辑》,第43页。据 Annual return, 1876, Kiungchow,(载《中国旧海关史料》,第6册,第412页),1876年4月1日也是琼州海关贸易统计数据起始日期。另,陈诗启、孙修福《中国近代海关常用词语英汉对照宝典》附"中国海关新关设关一览表"中记为1876年3月。
②贾桢等:《筹办夷务始末》,咸丰朝卷45,第1725页。
③宝鋆等:《筹办夷务始末》,同治朝卷14,中华书局,2008,第653页。
④宝鋆等:《筹办夷务始末》,同治朝卷23,第1014页。
⑤宝鋆等:《筹办夷务始末》,同治朝卷15,第653页。
⑥孙修福:《中国近代海关史大事记》,第29页,认为1864年5月淡水关设立;陈诗启《中国近代海关史》,第71页,认为在1863年5月,疑"1863年"为"1864年"之误。班思德《最近百年中国对外贸易史》,第79页,认为1863年9月设淡水关。按《中国旧海关史料》,第2册,第347页该口贸易报告数据始于1865年,或以至迟1864年5月已设关较为合适。
⑦宝鋆等:《筹办夷务始末》,同治朝卷23,第1015页。

26日,故打狗应于该日开埠。①

至于台湾府城,据奕䜣等同治三年正月二十五日(1864年3月3日)为覆左宗棠折的上奏,"惟台湾府城海口,查淤浅,难以开办。臣等查台湾准其通商,系载在条约,能否变通办理,必须与各国驻京使臣会商,方能定见"②。可知1864年3月初台湾府城尚未开埠。台湾府城何时开埠文献缺载。据海关贸易统计和十年报告,该口台南关设置时间为1865年1月1日。③

同治三年正月(1864年2月8日—3月7日)福州关税务司美理登申请"以台湾府、打狗港、鸡笼口三处添设正口子口,设立司税(税务司)经理",其中"鸡笼作为淡水子口,打狗作为台湾子口"。④此后四口分别建立,合称"台湾四口",名义上以淡水关为总关,总理全台关务。由于这样的原因,在1895年日本侵占台湾以前的中国的历年海关贸易报告中,尽管淡水、台南、基隆、打狗四口都分别列目,各自撰写贸易统计册和年度报告,但只有淡水每期都有内容,而其他三口则基本是隔年出现。

(三) 华北和东北口岸

天津。咸丰十年(1860)签订的《北京条约》,增开天津为通商口岸。十一年二月初五(1861年3月15日)地方官接到"领事官照会,并大沽海口委员呈报,已有外国船数艘,请即发单验货"⑤的指令。海关遂于二月十三日(1861年3月23日)起,"一律查照新章稽征"⑥,并随后奏定天津通商事宜六条。当年5月税务洋员克士可士吉抵达天津⑦,即以克士可士吉为首任税务司。关于津海关建立的时间,目前有1861年3月23日

---

①《中国旧海关史料》第一册,第663页。孙修福《中国近代海关史大事记》,第27—28页,也认为该口于"10月26日设关,麦士威为首任税务司"。陈诗启《中国近代海关史》,第71页,认为打狗关于1863年年底开埠。
②宝鋆等:《筹办夷务始末》,同治朝卷23,第1022页。
③台湾府有1865年全年贸易数据统计。据海关十年报告(1882—1891),载《中国旧海关史料》第152册,第463页,台南关设立在1865年1月1日。
④宝鋆等:《筹办夷务始末》,同治朝卷23,第1014页。
⑤贾桢:《筹办夷务始末》,咸丰朝卷76,第2827页。
⑥贾桢:《筹办夷务始末》,咸丰朝卷76,第2828页;咸丰朝卷74,第2771页。
⑦贾桢:《筹办夷务始末》,咸丰朝卷76,第2830页。

和同年的5月1日两种说法,笔者以为3月23日是开埠时间,而5月1日则是津海关建立的时间。①

登州(烟台)。1858年6月签订的《天津条约》规定登州辟为通商口岸,后因登州不适宜开埠而改到福山县的芝罘(今烟台)。咸丰十一年(1861)六月直隶候补知府王启曾等人抵达天津,筹备开埠事宜,于七月十七日(8月22日)开办。② 税务司派遣一事,在同年6月25日崇厚折中提及"查登州一口……至应派通事并外国税务司,现已与英国人李泰国所举之代办总税务司赫德,商酌一二人前往帮同征税"③。同治二年二月(1863年3月),赫德任命英国人汉南(C. Hannen)为税务司组建东海关税务司署,1863年3月23日新关东海关设置完成。④

牛庄。咸丰十一年五月初三(1861年6月10日)英国领事官米迪乐抵达牛庄,初五(6月12日)议定通商章程⑤,此时可为牛庄开市之始。牛庄本指今营口市东北45公里、辽河以东的一处商业集镇,英国首任领事官考察以后,以营口自然条件优于牛庄,而要求以营口代替牛庄为口岸,从此各国皆称营口为"牛庄"。根据海关报告中贸易数据的起始时间,可推断山海关设关时间在1864年5月9日。⑥

通过对以上三口开埠设关过程的分析,可以看出清政府对设置新关

---

① 按班思德《最近百年中国对外贸易史》,第79页,陈诗启《中国近代海关史》,第70页,皆把1861年5月作为津海关设关的时间;另据 Returns of the import and export trade, Tientsin, 1861(载《中国旧海关史料》第一册,第73页),天津的海关贸易报告亦从5月1日起,故此日应是津海关设立的时间。但据上所述,天津在3月即已按新章稽征,故开埠应在3月23日。孙修福《中国近代海关史大事记》,第19页,亦作3月23日。另,《中国近代史统计资料选辑》第42页,将设埠时间订在1月20日,不知何据。

② 宝鋆等:《筹办夷务始末》,同治朝卷3,第90—91页。

③ 贾桢等:《筹办夷务始末》,咸丰朝卷79,第2901页。

④ 东海关设立时间,班思德《最近百年中国对外贸易史》,第79页,定为1862年3月;《中国近代史统计资料选辑》,第43页,作1862年1月16日。孙修福《中国近代海关史大事记》,第23、26页,认为1862年3月东海关监督衙门成立,1863年3月23日赫德任命汉南为该口税务司。考虑到该口海关贸易统计起始时间为1863年3月(见 Returns of the import and export trade, Chefoo, 1863,载《中国旧海关史料》第一册,第267页),笔者赞同1863年3月23日为该口新关设置完成时间。

⑤ 贾桢等:《筹办夷务始末》,咸丰朝卷79,第2899页。

⑥ Returns of the import and export trade, Tientsin, 1864,载《中国旧海关史料》,第1册,第331页。班思德《最近百年中国对外贸易史》,第79页,孙修福《中国近代海关史大事记》,第29页,把山海关的设关时间定在1864年4月,不知何据。

更为主动的姿态。陈诗启先生在考察各通商口岸的海关设关情形时,发现粤海关、津海关、潮海关、厦门关、牛庄关等主要海关的设立,"大多是出于地方官吏的要求",他们不但要求建立海关,而且还派委员和税务司合作。他得出结论:"由此看来,海关外籍税务司制度的推行,虽然是根据条约的规定,但因外国人经办海关确有成效,所以各口官员大多表示欢迎。"①

以往研究北洋三口的开埠,大多只考察新关设置完成时间②,将之作为三口开埠之始。然而据上分析,北洋三口的开埠时间实在新关设置完成之先。而在北洋三口的设置过程中,清廷及地方官员与五口通商时期相比显得主动,扮演着重要的角色。据前所述,三口皆为章程尚未完备之时即行开市:天津关通商事宜六条在宣布开市的时候才得以奏办,牛庄在开市后的1864年子口半税仍"屡拟开办,迄未定议"③;而登州海关在1862年初仍"未能办理划一"④。而且与粤海、潮海新关不同,三口外籍税务司的抵达皆在开埠之后。另外,三口由地方大员直接驻扎监督,天津口由办理三口通商大臣直接管辖,山海关监督在牛庄开埠后移驻牛庄⑤,山东登莱青道于1962年1月后驻扎烟台⑥,直接管理两地通商事务。凡此都表明北洋三口的开埠与设关,已表现出不同于先期开埠的东南口岸的情形。

三、第二次鸦片战争以后长江三口的开埠通商

1858年6月签订的《天津条约》约定开放镇江及汉口至海其他三口辟为通商口岸。⑦ 1860年12月1日英使照会清廷:除镇江外,"欲先赴汉口、九江两处通商"⑧。清政府回覆英使:"九江、镇江、汉口各口进出应纳

---

① 陈诗启:《中国近代海关史》,第71页。
② 如班思德、陈诗启著者皆把新关设立时间作为开关之始。
③ 贾桢等:《筹办夷务始末》,咸丰朝卷39,第1463页。
④ 宝鋆等:《筹办夷务始末》,同治朝卷3,第91页。
⑤ 宝鋆等:《筹办夷务始末》,同治朝卷3,第90页。
⑥ 宝鋆等:《筹办夷务始末》,同治朝卷3,第91页。
⑦ 王铁崖:《中外旧约章汇编》第一册,第97页。
⑧ 贾桢:《筹办夷务始末》,咸丰朝卷70,第2626页。

税税饷章程,令该公使就近与上海关公同商定。"①太平天国战事结束之后,长江沿岸的开埠进程开始展开。

镇江。咸丰十一年正月初十日(1861年2月19日)英国参赞巴夏礼等来镇江查勘,领事官亦同时抵达。②此后副税务司林衲抵达镇江,稽查往来洋船,即于当年四月初一(1861年5月10日)在焦山开设镇江关。③

九江。1861年2月,英国领事许士到达九江,商办开埠租地之事。④6月4日江西巡抚毓科上奏,"不日洋货至浔(九江),即可开市"⑤,可推断开埠通商应在不久之后。但九江关的建立,则可能在1862年1月⑥。

汉口。咸丰十一年正月底(1861年3月初)巴夏礼等到达汉口,查办建立领事馆、开埠通商等事宜。⑦至5月,英、美领事官皆已先后抵达,当时俄国商船也"陆续到汉",但因"楚疆未靖,商贾多有迁避,未能畅销"⑧。按此情形推断,汉口开埠应在1861年3至5月间。设关时间则相对后延,1862年1月1日始设江汉关。⑨

值得注意的是,九江、汉口、镇江三口虽然至1861年夏都已开埠通商,但并没有独立的对进出口货物征收税收的职能。据薛焕与巴夏礼订立的《长江各口暂议章程》(以下简称《暂议章程》):"倘有洋船载运货物前往长江,该船先须在上海请领入长江准照,该货也须照例完纳正税并子口税,即一个半税方准开船入江。倘有船在镇江以上装载土货,贩运回上海,于过镇江时,由该处关口,派差押送至上海。抵上海,该货即应照则例完清正税,方准上岸。如该商复将此货载运出口,则应完纳子口税,方准下船出口。"⑩照此规则,九江、汉口两口无关征税。镇江关也同样,咸丰

---

①贾桢等:《筹办夷务始末》,咸丰朝卷73,第2750页。
②贾桢等:《筹办夷务始末》,咸丰朝卷73,第2751页。
③宝鋆等:《筹办夷务始末》,同治朝卷8,第361页。另,陈诗启、孙修福《中国近代海关常用词语英汉对照宝典》附"中国海关新设关一览表"中记为1861年4月。
④贾桢等:《筹办夷务始末》,咸丰朝卷75,第2809页。
⑤贾桢等:《筹办夷务始末》,咸丰朝卷78,第2881页。
⑥严中平等:《中国近代史统计资料选辑》,第42页。
⑦贾桢等:《筹办夷务始末》,咸丰朝卷75,第2788页。
⑧贾桢等:《筹办夷务始末》,咸丰朝卷78,第2875页。
⑨严中平等:《中国近代史统计资料选辑》,第42页。
⑩贾桢等:《筹办夷务始末》,咸丰朝卷79,第2932页。

十一年八月二十七日(1861年10月1日)之前,"虽有税务司稽查,尚未收税"①,几乎形同虚设。1862年11月20日制定《长江通商统共章程》七条,此后长江三口才得以独自征税。② 照此章程,汉口关、九江关都是在1863年年初才开始征税的,而海关的设立也应在此时。③

江宁。1858年江宁(今南京)尚为太平天国占领,故中法《天津条约》规定"俟官兵将匪徒剿灭后,大法国官员方准本国人领执照前往通商"④。同治四年(1865)法国使者以"江宁地方早已肃清"为由,照会申请江宁开埠通商,英使亦照会请在江宁租地通商,但始终未得进展。⑤ 晚至光绪二十三年(1897),江宁奏准自开,二十五年三月二十二日(1899年5月1日)设立金陵关通商。⑥

从长江沿岸口岸的开埠设关过程,特别是九江、汉口、镇江三口税收职能的争议中可以看出,在这一时期开埠设关事务中清政府所扮演的角色有所变化。⑦ 据中英《北京条约》第三款规定,赔款"银两应于通商各关所纳总数内分节扣缴二成"⑧,最初之《暂议章程》规定所有税款在上海征纳,汉口至上海水路长达千里,稽查极为不易,而且当时正值太平天国运动,保证税收尤为困难。如赫德所言"若照新设三关征收税饷,则经费虚糜,而奸商易于偷漏","若照新章(《暂议章程》)办理,实于中国有益而无损",在保证了税收的同时,也保证了赔款的缴纳。⑨ 而这一章程对于内地税收却是一个不小的打击,因此遭到地方官员的抱怨。如当时湖广总

---

① 宝鋆等:《筹办夷务始末》,同治朝卷8,第361页。
② 宝鋆等:《筹办夷务始末》,同治朝卷10,第447页。
③ 宝鋆等:《筹办夷务始末》,同治朝卷12,第556页。据 Returns of the import and export trade, Kiukiang, 1863(载《中国旧海关史料》第一册,第341页),九江口贸易报告数据始于1863年1月1日。
④ 王铁崖:《中外旧约章汇编》第一册,第105页。
⑤ 宝鋆等:《筹办夷务始末》,同治朝卷31,第1332、1334页。
⑥ 参见黄序鹓:《海关通志》(上),第108页。该关的海关贸易数据也始于同年的5月1日(见 Trade reports and returns, 1899, Nanking,载《中国旧海关史料》第29册,第288页)。另,陈诗启、孙修福《中国近代海关常用词语英汉对照宝典》附"中国海关新关设关一览表"中记为1899年3月。
⑦ 陈诗启:《中国近代海关史》,第87—97页,亦对长江设关征税问题有较详叙述。
⑧ 王铁崖:《中外旧约章汇编》第一册,第144—145页。
⑨ 贾桢等:《筹办夷务始末》,咸丰朝卷79,第2932页。

督官文奏报,"自汉口以下,镇江以上,内地奸商亦依托洋商,任意私售私卖。不特课税偷漏,亦必亏耗厘金,与筹饷大局实有妨碍"①。由于汉口未经设关,"所到洋货,皆于汉口各行中暗中以货易货,运载上船,并不交进口货物清单,亦不报出口货物数目,以致毫无稽查……长江千余里,随处皆可上货下货,任其自便,实存欺蔽之明验也。"因此湖广总督等力申汉口、镇江设关,同时认为"九江一口,亦当与汉、镇事宜一体相同,以昭划一"②。后经一年多时间,最终议定《统共章程》。

观其办法,三口设关,得到出口土货、无免单进口洋货以及未完半税的进口土货的税收权,双方的利益得到了一定程度的协调。由此可见,在第二次鸦片战争后,清政府方面在开埠设关事务中处于主动的状态,对列强掌控下的开埠设关计划并不全盘接受,而是与之不懈力争,重视开埠设关中自身利益的诉求。③

四、中俄陆路口岸的开埠通商

我国北方陆地通商口岸的形成,可以追溯到清雍正五年(1727)三月和俄国签订的《恰克图条约》,规定把国界划定在贝加尔湖以南的恰克图,并制定恰克图地方的互市贸易办法。此后在1768年和1792年分别签订条约,规定贸易章程,双方进行以货易货的贸易。④ 此后直到鸦片战争爆发以前,恰克图贸易都大体维持下来,尽管在乾隆朝三次闭市,但闭市时间均只有几年。⑤

从18世纪末开始,俄国随着经济发展和在中亚地区军事上的节节推进,不断谋求扩大对华陆路通商范围。第一次鸦片战争以后,英法等国在中国获得了五口通商、协定关税等特权。位于中国北部大门之外的俄国官、商两界不甘落后,强烈要求政府"在英人不易到达而距俄国较近"的

---

① 宝鋆等:《筹办夷务始末》,同治朝卷2,第36页。
② 宝鋆等:《筹办夷务始末》,同治朝卷2,第36页。
③ 本文原附"图一:近代早期东南沿海开埠口岸分布示意图",如需查看,烦请参阅本文原载的《史林》2013年第3期第85页。
④ (美)马士:《中华帝国对外关系史》第一卷,张汇文等译,第十九章第二节,第532页。
⑤ 参见米镇波《清代中俄恰克图边境贸易》,第一章,南开大学出版社,2003,第13—23页。

中国西北和蒙古地区谋取利益。

伊犁、塔尔巴哈台。1850年4月,俄罗斯"请于恰克图之外,准其在伊犁、塔尔巴哈台、喀什噶尔三处添设贸易,一并通商"①。据伊犁将军萨伊阿等人奏报,清政府认为喀什噶尔(今新疆喀什)"本有安集延等处夷人贸易,忽又添出俄罗斯通商,外夷不讲情理,实难保其彼此相安",而且"喀什噶尔地处极边,夷匪屡次滋事",如俄罗斯在此通商,印度从而效之,"斯时准亦难,不准亦难"②。因此,清廷回覆俄国"此次准添贸易二处(伊犁、塔尔巴哈台)",而喀什噶尔"为中国极边之地,商人运货艰难,每至赔累不能获利","毋庸添设贸易"③。但同年12月俄国咨文,提出以先"试立贸易……试行数年",再议立买卖之处的方式,再次请开喀什噶尔。④ 1851年(咸丰元年)六月二十一日俄使抵达伊犁(今新疆伊宁),于8月6日签订《伊犁塔尔巴哈台通商章程》,清朝准开伊犁、塔尔巴哈台(今新疆塔城)两处通商,"彼此两不抽税",拒绝开放喀什噶尔。⑤ 1852年4月4日,伊犁、塔尔巴哈台开埠。⑥

1852年8月俄国领事抵达伊犁择地修造房屋,同时遣员往塔尔巴哈台。⑦ 据1853年10月奏报有"自上年夏间开工盖房,现已完竣……此地商民向与哈萨克贸易为习惯,故一年来彼此相安"⑧等语。因此两处真正开埠通商应在1852年夏秋间。

1858年5月俄国利用第二次鸦片战争给清朝的巨大压力和兵备空虚,武装侵入黑龙江流域,以武力迫使黑龙江将军奕山签订《瑷珲条约》。1860年11月14日又迫使清朝签订《中俄北京条约》。通过这两个不平

---

① 贾桢等:《筹办夷务始末》,咸丰朝卷1,第2页。
② 贾桢等:《筹办夷务始末》,咸丰朝卷1,第5页。
③ 贾桢等:《筹办夷务始末》,咸丰朝卷1,第7页。
④ 贾桢等:《筹办夷务始末》,咸丰朝卷3,第100页。
⑤ 王铁崖:《中外旧约章汇编》第一册,第78页。《中国近代经济史统计资料选辑》,第41页,所载《伊犁塔尔巴哈台通商章程》签订时间为1851年10月15日,不同于《中外旧约章汇编》的1851年8月6日,不知何故。
⑥ 严中平等:《中国近代经济史统计资料选辑》,第41页。
⑦ 贾桢等:《筹办夷务始末》,咸丰朝卷5,第191页。
⑧ 贾桢等:《筹办夷务始末》,咸丰朝卷7,第229页。

等条约,俄国攫取我国黑龙江以北、乌苏里江以东,包括库页岛在内约100万平方公里的大片领土,以及在黑龙江、松花江、乌苏里江的航行权,并获得垂涎已久的喀什噶尔、库伦的免税贸易权。

喀什噶尔、库伦。1860年11月14日签订的中俄《北京续增条约》规定:"试行贸易,喀什噶尔与伊犁、塔尔巴哈台一律办理";俄国人可在喀什噶尔盖房屋、建造堆房、教堂、建立领事馆等。条约并未提出开放库伦,但同意俄国商人"由恰克图照旧到京,经过之库伦(今蒙古国乌兰布托)、张家口地方,如有零星货物,亦准行销";并在"库伦设立领事官"[①]。可见,通过《续增条约》,俄国不仅迫使清政府开放了喀什噶尔,而且关于库伦的约定内容与其他三个已开商埠并无二致,已造成库伦开埠通商的既成事实。此后,清政府对俄国人在库伦多建房屋也持默认态度[②]。1861年7月清廷应俄国要求,同意俄国商人在库伦"常川通商"[③]。至此,库伦正式开埠通商。

关于喀什噶尔的正式开埠时间,一说在1861年4月5日[④]。然而,此时是否真正开埠值得怀疑。尽管1860年的中俄《北京续增条约》规定开为通商口岸,但后来俄国意欲以阿克苏换喀什噶尔开埠,遭到清廷的拒绝。[⑤] 随后直至1881年,喀什噶尔一带经历东干叛乱与阿古柏政权统治,先前约定的开埠通商自然无法办理。1881年2月24日签订的《圣彼得堡条约》中,中俄再次重申了先前条约中俄国照旧约在伊犁、塔尔巴哈台、喀什噶尔、库伦准开埠通商、准设领事官的内容,并约定俄民在上述口岸及关外之天山南北两路各城贸易"暂不纳税"[⑥]。可知喀什噶尔的真正开埠应在清政府管辖下的1881年之后。

总的看来,新疆、蒙古地区的开埠通商,有着不同于其他地区的特点。

首先,与第二次鸦片战争以后东部沿海沿江口岸的开放相比,中俄边境这几个通商口岸的开放更多是俄国一方利益诉求的体现。当然在边疆

[①] 王铁崖:《中外旧约章汇编》第一册,第149—154页。
[②] 贾桢等:《筹办夷务始末》,咸丰朝卷71,第2671—2672页。
[③] 贾桢等:《筹办夷务始末》,咸丰朝卷80,第2949页。
[④] 严中平等:《中国近代经济史统计资料选辑》,第42页。
[⑤] 宝鋆等:《筹办夷务始末》,同治朝卷5,第170页。
[⑥] 王铁崖:《中外旧约章汇编》第一册,第382页。

地区口岸的开放过程中,并不能否定清政府的警觉性,例如对喀什噶尔一地,据上所述,俄国数次提及通商皆被清政府拒绝,对于阿克苏的开放,清政府力拒使之未能得逞。但是考察上述喀什噶尔、库伦两地的开埠过程,喀什噶尔在俄国的武力威胁下被迫开放,库伦的开放则是在谈判中由俄国使者造成的既成事实。① 可见,在这几个陆路通商口岸开放交涉中,清政府始终处于被动的状态。

其次,在中俄边境商埠,俄国取得了更为优惠的特权,最主要体现在全面免税上、边境自由贸易上。

1862年3月4日《陆路通商章程:续增税则》规定:"两国边界贸易在百里内均不纳税";"俄商小本营生,准许前往中国所属设官之蒙古各处及该官所属之各盟贸易,亦不纳税。其不设官之蒙古地方,如该商欲前往贸易,中国亦断不拦阻";"俄商运俄国货物前往天津,应纳进口正税,按照各国税则三分减一,在津缴纳。其留张家口二成之货,亦按税则三分减一,在张家口缴纳"。②

1881年2月24日签订的《改订条约》(又名《圣彼得堡条约》),除了规定中国将霍尔果斯河以西伊犁河南北一带地方划归俄国、中国赔款900万银卢布(约合509万两白银)等事项,还有口岸开放、免除税收等方面的规定。其第十条规定俄国在肃州(即嘉峪关)及吐鲁番设立领事,其余如科布多、乌里雅苏台、哈密、乌鲁木齐、古城五处,俟商务兴旺再商议添设。第十一条规定,"两国人民在中国贸易等事,致生事端,应由领事官与地方官公同查办。如因贸易事务致启争端,听其自行择人从中调处,如不能调处完结,再由两国官员会同查办"。第十二条再次规定俄国在蒙古地方贸易,照旧不纳税,其蒙古各处及各盟未设官之处,均准贸易,亦照旧不纳税。并准许俄国人在伊犁、塔尔巴哈台、喀什噶尔、乌鲁木齐及关外之天山南北两路各城贸易,暂不纳税,俟将来商务兴旺,再由两国议定税则进行收税。第十三条规定准许俄人在应设领事官各处以及张家口建造

---

① 王尔敏讨论中俄陆路通商约章交涉过程:"俄国外交人员之机敏运用及其沉着表现,应启发中国朝野多所深思。"见王尔敏:《晚清商约外交》,中华书局,2009,第119页。
② 王铁崖:《中外旧约章汇编》第一册,第180页。

铺房、行栈。①

同一天在圣彼得堡还签订《改订陆路通商章程》，其第一条又约定："两国边界百里之内准中、俄两国人民任便贸易，均不纳税。"第二条规定："俄国商民前往蒙古及天山南北两路贸易者，只能由章程所附清单内指明卡伦过界。"所带的执照，在进入中国地界时由中国卡伦呈验，查明后盖用戳记为凭。其无执照商民过界者，任凭中国官员扣留，交附近俄国边界官或领事官从严罚办。"第五条规定，俄商由俄国运来货物，自陆路至天津者，应纳进口税，按正税的三分之一交纳。自俄国运来的货物如至肃州（嘉峪关）者同于天津办理。②

通过上述一系列条约，俄国得到了边境贸易免税、关税优惠，以及蒙古地方任意行走等诸多特权，在蒙古地方的经济、政治渗透能力也大为增强。③而俄国商人的入境、贸易事项，均由清朝边防哨所卡伦或地方官管理，如需处罚则交附近的俄国边界官或领事官处理。

正由于这一原因，近代各开埠口岸大部分都归中国海关总税务司署管理，并在1860年前后开始定期向上级汇报海关贸易报告，再由总税务司署印刷发布，惟独与俄国毗邻的新疆、蒙古地区的口岸长期不属于海关总税务司署管辖，而且总税务司署也不发布它们的贸易报告。正由于所有的贸易管理采用上述独特的形式，"所有当时中俄贸易值量，并无正式统计可寻"④。

上述这种特殊状态，维持了相当长的时间。自抗战胜利以来新疆与内地关系日加紧密，1943年秋因抗日战争内迁重庆的中国海关总税务司署副总税务司丁贵堂率关员前往新疆开关，历经9个月，得以在迪化（今乌鲁木齐）设立海关，在伊犁、喀什、乌什、塔城四处建立分关，在哈密、吉木乃、九卡、尼堪、二道卡、伊塔、薄犁、叶城、和阗九处建立支关，用以管理

---

① 王铁崖：《中外旧约章汇编》第一册，第381—384页。
② 王铁崖：《中外旧约章汇编》第一册，第386—389页。
③ 郭廷以《俄帝侵略中国简史》对此评论道：这一系列通商条约的签订，实是"赢取库伦活佛及有力王公的好感，推进俄国的经济利益"策略的体现。载沈云龙主编《中国近代史料丛刊续编》，第99辑，台湾文海出版社，1985，第37页。
④ 班思德：《最近百年中国对外贸易史》，第79页。

对苏联和对印度的贸易货运。① 事实上，不仅新疆、蒙古等地区如此，与俄国接壤的东北沿边的俄国商人也长期享受免税的待遇。20 世纪末连接俄国欧洲部分的中东铁路进入我国东北，俄国与中国东北的贸易日见发达，经乌苏里江、松花江、黑龙江及东清铁路的贸易，如再采用中俄边境百里无税地带的规定，势必引起种种问题。俄国政府遂于 1913 年 1 月废止俄国境内 50 里之内的无税地带，中国翌年也废止。②

如与总税务司署管辖下的东南沿海口岸相比，自 19 世纪后期中俄商约签订以后，中国和俄罗斯两国的实际贸易状况，究竟如何呢？

据上述原因 19 世纪后期的中俄边境贸易值已不可考，而长途贸易由于货物在天津需纳税，因此在 19 世纪 70 年代的天津贸易统计中有所记载。以下是 1872—1879 年中俄通过恰克图、天津的货物贸易情况。

表1　1872—1879 年中俄贸易值(通过恰克图、天津)

单位：海关两

	1872	1873	1874	1875	1876	1877	1878	1879
俄国—中国	14970	1452	680	1074	170	92	120	2475
中国—俄国	1898761	2195971	1587685	3021973	3281489	3814777	3207094	3988269

说明：俄国—中国：俄国货物通过恰克图、天津输入中国各口岸价值；

中国—俄国：中国货物通过天津、恰克图输入俄国各地价值；

数据来源：Annual return, 1872-1879, Tientsin,《中国旧海关史料》，京华出版社 2001 年，第 5—8 册。

据表可见，作为中俄传统长途贸易枢纽的恰克图，在俄国得到在中国内地陆路贸易的优惠特权后，俄国货物输入中国内地量一直位于很低的水平。反观中国输入俄国内地货物价值，在 1872 年到 1879 年 8 年间翻了一番，并且与俄国输入中国内地货物价值相比具有绝对优势。

再观学界研究，中国对俄国贸易保持长时期的出超局面亦是普遍的观点。

关于蒙古边境方面，迈斯基著《蒙古人民共和国史》认为："中国商人

① 陈诗启：《中国近代海关史》，第 834 页。
② 童蒙正：《中国陆路关税史》，商务印书馆，1926，第 64 页。

依赖英美各大洋行做后盾,在清政府的保护下,几乎独占了蒙古市场,断然地排挤俄国的货物。结果,俄蒙贸易的逆差一年比一年增加,使俄国资本家不得不把白银运往蒙古,来清偿这个逆差,往蒙古输出白银的数量也就越来越多。据俄国海关统计,1891年至1908年期间,由俄罗斯输出到蒙古的货物总值只增加了22%,而同期由蒙古输入俄罗斯的货物总值却增加了566%。1908年俄蒙贸易的进出口总值是800万卢布,而同期中蒙贸易的进出口总值则达5000万卢布。"①

关于新疆边境方面,厉声著《新疆对苏(俄)贸易史》引用俄国海关记录1893—1914年新疆与俄国交易数据,认为"新疆在19世纪末至20世纪初的对俄贸易中处于出超。"②具体详见下表:

表2　1893—1914年新疆对俄国贸易差额(新疆出口值—新疆进口值)

单位:万卢布

年代	1893	1895	1899	1900	1901	1902	1903
差额	−24.42	14.5	69	155	91	97	120
年代	1904	1905	1906	1907	1908	1913	1014
差额	238	289	255	150	194	137.4	314.7

资料来源:《苏中经济关系概要》第122—124、163、166页;(日)吉田金一:《俄清贸易关系》,载《东洋学报》第45卷,第507页。转引自厉声《新疆对苏(俄)贸易史》。③

依上分析可见,尽管19世纪后期俄国在中国陆路贸易拥有特权,但俄国商品并未迅速占领中国内地市场,中俄陆路边境口岸的开埠以及一系列商约的签订,对于俄国方面的利益仅体现在边境地区势力的渗透上,对于俄国本身并无多少经济利益可言。这一点是中俄陆路边境口岸开埠与东南沿海口岸相比的又一点不同之处。俄国在边境贸易所得,和其攫

---

① (苏联)迈斯基:《蒙古人民共和国史》,陈大维译,商务印书馆,1972,第106页。
② 厉声:《新疆对苏(俄)贸易史》,新疆人民出版社,1993,第155页。
③ 厉声:《新疆对苏(俄)贸易史》,新疆人民出版社,1993,第139—140页。

取中国大片领土的巨大利益相比①,实在微不足道。由此不难看出,俄国对华政策的重点所在了。②

五、结语

据上分析可知,近代早期各口岸的开放都经历了从条约议定到具体实施再到制度完善的过程。某口岸设关征税时间或开市时间应判断为该口岸开埠通商之始,各项制度则在开埠通商后的运作中逐步制定完善。到19世纪60年代中期,海关制度与各口岸具体税制初步制定完成,至此近代早期的通商口岸体系形成。

在不同时间、区域开埠通商的过程中,清政府所扮演的角色及中外双方的利益格局并不相同,具体可总结为三种:

第一,在早期五口通商的过程中,清政府完全听由列强安排,处于被动接受的状态。

第二,第二次鸦片战争后,尤其在北洋三口的开埠设关过程中,清政府对开埠通商表现主动,并且要求与外国税务司合作;同时在列强炮制出损害清政府利益的通商税则时,清政府并不是全盘接受而是与之据理力争,最终达成妥协,这一点在长江沿岸设关事务上有着充分体现。这些变化,与清政府对设立新关所获利益的认识,以及在处理与列强外交中的逐渐成熟是分不开的。

第三,中俄陆路口岸的开放与其余口岸相比,更是俄国单方面利益的诉求。通过陆路口岸开放与一系列商约的签订,俄国在本文论述的中国近代开埠通商的早期并没有打开中国内地市场,然而其在中俄边境地区经济、政治渗透能力却大为增强,从而为其领土要求奠定了基础。

因此,厘清各口岸开埠通商早期的时间和空间差异,对于理解不同时期、不同口岸的状况,对于认识各国列强在不同地区的作为以及清政府的

---

①俄国通过迫使清朝签订的涉及侵占中国领土的不平等条约,即1858年5月的《瑷珲条约》、1860年11月14日的《北京条约》、1864年的《勘分西北界约记》、1881年的《伊犁条约》,相继侵占我国领土150多万平方公里。

②本文原附"图二:中俄陆路通商口岸分布示意图",如需查看,烦请参阅本文原载的《史林》2013年第3期第88页。

认识和反应,无疑具有相当的价值。而上述差异的存在,自然也为近代中国经济地理格局的变迁,准备了最初的一项条件。

附表　各口岸开埠、新关完建时间表

口岸	开埠条约签订时间	开埠时间	新关设立完成时间
广州	1842年8月29日	1843年7月27日	1859年10月24日
上海	1842年8月29日	1843年11月17日	1854年7月12日
宁波	1842年8月29日	1844年1月1日	1861年5月22日
厦门	1842年8月29日	1843年11月2日	1862年3月30日
福州	1842年8月29日	1845年5月底	1861年7月14日
潮州	1858年6月26日	1860年1月1日	1860年1月1日
琼州	1858年6月26日	1876年4月1日	1876年4月1日
淡水	1858年6月26日	1861年7月29日	1864年5月
鸡笼	1858年6月26日	1863年10月11日	1863年10月11日
打狗	1858年6月26日	1863年10月26日	1863年10月26日
台湾府	1858年6月26日	1865年1月1日	1865年1月1日
天津	1860年10月24日	1861年3月23日	1861年5月1日
登州	1858年6月26日	1861年8月22日	1863年3月23日
牛庄	1858年6月26日	1861年6月12日	1864年5月9日
镇江	1858年6月26日	1861年5月10日	1861年5月10日
九江	1858年6月26日	1861年6月	1862年1月
汉口	1858年6月26日	1861年3—5月间	1862年1月1日
江宁	1858年6月26日	1899年5月1日	1899年5月1日
伊犁	1851年8月6日	1852年4月4日	不设关
塔尔巴哈台	1851年8月6日	1852年4月4日	不设关
喀什噶尔	1860年11月14日	1881年后	不设关
库伦	1860年11月14日	1861年7月	不设关

资料来源:据文中各项考证。

"自东向西、由边向内":中国近代经济变迁的空间进程[*]

摘要:近代经济变迁的空间进程,或者说是主要方向,基本可以用"自东向西、由边向内"八字加以概括。"自东向西"是指变迁从东部沿海口岸开始,然后沿着主要交通路线,向中部和西部的腹地延伸,而"由边向内"则指在边疆地区,由沿边口岸开始,向边疆的内部延伸。无论受到影响的空间范围的大小,还是区域人口的多少,"自东向西"都是主要的方向,"由边向内"则是次要的方向。

关键词:空间进程;自东向西;由边向内

描述中国在近代(1840—1949年)所发生的从传统经济向近代经济变迁的空间进程及其形成的经济地理格局,是中国近代经济地理研究的主要任务。这100余年,虽然是中国备受资本主义列强欺凌的时期,却又是中国通过学习西方逐步走上现代化道路,从而告别数千年封建王朝的全新的历史时期。1949年10月1日中华人民共和国成立,中国的现代化进入新的阶段。因此,近代经济地理研究的一个重要任务,是弄清先进生产力主要是从什么方向进入并影响中国,使外来的现代化因素与中国自身的因素相结合,从而形成并推动中国现代化的早期进程。

由于第一次、第二次鸦片战争以及相伴随而来的开埠通商,主要发生在东部沿海地区,学者一般认为中国的经济变迁进程首先始于东部沿海。

---

[*] 本文载复旦大学历史地理研究中心、韩国仁荷大学韩国学研究所主编《海洋·港口城市·腹地:19世纪以来的东亚交通和与社会变迁》,上海人民出版社,2014。

毫无疑问,这一结论本身并无问题,然而仅仅认识这一点,还不能说已全面概括了中国近代经济变迁的空间进程,还需要从更大的空间范围进行探讨。

笔者以为,有必要将中国近代经济变迁的空间进程,或者说中国早期现代化的空间进程,用"自东向西、由边向内"八字加以概括。

一、中国近代经济变迁的空间进程为"自东向西、由边向内"

我国东邻太平洋,大陆海岸线长达1.8万公里。在漫长的海岸线上,有许许多多的优良海港。我国还有更为漫长的陆上国境线。陆上与10余个国家为邻,陆地边界长达2.28万公里,众多的边境城镇可进行国际贸易。近代以来,在外来力量的冲击下,中外之间开始了与以往截然不同的、条约制度规定之下的商务交往。在外力的压迫下,清政府通过签订一个又一个的不平等条约开放了大量的通商口岸。到了19世纪末,一批官绅看到开埠通商可以给地方经济带来的好处,也看到外国力量控制下许多利益的损失,在许多地方形成了自开口岸的浪潮。

尽管各区域的开埠通商为先进生产力的进入和发展提供了方便,但近代经济发生变迁的时间的早晚和力度,仍有一定的差距。近代经济变迁的这种空间进程,或曰主要方向,大约可以用"自东向西、由边向内"八字加以概括。所谓的"自东向西",是指变迁从东部沿海口岸开始,然后沿着主要交通路线,向中部和西部的腹地延伸。而"由边向内",则指在边疆地区,由沿边口岸开始,向边疆的内部延伸。

发生在1860年前,主要因第一次、第二次鸦片战争而分别开埠的口岸,无疑是近代经济变迁较早开始的地方。它们的分布,即体现了"自东向西、由边向内"的特点。第一次鸦片战争以后的1842年8月20日,清朝被迫与英国签订《江宁条约》,分布在东部沿海地带的广州、厦门、福州、宁波、上海等五个城市成为我国第一批开埠的口岸。1856年英法两国发动第二次鸦片战争,并强迫清政府签订《天津条约》《北京条约》,形成第二批口岸开放的浪潮。其中的潮州、琼州(今海口)、淡水、鸡笼(今基隆)、打狗(今高雄)、台湾府(今台南)、天津、登州、牛庄等九个口岸都位于东部沿海,镇江、九江、汉口、江宁(因故1899年才开埠)等四个口岸,则已位于连接东部沿海和中部的万里长江的下游和中游了。

从18世纪末开始,俄国随着经济发展和在中亚地区军事上的节节推进,不断谋求扩大对华陆路通商范围,图谋"在英人不易到达而距俄国较近"的中国的西北和蒙古地区获得利益。1851年俄国使节与清朝代表签订《伊犁塔尔巴哈台通商章程》,清朝准开伊犁、塔尔巴哈台(今新疆塔城),第二年两地开埠。这一开埠时间,比第一次鸦片战争后开埠的广州、上海等五口只晚九年,比第二次鸦片战争后开埠的牛庄、登州、汉口、台南等沿海港口还早了七年。第二次鸦片战争期间,俄国以武力迫使清朝签订《瑷珲条约》和《中俄北京条约》,攫取我国黑龙江以北、乌苏里江以东,包括库页岛在内的约100万平方公里的大片领土,还获得在喀什噶尔、库伦的免税贸易权。可以说在英、法、美等欧美列强启动强迫中国沿海开埠的"自东向西"进程后不久,中国北面的强邻俄国也启动了强迫中国沿边开埠的"由边向内"的进程。

1870年代以后英国、法国、俄国加紧了迫使中国进一步开埠的步伐,日本自1860年代以来开始利用开放口岸谋求商业利益,1894年甲午战争以后更成为迫使中国,尤其是东北的沿边和腹心地区开埠的急先锋。与此同时,清廷为保护本国利益也支持各地自开商埠。据表1,到了1930年5月10日中山港开埠时止,在中国大地上共出现了108个开放商埠、4个租借地,如加上未列入表1的香港、澳门等2个受外国殖民式统治的地区,可供外国人贸易的口岸达到114个。今天的省份除了山西、贵州、陕西、青海、宁夏,绝大部分的省份都有了多个通商口岸。

表1 各口岸开埠、新关完建时间表

口岸	口岸所在地带*	开埠条约签订时间	开埠时间	新关设立完成时间
广州	南方沿海	1842年8月29日	1843年7月27日	1859年10月24日
上海	东南沿海	1842年8月29日	1843年11月17日	1854年7月12日
宁波	东南沿海	1842年8月29日	1844年1月1日	1861年5月22日
厦门	东南沿海	1842年8月29日	1843年11月2日	1862年3月30日

续表

口岸	口岸所在地带*	开埠条约签订时间	开埠时间	新关设立完成时间
福州	东南沿海	1842年8月29日	1845年5月底	1861年7月14日
潮州	南方沿海	1858年6月26日	1860年1月1日	1860年1月1日
琼州	南方沿海	1858年6月26日	1876年4月1日	1876年4月1日
淡水	台湾沿海	1858年6月26日	1861年7月29日	1864年5月
鸡笼	台湾沿海	1858年6月26日	1863年10月11日	1863年10月11日
打狗	台湾沿海	1858年6月26日	1863年10月26日	1863年10月26日
台湾府	台湾沿海	1858年6月26日	1865年1月1日	1865年1月1日
天津	华北沿海	1860年10月24日	1861年3月23日	1861年5月1日
登州	华北沿海	1858年6月26日	1861年8月22日	1863年3月23日
牛庄	东北沿海	1858年6月26日	1861年6月12日	1864年5月9日
镇江	长江沿岸	1858年6月26日	1861年5月10日	1861年5月10日
九江	长江沿岸	1858年6月26日	1861年6月	1862年1月
汉口	长江沿岸	1858年6月26日	1861年3—5月间	1862年1月1日
江宁	长江沿岸	1858年6月26日	1899年5月1日	1899年5月1日
伊犁	新疆沿边	1851年8月6日	1852年4月4日	不设关
塔尔巴哈台	新疆沿边	1851年8月6日	1852年4月4日	不设关
喀什噶尔	新疆沿边	1860年11月14日	1881年后	不设关
库伦	蒙古地区	1860年11月14日	1861年7月	不设关
宜昌	长江沿岸	1876年9月13日	1877年4月1日	1877年4月1日
芜湖	长江沿岸	1876年9月13日	1877年4月1日	1877年4月1日
温州	东南沿海	1876年9月13日	1877年4月1日	1877年4月1日
北海	南方沿海	1876年9月13日	1877年4月1日	1877年4月1日
重庆	长江沿岸	1890年3月31日	1891年3月1日	1891年3月1日
嘉峪关	西北	1881年2月24日	1881年4月	不设关
吐鲁番	新疆	1881年2月24日	1881年4月	不设关
科布多	蒙古地区	1881年2月24日	1881年4月	不设关
乌里雅苏台	蒙古地区	1881年2月24日	1881年4月	不设关

续表

口岸	口岸所在地带	开埠条约签订时间	开埠时间	新关设立完成时间
哈密	新疆	1881年2月24日	1881年4月	不设关
乌鲁木齐	新疆	1881年2月24日	1881年4月	不设关
古城	新疆	1881年2月24日	1881年4月	不设关
龙州	南方沿边	1887年6月23日	1889年6月1日	1889年6月1日
蒙自	西南沿边	1887年6月23日	1889年8月24日	1889年8月24日
蛮耗	西南沿边	1887年6月23日	1889年8月24日	1889年8月24日
河口	西南沿边	1895年5月28日	1897年1月	1897年1月
思茅	西南沿边	1895年5月28日	1897年1月	1897年1月
腾越	西南沿边	1894年3月	1902年5月8日	1902年5月8日
亚东	西藏沿边	1893年12月5日	1894年5月1日	1894年5月1日
三水	珠江沿岸	1897年2月4日	1897年6月	1897年6月
梧州	珠江沿岸	1897年2月4日	1897年6月	1897年6月
长沙	长江	1902年9月5日	1904年7月1日	1904年7月1日
万县	长江沿岸	1902年9月5日	1925年11月26日	1925年11月26日
江门	南方沿海	1902年9月5日	1904年4月22日	1904年4月22日
江孜	西藏	1906年4月27日	1908年9—10月	1908年9、10月
噶大克	西藏	1906年4月27日	1908年	1908年
苏州	东南沿海	1895年4月17日	1896年9月26日	1896年9月26日
杭州	东南沿海	1895年4月17日	1896年9月26日	1896年9月26日
沙市	长江沿岸	1895年4月17日	1896年10月1日	1896年10月1日
奉天	东北	1903年10月8日	1908年4月11日	1908年4月11日
安东	东北沿海	1903年10月8日	1907年3月	1907年3月
大东沟	东北沿海	1903年10月8日	1907年3月	1907年3月
满洲里	东北沿边	1896年9月8日	1907年1月14日	1907年1月14日
绥芬河	东北沿边	1896年9月8日	1907年1月14日	1907年1月14日
新民屯	东北	1905年12月22日	1906年9月10日	1906年9月10日
铁岭	东北	1905年12月22日	1906年9月10日	1906年9月10日
通江子	东北	1905年12月22日	1906年9月10日	1906年9月10日
法库门	东北	1905年12月22日	1906年9月10日	1906年9月10日

续表

口岸	口岸所在地带*	开埠条约签订时间	开埠时间	新关设立完成时间
长春	东北	1905年12月22日	1907年1月14日	1907年1月14日
吉林	东北	1905年12月22日	1907年1月14日	1907年1月14日
哈尔滨	东北	1905年12月22日	1907年1月14日	1907年1月14日
齐齐哈尔	东北	1905年12月22日	1907年3月	1907年3月
凤凰城	东北	1905年12月22日	1907年6月28日	1907年6月28日
辽阳	东北	1905年12月22日	1907年6月28日	1907年6月28日
宁古塔	东北	1905年12月22日	1910年1月	1910年1月
三姓	东北	1905年12月22日	1909年7月1日	1909年7月1日
海拉尔	东北沿边	1905年12月22日	1910年1月	1910年1月
瑷珲	东北沿边	1905年12月22日	1907年6月28日	1907年6月28日
龙井村	东北沿边	1909年9月4日	1909年11月2日	1909年11月2日
局子街	东北沿边	1909年9月4日	1909年11月2日	1909年11月2日
头道沟	东北沿边	1909年9月4日	1909年11月2日	1909年11月2日
百草沟	东北沿边	1909年9月4日	1909年11月2日	1909年11月2日
珲春	东北沿边	1905年12月22日	1919年	1919年
大连	东北沿海	1898年3月15日	1899年8月1日	1907年7月1日
胶州湾（青岛）	山东沿海	1898年3月6日	1899年4月17日	1899年4月17日
威海卫	山东沿海	1898年7月1日		
广州湾	南方沿海	1898年11月6日		
三都澳	东南沿海	自开，1898年3月24日	1899年5月8日	1899年5月8日
岳阳	长江沿岸	自开，1898年3月24日	1899年11月13日	1899年11月13日
吴淞	东南沿海	自开，1898年4月20日	1898年4月20日	
秦皇岛	华北沿海	自开，1898年3月26日	1899年4月	1902年
鼓浪屿	东南沿海	自开	1902年5月1日	

续表

口岸	口岸所在地带*	开埠条约签订时间	开埠时间	新关设立完成时间
济南	山东	自开,1904年4月4日	1906年1月10日	
潍县	山东	自开,1904年4月4日	1906年1月10日	
周村	山东	自开,1904年4月4日	1906年1月10日	
常德	长江中游	自开,1905年7月	1906年3月16日	
湘潭	长江中游	自开,1905年7月	1906年	
南宁	珠江流域	自开,1899年1月30日	1907年1月1日	1907年1月1日
昆明	西南	自开,1905年5月	1908年5月28日	
公益埠	南方沿海	自开,1908年	1908年	
香洲	南方沿海	自开,1909年5月24日	1909年5月24日	
浦口	长江沿岸	自开	1912年8月	
葫芦岛	东北沿海	自开,1914年	1914年1月8日	
洮南	东北	自开,1914年	1914年1月8日	
归绥	内蒙古	自开,1914年	1914年1月8日	
多伦诺尔	内蒙	自开	1914年1月8日	
龙口	北方沿海	自开,1915年2月	1915年11月1日	
锦县	东北沿海	自开,1916年2月12日	1916年4月8日	
张家口	华北	自开,1914年1月8日	1916年	
赤峰	内蒙古	自开,1914年1月8日	1917年2月27日	
海州	东南沿海	自开,1905年10月24日	1921年2月	
济宁	山东	自开	1921年4月22日	
包头	内蒙古	自开	1921年	

续表

口岸	口岸所在地带*	开埠条约签订时间	开埠时间	新关设立完成时间
郑州	华北	自开	1922年4月15日	
徐州	江苏	自开	1922年8月7日	
无锡	江苏	自开	1923年	
宾兴洲	南方沿海	自开,1923年		
铜鼓	长江沿岸	自开	1924年8月7日	
蚌埠	安徽	自开	1924年9月1日	
中山港	南方沿海	自开,1928年	1930年5月10日	

注：凡未注明"沿海""沿边""沿岸"的，均指其他地区。开埠时间详见吴松弟主编《中国百年经济拼图——港口城市及其腹地与中国现代化》，山东画报出版社，2006，第4页。其他据吴松弟主编《中国近代经济地理》第1卷，第120—124页，附表1-1"各口岸开埠、新关完建时间表"，华东师范大学出版社，2015。

有关沿海口岸在近代经济变迁进程中的作用，很早就引起人们的注意，至今仍然是一大研究热点。与之形成鲜明对比的是，沿边口岸还没有引起学术界足够的重视，其研究从时间和空间而言都显得相当单薄。近年一些学者对沿边口岸研究的重要性有所认识，并逐渐展开对沿边口岸及其在区域经济变迁中的作用的研究，一定程度上揭开了沿边经济的面貌。

以云南而言，1889年以前，虽然全国已形成以沿海沿江口岸为连接点、以各区域间交通为骨架的对外贸易格局，云南与临近国家也有着长期的以民间贸易为主的经济往来，但由于没有开放，仍处于我国对外贸易格局的边缘位置。1889年蒙自开埠，云南开始步入口岸贸易的新阶段。随着思茅、腾越的相继开关，1902年起云南形成了三关并立发展的新局面。三个口岸实际上起着连接内（腹地）外（外部市场）两个扇面的节点的作用，云南的对外贸易开始处于全国对外贸易格局中前沿的位置，对外贸易有了较大的发展。此外，开埠以前云南对外贸易以滇缅（缅甸）为主要走向，以邻国为主要贸易地区，开埠以后改变为滇港（香港）为主要走向，邻国贸易也向全球贸易转变。云南对外贸易的重心，相应地由云南西部地区转移到了东部地区，最大对外贸易商品集散地由腾越转移到蒙自和昆明,从而对云南的近代经济变迁起到较大的促进作用。①

新疆近代的对外贸易分东、西、北三个主要方向,主体是向西、向北两个方向的对俄贸易,以及在南部喀什噶尔展开的对印度、阿富汗的贸易。这些对外贸易,最早是通过伊犁、塔城两口岸,1880年代又增加了喀什噶尔、迪化及天山南北的三个口岸。1883年俄国对新疆的贸易,与1850年相比,出口分别增加了13.3倍,进口增加了4.4倍,分别达303.64万卢布和279.2万卢布。俄国向新疆出口布匹、绸缎、火柴等工业制品,从新疆进口各种皮毛、棉花等农牧业产品。民国时期,新疆的对俄贸易依然保持增长的趋势。1912年,在新疆的俄国人为11912人,65%从事畜产品等对俄出口和加工业,新疆畜牧业的外向化程度进一步提高。到1917年新疆对区外的贸易,十之八九已为俄国人所操控。除谷物、面粉、食盐、干果等物品多输往今蒙古国以外,新疆绝大部分的原料、半成品以及日用工业制成品的输出入对象都是俄国。此后至1925年间除因苏联政局不稳、经济衰退,新疆棉花的一部分转输天津出口之外,新疆的棉花、生丝、羊毛、皮张的输出均以俄国市场为主,以天津等内地市场为辅;所输入的货物,除茶叶与丝货主要由中国内地各省运来之外,糖、棉布、毛绒布、铁器、熟革等主要是由俄国运来。②

西藏在近代以前长期处于自给自足的自然经济中,同时西藏的不同区域之间、西藏及其周边地区之间,存在着形成已久的物物交换的经济形式。到了近代,随着亚东、江孜、噶大克等口岸的开放,西藏的商业化程度得到了提高,藏、甘、青、川、滇和印度之间的商业往来有较大发展。西藏商人把那里的土特产中的羊毛、牛尾之类输往印度,再从印度购回棉布和呢绒等各类工业品或换回印度货币卢比等流通于西藏,随后又连同西藏的虫草、皮张、麝香等土特产品运往甘、川、滇等地行销,再从上述地区购买茶叶、丝绸和日用杂货运回西藏。西藏口岸亚东成为货物进出的要冲,据西藏贸总在印度噶伦堡的调查,由亚东经噶伦堡输往印度的西藏货物,

---

① 张永帅:《空间视角下的近代云南口岸贸易研究(1889—1937)》,中国社会科学出版社,2017。

② 参见樊如森有关新疆经济的论述,载张萍主编,张萍、樊如森等著《中国近代经济地理》第8卷《西北近代经济地理》,第4编《近代新疆经济地理》,华东师范大学出版社,2015。

1949年以来都在1000万卢比以上；而由噶伦堡经亚东输往西藏的货物，1951年有布匹5500驮，毛织品1250驮，香烟5000驮，白糖7000驮，五金铁品4000驮。①

在我国广大的边疆，相当广袤的区域离东部沿海有着遥远的距离，而距邻国仅是咫尺之遥。由于空间距离以及自然地理、民族分布、历史文化等方面的原因，这些沿边地区对国外的经济往来，要方便于对国内其他地区，尤其是东部沿海。近代沿边开埠口岸之所以能够得到发展，并能够促进所在边疆地区的经济变迁，显然有其无法否定的多方面的原因。换言之，类似的沿边口岸在边疆进出口贸易和经济发展中的作用，是远离沿边地区的其他口岸难以代替的。如果看不到这种沿边口岸的作用，不仅难以解释所在的边疆地区经济上的外向性的要求，也难以解释在离东部发达地区如此遥远的一些边陲，会出现一定数量的洋货、洋楼，甚至使用发电机、电灯的时间并不比东部晚多少，少数地方的经济文化甚至不比东部沿海落后多少。

还有必要分析沿海、沿边两个地带口岸的开埠时间。表1所列的37个沿海口岸和19个沿边口岸中，最早的自然是第一次鸦片战争以后开埠的广州、上海、厦门、福州、宁波等沿海五口，开埠时间大致在1843—1845年；19个沿边口岸，以伊犁、塔尔巴哈台开埠较早，于1852年开埠，比第一批开埠的沿海五口的开放时间晚了7—9年。就最晚开埠的时间而言，37个沿海口岸的最后一批大约在1903年，19个沿边口岸的最后一批大约在1914年开放，沿海比沿边大约早了11年。可见，尽管沿海口岸的平均开埠时间稍早于沿边口岸，但早期只相差7—9年，晚期相差11年，双方在开埠时间上的有限差别，不足以产生巨大的现代化差异。

---

① 参见李坚尚《西藏的商业和贸易》，载中国社会科学院民族研究所、中国藏学研究中心社会经济所合编《西藏的商业与手工业调查研究》，中国藏学出版社，2000，第1—21页。

二、"自东向西"为主要方向,"由边向内"为次要方向

然而,就全国的近代经济变迁或早期现代化进程而言,沿海口岸在全国的影响远远超过沿边口岸。无论受到影响的空间范围的大小,还是区域人口的多少,"自东向西"都是主要的方向,"由边向内"则是次要的方向。

首先,表1所列的112个口岸,37个分布在沿海地带,19个分布在沿边地带,沿边口岸的数量只有沿海口岸的一半。而且,由于交通不便、人口较少等原因,沿边口岸的腹地范围一般说来也相对有限。另有56个分布在内陆地带,既非沿海也非沿边的口岸,由于位于内陆的这些口岸的商品大部分要通过沿海或沿边口岸进出口,它们实质上不过是沿海或沿边口岸通往自己的腹地地区的中转中心,而且这些内陆口岸自身也是沿海或沿边口岸的腹地的构成部分。因此,分析这56个内陆地区口岸货物进出口的方向,无疑可以分析在广阔的内陆地带,沿海口岸还是沿边口岸何者占有更广阔的空间和更重要的地位。

据表1和相关历史文献分析①,分布在内陆地带的56个口岸,实际只有库伦、科布多、乌里雅苏台(位于今蒙古国)、江孜、噶大克(位于西藏)、昆明(位于云南),以及宁古塔(位于黑龙江)等7个口岸属于沿边口岸通往自己腹地的中转地,其余的49个口岸(不排除其中少量口岸位于沿海、沿边口岸的交叉腹地)都属于沿海口岸通往自己腹地的中转地。

毫无疑问,沿边各口岸的腹地区域大多不出口岸所在省区的范围,且往往只占有这些省区的小部分地区。而沿海有的口岸的腹地范围,已覆盖数省,沿海口岸的空间范围合而计之已包罗中国的绝大部分区域。②

其次,仅仅比较口岸数量和腹地范围以及开埠早晚,尚不足以说明近

---

① 详见吴松弟主编、戴鞍钢副主编之9卷本《中国近代经济地理》(华东师范大学出版社2014年12月—2016年5月出版)第2卷至第9卷的相关论述,以及吴松弟主编《中国百年经济拼图:港口城市及其腹地与中国现代化》各区域的论述,山东画报出版社,2006。

② 本文原附"图1 中国1930年代沿海、沿边口岸各自腹地范围示意图"如需查看,烦请参阅本文原载的《海洋·港口城市·腹地:19世纪以来的东亚交通和与社会变迁》,上海人民出版社,2014,第11页。

代经济中诸多方面的内容,例如要了解极其重要的对外贸易的状况和开放程度,还需要依据贸易数据进行分析。不妨以沿边口岸稍多、贸易量相对较大的西南地区为例:

表 2　西南主要口岸进出口贸易额及占全国百分比

	1912 年	占全国	1931 年	占全国
蒙自	19 569 689	0.016044	26 402 306	0.006709
思茅	262 801	0.000215	232 879	0.00006
腾越	2 506 905	0.002055	2 962 629	0.000753
重庆	26 870 867	0.02203	75 302 847	0.019135
万县			17 066 384	0.004337
合计	49 210 262	0.040344	121 967 045	0.030992

说明:均包括洋货进口净值、土货进口净值和土货出口总数三项。1912 年单位为两,1931 年为关平两。

资料来源:《中华民国元年通商各关华洋贸易总册》,第八款;《民国二十年海关中外贸易统计年刊·统计辑要》,《民国十八年至二十年海关贸易货值按关全数》。

近代在贵州没有设立海关,因此以上五关的进出口贸易量,实际上代表了今天四川、云南、贵州以及西藏等西南四省区在民国时期的贸易量的绝大部分。然而,它们不过只占 1912 年和 1931 年这两年全国对外贸易总额的 4% 和 3%。另外,我们也看到中国海关总税务司署的统计数据均不包括新疆、甘肃以及分别在英国和葡萄牙殖民式统治下的香港、澳门,而西藏沿边口岸只有部分年度有数据。如果考虑到这些因素,则西南在全国进出口贸易总额中所占的比重应低于上述两年的 4% 和 3%,西南地区的沿边口岸和内陆地区的口岸,在全国对外贸易总额中所占的比重,实在是微乎其微的,根本无法和东部沿海地区相比较。

尽管如前文第一节所述,位于西部边疆的云南、西藏、新疆等省区,因靠近边境、远离东部沿海的关系,进出口物资大部分通过省区内的沿边口岸,小部分通过陆路和水路中转在东部沿海口岸进出口。但戴鞍钢、樊如森等人的研究表明,即使在云南、西藏、新疆等省区所在的西南地区和西北地区,进出口物资只有一部分通过区域内的沿边口岸,大部分都通过陆路和水路转运,在上海、青岛、广州、天津等沿海口岸进出口。① 总体上说,西北、西南尽管有沿边口岸,但两大区域的主要地区,大致上仍属于中国沿海主要港口的广阔腹地的西部部分。

笔者多次指出,由于中国现代化的因素,主要是在东部沿海港口登陆尔后渐次向西部扩张,受广阔的空间距离和交通的影响,其在西部的扩张速度、扩张深度,不仅要弱于东部沿海地区,而且也要弱于中部地区。西部通商口岸设置之晚、之少,也从一个侧面提供了证明。这种现代化程度随空间距离的加大而相应弱化的现象,不仅出现在东部和中部、西部三大区域之间,甚至出现在西部内部,如果将沿边口岸附近地区略而不计,在西部地区同样存在着离东部沿海距离越远、现代化程度越低的现象。②

三、对"港口—腹地"理论的修正和补充

2004年笔者在《河北学刊》2004年第3期发表《港口—腹地与中国现代化的空间进程》一文,提出如下观点:"1840年以来,中国现代经济的空间扩展模式,大体是首先形成于沿海港口城市及其附近地区,尔后再沿着交通路线往内地扩展,而港口城市及其腹地之间的物流关系,是沿海地带和内地经济联系的最主要表现形式之一,对双方的经济发展产生不可忽视的影响。除此之外,在长江一线也有不少开放港口,在流域的现代化过程中同样发挥了重要作用。各个开放港口都有自己的一定的腹地范围,而各地区在腹地中的地位的不同,特别是与港口城市以及联系港口城市的主要交通路线的距离与便捷程度的不同,导致了各地区经济发展速度以及水平的差异。因此,港口—腹地问题,实质上是理解中国经济现代化空间进程的关键。"

由于认识到港口—腹地问题是理解中国经济现代化空间进程的关键,在此前后我指导研究生撰写学位论文,凡研究近代经济地理者,大多

---

① 戴鞍钢:《港口·城市·腹地:上海与长江流域经济关系的历史考察(1843—1913)》,复旦大学出版社,1998,第204页。樊如森:《西北近代经济外向化中的天津因素》,《复旦学报》2001年第6期。

② 吴松弟:《中国近代经济地理格局形成的机制与表现》,《史学月刊》2009年第8期,第65—72页。

从某一港口城市与其腹地的经济关系入手,从经济发展史和经济地理的角度,探讨相关问题。我指导的相关博士或硕士学位论文,至今已达20篇。由于绝大部分的论文都提到我的上述论述或按上述论述展开思路,上述观点被视为"港口—腹地理论"。

随着研究的深入和空间的扩大,"港口—腹地理论"不断被修正和补充。

所用的"港口",从严格意义上说,是分布在沿海沿江的港口。随着更多的通商口岸研究的展开,发现相当多的口岸并非"港口",而是陆路交通枢纽,甚至空中交通枢纽。于是,在研究纯港口型的城市时使用"港口城市"一词,而在研究多种交通类型的多个城市时,则以"口岸城市"为宜。

所谓的"腹地",按照经济地理学的解释,指位于港口城市背后、提供出口物资和销售进口商品的内陆地区。我国是面向海洋、背靠大陆的海陆型国家,绝大部分的沿海港口的腹地,因背靠大陆,都可以按此解释,但位于岛屿上的海港的腹地却难以解释。于是,有些同学的博士论文,除了用"陆向腹地"一词,又用了"海向腹地"。

由于各块陆向腹地的边缘部分除了和所属的港口发生物流联系之外,也和其他港口发生同样的联系,虽然在物流总量中所占的比重后者往往不及前者。这种边缘地带,我们称为交叉腹地。此外,在一些空间范围有限的区域内同时存在着几个港口,而几个港口又拥有共同的腹地,则我们将这一区域视作若干个港口的共同腹地。此后,有的同学的博士学位论文,又基于口岸和其腹地的经济联系程度,提出核心腹地、边缘腹地等概念。

2006年,笔者提出"由于与多个国家交界,西部促进现代化的动力,并非仅仅来自遥远的东部沿海",并注意到新疆、西藏境内的部分地区可以通过本地的口岸直接输出入到俄国、中亚和印度,无需经过沿海港口,而云南通过一段陆路和水路,可到邻国的海防、仰光等沿海口岸进出口。然而,因相关研究尚未展开,对西部沿边上述情况的论述仍极为单薄,着眼点仍然放在来自东部沿海的影响上。① 两年后,我意识到研究西部的重要性,请当时的新进博士生张永帅以云南的口岸贸易为主题,撰写学位论文。在多次讨论过程中,加深了对云南乃至西部近代经济变迁进程的特点的了解。

  1889年蒙自开埠,不久思茅、腾越相继开关,云南形成了蒙自为主、三关并立发展的局面。蒙自的主要贸易对象是香港,物资先经过越南的红河到港口海防,再转香港。由于香港是中国南方贸易中心,这一路线不仅将香港地区、越南、云南省连接起来,也将云南和世界各地连接起来。由于借助红河水运,沿途需时约一个月,比其他道路省时省钱,成为滇越铁路未通以前蒙自进出口贸易最主要的商道。1910年滇越铁路通车后,可从海防直达昆明,全程仅需四日的时间,沿途时间大为缩短,以海防为出海口、中转香港的商道在云南对外贸易交通中地位更加突出。

  早在腾越开埠之前,缅甸已建起以仰光为起点,内通缅甸国内各枢纽,外与印度大港与新加坡、中国香港等处连接起来的现代化交通网,仰光成为缅甸的贸易中心和水陆交通中心。开埠之后,腾越可通过伊洛瓦底江和铁路,便利地到达仰光,从而成为仰光贸易网络在云南境内的一个重要节点。

  思茅本是一个偏僻的小镇,清代随着茶叶贸易的兴起,作为茶叶汇集地,商业开始兴盛。从贸易联系的角度看,思茅也应视作仰光贸易网络在云南境内的另一个节点。

  综上所述,可以看出在云南及其境外,实际存在着以境外国家为主、延伸到中国边疆的港口—腹地系统。其一是以越南海防为起点,以中国蒙自及其腹地为终点,通过红河或滇越铁路连接的港口—腹地系统;其二是以缅甸仰光为起点,以中国腾越与思茅两口岸的腹地为终点,通过伊洛瓦底江或缅甸南北铁路连接的港口—腹地系统。对于蒙自、腾越、思茅三个中国沿边口岸而言,它们所在的港口—腹地系统的大部分在国外,由于进出口物资的主要部分通过作为起点的外国港口城市吐纳或中转,它们仍然属于外国的港口—腹地系统的一部分。这一系统的主要区域的政治

---

①《中国百年经济拼图:港口城市及其腹地与中国现代化》,第367页。

经济状况,必定影响着其他区域的贸易和经济发展。

与起点在东部沿海,且区域的全部或大部分都在国内的港口—腹地系统比较,上述港口—腹地系统的主要差异便在于其起点在国外,而区域的大部分也在国外。据此,可以说中国存在着起点在国内的一种港口—腹地系统,和起点在国外的另一种港口—腹地系统。后者主要分布在边疆地区。如果我们将视野放大,还会发现,在西藏、新疆、内蒙古和东北也会发现类似的起点在国外的港口—腹地系统,只是其"起点"可能是港口,也可能是另外类型的交通枢纽,而连接港口—腹地的可能是河流也可能是铁路。

中国近代经济地理格局形成的机制与表现*

摘要: 在开埠通商、先进生产力进入中国的大背景下,通过港口—腹地这一先进生产力空间扩散和区域联系的主要途径,在进出口贸易的强大推动下,近代中国经济格局发生了巨大的变化。这些变化,大致表现在物流的主要流向和交通格局的改变、现代工业与市的分布、区域经济中心的转移、近代经济区的形成、上海和香港的作用,以及大的区域经济差距的改变等八个方面。

关键词: 近代;经济地理格局;形成机制;表现

近代的开埠通商,不仅使中国卷入世界经济体系,也使得国外的先进生产力在中国沿海沿江通商口岸登陆并壮大,从而导致港口—腹地这一先进生产力空间扩散和区域经济联系的主要途径的形成。在进出口贸易的强大推动下,在港口—腹地双向互动的作用下,沿海城市率先得到发展,广大农村的市场化、外向化的趋势得以形成,生产结构也发生了重要的改变。进入20世纪以后,现代交通和通信体系的形成和扩大进一步促使近代经济地理格局最终形成。中国在生产力发生重大变化的同时,生产力的布局即经济地理同样发生了根本性的变化。

没有这样的巨变,就没有1949年以后的中国经济的根基,而要探讨

---

* 本文原载《史学月刊》2009年第8期,第65—72页。人大复印资料《地理学》2009年第1期全文转载。本文为教育部人文社科重点研究基地项目(05JJD770008、EYH3142003)和复旦大学九八五创新基地项目(08AFCZD022)成果。

现代中国经济发展的历史背景与经济地理格局的由来,都不能不回到近代。然而,长期以来由于种种原因,人们有意无意地忽略了对中国近代经济地理的研究。① 有鉴于此,本文试图在近10年来笔者以及复旦大学团队进行的港口—腹地和中国现代化空间进程研究的基础上②,对中国近代经济地理进行初步探讨,借以抛砖引玉,引起学术界对近代经济地理研究的重视。

一、近代经济地理格局形成的机制

中国是在非常特殊的情况下,走上现代化之路的。当1840年鸦片战争的炮声轰响时,英国、法国、美国这些西方大国早已确立了资本主义的政治经济制度,并完成了以机器生产为标志的工业革命。而有着悠久文明历史的中国却仍然停留在封建君主专制时代,农业为基本经济部门,生产劳动依靠人力和畜力,手工业大多是建立在农业基础之上为了自身需要而生产的家庭手工业,以满足市场为目的的商品化手工业规模并不大。商品交换除了食盐、铁器以及矿山产品一类,主要是农民家庭自给有余的产品,交换范围大体限制在较小的空间。进出口贸易保持在相当小的规模,且往往因政局与朝廷政策的变动而处于时开时闭的状态。

鸦片战争以后清政府被迫开放广州、上海、宁波、厦门、福州等五个通商口岸,并将香港割让给英国。1856年,又增开台湾(今台南)、淡水、琼州(今海口)、潮州(后改汕头)、牛庄(后改营口)、登州(后改芝罘,今烟

---

① 有关近代区域经济的变迁与差异,近年来已有一些经济史学者发表了论文。此外,凡命名为"中国经济地理"的著作,大多也用一定的篇幅,介绍近代中国经济的分布状况。然而,前者只涉及特定的区域,且多未从地理上加以分析。后者均是教科书,一般只用几页的篇幅论述近代状况,只有孙敬之主编、刘再兴等编著的《中国经济地理概论》(商务印书馆1994年版),较详细地论述了近代经济布局的变迁。然而,因受限于教科书的性质及分类论述,对变迁的原因、机制和特点等方面未能得出较为全面的看法。此外,高王凌的《近代中国经济地理的主要变化》(《九州》第一辑,中国环境科学出版社1997年版),实际只探讨清代长江三角洲和珠江三角洲农业开发中出现的新特点。

② 主要有吴松弟主编《中国百年经济拼图:港口城市及其腹地与中国现代化》,山东画报出版社,2006;复旦大学历史地理研究中心主编《港口—腹地和中国现代化进程》,齐鲁书社,2005;戴鞍钢的《港口·城市·腹地:上海与长江流域经济关系的历史考察(1843—1913)》,复旦大学出版社,1998;樊如森的《天津与北方经济现代化》,东方出版中心,2007。

台)、镇江、南京、九江、汉口、天津,以及喀什噶尔(今新疆喀什)等12个通商口岸。到了1930年,中国大地上共出现了通过条约开放和清政府自行开放的104个商埠口岸,加上四个租借地和香港、澳门两个受殖民式统治的地区,可供外国人进行贸易的口岸达到110个。除了山西、贵州、陕西、青海、宁夏等少数省份,中国绝大部分的省份都有了多个通商口岸,形成了全方位开放的态势。①

据班思德对历年进出口贸易趋势的描述②,在开埠初期的1850年代贸易规模仍然有限。到了1860年代中期,由于口岸增多、设立租界、新式轮船在沿海沿江逐渐代替木帆船、外国买办队伍形成,以及苏伊士运河、欧洲与上海和香港之间海底电缆开通等因素的刺激,进出口贸易开始迅速发展,这一趋势长期保持下来。据下表,仅在1882—1931年的50年间,中外贸易货值便整整增长15倍,增长速度不可谓不快。

1882—1931年全国进出口货值比较表

货值单位:千关平两

年度	进口货值	指数	出口货值	指数	进出口总值	指数
1882	77 715	100	67 337	100	145 052	100
1891	134 004	172	100 948	150	234 952	162
1901	268 303	345	169 657	252	437 960	302
1911	471 504	608	377 338	560	848 842	585
1921	906 122	1166	601 256	893	1 507 738	1039
1931	1 433 489	1845	909 476	1351	2 342 965	1615

资料来源:班思德编《最近百年中国对外贸易史》,"最近五十年中外贸易货值表",第244—245页。

口岸的全面开放,便于各地区卷入国际市场,进出口贸易的迅速增长就是越来越多的地区卷入国际市场的结果。中国离沿海口岸最为偏远、交通最不方便的地区,莫过于西部的新疆、青海、甘肃、西藏和四川的川西

---

①据《中国百年经济拼图:港口城市及其腹地与中国现代化》第一章第一节《一、从一口通商到百口通商》,吴松弟撰写。
②班思德:《最近百年中国对外贸易史》,海关总税务司署统计科译印,1931。

高原,在现代交通兴起之前货物自这些地区运到沿海港口,需多次转换不同的交通工具,耗时长运费贵。然而,这些地区通过天津、上海等沿海口岸,很早就和国外发生了贸易联系。迟至1876年,来自甘肃、青海的中药材大黄已通过天津出口海外,皮张、羊毛、羊肠、骨头等畜产品自天津出口的数量也在逐年增多。①1885年英国立德洋行已在今川西高原的打箭炉和松潘设立羊毛收购站,将羊毛经上海运销美国,成为上海港出口羊毛的主要来源之一,从上海输入的茶叶和进口棉纺织品也数量不少。②既然最为偏远的西部的广大地区都通过沿海口岸城市与世界市场发生联系,可以推测中国的绝大部分地区也都如此。

在1881年之前的10年中,进口货中的日常生活类商品已逐渐为中国百姓所接受。班思德称:"火柴、针及窗玻璃销售续增,至期末二三年,国内各地,特别繁荣,各货销售,愈为畅旺。而煤油一项,进口激增,尤足表现人民守旧习惯,逐渐破除,新式需要,乘时而兴。"③1890年代以后,棉纱、机器、铁路材料、木材等生产资料类的进口也日见增多,且增长速度超过生活类商品。以北方最大的口岸天津为例,1883年生产资料类进口不过56256关平两,1898年达3739348关平两,后者是前者的66倍;生产资料类商品在全部进口值中所占的比重,1883年为0.5%,1898年达到41%。④

在1881年以前的10年中,茶叶、生丝、糖等传统商品的出口大体保持上升态势,同时草帽辫、皮革、大豆、豆油、羊毛等新兴出口商品的地位日渐重要。⑤ 上表表明1882—1931年这50年中出口货值的增长速度虽然不如洋货进口,却也增长了12.5倍。尤其是大豆、豆饼、棉花、皮革、羊毛、花生、茶籽油等农牧产品增长惊人,蛋品乃至纺织品在19世纪20世纪之交也开始出口国外。到了1922—1931年,蛋品、土产棉布、机制棉布

---

① 参见樊如森《西北近代经济外向化中的天津因素》,《复旦学报》2001年第6期。
② 参见吴松弟主编《中国百年经济拼图:港口城市及其腹地与中国现代化》第二章,第46—47页,戴鞍钢撰写。
③ 班思德:《最近百年中国对外贸易史》,第183页。
④ 樊如森:《天津与北方经济现代化》,表2-1,第34页。
⑤ 班思德:《最近百年中国对外贸易史》,第186—218页。

的出口达到一定的数量,棉纱也成为出口商品。①

在进出口贸易的推动下,国内市场迅速扩大。吴承明先生依据韩启桐《中国埠际贸易统计(1936—1940)》提供的数据,估计1936年中国的全部埠际贸易额约47.3亿元,比鸦片战争前的长距离贸易额1.1亿元约增长43倍。② 国内外市场的扩大有利于中国经济朝着市场化、外向化的方向发展。在此同时,资本主义的先进生产方式进入我国,并通过各种途径扩大影响,使中国在被迫卷入全球化的同时,无可奈何地逐渐接受这种生产方式。我国古代的交通向以人力和畜力为动力的短途陆路运输为主,以人力和风力为动力的内河和沿海航运为辅。陆续来到中国的轮船、火车、汽车等现代交通工具,具有传统的交通工具所没有的速度快、运输方便、运量大的优势,成为改变中国经济面貌的另一个重要因素。此外,近代的邮政和电信网络也开始建立起来,为各种信息包括商业信息的快速流通提供了方便。上述各项因素的出现,促使中国经济从传统向近代转型。

开埠以后,在国外机器、机制工业品和资本主义生产方式的冲击下,我国自给自足性的传统手工业趋于衰落,而商品化手工业的相当一部分则通过学习、调适向前发展。以土布纺织业为例,由于进口洋标布售价只有国产土布的一半而宽度是土布的1倍,1870—1872年间洋标布"大批涌进,销售极健",但国内土布仍在顽强坚持。③ 进入20世纪初,河北高阳等地织布业普遍采用半机械化的铁轮机的新式织布工艺,很大程度上完成了由传统手工织布向现代化机器织布的转型,高阳布远销北方各地。④ 此类情况也发生在其他地区,甚至西部的云贵两省。⑤

随着出口贸易的兴起,沿海省份甚至中部省份的一些地区,还有星罗

---

① 班思德:《最近百年中国对外贸易史》,第218—254页。
② 吴承明:《论我国半殖民地半封建国内市场》,载吴承明《中国资本主义与国内市场》,中国社会科学出版社,1985。
③ 班思德编《最近百年中国对外贸易史》,第176页。据潘益民编《兰州之工商业与金融》(商务印书馆1935年版,第56页),直到1930年代,湖北中部各县的土布业仍保持一定的规模,产品并经陕西三原远销到甘肃、青海各地。
④ 李大本修,李晓冷等纂《高阳县志》卷二《实业》,民国二十二年(1933年)铅印本。
⑤ 戴鞍钢:《发展与落差:近代中国东西部经济发展进程比较研究》第二章第三节,复旦大学出版社,2006。

棋布地散布在广大农村,为出口服务的农副产品加工业,如华北的蛋类加工、草帽辫加工、榨油,长江三角洲和珠江三角洲的缫丝、丝织,长江三角洲的轧花、花边,长江中游的榨油(桐油)和茶叶加工,等等。这些产业因出口贸易的兴盛而兴起,因国际市场需求的扩大而得到发展,它们实际是近代工业在我国乡村的重要组成部分。① 按照彭南生的考察,近代中国乡村手工业的一些部门在生产技术和经营制度上取得的这种很大的进步,可称之为"半工业化"。②

近代工业开始兴起。以上提到的棉纱、机器、铁路材料等生产资料类商品进口的增多,以及蛋品、纺织品、棉纱等土货的出口,都反映了近代工业的成长。据海关的观察,在第一次世界大战开始之后的两年内,中国新式工业崛起,"一时机器工厂,势如风起云涌",因此机械、电器器具,尤其是纺织厂和面粉厂所用机器的进口迅速增多③。工业产品进出口状况的改变,则从另一个侧面反映了新式工业的发展。由于国内机器纺织业的发展,一战时期洋棉布、洋棉纱的进口大为减少,到1930年代国产机制棉布、棉纱已成为主要的出口商品之一,占了出口土货的8%。蛋品和卷烟的出口数量也有增长,蛋品已占1930年代出口土货的5%。④

长期以来,中国的出口货物主要是农产品,开埠以后至日本发动侵华战争前土货出口货值呈10余倍的增长,无疑是农业生产朝着市场化和外向化方向发展的结果。这方面不妨以北方为例进行分析。

鸦片战争以前,全国的市场化和外向化程度不高,北方往往又落后于南方。天津开埠以前,后来成为其腹地的广大地区农牧业大体上处于自给自足的状态,农产品以粮食作物为主,经济作物仅在国内区域性的市场间贸易,畜产品中皮张的市场化程度非常低,而羊毛尚未成为商品。19世纪80年代前后,北方开始有一定的农牧产品出口,20世纪以后农牧产品已成为天津出口贸易的两大支柱。以棉花为例,因种植收益大于其他

---

① 戴鞍钢:《发展与落差:近代中国东西部经济发展进程比较研究》之第二章第三节对此有较详细的描述。
② 彭南生:《半工业化:近代中国乡村手工业的发展与社会变迁》,中华书局,2007,第127页。
③ 班思德:《最近百年中国对外贸易史》,第234页。
④ 班思德:《最近百年中国对外贸易史》,第239、254页。

作物,在国内外纺织厂的需求不断扩大的背景下,一些地区已出现一批以远销国内外市场为目的的商品棉专业种植区。《中华国货报》1916年的调查说:"吾国之产棉之区,在北方黄河流域者,则为直隶、山东、山西、河南、陕西诸省。直隶以保定、正定、顺德、广平为最,山东以周村以北、新城(治今桓台县)附近为最,山西以平阳、蒲州(治今永济市)、解州(今解县)、绛州(今新绛县)、泽州为最,河南以郑州为最,陕西以西安、同州(治今大荔县)为最,年产不下50万担,以天津为集散市场。"①。在上述专业生产区,棉花种植已成为农民的主要生活来源。河北"正定一带居民,类皆以产棉为主要之职业……农民对于耕作地,十分之八皆为植棉之用","故食料一项,不得不仰给于山西及临近各省矣"②,即是一个证明。

一般说来,在同一个地区,经济作物种植面积的扩大,往往意味着粮食种植面积的缩小,如果粮食不够吃,便需要进口外地的粮食。因此,一个地区扩大经济作物种植面积,往往也意味着另一个地区可能会扩大粮食种植面积,以为缺粮地区提供商品粮。

蒙古高原和西北草原地区的牧民,在天津开埠前大体过着食肉穿皮的生活,市场化和外向化程度不高,后来作为主要出口产品的羊毛,仅用来制造自己用的毡毯和帐篷等物,用量很小,绝大部分都白白地废弃了。天津开埠以后特别是20世纪以来,羊毛变成了牧区最重要的出口商品,牧民养羊的主要目的已不是食肉穿皮,而是取得羊毛以运销到国际市场获利。据对甘肃、青海和内蒙古的阿拉善、鄂尔多斯等地的调查,"十五六年前,即1895年,羊毛还未经洋行之手办理,当地畜牧的主要目的是食用,羊皮被利用来作为冬天的寒衣。自从洋行开始进出这一地带后,羊毛的需求量猛增,羊的经营完全改变成以羊毛为目的的饲养。"由于取毛或取皮二者难以兼顾,牧民多以取毛为主,导致"优质的羊皮逐渐减少,羊毛产量逐渐增加,这也可以看出洋行的买卖给这一地区的牧业生产带来怎样的后果"③。与此同时,原来没有什么用途的羊肠、骨头等的出口量也

---

①章有义:《中国近代农业史资料》第二辑,三联书店,1957,第220页。
②章有义:《中国近代农业史资料》第二辑,第133页。
③和龚等辑译《"〈新修支那省别全志〉"宁夏史料辑译》,北京燕山出版社,1995,第147页。

在逐年加大。① 位置偏僻、交通不便的蒙古高原和西北地区的牧区都卷入因进出口贸易引起的市场化、外向化的浪潮,其他地区可想而知。

中国古代的城市,基本上都是不同级别的行政中心,而且大体上行政级别较高的城市,其人口数量一般要比同一区域的行政级别较低的城市多一些,城市规模也大一些。除此之外,很少找到不担任任何行政中心、完全由于工商业而兴起的城市。尽管宋元明清市镇得到一定的发展,但众多的市镇中像江西景德镇那样发展为具有一定规模的城市似乎不多,且规模都没有达到省城一级,更不用说是全国水平了。近代以来,随着进出口贸易的扩大,作为中国与国际市场连接点的一批沿海口岸城市走上以港兴商、以商兴工、以工商兴市的道路,率先得到发展,有的城市人口数量和城市规模超过传统的行政中心城市。还有一些虽然位于内陆,但却是沿海通往内陆的交通要冲的城市,发展也相当迅速。

鸦片战争之前,中国只有省府州县等管理块状地区的行政区域,并无管理城市的行政区域。随着城市经济的发展和城内工商业者力量的成长,1921年中央政府开始建立"市"这种聚落式的行政区域。中央政府对各地的"市"的设立依照人口和经济的标准,不再考虑是否是省城、府城或县城。建立市并采用经济和人口的标准,标志着中国的城市从数千年的行政中心型,开始转向了经济中心型。民国时期中国大陆建立的市中,最早建立的大多是通商口岸城市,而规模较大地位较高的城市中相当部分也是通商口岸城市。②

上述论述大致展示了中国近代经济变迁的主要路径。总之,在开埠通商、先进生产力进入中国的大背景下,在进出口贸易的强大推动下,近代中国经济已发生了巨大的变化。尽管各地变化程度极不相同,而且中国仍然处于贫困落后的状态,毕竟持续几千年的传统经济面貌已得到极大的改变。

---

①国民政府工商部工商访问局编《工商半月刊》,一卷十三期,"调查"部分《天津肠衣调查》,第13页。
②吴松弟:《市的兴起与近代中国区域经济的不均衡发展》,《云南大学学报(社会科学版)》2006年第5期。

二、近代经济地理格局形成的诸表现

根据主要地区市场化、外向化和工业化的进程,中国近代经济地理格局的大致形成在二十世纪的二三十年代,其表现主要包括如下的八个方面。

表现之一:全国和地区间物流主要流向口岸城市和近代交通中心

鸦片战争之前,各地的商品交换主要限于相对较小的区域,作为各级行政区域中心的城市因聚集了官僚、军队以及他们的家属和服务人员,有的兼有一定的官营手工业者,成为区域内的人口中心和消费中心,区域内部的物流主要流向这种城市。由于统治者将各地搜刮来的财富集中到首都,并且首都也是全国人口最多、消费能力最强的城市,各区域的长距离的物流往往以首都为主要流向。

鸦片战争以后的进出口贸易,绝大部分通过沿海海关进行,沿边和内地海关所占比重甚低。以 1882 年、1912 年和 1931 年这三年为例,在中国海关总税务司署统计的全国进出口贸易数据中,沿海海关占了64.6%—81.6%,沿边海关只占 1.0%—5.0%,内地海关占 17.4%—30.4%,而内地海关的绝大多数又来自长江沿岸。① 沿海港口城市不仅是国内进出口物流的主要流向地,20 世纪以后也成为广大内陆地区所用的国产工业品的主要供应地。受此两个因素的控制,近代全国物流便改以沿海重要港口城市为主要流向。以 1936 年各地的埠际贸易为例,在全国最大的 40 个海关的输出入中,输入总额的 66.6% 和输出总额的 72%,集中在上海、天津、青岛、广州四个城市。其中,上海一地便集中了输入总额的 36.3% 和输出总额的 39.1%。②

各区域内部的物资流动,则首先流向区域内沿海沿江的口岸城市,或者虽非口岸,但在近代港口—腹地的贸易网络中居转运枢纽地位的交通

---

① 参见吴松弟主编《中国百年经济拼图:港口城市及其腹地与中国现代化》第一章,表 1-1,第 40 页。
② 吴承明:《论我国半殖民地半封建国内市场》,载吴承明《中国资本主义与国内市场》,第 269 页。

中心城市,这两类城市和各地之间的物流构成区域内规模最大的流动轴。那些既非口岸、又非交通中心的城市,无论其原先的行政中心的级别有多高,在区域物流方面的重要性一般说来已不如以上两类城市。北京不如天津,呼和浩特不如包头,开封不如郑州,南京不如上海,成都不如重庆,都是证明。

表现之二:全国交通布局的重大改变

全国和各区域的物流如此,人员流和资金流当也如此。物流和人员流的重大变化必然影响全国的交通布局,特别是作为交通大动脉的铁路。近代以前,就全国而言,基于政治的需要,连接首都的主要交通路线是全国最重要的交通线,自隋代以后将东部洛阳与南方连接起来的大运河尤其重要。在各区域,通往行政中心所在城市的道路是区域内最重要的道路,其重要性仅次于通往首都的道路。到了近代,随着沿海沿江港口城市的兴起与全国、区域内物流流向的改变,交通布局发生了重大变化。

只要查查当时的中国铁路分布图,可以看出,无论是东西向还是南北向的铁路,必有一端通向某个沿海或沿江的港口城市,由此可见港口所在的沿海区域成为我国铁路兴建最早、分布最密的地带。此外,港口通往腹地的重要交通线以及新兴的工矿中心,也是铁路建设需要兼顾的地方。

不仅铁路,甚至可以认为,中国的新式交通,大多或以港口城市为指向,或与通往港口城市的道路相连接。由于这种重大变化,近代以前以首都和各省省会为中心的交通体系,便转化为以港口城市或省会为中心的新格局。如果说港口和海运、河运主要分布在东部沿海是自然条件使之然的话,铁路、公路以东部为发达,除了东部平原广布、人口密集、经济发达这些原因之外,以港口城市为指向,将港口城市和其腹地连接起来,无疑是决定新式交通建设的主要因素。

表现之三:现代工业主要分布在东部沿海

透视百余年工业分布的演变,可以看到,现代工业偏集于东部狭长的沿海地带,辽阔的中西部普遍薄弱。以1933年为例,这一年内地民族工业最发达的12个城市中,上海、天津、青岛、广州、福州、汕头等六个沿海城市,便占了工厂总数的67%、工人总数的72%、资本总额的86%,以及生产净值的85%,另六个非沿海口岸城市只占很小的份额。即使这六个非沿海口岸城市,也只有汉口、重庆、西安才是真正的内地,北京、南京、无锡都靠近沿海,而靠近沿海的后三个城市的工业规模又大大超过位于真正的内地的前面三个城市。① 1949年的全国工业总产值中,中西部地区只占全国的29.8%,东部沿海约占70.2%,其中辽宁、天津、山东、上海、江苏、广东等六个省市又占了全国的58.3%。② 在沿海地带的主要工业城市中,一半以上都是通商口岸,非通商口岸主要是东北和华北利用本地矿山资源发展起来的矿业城市或重工业城市。

表现之四:沿海沿江沿铁路成为城市主要分布地带

我国的城市分布历来呈不均衡状态。鸦片战争之前,城市主要分布在经济发达的东南沿海、长江沿线和大运河沿线,其余地区城市数量较少。③ 近代以来,由于沿海沿江口岸城市的迅速发展和新式轮船、公路尤其是铁路运输的兴起,城市主要分布在东部沿海省份的特点更加突出。

在民国时期设立的151个市中,人口最多的九大城市,即人口规模200万以上的第一大城市上海,100万—200万的特大城市北平、广州、天津、南京,50万—100万的大城市汉口、杭州、青岛、沈阳,除了汉口位于内地省份,其余八个都位于沿海省份。在人口居中小规模的城市中,人口20万—50万的18个城市,8个位于内地省份,10个位于沿海省份;人口10万—20万的33个城市,14个位于内地省份,19个位于沿海省份;人口5万—10万的30个城市,15个位于内地省份,15个位于沿海省份。人口居中小规模的城市数量沿海省份仍然多过内陆地区。④

进出口贸易和新式交通以及矿业的发展,使得那些位于港口连接腹地的重要道路上的近代交通中心以及重要矿山,成为城市的另一个分布地带。济南位于我国南北交通和山东省东西交通的连结点,是口岸城市

---

① 严中平等:《中国近代经济史统计资料选辑》,表8"上海等十二个城市的工业",科学出版社,1955,第106页。
② 参见孙敬之主编,刘再兴等编著《中国经济地理概论》第五章,商务印书馆,1994。
③ 参见邹逸麟主编《中国历史人文地理》,第345—346页,科学出版社,2001。
④ 参见吴松弟《市的兴起与近代中国区域经济的不均衡发展》,《云南大学学报(社会科学版)》2006年第5期。

烟台、青岛连接内地的重要节点和中级市场的所在地,济南在近代的发展显然与此有关。① 甚至远离沿海沿江的西部地区也不例外。今内蒙古的包头市1809年才由村改为镇,天津开埠以后开始发展为天津与其腹地之间货物转运的重要枢纽。1923年京绥铁路向西延伸到包头,包头的发展加速,1926年设县,1938年设市,"繁荣之程度,已驾于归绥(今呼和浩特)而上之,俨然内蒙第一市场也"。②

观察民国地图,可知沿海是我国最重要的城市分布带,沿长江和沿铁路地带也是重要分布带。与鸦片战争之前相比,沿海地带的城市分布范围和密集程度远远超出,沿长江地带仍然重要,沿铁路地带(大致包括滨洲线、滨大线、京沈线、津浦线、京汉线、粤汉线、胶济线所经地带)成为另一条重要的城市分布带,而明清时期兴盛的沿运河城市带除了长江以南依然如故外,长江以北沿河地带只有少数通铁路的城市尚能保持一定的繁荣,其余都已走向衰微。

表现之五:区域经济中心由传统的行政中心城市转移到口岸城市和交通中心城市

我国传统的行政中心城市,因在一定的区域内拥有较优的地理位置和较好的农业基础而得到发展,又因消费人口众多成为区域内的商业中心。而近代兴起的口岸城市、交通枢纽城市与矿业城市,相当多的原先既非较高级别的行政中心城市,也非工商业城市,有的甚至只是乡镇渔村。这些城市都是在开埠通商之后才发展为重要的经济城市的。有的新兴城市由于发展速度超过原先的行政中心城市,成长为区域内的经济中心,有的经济地位甚至超越长期以来集行政中心与经济中心于一体的传统城市。

当新兴城市的经济地位和人口超过区域内的行政中心时,有的区域的经济中心便从行政中心城市转移到新兴城市,从而改变以前的行政中

---

① 参见吴松弟主编《中国百年经济拼图:港口城市及其腹地与中国现代化》第七章,第263—264页,陈为忠撰写。
② 世界舆地学社编《中华最新形势图》,"绥远省·地方志·包头市",世界舆地学社,1937,第79页。

心和经济中心合而为一的状况。就省会而言,河北省的石家庄取代保定,河南省的郑州取代开封,吉林省的长春取代吉林,都是例子。这种状况不仅出现在省域,也出现在府域、州域甚至县域。例如,广东旧潮州府的中心向来在海阳县(今潮州市),近代随着贸易的发展汕头兴起并演变为区域行政中心,最后以汕头作为地区名。厦门原属于福建泉州同安县,城市兴起后成为周围数县的行政中心,厦门市亦成为这一行政区的专名。

如果行政中心没有发生相应的转移,特定行政区域内便出现行政中心和经济中心双峰并峙的局面。例如:山东的省会在济南,经济中心在青岛;江苏在上海分立以前省会在南京,经济中心在上海;四川的省会在成都,经济中心在重庆;民国时期吉林的省会在吉林,经济中心在铁路枢纽长春;今内蒙古地区的行政中心在呼和浩特,经济中心在包头。青岛、上海、重庆、长春、包头等新兴城市的发展速度超过了所在区域的行政中心城市的发展速度,经济地位遂居于行政中心城市之上。有些沿海沿江省份存在着几个通商口岸,省会是其中之一。如果省会的发展速度慢于其他口岸城市,也会造成双峰并峙。福建的福州和厦门,广东的广州和香港(香港尽管当时割让给英国,但区域经济上仍和广东一体)就是这样。

表现之六:形成近代经济区

按经济地理学的表述,经济区是在一定空间范围内经济活动相互关联的客观存在的空间组织,是经济发展时自然而然形成的产物。它以某个城市或城市群作为经济中心,经济中心对经济区内的其他地方产生辐射作用,又依托次一级的经济中心把各地区连成一体,并通过各种交通、通信和商业系统构成复杂的经济网络,使各地的经济活动有一定的相互联系和相互依赖。

近代以来,中国广袤的空间,除了边疆可以通过沿边口岸发展对外贸易的区域形成自成一体的沿边经济区之外,其余地区几乎都成为沿海各口岸城市的腹地,并在此基础上形成经济区。在20世纪的前20年,以沿海主要口岸城市或城市群为中心,以它们的腹地为空间范围,口岸城市与其腹地通过主要交通道路保持密切联系的经济区,实际上已经形成。根据港口—腹地的状况,大体上可划为以大连—沈阳为中心的东北经济区;

以天津—北京为中心的北方经济区;以青岛—济南为中心的山东经济区;以上海为中心的华东经济区;以厦门—福州为中心的福建经济区;以香港—广州为中心的华南经济区。沿长江、沿珠江的各个口岸,不过是上海、香港—广州等沿海口岸城市伸入内地的贸易网络的重要节点而已。沿海口岸城市与其他地区的人员和贸易往来、资金流动、技术和信息传播,成为各经济区内经济联系的主要形式。

表现之七:香港和上海成为中国近代经济发展的两只领头羊

经过长期的发展,近代沿海沿江的各个通商口岸在经济规律的作用下,通过埠际贸易已形成井然有序、等级分明的港口贸易体系。在这一体系中,上海、香港两个全国性的港口位居第一级,广州、厦门、宁波、汉口、重庆、青岛、天津、大连等规模较大的重要的区域性港口位居第二级,其他规模较小的区域性港口位居第三级甚至第四级。

上海和香港不仅以贸易量大地位居于诸港之上,而且通过各港口之间的埠际转口贸易对其他港口产生重大影响。在很长的时间中,从浙江以北直到东北以及长江流域的各港口,主要是通过上海的中转而和国外发生贸易联系的,而福建、广东、广西、海南,以及江西、湖南两省的南部和早期的台湾的港口则主要通过香港和国外发生联系。20世纪初以来,随着各港直接对外贸易的增长,上海和香港转口贸易的地位下降,但仍在各港的进出口中占有一定的份额,并仍有一些港口要通过上海或香港的中转才到世界市场。[①] 上海、香港在埠际贸易的过程中加强了与各个港口城市之间的航运、邮政、电信、金融、信息等方面的联系,将自己的影响输送到这些港口城市,再通过这些港口城市的港口—腹地系统到达它们腹地的深处。上海、香港可以说是整个中国的现代化的北南两只领头羊,在它们之下的广州、汉口、青岛、天津、大连等重要的港口城市,也按照同样的方式将自己的影响送达相关的港口及它们的腹地。

[①] 参见吴松弟主编《中国百年经济拼图:港口城市及其腹地与中国现代化》第九章、第十章。分别为唐巧天、毛立坤撰写。

表现之八：中国大的区域经济差异从南北差异为主转化为东西差异为主

如上所述,近代中国的进出口贸易主要通过东部沿海口岸吞吐,近代工业主要集中在东部沿海地带,近代城市的数量尤其是人口规模较大的城市的数量也以沿海地带居多。近几年出版的众多的城市史著作,表明近代的金融业、教育、科研和外向型农业也主要集中在东部沿海,东部沿海是近代生产力最发达、现代化程度最高的区域。自港口城市西行,近代生产力水平和现代化程度随地理距离的加大而不断下降,大体上形成"西部不如中部,中部不如东部"这种明显的区域经济差距。自唐中叶中国经济重心南移以后,中国大的区域经济差距主要是南北差距,经济发展水平上表现为南方优于北方,此外东部又优于西部。因此,中国大的区域经济差距,经过近代的变迁,已从南北差距为主、东西差距为次,变为东西差距为主、南北差距为次。这种巨变,是近代生产力性质不同于古代生产力,地理环境的作用也有所不同的反映。

古代中国以农业为经济基本部门,农作物的生长深受自然条件的限制,当各大区域的生产技术和人口密度都逐渐达到了古代的顶峰时,气温、降水、生态环境的差异最终决定了经济差距的形成。在气温、降水等方面南方均优于北方,北方还存在大范围而且持久的生态恶化(主要表现为黄土高原的水土流失和华北平原的黄河屡屡决溢改道),以及百年左右便发生一次的严重战乱,自然形成南胜于北的这种经济差距。

我国各区域自然条件的差异,除了南北差异之外,还存在着更为严重的东西差异。东部一向是我国经济发展程度较高和人口密度较大的区域,近代尤其如此。除了地理条件与历史基础之外,近代之所以形成东部优于中西部的经济差异的主要原因,其实在于中国现代化空间进程的特点和东部优越的地理位置。

近代以来虽然务农人口仍占中国人口的绝大多数,但工商业在国民经济中占有的地位越来越重要。中国已卷入世界经济体系,在相当多的地区农业和手工业中市场化、外向化部门已占有相当重要的地位。沿海地区是中国联系世界的主要通道,先进生产力首先形成的地区,港口—腹地是全国各区域经济联系的主要途径。是否位于或靠近东部沿海,甚至通往东部口岸城市的重要交通线这一特定的地理位置,便成为近代区域经济能否较早兴起并具有较高水平的关键因素。如果不计自然条件特别差的地方,一般说来,在同一个口岸的腹地内部,各地区的经济水平和现代化程度,与到达港口城市的距离和交通的方便程度往往成负相关的关系,距离越远交通越不方便的区域现代化程度越低,反之则越高。

论加强边疆近代地理研究的重要性及边疆地理的复杂性[*]

摘要:近代在边疆地区,一方面存在着中央政府加强沿边管理的趋势,汉族向边疆移民的浪潮也逐步展开;另一方面与中国交界的十余个国家和地区,或本身为列强,或沦为列强的殖民地,或受到列强的控制,形成强敌环伺的局面。由于边疆地区的"港口—腹地"属于河流中下游与海港均位于国外,我国境内只是其腹地的尾部这种类型,加之民族、地形的复杂性,使得边疆地理不仅极不同于内地,且各边疆地区又有各自的特点。本文提出边疆地理的特点,强调边疆近代地理的复杂性、研究的重要性和迫切性。

关键词:边疆;近代地理;地理特点;重要性;迫切性

值此《丙申舆地新论:2016年中国历史地理学术研讨会文集》出版之际,会议承办方建议我以在大会上的报告《论加强近代地理研究的重要性及边疆地理的复杂性》,作为论文集的《前言》。本论文虽然略显粗糙,但推进东北边疆史地研究本是此次全国历史地理双年会的主要目的之一,虽然近代东北历史地理只是东北历史地理的一段,这一段却是漫长的历史时期距离今天最近且发展变化巨大的最值得关注的一段。因此,我同意将此文作为全书的《前言》,如果能够对东北甚至全国边疆的近代历史地理研究有所推进,自是令我感到无上荣幸与喜悦之事。我本人和团队

---

* 吴松弟:《前言》,载韩宾娜主编《丙申舆地新论:2016年中国历史地理学术研讨会文集》,东北师范大学出版社,2017,第1—8页。

成员探讨中国近代经济地理,主要从沿海口岸入手,探讨港口城市与其腹地的经济变迁及其形成的区域联系和地理格局。在此过程中深感以前的研究侧重沿海口岸及其腹地,少有沿边口岸及其腹地的研究,势必影响我们对近代中国的经济变迁与经济地理得出比较全面的看法。我们总结研究实践经验,逐渐加深了对近代边疆经济地理的理解。近代边疆经济地理是近代边疆地理研究的重要组成部分,我以为,近代边疆地理之于近代中国研究,具有特别的重要性、复杂性和紧迫性,亟须加强。

一、近代边疆地理研究的重要性

中国地域广袤,接近于一个欧洲,既是海洋大国,更是陆地大国,与十多个国家和地区交界,有着长达2.2万公里的陆地边境线。近代以来,与中国交界的国家,或本身为列强,或沦为列强的殖民地,或受到列强的控制,成为列强从各个方向侵入中国的基地,形成强敌环伺的局面。列强不仅图谋在中国的政治经济利益,甚至掠取大片国土,并从边疆进一步向内地扩张。因此,近代边疆地理,是中国近代政治、经济、文化活动空间展开的重要部分,在近代地理研究中占有极其重要的地位。

中国作为统一的多民族国家的形成,经历了漫长的过程,近代是其中一个不可忽略的重要阶段。中国历史上的统一,基本上围绕着国家版图扩大、中央政府对各地的有效控制的加强和各区域经济文化联系日趋密切三个主要方面展开。近代主要由于俄罗斯帝国的鲸吞,中国版图范围比以前有一定的收缩,但就有利于中国统一的条件而言,近代时期却完全不同于古代时期。

第一,近代沿边地区普遍设省或相当于省一级的政区,表明明清以来中央政府加强沿边地区行政管理的趋势进一步得到加强,之前长期存在的设立羁縻府州的有限控制,几乎成为历史。

第二,汉族向边疆移民的全面展开,将以往的少数民族为主的区域,改变为非汉族和汉族杂居,而且相当多地区以汉族为主。

第三,这种民族结构的改变,使边疆以往的多民族经济文化共存的松散格局,变为以生产力发展水平相对先进的民族为核心,既具有凝聚力,又呈多样性的经济文化格局。

第四,这种格局的形成,不仅有利于各民族经济文化交流的扩大,也有利于中央政府有效控制边疆地区趋势的加强。

以上四个方面,表明研究近代边疆地理在我国统一的多民族国家发展进程中的重要性,是不言而喻的。

谭其骧先生指出,"从18世纪50年代到19世纪40年代鸦片战争以前这个时期的中国版图",是"我们历史时期的中国范围"。此后由于列强的入侵,才改变了中国的版图。① 就中国版图形成发展的历史而言,各段边境线的确立、改变乃至纠纷的形成,大多发生在近代。

由于边疆在国土面积中占有相当大的比例,且又多是生态环境脆弱、敏感之区,在近代中国的生态环境变迁中,边疆也占有重要的地位。

近代内地汉族向边疆地区的大规模迁移,极大地提高了边疆大部分地区的人口数量,促进了相关区域的经济开发。就近代经济史而言,如果忽略了边疆地区的开发,将无法反映中国区域开发的新格局,忽略边疆状况的中国经济史只能是残缺的经济史。我们不妨以东北为例,说明近代经济开发的重要性。

受地理环境的制约,2000多年来东北比较稳定的农业区主要集中在南部辽河流域和辽西走廊;在北部的松花江流域以及东南部长白山山区,平原的居民以原始农业为主,山区居民则在森林中过着狩猎为主的生活。在扶余国、渤海国以及辽、金、元、明、清初的某些阶段,北部和东南部一些地方曾兴起一定水平的农业,但往往维持数十年便因民族外迁转趋衰落。直到近代尤其是1860年以后,逐渐形成关内对东北的移民潮,东北人口迅速增长。1860年代东北人口大约只有400万左右,1930年已达到2900余万,内地汉族的移民潮改变了东北的经济面貌。加之近代俄国和日本争霸东北,在此进行交通和工业建设,东北不仅结束原先的相对原始的经济状态,而且发展为我国工农业发达的重要经济区。中华人民共和国成立以后,东北进一步发展为我国的重工业基地,林业和农业在全国也占有重要地位。无论是从区域开发的角度,还是从经济发展的角度,东北开发

---

① 谭其骧:《历史上的中国和中国历代疆域》,载《长水集续编》,人民出版社,1994,第2页。

都是中国近代经济发展史上的一件颇有意义的大事。

岂止东北,近代西北、西南、蒙古高原以及宝岛台湾等边疆地区经济面貌的改变,虽然大部分区域的速度和力度逊于东北,但它们的开发不仅对所在区域,乃至对全国的经济发展,都具有重要意义。边疆各区域的开发,是中国广袤的国土,在近代后期除了少量自然条件极差的区域,绝大部分区域都得到开发的集中体现。

由于进出口贸易是外力导致近代中国早期经济变迁的首要途径,广泛存在于沿海沿边地区的通商口岸,使得中国传统经济向近代经济变迁的空间进程,不仅存在着"自东向西",即自东部沿海口岸向位于中西部地区的腹地推进,也存在着"由边向内",即自边疆口岸向其腹地的推进。如果忽略了沿边区域的变化,势必难以正确解释中国近代经济变迁的空间进程。

总之,无论从哪一个角度而言,边疆近代地理都是中国近代地理研究的最重要部分之一。

二、近代边疆地理的复杂性

中国区域众多,各区域在地理条件、区域位置、民族分布、经济文化,乃至政治方面都存在一定的差异,差异最显著的无疑是边疆地区。我国的四大高原中,除黄土高原以外的三大高原,即蒙古高原、青藏高原和云贵高原,都位于边疆地区。笔者在《无所不在的伟力:地理环境与中国政治》①一书中,基于历史发展和自然地理状况,提出中国古代存在六大区域社会这一概念,其中的五个区域社会即以上三大高原和天山以南、白山黑水,都分布在边疆地区,另一个便是内地农耕社会。长期以来,边疆地区主要是非汉族的居住地区,到了明清时期尤其是近代随着汉族移民大批涌入才转变为汉族和其他民族杂居的地区。这一点,便使得广大边疆地区的历史发展具有不同于内地汉族地区的显著特点,近代同样如此。近代的汉族移民迁入及其对边疆人口构成、产业结构、政治状态以及文化

---

① 参见吴松弟《无所不在的伟力:地理环境与中国政治》,吉林教育出版社,1989。

现象,都产生了重大影响,出现了既不同于汉族地区,也不同于边疆古代社会的复杂且多变的现象。

近代边疆的复杂性,不仅表现在边疆民族地区与内地汉族地区政治经济文化上的极大差异,还表现在不同的边疆地区,甚至同一个省区内部,都有着较大的差异。云南就是这样,1950年代的民族调查,表明云南省在同一个时期的不同地方,甚至同一座高山不同高度的区域,同时存在着原始氏族社会末期、奴隶社会、封建社会、资本主义社会等四个社会发展阶段。简言之,在1950年以前的云南省,马克思主义所讲的人类社会的五个发展阶段,除了共产主义(社会主义是其初级阶段)有待来临外,其他四个发展阶段无不具备。

要探讨近代边疆的经济开发,离不开从较大的空间视角,探讨来自外区域的影响因素。近代经济地理变迁的空间进程研究表明,"港口—腹地"状况不仅制约了区域之间经济文化政治的差异,也制约了区域之间的联系。穿过同一块"港口—腹地"内部的巨川大河或陆路主要交通线,与大致上位于河口或重要交通枢纽的口岸城市,是塑造"港口—腹地"系统的两大主要因素。塑造我国大部分地区的"港口—腹地"系统的河流,除了东北的河流主要自北向南流之外,其他区域的河流大都自西向东流入大海,这种"港口—腹地"系统,基本上位于我国境内。惟独广大的边疆,其靠近国境线的相当大的区域,不仅中国的口岸大多位于或靠近边境,作为人流和物流通道的大河或交通线主要自边疆通向境外国家,而位于大河河口或交通线终端的港口城市则在国外的沿海,这种"港口—腹地"系统可以说港口位于国外,连通腹地的河流或交通线的主要部分在国外,位于我国境内部分只是其腹地的尾部而已。这种"港口—腹地"系统在我国的边疆并不少见。①

1889年蒙自开埠,不久思茅、腾越相继开关,云南形成了蒙自为主、三关并立发展的局面。蒙自的主要贸易对象是香港,物资先经过越南的红河到港口海防,再转香港。由于香港是南中国贸易中心,这一路线不仅

---

① 吴松弟:《"自东向西、由边及里":中国近代经济变迁的空间进程》,复旦大学历史地理研究中心主编《海洋·港口城市·腹地:19世纪以来的交通和东亚社会变迁》,上海人民出版社,2014。

将云南省和越南、香港地区连接起来,也将云南和世界各地连接起来。1910年滇越铁路通车后,从昆明经越南海防直达香港全程仅需四天,以海防为出海口、中转香港的商道在云南对外贸易交通中地位更加突出。除了蒙自,腾越和思茅是云南的另两个口岸。在它们开埠之前,缅甸已建起以仰光为起点,内通国内各枢纽,外与印度、新加坡、中国香港等处连接的现代化交通网。开埠之后,腾越可通过伊洛瓦底江和铁路便利地到达仰光,从而成为仰光贸易网络在云南境内的一个重要节点。思茅本是一个偏僻的小镇,清代随着茶叶贸易的兴起而繁盛,从贸易联系的角度看,思茅也应视作仰光贸易网络在云南境内的另一个节点。① 可见在云南存在着两个以境外国家为主、延伸到中国边疆的"港口—腹地"系统,对于蒙自、腾越、思茅三个沿边口岸而言,尽管它们的腹地主要在云南以及四川、贵州的邻近地区,但由于进出口物资的主要部分通过作为起点的外国港口城市吐纳或中转,国外尤其是交界国家的政治经济状况,必定影响着这三个口岸的腹地的贸易和经济发展。

东北的"港口—腹地"系统与云南有同有不同,它同时存在着完全属于国内和由境外延伸到国内这样两种类型的"港口—腹地"系统。东北在1898年至1935年的38年间,南部的营口、大连、安东三港完全属于国内的"港口—腹地"系统,而作为东北北部物资主要输出入港的俄罗斯海参崴及其连接腹地的中东铁路—乌苏里铁路,则属于由境外延伸到国内的"港口—腹地"系统。直到1935年苏联将中东铁路出售给日本,东北北部进出口不再经海参崴,才结束了两种"港口—腹地"系统并存的局面。位于东北中部的长春,曾是"大连港口—腹地系统"和"海参崴港口—腹地系统"的交界地带,自然是日本和俄国两国经济势力拉锯的区域,长春在开发的早期阶段区域经济的发展就是在日本和俄(苏)争夺贸易圈的斗争中展开的。

在我国各区域近代经济变迁的早期进程中,外来因素起了重要的推动作用,这种推动作用不仅表现在沿海地区,尤其表现在边疆地区。在一

---

① 张永帅:《空间视角下的近代云南口岸贸易研究(1889—1937)》,中国社会科学出版社,2017。

些边疆地区的开发过程中,外来因素与区域内部因素相结合,形成自己鲜明的特点。笔者曾指出,近代东北的开发,情形至为复杂。从大的方面观察,至少具有如下几个鲜明的特点①:

第一,东北的开发,主要由经过长距离迁移的关内移民完成,关内移民是东北开发的主力军。

第二,在通商贸易和迅速发展的现代交通的推动下,在地广人稀、土地肥沃、人均耕地数量较多的背景下,东北农业一兴起便走上市场化外向化的道路。1932年东北大豆、小麦的商品化率达到80%左右,玉米、高粱等在40%左右,全部农产品的商品化率平均在53%。② 类似关内农村那样的以自给自足为目的的小农经济,在东北未必得到充分的发育。

第三,日本和俄国基于殖民目的而进行的交通和工业建设,客观上使得东北这方面的建设速度快于国内的其他区域。

第四,由于刚进入区域开发阶段,行政管理系统的建立相对滞后,而且缺乏传统农村社会的稳定因素(主要通过家族、村庄、地方等不同社会组织构成的农村地域社会结构),加之局势的复杂,民间武装纷纷出现,甚至形成控制不同区域的大小军阀。

以上所提到各点,可以概括为边疆地区民族和人群的复杂性,国内外影响的多样性,传统经济文化的落后性,以及移民大批迁入和列强侵略导致的社会动荡,都使得近代的边疆地理不仅极不同于内地,而且各个边疆地区又有各自的特点。简言之,近代边疆地理远比近代的内地地理复杂,研究者必须对此予以高度重视。

三、加强近代边疆地理研究的迫切性

改革开放以来,全面深入地研究边疆历史地理,不仅是加快发展边疆经济文化、缩小与东部发达地区经济差距的迫切需要,也是事关中华民族

---

① 吴松弟:《近代东北开发的意义与特点》,载姚永超著《国家、企业、商人与东北港口空间的构建研究(1861—1931)》书序,中国海关出版社,2010。
② (日)"满洲国史编纂刊行会"编"满洲开发四十年史"上册,《东北沦陷十四年史》辽宁编写组译,1987年油印本,第565页。

统一、和谐和领土完整的迫切需要。总体而言,投入边疆研究的人员比研究其他地区的人员要少得多,而历史地理学界长期以来对近代地理研究的不足,导致许多重要问题有待研究。

如上所述,由于列强的入侵,才改变了中国的版图。我国当代已解决或未解决的领土争端,无不是源自近代,可见研究近代边疆在解决现当代领土争端中的重要地位。

既然近代的开发,奠定了中华人民共和国时各区域经济的基础,探讨各区域经济发展规划和生态平衡问题乃至政治、文化的发展问题,就不能只讨论当下,而必须进行长时段的综合性研究,至少要回到近代边疆的开发及对后世的影响,才能得出可资参考的观点。

我们也提到,近代边疆地理远比近代的内地地理复杂,这就提示我们治理边疆的做法不同于治理内地,必须通过近代边疆地理研究弄清边疆各个区域的特点,才能做到因地制宜。

例如,在近代进出口贸易方面,中国通过陆地沿边口岸的出口往往大于边外国家的进口,处于出超的地位。武堉干分析1930年以前的中国与俄国的陆路贸易:"惟陆路贸易素缺统计,无数字可供稽考。但就大势而观,如对俄陆路贸易,我国历来即占出超的地位;对朝鲜、安南、缅甸等国之边境贸易,亦以出超情形居多。"①与此同时,沿海口岸的进出口贸易却大相径庭,多数年度处于逆差的地位。为什么沿边、沿海两类口岸,在进出口方面会有如此大的差异,是经济的原因,还是其他方面的原因造成的,值得研究。

在传统经济向近代经济的转型方面,总体而言边疆地区落后于东部沿海地带,但又必须看到一些靠近口岸的边疆地区传统经济的转型并不比沿海地区落后多少。不仅位于东北边疆的哈尔滨近代发展为东北北部的重要工商业中心,甚至云南边疆的一些地方在20世纪头10年已建立了一些资本主义的工业企业。省会昆明企业最多,当时有玻璃、造币、火柴、帽鞋、制革、烟草、罐头、面粉、水电、印刷、制茶、机具等工厂以及采矿企业共18家。而在蒙自、个旧、建水、昭通、东川、宣威等地,在采矿、火

---

① 武堉干编《中国国际贸易概论》,上海书店,1932年影印本,第196页。

柴、纺织和火腿生产方面也建立了近代工业。① 在西部边疆的一些城市，同样有电灯、电话、洋货、洋楼等自西方传入、现代生活方式的代表。如何评价近代东部沿海与广大边疆地区的经济文化差异，为什么在总体存在差距的前提下仍有一些地方并不比沿海落后多少，个别地方甚至还同样先进？政府部门在为缩小东西部经济差距制订规划时，不可不注意近代的经验。

近代边疆地理的状况提醒我们，由于沿边口岸对边疆地区经济发展和文化交流的重要作用，由于沿边口岸位于边疆地区，自边疆地区前往沿边口岸的地理距离比前往沿海口岸更为近便，国家和地方的相关部门在制订边疆地区的经济文化发展规划时，自应将通过口岸的进出口贸易、对口岸以外国家的经济联系和文化交流，视为与我国东部沿海地区的经济文化联系同等重要的大事。

"一带一路"是 2013 年以来党中央和国务院极力倡导的区域合作平台，我国的西部边疆和西南边疆是历代对外陆路交通的必经之地，近代也不例外，而且近代对外交通的规模和重要性远远超过古代。如果要借鉴于历史经验，首先要借鉴的不是相对遥远的古代，而是与现代只有"一日之隔"的近代。

显然，研究近代边疆地理，不仅具有重要的历史意义，也具有重大的现实意义，近代边疆地理的研究值得加强，希望有更多的学者投入对近代边疆地理的研究。

---

① 参见谢本书等《云南近代史》，云南人民出版社，1993，第 160—162 页，表 5-10 "1889—1910 年云南工业企业创办情况"。

《天津与北方经济现代化(1860—1937)》序一

樊如森博士的第一部个人著作《天津与北方经济现代化(1860—1937)》即将出版。我作为他的导师,不免想起了当年我们共同研究的情景。

近20余年来,随着改革开放进程的加速,中国近代史的研究也取得了重大的进展。进展之一,是人们终于明白,1840年以后的百年历程,并不仅仅是帝国主义和封建主义要把中国变成殖民地半殖民地、中国人民展开反帝反封建的斗争的进程,也是中国逐步走向现代化的过程,而且,肇始于近代的现代化进程今天还在迅猛地进行着。一幅中国百年现代化进程的绚丽历史画卷,正逐步展现出来。它使人们懂得:在古老的中国,钢筋水泥浇筑的高楼大厦,如何取代土墙木屋;轮船火车汽车飞机,如何取代木船驴车步行;一座座现代化气息的城市,如何取代了一片片沉睡千年的村庄;一个个以数理化语文外语为教学内容、培养全面人才的新式学堂,如何取代只教儒学经典、以读书当官为目的的私塾;自由、民主、平等、博爱这些陌生的词汇,如何成为觉醒了的读书人心中的永不熄灭的明灯……。它也使我明白,我所钟爱的历史地理,不能只研究古代而不研究近代,需要弄清在我们的祖父、曾祖父、高祖父的时期,近千万平方公里大地上发生的巨大的变迁。

1992年,我虽然沉醉在宋史研究的乐趣之中,却做出了一个重要的决定,即将我未来的研究重点,部分转移到近代经济地理上,并以港口—腹地作为切入点。第二年,我联合当时在上海近代经济研究方面已经崭露头角的戴鞍钢学兄,申报了一个名为"近七百年来东南沿海主要港口经济腹地的变迁"的项目,得到国家教委的资助,开始进入这一令人兴奋却又充满未知数的研究领域。此后,虽然项目完成,但总感到自己看书不够,不敢发表相关文章。不久,因葛剑雄先生的邀请,我又重新进入中古的移民史、人口史的研究。尽管如此,为圆"港口—腹地"和近代经济地理研究之梦,我一边研究古代,一边关注着近代。1998年,鞍钢兄的大作《港口·城市·腹地——上海与长江流域经济关系的历史考察(1843—1913)》,入选教育部百篇优秀博士论文。我为之欢欣鼓舞,从中看到了"港口—腹地"和中国近代经济地理研究的重要性。当年,多卷本《中国人口史》的第三卷"辽宋金元时期"的写作任务已近尾声,我决定将今后若干年的研究重点放在"港口—腹地"和中国近代经济地理研究上。我利用此后一年在牛津大学研究访问的机会,阅读了国外所见的相关资料和著作。回国不久,便遇到了刚考到历史地理研究所读硕士的樊如森君。他表示要随我学历史经济地理,我们确定他以近代天津的"港口—腹地"问题为研究对象,弄清天津在北方经济的地位以及与相关区域的经济互动。此后,他硕博连读,然后又留校任教,至今与我相知相长、并肩研究已近8年。

1999年进入复旦读研时,如森已在地方高校任教9年,33岁的他成为这一届硕士生的大哥。他深知重新学习的机会珍贵,每天泡在图书馆中的时间往往要超过别的同学。除了修好历史地理所的各项课程,按时读完我所开的书单上的书目之外,他还到历史系听戴鞍钢、朱荫贵等教授的中国近代史课,经常向他们请教近代史的问题,大量阅读这方面的著作,并几次去天津、北京、兰州、呼和浩特等地实地考察,搜集地方性资料,向各地学者请教。2001年冬,当我读完他所写的第一篇论文《天津开埠后的皮毛运销系统》以后,我高兴地看到,这位最初不被一些人看好的学生,其实是刻苦、勤奋、善于读书的好学生。2000年以后,我指导的研究生人数不断增多,最多时在读的三届博、硕士生达到10余人。为了开拓眼界和锻炼他们,并便于和各地不同学科的著名学者零距离接触,自2004年以来,我们主办了3次国内外学术会议和25场学术报告。每次的学术会议和学术报告上,樊如森除了帮助我负责具体工作并做好自己的报告之外,还带领同学们抓紧机会分头向请来的学者请教。每当我看到这些外地来的教授,如台湾的林满红教授,天津的王玉茹教授、张利民教授、许檀教授,南京的陆玉麒教授,在开会之余的大部分时间,都被我的学生围住,耐心细致地解答他们的每一个问题时,我内心都充满了感动。今天,樊如森能够将自己的著作奉献给学术界,除了他自己的努力之外,也和本所、历史系和天津近代史学界的诸位教授的帮助分不开。

经过8年的努力,我们已完成了对天津、大连、广州、武汉、青岛、烟台、福州、重庆、镇江等港口城市的"港口—腹地"问题,以及上海、香港两大港口城市的中转贸易的初步研究,完成了7篇博士学位论文和5篇硕士学位论文,发表了3部著作和80余篇论文。如加上鞍钢兄对上海及其腹地的研究,我们对近代中国沿海沿江的大部分主要港口城市与其腹地的双向互动关系和对区域经济的影响,都已进行过初步的探讨。一幅从沿海港口城市向广大内陆地区推进的中国现代化的壮阔画面,一个中国近代地理格局形成和发展的漫长而艰难的进程,包括各个经济区的形成、中心城市、交通网络,区域经济发展的差距及其近代成因,中国现代化空间进程的水平层次和垂直层次,都开始展现出来。

樊如森的《天津与北方经济现代化》,从中国现代化空间进程的广阔视野,运用历史经济地理学的理论与方法,多学科、多维度考察1860年开埠以后天津和受其辐射的地区外向型经济的发展过程以及双方的经济互动作用。天津是近代中国最为重要的城市之一,北方现代化的主要领头羊,辐射范围不仅包罗整个黄河流域,甚至达到蒙古、中国东北西部和新疆东部。天津的发展,直接带动、影响了近代上述地区的发展,本书的重要性可想而知。以往学者对近代的天津城市史和北方经济史有不少研究成果,但像本书这样,紧紧抓住影响北方现代化的关键因素,以充足的实证研究,旨在论述北方地区现代经济的空间进展及其差异的著作,应该是第一本。而且,考察的时段,固然主要是近代,但又不停留在近代,而是放长到古代和今天,从较长时段探讨经济现象和规律;考察的内容,固然以农工商等方面的经济为主,也关注诸如政治中心和经济中心,特别是北京与天津的定位问题,以及环渤海经济区的开发建设诸问题。因此,这一研究,除了具有较高的学术意义,也具有一定的现实意义。

中国地域广大,各地区的地理环境和历史传统有所不同,各地的现代化进程差异颇大。由于时间和人手的关系,我们目前的研究仍主要集中在东部地区,即使讨论港口城市与其腹地的双向经济互动,也多注意到东部与中部,对西部注意不够。区域之间的关系,理应是我们关注的一个重要内容,这方面我们虽然注意到了,但全面的论述也嫌不足。此外,中国现代化如何从沿海港口城市发端,向内陆延伸,向农村深入;各地的传统经济如何与近代经济相碰撞和相融合,类似的问题颇多,都有待于深入探讨。以上方面的缺陷,在樊如森的《天津与北方经济现代化》中同样存在。因此,我诚恳期望读者诸君在阅读此著作时,也能对此书以及我们的"港口—腹地"和中国近代经济地理研究,多提宝贵的建议。

如森君著作的出版,让我再次感受到当导师的乐趣和责任,因此写了上述一些话,就算序吧。

吴松弟
2007 年 4 月 7 日于家中,时户外正春光明媚

《国家、企业、商人与东北港口空间的构建研究(1861—1931)》序：近代东北开发的意义与特点[*]

近代东北开发，无论对于中国近代经济史，还是东北开发史，都是一件值得大书特书的大事。

受地理环境的限制，2000多年来东北稳定的农业区主要集中在南部辽河流域。辽河流域是多民族杂居地区，而以汉族人口占优势。北部的黑龙江—松花江流域以及东南部的鸭绿江、图们江、绥芬河流域，或由于气温较低，冬季漫长，或由于山林密布，长期处于地广人稀、农业开发不足的状态，主要属于少数民族的活动空间。就经济部门而言，平原的居民以原始农业为主，森林的居民则以狩猎为重。在扶余国、渤海国以及辽、金、元、明的某些阶段，北部的一些地方曾兴起稍具规模和一定水平的农业，但往往因民族迁徙的原因数十年后转趋衰落。

清初，东北境内非常荒凉，80余万平方公里的广袤大地上，只有100万左右的人口，往往数百里无人烟，清政府并对关内移民的进入采取了种种限制。尽管关内贫民为求生计，常常违禁越关逾墙，进入东北，进行垦荒或采药、打猎、伐木；如遇灾害年景，朝廷也会变通放灾民出关，但东北的人口增长仍相当缓慢。直到近代，尤其是1860年以后清朝解除禁令，逐渐形成关内对东北的移民潮。1900年官府着力招诱移民，关内移民大批涌入东北，东北人口迅速增长。1860年代东北人口大约只有400万左

---

[*] 本文为2009年5月为姚永超著《国家、企业、商人与东北港口空间的构建研究(1861—1931)》所作序言，中国海关出版社2010年5月出版。

右,到1910年代已达到近2000万人,1930年达到2900余万。1931年"九一八事变"以后,移民数量才有所减少。

经过近代数十年的大移民,东北的人口状况和民族分布彻底改观。汉族在人口数量上占了绝对的优势,广泛分布在各个地区。东北大地尤其是南部、中部的人口密度迅速提高,经济面貌迥异于以前,不仅结束了原先的相对原始的经济状态,而且发展为我国工农业发达的重要经济区域。中华人民共和国建立以后,在东北进行了大规模的经济建设,东北进一步发展为我国的重工业基地,林业和农业在全国也占有重要地位。

无论是从区域开发的角度,还是从经济发展的角度,东北开发都是中国近代经济发展史上的一件颇具意义的大事。当时,我国的其他边疆地区,如内蒙古、新疆、西藏、云南、台湾,在经济开发方面都取得较大的进展。由于东北拥有最大的可供生产生活的空间范围,最多的人口数量,最大面积的已开发的耕地,以及工农业生产的较高地位,东北开发的意义无疑居各边疆地区之首。

近代东北的开发,情形至为复杂。从大的方面观察,至少具有如下几个鲜明的特点:

第一,东北的开发,主要由经过长距离迁移的关内移民完成,关内移民是东北开发的主力军。以上移民人口增长带来经济面貌巨变的情形即是最好的说明。

第二,在通商贸易和迅速发展的现代交通的推动下,东北农业一经兴起便走上市场化外向化的道路。

东北地广人稀,土地肥沃,人均耕地数量远远超过关内的绝大部分地方,出产的农产品除农民家庭自给外,尚有大量剩余,可以提供给市场。早在东北开发初期,即有大豆等产品销往各地。1861年营口开埠,不久移民东北的禁令解除,劳动力的剧增带来农业的迅速发展,大豆及其加工品成为国内外市场的畅销商品,而出口贸易的兴盛又促进了商品性农业的发展。据调查,1932年东北大豆、小麦的商品化率达到80%左右,玉米、高粱等在40%左右,全部农产品的商品化率平均在53%。① 在这种情况下,新移民一进入东北,便投入市场化外向化的商品农业的生产,而老移民为生计考虑自然也要转向商品生产。因此,类似关内农村那样的以自给自足为目的的小农经济,在东北未必会得到充分的发育。

第三,日本和俄国基于殖民目的进行的交通和工业建设,客观上使得东北这方面的建设速度快于国内的其他区域。

近代东北的开发,是在复杂的国际环境下展开的。1890年代,沙俄为了独占中国东北,不仅积极寻求不冻港,更攫取了在东北修筑铁路的特权,于1903年以相当快的速度,修成了横贯满洲里—哈尔滨—绥芬河至俄罗斯的海参崴,支线经哈尔滨—长春—沈阳,南抵大连的东清铁路。至此,东北以铁路为骨干,以港口为门户的现代交通网络逐渐形成。日俄战争以后日本控制了辽东半岛,日本为将东北建成侵略中国和亚洲的基地,进一步扩大对资源的掠夺,加紧修建铁路和公路,并兴建了一些矿山和工厂。沙俄和日本的这些举动,一方面使东北全面沦为受帝国主义殖民统治的地区,另一方面客观上也使得东北在现代交通建设和重工业发展方面的速度,要快于国内的其他区域,并对经济的其他方面也产生了重要的影响。

第四,由于刚进入区域开发阶段,缺乏传统农村社会的稳定因素,加之局势的复杂,土匪政治成为东北政治的一大特色。

我国内地的农村,因历时已久,早已不同程度地形成通过家族、村庄、地方等不同社会组织构成的农村地域社会结构,配合自上而下的垂直行政系统,维持着农村社会的稳定。然而东北的绝大部分地方,由于刚刚完成了从荒野变为村落的过程,各地迁来的移民尚未建立起类似关内的农村社会地域结构。另一方面,空间的广袤,俄国和日本在东北的争夺,四面八方的移民涌入,又都使得新开发地方的行政部门不易维持各地的社会秩序。在这种情况下,各种各样的非法武装纷纷出现,或武装保村,或打家劫舍,形成控制不同区域的大小军阀。

---

① (日)"满洲国史编纂刊行会"编《满洲开发四十年史》上册,《东北沦陷十四年史》辽宁编写组译,1987年油印本,第565页。

据上可见,近代东北的开发史,既是如此的重要,又是如此的复杂多样。相对于东北开发的意义、过程与复杂的特点,历史学界的研究实在是非常不够的。

鉴于研究的重要性,我请姚永超以东北的港口—腹地及其经济变迁,作为自己的硕士和博士两个阶段的学位论文的研究内容。其博士论文,深入探讨东北港口空间的构建状况及其绩效,并探讨国家、企业和商人三者在其中所起的作用。在以往的港口空间的构建研究方面,人们多注意动态的形成过程,并在此基础上进行静态的地理空间的分析。本书不仅做到上述两点,还加入了从国家、企业和商人在空间构建过程中作用,并加强了对制度的分析。

近代东北开发的内容复杂,头绪繁多,本书仅仅探讨了大连港与其腹地的问题。然而,对于近代通过国际贸易发展大规模商品生产的东北而言,港口空间的重要性不言而喻。我希望此书对经济史、近代史和地方史的学者有所帮助,并对当前的东北经济具有一定的借鉴意义。

《驶向枢纽港:上海宁波两港空间关系研究(1843—1941)》*序

列辉君的著作《驶向枢纽港——上海宁波两港空间关系研究(1843—1941)》即将出版,此是他在博士论文的基础上修订完成的第一部个人著作。我作为他的指导老师,自然要对书的出版表示祝贺,不由想起在难忘的六年间他在复旦大学的研究生学习生活和我们共同研究近代经济地理的情景。

中国近代经济社会的巨变始于沿海通商口岸城市,再往各口岸城市的广大腹地扩展,由此导致中国传统的经济地理格局的终结和新的近代地理格局的形成。基于这样的原因,当1999年我开始将主要精力投放到近代经济地理研究时,决定以"港口—腹地"作为研究的切入点,我将之命名为"港口—腹地与中国现代化空间进程研究"。在此之前,虽然我国的台湾、香港和日本的学者,对中国一些沿海沿江口岸的进出口贸易有所研究,且涉及口岸的腹地问题,但中国沿海沿江城市为数不少,相当多的城市还未得到研究,而且研究中对口岸—腹地的关系论述尚停留在经济的层面,未能进行地理学的空间分析。我们的研究,不仅探讨口岸与区域的经济变迁,也将变迁过程中的区域关系即"港口—腹地"的双向互动关系作为探讨重点,并强调这一变迁对中国的特殊意义即"现代化进程"。因此,我指导硕士和博士研究生撰写毕业论文,大多选定一个沿海或沿长江的口岸城市及其腹地作为研究对象,以便弄清这些口岸城市开埠之后经济的变迁及与其腹地的关系。由于近代口岸城市与其腹地的经济变迁

---

* 王列辉:《驶向枢纽港:上海宁波两港空间关系研究(1843—1941)》,浙江大学出版社,2009。

的早期的动力来自进出口贸易,进出口贸易不仅成为港口城市与腹地之间的主要经济关系,也推动了广大腹地农牧业和手工业的生产结构的调整和经营方式的改变。基于这样的认识,我们选择进出口贸易及其影响,作为探讨近代经济变迁的主要线索。至今为止,这项研究已进行了10年,相继探讨了大连、天津、烟台、青岛、汉口、重庆、镇江、宁波、福州、广州等沿海沿江重要港口城市的口岸与腹地的经济变迁以及区间关系,在此之前复旦大学历史系戴鞍钢教授已完成对上海及其腹地的卓有成效的研究。此外,中国最重要的两大口岸城市上海、香港与其他城市的埠际贸易状况及其影响,也得到了较深入的研究。

列辉君的上海、宁波两大港口的空间关系的研究,是我们研究中比较特殊的一项。在我国以众多的沿海港口中,上海、宁波两港都因拥有灿烂的昨天而在中国港口史上写下浓重的一笔。近20年来两港都获得飞快的发展,上海已是世界屈指可数的巨港,宁波也是我国的主要港口之一。两港由于同处于长江三角洲,同处于长江南侧水域,产生了市场经济下必然发生的竞争与合作关系而引人注目。由于两港在长三角的区域经济中占有牵一发而动全身的重要地位,经济学者和地理学者都有人对此进行过研究。这一课题,自然也进入了我们的视野。

历史地理学是一门历史学和地理学的交叉学科,学科性质和研究时段决定了它所进行的长时段的研究能够得出当代地理学短时段研究未必能得出,却又兼具学术意义与现实意义的成果。从较长的时段看,宁波在清以前是江南最大的对外贸易港口,当时在中国港口体系中的地位远远超过上海;上海在清康熙年间统一台湾以后发展较快,近代开埠以后上升为我国最大的外贸和内贸港口,宁波则沦为上海的支线港,直到最近一二十年才有较大的改变。两港地位的升降,既是我国现实区域经济发展的产物,也是长期以来我国以及江南港口变迁的结果。从历史地理角度,对两港地位一升一降的过程与原因进行较长时段的多因素的考察,无疑具有重要的意义。基于这样的考虑,列辉承担起研究两港空间关系的任务,并逐渐形成研究时段上溯唐宋,着重考察近代,基于国际、国内、江南三个层面,结合自然状况、人文背景,运用历史学、地理学和经济学的多学科结合的方法进行深入考察的研究思路。

当我在1999年结束10余年的对古代历史地理的研究,将主要精力放在近代经济地理研究时,初衷除了试图改变历史地理重古薄近这一状况之外,也试图为历史地理在实事求是的研究基础上尽量为现实服务做一些探索。然而几年之后我通过与本所樊如森副教授以及其他研究生的多次讨论,意识到如果不走多学科结合之路,即便以近代为研究对象,研究成果的影响仍会只限于历史学界和历史地理学界,而不会为经济学界、地理学界所关注,更不用说为这两个学界以及政府部门所参考了。毕竟,脱胎于中国历史学的历史地理学,长期以来停留在具体考证的基础上动态叙事,最后加一点空间分析这样的研究程式上,而"空间分析"的目的是为了说明历史事件的地点所在与空间状况,而不是探讨某种能够为现实所用的规律。而且,即使有"规律"的探讨,由于缺乏科学的量化的研究方法,也只能是相当粗糙的初级产品。因此,要推进近代经济地理的研究,并且实现学术与现实的双重意义,除了努力学好近代史之外,还必须切切实实地向经济学、地理学学习,将这些学科的理论尤其是研究区域经济的一些理论与方法,运用到近代经济地理的研究中,并将历史地理学扎实研究得出的成果,同时运用经济学与地理学的语言加以表达。

基于上述想法,我对列辉明确提出研究中尽量多学科结合的设想,希望聪明好学的他在这方面率先尝试。然而,学科结合说易行难,尽管列辉硕士生期间已完成了对宁波港的港口—腹地的研究,但博士生期间研究上海港并将上海港与宁波港一起进行综合研究的任务并不轻松,学习其他学科又极费时间,能学成什么样更没有把握。当我对他讲自己的设想,尽管他答应下来,我心里却很虚,不知他能否做到,做得如何。当研究所教学秘书将学校研究生院外送盲审、明审的五份材料都送到我面前,看到几乎一致的好评,当论文最后通过答辩并同样获得答辩委员会的好评时,我一颗悬着的心才算落了地。审阅和参加答辩的专家不仅有来自历史学界、历史地理学界,也有来自经济学界和地理学界的重量级人物,他们无一例外地从自己的专业角度,肯定了列辉论文的观点和对经济学、地理学的理论与方法的运用,并称赞此是真正的多学科结合的论文,具有多方面的创新点。我深知无论经济学还是地理学,都是有着悠久历史丰富内涵的大学科,其他专业的学生两三年的业余学习只能略得皮毛,根本无法入其堂奥。而且,我知道专家们对其他专业的研究生学习自己的专业,大多会抱宽容、鼓励的态度。然而,如果论文中出现错误和不当之处,他们当然会不客气地指出。当我了解到他积极到外专业听课,多次主动参加外专业的学术研讨会,并在上海市社会科学界第四届学术年会经济·管理学科报告会上获得优秀论文,而且在《经济地理》《地理研究》等学科的专业刊物上发表过论文时,我相信他在多学科结合方面确实下了功夫,专家的好评并非出于面子。

上海和宁波都是我国近代最早开埠的港口,而且两港几乎同时开埠。然而,两港开埠之后的发展速度相差悬殊,城市经济同样如此,上海是中国最大的经济中心,宁波只是浙江的一个重要城市而已。两个古港和城市的近代命运,不仅涉及历史与地理,也涉及经济、政治、文化以及国际、国内等多方面的原因。因此,两港空间关系的论述,势必要涉及多方面多层次的问题。按照列辉的分析,就两港的空间关系而言,从历史的长时段来看,长三角的首个港口经历了从唐代的扬州、宋元明清的宁波这些长三角的两翼向上海这一长三角的中心转移,在近代形成"一体(上海港)两翼(宁波港、镇江港)"的格局。从两港的发展态势看,开埠前宁波港作为朝贡贸易体系中的一个重要港口,其发展态势是外向化的,上海港主要以国内贸易为主,其发展态势是内向化的;开埠以后上海港发展为国际性大港,宁波港的进出口贸易大多通过上海港中转,其发展态势趋于内向化。由此,又导致上海港成为远东的枢纽港,宁波港则成为上海港的支线港这样的港口分工的变化。对于以上的三个层面表现的空间关系以及导致空间关系改变的原因,本书在掌握充分的资料的基础上,进行了细致的论述,并从港口和区位的自然条件、港口的陆向海向腹地、临港集聚、港口制度等方面,进行了多方面的分析。

"区位优势—自我增强"是本书强调的重要观点。由于拥有区位优势,近代上海港的发展起点就比较高,逐渐形成临港集聚。之后尽管遇到种种困难,但临港集聚一经形成,就会产生集聚反应,进而形成自我增强的机制,诸如航道的疏浚、铁路的兴建、租界和港口管理制度的创新,都是自我增强的生动体现。这时,最初的区位优势和集聚效应相比,已不那么重要,在上海集中了太多人的利益,这种聚集优势最终使上海港在自我增强中不断发展。这一提炼,为人们透过纷繁的历史现象和复杂的多种原因,来探讨上海、宁波两港的地位的升降,提供了独特的视角而富有思考意义。

当然,历史现象和导致两大港口地位一升一降的原因是复杂的,尤其是上海是如此巨大的中心城市,上海与宁波都走以港兴商,以商兴工、兴金(融)、兴市的道路,不仅区位因素,城市政治、经济、文化的发展与制度都会影响港口的发展,进而改变两港的空间关系。只有做到对各个因素的到位的探讨,并且论述时抓住关键的因素,才能讲清影响两港空间关系的规律。在这些方面,本书仍有许多薄弱之处。在运用经济学和地理学的理论与方法方面,本书只能算是一个有益的但仍然粗浅的尝试。总之,列辉著作的长处与短处,体现了我们团队目前的研究水准、存在困难和今后继续努力的方向。

需要指出,近10年来,随着我国经济建设和政治文化的发展,我国历史地理学界的各重要机构都出现研究时段逐渐下移、研究近代的学人日益增多的现象。尽管如此,近代地理的研究,无论是部门还是区域的研究成果,都还处于初步的阶段。近代经济地理同样如此。我们进行的"港口—腹地和中国现代化空间进程研究",不过是研究古代的经济地理格局如何演变成近代经济地理格局的一个切入途径,并不完全等于近代经济地理研究。促使近代经济地理格局形成的因素颇多,除了港口—腹地的因素,还有地理条件、历史传统等方面的复杂原因;港口—腹地之间的双向互动关系,除了体现在进出口贸易方面,还体现在资金、人员、技术等要素的流动方面。在走多学科结合方面,列辉勇敢地走出了第一步,还需要研究近代经济地理的师生们走出第二步和第三步,取得更大的成就。我诚恳希望读者诸君在阅读列辉著作时,多多指正,不仅包括他本人的这本著作,也包括我们团队的其他研究。

在列辉著作出版之际讲了上面这些话,说序不像序,说书评不似书评,但我希望得到读者诸君对列辉著作和对我们团队的真诚批评之心却是迫切的。

吴松弟写于牛年元宵夜

《现代化视野下的港城关系研究(1842—1937)》序[*]

上海城市的崛起与迅速发展,是中国近代史上最为引人注目的一件大事,武强博士的《现代化视野下的港城关系研究(1842—1937)》一书,即是事关上海崛起的一个重要因素的探讨。在本书出版之际,我作为他的导师,在此借作序说一些自己的感想。

我的学术研究生涯,始于对宋代东南沿海丘陵地区开发的研究,此后进入移民史和人口史研究,21世纪以来主要转向了对近代中国经济地理格局演变的探讨,并与复旦大学的一些研究者一起,投身于对近代中国通商口岸及其腹地关系的研究,以"港口—腹地与中国现代化空间进程"为研究路径,进行了近20年的研究实践。由我培养出来的一批博士、硕士研究生,先后完成了一系列的毕业论文,对近代中国沿海、沿江、沿边的大大小小各类通商口岸,如何在近代扩展其区域影响力,进行了全方位的研究,在学术界产生了一定的影响力,推动了近代中国经济地理格局演变的研究。在这一研究的后半阶段,我开始思考如何将这一研究进一步深入与细化,利用之前研究的成果积累,探索具体的城市区域以及微观的研究。武强的这部书,即是这一想法的初步实现。

武强博士于2008年考入复旦大学中国历史地理研究所读博,考虑到他之前本科阶段从事工程管理学专业的基础,而历史地理学本身具有"地理学"的学科属性,我提出让他大胆地应用跨专业方法,将经济学、地理学方法在历史地理学的研究中进行试验。我受香港大学地理系王缉宪教授

---

[*] 本文系为武强著《现代化视野下的港城关系研究(1842—1937)》所作序言,科学出版社2016年出版。

的启发,在与武强讨论之后,选定了对近代上海的港城关系即港口—城市的互动为研究方向,他表示同意。通过三年的刻苦学习和认真钻研,形成了这部书稿的雏形。

以往的"港城关系"的学位论文或论著,多只关注当下,对改革开放之前的情况往往失之过略,此前较早时期更视之以"港口发展的初级阶段"而一笔带过。因此,如何将"港城关系"发展变化的历史状况展示出来,似乎成为历史学、历史地理学的研究任务,也就使得本书的研究有了极大的学术与现实意义。以往的港城关系研究多集中于经济地理学、区域经济学等专业方面,研究范式往往是提出经验规律性的模型,再根据某一个或几个具体的港口城市,进行个案式的分析,进而提出政策建议。而本书完全从历史史实出发,结合港口位置的移动和城市空间的拓展,考虑城市交通、城市经济、城市金融等方面的状况,能够比较真实地再现上海近代港城关系的某些重要方面。

近代上海在整个中国经济体系中的地位,是任何一部经济史、经济地理著作都无法忽视的,近10余年来,"上海学"这一名词也日益成为学界的热点。发人深思的是,近代上海城市的兴起,与港口的发展密不可分,港口与城市二者究竟有着何种程度的互动关系,则少人关注。对于这二者的研究,往往是分而述之,将之作为专题方向提出的。至于近代上海"港口—城市"相互作用的机理,城市对港口功能的反馈,港城关系影响下的城市发展方向演变,等等,亦无细致的关注。武强在上述方面所下的功夫,弥补了以往研究的不足,成为本书的特色。

总的来看,武强的这部书,大概有以下几个方面的可观之处。

首先,对理论与现实的回应。近代中国的通商口岸,是现代化因素最为集中的区域,上海则是近代中国的经济中心,是现代化程度最高的城市,在20世纪30年代,号称世界五大都市之一。本书即关注了现代化理论的应用,也不仅仅限于宏观方面的概括,同时又在具体细节方面,展示西方文明的现代性对上海港口、城市的影响,使读者对近代上海城市发展过程中的很多问题,能够在理论的指导下,得到较为满意的解答。

其次,本书为经济学、地理学方法应用于历史地理的研究提供了参考方向。跨学科研究,因学科范式的不同,往往比较困难,虽然当前是学界认可的方向与趋势,但真正以此为主旨的研究,还仍然会面临不少问题。本书中,作者以港城关系为题,选取了其中几个比较具体的问题,结合区域经济学、城市地理学等专业的方法,进行了较为深入的分析,是非常值得欣赏的。

再次,本书使用可信而系统的数据史料,以小见大,从细节中考察大的历史问题。近代上海因租界的存在,加上"大清帝国唯一没有贪污腐败的衙门"——海关的工作,积累了一大批信而有征的历史资料。本书在研究过程中,引用了大量的统计数据、工部局的第一手资料、近代上海的报刊等等,使得研究结论具有了相当的可信度与参考价值。由于具体史实的搜集,往往是比较琐碎的事情,看到的也是比较细节的问题,因此,将细节与整体相结合,以小见大,也是本书的研究中比较有特色的方面。

当然,由于作者的跨专业背景,加之初涉此项研究,研究中难免有不足之处,在本书中的反映,即是对当代港城关系理论的应用尚嫌不足,当然,这一问题也有其资料获取的难度、当代理论如何应用于历史时期等方面的原因,但似乎不应成为一个问题。同时,由于近代上海的巨大经济、社会体量,任何一个关于上海的学术研究题目,都会关涉许多层面的问题,因此,如何更加全面地论述近代上海的港城关系,将整体与细节的各个方面相互融合,都有待深入探讨。

总之,该书以详尽的历史资料与数据为基础,结合现代化理论与历史地理学的方法,对城区与港区的互动、产业与港区的关系演变,以及对码头捐对港城关系的代表意义,进行了深入探讨,提出了不少有创新意义的观点,也对当代上海城市、港口的发展等提供了相应的借鉴价值,值得一读。

是为序。

吴松弟,2016年春

《空间视角下的近代云南口岸贸易研究(1889—1937)》*序

张永帅博士的著作《空间视角下的近代云南口岸贸易研究(1889—1937)》将要出版,邀我为书写序。我不由得想起他在复旦随我攻读博士学位,并共同讨论近代云南经济地理研究的情景。

近10余年来,我本人和研究生们探讨中国近代经济地理,主要从沿海口岸入手,探讨港口城市与其腹地的经济变迁及其形成的区域联系和地理格局。有感于以前的研究侧重沿海口岸及其腹地,少有沿边口岸及其腹地的研究,势必影响我们对近代中国的经济变迁与经济地理得出比较全面的看法。因此,我希望永帅能够以云南作为研究对象。他接受了我的建议,努力爬梳史料,进行地域考察,阅读西南乃至近代中国、东南亚的相关学术论著,完成了博士论文。到云南师大历史系任教以后深化认识,拓宽视野,终于形成这本学术著作。

一

在指导永帅博士论文的过程中,我们逐渐加深了对近代边疆历史地理的理解。我以为,近代边疆历史地理之于近代中国研究,具有特别的重要性、复杂性、特殊性和紧迫性。

中国地域广袤,接近于一个欧洲,既是海洋大国,更是陆地大国,有着长达2.2万公里的边境线,与10多个国家和地区交界。近代以来,中国

---

* 张永帅:《空间视角下的近代云南口岸贸易研究(1889—1937)》,中国社会科学出版社,2017。

边外国家,或本身为列强,或沦为列强的殖民地,或受到列强的控制,强敌环伺,从各个方向侵入中国边疆,不仅图谋政治经济利益,甚至夺取大片国土,并从边疆进一步向内地扩张。就近代中国经济变迁而言,由于进出口贸易是外力导致近代早期经济变迁的首要途径,广泛存在于沿海沿边地区的通商口岸,使得中国近代经济变迁的空间进程,不仅存在着"自东向西",即自东部沿海口岸向位于中西部地区的腹地推进,也存在着"由边向内",即自边疆口岸向其腹地推进。总之,无论从哪一个角度而言,边疆历史地理研究都是近代历史地理研究的最重要部分之一。

中国区域众多,各区域在地理条件、区域位置、民族分布、经济文化,乃至政治方面都存在一定的差异,差异最显著的无疑又是边疆地区。这一点,便使得广大边疆地区的历史发展具有不同于中原地区的特点,而且边疆内部,甚至同一个省区内部,都有着较大的差异。云南就是这样,1950年代的民族调查,已表明云南省在同一个时期的不同地方,甚至同一座高山不同高度的区域,便同时存在着原始氏族社会末期、奴隶社会、封建社会、资本主义社会的社会发展阶段。

近代经济地理变迁的空间进程研究表明,"港口—腹地"状况不仅造就了区域之间经济政治文化的差异,也制约了区域之间的联系。长期以来,穿过同一块"港口—腹地"内部的巨川大河,与大致上位于河口或重要交通枢纽的口岸城市,是塑造"港口—腹地"系统的主要因素。塑造我国大部分地区的"港口—腹地"系统的河流,除了东北的河流自北向南流之外,其他的河流大都自西向东流入大海,这些"港口—腹地"系统都完全位于我国境内。惟独边疆,其靠近国境线的相当大的区域,不仅口岸大多位于边境,作为人流和物流通道的大河或交通线也主要自边疆通向境外国家,因此它们的"港口—腹地"系统可以说港口(或口岸)位于国外,连通腹地的河流或交通线的主要部分在国外,而位于我国境内部分只是其尾端而已。显然这是边疆状况不同于内地状况的主要因素之一,只是人们在研究近现代边疆状况时往往忽略这一点。可以说,主要是区域内部的多样性和"港口—腹地"系统的外向性,导致了边疆地区问题的复杂性和特殊性。凡要探讨历史上和今日的边疆问题及其对策,不可不重视上述两大因素。

改革开放以来,加速边疆问题全面地深入地研究,不仅是加快发展边疆经济、缩小与东部发达地区经济差距的迫切需要,也是事关中华民族统一、和谐和中国领土完整的迫切需要。总体而言,投入边疆研究的人员比研究其他地区的人员要少得多,导致许多重要问题有待研究。

例如,在近代进出口贸易方面,中国通过陆地沿边口岸的出口往往大于边外国家的进口,处于出超的地位。不仅与英国、法国殖民地毗邻的云南的沿边口岸如此,与俄罗斯毗邻的东北口岸,与英国殖民地印度毗邻的西藏口岸同样如此。① 只有新疆口岸,因缺少数据,目前难以得出明确的结论。沿海口岸的进出口贸易与此大相径庭,多处于逆差的地位。为什么沿边、沿海两类口岸,在进出口方面会有如此大的差异,是经济的原因,还是其他方面的原因,颇值得研究。

在传统经济向近代经济的转型方面,广大西部显然落后于东部沿海地带,但又必须看到一些靠近口岸的地区传统经济的转型并不比沿海地区落后多少,城市及其郊区甚至也有少量现代机器工业,而城市中同样存在电灯、电话、洋货、洋楼等自西方传入的现代生活方式的代表。如何评价近代东西部的经济文化差异,为什么在总体差异的前提下仍有一些地方并不比沿海落后多少?如果考虑到沿边口岸对边疆区域经济文化发展的促进作用,且地理距离更为近便,国家和地方的相关部门在制订边疆地区的经济文化发展规划时,似应将通过口岸的进出口贸易、对口岸以外国家的经济联系和文化交流,视为与我国东部沿海地区的经济文化联系同等重要的大事。

显然,对边疆口岸的研究以及边疆经济的研究,不仅具有重要的历史意义,也具有重大的现实意义。

二

云南是我国边疆省份中人口最多的省份之一,更是民族种类最多、区域比较复杂的省份。经过学者们多年的耕耘,仍有许多领域有利用新资

---

① 参见吴松弟主编《中国近代经济地理》第一卷,华东师范大学出版社,2015,第62页。

料和新方法进行深入研究的必要。拿本书的研究领域——近代云南对外贸易的研究来讲,已经积累了相当丰厚的成果,作者独辟蹊径,花了很大的功夫,从海量的海关资料中搜罗出丰富的贸易资料,再利用这些资料以及其他记载,从"空间"的角度对近代云南口岸贸易重新解读。

全书在描述云南三关腹地范围和外部市场特征的基础上,着力探讨外部市场、内部区域特征对三关贸易发展的塑造作用。作者认为,随着1889年蒙自的开埠,云南对外贸易从以往的对邻国的小规模的边境贸易,转为面向欧美市场的国际贸易。此后思茅、腾越相继开关,从1902年起云南口岸贸易形成三关并立发展的新局面。口岸实际上起着连接内(腹地)外(外部市场)两个扇面的节点的作用,口岸贸易特征的形成和演进无疑是内外扇面共同塑造的结果。

归结起来,该书的创新性和学术价值主要体现在以下几个方面:

一是史料的拓展。海关资料的丰富性、准确性、科学性已为学界所肯定,近年来,随着大批海关资料的整理与出版,利用海关资料对近代中国进行相关研究逐渐蔚为风气,但利用海关资料对近代云南相关问题进行系统研究还没有得到真正重视。本书是第一部系统利用海关资料对近代云南口岸贸易进行深入研究的成果,对于推动近代云南经济史研究的重要意义不言而喻。

二是"空间"的视角和学科交织的研究理念。以往有关近代中国对外贸易的研究成果基本上都属于一般的贸易史的范畴,即注重贸易在时间上的变化过程而很少关注贸易在空间上的结构与变化,云南也不例外。从"时间"的视角探讨对外贸易演变的过程与轨迹固然有其重要价值,但不做"空间"视角考察,就难以真正理解由对外贸易而引发的近代经济变迁的空间差异与地域特征,也无法清晰描绘近代中国经济变迁的空间进程。因此,10多年前我就提倡并带领团队从深入探究"港口—腹地"这一影响近代中国经济变迁的作用机制入手,吸收、借鉴经济学、地理学的相关理论、方法和研究成果,力图描绘近代中国现代化的空间进程和中国近代经济地理的图景。张永帅的这本书即属于我们这个范畴的研究,是第一部真正意义上从"空间"的视角考察近代云南口岸贸易的研究成果,有着重要的借鉴和参考的价值。

三是较强的"问题"意识。从空间的角度研究口岸贸易有不同的研究路径,采用何种研究路径取决于研究者关注的核心问题是什么。仅以"港口—腹地"的研究来说,在理论上,我们虽然强调的是港口与腹地的互动,但实际研究成果既有着重于港口对腹地辐射方面的研究,也有强调腹地对港口塑造方面的研究,当然还有全面探究港口与腹地双向互动的研究,之所以有这样的不同,就是不同的研究者关注的问题不同。张永帅敏锐地意识到不同口岸何以不同,贸易差异因何而形成,既是中国近代经济史研究领域的重要问题,又长期以来为人们所忽视。因此,他从口岸是连接外部市场与腹地区域的节点这一认识出发,认为不同口岸贸易的差异是外部市场和腹地区域共同作用的结果,从而将外部市场与腹地区域如何塑造口岸贸易作为该书研究的核心议题,进而展开论述。从学术史的角度看,这样的选择是非常恰当的,大大凸显了该研究的学术价值。

四是定量分析与中国历史地理信息系统(CHGIS)的利用,为该书稿在研究方法上的一大亮点。这一点,反映了近10余年来我国历史地理研究方法,在复旦大学中国历史地理研究所的影响下,随现代科学技术的发展而有了相应的进步。在定量分析的基础上,定量与定性结合,得出的结论更加让人信服。

五是现实关照。现实是历史的延续,近代云南对外贸易的发展应该可以为当下云南对外经济的发展提供一定的借鉴和启示。本书稿有意识地将历史结合现实,对当下云南对外经济发展提出的看法,意见中肯,对现实有一定的借鉴意义,这也是值得肯定的。

除此之外,本书立足"全球史""区域史"等学术前沿,对相关理论问题的探讨,也值得肯定。

可以想见,本书的出版应该是永帅学术道路上一个重要的起点,冀望永帅以此书的出版为契机,在边疆近代经济地理,特别是在云南近代经济地理方面,拓展研究领域,拓宽研究视野,继续努力耕耘,多出成果,出好成果。是为序。

吴松弟

2016年6月25日于复旦光华西楼

《华洋军品贸易的管理与实施》*序

1840年西方列强依靠船坚炮利敲开中国大门,此后外国商品以空前的规模涌入中国,资本主义先进的经济文化随之进入中国,当时还处在封建社会发展阶段的中国被迫卷入全球化和现代化的浪潮。军事用品固然只是洋货中的一部分,但贸易规模之大、牵涉国家之多,在世界近代军事贸易史上却是不多见的。对于基本上还处于冷兵器时代的中华帝国而言,军事用品的进口不仅使极度落后的清朝军队借此开始加速向近代军队靠拢,并在政治、经济、科技等方面均产生了重大的影响。军事用品的进口和多方面的影响,一直持续到民国时期。

由于资料的原因,历来对近代军事用品的进口研究不足,长期处于初步的阶段,遂使得这方面的历史状况,较少为学界所知晓。在这一方面,费志杰博士的著作《华洋军品贸易的管理与实施》的问世,无疑是目前最详尽的研究成果。我作为他的博士后指导教师,深知他研究的艰辛和用力之大,在此表示衷心的祝贺。

本书脱胎于费志杰的博士后工作报告。该书详细考察了晚清华洋军品贸易的有关情况。当时外有两次鸦片战争,内有太平天国运动,迫于"千年未有之变局"的巨大压力,晚清政府自同治初年前后开始大力引进洋枪洋炮。当然,由于近代中国缺乏扎实的工业基础和先进的军事技术,华洋军品贸易并非华洋双方的对等贸易,而是以中国单向进口西洋武器及设备物料为主,除了供应朝鲜等藩属国之外,至少辛亥革命之前,中国没有向外洋批量出口过更多新式武器。由于军权财权的下移,除了部分海军舰船外购之外,清廷对军品进口的实际控制力度非常有限。军品贸

---

* 费志杰:《华洋军品贸易的管理与实施》,解放军出版社,2014。

易的主动权主要被各省督抚掌控,各海关监督也多方参与。由此产生的浮冒贪污、外购军械质量低劣、制式不能划一等许多问题,极大降低了军品外购的效费比。华洋军品贸易在帮助清军武器装备得到部分改善的同时,也让清政府在政治、经济、军事等方面受制于人。这其中,既有近代中国急于改进装备以提高军队战斗力的内在动力,更有西方列强倾销军品赚取巨额利润的外在动因,反映了近代军事贸易的基本特征,也是研究近代军事史必须关注的重要课题。由于军品进口涉及多方面的问题,而本书对其中的若干方面均有涉及,值得近代史学界和军史、战争史、中外贸易史、国际关系史学者重视。

本课题研究难度最大之处,可能是资料分布过于零散难寻。晚清档案虽已公布绝大部分,但军品贸易的特殊性使得相关档案多数隐秘较深,许多军品贸易在正规档案中未有记载,却在私人信函中留下痕迹。而且华洋军品贸易的外文档案大部分属于商业机密而非国家机密,随着相关企业的变迁而流失甚多。费志杰同志作为军内青年学者,敢于担当,勇于挑战。克服重重困难,圆满完成了课题的研究工作,可喜可贺。

纵览全书,主要有以下三个特点。

一是史料较为扎实:选定题目后,费志杰同志把大量时间用在搜集档案资料上,克服国内各大档案馆因进行数字化工作而带来的种种不便,充分挖掘中国第一历史档案馆、国家图书馆古籍馆的陆军部、海军部等相关档案;同时,又独辟蹊径,在上海图书馆近代文献中发现了不少稀见史料,为许多问题的研究提供了一手资料。如《枪枝子弹进口新章》以及《税务处改订枪弹进口新章》等晚清政府军品进口规章,在目前港台和大陆关注此问题的学者著述中尚未出现。外国驻华洋行经营军品贸易的具体信息也多有披露,如光绪十年新载生洋行呈递克房伯新炮价目清单、光绪十三年德国克房伯厂向山海关道盛宣怀呈递火炮价目、光绪十九年德国格鲁森快炮之架弹子车及各项弹子等详细图表、光绪十一年盛宣怀与天津泰来洋行部分军购账目、光绪十八年德国瑞生洋行向津海关道盛宣怀呈送枪炮清折、光绪二十年礼和洋行呈格鲁森厂快炮价值清单、光绪二十年信义洋行呈格鲁森陆路快炮并子弹价值清单、清政府与日本洋行订购军械情况一览表等。还研究梳理出了"外洋军品购运流程示意图",以及辛亥前清政府订造的所有外洋舰船一览表等重要内容。综合各类资料,考查了1874年日本侵台期间中日海军军力对比以及1894年甲午战争时中日海军军力对比情况,还详细考证了英国人李泰国代购阿思本舰队组成情况、美国人亨利·华尔在美所购舰只情况。还结合相关档案,对中外军品贸易的运输路线进行了研究,初步描画了中德、中英、中美、中法军品贸易路线示意图,为读者提供了新的观察视角。

二是内容比较丰富:本书主要从衙门部府、各省督抚与各海关监督入手进行,研究晚清政府对华洋军品贸易的管理情况,同时关注各国在华洋行作为华洋军品进口中介所发挥的重要作用。从而对华洋军品贸易的管理与实施过程展开全面分析。

首先,以陆军部为核心考查了清政府衙门部府对军品贸易的管理。

其次,以赵尔巽为个案,对晚清各省督抚在军品贸易中所扮演的角色进行了考察。

第三,以盛宣怀为个案,考察了海关监督在军品贸易中的重要作用。研究表明,海关监督在军品洽购、合同订定、入关转运、组织验收、货款偿付等过程中责任重大。

第四,详细考察了列强通过在华洋行对华洋军品贸易实施的垄断过程。从清政府的购械途径上看,最初主要是通过洋人个体,尤其是与清军合作镇压太平军的洋枪队的外国军官采购外洋军品。后来成规模采购后,主要是通过外洋军品的代理商,也就是遍布国内的外资洋行进行。

第五,依据相关资料描画出了华洋军品贸易的大致路线。华洋军品贸易的来源国主要包括德国、日本、英国、俄国、美国、法国、比利时、瑞典、荷兰、葡萄牙、丹麦等列强国家,其中尤以德国、英国为主。军品接收地基本是通商口岸,随着牛庄、烟台、镇江、上海、宁波、福州等口岸的不断开辟,西洋军品运输来华的接收地更趋多样化。

三是观点较有新意:晚清华洋军品贸易的管理与实施,涉及的部门和人物相当复杂,既有清政府各衙门、各省督抚、各海关监督的广泛参与,又与驻外使节、驻华领事、各国洋行密不可分。本书在对有关档案详细考查的基础上,提出了一些较有新意的观点。

本书认为,自洋务运动肇始直到辛亥革命,清政府向外洋订购的百余艘舰船主要由衙门部府和北洋及南洋大臣、两广总督、湖广总督等直接与海军驻地相关的高阶督抚来完成,而购买的难以计数的陆军枪炮和军工厂所需设备物料则主要由各地督抚来主持。此外,津海关等要关的海关监督则在军品贸易中承担着超出一般督抚的重要角色。在列强对华洋军品贸易的控制上,主要以洋行为媒介,军工厂销售员、驻华公使、驻各关税务司等中外人员纷纷向清廷推介生意。在内外多种因素的作用下,清廷武器管理部门丧失了很大的军品采购权。直到清末新政进而编练新军期间,清廷对军品外购的实际控制才有所加强。

当然,该书的研究尚有诸多不足,如对晚清时期出现华洋军品贸易的总体背景缺乏宏观性描述;对赵尔巽与其他督抚,盛宣怀与其他海关监督,在军品贸易的角色定位上缺乏对比性分析;在对外国档案的利用上,以德、英档案较多,而对法、日、俄、奥等国资料利用较少;对中外军品贸易的路线图描画也过于简单。而且,关于晚清华洋军品贸易的研究是个庞大的课题,本书的研究也仅算迈出了一小步。其他诸如军品经费的统筹安排、进口武器的数量和质量情况及战场效用、与军品贸易直接相关的中外重要人物、非正规军军品贸易的情况、军品贸易得失等都没在书中涉及。真诚希望作者继续围绕此课题做进一步的思考,既弥补现有研究的不足,又将相关问题引向深入。

复旦大学历史地理研究所 吴松弟
书于2014年3月15日

《中国近代经济地理》工作手册*

一、三个指导思想和在此基础上形成的三个关注点

第一,中国近代史的基本线索是现代化的艰难进程,尽管艰难,毕竟有进展,经过这一变化,中国才由古代进到现代。由此形成第一个关注点即现代经济的成长和传统经济向现代经济的转型。要如实论述传统经济中没有变化的一面,更要论述现代经济的成长和传统经济向现代经济的转型,并展示后者对经济地理格局的影响。

第二,港口—腹地是现代化空间进程的主要途径,先进的生产力和经济文化首先在通商口岸城市登陆,然后再沿着交通路线往广大的内陆地区扩展。由此形成第二个关注点即高度重视口岸城市在区域经济变迁中的作用,重视进出口贸易对区域经济的影响,重视先进生产力自口岸往腹地的扩展过程及其影响,重视口岸城市通往腹地的主要路线以及位居交通路线上的重要腹地城市的作用。

第三,中国各区域基于地理和历史的原因现代化进程存在较大的差异性,由此形成第三个关注点即区域差异。要探讨现代产业成长和传统经济转型在速度上和水平上的空间差异,探讨因地理环境和经济结构、水平不同而形成的经济区域,并适度探讨这些差异形成的历史的、地理的和文化的因素。

---

* 本文为吴松弟在 2009 年开始主编《中国近代经济地理》前所写,目的是提供给各位作者,在撰写各卷时注意三个关注点和主要内容,以及写作时须有所论述的方面,并简略介绍主要研究资料及其运用,以及体例和学术规范等问题。

二、内容上两大板块

1.各区域近代经济的变迁过程及其结果,主要体现为近代经济变迁的背景、过程和内容,内容主要表现在传统经济的转型和现代经济的兴起两方面,要论述各产业部门的变迁。各地区都不同程度地存在着市场化(以为市场生产为目的)、外向化(市场主要在远方而不是小区域内)、半工业化(在工业化的背景下,以市场为导向的、技术进步的、分工明确的乡村手工业的发展),以及工业化(现代工业的成长)等四个方面。

2.各区域近代经济地理的简略面貌,主要体现为产业部门的地理分布、各区域的经济特点及影响各区域经济的因素分析。

为了论述的方便,建议各区域作者依据全国与自己区域经济发展的状况,确定几个阶段,再分阶段论述。论述时先讲第一板块,再讲第二板块。

三、写作时须有所论述的方面

1.话题和脉络。各卷首先将1840年以前和1949年的区域经济基本状况进行对比,并简要论述区域经济变迁的程度、在全国地位的变化、变迁的基本内容和经济地理格局的前后差异。在此基础上,引出论述的话题和脉络。

2.近代经济发展的历史背景和地理基础。

历史背景:主要介绍1840年以前本区域的工农业状况和经济地位,包括人口、交通、自然、城市、区域的简况。

地理基础:包括区域位置和区域内部的地理条件如地貌、河流、降水量、气候。这些因素如何影响区域的产业结构、经济水平、交通状况以及各分区的经济差异。

3.贸易与商业。各口岸何时开埠,何口岸最重要。进出口贸易的增长状况,不同时期的主要出口商品和进口商品(各列举若干种),出口商品主要来自哪些地区,进口商品主要销到哪些地区。注意开埠前和开埠后相邻区域以及全国的主要口岸对本区域的影响。传统商业和现代商业(如百货公司)的状况、网络及其结点。

4.交通和邮政通讯。各类现代交通的兴起时间、进展状况、主要路线,包括铁路与公路的里程、轮船的数量、客货运量。交通格局中传统和现代分别占的比重、分布特点和各自作用。近代邮政和通讯方式的建立及其作用。

5.农牧业。简要介绍传统农区的耕作方式、种植结构、种植面积和产量、在全国的地位。牧区的放牧方式、经营特点,在农牧业和区域经济中的地位。更要清楚说明农牧业中的市场化、外向化的倾向及其对产品结构、农村经济的影响,尽量说明各类产品中自用与外销所占的比重。少数地区的农业中机器设备和新技术的利用。

6.手工业。大体同于农牧业,在论述主要部门的状况时,既论述那些主要属于农民自给自主性质的家庭手工业部门的萧条和破产,更要论述那些市场化、外向化趋势明显的部门的调适和发展,特别是半工业化的状况。

7.现代工业。何时兴起,何地先兴起,主要有哪些部门,分布在哪些地区,符合民国《工厂法》的工厂(民国规定使用机器且工人在30人以上者)的数量。现代工业的工人数量,与传统手工业工人数量的比较。工业产值中现代工业和手工业所占的比重。工业在全国的地位。特别注意第一家企业的名称、创立时间和创办地点,以及后来的状况。

8.城市。哪些是近代新兴城市,传统城市哪些在近代获得发展,哪些走向衰落,发展或衰落的原因,城市人口占区域人口的比重。租界对口岸城市发展的带动,新兴城市在区域经济变迁中的引领作用,在什么方面产生影响,通过何种途径影响。民国时期应着重关注"市",包括产生过程、数量、分布与在全国的地位。

9.人口。增还是减,原因,人口的空间分布,各区域人口数量的变迁,城市人口数量与农村人口数量的变动,人口对经济的影响,劳动力的职业构成。

10.金融业。传统金融业的状况,现代银行的兴起与发展,传统金融业和现代银行的各自资金量和职工人数。

11.区域差异。近代经济变迁从哪个区域开始,哪个区域变化最大,哪个区域变化较小,产业上有何区别,影响变化的原因。按照经济联系或港口—腹地关系,大约可分成几个区域,各有何特色,经济中心在哪,地理环境在其中所起的作用。影响各区域开发进程和特点形成的历史基础、地理条件、传统文化、教育水平、政治环境、杰出人物、中外投资、技术等因素的作用。

分析区域差异或分区状况时,尽量分析如下数据:人口数量的增减状况和劳动力的职业构成,农产品和手工业产品中自用与外销所占的比重,工人数量和工业产值中现代工业和手工业所占的比重,进出口贸易数据和产品结构的变迁,传统商业职工人数和现代公司职工人数,交通格局中传统和现代分别占的比重,传统金融业和现代银行的各自资金量和职工人数,等等。

必须说明,以上提出三个关注点、两个板块、四个"化"和十一项研究内容,是由于这些方面的重要性,需要特别强调,以免产生不应该的疏漏,也便于理清头绪。各位作者只要记住以上的大致要求即可,研究时重在依据区域实际,不希望各卷写成按套路照套的八股文。

例如,有的要素,在甲地区很重要需详加论述,而在乙地区不重要甚至没有只要简单论述甚至不提。各区域相关要素的论述顺序,除了一些按照经济发展的规律比较固定之外,其他的都可以改变。如历史和地理两大要素的分析,既可放在全卷的开头,也可放在区域经济差异或分区组成因素的探讨中。凡此种种,均请根据研究地区的实况处理,并不强求一致。

四、各卷要写出地区特色

中国地域辽阔,各地域因地理环境和历史背景的不同在近代经济变迁中表现出自己的特性。各卷务必要写出所研究的区域的特色,这是本书能否成功的关键因素之一。为此,写作前一定要透彻理解区域的地理条件、历史背景和近代历史的发展脉络,对上述因素如何影响区域近代经济变迁及其空间分布进行总结,用此结论指导全卷的写作。

此外,各地区需论述的内容颇多,但仍有主要因素和非主要因素的区别,应根据区域情况抓住主要因素展开较详细的论述,再适当兼顾其他因素。

为便于理解各区域的地理环境,建议阅读《中国区域地理》(葛勒石著,谌亚达译,正中书局,1947年),以及孙敬之主编的各区域经济地理(科学出版社,1959年),或其他分析本区域经济地理的著作。

此外,建议以李允俊主编《晚清经济史事编年》和王方中编著《1842—1949年中国经济史编年记事》为主,辑出本区域近代经济变迁的《大事记》,以便于从时间上把握变化。全卷完成后编出本卷的《大事记》,附于卷末。

五、研究资料及其运用

经前辈学者整理和出版的资料颇多,尤其是中国科学院经济研究所主编的多种资料集(详见所附书目),以及海关总署和中国第二历史档案馆主编的《中国旧海关史料》等,都非常有用。除此之外,还有1949年以前出版以及海外学者整理的大量的资料。从类别而言,这些资料对我们研究最有用的是三类,一是中央和各地政府及学界的调查报告,二是海关的内部出版物,三是时人的研究著作,如《中国实业志》和一些省的实业志与《经济地理》,今天均可看作资料书。

为便于科学论述和不同时段不同地区的比较,本书采用标准时间、标准术语和标准资料的做法来进行研究。标准时间,是指几个具有划分时代意义的时间点,各书对这些时间点都要有数据并进行分析。标准术语,是指各产业部门、各种经济活动和空间分析所用的名词,采用符合科学定义并为学术界绝大部分人所接受的名词,而不是依自己的习惯使用。标准资料,是指选用比较可靠且覆盖全国的绝大部分省份的资料,各地研究时除非没有这种资料,一般都应优先使用这种标准资料。标准术语,请参照许涤新、吴承明的《中国资本主义发展史》,以及赵德馨的《中国经济史辞典》。

根据学术界的研究成果,近代中国的经济变迁大致上可分成以下若干时间点,不同时间点有若干标准资料。

1. 1840年前后。不易找到覆盖全国各省的数据,只能从各资料集、各地方志及其他清代文献或旅行家所载中寻找。本区域最早的海关贸易报告中的描述,大多可视为开埠前的状况。1840年以前也可引用清代的研究成果。许檀及其学生所写的论著,可作为商业方面的参考。

2. 1894年甲午战争前夕,暂缺。

3. 中华民国建立前夕。民国元年农工商部统计有较多的数据,黄炎培《民国元年工商统计概要》有摘要。

4. 1937年全面抗战爆发前夕,1935年或1936年、1937年。可用杨大金编《现代中国实业志》上下册,1938年出版,以及国家图书馆出版社出版的《二战时期中国工业调查报告》。

5. 1949年中华人民共和国建立以前。可用1953年的全国人口调查和各地经济调查。

此外,还有一些综合性的资料或研究著作,有上述时间点的数据,主要有:

综合类,严中平等的《中国近代经济史统计资料选辑》;

工业类,杜恂诚的《民族资本主义与旧中国政府(1840—1937)》,长篇附录《历年所设本国民用工矿、航运及新式金融企业一览表》;

农业类,许道夫的《中国近代农业生产及贸易统计资料》;

进出口贸易:旧海关贸易年报;

人口类,葛剑雄主编多卷本《中国人口史》之第6卷(侯杨方著);

生活水平类,王玉茹著《近代中国物价、工资和生活水平研究》;

地图类,1904年出版《中国近世地理志》,武昌亚新地学社约于1929年出版的《中华析类分省图》中的文字与表格,1937年出版《中华最新形势图》的地图与文字,亚光舆地学社1947年出版《中国地理教科图》的地图与文字。

编年类著作可供了解近代经济变迁的时间进程。主要有李允俊主编《晚清经济史事编年》和王方中编著《中国经济史编年记事(1842—1949年)》,内容详备,并都载明出处。王书侧重民国,晚清较略,李书晚清记载极详,都要查阅。

有些区域具有自己的特点,如台湾、东北及一些边疆地区,未必全部适用上述时间,如何划分时段、采用何种资料,可视实际情况而定。

有的区域覆盖几个省,未必每个省在上述时段都有数据,可选有数据的省进行分析。

表格和地图是反映产业分布和区域差异的最好形式,尽可能使用,在此前提下再辅以适量文字论述。如用表格反映产业分布和区域差异,以省计表中的内容应反映到县,以大区计则反映到省或省内的各区域。表格中的数字不可抄错,分表的数字的合计数应同于总表中的数字。

六、其他

1. 论述的开始时间,统一以1840年鸦片战争开始为各卷论述的起点时间,下限一般到中华人民共和国成立之前。

2. 学术规范。第一,各卷乃至卷下相关章节的开头部分,要以页下长注的形式,简要说明各卷或各章节相关内容的学术源流。第二,各书要有对别人观点的学术讨论,如这部分文字较长,可放在注释部分。第三,要充分尊重他人的研究成果,凡他人已研究者即使不深也要以其为论述基础,然后展开自己的论述,如他人有错或不足则在论述时予以指出或补充。第四,所有的资料和他人的成果,均须清楚地注明出处。

3. 本书称1840—1949年这一时段为"近代",经济变迁为"近代经济变迁"或"近代经济发展",以及一些产业部门均用"近代某某产业",均不用"现代"。但对某些具体的事物,例如火车、汽车、飞机,便只能用"现代交通工具",而不能称其为"近代交通工具"。

4. 对经济变迁产生影响的非经济因素,如传统文化、教育水平、政治环境、杰出人物、技术,不可不提,但限于篇幅可能无法充分展开论述。建议在各卷开头部分交代区域经济发展的诸因素时略有论述,再在分析区域内部的差异时有所涉及,其他部分不再提。

5. 本书将全国划为东北、华北、西北、江浙沪、华中(指鄂湘皖赣)、西南、闽台、华南等八个区,每区为一卷。有的卷由几位作者分别承担,这样的卷将由一位承担最大区域写作的作者任分卷主编,在各位作者分别写作的基础上由分卷主编最后合成,分卷主编有权对其他作者所写部分提出修改意见,以达到体例上不致冲突。

6.各卷字数,最少在35万左右,最多可达到50万。华中、闽台和西北均由多位作者承担,建议在留下几万字处理全卷的开头和结束部分之外,其余根据各省所占的比例适当分配。

7.书写格式,由出版社统一规定,请大家务必执行,以免影响得奖。

8.各卷应有总序和出版后记,其下各章开头部分应有起码一二百字的分序以达到承上启下的作用,章下各节开头应有至少数十字的导言。

9.清代及其以前的纪年,统一先写公元纪年,再括注清代或以前各代的纪年。民国时期一律用公元纪年,不括注"民国某某年"。

10.地图在地理研究中具有文字不能代替的直观的作用,研究中应尽量使用地图。例如,各区域在1840年前、甲午战争前夕、清亡前夕、抗战前夕、1949年等五个标准时间,除甲午战前和清末可取其一,至少要有四个标准时间的经济地理地图。此外,交通状况、腹地范围、贸易路线等,也应有图显示。如在地图的绘制方面有困难,不妨先绘出草图,再请历史地理所的相关人员绘制。

11.与文字相配的历史图片,有助于说明或提升内容,并活跃论述气氛,可适量放入,最多可放20张左右。

12.文字表述尽量晓畅易懂,不用太长的句子。对较长的史料,一般不采用直接引用的形式。凡学术讨论和史料考证的文字,尽量移到注释中。注意放入细节性的资料以及相关图片,这些资料不仅可因小见大,反映近代经济的变迁,由于其贴近百姓生活,生动有趣,可以增加可读性,而且亦便于以后编图文并茂之书甚至电视系列片之用。

13.各卷后要列参考书目,载明作者、书名、出版社、出版时间;单篇论文要载明作者、论文名、发表场所、发表时间。

14.各卷后要附索引,由出版社在各卷排版后编排。为便于编排,凡容易混淆的人名、地名和产业,要看得出区别。

附录:部分近代经济地理参考资料

1.中国科学院经济研究所主编的资料集:《中国近代经济资料选辑》《中国近代工业史资料》《中国近代农业史资料》《中国近代手工业史资料》《中国近代对外贸易史资料》《中国近代铁路史资料》《中国近代航运

史资料》。

2.海关总署和第二历史档案馆主编《中国旧海关史料》,170册,京华出版社,2001年,以及吴松弟得之于哈佛大学的旧海关资料。

3.严中平等:《中国近代经济史统计资料选辑》,科学出版社,1957年。

4.许道夫:《中国近代农业生产及贸易统计资料》,上海人民出版社,1983年。

5.戴鞍钢、黄苇:《中国地方志经济资料汇编》,汉语大辞典出版社,1999年。

6.《二战时期中国工业调查报告》,全国图书馆文献缩微复制中心,2009年。

7.杨大金:《现代中国实业志》,上下册,商务印书馆,1938年。

8.实业部国际贸易局:《中国实业志》,1935年。

9.一些省的实业志与《经济地理》,以及经济调查报告。

10.民国元年农工商部统计。

11.黄炎培:《民国元年工商统计概要》。

12.孙敬之主编的各区域《经济地理》,1959年。

13.杜恂诚:《民族资本主义与旧中国政府(1840—1937)》,上海社会科学院出版社,1991年。

14.葛剑雄主编多卷本《中国人口史》第6卷,侯杨方著,复旦大学出版社,2001年。

15.王玉茹:《近代中国物价、工资和生活水平研究》,上海财经大学出版社,2007年。

16.李允俊:《晚清经济史事编年》,上海古籍出版社,2000年。

17.王方中:《中国经济史编年记事(1842—1949年)》,中国人民大学出版社,2009年。

18.《中国近世地理志》,1904年。

19.武昌亚新地学社:《中华析类分省图》,约于1929年。

20.《中华最新形势图》,1937年。

21.亚光舆地学社:《中国地理教科图》,1947年。

旧海关资料研究

一座尚未充分利用的近代史资料宝库

——中国旧海关系列出版物评述*

摘要:中国旧海关留存的卷帙浩繁的海关文献,是近百年社会经济史研究中一项最为完整、系统的统计数据和文字资料。美国哈佛燕京图书馆所藏的海关资料和京华版《中国旧海关史料》所收录的出版物具有重要的文献价值,以季报、年报、十年报告、国内贸易册、月报等为层次,将其宝贵内容加以介绍,弥补以往简单地介绍海关文献之不足。研究者若能利用这一丰富的资源,将会拓宽和深入中国近代史的研究。

关键词:旧海关出版物;报告与统计;文本和涵义

近代中国海关的基本职能是监管进出口贸易、征收关税、查缉走私、编制进出口统计,同时兼办沿海及内河航运、港务、邮政、检疫、气象、内外债和对外赔款的海关担保与清偿支付,代征厘金、常关税等附加税捐,甚至筹办国际博览会、教育(国文馆、税务专门学校)以及中国政府特派的外交事务等。为了及时地掌握贸易与口岸地区的情况,从1860年开始海关就按照西方的管理和统计理念,建立起一套严格的申报、汇总、出版体

---

* 本文原载《史学月刊》2005年第3期;人大复印资料《中国近代史》2005年第7期全文转载。第一作者吴松弟,第二作者方书生。本文是复旦大学中国历史地理研究中心211工程项目长江三角洲历史地理研究的子课题长江三角洲港口体系的变迁的一部分。谨以此文,对邀请我赴哈佛大学研究访问的哈佛大学东亚系的包弼德教授,资助我访问的美国学术团体理事会(American Council of Learned Society)以及哈佛燕京学社,表达真诚的谢忱,此次访问间有缘见识到藏于哈佛大学图书馆的中国旧海关出版物。

制,基本持续到1949年。海关出版物以其编制时间之长,内容之广泛,表达方法之科学、严谨,成为中国近代史最为系统完整的资料。

旧海关的出版物卷帙浩繁,种类众多,一般分为六大系列①,每系列之下又分为若干系统,规模最为庞大的是统计系列(Statistical Series)。按《常关贸易统计》(*Native Customs Trade Returns*)第三卷的扉页所示,统计系列包括"上海每日贸易册"(*Shanghai Daily Returns*)、"海关公报"(*Customs Gazette*)、"贸易统计"(*Returns of Trade*)、"贸易报告"(*Report of Trade*)、"中文译本"(*Chinese Version*)、"十年报告"(*Decennial Reports*)、"常关贸易统计"(*Native Customs Trade Returns*)等七个系统。

50多年来,口岸商埠和近代中国研究获得了广泛地拓展,口岸与腹地、沿海与内陆成了透视分析近代中国的一个窗口,资料整理也取得新的拓展,尤其是在国家大力提倡、动员编修地方志后,封存各地档案馆、图书馆的各海关资料有过大致的整理、翻译和汇编。然而,在修志结束后大多没能及时全面地整理出版,这就使得这一套近百年来最系统的贸易统计资料和贸易情形评论,始终未能得到方便利用。

2001年在中国第二历史档案馆和海关总署办公厅的合作下,京华出版社影印出版了170巨册的《中国旧海关史料》,为研究全国和各口岸的贸易情形和经济变迁提供了莫大的方便。这套资料主要收集了海关年刊(年度贸易统计和贸易报告)、十年报告,即旧海关出版物中统计系列的核心内容。

统计系列中各项出版物的名称和内容在数十年间迭有变化,尤其是海关年刊,是历来变化最多的部分,其编排系统颇为复杂。但是,《中国旧海关史料》作为一项规模如此宏大的出版系列,仅于前言列出所收的10余种出版物的名称,至于这些出版物的源流、变迁及内在的脉络,却缺少基本的交代。因此,读者在阅读这些文献时,难免要为旧海关贸易报告和资料记载的复杂性所困扰,如果要明了不同系统的差异以及同一系统内部的源流沿革,又必须仔细阅读系列原件并加以前后对比,而绝大多数的

---

① 统计系列(Statistical Series)、特种系列(Special Series)、杂项系列(Miscellaneous Series)、关务系列(Service Series)、官署系列(Office Series)、总署系列(Inspectorate Series)。

读者又不能方便地获得这些原件。

有鉴于此,对于海关贸易报告的编制方法及其内容,郑友揆、张存武、詹庆华、滨下武志都曾分别各有侧重地撰文予以介绍①,但是对于统计系列的介绍都不完整,对于其中五个系统脉络梳理的也过于粗疏,甚至有一些错误,直接影响到全貌的反映和文本内涵的权衡。此外,或因年代久远,或因交流不畅,这些文献综述在国内并没有获得应有的留意。现拟依据哈佛所藏的中国旧海关出版物和《中国旧海关史料》一书收录的资料,向学界比较详尽地做一介绍,以便于利用。为方便论述,以季报、年报、十年报告、国内贸易册、月报、其他六项为序,详述其源流和不同时期的差异,并将哈佛所藏和《中国旧海关史料》所收的资料予以比较,在最后附有简明的文本结构图。

一、季报

《贸易季册》(Quarterly Trade Returns),1869—1931 年。由四个时间上前后连接的部分组成:1."海关公报"(Customs Gazette,1869-1913);2."贸易季册"(Quarterly Returns of Trade,1914-1919);3."贸易册"(Trade Returns,1920-1923);4."贸易季册"(Quarterly Returns of Trade,1924-1931)。《中国旧海关史料》未收。

季册的内容以 1920 年为界,前期的季册仅介绍本季度的贸易状况,文字较少,多为表格,后期的内容越来越多。

试将 1869 年第四季度季册(最早的季册)和 1881 年、1899 年季册的目录比较如下:

1869 年的目录,共分三部分:

---

① 郑友揆:《我国海关贸易统计编制方法及其内容之沿革考》,《社会科学杂志》1934 年第 3 期;张存武:《中国海关出版品简介,1859—1949》,载《近代史研究所集刊》,1970;滨下武志:《中国经济史研究:清末海关财政与开港场市场圈》,汲古书院,1989;詹庆华《中国近代贸易报告述论》,《中国社会经济史研究》2003 年第 2 期。郑、张基本上以介绍年报的编撰为主,其他系统较为忽略;滨下主要是排列各大系统文献的目录;詹氏着重论述海关贸易报告的特点和价值。有关海关统计与报告内容的评价与修正,几乎是每一位利用者的前提工作,例如麦雷、姚贤镐、萧梁林、墨菲等,此处从略。

Part Ⅰ "贸易季册"(Quarterly Report of Trade)。以各开放港口为单位,用文字和表格介绍本季度的贸易状况。Part Ⅱ "截至1869年12月31日的季度税费报告"(Report of Dues and Duties for the Quarter Ending December 31, 1869)。用表格反映本季度的关税收入状况。Part Ⅲ "截至1869年12月31日的季度罚款罚金"(Précis of Fines and Confiscations for the Quarter Ending December 31, 1869)。用表格摘要反映本季度的罚金状况。

1881年季册的Part Ⅰ、Part Ⅱ、Part Ⅲ均同于1869年第四季度的季册,但增加了Part Ⅳ "通知"(Notifications)和Part Ⅴ "服务事项的变化"(Movements in the Service)。

1899年季册目录的前面三项均同于1869、1881年,但1881年的第五项替换了第四项,新增"贸易船只"(Vessels in the Service)作为第五项,以提供进出港口的船只情况。

自1920年起,季册的格式和内容为之一变。

1.季册的名称。1920—1922这三年的季册,由1919年的"贸易季册"(Quarterly Returns of Trade)改称"贸易册"(Trade Returns),中文书名"某关民国某年第某季度华洋贸易统计册(中英合璧)"。其中,第四季度季册后面附有英文贸易报告和中文情形论略,故又名Trade Returns and Trade Report,并加入季度和年度名。

2.季册的内容。较1919年有较大的不同。以1921年第四季度的津海关为例,目录中列有:

第一节 进口各货(第一款 海关进口各货;第二款 常关进口各货);第二节 出口各货(第一款 海关出口土货;第二款 常关出口各货);第三节 复出口货(海关复出口各货);第四节 专项(出口茶额)。前三节为各关共同的目录,第四节则视情况加入或改变。

第四季度所附的各关"全年贸易册论",也由两部分组成。一是"贸易论略",分别为英文的"贸易年报"(Trade Report for the Year)和中文的"华洋贸易情形论略",两份中、英文的报告内容基本相同,但中文的内容比英文的略微简略一些。此外,有些重要的海关,第四季度所附的除了上述中英文的"贸易情形论略",还有常关(Native Custom)的英文贸易报告和中文"贸易情形论略",因此共有四份"贸易情形论略"。二是"贸易统计册",共有七节:分别是税钞、进出呈报、贸易货价、出入内地之货、旅客、金银、专项。

由于增加上述内容,1920—1922 这三年的第四季度的季册,就属于统计集的 No.2 至 No.5,也就是说包罗了三个系列的内容。

自 1923 年起,贸易季册的名称和内容再次变化。恢复为 1919 年以前的名称"贸易季册",第四季度已没有"全年贸易册论"(Trade Report)、中文"贸易情形论略"及其后面的表格。其余方面内容,仍然沿袭以前。这种变化为 1924 年以后各年的贸易季册所继承。

哈佛燕京图书馆收录了 1929 年第一季度前的季册,但贸易季册的编撰一直继续到 1931 年。

二、年刊

年刊由多个系列构成,有些系列又由数种文献构成,比较复杂。大致可分为以下几种:

(一)《年度贸易册》(Returns of the Import and Export Trade,1859-1866;Returns of Trade at the Ports in China Open by Treaty,1867-1881),属于统计系列第二系统。

1.《进出口年度贸易册 1859—1866》(Returns of the Import and Export Trade,1859-1866)。按《常关贸易统计》(Native Customs Trade Returns)第三卷扉页所列,1859 年开始出版年度贸易册,为最早出版的海关出版物。1863 年冬赫德接任总税务司职后,努力整顿关务,贸易统计的格式逐渐形成。所以,1860—1866 年的年度贸易册,反映了统计格式形成前后过渡时期的特点,这一点在贸易册的内容上也有所体现。

1859—1864 年各关的统计以半年为一册,内容较少,仅洋货进口、土货出口、航运、关税等几项统计。而且 1864 年前各关在分类、方法、货物单位、货物价值等方面都没有统一的制度,亦无全国统计。1864 年后建立了统一的制度,对外进出口和埠际贸易开始分别记载,运销外洋和埠际之间给予区分,同时分类趋于详细,有了大致的来源和去向,海关贸易统计的格式逐渐形成。

哈佛所收的本期贸易统计共14卷,《中国旧海关史料》相对要全面一些,但也有不及之处①。

2.《1867—1881年中国通商各口年度贸易册》(Returns of Trade at the Ports in China Open by Treaty, 1867-1881)。

据郑友揆先生考察,1859—1866年这八年只有各关的贸易统计付印问世,1867年以后总税务司署设专司总辖各关统计,每年的"贸易统计乃分为二册"。自1867年开始,由副税务司(1873年改为"造册处",1923年称为"统计科")专门负责编纂出版海关统计和报告。这时的贸易统计有两册,第一册为1867年开始出现的"全国贸易和税收辑要"(Abstracts of Trade and Customs Revenue),并回溯到1864年,第二册是分关报告,各关条目有所不同,大体格式如前,类别有所增多。无论是全国统计和分关统计,越往后统计类目和内容越来越详细。至1881年,贸易册的统计格式基本成型,由于金银进出口对贸易平衡的重要性,该年开始出现金银进出口价值表。本年的主要目录如下:

第一部分:"贸易和税收辑要"(Abstract of Trade and Customs Revenue Statistics from 1869-1881)。包括:(1)进出口贸易值和国别;(2)洋货进口、土货出口、洋货复出口;(3)专项统计:鸦片、茶叶、航运、各港税收、洋货直接进口、洋货复出口国外、各港10年来贸易比较、上海港贸易总值和净值;(4)附件:各国在内外贸易中的比重、各口岸的转口贸易和人口统计。

第二部分:"分港贸易统计"(Statistics of the Trade at Each Port),包括牛庄、天津、芝罘、宜昌、汉口、九江、芜湖、镇江、上海、宁波、温州、福州、淡水、打狗、厦门、汕头、广州、琼州、北海19个口岸。

就统计单位而言,1876年是一个重要的统一时期,此前海关两仅行

---

① 如与哈佛所藏比较,《中国旧海关史料》,上海多了1859年和1866年,缺1861年;广州多了1859年和1866年;天津多1860年5—12月和1866年,缺1861年5—12月和1862年;宁波多1863年、1865年和1866年;福州多1862年和1866年;汕头多1862、1863、1865、1866等4年,少1860年7—12月;厦门多1862年和1866年,少1865年;芝罘多1866年;九江多1863年;汉口多1866年,少1865年;镇江多1866;淡水多1866年,少1865年。此外,哈佛未收入打狗1863年10月—1864年12月和1866年。

通于税收和浙海关(宁波),上海采用规元,华南为墨西哥银元,华北和长江各埠使用本地两,大致兑换率为 100 关两 = 111.4 规元 = 104—106 长江、华北本地两 = 140—160 墨西哥银元。

此外,自 1875 年开始,海关开始出版年度贸易的中文版,即通商各关华洋贸易总册[详见下文(四)]。《中国旧海关史料》收录了 1881 年以前的"贸易统计"(*Returns of Trade*)系列,而未收"贸易报告"(*Reports of Trade*)。

(二)《1864—1881 年中国各口年度贸易报告》(*Reports on Trade at the Treaty Ports for the Year 1864-1881*)。本系列共 17 辑(一年一辑),属统计系列第四系统,1865—1882 年出版,《中国旧海关史料》未收。

按以上《常关贸易统计》的第三卷扉页所列,1864 年开始出"贸易报告"的第一卷。各卷书名前后有些微不同。

报告由文字和表格组成,一般写于次年 1 月底。初期的报告只有几页,后来逐渐增加,到 1881 年部分大港已多达 10 余页。反映的内容前后也有变化,最初只报告各约开港口贸易状况和进出口数据,1875 年以后增加了全国总状况的报告,以及工作人员的名单等。

1881 年的报告由两大部分构成:

第一部分导论,内容较多,包括:1881 年对外贸易概貌;洋货进口;对国外的出口;各国在外贸中所占的比重;沿海贸易;复出口;航运;税收。第二部分以牛庄为开端,自北向南依次是天津、芝罘等约开港口贸易报告。附录部分为各地海关工作人员的花名册。

(三)《1882—1919 年中国通商各口年度贸易册和贸易报告》(*Returns of Trade at the Treaty Ports and Trade Report, 1882-1919*)①。一年一卷,属于统计系列,但前后系统有所不同,1882—1915 年属于第三和第四系统,1916—1919 年属于第三至第四系统,系统的差异反映了内容的增减。

1882 年以前,"贸易册"(*Return of Trade*)和"贸易报告"(*Trade Report*)分别发表,分属于第三、第四系统。1882 年后两个系统合并发表,

---

① 此为《中国旧海关史料》所用名,哈佛书目为 *Return of Trade*(24th-$61st$ *Issue*) *and Trade Report*(18th-55th *Issue*),1882—1919。

但各部分仍接续原来的卷数。由于两个系统的卷数不同，故在全套书的书名《贸易册和贸易报告》后注上各自的卷数。例如，1919 年的《贸易册和贸易报告》，便改全名为《1919 年中国通商各口年度贸易册（第 61 期）和贸易报告（第 55 期）》[Trade Returns (61th Issue) and Trade Report (55th Issue) 1919]。

由于《中国旧海关史料》1881 年以前的英文年报只收"贸易册"（Returns of Trade），而不收"贸易报告"（Reports of Trade），1882—1919 年用已经合并的 Returns of Trade and Trade Report 两个系统。在缺乏必要说明的情况下，读者容易误以为 1881 年前后的年刊都是一样的。

本系统在 1882—1912 年间只有英文，1909 年部分内容开始有中文译文，到了 1913 年名目和内容中英文并举，而且中文在前。1913 年的书名，增加了中文书名《中华民国二年通商海关贸易全年总册（中英合璧）》，这也反映出民国初中国国际地位的提升。

1882 年的《贸易年册和贸易年报》由两部分所组成，第一部分是"中国贸易报告和统计摘要"（Report on the Trade of China and Abstract of Statistics），包括 1882 年全国贸易总报告和统计辑要；第二部分是"分港贸易报告和贸易统计"（Report and Statistics for Each Port），包括 1882 年各口的年度贸易报告和年度贸易统计。

1882 年海关对贸易报告进行规范，对各港限制篇幅①，但随后年报的内容又重新日渐增多。1885 年开始增加"附录"，包括两个方面：1. 1884—1885 年贸易报告的索引；2. 朝鲜贸易统计②。1894—1903 年还论述中国的对外贸易状况。

1904 年仍由两部分组成，但第一部分是邮政工作报告，第二部分是各港口的贸易报告和统计。第二部分第一卷是中国外贸的总报告和北方港口贸易报告，第二卷是南方港口与邮局工作报告。1905—1919 年的年报由三个部分所组成：1. 中国对外贸易的论述和数据摘要；2. 各港口的贸

---

①据前引郑友揆的查证，合并后的贸易报告是原来各关报告的一个简本，当时对各关报告的篇幅有如下的规定：江海关 10—15 页；津海、江汉、粤海各关 8—10 页，其他各关 2—4 页。

②因为中国帮助藩属国朝鲜管理海关，故在 1886—1893 年间，朝鲜三港的年刊附录在中国报告之后。

易统计和贸易报告,众多的港口报告被分成五卷,分别是北方港口(牛庄至胶州)、长江沿岸港口(重庆至镇江)、华中港口(上海至温州)、南方沿海港口(三都澳至北海)和边疆海关(龙州至亚东);3.对外贸易分析,分成进口和出口两卷。其中,1905—1910年还附有邮政报告,1913—1919年为中英合璧本。

除了上述主要内容,1885—1887、1892、1898、1903、1906、1912等年度,还附有"年度报告内容索引"(Index to Annual Trade Report)。

现将1882年贸易年报的目录举例如下:

第一部分:"贸易报告和统计辑要"(Report on the Trade of China and Abstract of Statistics),包括:1.1882年全国贸易总报告;2.统计辑要,主要包括近几年的洋土货进出口贸易、海关税收、航运、各港贸易、上海港贸易、贸易国别。

第二部分:"分港贸易报告和贸易统计"(Report and Statistics for Each Port),以广州为例,包括年度贸易报告和年度贸易统计,其中报告包括航运、进出口、税收;统计总表包括航运、进出口、复出口、转口、税收;专项表包括贵金属进口、茶叶出口、丝绸、糖出口、主要进出口货品、航运、乘客等九项的10年比较,以及鸦片贸易。

总的看来,1882—1919年是海关报告规范革新的重要时段,随着统计手段的更新和贸易内涵的变化,在统计方法、统计度量、文本结构以至表述格式上,均进行了一系列的刷新改良、规范运作,以求科学、系统、完备、精确。主要表现:

(1)在统计范围上:1887年九龙、拱北的设关,将一向视为走私之渊薮的华南和港澳之间的帆船贸易进行有效的统计。1902年天津、福州海关开始统计、管理周围50里常关贸易,1904年邻近的常关贸易统计被纳入了历年的海关贸易统计系统中。此外,这一期间增设了一大批海关,在《中英烟台会议条约》以前,全国开设17个海关,此后又陆续增开了25个海关(包括7个分关)。其中的一些海关,开设在东北沿边、租借地和西南边境。海关统计实现空间和结构上的扩张,即增设海关和管理常关。

(2)在统计方法上:据郑友揆研究,1904年前海关的统计均按市价(Market Value)记值。按照这一方法,进口货价值包括该货的原价、运费、进口税和相应的销售费用,而出口货价值则不包括离岸前的运费、出口税和相应的管理费。这样,1904年前后进口货价值增加,而出口货价值则减少,以至与实际价值相差25%之多。1904年以后,进口货采用起岸价,出口货采用离岸价。1914年以后,海关将上海、汉口、天津、广州四埠的离岸价印成出口估价单(Export Valuation List)分发各关,作为统计时的参考,统计上更加准确,但是出于国内物价的变迁,1914年后依然存在着出口估价过低的问题①。

(3)在统计格式上:自二十世纪初以来,随着开放商埠的增多,各个港埠腹地彼此交叉的现象日益严重。在最具典型性的珠江三角洲一带,集中了广州、江门、三水、九龙、拱北五关,彼此的腹地互相重叠,难以清晰地划分。为此,自1905年起,海关总税务司署将以往的分关贸易统计取消,改为全国统计,列成一个全国进出口货物表。这样,1905年起在总报告中就再也没有记载各商埠间的埠际贸易状况,不过分关的报告或统计还是延续到1919年②。同样地,1904年新的关税修正案增加了进口洋货的类目,主要是细分了一直混在一起的杂货类(Sundry Articles),所以统计上增加了"进出口货物类编",进出口货物分类趋于详细,以进出口货物为单位,记载历年各货进出口的数值,并通过数年的回顾以显示贸易的盛衰和结构的变迁。1912年采用布鲁塞尔国际关税会议的分类标准,进口分类更加细密。

(四)《通商各关华洋贸易总册》(Chinese Version on Return of Trade and Reports of Trade)。

按以上《常关贸易统计》的第三卷扉页所列,统计系列第五系统中的"贸易册"和"贸易报告"的中文译本,分别于1875年、1889年开始出版第一卷。《通商各关华洋贸易总册》最初就是年度贸易册的中文译本的书名,1889年年度贸易报告的中文译本(称"贸易论略")出现以后,合并了

---

①参见陈争平:《1895—1936年中国国际收支研究》,中国社会科学出版社,1996。
②1905—1919年是一个过渡时期,全国性的进出口货物类编和各港单独的贸易统计同时存在,本期的京华本收集了各港的贸易统计,没有收录进出口货物类编。

中文"贸易册"和"贸易论略",但书名不曾改变①。哈佛燕京图书馆收藏1878、1880、1881—1891等年度的总册。《中国旧海关史料》收录了1882—1912年的《通商各关华洋贸易总册》(中间遗漏了1885年)。

1878年总册的贸易统计没有文字说明,分项以表格列出:1.税钞货价总款(分别统计全国以及各关的税钞、进出口、贸易船只等)。2.货物花色专款(统计全国以及各关进出口的主要货品)。3.船货杂款(统计全国以及各关的洋药、茶叶贸易以及来往船只吨数)。

1889年的总册开始增加了全国与各港的文字论述(《通商各口华洋贸易情形总论》《各口贸易论略》)。以上所列1878年总册的各项内容,在1889年的总册中均放在全国部分,而各口部分只有文字论述(《贸易论略》),无任何表格。《通商各关华洋贸易总册》的数据和文字,与英文贸易年册和贸易报告相比,内容大致一致,但有一些细小的差别,主要是为了在叙述和表达上更接近中国传统的阅读习惯。

如前所述,海关年刊历年都以英文发表,自1909年开始有部分中文译文,一直附在全国的"贸易报告"后面,虽然称《宣统元年通商各关华洋贸易总册》,实际只是总册中的全国总论。到了1913年,"贸易册和贸易报告"(Return of Trade and Trade Report)的各部分才都有英文和中文两个部分,而《通商各关华洋贸易总册》也在该年停刊。据此可见,《通商各关华洋贸易总册》首先是为发表"贸易册"的中文译本而办,"贸易报告"的中文译本产生之后亦成为总册内容的一部分,这是统计系列中唯一的中文出版物,1913年总册完成使命停止出版。

(五)《中国国际贸易 1920—1931》(*Foreign Trade of China*, *1920-1931*);《海关中外贸易统计年刊》(*The Trade of China*, *1932-1948*)。

1.《中国国际贸易 1920—1931》(*Foreign Trade of China*, *1920-1931*)。1921—1932年上海出版,哈佛和《中国旧海关史料》均收录。中英合璧本,共12册,其中1920—1922年属于统计系列的第二至五系统,1923—

---

① 1878年贸易总册的封面题为:通商各关华洋贸易总册,大清光绪五年岁次己卯通商海关造册处印,照英文第二十册,摘译汉文第四册。说明该年《总册》来自英文 Returns of Trade 的第20册(1859年开始出版 Returns of Trade,一年一册,1878年正是第20册,1875年开始中文本,一年一册,1878年是第4册)。

1931年属于第三至五系统。1925年,在英文书名之下开始出现中文书名《中国海关民国某年华洋贸易总册》,1931年又改为《海关中外贸易统计年刊》。

本套书承接1919年的"贸易册和贸易报告",但将原来的 Part I 和 Part II 合并,改 Part III 为 Part II。各年均分上、下两卷。1920—1924年,上卷名"中华民国某年通商海关华洋贸易全年总册总论",由"华洋贸易总论"和"华洋贸易提要总册"两部分所组成;下卷名"中华民国某年通商海关进出货品分别产销全年总册",均是进出口商品的分类统计,除了全国总数,还有各海关的统计。如就出口商品而言,包括运往何处、各关进口净数、各关原货出口。均为全国情况,篇幅只有以前的年度"贸易册和贸易报告"(Return of Trade and Trade Report for the Year)的一半。1925年以后上卷改称《报告书及统计辑要》,下卷改称《进出口货物类编》,但各卷的内容并无太大的变化。

正如前文(三)(3)所分析的那样,1919年后统计和报告交由各关自行处理。因此,《中国国际贸易1920—1931》(Foreign Trade of China, 1920-1931)的年度报告中已经没有各关单独的贸易报告,也没有各类进出口、复出口统计,各关的专项统计,代之而起的是进出口货物类编。所以有关各关进出口、复出口、转口的重要统计资料就完全消失,这种情况一直持续到1948年①。

2.《海关中外贸易统计年刊》(The Trade of China, 1932-1948),由中国国际贸易改名,为中英合璧本,1936年以前每年两册,以后增至四册。哈佛未收,《中国旧海关史料》收录。

1932年是中国海关总税务司署编纂海关贸易统计和报告的另一个重要变革的时间点,有关各关的内容被汇总精简,平均两页左右,但在统计范围上扩大到整个常关。此外,1932年以后统计单位采用国币元,每海关两合1.558国币元。

1904—1931年的"全国对外贸易及统计辑要"(*Repots on the Foreign*

---

① 不过,1920—1922这三年的贸易册和贸易报告实际仍未消失,只是没有专书出版,而是附在第四季度季册的最后部分(详见前文"一、季报"),到1923年以后才从海关总署最后消失。

Trade of China and Abstracts of Statistics），被析分为"贸易报告"（Report with General Tables of Customs Revenue，Value of Trade，Treasure，and Shipping）和"进出口统计辑要"（Foreign Trade：Abstract of Import and Export Statistics），增加"国内土货转口统计"（Domestic Trade：Interport Statistics）一项。其中贸易统计由三部分所组成：1.海关贸易统计——各项洋货进口列表、土货出口净数列表；2.主要进口货物——来源地及输入口岸、销售地及输出口岸；3.土货转口统计。

1932年《海关中外贸易统计年刊》（The Trade of China）的主要目录如下：

Ⅰ.民国二十一年（1932）海关中外贸易报告；Ⅱ.进出口贸易统计辑要；Ⅲ.进口货物类编，列号货品表，来源地及输入口岸；Ⅳ.出口货物类编，货品列号表，运销地及输出口岸；Ⅴ.国内贸易土货转口统计。

全书首先是"导言"，论述国际和国内的政治经济概况、白银及金融问题、海关缉私、税课，以及中国对外贸易情形（包括贸易货值、贸易趋向、洋货进口情形、金银移动与外汇状况、编后附言等方面的情况）。接着再分两卷。第一卷分上册和下册，上册是"贸易报告"，首先是全国性的"导言"，然后便是各关的贸易报告，但内容比较简单；下册是"中国对外贸易：进口货物（总数）国别表"，和"中国对外贸易：出口货物国别表"。第二卷是"国外贸易"，分别是进口分析和出口分析。

由于洋货的埠际贸易未能列入统计，为了弥补这方面的缺失，1935年郑友揆受各方委托，经过向海关总署交涉，得以抄录以后几年的中国埠际贸易的详细统计资料①。

到1940年，不再有各分关的贸易报告。1943—1945这三年均未出版《海关中外贸易统计年刊》。1946年再次出版，因报告中回顾前几年的状况，故中文译本的书名是《民国三十年至三十四年中国贸易概况》。1946年和1947年的《海关中外贸易统计年刊》均附有简单的分关报告，但1948年又无分关报告。1948年以后，报告停止出版。

3.《中华民国十二年至十七年各关年度贸易册和全年册论》（Annual

---

①参见郑友揆、韩启桐编《中国埠际贸易统计（1936—1940）》，中国科学院出版社，1951。

Trade Report and Returns,1923-1928),即海关总税务司署交由各关自行出版的年度贸易报告和贸易册,1924—1929 年出版。1923—1924 年一年一卷,1925—1928 年一年两卷,共 10 卷。不同的港口自为一集,中英合璧,论述全国的情形。哈佛图书馆收藏,《中国旧海关史料》未收。

(六)《中国旧海关史料》所收年报的不足。

对于研究近代经济史,尤其是区域社会经济史而言,本套书中各关的贸易册和贸易报告,无疑是最值得重视并且也便于利用的资料。许多研究者可以不阅读该书其他方面的文献,但各关的贸易册和贸易报告资料比较集中,不可不读。尤其是年度贸易报告,不仅通过数据,而且提供详细的文字说明和背景交代,也是年度贸易册所无法取代的。然而,《中国旧海关史料》却未能将有关这方面的重要资料尽数收入。

1.《中国旧海关史料》未收 1881 年以前的"贸易报告"系统,读者无从查阅 1881 年以前的各关贸易报告。

2.《中国旧海关史料》收录了《1882—1919 年中国通商各口年度贸易册和贸易报告》(Returns of Trade at the Treaty Ports and Trade Report, 1882—1919),以及 1875—1913 年的《通商各关华洋贸易总册》(Chinese Version on Return of Trade and Reports of Trade),所以 1882—1919 年间的各关的"年度贸易册"和"年度贸易报告"基本完备。

3.1919 年以后的《各口年度贸易册和贸易报告》(Return of Trade and Trade Report)不再由海关总税务司署出版,《中国旧海关史料》也未曾仔细收集。1920—1922 年的《各口年度贸易册和贸易报告》(Return of Trade and Trade Report)附在各年的第四季度的季册的最后部分,《中国旧海关史料》未收季报,也没有收集这三年的贸易册和贸易报告。1923—1928 年的《各关年度贸易册和全年册论》(Annual Trade Report and Returns)以不同的港口自为一集,虽然篇幅有限,但仍可视为各关的年度贸易册和贸易报告。但《中国旧海关史料》未收此系列,读者无从查阅此六年各关的年度贸易报告。

诚然,要从卷帙浩繁的中国旧海关资料中,寻找出特别有用的资料,以方便研究者利用分散在各地档案馆的资料,无疑是一件颇为繁琐但功在千秋又难于尽善尽美的工作,编者的苦心已经令人钦佩。基于更加完美的考虑,如果能够将1882年以前的"贸易报告"、附于1920—1922这三年的第四季度季册中的《各口年度贸易册和贸易报告》,以及1923—1928年的《各关年度贸易册和全年册论》放入书中,则对近代区域史、经济史和海关史的研究,无疑又可增添一大批详尽系统的评述,这也是其他文献所无法替代的资料。《中国旧海关史料》未能收入上述资料,未免美中不足。

三、十年报告

Decennial Reports on the Trade, Industries, etc., of the Ports Open to Foreign Commerce, and on the Condition and Development of the Treaty Port Provinces,简称《十年报告》,属于统计系统的第六系统。始于1882年,10年一期,发行了1882—1931年的5期报告。《中国旧海关史料》全部收入。

1882年总税务司赫德的第200号令,压缩年度报告内容,开始着手编撰详细的十年报告。1882—1891年的十年报告尽管勉强如期完成,但与赫德完美的预期还是有着距离,于是,赫德在1890年第524号令中,明确要求十年报告按26个标题项目进行撰写,以弥补年报的不足,每份报告可以扩充到30页,要继承1881年前后新旧两种风格,务必参考前10年的月报内容,还得广泛征求中外人士的意见①。按照这种想法编纂的报告,在内容上必然包罗万象,无所不有,涉及政治、经济、军事、社会、文化的各个方面。1892年,赫德在第561号令中说明15项内容可不做要求,但他仍然要求各海关对本省的情况要做说明,而且彼此要互相参照。

1910年,总税务司安格联摒弃了赫德的第524令要求,将前两期对各港综合性的描述,改为注重物质和精神的进步,特别强调报告格式要紧

---

① 主要内容包括10年间该省该口岸发生的重大事件、贸易发展情况、税收增减、鸦片贸易和土烟情况、货币金融波动及物价升降、进出口货值、人口变化、市政建设、港口交通变化、助航设施、气候自然灾害及事故的防范措施、名人到访和官员的升迁、科举考试、专门的文化建设事业、受教育比例、本省特产及工业和交通工具、民船经营及处境、本地钱庄及其运行模式、本地邮政运行情况、海关章程及职员变动、毗邻地区的军事、工业、金融、行政等情况、宗教及信徒、会馆及其章程、本地著名官员升降、本地刊物、地方历史及前景展望。

凑简明,叙述简要,不得加以随意评论,对于新开的港口或地区要交待背景并附上地图。第三期十年报告的类目减少为21项,即贸易与航运、税收、鸦片、货币和金融、人口、港口设施、灯塔航标、邮政电报、各省行政和省议会、司法、农业、矿山与矿物、制造业、铁路公路、教育、卫生改善和博物馆、移民、物价和工资、饥荒水灾霍乱及传染病、陆海军、当地报刊等。1920年,总税务司的第3082令要求关注:辛亥革命和清帝退位,欧战对地方的影响,银价空前的涨落,贸易的衰退和繁荣,抵制日货,国内纷争,部分收回治外法权,以及10年来国内工业的成长,反映出十年报告的旨趣取向。

梅乐和下发的第五期十年报告,一共有17个栏目:1.贸易(汇兑涨落的影响、国货的销售、抵制外货的情形、人民需要的变迁、贸易方法的变更);2.航业(汽油船及电船的进展情况、环游事业、轮船及汽船交通状况);3.关税(金单位的施行、关税自主后关税的增加及附加税的征收情形);4.金融(国币和省币的变迁、钞票的流通、造币厂的状况、华侨汇款、金本位、外币、辅币);5.农业(新式农业机器的采用、耕种新法、畜牧事业、肥料、农产掺假对中国贸易的影响);6.工业(货币与工资、工会及罢工、采用新式机器——仿制洋货、改革旧法制造土货的情形);7.矿业(新矿发展情形、运输方法);8.交通(铁路、公路及汽车运输、航空、电报、无线电);9.航行设施(港口及水道、疏浚情形);10.地方行政(省政及市政、收回租界情形、厘金及其他地方税收);11.司法与公安(领事裁判权、会审公廨的取消、法律和公安);12.军事(海陆军的变迁);13.卫生(医院、医生、免费种痘及注射、时疫、卫生行政、检疫章程、新式渠道、扩展街区、公共饮水问题);14.教育(大学及国立学校的增设、取缔宗教课程的影响、共产主义宣传的发现);15.文艺(新闻纸及定期刊物、印刷所的增加、宣传);16.人口(移民、旱灾、水灾、人口统计);17.治安(私运、海岸巡防、盗匪)。

每期十年报告均分为两卷,第一卷是北方和长江沿岸各港,第二卷为南方港口。第一卷开始是中国地图,然后是总税务司署要求编制各港口贸易条件和贸易状况十年报告的1737号文件,接着便是各港口的十年报告。报告采用英文(第五期有中文本),以文字为主,少量统计为辅,有时还附有相当详尽的地图,用以说明海关关区、关键的水道,并显示关区内的山河、交通、城市、村镇。报告详述各关所在省区内十年以来的经济社会变迁状况,涉及社会的方方面面,宛如一部区域社会经济百科全书。

在1922—1931年这一卷十年报告的卷首,附有当时副税务司班思德(T.B. Banister)撰写的《近百年来中国的对外贸易,1832—1931》(*A History of the External Trade of China, 1834-1881; Synopsis of the External Trade of China, 1882-1931*)的中英合璧本,班思德的长篇论文自附在十年报告中出版以后便没有出过单行本,一般人难以看到这份十年报告,故引用者很少。该书叙述了自东印度公司取消到1931年关税自主期间中国的对外贸易情形,主体部分是一本出色的近代早期贸易史著作①。

四、常关贸易统计

《常关贸易统计》(*Native Customs Trade Returns*),共三卷,第1卷是"福州"(*Foochow, 1903*);第2卷是"天津"(*Tientsin, 1902*);第3卷是"1902—1906年常关五年报告"(*Quinqurennial Report and Returns, 1902—1906*),分别刊载福州、天津和全国各常关二十世纪初的贸易报告。前两卷出版于1904年,第3卷出版于1907年,列入统计系列的第7系统。哈佛大学图书馆收入,《中国旧海关史料》未收。

以上各集,以第3卷内容最为宝贵。该卷首先是一张题为"1902—1906年常关五年报告"(*Native Customs Revenue, 1902-1906*)的表格,列出1902—1906这四年牛庄、天津、芝罘、胶州、宜昌、沙市、九江、芜湖、上海、宁波、温州、三都澳、福州、厦门、汕头、广州、九龙、三水、梧州、琼州、北海等海关的关税收入。接着,便是各港口的"贸易报告和统计"(*Trade Report and Statistics*)。多数港口都既有"贸易报告",又有"贸易统计",少数港口则只有"贸易统计",没有"贸易报告"。"贸易报告"简要回顾该港口最近几年的国内贸易状况和贸易条件,"贸易统计"则一般有Shipping、

---

① 共分为四章:历史背景、广州公行(1834—1842)、五口通商(1843—1858)、近代政府(1859—1871)、联合与发展(1872—1881)。外贸概要部分为十年概貌和进出口统计总表两节,前一节基本上选自1922年以前的四个十年报告。

Value、Imports、Exports、Revenue 等五张表格,列举 1902—1906 年的数据。由于有关常关的资料和数据极为稀少,这已成为研究清代常关必不可少的核心资料。

五、月报

郑友揆先生谓:"月报最初刊于 1866 年,名为'各通商口岸贸易月报'(Monthly Returns on Trade at the Ports in China Open by Treaty to Foreign Trade),1868 年遂改为季报。……及至 1931 年下期,海关统计采用机算以后,乃复有月报,而季报遂告中止。"据此,月报亦是我国近代海关最早的出版品之一。1931 年,随着 Monthly Returns of the Foreign Trade of China,以及 Shanghai Monthly Returns of Foreign Trade 的问世,月报重新出版。

哈佛大学图书馆收有早期和 1930 年代以后的一些贸易月报,《中国旧海关史料》不收月报。

(一)《中国各通商口岸贸易月报》(Monthly Reports on Trade at the Ports in China Open by Treaty to Foreign Trade)。1867 年出版,全书共六卷一册。或许由于初期的月报只存在两年,当时尚没有编排系列号,所以没有列入统计系列。

(二)《中华民国海关进出口贸易统计月报》(Monthly Returns of the Foreign Trade of China),1936—1948 年出版,属于统计系列中的第 8 系统。由于月报原来没有系统号,这一系统号应是三十年代重编以后产生的。全书用中文和英文出版,共 59 卷,一月一卷,每年 4 册,共 19 册。包括 1936、1937、1938、1947 等四年的全部册数,以及 1946 年的第 3 册、第 4 册和 1948 年的一册(1 月至 5 月)。

(三)《1946 年 11 月、12 月上海对外贸易月册》(Monthly Returns of the Foreign Trade of Shanghai, Nov.-Dec. 1946),属于统计系列中第 9 系统。1946—1947 年出版,中英合璧本,自此卷以后停止出版。

六、其他

哈佛燕京图书馆收藏的其他海关出版物有：

（一）《约开港口贸易统计》（*Trade Statistics of the Treaty Ports for the Period 1863-1872*）。1873年在上海由海关总税务司署出版，为参加该年在维也纳召开的奥匈帝国世界博览会的中国代表提供的资料，共310页，包括所在港口已登记的船舶吨位、进出口价值、商品名称、税收、人口等多张表格。

（二）《海关医学报告》（*Medical Reports*），1871—1910，列入特种系列第2号，共9册80卷，1870—1911年由海关总税务司署出版。

七、海关出版物的局限和意义

海关出版物为近代史研究尤其是经济史研究提供了大量一手的原始资料，但由于时代的局限，其统计和报告中仍存在一些缺陷，谨慎地利用才能发挥其独到的学术价值。

第一，早期的海关统计仅仅包括有限的口岸及其邻近区域，后来由5个商埠逐渐增多到69个商埠、47个海关。此外，早期的海关报告和领事报告不时出现矛盾的记载，反映出早期统计的不完善，到后期很少出现这种时间上的滞后和错位。这一情况还反映在埠际贸易统计上，主要是口岸之间的进出口贸易，在两个口岸的统计表上是不一致的，主要在于编撰贸易统计时，一个海关的出口货物已经报关，而另一个海关还没有接收到这批货物。

第二，海关的统计，在1904年以前基本上是轮船和洋式帆船，而不包括中国民船，1904年后仍然不包括铁路、公路、航空、邮政等新式交通方式的进出口贸易。墨菲通过对1920—1926年国联的国际贸易和收支平衡备忘录与美国的国际贸易统计年鉴的比较，得出1870年中国的海关贸易总值是100万海关两，1930年为3000万海关两，增长了30倍，但海关报告中只有20倍的增长，中国贸易在当时的世界份额中低于1.5%[①]。

[①] Rhoads Murphy, *The Outsiders: the Experiences in India and China*, The University of Michigan Press, 1977. p204.

1934年郑友揆在关于海关报告编撰方法的论文中,将海关贸易统计编制中存在的问题列为三类:1.由于走私贸易难以精确统计并缺乏来源和去向,海关这方面的估计并不准确;2.编辑中缺乏详细的货物分类;3.缺乏埠际贸易的统计。其实主要的问题,一方面在于1922年前的货物分类,尤其是出口土货的分类过于简单,或"混杂笼统",或"粗疏无别"[①];另一方面是估价一直滞后,1904年后基本修正,但随后又没有将物价的上涨及时地反映到出口估价中去。还有值得注意的一点是,报告在革新体例的同时没有能够有效地继承优点,各关在早期均致力于关心本区域的背景和变迁,这种关怀也随着时间逐渐地淡化。

尽管存在上述问题,海关的贸易统计和贸易报告,毕竟为人们提供了近100年来最为完整、系统的统计数据和文字评述,其对近代社会经济史研究的重要意义绝对不能忽略。就海关贸易统计而言,涉及100年来洋货和土货的进出口、转口贸易数量的变迁,区域的盛衰,彼此之间关联的更新,贸易条件局部的改良、贸易结构缓慢地升级。在金融、税收、货币方面,海关的贸易统计和报告涉及国际、国内的消长与更替,不同种类货品税率的波动,近代关税的发展历程,同时还展示了航运业的成长历程。就海关贸易报告而言,年报和十年报告在内容上互相补充,对海关所在区域的贸易、生产、交通、社会状况、地方政治、文化教育,以至影响贸易的诸多潜在的政治、经济、文化的因素,都进行了大量的调查和考察,而这些方面的资料往往不为当时人所注意。而且需要指出,由于海关贸易统计和报告中的数据和文字描述,都是各地在海关总税务司署的布置下,按照西方经济制度、贸易制度和海关制度的科学定义,按照统一的要求和格式定期汇总上报的,除了具有上述内容丰富的特点之外,还具有其科学性和严谨性。中国早期科学意义上的统计数据和制度名词,相当一部分都是首先出现在海关贸易统计和报告中。总之,无论对于近代口岸的中外贸易、埠际贸易、贸易与地方经济的发展以及区域人文关系,还是对于区域的经济现代化进程和城乡经济发展、文化变迁方面的研究,海关贸易统计和报告都提供了值得重视的第一手资料,必将丰富和拓宽以往人们对近代中国社会的认知和理解。

---

① 华民:《中国海关之实际状况》,上海神州国光社,1933,第78页。

附录：年刊文本结构

1859—1881

Return of Trade
Part I. Abstracts of Trade and Customs Revenue Statistics（1867—1881）
通商各关华洋贸易总册（Abstract of statistics 中文本 1875—1881）
Part II. Statistics of the Trade at each Port（1859—1881）
Report of Trade
Report on the Trade（1875—1881）
Annual Report of each Port（1864—1881）

1882—1904

Part I. Reports on the Foreign Trade of China and Abstract of Statistics
Report on the Foreign Trade of China（1881—1904）
Abstract of Statistics（1881—1904）
通商各关华洋贸易总册（1881—1904）
Part II. Abstracts of Trade of Each Port
Trade Statistics and Reports（1881—1904）
分关贸易情形论略（1889—1904）

1905—1931

Part I. Reports on the Foreign Trade of China and Abstracts of Statistics
通商各关华洋贸易总册（1905—1912）
Part II. Port Trade Statistics and Reports 分关贸易统计和报告（1905—1919、1920—1929）；分关贸易情形论略（1919—1924）；贸易统计书（1924—1930）
Part III. Analysis of Foreign Trade 进出口货物类编（附机制洋式货物出口数量 1921—1931）（1905—1919、1920—1931）

1932—1948

Vol I. Report with General Tables of Revenue, Value, Treasure and Shipping 全国贸易统计年刊（1931—1943、1946）
Vol II. Foreign Trade：Analysis of Imports 进口货物类编（1931—1942、1946—1948）

Vol III. Foreign Trade：Analysis of Imports 出口货物类编（1931—1942、1946—1948）

Vol IV. Domestic Trade：Interport Statistics 国内土货转口统计（1931—1943、1946—1948）

注：年份下标有下划线的时段对应的文本，京华版《中国旧海关史料》未予收录。

中国旧海关统计的认知与利用*

摘要:近代中国旧海关统计种类繁杂,采编形式又时有变化,只有从海关统计制度的演变过程切入,才可以明晰统计文本变化的内涵,并且通过对各类数据的规范定义、计量方法、书写格式等方面的更多把握,才能获得有关旧海关统计文本全面准确的认识,以便评估数据的度量精度、长处与不足,以资于研究者利用晚清至民国这一最为完整、系统的第一手资料,去拓宽、深入近代口岸以及所在地区经济与社会变迁的研究。

关键词:海关统计;文本与含义;数据定义

近代中国海关的基本职能是监管进出口贸易、征收关税、查缉走私、编制进出口贸易统计,为了及时地掌握口岸贸易与其所在地区的情况,从1860年起海关就开始按照西方的管理与统计理念,建立起了一套严格的申报、汇总、出版体制,并大体持续到1948年。所以,海关出版物以其编制时间之长、内容之广泛、表达方法之科学、严谨,成为开展近代中国研究的一套最为系统完整的史料。2005年吴松弟与方书生曾系统地梳理与总结了旧海关出版物系列的纲目,呼吁学界发掘利用晚清至民国这一项最为完整、系统的第一手资料,去拓宽、深入近代口岸以及所在地区的贸易经济、社会变迁和区域现代化等方面的研究[②],已经引起学界的广泛关注。

---

* 本文原载《史学月刊》2007年第7期,第33—42页。第一作者吴松弟,第二作者方书生。教育部人文社科重点基地研究资助项目(05JJD770008)。

[②] 吴松弟、方书生:《一座尚未充分利用的近代史资料宝库——中国旧海关系列出版物评述》,《史学月刊》2005年第3期。

在海关出版物的六大系列中,规模最系统、最庞大的当属统计系列(*Statistics Series*)。其中,统计系列的主体为贸易统计,殊为珍贵,但是在涉及具体利用时,由于旧海关统计体例的演变颇为复杂,当人们开始仔细地审读海关统计时,就会遇到很多疑难问题,例如,统计数字看起来没有连续性、模棱两可、缺乏可信性,甚至难以理解。这主要是因为不同时期海关的职能是不同的,对于贸易统计的定义、方法、格式也是有所不同的,所以采用了不同的会计与报告制度。例如,对类似术语不同的规定,各口岸不尽相同的统计方法,各口岸数据汇总为全国数据时的不同规定。所以,在庞大的海关统计中,要获得一套类别与范围都很明确且不同时段间也具有合理的连续性的统计数据,无疑还是比较困难的。有关其内容的认知与修正,已经成为每一位利用者需要扫除的一项前期工作①,否则相关的引用与论证很容易误入歧途,视陋解为新见而不知。

2003年莱昂斯以福建为例,出版了有关中国旧海关贸易统计的研究专著②,对于海关统计的解读做了一个较为详细的论述。里昂已经关注到这些问题的存在,只是仍然不能清晰地给予回答。同时,该书第一部分对于海关制度与工作程序的论述也不够准确,第二部分以福建茶叶贸易作为个案,也基本是从统计文本出发来分析贸易变化。所以,本文将从海关制度变迁、工作程序、文本与内涵的角度,在有限的篇幅中,迅速明确地展示海关贸易统计的面貌,以及对于现存的统计如何利用。

一、基本脉络:统计文本的编撰与演变

海关统计简表 1859—1881

Return of Trade
- Part I. Abstracts of Trade and Customs Revenue Statistics (1867—1881) 通商各关华洋贸易总册(Abstract of statistics 中文本 1875—1881)
- Part II. Statistics of the Trade at each Port (1859—1881)

---

①例如,麦雷、郑友揆、萧梁林、墨菲、张存武、滨下武志、詹庆华等人的工作,兹不赘举。
②Thomas P. Lyons, *Chinese Customs and Statistics, 1859-1948*, Trumansburg, Willow Creek Press, 2003. 后由毛立坤、方书生、姜修宪译,由浙江大学出版社于2009年出版。

1882—1904

Part I. Reports on the Foreign Trade of China and Abstract of Statistics

Report on the Foreign Trade of China (1881—1904)

Abstract of Statistics (1881—1904)

Part II. Abstracts of Trade of Each Port

Trade Statistics and Reports (1881—1904)

1905—1931

Part I. Reports on the Foreign Trade of China and Abstracts of Statistics 通商各关华洋贸易总册(1905—1912)

Part II. Port Trade Statistics and Reports 分关贸易统计和报告(1905—1919、1920—1929);贸易统计书(1924—1930)

Part III. Analysis of Foreign Trade 进出口货物类编(附机制洋式货物出口数量1921—1931)(1905—1919、1920—1931)

1932—1948

Vol II. Foreign Trade:Analysis of Imports 进口货物类编(1931—1942、1946—1948)

Vol III. Foreign Trade:Analysis of Imports 出口货物类编(1931—1942、1946—1948)

Vol IV. Domestic Trade:Interport Statistics 国内土货转口统计(1931—1943、1946—1948)

1.Returns of the Import and Export Trade,1859-1866

1859年上海开始定期出版年度贸易册,1859—1863年各关的统计以半年为一册,内容较少,仅保存洋货进口、土货出口、航运、关税等几项统计。1864年前各关在分类、方法、货物单位、货物价值等方面都没有划一的规定,亦无全国统计。1863年冬,赫德接任总税务司职,努力整顿关务,他希望各口岸海关所编造的贸易统计,除了供海关系统使用外,也可提交给商业界、中央政府和地方政府的官员参考,逐渐促成了贸易统计的新格式。1864年后,海关逐渐建立起了划一的统计制度,对外进出口与埠际贸易开始分别记载,对运销外洋与埠际之间贸易也给予区分。同时分类趋于详细,开始记录贸易货物的大致来源与去向,最迟在1866年,海关贸易统计的格式初步具备。

2. Returns of Trade at the Ports in China Open by Treaty, 1867–1881

1859—1866年间只有各关的贸易统计付印问世,1867年后,总税务司署在上海设立专司(江海关印书房、统计处)总辖各关统计。1873年,鉴于统计的重要以及专司业务的增多,将江海关专司分离出来,改设为单独的部门——造册处(1923年称为"统计科"),由副税务司主管,专门负责编纂出版海关统计和报告。各口的贸易统计格式完全划一,年度贸易统计开始出版,后面还附有贸易报告,归纳全国对外贸易的总体概况。自1867年,每年的贸易统计有两册,第一册为1867年开始出现的"全国贸易和税收辑要"(Abstracts of Trade and Customs Revenue),并回溯到1864年,第二册是分关报告,各关条目有所不同,大体格式如前,类别有所增多。无论是全国统计,还是分关统计,越往后统计类目与内容越来越详细。至此,贸易册的统计格式已经成型,该年贸易统计的主要目录如下:

第一部分:贸易和税收辑要(Abstract of Trade and Customs Revenue Statistics from 1869–1881)。包括:(1)进出口贸易值与国别;(2)洋货进口、土货出口、洋货复出口;(3)专项统计:鸦片、茶叶、航运、各港税收、洋货直接进口、洋货复出口国外、各港十年来贸易比较、上海港贸易总值和净值;(4)附件:各国在内外贸易中的比重、各口岸的转口贸易与人口统计。第二部分:分港贸易统计(Statistics of the Trade at Each Port),包括牛庄、天津、芝罘、宜昌、汉口、九江、芜湖、镇江、上海、宁波、温州、福州、淡水、打狗、厦门、汕头、广州、琼州、北海19个口岸。

3. Returns of Trade at the Treaty Ports and Trade Report, 1882–1919

1882—1919年各港的年度贸易统计册与贸易报告册合并,第一部分为"中国贸易报告和统计摘要"(Report on the Trade of China and Abstract of Statistics),包括1882年全国贸易总报告与统计辑要;第二部为"分港贸易报告和贸易统计"(Report and Statistics for Each Port),包括年度贸易报告与年度贸易统计。

至1904年,第一部分为邮政工作报告,第二部分为各港口的贸易报告和统计。第二部分第一卷为中国外贸的总报告与北方港口贸易报告,第二卷为南方港口与邮局工作报告。1905—1919年的年报由三个部分所组成:(1)中国对外贸易的论述与数据摘要;(2)各港口的贸易统计与贸易报告,其中,众多的港口报告被分成五卷,分别为北方港口(牛庄至胶州)、长江沿岸港口(重庆至镇江)、华中港口(上海至温州)、南方沿海港口(三都澳至北海)与边疆海关(龙州至亚东);(3)对外贸易分析,分成进口与出口两卷。此外,1905—1910年统计中,均附有邮政报告。

兹将1882年贸易年报的目录简要举例如下:第一部分为贸易报告和统计辑要(Report on the Trade of China and Abstract of Statistics),包括:(1)1882年全国贸易总报告;(2)统计辑要,主要包括近几年的洋土货进出口贸易、海关税收、航运、各港贸易、上海港贸易、贸易国别。第二部分为分港贸易报告与贸易统计(Report and Statistics for Each Port),以广州为例,包括年度贸易报告与年度贸易统计,其中报告包括:航运、进出口、税收;统计总表包括:航运、进出口、复出口、转口、税收,专项表包括贵金属进口、茶叶出口、丝绸、糖出口、主要进出口货品、航运、乘客等九项的10年比较,以及鸦片贸易。

4. Foreign Trade of China, 1920-1931; The Trade of China, 1932-1948

至1920年代,随着新统计格式"中国对外贸易统计"的采用,旧式贸易统计逐渐停用,到1931年彻底淘汰旧式贸易统计。1932年,"中国对外贸易统计"又为"中国贸易统计"的格式所取代,后者一直沿用到1941年,1946—1948年间曾恢复过出版。

(1)《中国国际贸易》(Foreign Trade of China),1925年,又名为《中国海关民国某年华洋贸易总册》,1931年改为《海关中外贸易统计年刊》。

1920—1924年上卷名为"中华民国某年通商海关华洋贸易全年总册总论",由"贸易总论"和"华洋贸易提要总册"两部分所组成;下卷名为"中华民国某年通商海关进出货品分别产销全年总册",均为进出口商品的分类统计,除全国总计外,还有各海关的统计,包括运往何处、各关净进口、各关原出口。1925年以后上卷改称"报告书及统计辑要",下卷改称"进出口货物类编",但各卷的内容并无多大变化。

(2) *The Trade of China*, *1932-1948*,由 *Foreign Trade of China* 改名而来,中文名为"海关中外贸易统计年刊"。

1904—1931年的"全国对外贸易及统计辑要"(*Reports on the Foreign Trade of China and Abstracts of Statistics*),被析分为贸易报告(*Report with General Tables of Customs Revenue*, *Value of Trade*, *Treasure*, *and Shipping*)与进出口统计辑要(*Foreign Trade*: *Abstract of Import and Export Statistics*),增加了"国内土货转口统计"(*Domestic Trade*: *Interport Statistics*)一项。其中贸易统计由三个部分组成:(1)海关贸易统计——各项洋货进口列表、土货出口净数列表;(2)主要进口货物——来源地及输入口岸、销售地及输出口岸;(3)土货转口统计。

1932年《海关中外贸易统计年刊》的主要目录如下:

Ⅰ.民国二十一年(1932)海关中外贸易报告;Ⅱ.进口贸易统计辑要;Ⅲ.进口货物类编,货品列号表,来源地及输入口岸;Ⅳ.出口货物类编,货品列号表,运销地及输出口岸;Ⅴ.国内贸易土货转口统计。

二、制度规范:海关职能演变中的统计内涵

中国旧海关是按照中外条约设立的一种征收关税与管理贸易的机构,1854年太平天国的爆发促成了上海外籍税务司制度的出笼,这对清廷的税收与洋商的贸易均有便利。1858年《天津条约》规定将外国税务司制度扩展到其他通商口岸,将各口的通关手续划一办理;取消外国领事对各口税务司的提名推荐权,各国领事不可再度介入海关事务①。于是,外国税务司制度就开始由一种地方性的尝试,转变为中华帝国体制内的一个组成机构。

同时,关税逐渐成为清廷最重要、最可靠的税收来源,列强也逐渐将海关当作赔款与外债的担保机关,随着清廷财政问题的凸现,海关被赋予

---

① (美)马士、宓亨利:《远东国际关系史》,上海书店出版社,1998。

了更多的职能。不同的制度规范直接影响到海关统计的基本内容,所以,在获得系列的海关数据后,需要仔细地辨别不同时期海关统计文本的内涵,从制度上理解其时海关的职能:当时海关规定的管理范围,包括了哪些部分的贸易。

海关职能的演变主要表现在两类情形中,第一为海关管理范围的变化,第二为海关管理方式的变化。

1861年,总税务司开始"全面监管各通商口岸所有对外贸易和其他一切相关征税事宜",其权力范围不仅包括监管对外贸易,还涵盖了沿海与沿江的国内贸易。但在早期,尽管海关对国外与国内贸易同时监管,"海关"贸易的数据还是严格地限于中国海关一贯的工作:例如,悬挂国外旗帜的轮船贸易、悬挂中国旗帜的外贸部分之类。

概言之,海关初期的主要职能包括:1.征收入港外籍船只的吨位税;2.根据条约规定的税则,对洋船所载运进口的洋货征收进口税、对洋船所载运出口的土货征收出口税;3.对进行沿岸贸易(口岸间贸易)的洋船所载运的洋土各货征税;4.对内销口岸以外内陆地区的洋货,以及内陆地区外销的土货征收子口税;5.管理长江贸易,对从事该项贸易的洋船及其所载的货物征税。

1864年以后,随着中国与列强陆续签订了很多新条约,以及对华商与华船管理规则的变更,中国海关所涵盖的职责领域大大扩展。主要的变动如下:1.对通商口岸间的西式华船实施管理;2.子口税制度的适用性扩展至华商①;3.自1887年开始管理,港澳两地与华南地区的民船贸易;4.管理通过陆路边境的贸易②;5.管理通过铁路的贸易;6.管理内河航运;7.管理厘金的征收与常关贸易;8.其他辅助职能(与海关业务相关或无关的事务)。

海关在管理范围上的变化主要有两种:

---

① 自1880年起,适用于在内陆贩运洋货的华商,自1896年起,适用于在内陆贩运土货的华商。自此子口税单制度囊括了所有从口岸进口准备内销的洋货和计划运往口岸出口至国外的土货。

② 自1867年起,恰克图贸易纳入了中国海关的管理范围,历年均有贸易统计。其他缺乏统计的边境免税区贸易,总额较小,可以忽略。

第一，海关仅仅负责全国贸易的一部分，且实际控制的范围处于不断变化之中。最早的海关统计仅仅包括有限的口岸及其邻近区域，只有五个商埠与海关。至1873年，海关所统计的贸易部分，增加到通过外国轮船运载的14个条约口岸，以及通过恰克图的陆路贸易；1873年后，海关的统计范围增加为14口所有的西式轮船贸易；1889年前，贸易统计还完全不包括经过今北部湾与缅甸的中外边境贸易；1889年后则包括了此类贸易，后来又包括通往俄国与朝鲜的铁路贸易。至1930年代，条约口岸陆续增加到69个，设立了47个海关，海关的统计范围大大扩展。

此外，影响海关贸易统计范围变化，还有两个重要的方面：

1.海关监管内河贸易：1898年颁布的《内河航运章程》（IWSN），在1902年修订后，系统地规定了"内陆"地区（指不对外贸开放的地区）的货物流通方式，海关的管理权限延及所有国籍的轮船。虽然中国海关负责管理所有船只的内河航运活动，统计其贸易流量，但面向货物进行的征税功能，仍保留在地方政府以及常关手中，所以统计的精度严重受损。例如，在1890年，"河泊"坚持由广州常关，征收往来广州与香港之间沙船税，而不是由九龙的任何洋关代征，这一直延续到常关的全部废止①。

2.海关接管常关：从1885年起，海关逐渐接管了一些先前属于其他政府部门的职能。例如，除了管理中国与港澳间的民船贸易外，还包括在进货口岸就地征收鸦片厘金（内陆转运税）（1885）；以广东省政府的名义，先后于1887与1890年开始在九龙与拱北两地，特设海关征收厘金；监管四个常厘和三个盐厘关卡（1898）②；为了赔偿辛丑条约的巨额赔款，列强要求海关接管通商口岸附近25公里内的常关（1901）③；1929与1930年，若干距海关25公里以外的常关也划归海关管理④，但年内即予以裁撤。1931年1月后，由海关管理的沿海50里外常关，运往内地的洋

---

①（英）莱特：《中国关税沿革史》，姚曾廙译，商务印书馆，1964，第305—306页。
②苏州货厘约80万两，淞沪货厘约20万两，九江货厘约20万两，浙东货厘约100万两，宜昌盐厘约100万两，鄂岸盐厘约50万两，皖岸盐厘约30万两，共500万两银。（参见《旧中国海关总税务司署通令选编》第一卷，海关出版社，2003，第388页。）
③1902年天津、福州海关开始统计、管理周围50里常关贸易，1904年邻近的常关贸易统计也被纳入了历年的海关贸易统计系统中。
④指凤阳关（位于安徽蚌埠）、扬由关（江苏扬州）以及芜湖关及温州关各二十五公里外的五十里常关。

货不征收常关税,同年6月实施新税则后,50里内的常关也全部取消①。

第二,国家边界或海关关区的划分,影响到海关管理地域范围的变化。中国国家边界的变更,直接影响到了中国海关的职能和贸易统计,因为这不仅改变了"国内"和"国外"的划分标准,还将长期以来一直存在的贸易,第一次纳入或分离于海关的管辖之下。

1.在国家领域的层面上,例如,1895年台湾割日,19世纪末出现的诸多割让地与租借地,1930年后的伪满洲国,等等,海关开始将这些地区视为"外国",这直接影响到进出口贸易的统计地域。2.在海关关区的层面上,新开辟的通商口岸与海关,必然会减小现存口岸海关的统计地域,例如,在珠江三角洲地区,1895年三水、1904年江门的开辟,直接划分了原先属于粤海关或九龙、拱北关的贸易统计地域,以前经过以上三关的进出口贸易,此后可能出现在三水或江门的海关贸易统计当中。

作为特例——港澳相关的贸易统计:

在海关的统计中,每份货物均能归入这四类之一:1.洋货来自某个外国港口;2.输出至某个外国港口;3.土货来自某个国内港口;4.输出至某个国内港口。但是,对香港、澳门的贸易则比较异常,通常将这些混为一谈。尽管在地理上,香港是一个中国港口与华南的商业中心,但在整个旧海关统计年代香港尚没有回归祖国,故自1865年1月起,不管是过境还是目的地,从香港进口或出口到香港都征收全税。香港进口中国土货再复出口到海外,以及香港进口的本地消费的货物,在海关统计上,也被视为外贸的一部分。但是,考虑到香港复出口到中国的贸易,更多的应该是国内贸易(这些货物通过香港从中国的一个口岸转入另一个口岸),所以,海关将香港作为一个特例,来处理这一复杂的情况。在1860年代,中国海关根据最终使用情况区别"输出国外"与"国内口岸"(在香港重新输出国外,或在香港消费,或者重新输入中国)。在后来的统计中,香港有时单独列出(既不属于国外也不属于国内),有时列入外国,有时并入沿海贸易(在"香港与沿海港口"条目之下)。

由于香港、澳门作为自由港,缺乏有关香港(或澳门)或经过香港的

---

① 黄胜强主编《旧中国海关总税务司署通令选编》第二卷(1911—1930年),海关出版社,2003,第530页;第三卷(1841—1942年),第1、49页。

数据,进一步揭示这一复杂的情况。就现存的海关统计来看,1887年前,缺乏内地与香港(包括澳门)之间的木船贸易统计,缺乏有关通过香港的外贸记录,以及通过香港非直接出口货物的最终目的地的信息。1887年后,九龙、拱北设关,将一向视为走私之渊薮的华南和港澳之间的帆船贸易进行有效的统计。九龙、拱北关"名义上是海关,在实际上和厘进税局、常关性质相似,它的征税职权仅限于广九铁路的货物,对于民船与汽船贸易,则用特别的章程管理……直到1931年中央政府实施裁厘征税后……进出口货物才按海关进出口税则征收,和其他各关一样。"①"从海关制度上看,海关权限扩张到帆船贸易;从关税上看,是一种差别关税。"②

三、统计数据:定义、方法与格式

除了条约规定、海关职能的变化、新出现的贸易形式这些宏观的变化之外,如何深入地理解海关统计,特别需要考虑海关统计的定义、统计方法的变革、统计格式的变化,以及其中所反映的统计数据的明确涵义。

(一)统计的单位、统计的种类如何规范

统计的单位:

价值单位,十九世纪六七十年代早期,海关两/关平两、元(西班牙银元)③、英镑④、地方两⑤等多种货币单位同时流通。华北、华南与长江各埠使用本地两,上海采用规元(上海两),华南为墨西哥银元,天津采用行化银,汉口采用洋例银,营口用炉银,北京公砝,还有各地的平砝,这些本地银两基本上都是虚银两,依市场习惯形成的⑥。

1864年,总税务司通令"税款及海关经费账目均以关平两计算"。海

---

① A. S. Canpbell, *Decennial Report, 1922-1931*,《中国旧海关史料》第160册,京华出版社,2001,第339页。

②(日)高柳松一郎:《中国关税制度论》,李达译,《文海资料丛编》第74辑,台北:文海出版社,1972。

③ 大多数是墨西哥银元,根据1843年的标准,1银元≈372克纯银。

④ 海关两普遍通行以前,有时使用镑作为标准单位,决定银元与地方量的兑换比率,在报告与统计中有平均比率。

⑤ 各地不一致,上海两等于518.4克纯银,上海两最通用,其他地方两随银价而变动。

⑥ 千家驹、郭彦岗:《中国货币演变史》,上海人民出版社,2005,第176—180页。

关两仅仅是计量单位而已,并不实际流通,用海关两来支付地方货币完纳的税收。早期海关两仅行通于税收,以及浙海关(宁波)。海关两与各地银两大致的兑换率为:100 关两 = 111.4 规元 = 104—106 长江、华北本地两 = 140—160 墨西哥银元。

在 1875—1930 年 1 月的统计中,除了来自国外的进口,全部采用海关两。作为价值折合单位,银元、银两或其他通用的银币,作为纳税方式依然存在。1930 年 2 月后,海关两采用国币转换的方式部分继续存在,1930 年,实行新银本位币,规定规平银与新银本位币(即已经流通的国币)之间的固定换算率为:银本位币 100 元 = 规平银 71.50 元。1930—1940 年,从国外进口贸易的统计单位为海关金单位①,1932 年 10 月,国民政府采用新的货币(元,即俗称的"国币"),在 1933—1947 年对国外的出口与国内贸易,海关采用国币为其价值单位,但在进口货中则采用海关金作为价值单位。1933 年上海两的官方比率为 100 = 71.50 上海两(包括 2.25% 的铸造费),100 海关两 = 155.80 国币元。1933 年 3 月 10 日海关两废止,为了便于比较与汇总,统计中以金为单位的进口值也转换为国币。1948 年 8 月 20 日引入金元②。

重量单位,1933 年前采用旧式担,1 担 = 100 斤,1933 年后采用公担,1 公担 = 100 千克/1.653 担。早期的海关统计(1860 年标准化以前)包括地方两(不同商品的两可能不同)。

海关统计的时间尺度,基本为一个日历年,或者是半年(刚开始发行统计的数年采用半年统计一次)。对于明显需要跨过的新年,以贸易季节来度量的几种商品,其"年度"数据就根据贸易季节来划定并报告,尤其在海关服务的早年(通常是在年度报告,而非年度统计中)。

统计的种类:

海关统计主要为统计册与专题书,统计册包括:1.国外进口与复出

---

① 1930 年 2—3 月,1 海关两 = 1.5 海关金,海关金通常转换为等值的白银付税,中国中央银行颁布黄金条例,接受海关支付方式。海关统计年报中载有不同时期海关两、国币、海关金之间的兑换比率,以及市场决定的不同货币与外币的兑换比率。

② 1 金元 = 3 000 000 国币,在 1948 年 1—8 月的海关统计中 4 金元 = 1 美元。参见黄胜强主编《旧中国海关总税务司署通令选编》第一—三卷,海关出版社,2003。

口;2. 国内进口与复出口;3. 国内土货出口;4. 转口贸易。专题书包括:1. 税收;2. 进出口船只的数量与吨位;3. 丝绸出口;4. 茶叶出口;5. 中药材出口;6. 鸦片出口。贸易统计主要包括三大类记录:船只统计、税收统计、贸易商品统计。

船只统计包括,按国籍与类别(轮船或帆船)的进出口船只数量和吨位,以及后来分别按内港行轮章程与通用章程分类登记的船只。

税收统计包括:对外贸易进口税、出口税、边境贸易税(包括中俄、中朝、中越、中缅边境贸易税)、子口半税、沿岸贸易税、吨位税、鸦片厘金等特别税,以及土货复进口半税(1861年增设)。1931年元旦,废除厘金与厘金的变种(统税、统捐、专税、货物税、铁路货捐、邮包税、落地税等)、沿海与内地的常关税、进出内地子口半税、土货复进口税。

贸易商品的统计构成了海关贸易统计的主体部分,主要包括:1. 贸易总值与净值(一张不含商品细目汇总表);2. 按照商品分类标准统计的洋货贸易(包括贸易量和贸易值);3. 分类统计的土货贸易(包括贸易量和贸易值);4. 分国别统计的对各国进出口总值(有时出现商品细目);5. 按商品分类的转口贸易(口岸与腹地间的贸易);6. 有关货币流动、鸦片、生丝、茶叶等贸易的特别统计。

(二) 各类术语如何定义

单一港口的基本定义:

(1) 进出口①

出口一般是指,所有从该港口的船运输出的商品(不管这些是来自本地,还是来自进口);进口是指,通过船运输入到该港口的商品(不管是来自国外港口,还是其他条约口岸)。进口不包括任何海关不记录的,随货附加的部分,以及依据特别免税的部分(例如,针对通商口岸外国居民的个人用品②)。

---

① 海关对于少量从外国进口的土货(也称为"复进口"),除了部分来自香港的一般是不区分,自1932年在全国的统计中,来自于外国的国货进口从出口中被减去,得出"净出口"。

② 根据1858年11月8日中英《通商章程善后条约:海关税则》,对于免税货物的解释,包括:食品、饮品、衣着、人身洗涤用品、饰物、医疗用品及香水、家具及照明用品及厨灶用品、账房用品、报刊、旅行用品、船用食品。(《旧中国海关总税务司署通令选编》,第1卷,第140—146页)

(2)原出口

原出口是指,原产的、首次被记录出口的商品,可能会运往一个国外港口或另一个中国港口。在一些年度报告中,当原出口与复出口相提并论时,则被称为"复出口之外的出口"或者"本地原始出口"或者简单的称为"出口"。进口的洋货也可能以"原出口"而不是"复出口"的名义出口,但为了便于统计,原出口一般被视为来自国内的。

(3)复出口

特定时间内(开始为一年,后来延长到三年),某一港口先进口然后再出口的货物,即为复出口①。如果该货物在某一港口被进口,然后以另一种货物出口(例如进口茶叶制成砖茶出口),就不属于复出口。如果该货物运往某地,获得海关的允许,但没有通过海关被转运,则也不属于该港的复出口或另一港的进出口。

(4)直接与非直接的进出口

某口岸直接对国外的出口,或者直接从国外的进口,是指那些首先输出到或来自该口岸海关的贸易。通过其他口岸转运而来的进出口,则为非直接的进出口。例如,福州茶叶通过天津出口俄国,在福州被记录为出口到一个中国口岸,在天津被记录为复出口到国外。

(5)转口贸易

转口包括两个部分:洋货从通商口岸转入内地;土货从内地转到通商口岸出口国外。为了便于统计,转口贸易仅仅包括通过凭证转运的贸易,不隶属于"进口"或"出口"条目。

(6)口岸贸易汇总

1.贸易总值=进口(洋货与土货)+原出口(沿海方向与国外);2.贸易净值=进口总净值(洋货与土货)+原出口;3.直接对外贸易=直接从国外进口总值+直接出口到国外的总值(当时,出口到中国香港的通常被视为"国外",除非确知复出口的目的地是中国内地);4.原出口=原始出口到"国外"(或香港)+出口到国内口岸。其中1、3包括复出口,2、4不包括

---

①复出口是指在该年或前一年内进口,一年内又重新出口的部分,因此,复出口可能会超过进口。

复出口。

(三)统计的格式如何

包括单一口岸条目,以及全国汇总目录,这两种类型。不同于海关贸易报告,贸易统计基本不涉及一些政治或敏感话题的评论,所以其基本格式变化相对较小。

单一口岸的贸易账目①:

Ⅰ.洋货贸易:1.进口(总值),a.国外直接进口,b.从香港进口,c.从中国口岸进口;2.复出口,a.直接出口国外 b.出口到香港 c.出口到中国口岸;3.进口净值=进口-复出口。

Ⅱ.土货贸易:1.进口(总值),a.从中国口岸,b.从香港;2.复出口,a.直接出口到国外,b.出口香港,c.出口中国口岸;3.进口净值=进口-复出;4.原出口,a.直接出口国外,b.出口香港,c.出口中国口岸;5.出口总值=原出口+复出口,a.直接出口国外,b.出口香港,c.出口中国口岸。

Ⅲ.转口贸易:1.洋货转运内陆,2.土货转运内陆。

全国贸易的基本账目:

(1)中国对外国的出口

港口外贸总值(包括土货与洋货的复出口),"出口"仅仅包括直接出口。

(2)中国土货对外国的出口

类似于港口外贸总值,但不包括洋货的复出口,也称之为"土货出口"。

(3)中国土货对外国的净出口

土货对外国的出口,包括少量从外国进口的土货(或称之为"复进口"),所以港口的出口总值与中国的净出口值相近。仅1932年后,在全国统计中才报告"国外复进口"。

(4)中国从国外进口洋货

---

① 1904年前的海关统计与以上所列的非常一致且明晰,之后的海关统计不再详尽。1930年代,只有对国外的出口总值是按各港报告(在年度外贸分析之中),但没有土货的出口与复出口,即废除其中的2.a、2.c、4.a、4.c,继续保留5.a。

从国外进口洋货的总值。"进口"仅仅包括直接进口。

(5)中国从国外进口洋货净值

减去复出口到国外的洋货。

(6)中国外贸净值

中国内地从国外或中国香港地区直接进口的洋货,以及直接出口到国外的土货,所有商品的总值。(出口到中国香港通常被计为"国外",除非已经确定将会被复出口回中国内地)

(7)中国贸易总值

中国内地从国外或中国香港地区直接进口的洋货,直接出口到国外与中国香港地区的土货,以及土货港际出口,所有商品的总值。

(8)国内贸易的全国统计

由于复出口因素的存在,国内贸易的全国统计总值往往等于"原出口+复出口",所以容易被双重计值。一般而言,沿海土货出口≌土货进口净值+土货对国外复出口。这意味着口岸的沿海贸易,主要存在于该口岸与其陆向(主要为中国大陆)、海向(主要为国外港口)腹地之间。

(四)数据的收集与处理

上述各类统计册,构成了各个港口贸易活动记录的汇总,海关采用了一种既便利而又标准化的格式,处理收集而来的数据:既包括简约的日报,相对丰富的月报、季报,也包括定时编撰出版的,比较详尽的年度贸易统计。

在上海的海关造册处(以及后来的统计处)附设有印书房,配备有当时先进的工具,按照各关税务司申请,供应各关统一的办公表格与单据。各关税务科的文员从统计册与专题书中抽取数据,当点滴的数据被合计并分类,不同类型的货物被归类或再归入不断新增加的分类中。各关的分类合计中产生的条目,定时地上报到海关造册处。造册处将各关的贸易单项或汇总表格,重新按照总署的通令格式,编辑出版年度贸易统计,或专题统计。各关在年度统计的详略程度(或者汇总方式),取决于该关进出口货类的重要性,或该关的重要性。一般而言,大宗出口货物的条目相当详细,主要海关的条目较为详尽。

大约在 1867—1868 年,海关开始确立了基本统计方式,到了 20 世纪初,随着开放商埠的增多,各个港埠腹地彼此交叉的现象日益严重。所以,自 1905 年起,海关总税务司署将以往的分关贸易统计取消,改为全国统计,列成一个全国进出口货物表。同样地,1904 年新的关税修正案,增加了进口洋货的类目,主要是细分了一直混在一起的杂货类(Sundry Articles)。所以,统计上增加了"进出口货物类编",进出口货物分类趋于详细,以进出口货物为单位,记载历年各货进出口的数值,并通过数年的回顾以显示贸易的盛衰和结构的变迁。1912 年采用布鲁塞尔国际关税会议的分类标准,进口分类更加细密。1920—1931 年的年度统计中,没有各类进出口、复出口统计,各关的专项统计,代之而起的是进出口货物类编。有关各关进出口、复出口、转口的统计资料就完全消失,这种情况一直持续到 1948 年。为了弥补这方面的缺失,1935 年郑友揆受各方委托,经过向海关总署交涉,得以抄录以后几年的中国埠际贸易的详细统计资料①。

在价值估算上,1904 年前海关的统计均按市价(Market Value)记值。各港编有本地物价志,以便计算进出口货值。按照这一方法,进口货价值包括该货的原价、运费、进口税与相应的销售费用,而出口货价值则不包括离岸前的运费、出口税和相应的管理费。这样,1904 年前进口货价值增加,而出口货价值则减少,以致与实际价值相差 25% 之多。1904 年以后,进口货采用起岸价,即为免除上岸费(F.O.B.),相对于传统的计量,免除上岸费不包括出口税与杂费;出口货采用离岸价,即为价值、保险费、运费(C.I.F.)②。1914 年以后,海关将上海、汉口、天津、广州四埠的离岸价印成出口估价单(Export Valuation List)分发各关,作为统计时的参考,统计上更加准确,但是出于国内物价的变迁,大约到了 1914 年后,依然存在着出口估价过低的问题③。

---

① 参见郑友揆、韩启桐编《中国埠际贸易统计(1936—1940)》,中国科学院出版社,1951。
② 郑友揆:《我国海关贸易统计编制方法及其内容之沿革考》,《社会科学杂志》1934 年第 2 期。
③ 参见陈争平《1895—1936 年中国国际收支研究》,中国社会科学出版社,1996。

四、数据评估:缺陷、精度以及利用

1934年郑友揆在关于海关报告编撰方法的论文中,将海关贸易统计编制中存在的问题列为三类:1.由于走私贸易难以精确统计,并缺乏来源和去向,海关这方面的估计并不准确;2.编辑中缺乏详细的货物分类;3.缺乏埠际贸易的统计。其实主要的问题,一方面在于海关统计在范围、定义、术语、归类、计值等方面存在的一般性问题,这些通过适当的处理是可以弥补或克服的,另一方面在于海关统计本身的精确度问题,这种情况可以有限地修复,但难以有效地克服或弥补。

(一)海关数据的主要缺陷:

(1)范围与定义上的一般问题

A.海关的统计不包括非法的进出口(禁止的或者法律上不允许通过海关的贸易);

B.海关数据不包括合法贸易、对外贸易、国内埠际贸易中,不属于海关监管的国内土货贸易与跨国贸易,国内贸易的统计基本上是有关通商口岸的港际贸易;

C.海关数据从来不包括开放贸易的口岸以外的,纯粹的内陆贸易;

D.在1904年以前,海关的统计基本上是轮船和洋式帆船,而不包括中国民船,1904年后仍然不包括铁路、公路、航空、邮政等新式交通方式的进出口贸易。

E.有时"出口"与"进口"模糊不清,没有清晰的含义,例如国内或国外、总值与净值。

(2)范围的变化

边界(包括台湾、澳门、新界,以及后来的伪满洲国)的变化,既影响到海关统计范围的变化,又影响到进出口分类的变化(例如,出口"往外国"与"往中国口岸"目的地的再分配)。

随着时间的推移,海关监管的范围不断扩大,包括了更多的交通方式。早期仅仅包括外国轮船与陆上对俄国的贸易,后来扩大到中国的西式轮船、中国内地对香港地区的木船、对英国与法国属地的陆上贸易、跨边界的铁路贸易。

尤其在早年,因为高等出口商品主要采用欧洲与美国的西式轮船,低等出口商品主要采用前往东南亚与国内口岸的木船,海关统计中显示的商品结构主要是轮船的部分。

(3) 术语的变化

商品种类的表单与类别的划分随着时间不断演进。

特定时期,全国与不同的口岸之间的统计术语是不一致的。

(4) 计值方式的改变

1904年后价值是按照市场价来计算,因此在外贸中出现 C.I.F 与 F.O.B 格式。

不同时期的海关文献,使用不同的价值单位(西班牙银元、本地两、海关两、金单位、国币),在一些年份里,进出口采用不同的单位。与外币的兑换比率是连续变动的。

(5) 汇总的问题

单个港口的相关数据通常会重复计值,以及其他需要解释,但并没有解释的问题。

(6) 海关数据的缺漏

出版的海关统计中缺乏通商口岸之间贸易的详细记录。洋货在国内的贸易情况,通常也没有详细的报告。海关数据不完全载明来源国家(中国口岸的进口)与目的地(出口),在某种程度上贸易中中国香港、鹿特丹、安特卫普、热那亚混在一起。

(二) 海关数据的精确性

除了统计范围与定义的问题,海关数据有着多大的精确性? 当然不存在完全确定的答案。墨菲通过对1920—1926年国联的国际贸易和收支平衡备忘录与美国的国际贸易统计年鉴的比较,得出1870年中国的海关贸易总值是100万海关两,1930年为3000万海关两,增长近30倍,但海关报告中只有20倍的增长[1]。普遍认为由于统计范围的局限,海关的统计数据偏低。此外,就是贸易份额中,一直受到关注的走私部分,在一

---

[1] Rhoads Murphy, *The Outsiders: the Experiences in India and China*, Ann Arbor The University of Michigan Press, 1977, p204.

般情况下,走私处于一个相对可以粗略估计的比例。首先,1880年代以前,鸦片(甚至也包括其他课税商品)走私盛行,在香港与珠江的河汊之间遍布成百上千的木船。1887年中英解决鸦片课税问题后,开始置于海关的控制之下,中国海关正式管理港澳与珠三角地区群众性的走私贸易。第二,在1929年进口税快速增加以后,进入中国的各类走私商品开始膨胀。随后不久,由于国际价格的变幻,以及中国政府试图控制价格与运输,出现非法的黄金白银出口。相对应于快速的走私,中国海关重组并增强其防御措施,在1931年建立起预防局,快艇不间断地巡逻主要的沿海地段。第三,1932年后日本的傀儡政府伪满洲国容忍并促进与华北的陆上与海上走私,一时间中国政府几乎难以控制。在1930年代的早期,走私占据了中国进口的20%,海关进口的统计相对不再准确。

已有的讨论表明,考虑到海关统计范围的局限,以及海关统计的基本误差,中国旧海关已有的贸易数据在整体上是可信的。海关数据内在是延续完整的,且与国外相关的记录基本一致。从一般的经验出发,海关统计的情形与晚清以降的外贸、国内经济形势基本一致。此外,没有明显的证据表明海关统计工作中,存在明显的欺骗与失职行为,相反地,海关的廉洁自律获得很高的评价。

(三) 使用中需要辨别或修正的数据细节

早期的海关报告和领事报告不时出现矛盾的记载,反映出早期统计的不完善,到后期很少出现这种时间上的滞后和错位。这一情况还反映在埠际贸易统计上,主要是口岸之间的进出口贸易,在两个口岸的统计表上是不一致的,主要在于编撰贸易统计时,一个海关的出口货物已经报关,而另一个海关还没有接收到这批货物。在单一的年份,进口与出口、进口与复出口之间,由于各港记录在时间上的延迟,净进口与复出口可能超过原出口,反之亦然。

不同时间会出现新的进出口商品,以往的名称也会变更,海关一般采用当时的名称,必要时才会增加新的条目,并删除不再使用的旧条目。当一个品种的商品被归入新的类别之下,就会产生统计数据的断裂,此外个别港口(尤其是较小的港口)可能采用不规范的分类方式,造成与其他港口的数据不匹配,这种情况一般并不多见。例如:仅仅是原出口,还是总出口(包括已出口到外地,再转口到其他地区的货物)?仅仅包括出口到国外的部分,还是包括全部出口?是只包括几个主要的品种,还是全部的产品?

1922年前的货物分类,尤其是出口土货的分类过于简单,或"混杂笼统",或"粗疏无别"①。海关统计在估价方面一直滞后,1904年后基本修正,但随后又没有将物价的上涨及时地反映到出口估价中去。

(四)一个整体的印象

在简约地回顾贸易统计文本变革脉络之后,我们从海关职能变革的层面,考察了海关文本统计背后的一系列制度规定。接着从统计数据的定义、格式、含义等方面,追究了海关统计文本的表现,及其背后的内涵,尽可能地讨论了贸易统计文本的特征,其中的缺陷,以及利用中需要审慎对待的一系列问题。

我们通过细致而详尽的分析,打破了以往对旧海关统计的模糊认识,它并非如想象中的那样,可以信手拈来解释区域或全国的贸易情形,其中存在着诸多的陷阱,需要谨慎地规避。同样地,也并非如墨菲等人对其负效应的张扬,尽管存在一些或明或暗的缺陷,旧海关统计毕竟提供了近100年来最为完整、系统的统计数据,涉及洋货与土货的进出口、转口贸易数量与结构的变迁,在贸易、金融、税收、货币、航运等方面,为近代经济研究提供了大量一手的原始资料。而且需要指出,海关贸易统计中的数据,是各关在总税务司署的布置下,按照西方的海关运作、经济理念、统计制度,采用统一的要求与格式定期编辑出版,具有其科学性与严谨性。近代中国最早的具有科学意义上的统计概念与名词,相当一部分首先出现在海关统计中。

---

①华民:《中国海关之实际状况》,上海神州国光社,1933,第78页。

中国旧海关出版物评述:以美国哈佛燕京图书馆收藏为中心*

摘要:总数达1000余期(卷)的旧海关出版物,是研究近代中国最大、最系统、最科学且内容极为广泛的资料宝库。它包括七大系列,还有70余本未纳入任何系列的"他类之书"。要充分利用这些出版物,必须探讨其复杂的结构、丰富的内容和学术价值。美国哈佛大学哈佛燕京图书馆是该出版物中国以外最大的收藏单位,几乎占了总量的三分之二。由于170册的《中国旧海关史料》已经出版,而哈佛所收的旧海关出版物未刊部分200余册已在我国出版,利用哈佛的丰富收藏进行的对各系列尤其是对学界知之不多的第二至第七系列及"他类之书"的介绍,必将有利于学界对这一资料宝库的开发利用。

关键词:旧海关出版物系统;学术价值;哈佛收藏

中国近代的海关,是由外国人创立的。海关的最高领导总税务司一职长期由外国人担任,总税务司署和各地海关的关员大多是外国人。到了清朝后期,由于中国官员的无能和低效,朝廷将大部分征收沿海的国内贸易的税收的常关也交由海关接管。近代海关除了承担管理对外贸易、征税、缉私等海关的基本职能,还负责各地的航船停泊、引水、沿海灯塔和航标的设置与保养、疏浚航道、气象观测、各口岸的疾病检疫等工作。海关还负责办理中国最早的近代邮政通讯业务和准领事业务、处理华工出

---

* 本文原载《史学月刊》2011年第12期。本文为2011年上海市社科规划专题研究课题"中国旧海关内部出版物及相关资料的收集、整理和研究"成果。

国事宜、清偿对外赔款、主办各类在国外召开的世界博览会。同时,还参与各种外交与洋务活动,如改造同文馆、派遣留学生出国、协助处理使节出访、在中国设立外国使领馆、经办新式海军、购买外国军火、充当清政府官员出使外国的随员、参加通商贸易关税的谈判等。① 可以说,在近代中国的历史进程中,海关扮演了重要的角色。

为了顺利地完成各项业务,中国海关总税务司署从1860年开始,按照西方的管理和统计理念,建立起一套严格的申报、汇总的制度。总税务司署还设立造册处(后期改称统计处),印行各种供海关人员和地方官员阅读的出版物。这种制度一直维持到1949年。

今天的学者已将旧海关各种出版物,视为研究近代中国的最主要的资料库之一。然而,长期以来由于它们在国内作为档案保存,图书馆保存不多,而因档案工作的性质又导致读者使用颇为不便。此外,海关历来被理解为管理进出口贸易和收税的机构,学者往往忽略了它在当时的中国政府和社会的特殊作用。因此,很少有学者使用旧海关出版物,更少人对其进行全面深入的研究。1951年韩启桐、郑友揆利用海关贸易资料合编的《中国埠际贸易统计1936—1940》出版,此后利用海关资料研究海关史和经济史的论著在1950年代和1990年代以后逐渐出现。

但就海关内部出版物而言,并无深入全面的研究论著。已有的论述中,郑友揆、张存武基本上以介绍年报的编撰为主,其他系统较为忽略;② 陈诗启只在介绍海关的贸易统计工作时提到出版物各系统,几乎没有论述;③詹庆华着重论述海关贸易报告的特点和价值。④ 滨下武志的名著《中国近代经济史研究:清末海关财政与通商口岸市场圈》的一些章节尤其是第三章,对如何理解海关统计数据有相当详细的说明,书末所附"中

---

①此方面论述不少,如陈诗启《中国近代海关史》第六章第三节《包罗万象的海关行政》,人民出版社,2002,第126—132页。
②郑友揆:《我国海关贸易统计编制方法及其内容之沿革考》,《社会科学杂志》1934年第3期;张存武:《中国海关出版品简介(1859—1949)》,《近代史研究所集刊》1970年第9期。
③陈诗启先生《中国近代海关史》第六章第三节《包罗万象的海关行政》提到各类出版物名称,与本文对比,缺少督察系列和邮政系列,而统计系列只取"贸易统计类"(Returns Trade)。
④詹庆华:《中国近代贸易报告述论》,《中国社会经济史研究》2003年第2期;詹庆华:《全球化视野:中国海关洋员与中西文化传播(1854—1950年)》,中国海关出版社,2008。

国海关史资料"摘录了大量的进出口贸易数据以及七大系统文献的目录。然而,除了第一、第二和第五系列有整个系列总结性的介绍之外,其他各系列的介绍均相当简略。① 托马斯·莱昂斯的《中国海关与贸易统计(1859—1948)》②,以福建为例,对海关资料有较多的探讨。然而,此书仅对统计系列的一部分内容有所研究,其他均未涉及。近年来,英国布里斯托尔大学和剑桥大学合作,进行"中国旧海关项目"研究。③ 因研究旨趣不同,他们虽然列出旧海关内部出版物的全部书目,但未对出版物本身进行研究。

近10余年来,中国旧海关的各类贸易报告逐渐得到学界的重视。除了一些省市翻译出版本地的贸易报告之外,2001年在中国第二历史档案馆和海关总署办公厅的合作下,京华出版社影印出版了170巨册的《中国旧海关史料》,成为目前国内外最便于利用的中国旧海关资料。由于各地已经翻译的海关贸易报告的原文都被《中国旧海关史料》所收入,而它们均属于旧海关出版物七大系列中的第一系列,另外的六大系列基本未得到发表,更少人进行系统的整理和研究。

2003年笔者在哈佛大学的一年访问期间,幸运地发现哈佛燕京图书馆在中国旧海关出版物方面有着海量的收藏。次年,笔者发表《一座尚未充分利用的近代史资料宝藏——中国旧海关系列出版物评述》一文④,利用哈佛所藏和《中国旧海关史料》所收的资料,详细介绍了中国旧海关出版物统计系列的季报、年报、十年报告、国内贸易册、月报等专刊的源流和内容,在某种程度上弥补了学术界以前对统计系列研究的不完整。2006年和2007年,在哈佛燕京图书馆郑炯文馆长的建议下,哈佛燕京学社又两次邀请我前往,各进行三个月的访问。通过前后三次共一年半的长期访问,我得以完成对哈佛燕京图书馆以及哈佛大学其他图书馆所收旧海关出版物的全部收藏的阅读。我除了尽可能的收集之外,对各书的内容

---

① 高淑娟、孙彬译,江苏人民出版社,2006。
② 方书生等译,浙江大学出版社,2009。
③ Chinese Maritime Customs Service Project, Department of Historical Studies, University of Bristol, accessed February 2005, http://www.bris.ac.uk/history/customs/customsbibliographies/。
④ 载《史学月刊》2005年第3期;人大复印资料《中国近代史》2005年第7期全文转载。

和特点也做了详细的摘要,并整理了哈佛大学所收的全部中国旧海关出版物的完整目录。2006年10月我应邀在哈佛大学费正清中心做了题为"中国历史(1840—1949年)的资料宝库:哈佛燕京图书馆所收的中国旧海关出版物"的专场报告,此后又在日本和我国内地、港台的一些大学做了多场学术报告,对哈佛大学的收藏进行了介绍。尽管如此,我并未写成文章。考虑到我本人2005年发表的论文只涉及出版物七大系列中的第一系列,而另外的六大系列不仅内容不同而且同样具有重要性,且学术界对它们基本缺乏了解,因此仍有详细介绍的必要。

尤其需要指出,哈佛大学是全世界收藏中国旧海关出版物最多的单位。在学者利用最多的第一系列中,哈佛所收共464期(卷),占了总数506期(卷)的91.7%,装成281册。在第二至第七系列、外加系列外的504期(卷)中,哈佛所收占了总数的42%(详下)。中国学者通常利用国内出版的170册《中国旧海关史料》进行研究,但此书只占第一系列哈佛所收的280册的60%。至今为止,国内外学者很少利用第二至第七系列以及系列外的海关报告进行研究。毫无疑问,只有全面利用哈佛大学的收藏,才能对中国旧海关出版物进行比较全面和细致的介绍。

什么是"中国旧海关出版物"?依笔者浅见,中国旧海关形成的各种文献,以当时是否印行出版为标准,可分成未加印行出版的原始档案和已经印行出版的出版物两种,后者指由中国海关总税务司署的造册处(后期改称"统计处")刊印,或由总税务司署请人撰写、在另外出版社出版的出版物。撰写和出版这些出版物的主要目的,是为了海关工作的需要,并非为了向公众发售。因此,它属于海关的内部出版物,自然不同于保持原始面貌的海关档案。

海关总税务司署1882年2月2日发的第179号通令"为发海关出版物分发、保管及使用之指令事"①,规定当时发行的六类出版物中,唯有"统计、专著、杂项类出版物向公众发售";而此三类也并非完全为了向公众发行而刊印,而是为海关自身的工作,只有在海关内部赠送和造册处留

---

① 黄胜强主编《旧中国海关总税务司署通令选编》第一卷(1861—1910年),中国海关出版社,2003,第247页。

存以后剩余部分才可以发售,而且相当长的时间之内仅仅在上海、香港、伦敦、横滨等四个国内外著名的商埠的各一家书店公开出售。1883年在上海和国外开始发行《通商各关华洋贸易总册》等少量出版物。按《通商各关华洋贸易总册》的第一卷出现于光绪元年(1875),是该年的统计系列第5号、英文版 Returns of Trade at the Treaty Ports in China for the Year 1875 的中文摘译本,但笔者在此报告以及稍后几年的报告中并未找到向公众发售的迹象。光绪九年(1883)编制的第九卷的扉页上出现旁注:"设立上海通商海关造册处译印,交香港、上海以及日本横滨等三口于别发洋行发售。"可见总册是在光绪九年才开始在以上三口通过别发洋行发售的。

据此可见,由于海关总税务司署1882年2月2日的第179号通令作出统计、专著、杂项类出版物向公众发售的决定,海关出版物才开始进入国内外少数城市的书店。但依据笔者的阅读,即使在1883年以后,似乎只有那些用中文刊行,或一书同用中英两种文字的海关出版物,才得以在书店发行。或许由于这样的原因,国内外绝大部分的图书馆都无法找到稍多的海关出版物,而由于它是出版物而非档案馆收藏的档案,在各地档案馆中寻找自然更难。

一、中国旧海关出版物的系统与学术价值

海关出版物系统复杂,种类众多,加上约90年的漫长岁月中各种报告名称的一再改变,一共出了多少种书,很难回答清楚。海关出版物分为七大系列,以下试依笔者的阅读,分系列予以探讨。

第一系列统计系列(*Statistical Series*)是海关最主要的出版物。本系列最重要的是贸易统计(*Trade Return*)和贸易报告(*Trade Report*),贸易统计基本上是数据,贸易报告则以文字论述为主,两者都于1860年代陆续形成,最初以各口岸为单位。从1882年起,贸易统计和贸易报告合并,以全国与各海关为单位,先有全国总述,再有各关的论述。原先只使用英文,后来同时用英文和中文,中文版即《通商各关华洋贸易总册》。总税务司和各地的税务司通过贸易统计和贸易报告,分析各地的贸易和相关

的政治、经济、交通、自然灾害等方面的状况,《通商各关华洋贸易总册》则提供给清朝的中央和口岸地区的官员阅读,供他们了解贸易状况和影响贸易的各种因素,以解决相关的问题。本系列中的各种贸易统计和贸易报告基本上定期发表,有的是月报,有的是季报,有的是年报。

1882年海关总税务司署又下令编撰十年报告。它从1882年编起,一直编到1931年。它以文字为主,少量统计为辅,有时还附有相当详尽的地图,用以显示海关关区范围和关区内的山河、交通、城市、村镇。报告内容各期不一,但都相当庞杂,例如,第三期(1902—1911)的内容涉及21项:贸易与航运、税收、鸦片、货币和金融、人口、港口设施、灯塔航标、邮政电报、各省行政和省谘议局、司法、农业、矿业、制造业、铁路公路、教育、卫生、移民、物价和工资、饥荒和灾害及传染病、陆海军、当地报刊。十年报告详述各关所在省区10年间各方面的经济文化社会变迁,宛如一部区域百科全书。

以下说明第一系列各部分的形成和存在的时间、册数。先将《中国海关出版物目录》(List of Chinese Customs Publications)①中第一系列目录的报告专刊列出,然后予以说明。

1.《江海关进出口日报》(Shanghai Customs Daily Returns),1866年始印行,此后长期出版。《中华民国九年通商海关进出货品分别产销全年总册》书末附1920年的第一系列的现存种类中,第1号仍是《江海关进出口日报》。

2.《贸易统计季册》(Quarterly Trade Returns),按季度出版。据1880年海关季报后所附的目录,季报于1869年开始出版。以1869年第一季度为第1号,此后依次编号,1931年停止出版,约印行248期。

3.《贸易统计年册》(Annual Returns of Trade),1859年始印行,未见,颇疑它是年刊《进出口贸易统计年册1859—1866》(Returns of the Import and Export Trade,1859-1866)之误。现哈佛和《中国旧海关史料》存有该年刊的厦门、广州、芝罘、镇江、福州、汉口、九江、牛庄、宁波、上海、汕头、

---

① 为旧海关出版物第四系列"服务系列"(Service Series)的第69号《中国近代海关历史文件汇编》(Documents Illustraitve of the Origin, Development and Activies of the Chinese Customs Service)一书所附录。

淡水、天津、打狗等 14 个海关早期的 61 期报告（每港每年的报告为一期）。

紧接着《进出口贸易统计册 1859—1866》的，是《中国条约口岸贸易统计册 1867—1881》(*Returns of Trade at the Ports in China Open by Treaty, 1867-1881*)，一年一期，共 15 期。

4.《贸易报告》(*Reports on Trade*)，1865 始印行。按此报告全称《条约口岸贸易报告 1864—1881》(*Reports on Trade at the Treaty Ports for the Year 1864-1881*)，一年一期，共 18 期。

5.《贸易统计中文版》(*Chinese Version of Returns of Trade*)，1875 年始印行，另有《贸易报告中文版》(*Chinese Version of Reports of Trade*) 1889 年始印行。

按《通商各关华洋贸易总册》为统计系列中唯一的中文出版物，系年刊《〈贸易统计〉第 24—61 期和〈贸易报告〉第 18—55 期》〔*Returns of Trade* (24th-61st *Issue*) *and Trade Report* (18th-55th *Issue*)〕的中文版（但内容有所减少）。1882 年以前，《贸易统计》和《贸易报告》各自发表，1882 年以后合并发表，称《贸易统计和贸易报告》(*Returns of Trade and Trade Reports*)，但各部分仍接续原来的卷数，并在书名上体现出来。每年一期，出到 1919 年的第 38 期。

据海关出版物第一系列所收的《常关报告》(*Native Customs Trade Returns*)的第三卷扉页所列，《贸易统计》和《贸易报告》分别于 1875 年、1889 年开始出版第 1 卷，而光绪五年(1878)《通商各关华洋贸易总册》的封底印着"照英文第二十册摘译汉文第四册"诸字。可见，《通商各关华洋贸易总册》始刊印于 1875 年，而 1878 年印行的总册，乃摘译当年印行的英文贸易统计的第 20 册，按顺序是汉文的第 4 册，而贸易报告的汉文译本则始于 1889 年。由于这一原因，1889 年以前的总册都只是表格而无任何文字论述，1889 年以后才加入文字论述（称《贸易论略》）。《通商各关华洋贸易总册》一年一期，至 1912 年共刊行 38 期。

1913 年总册汉文译名改为《通商海关华洋贸易总册》，英文名仍是 *Returns of Trade and Trade Reports*。1920 年以后不再出版，代之以《中华民国通商海关华洋贸易全年总册》(*Foreign Trade of China*)。一年一期，每期一册,出版至 1931 年,共 12 期。

文字兼用中文和英文的,还有:

《海关中外贸易统计年刊 1932—1948》(The Trade of China, 1932-1948)。1936 年以前每年两册,以后增至四册,共 60 册。

《中华民国二十五年上海对外贸易统计年刊》(Shanghai Annual Returns of Foreign Trade, 1936, Analysis of Imports and Exports),一册。

6.《通商口岸的贸易、工业与口岸所在省份发展状况十年报告 1882—1931》(Decennial Reports on the Trade, Industries, etc. of the Ports Open to Foreign Commerce, and on the Condition and Development of the Treaty Port Provinces, 1882-1931) 简称《十年报告》,10 年一期,共 5 期。

7.《常关报告 1904—1907》(Native Customs Trade Returns, 1904-1907),三卷。

8.《中华民国海关进出口贸易统计月报》(Monthly Returns of the Foreign Trade of China),1932 年始,1948 年止,每月一期,约 204 期。

9.《江海关进出口贸易统计月报》(Shanghai Monthly Returns of Foreign Trade),1931 年始印行。

除了《中国海关出版物目录》所列的以上的九种,另有下列四种虽未列出,却都是笔者在哈佛阅读到的专刊:

1.《各关年度贸易报告和贸易册 1923—1928》(Annual Trade Reports and Returns, 1923-1928)。总税务司署交由各关按年度自行编辑而成,无统一的书名,而是在中文"贸易册"和英文 Annual Trade Reports and Returns 上加关名和年度。均用中文和英文,一年一期,共六期,1923—1924 年一期一巨册,1925—1928 年一期两巨册,共 10 巨册。

2.《各通商口岸贸易月报 1867》(Monthly Reports on Trade at the Ports in China Open by Treaty to Foreign Trade, 1867)。每月一期,哈佛所收共六期,其他不详。

3.《江海关进出口贸易统计月报》(Monthly Returns of the Foreign

Trade of Shanghai），据郑友揆研究，始印行于 1931 年 10 月①。

4.《中华民国二十五年上海对外贸易统计年刊》(Shanghai Annual Returns of Foreign Trade, 1936, Analysis of Imports and Exports)，一册。

考虑到日报、月表、月报属于基础报告的性质，学者们基本依靠季度、年度和 10 年度的报告进行研究，而且相当一部分日报、月表和月报无从得知收藏情况，我们不必对全部报告进行统计，只须统计季度、年度和 10 年度的报告。据上所述，季度、年度和 10 年度全部共有 506 期(卷)。

在统计系列这一最大的系列之外，还有六个不同的系列。它们的编排格式颇不同于第一系列，除了少数（如医药报告）之外，都是针对某一具体事物或活动的专项报告或专业论文，大多不定期出版，但也有一些是逐年报告的专刊。以下是各系列的简介。

第二系列特种系列(Special Series)，44 个编号。最大的门类是医学报告(Medical Reports)，每半年为一期，自 1871 年到 1910 年结束，共出了 80 期，哈佛装订成 9 巨册。除医学报告之外的其他的编号，几乎都是一个编号一本书，均为各方面的调查报告。内容五花八门，首先是土产鸦片、进口鸦片、江南丝绸、东北柞蚕丝、长江中游的药材、南方茶叶、东北大豆、黄麻等商品进出口情况的调查。其次是中国内地市场状况和交通的调查，如重庆商务、长江宜昌—镇江段的水路和经济、长江上游船长手册、上海吴淞江的疏浚、广西水上交通、云南西部贸易路线等等。此外，还收入了有关黄河堤坝、海员须知、台风规律、中国音乐，以及辛亥革命以来中国海关的税收等方面的调查。

第三系列杂项系列(Miscellaneous Series)，54 个编号，每个编号基本是一本书。以中国参加早期历次世界博览会的展品报告数量最多，包括 1873 年维也纳、1876 年费城、1878 年巴黎、1884—1885 年新奥尔良、1900 年巴黎、1902 年河内、1904 年路易斯安那、1905 年列日等多个世界博览会，以及 1880 年柏林国际渔业、1883 年伦敦国际渔业、1884 年伦敦世界卫生等专业博览会的展品详细介绍。各个博览会的报告往往都用相当的

---

①郑友揆：《我国海关贸易统计编制方法及其内容之沿革考》，《社会科学杂志》1934 年第 3 期，第 286 页。

篇幅介绍中国的通商口岸、人口经济和对外贸易的状况。

第三系列的其他的门类内容亦极为繁杂,大致包括:各海关关区地名录,海关内部出版品名称,海关法规和条例,海关的规则和办事程序,船货立据专章,各时期的关税表,进出口税及其分类表格,度量衡的换算,中国药材出口情况,中国灯塔分布图,四川船只,长江的帆船和舢板,上海的货船,中国和外国签订的条约与协定,朝鲜与大国签订的条约,1876—1889年大国在朝鲜的外交角逐,等等。其中,有的是数十年连续发表的专业期刊,如《中国沿海及内河航路标识总册》(List of Lighthouses, Light-vessels, Buoys, Beacons, etc., on the Coast and Rivers of China),约3000余页。

第四系列公务系列(Service Series),共75个编号,主要是为了某一方面的工作而长期发行的专刊。数量最多的是《总税务司通令》(Inspector General's Circulars),第1号发行于1861年,终结于1938年的第5700号。为总税务司赫德及其继任者下发海关各部门和各地海关的文件,以及与他们的内部信函,内容都属于海关内部的行政事务。此外,还有《海关职员名录》(Service List)、《指导外班工作人员的临时说明》(Provisional Instructions for the Guidance of the Out-door Staff)、《灯塔说明》(Lighthouse Instructions)、《编制贸易表格和关税收入的说明》(Instructions for Preparing Returns of Trade and Revenue, etc.)等不同的专刊。

除了专刊,一些可供研究海关内部工作的著名的文件,如《新关内班诫程》(Provisional Instructions for the Guidance of the In-door Staff)、《中国近代海关历史文件汇编》,也都属于第四系列。

第五系列办公系列(Office Series),132个编号,一个编号一个报告。相当部分为海关解决历年工作所遇到的问题的文献,例如:1876年古巴的中国移民,通商口岸的鸦片贸易和香港、广东沿海的鸦片走私与海关对策,九龙海关,关于1876年镇江外轮停泊与租界等问题的外交文书,长江沿线和苏州、杭州的厘金,常关的国内税收,港口疏浚,帆船的登记和管理,1865—1872年的关税修订,湖南岳阳开关报告,盐的生产和税收,以及1911年武昌起义和1933年长城各口商务等专项报告。还有一部分与商业和贸易的规则有关,如海关总税务司署向总理衙门提出的建立良好商业规范的建议书、通商口岸货物装卸章程。反映当时的金融状况,如通商口岸海关银号和本地货币、马蹄银的重量和价值、铜钱、中国的通货,也都有报告。此外,还有一些报告与灯塔灯船、关员名录、关员组织、各地常关报告、海运部门报告,以及海关关员在内地的旅行见闻有关。

第六系列督察系列(*Inspectorate Series*),10个编号,一个编号一个报告,内容包括电报码文本、海关出版物名单、关于修改长江通航条例的建议、1854年海关建立过程的回忆、1911年辛亥革命以来海关和常关税收的征收和支出、香港和内地海关,以及1911—1933年间总税务司的通告等。

第七系列邮政系列(*Postal Series*)。按滨下武志列出此系列的10种报告,其他人均未提到本系列。滨下武志读到其中的三项报告,第3号是北京等16地设立书信、包裹等业务及邮寄费用的规定,第4号是1878年设立主要通过轮船招商局处理与海外中国使馆通信工作的文报局的规定;第5号则规定在邮政、电报业务上采用中文发音罗马字化的方式。①笔者读到其中的两项:第6号《邮政地图地名索引》(*Index to the Postal Working Maps*),1903年出第一版;第10号《邮局名录和邮政指南》(*Postal Guide and List of Post Offices*),1910年出版,主要介绍各类邮局的工作以及各地邮局名称。

值得注意的是邮政报告的封面标示前后有所不同。第6号标明书是中国海关出版物,依据中国海关和邮政总税务司署命令出版,而第10号标明书是中国邮政出版物,由清朝邮传部编辑。按清朝邮政由海关创办,1896年3月20日清政府设立"大清邮政官局",任命赫德出任中国第一任总邮政司,仍由海关兼办邮政,直到1911年,海关连同人员、房产等一并移交邮传部。显然,"中国海关和邮政总税务司署"是1896年3月20日海关总税务司赫德兼任总邮政司以后,将"中国海关总税务司署"改后的名称,而第10号则是邮政归属邮传部以后的产物。令人费解的是1911年5月邮传部始正式接管中国邮政,而在此前近一年的邮政报告已不再用"中国海关和邮政总税务司署",径改为"邮传部"了。

---

①(日)滨下武志:《中国近代经济史研究:清末海关财政与通商口岸市场圈》,江苏人民出版社,2006,第801页。

除了以上的七个系列,还有数十本由中国海关总税务司署编辑或出版,但未列入任何系列之书,不妨简称为"系列外书"。根据《中国海关出版物目录》记载,系列外书达73种之多。笔者在哈佛查到36种,包括下述门类:

1.语言学著作,如《语言自迩集》《南京方言指南》《中文修辞手册》《英汉标准口语辞典》,以及中文教科书。

2.海关法典和工作手册,如海关法规汇编、上海海关工作手册、海关职员临时题名录,以及海关进口、出口和转口的税则和记载海关的起源、发展和活动的文献集。

3.银行和货币报告,如1901年的中国货币、1905年的银行和物价。

4.中外关系和朝鲜,如1689—1886年的中外条约和协定、1894—1895年的朝鲜政府。

以上的第二至第七系列,加上系列外书,一般都是一个编号一本书,但也有少量编号是一号多本书或者装订成多册的。它们是:

第二系列的《医学报告》,哈佛将80期装订为9册;

第三系列的《中国沿海及内河航路标识总册》,哈佛将其装成6册;

第四系列的《海关职员题名录,1884—1888,1902—1905》,共10册、《中国近代海关历史文件汇编1937—1940》,共7册;

系列外书的《语言自迩集》,三册;《海关职员临时题名录》,三册;《关税案牍汇编》,三册;《新关文件录》(*Text Book of Modern Documentary Chinese for the Special Use of the Chinese Customs Service*),两册。

以上所说的第二至第七系列加上系列外书,约达504期(卷)。如加上第一系列的506期(卷),共1010期(卷)。这一数字,还不包括日报、月册和月报在内。因此旧海关出版物可能是中国近代史研究最大的资料库。

除了卷帙浩繁之外,海关内部出版物更具有近代中文文献多不具备的优点:

第一,系统。自1860年开始,海关建立起一套严格的申报、汇总的制度,海关总税务司署在此基础上定期编辑发布报告,月有月报,季有季报,年有年报,专题有专题报告,单项活动有单项活动的报告。有的重要口岸甚至还有日报、周报或旬报。这种定期汇报、发布的制度，一直维持到1949年，其时间覆盖近代中国的80%的年度。在有关中国近代的各种文献中，估计没有比海关内部出版物更为系统的资料了。

第二，科学。海关出版物中的数据和文字描述，都是按照西方经济制度和科学标准，按统一的要求和格式汇总上报的，比清朝官员漫不经心的统计和士大夫的随意性描述明显具有科学性和严谨性。其实，中国今天仍在使用的经济、贸易甚至科学的词汇，相当一部分都首先出现在海关内部出版物中。由于这些词汇至今仍然使用，海关的各项报告均可拿来就用，不必转换成现代词汇。甚至医学报告也都由海关中的西医医生撰写，完全采用沿用至今的现代医学语言，医学史研究者同样可以拿来就用。

第三，内容五花八门，无所不包。海关内部出版物不仅是研究中国近代的海关史、对外贸易史的基本资料，也是研究交通史、产业史、政治史、医学史、生态变迁史和地区历史的多方面的资料宝库。以上第两至第七系列以及系列外书的内容，从部分报告的名称便可想到其内容之无所不包，而第一系列的贸易表格和贸易报告也同样涉及与贸易有关的一切：国内外经济形势和商品供求情况，影响中国进出口贸易的工农业生产和交通状况，政治动乱和自然灾害，中国百姓的消费习惯，金融与物价，城市建设，法律和法令，以及媒体和信息传播等多方面的内容。甚至研究近代的生态变迁，离开贸易报告也会困难重重。例如，自1860年代开始的长江近10个口岸的贸易报告，每年便有反映当地长江河段各月份水位涨落的曲线图，有关数据一目了然。而各城市最早的关于气温、降水的记载，最早的用科学方法绘制的城市地图，黄河、长江、闽江、西江等河流最早用科学方法绘制的河道图，往往都较早见诸各地的贸易报告。

第四，记载详实精细，且多用数据说明问题，远胜于绝大多数中国文献的笼而统之的描述。这方面的例子比比皆是。1889年8月22日和25日，宁波府境遭受大风大雨的袭击，良田受淹，灾民众多，乡志、县志、省志以及海关对此均有记载，而内容的丰简、准确程度，相差不啻天地。试引述如下：

中国地方志的记载：

奉化县光绪《忠义乡志》卷二十"祥异"："秋八月至十月雨不止，禾稼减收。"

光绪《慈溪县志》卷五十五"祥异"："自八月至十月淫雨大水，田禾淹腐。饥，减粮三分，于次年粮内除征。"

民国《续纂浙江通志》卷七十三"灾异"：鄞县，"八月，大雨不止，水暴涨，伤禾。"

海关贸易报告的记载：

"1889年8月22日和25日，8级大风伴以倾盆大雨，使宁波及周边地区大受其害。江河猛涨，水流湍急，冲走宁波城内2座浮桥，淹没外国租界堤岸，流入大街。周围农村遭水淹，多人淹死。24日降雨达10英寸，奉化地区500多幢房屋被水浪冲走，稻、棉等收成严重受损。同年9月20日，再次连续大雨，一直下到10月27日。许多地区洪水泛滥，人死财亡非常大。大部分收成损失，引起老百姓、士绅和官员的困苦和忧虑。米价暴涨，当地官衙每天为乡民所围困，叫嚷豁免捐税或其他方面的救援。许多地方发生动乱，有些富户住宅遭愤懑农民群起抢劫。到11月的上半月，天气良好，使农民获得一半的收成，事态好转，米价回跌。贫困者多有受雇于公益事业。为救济贫困，皇帝和太后发下10万两，本省藩台取出15万两，以及为此目的成立的委员会募集的大量钱款，得以度过随之而来的冬天，困苦减轻，不法行为也罕见。1890年春天以后，即不再有任何非常措施。"①

据上可见，乡志、县志和省志普遍记载简略而又笼统，只提下雨的时间，对水灾只是"禾稼减收""伤禾"寥寥数字。这些方志的记载，最长的26个字，最短的只有11个字，且少有定量分析。然而，当年的海关贸易报告，却用了近400字，予以详细的记载。不仅记载了风雨的时间、风力的级别、降雨量和宁波城内被冲走的浮桥数量、奉化县被冲走的房屋数

---

① 《浙海关十年报告（1882—1891年）》，载杭州海关译编《近代浙江通商口岸经济社会概况：浙海关、瓯海关、杭州关贸易报告集成》，浙江人民出版社，2002，第27—28页。

量,还记载了朝廷和浙江省发放的赈济银两的数量,甚至提到乡民包围官衙、富户遭抢劫,以及政府的有效赈济使不法行为大减。

类似中文文献记载简略且无数据,海关报告记载详细且有数据的例子,还可以找到许多。笔者在多年阅读海关报告和相关的中文文献上形成这样的印象:同样的事件,凡是海关报告有记载的,一般比中国文献的记载详细,且有数量的记载,而且还有一定的分析。因此,在近代史研究时,凡海关文献有所记载的,一般都应该阅读并利用。

总之,有关近代中国的资料固然浩如烟海,但类似海关出版物这样,在时间上覆盖近代中国80%的年度,在内容上如此丰富,在分析标准和统计方法上严格按照西方的科学制度,在论述上力求详细且常用数据的文献,却并不多见。中国旧海关出版物可以说是研究中国近代经济史,乃至近代其他方面的最大、最科学、最系统、最详实的资料宝库。

二、哈佛燕京图书馆:全球最大的中国旧海关出版物收藏单位

依据笔者的初步研究,哈佛燕京图书馆可能是全球最大的中国旧海关内部出版物的收藏单位。

以上曾提到,第一系列如果不计贸易日报、月册和月报,各类专刊共计506期(卷)。在这506期(卷)中,有多少为哈佛收藏呢?

1.《贸易统计季册 1869—1931》,约印行248期。哈佛大学拥有自1869年第一季度的第1期至1929年第1季度,除1882年、1883年以及1922年第1季度之外的全部239期季报,装订为67册。

2.《进出口贸易统计册 1859—1866》,在笔者所看到的61期报告中,哈佛拥有36期,装成14册。

3.《中国条约口岸贸易统计册 1867—1881》,共15期,哈佛都有,装成15册。

4.《条约口岸贸易报告 1864—1881》,共18期,哈佛都有,装成17册。

5.《〈贸易统计〉第24—61期和〈贸易报告〉第18—55期》,共38期,哈佛均有,装订成45册。

6.《通商各关华洋贸易总册》共 38 期。哈佛收藏光绪四年至三十四年(1878—1908)的总册,缺其中的光绪三十一年(1905),共 30 册。

7.《中华民国通商海关华洋贸易全年总册》,共 12 期,哈佛都有,装订成 12 册。

8.《海关中外贸易统计年刊 1932—1948》,共 60 册,哈佛都有。

9.《中华民国二十五年上海对外贸易统计年刊》,1 册,哈佛有。

10.《通商口岸的贸易、工业与口岸所在省份发展状况十年报告 1882—1931》,共 5 期,哈佛有,装订成 8 册。

11.《常关报告 1904—1907》,3 卷,哈佛有,装成 1 册。

12.《各关年度贸易报告和贸易册 1923—1928》,共 6 期,哈佛有,装成 10 册。

13.《中华民国二十五年上海对外贸易统计年刊》,笔者看到哈佛所收的,装成 1 册。

综上所述,在第一系列以上的 13 种报告中,哈佛收藏 464 期(卷),占全部 506 期(卷)的 91.7%,装成 281 册。可以说,第一系列基本部分哈佛绝大部分都有。而在第二至第七系列另加系列外之书的 504 期(卷)中,据笔者统计哈佛收有 212 期(卷),占 42%,装成 142 册。可以说,第二至第七系列外加系列外之书哈佛也占有一定的数量。

在我国,长期以来旧海关出版物主要深藏于一些档案馆,研究者不易查阅利用。1990 年代以来,一些原海关所在的省份,将本地收藏的有关当地口岸的年度贸易报告和十年报告翻译,内部出版,以供本地研究地方史之用,少数几种公开出版。2001 年京华出版社影印出版了 170 巨册的《中国旧海关史料》,不过,这套资料只影印了统计系列中的年度贸易统计、年度贸易报告与十年报告,这一系列的其他部分都没有收入,其他系列的任何部分更没有收入。因此,《中国旧海关史料》实际只收入了海关出版物的较小部分。

在哈佛所收的第一系列的年度贸易统计和贸易报告中,便有一些是《中国旧海关史料》未收的。它们是:

1.《进出口贸易统计册 1859—1866》。为我国最早的年度贸易册,缺少:上海,1861 年,第 10 卷;天津,1861 年 5—12 月,1862 年,第 14 卷;汕头,1860年7—12月,第12卷;厦门,1865年,第1卷;汉口,1865年,第6卷;淡水,1865年,第13卷。

2.《条约口岸贸易报告1864—1881》,共18期。

3.《通商各关华洋贸易总册》,缺1878、1880、1881、1885等4年。

4.《各关年度贸易报告和贸易册1923—1928》,共10大本。

5.1920年至1922年这三年的年度报告,没有单独出版,而是都放在各年第四季度的报告中,哈佛有,《中国旧海关史料》没有收入。

以上的年度贸易统计和贸易报告,哈佛有收而《中国旧海关史料》未收的差不多有40本,涵盖了1859—1881年、1885年、1920—1928年等33个年份,占了中国旧海关全部统计年度的37.5%。可以说,不看上述年度的年刊,近代中国约有1/4时间的对外贸易史不易搞清楚,并会少掉相当丰富的社会经济、政治、文化、自然变迁的资料。

为什么《中国旧海关史料》没有将这些年刊收入？能否将没有收入的原因,解释为出版《中国旧海关史料》的中国第二历史档案馆没有收藏这些资料？有的出版物没有收入,可能是编者对这些出版物没有认识。例如,《中国旧海关史料》没有收入1920年至1922年这三年的年度报告,应该是编者不清楚这三年的年度报告放在季报中,故没有将它们作为年刊收入,而不一定是没有书。当然,我们也有理由认为某些书的没有收入,是由于确实没有书。我在中国第二历史档案馆的旧海关资料目录中,确实没有发现相关目录。

《中国旧海关史料》"前言"说明此书的资料来源:1980年国务院办公厅向全国发出通知,将旧政权中央级的档案资料统归中国第二历史档案馆保存,原放在陕西华县海关总署档案资料后库、天津海关、上海海关三个地方的旧海关档案资料,集中到中国第二历史档案馆保存并整理。整理中发现尚有缺漏,于是在编辑《中国旧海关史料》时,又寻访了吉林、辽宁、北京、天津、山东、江苏、上海、浙江、湖南、江西、广东、广西等省市的部分图书馆、档案馆,进行补配。尽管如此,仍有部分年代(尤其是伪满时期)的海关资料尚未收齐。如此看来,中国第二历史档案馆收藏的旧海关档案,应是全国最多最全的,而《中国旧海关史料》编辑组搜集海关资料可谓不遗余力,那些未能收入的年刊,必定有一部分是该馆没有而在全国又一时没有找到的。因此,哈佛收藏的旧海关的年刊,不仅比较齐全,可能还有若干是中国第二历史档案馆缺少的。

哈佛所收的中国旧海关出版物,在统计系列的年刊以外的部分,以及其他的七个系列中,是否也有其他著名图书馆不容易看到的书籍?回答是肯定的。

英国伦敦大学的亚非学院(School of Oriental & African Studies,简称SOAS),是英国收藏中国旧海关资料最多的单位之一。查1973年该学院图书馆所编的书目《中国海关文献,1860—1943》(Papers Relating to the Chinese Maritime Customs, 1860-1943),该学院图书馆关于中国旧海关资料的收藏数量应该不如哈佛。在我查过的书中,特种系列的第2号《医学报告》、第41号《1911年辛亥革命以来中国海关的税收》(China's Customs Revenue since the Revolution of 1911);办公系列的第81号《盐的生产和税收》(Salt: Production and Taxation);杂项系列的第2号《通商口岸贸易统计1863—1872》(Trade Statistics of the Treaty Ports for the Period 1863-1872);第46号《海关出版物目录》(Catalogue of Customs Publication),都是哈佛有而亚非学院没有。

美国的研究图书馆协会(Association of Research Libraries,简称ARL)所属的中国研究资料中心,1970年代曾利用哈佛燕京图书馆所藏的中国旧海关出版物,制作名为《中国海关出版物》(Chinese Maritime Customs Publication)的微缩胶卷,共100卷,此后欧美一些大学也购得此胶卷,为目前国外一些专家研究近代中国的主要海关资料[1],而此微缩胶卷约只占哈佛所收中国海关出版物的小部分。就此分析,哈佛燕京图书馆毫无疑问是美国收藏中国旧海关出版物最多的单位。

滨下武志先生说他利用日本所收中国旧海关内部出版物研究中国近代经济史:"由于目前无法在某一个收藏机构浏览全部的海关发行物,所以本目录是参照了多个藏书机构的产物"。这些机构,主要属于东洋文库、一桥大学、东京大学等。他所附的书目注明了该书的收藏单位名单,

---

[1] 笔者曾向滨下武志先生讨教,他研究中国近代史时,利用过哪些国家的图书馆中的海关报告。他在信中将那些图书馆的名称一一告诉我,并特别指出:"我的主要的海关资料,是Center for Research Materials of Association of Research Libraries编辑的100卷胶卷。"

为我们展示了日本收藏中国旧海关出版物之一斑。例如,学者用的最多的第一系列,固然有一些专刊为某单位完整保存,但相当一部分专刊的不同期却分散在不同的图书馆。例如《条约口岸贸易报告1864—1881》,其不同的部分分别为东洋文库(1866—1867、1868Ⅰ—1880Ⅰ,1881Ⅰ)、内阁文库(1873—1880)、国立国会研究所(1876ptⅠ、1878 ptⅠ、1879 ptⅠ)所收藏。滨下先生所列的专刊在哈佛无不具备,只有少数专刊缺少其中的一二期。而第二至第七系列和系列外书,所列出收藏单位的报告只有69种,远少于哈佛的106种。滨下武志先生固然是为了自己的研究而查阅资料,那些与研究无关的未必会列入书目,但哈佛有而他在日本没有看到的海关报告中仍有相当一些对他研究实际有用,如果日本有他不可能不看。据此可见,日本收藏的中国旧海关出版物不仅总体少于哈佛,而且都分散在不同的图书馆。

综上所述,哈佛燕京图书馆无疑是全球收藏中国旧海关出版物最多的单位。如将其中没有出版的部分予以出版,无疑将大大方便各国学者的利用,为中国近代史研究打开最大、最可靠、最系统、最科学的资料宝库。在哈佛燕京图书馆的支持下,由笔者主编、广西师范大学出版社集团有限公司影印出版的《美国哈佛大学图书馆藏未刊中国旧海关史料(1860—1949)》,选择中外未曾出版的海关出版物约109种、278册,总页数达15万余页,已于2014年出版,可谓是中国近代史研究资料出版中的一件大事。

三、哈佛燕京图书馆所藏中国旧海关出版物的主要来源

哈佛燕京图书馆收藏的中国旧海关出版物的封面或扉页上,一般都有"Gift of ……,From ……"等表示图书来源的文字,用来说明赠书者的名字和赠送日期。我依据这些文字进行统计,得出印象如下:

第一系列的17种专刊中,除了《中华民国海关进出口贸易统计月报1932—1948》、《江海关进出口贸易统计月报1946》,以及《中华民国二十四年粤海关进出口贸易统计年报特刊》(*Yearly Returns of the Foreign and*

Interport Trade of Caton)等 3 种不甚重要的专刊之外,其余的 14 种都得之于赠送。

在第二至第七系列以及系列外书中,注明送书者名字和时间的只有 23 种,仅占哈佛所有的 106 种的 21.7%。第二至第七系列以及系列外未注明送书者名字的书,哈佛是得自于赠送而因某种原因重视不够未注明名字,还是并非得自赠送,至今已无法查考。如果考虑到第一系列的绝大部分都来自赠送,则第二至第七系列以及系列外之书也不排除相当部分来自赠送的可能性。

哈佛的中国旧海关内部出版物,主要来自杜德维(Edward B. Drew)、金登干(J. D. Campbell)或者他领导的中国海关伦敦办公室、中国海关总税务司署上海造册处(the Inspector General of Customs, Shanghai)的赠送;后期还来自马士(H. B. Morse)、科第奇(Archibald C. Cooledge)、苏珊·底斯特(Susan Green Dexter),以及费正清图书馆的赠送。由于中国旧海关出版物的销售渠道比较狭窄,全球范围只在少数几个城市的某一个书店代售,如果没有上述个人或单位的热情相助,哈佛大概不可能找到如此多的图书。这一点应该是哈佛拥有全世界最多的中国旧海关出版物的原因。

以上送书者中,底斯特的身份不清楚,科第奇是一个历史学家,费正清图书馆是著名的研究中国的机构费正清中心的图书馆,其余来自旧海关的机构或工作人员。送书的机构基本是中国海关总税务司署或它下属的伦敦办公室,送书的个人则都是中国海关总税务司署的重要工作人员。其中,杜德维(1843—1924)、马士两人曾长期担任海关总税务司署负责出版的造册处的负责人,而金登干一直是中国海关伦敦办公室的负责人,并和中国海关总税务司署的领导人赫德保持良好的个人关系。我也发现赫德本人送的旧海关出版物。显然,如果捐赠者没有这样的背景,哈佛大学便不可能在长达 90 年的时间中连续得到比较完整的旧海关出版物。

在上述送书者中,第一位送书者杜德维居住在波士顿,在哈佛大学取得学士和硕士学位以后,应赫德之邀进入中国海关总税务司署工作。另一位主要送书人马士虽然是英国人,但也毕业于哈佛大学。他们和金登干、赫德都保持良好的个人关系。对哈佛的感情或良好的朋友关系,或许是促使他们给哈佛大学送书的主要动力之一。

中国历史(1840—1949)研究的资料宝库:哈佛燕京图书馆所藏的中国旧海关出版物*

摘要:中国海关总税务司署从1860年开始,按照西方的管理和统计理念,建立起一套严格的申报、汇总的体制,内容包罗对外贸易、征税、缉私、航船停泊、引水、沿海灯塔和航标、疏浚航道、气象观测、疾病检疫、邮政、华工出国、参加世界博览会等多项业务。因数据和文字描述均按照西方经济制度和科学标准,按统一的要求和格式汇总上报,具有较高的科学性和严谨性。哈佛燕京图书馆是中国以外收藏旧海关出版物最多的单位之一,该馆所收的年度贸易统计和贸易报告,有一些是《中国旧海关史料》所未收,并有一些报告和文件是中国以外的其他图书馆如英国伦敦大学的亚非学院所未收的。所藏的中国旧海关出版物,可能90%以上都来自校友赠送,其中有杜德维(Edward. B. Drew)、金登干(J. D. Campbell)或他领导的中国海关伦敦办公室、马士(H. B. Morse)、阿奇柏德·科第奇(Archibald C. Cooldege)、苏珊·底斯特(Susan Green Dexter)以及费正清图书馆。

关键词:旧海关出版物;哈佛燕京图书馆;贸易报告

---

* 本文为吴松弟2006年10月15日在美国哈佛大学费正清中心专场报告的报告稿,报告由哈佛燕京学社、哈佛燕京图书馆、费正清中心联合主办。

一、中国旧海关出版物的学术价值

在近代中国(1840—1949)的历史进程中,海关扮演了重要的角色。

中国近代的海关,是由外国人创立的。海关的最高领导总税务司一职长期由外国人担任,总税务司署和各地海关的关员大多是外国人。到了清朝后期,由于中国官员的无能和低效,朝廷将大部分负责征收沿海的国内贸易的常关也交由海关接管。近代海关除了承担管理对外贸易、征税、缉私等海关的基本职能,还负责各地的航船停泊、引水、沿海灯塔和航标的设置与保养、疏浚航道、气象观测等工作。此外,各口岸的疾病检疫也由海关负责。

除了上述和海关业务有关的活动,海关还负责以下的多种业务:

办理邮政。中国最早的邮政通信业务,是由海关试办的,以后又通过海关推向全国。1896 年,海关奉旨在全国范围内全面开办邮政官局。

准领事业务。近代和中国进行对外贸易的国家,有的和中国有领事关系,有的没有领事关系,没有领事关系的国家对外贸易的有关业务通过海关代办。

处理华工出国事宜。19 世纪 60 年代,中国沿海掠卖华工的现象日益严重,总理衙门赋予海关总税务司处理华工出国任务。

清偿对外赔款。自 1869 年起,有关对外赔款大抵以海关洋税作抵押,由海关负责清偿。

主办各类在国外召开的博览会。从 19 世纪 60 年代开始直到 1905 年,在国外召开的各种博览会,清政府无不请海关专办。

参与各种外交与洋务活动。如改造同文馆,派遣留学生出国,协助处理使节出访,在中国设立外国使领馆,经办新式海军,购买外国军火,等等。这些活动,主要是由总税务司提出,经总理衙门首肯的。总税务司署还为总理衙门起草、翻译外交文件,充当清政府官员出使外国的随员,参加通商贸易关税的谈判。可以说总理衙门所有外事工作,几乎都是依靠海关总税务司去办。

为了顺利地完成上述各项业务,中国海关总税务司署从 1860 年开始,按照西方的管理和统计理念,建立起一套严格的申报、汇总的体制。

为了便于出版和下发,总税务司署还设立类似现在出版社的造册处,印行了各种供各海关人员和地方官员阅读的出版物。这种制度,一直维持到1949年。

海关的出版物种类众多,一般分为七大系列,第一类统计系列(Statistical Series)是最主要的出版物。第一类中,最重要的是贸易统计(Trade Return)和贸易报告(Trade Report),贸易统计基本上是数据,贸易报告则以文字论述为主。从1882年起,贸易统计和贸易报告合并,以全国与各海关为单位,先有全国总述,再有各海关的论述。原先只使用英文,后来同时用英文和中文,中文称《华洋贸易情形论略》,民国以后称《通商各关华洋贸易总册》。总税务司和各地的税务司通过统计和报告,分析各地的贸易情况和相关的政治、经济、交通、自然灾害等方面的状况。《华洋贸易情形论略》主要提供给清朝的中央和口岸地区的官员阅读,供他们及时了解贸易状况和影响贸易的各种因素,以便解决相关的问题。统计系列中的各种统计和报告,基本上都是定期发表的,有的是月报,有的是季报,有的是年报。因内容广泛,本系列又分成七大系统种类,每种类各含若干种出版物。

到了1882年,为了更全面地了解中国,海关总税务司署又下令编撰十年报告。它从1882年编起,一直编到1931年,共出了五期,每期至少厚厚两大本。十年报告以文字为主,少量统计为辅,有时还附有相当详尽的地图,用以显示海关关区和关区内的山河、交通、城市、村镇。报告内容各期不一,但都相当庞杂,例如,第三期(1902—1911年)的内容涉及21项:贸易与航运、税收、鸦片、货币和金融、人口、港口设施、灯塔航标、邮政电报、各省行政和省谘议局、司法、农业、矿业、制造业、铁路公路、教育、卫生、移民、物价和工资、饥荒和灾害、传染病、陆海军、当地报刊。十年报告详述各关所在省区10年间的经济社会变迁,涉及方方面面,宛如一部区域社会经济百科全书。按照总税务司署的要求,报告必须客观真实,并且不得随意评论。

统计系列以外的六个系列,即特种系列(Special Series)、杂项系列(Miscellaneous Series)、关务系列(Service Series)、官署系列(Office Series)、总署系列(Inspectorate Series)、邮政系列(Postal Series),定期、不

定期地出版，列入各系列的报告，几乎都是海关人员所写，针对某一问题的专项调查报告或专业论文。涉及面极广，从各地的鸦片、渔业、棉织业、丝织业、茶叶、大豆的生产和贸易状况，到人民的消费行为、水陆交通、金融、传染病、外交乃至中国的音乐，都有详细深入的调查和研究报告。这些报告，大部分是一本书，但也有一些是逐年报告，数量可观。例如医药报告（Medical Reports），由各地海关中的外国医生负责撰写，自1870年开始到1911年停止，大致每半年一本，形成了80期、68本报告，成为研究中国近代疾病卫生的不可多得的资料。

旧海关的出版物卷帙浩繁，系统复杂，种类众多，再加上漫长的约90年中各种报告的名称的一再改变，出版物的情况至为复杂，一共有多少种书，很难一下回答清楚。现将我于2003年和2006年在哈佛大学访问期间，查阅过的统计系列的数目罗列于下，以见一斑。

1.《进出口年度贸易册1859—1866》（Customs Gazette, 1869-1913），共132本。

2.《贸易季册1914—1919》（Quarterly Returns of Trade, 1914-1919），共6本。

3.《贸易册1920—1923》（Trade Returns, 1920-1923），《贸易季册1924-1931》（Quarterly Returns of Trade, 1924-1931），共12年，分散成册，如将一年合为一册，可得12册。

4.《进出口年度贸易册1859—1866》（Returns of the Import and Export Trade, 1859-1866），共39册，装成14大本。

5.《中国各通商口岸贸易月报》（Monthly Returns of the Foreign Trade of China），1936—1948年，一月一卷，共59卷，每年4本，共19本。

6.《1867—1881年中国通商各口年度贸易册》（Returns of Trade at the Ports in China Open by Treaty, 1867-1881），一年一本，共15本。

7.《1882—1919年中国通商各口年度贸易册和贸易报告》[Return of Trade（$24^{th}-61^{st}$ Issue）and Trade Report（$18^{th}-55^{th}$ Issue），1882—1919]。一年装成一本，共38本。

8.《1864—1881年中国各口年度贸易报告》（Reports on trade at the treaty Ports For the year, 1864-1881），一年一本，共17本。

9.《中华民国十二年至十七年各关年度贸易册和全年册论》(Annual Trade Report and Returns, 1923-1928),一年两本,共 10 本。

10.《中国各通商口岸贸易月报》(Monthly Reports on Trade at the Ports in China Open by Treaty to Foreign Trade),1867 年出版,共 6 卷,装成一本。

11.《中国国际贸易 1920—1931》(Foreign Trade of China, 1920-1931),一年一本,共 12 本。

12.《海关中外贸易统计年刊》(The Trade of China, 1932-1948),每年两至四册,共 32 本。

13.《通商各关华洋贸易总册》(Chinese Version on Return of Trade and Reports of Trade, 1878-1912),一年一本,共 35 本。

14.《十年报告》(Decennial Reports)1882—1931 年,每 10 年一期,每期两大本,共 10 大本。

15.《常关贸易统计》(Native Customs Trade Returns),一本。

以上 15 种,共计 354 本。

统计系列以外的六个系列,每个系列又由若干种所组成,一共达 315 种。大部分是一种一本书,但也有的一种又包括若干册书,如以上提到的特种系列中的医学报告,便有 68 册之多,哈佛图书馆将几年装成一本,也达到九大本。除了上述各个系列,还有一些未列入系列的零散报告,称为"他类之书"(Customs Publications not included in any of the Foregoing Series),也达百余种。因此,中国旧海关 90 年的出版品,可用"卷帙浩繁"加以形容。

必须指出,有一些事物和历史事件,在中国人看来极为平常因而不值得一记,但在西方人看来因不同于西方却值得一记,海关出版物中的类似记载弥补了中文文献的不足。

还需指出,海关出版物中的数据和文字描述,都是按照西方经济制度和科学标准,按统一的要求和格式汇总上报的,比清朝官员漫不经心的统计和士大夫的随意性描述性的记载,更具有科学性和严谨性。中国早期科学意义上的统计数据和制度名词,相当一部分都是首先出现在海关贸易统计和报告中。

总之,有关近代中国的资料固然浩如烟海,但类似海关出版物这样,在时间上覆盖近代中国的80%的年度,在内容上如此丰富,在分析标准和统计方法上严格按照西方的科学制度的资料库,却极为少见。海关出版物不仅是研究中国近代的海关史、对外贸易史的基本资料,也是研究交通史、产业史、政治史、医学史、生态变迁史和地区历史的多方面的最重要的资料宝库,其对近代史研究的重要意义绝对不能忽略。

二、哈佛燕京图书馆所藏的中国的旧海关出版物

在中国,旧海关出版物长期封存于各地的档案馆,研究者很难查阅利用。1990年代以来,一些原海关所在的省份,将本地档案馆收存的有关本地口岸的年度贸易报告(Trade Reports)和十年报告(Decennial Reports)翻译,以供编撰地方志,少数几种公开出版。2001年在中国第二历史档案馆和海关总署办公厅的合作下,京华出版社影印出版了170巨册的《中国旧海关史料》,为研究全国和各口岸的贸易情形和经济变迁提供了莫大的方便。这套资料影印统计系列中的年度贸易统计、贸易报告与十年报告,这一系列的其他部分和另外系列的任何部分都没有收入,实际上只收入了海关出版物的很小部分。即使是年度贸易统计和贸易报告,也有一些年度未被收入。

哈佛燕京图书馆是中国以外收藏中国旧海关出版物最多的单位之一,该馆所收的年度贸易统计和贸易报告,便有一些是《中国旧海关史料》未收的。它们是:

1.《进出口年度贸易册1859—1866》(Returns of the Import and Export Trade, *1859-1866*)。为最早的年度贸易册,其中下列各册为哈佛有而《中国旧海关史料》未收:上海,1861年,第10卷;天津,1861年5—12月、1862年,第14卷;汕头,1860年7—12月,第12卷;厦门,1865年,第1卷;汉口,1865年,第6卷;淡水,1865年,第13卷。

2.《1864—1881年中国各口年度贸易报告》(Reports on Trade at the Treaty Ports for the Year *1864-1881*)。共17册,1865—1882年出版。哈佛有,《中国旧海关史料》均未收。

3.《通商各关华洋贸易总册》(Chinese Version on Return of Trade and Reports of Trade)。1878年、1880年、1881年、1885年共四年的《通商各关华洋贸易总册》,为《中国旧海关史料》所无,而哈佛燕京图书馆有收。

4.《中华民国十二年至十七年各关年度贸易册和全年册论》(Annual Trade Report and Returns, *1923-1928*)。共10大本,哈佛收藏,《中国旧海关史料》未收。

5. 1920年至1922年这三年的年度报告,没有单独出版,而是放在这三年第四季度的报告中,哈佛有,《中国旧海关史料》没有收入。

以上的年度贸易统计和贸易报告,《中国旧海关史料》应收而未收但哈佛燕京图书馆有收藏的图书,差不多有40本,涵盖了1859—1881年、1885年、1920—1928年等33个年份,占中国旧海关全部统计年度的37.5%。可以说,不看上述年度的年刊,近代中国约有1/4时间的对外贸易史不易搞清楚,并会少掉相当丰富的社会经济、政治、文化、自然变迁的资料。

我们可能会问:为什么《中国旧海关史料》没有将这些年刊收入？能否将没有收入的原因,解释为出版《中国旧海关史料》的中国第二历史档案馆没有收存这些资料？我还没有看到这个档案馆的旧海关资料目录,目前还难以下结论。有的出版物没有收入,可能是由于编者没有认识到。例如,《中国旧海关史料》没有收入1920年至1922年这三年的年度报告,应该是编者不清楚这三年的年度报告放在季报中,而不一定是没有书。当然,我们也有理由认为某些书的没有收入,是由于确实没有书。

《中国旧海关史料》"前言"说明此书的资料来源:1980年国务院办公厅向全国发出通知,将旧政权中央级的档案资料统归中国第二历史档案馆保存,原放在陕西华县海关总署档案资料后库、天津海关、上海海关三个地方的旧海关档案资料集中到第二历史档案馆保存并整理,整理中发现尚有缺漏。在编辑《中国旧海关史料》时,又寻访了吉林、辽宁、北京、天津、山东、江苏、上海、浙江、湖南、江西、广东、广西等省市的部分图书馆、档案馆,进行补配,但仍有部分年代(尤其是伪满时期)的海关资料尚未收齐。如此看来,中国第二历史档案馆收藏的旧海关档案,应是全国最多最全的,而《中国旧海关史料》编辑组搜集海关资料可谓不遗余力,那些未能收入的年刊,必定有一部分是该馆没有而在全国又一时没有找到的。因此,哈佛燕京图书馆收藏的旧海关的年刊,不仅比较齐全,可能还有若干是中国第二历史档案馆缺少的。

哈佛燕京图书馆所收的中国旧海关出版物,在统计系列的年刊以外的部分,以及特种系列、杂项系列、关务系列、官署系列、总署系列以及邮政系列中,是否也有其他著名图书馆不容易看到的书籍? 回答是肯定的。

英国伦敦大学的亚非学院(School of Oriental & African Studies,简称SOAS),是英国收藏中国旧海关资料最多的单位之一。查1973年亚非学院编的书目 Papers relating to the Chinese Maritime Customs, 1860-1943,此学院所收的一些书特别是书信和档案,哈佛燕京图书馆不曾收藏,但哈佛燕京图书馆所收的一些出版物,此学院却也不曾收藏。在我查过的书中,特种系列的 No.2 Medical Report, No.41 China's Customs Revenue since the Revolution of 1911;官署系列的 No.81 Salt: Production and Taxation;杂项系列的 No.2 Trade Statistics of the Treaty Ports for the Period 1863-1872, No.46 Catalogue of Customs Publication,都是哈佛有而亚非学院没有。而这些书,论述中国的医药和卫生、1911年辛亥革命以后的中国税收、盐的生产和盐税,以及在1873年的世界博览会上介绍中国各港口的贸易状况,都是重要的研究资料。

美国的研究图书馆协会(Association of Research libraries,简称ARL)所属的中国研究资料中心(Center for Chinese Research Materials),曾利用哈佛燕京图书馆所藏的中国旧海关出版物,制作名为 Chinese Maritime Customs Publication 的微缩胶卷,共100卷,向美国各大学图书馆销售。就此分析,哈佛燕京图书馆应该也是美国收存中国旧海关出版物最多的单位。

三、哈佛燕京图书馆所藏的中国旧海关出版物的来源

哈佛燕京图书馆收藏的中国旧海关出版物的封面或扉页上,一般都有"Gift of ……,From ……"等表示图书来源的文字,凡注明这些文字的

图书有理由表明来自个人或单位赠送。据笔者的粗略估计,哈佛燕京图书馆所藏的中国旧海关出版物有可能90%以上都是赠送的。笔者根据这些文字,整理出赠书者名单如下,表中凡是逐年出版的出版物,都写出所送书的出版年代;凡是单本书,则只写"book"。

向哈佛捐赠中国旧海关出版品的个人和单位名字及其所赠图书

Publication	Sir.Edward B. Drew	Sir J.D.Campbell or Chinese Customs Office, London	the Inspector General of Customs, Shanghai	others
1.Customs Gazette,1869-1913	1869,1874-1879	1871-1874, 1879,1881	1870,1880,1881	
2.Returns of the Import and Export Trade, 1859-1866	1859-1866			
3.Reports on Trade at the Treaty Ports for the Year 1864-1881	1864-1869,1871-1877	1878-1879, 1870,1880,1881		
4.通商各关华洋贸易总册(Chinese Version on Return of Trade and Reports of Trade)	1878-1879	1880-1908		
5.Annual Trade Report and Returns,1923-1928	1923-1928			
6.Native Customs Trade Returns 1902-1906	1902-1906			
7. Monthly Reports on Trade at the Ports in China openby Treaty to Foreign trade 1866-1867	1866-1867			
8.Trade Statistics of the Treaty Ports for the Period 1863-1872	1863-1872			
9.Med.Reports,1871-1873	1874-1879	1872-1873,1879-1881	1871,1882-1904	
10.Returns of Trade at the Ports in China Open by Treaty, 1867-1881	1872-1878	1871,1879-1880	1867-1870, 1881	
11. Return of Trade and Trade Report,1882-1919	1882,1884	1883,1885-1919		

续表

Publication	Sir.Edward B. Drew	Sir J.D.Campbell or Chinese Customs Office, London	the Inspector General of Customs, Shanghai	others
12.Decennial reports 1892-1901, 1902-1911				the Library of John King Fairbank,1922-1931
13.Foreign Trade of China 1920-1931			1920-1927	Susan Green Dexter 1928-1931
14.The Trade of China 1932-1948				Susan Green Dexter 1932 Archibald C. Cooldege 1910-1928. 1933-1940
Special series				
1.Silk			book	
2.Opium			book	
3.Chinese music			book	
4.Opium:crude and prepared			book	
5.Tea				H.B.Morse, book
6.Opium: historical note, or The poppy in China				H.B.Morse, book
7.An Inquiry into the Commercial Liabilities and Assets of China in International Trade, 1904				H.B.Morse, book
8.The Soya Bean of Manchuria			book	
Office series				
1.Chinking: China navigation company's hulk "cadiz"				H.B.Morse,book
2.Reports on Smuggling at Canton				H.B.Morse,book
3.Working of likin collectorates: Kiukiang, Soochow, and hangchow.				H.B.Morse,book
4.Yochow				H.B.Morse,book
5.Salt: production and taxation			book	
Miscellaneous series				

Publication	Sir.Edward B. Drew	Sir J.D.Campbell or Chinese Customs Office, London	the Inspector General of Customs, Shanghai	others
1.Special catalogue of the Ninpo collection of the exhibits for the international fishery exhibition, Berlin, 1880.			book	

据表可见,哈佛的中国旧海关出版物,主要来自杜德维(Edward B. Drew)、金登干(J. D. Campbell)或者他领导的 中国海关伦敦办公室(Chinese Customs Office, London)、中国海关总税务司署上海造册处(the Inspector General of Customs, Shanghai)的赠送;后期还来自马士(H.B. Morse)、阿奇柏德·科第奇(Archibald C. Cooldege)、苏珊·底斯特(Susan Green Dexter),以及费正清图书馆(Library of John King Fairbank)的赠送。由于中国旧海关出版物的销售渠道比较狭窄,只在上海、伦敦、香港、横滨、新加坡、纽约这些城市的某一个书店代售,如果没有上述个人或单位的热情相助,哈佛图书馆大概不可能找全如此多的图书。

以上送书者中,苏珊·底斯特的身份不清楚,阿奇柏德·科第奇是一个历史学家,费正清图书馆是著名的研究中国的机构,其余的机构或是中国海关总税务司署或它下属的伦敦办公室,个人都是中国海关总税务司署的重要工作人员。其中,杜德维(1843—1924)、马士(历史学家,以三卷本《中华帝国对外关系史》最出名)都曾长期担任海关总税务司署负责出版的造册处(The statistical department of the inspector General of Customs)的负责人,而金登干一直是中国海关伦敦办公室的负责人,并和中国海关总税务司署的领导人赫德(Robert Hart)保持良好的个人关系。我们有理由猜测,中国海关总税务司署或它的伦敦办公室之所以能够长时期给哈佛送书,无疑是杜德维、马士,金登干等人促成的,或者是这些机构沿袭他们送书的传统,而有些用这些机构名义送的书,可能就是杜德维、马士,或者金登干送的。有迹象表明,长期送书得到海关总税务司署领导人赫德的支持。显然,如果捐赠者没有这样的工作背景,哈佛大学便不可能得到长达90年丰富而又种类复杂,但却又比较完整的海关出版物。

在上述送书者中,第一位送书者杜德维居住在波士顿,在哈佛大学取得学士和硕士学位以后,应赫德之邀进入中国海关总税务司署工作。另一位主要送书人马士虽然是英国人,但也毕业于哈佛大学。他们和金登干、赫德都保持良好的个人关系。对哈佛的感情或良好的朋友关系,或许是促使他们给哈佛大学送书的主要动力。

《美国哈佛大学图书馆藏未刊中国旧海关史料(1860—1949)》*前言

1858年清政府在第二次鸦片战争中失败,被迫与英、法、美等国签订《天津条约》,附约《通商章程善后条约》确立由总理各国事务大臣邀请英、法、美人帮办税务的做法。此后,海关的最高领导总税务司一职长期由外国人担任,总税务司署和各地海关的关员大多是外国人。到了清朝后期,由于中国官员的无能和低效,朝廷将大部分征收沿海国内贸易税收的常关也交由海关接管。近代海关除了承担管理对外贸易、征税、缉私等海关的基本职能,还负责各地的航船停泊、引水、沿海灯塔和航标设置与保养、疏浚航道、气象观测、各口岸的疾病检疫等工作。海关还负责办理中国最早的近代邮政通信业务和准领事业务、处理华工出国事宜、清偿对外赔款、主办各类在国外召开的世界博览会。同时,还参与各种外交与洋务活动,如改造同文馆、派遣留学生出国、协助处理使节出访、在中国设立外国使领馆、经办新式海军、购买外国军火、充当清政府官员出使外国的随员、参加通商贸易关税的谈判等。可以说,在近代中国的历史进程中,海关扮演了重要的角色。

1859年1月英国人李泰国首任中国海关的领导人总税务司,为了顺利地完成各项业务,开始按照西方的做法,建立包括统计和出版在内的海关管理制度。1859年起陆续出版的各口岸的《进出口贸易统计》(Returns of the Import and Export Trade)①,被看成是海关最早刊行的内部出版物。1863年冬英国人赫德接任李泰国的职务,开始担任长达近半个世纪的中

---

* 吴松弟整理,广西师范大学出版社2014—2016年出版,共283册。

① 据海关贸易报告《常关贸易统计》(Native Customs Trade Returns)第三卷扉页所载。

国海关总税务司。赫德努力扩大海关业务,逐步建立全面而系统的海关管理制度,贸易统计的格式也逐渐形成。

1864年赫德颁发当年的第1号"总税务司署通令",指出设在上海的江海关税务司已奉命承办全国海关的出版事务,要求各关税务司将1863年的贸易统计册送交江海关税务司出版。① 在当年第8号"总税务司通令"中,赫德明确要求:"每个月末,各税务司应向总税务司呈送简短的月报,内容包括当月发生的主要事件、口岸贸易情况、税收摘要、办公支出以及罚没款数额。总税务司要求各位税务司对此项工作必须十分认真,使得贸易统计(尤其是汉文格式)各细节都必须准确无误,书写整洁并无涂改。"②按照第1号通令,月报以及其他的贸易报告实际上都送到江海关出版。第二年(1865年)1月6日,赫德发出当年的第3号通令,重申各关须向江海关税务司递送本年度贸易统计年度报告以供出版的规定,并规定报告的日期应为1月31日,要求报告力求内容正确、生动。③ 自1867年起,赫德指定各口副税务司负责统计造册。

1865年海关总税务司署在上海设立了一家印书房(Printing Office)与表报处(Returns Department),专门印刷各关的贸易报告和统计。此后,由于海关统计与报告数量的逐渐增多,设在上海的印刷与表报部门工作量骤增,海关统计与出版工作的重要性愈见增强。1873年10月27日,根据赫德的第17号"总税务司通令",将江海关的印书房与表报处合并,并从江海关独立出来,成立Statistical Department,中文名为造册处,归总税务司署管辖,仍设在上海。④ 1932年Statistical Department的中文名改称统计科。

造册处须向各海关提供统一表格和单据,编印海关季度、年度的贸易

---

① 黄胜强:《旧中国海关总务司署通令选编》第一卷(1861—1910年),中国海关出版社,2003,第27页。
② 刘武坤译,虞佩曹校《海关总税务司赫德1864年第8号通札》,《历史档案》1999年第2期。
③ 黄胜强:《旧中国海关总务司署通令选编》第一卷(1861—1910年),中国海关出版社,2003,第38页。
④ 黄胜强:《旧中国海关总务司署通令选编》第一卷(1861—1910年),中国海关出版社,2003,通令第17号(第一辑),第179—180页。

报告、统计以及其他正式或非正式出版的书籍,逐渐形成了一套规范、完整、有序的编印、发行的制度。一直高效运行到1941年12月7日太平洋战争前,抗战胜利后恢复工作到1949年。目前所知李度、丁贵堂组织编写的《海关制度概略丛刊》12种,署名为"总税务司统计科",于1949年5月出版,这部丛刊或许是旧海关所出的最后一批图书。①

学术界对保留下来的大量的旧海关文献,往往统称为"海关文献""旧海关资料""海关报告"或"海关贸易报告"。笔者依据自己的阅读体会,以为学界所讲的"海关文献""旧海关资料",应指包括各种海关档案和海关出版物在内的全部海关文献,而"海关报告"应指海关处理内外事务形成的各种报告,"海关贸易报告"有时专指关于贸易状况的报告,因海关业务多与贸易有关,有时亦泛指海关的各种报告。

上述文献,就其形式而言,又可分为出版物或非出版物两种。海关出版物,严格说来应称为"旧海关内部出版物",是指由中国海关总税务司署的造册处(后期称统计科)刊印,或由总税务司署请人撰写的出版物。由于它是用铅字排印、以书本形式出版的出版物,因此不同于保持原始面貌的其他海关报告、文献、资料和源文件。撰写和出版这些出版物的主要目的,是海关工作的需要,并非为了向公众发售。海关总税务司署1882年2月2日发的第179号通令,规定海关当时已出版的六类丛书中,只有"统计、专著(即特种丛书②)、杂项类面向公众出版",而"关务类供全关使用,办公类供主管人员使用,总署类供总税务司使用";而统计、专著、杂项此三类丛书的出售,都是在海关内部赠送和造册处留存以后,换言之,只有剩余部分才可以发售。③ 估计在1883年以后才开始在上海、香港、伦敦、横滨等四个国内外著名商埠的各一家书店,公开出售《通商各关华

---

① 参见章宏伟《海关造册处与中国近代出版》,载章宏伟著《十六—十九世纪中国出版研究》,上海人民出版社,2011。
② 按"特种"在"选编"中译为"专著",英文为Special,海关总税务司署统计科1936年2月印行的汉文版《海关图书出版目录》,将其译为"特种",应从之。
③ 黄胜强:《旧中国海关总税务司署通令选编》第一卷(1861—1910年),《为发海关出版物分发、保管及使用之指令事》,中国海关出版社,2003,第247页。

洋贸易总册》等用中文刊行或一书同用中英两种文字的海关出版物。①因此,由中国海关总税务司署造册处刊印,或由总税务司署请人撰写、在另外出版社出版的出版物,可统称为"中国旧海关内部出版物"。

一、中国旧海关内部出版物的结构和学术价值

海关内部出版物结构复杂,种类众多。要对之进行全面利用,必须首先了解之。

旧海关出版物的内容丰富多彩,系统极其复杂,分成第一类统计丛书(Statistical Series)、第二类特种丛书(Special Series)、第三类杂项丛书(Miscellaneous Series)②、第四类关务丛书(Service Series)、第五类官署丛书(Office Series)、第六类总署丛书(Inspectorate Series),以及第七类邮政丛书(Postal Series)等七大丛书。此外,还有七八十本甚至更多由中国海关总税务司署编辑或出版,但未列入任何丛书之书(可称"他类之书")。

各类丛书均收入较多的出版物,有的内部又有着复杂的次一级的期刊或报告系列。例如,统计丛书最重要的是贸易统计(Trade Return)和贸易报告(Trade Report)两大期刊系列,贸易统计大多是统计数据,贸易报告则以文字论述为主。两者都于1860年代陆续形成,最初以各口岸为单位。从1882年起,年报中的贸易统计和贸易报告合并,以全国与各海关为单位,先有全国总述,再有各关之论述。原先只使用英文,后来同时用英文和中文,中文称《华洋贸易情形论略》,民国以后称《通商各关华洋贸易总册》。总税务司和各地的税务司通过贸易统计和贸易报告,分析各地的贸易和相关的政治、经济、交通、自然灾害等方面的状况,《通商各关华洋贸易总册》则提供给清朝的中央和口岸地区的官员阅读,供他们了解贸易状况和影响贸易的各种因素,以解决相关的问题。本丛书中的各种贸

---

① 参见吴松弟《中国旧海关出版物评述:以美国哈佛燕京图书馆收藏为中心》,《史学月刊》2011年第12期,第54—63页。

② 海关总税务司署统计科1936年2月出版过中文版的《海关出版图书目录》,列出第一至第三丛书之名,并将未被各丛书所收的书的总名,译为"他类之书",并列出第一至第三类丛书所属的部分书的中文译名。为统一起见,本刊中的各丛书及其下各书的中文译名,首先依据此书,如此书无记载再由整理者据英文译出。

易统计和贸易报告基本上定期发表,有的是月报,有的是季报,有的是年报,某些重要的海关如江海关、粤海关还有日报和旬报等。其中,年报是统计丛书的主体部分,学界用来研究近代中国进出口贸易的资料大部分来自于此。

1882 年海关总税务司署又下令编撰《最近十年各埠海关报告》(Decennial Reports on the Trade, Industries, etc., of the Ports Open to Foreign Commerce, and on the Condition and Development of the Treaty Port Provinces)。它从 1882 年编起,每十年编一次,一直编到 1931 年,共出 5 期。内容各期不一,但都相当庞杂,例如,第三期(1902—1911 年)的内容涉及 21 项:贸易与航运、税收、鸦片、货币和金融、人口、港口设施、灯塔航标、邮政电报、各省行政和省议会、司法、农业、矿业、制造业、铁路公路、教育、卫生、移民、物价和工资、饥荒和灾害及传染病、陆海军、当地报刊。十年报告详述各关所在省区 10 年间各方面的经济文化社会变迁,宛如一部区域百科全书。它以文字为主,少量统计为辅,有时还附有相当详尽的地图,用以显示海关关区范围和关区内的山河、交通、城市、村镇。

除此之外,统计丛书还包括《常关贸易统计》(Native Customs Trade Returns)以及一些重要海关如江海关、粤海关的报告等。

考虑到统计丛书中日报、月表、月报属于基础报告的性质,学者们基本依靠季度、年度和 10 年度的报告进行研究,而且相当一部分日报、月表和月报无从得知收藏情况,我们不必对全部报告进行统计,只需统计季度、年度和 10 年度的报告。据整理者统计,季度、年度、10 年度全部共有 506 期或卷。①

统计丛书之外的其他六类丛书的编排格式与之颇不相同。大致可分为两种类型,一种是针对某一具体事物或活动的专项报告或专业论文;另一种是定期出版的专刊,如第二类中的《医学报告》(Medical Reports),第三类中的《中国沿海及内河航路标识总册》(List of Lighthouses, Light-vessels, Buoys, Beacons, etc., on the Coast and Rivers of China),第四类中的

---

① 吴松弟:《中国旧海关出版物评述:以美国哈佛燕京图书馆收藏为中心》,《史学月刊》2011 年第 12 期。

《总税务司通令》(Inspector General's Circulars)、《海关职员题名录》(Service List)等。各类丛书都有自己特定的工作内容。

第二类特种丛书,45个编号。最大的门类是医学报告,自1871年到1910年结束,每半年为一期,共出了80期。除医学报告之外,本丛书几乎都是一个编号一本书,主要为与贸易商品产销有关情况的调查报告。内容五花八门,首先是土产鸦片、进口鸦片、浙江蚕桑、东北柞蚕丝、长江中游的药材、南方茶叶、东北大豆、黄麻等商品进出口情况的调查。其次是中国内地市场和交通状况的调查,如重庆商务、长江宜昌—镇江段的水路和经济、长江上游宜渝间航行指南、上海吴淞江的疏浚、广西水上交通、云南西部贸易路线等。此外,还收入了有关黄河堤坝、海员须知、台风规律、中国音乐,以及辛亥革命以来中国海关的税收等方面的调查报告。

第三类杂项丛书。54个编号,每个编号基本是一本书。以中国参加早期历次世界博览会的展品报告数量最多,包括1873年维也纳、1876年费城、1878年巴黎、1884—1885年新奥尔良、1900年巴黎、1902年河内、1904年路易斯安那、1905年列日等多个世界博览会,以及1880年柏林国际渔业、1883年伦敦国际渔业、1884年伦敦世界卫生等专业博览会的展品详细介绍。各个博览会的报告往往都用相当的篇幅介绍中国的通商口岸、人口经济和对外贸易的状况。

第三类的其他书内容亦极为繁杂,大致包括:各海关关区地名录,海关内部出版品目录,海关法规和条例,海关的规则和办事程序,船货立据专章,各时期的关税表,进出口税及其分类表格,度量衡的换算,中国药材出口情况,中国灯塔分布图,四川船只,长江的帆船和舢板,上海的货船,中国和外国签订的条约与协议,朝鲜与大国签订的条约,1876—1889年大国在朝鲜的外交角逐,等等。其中,《中国沿海及内河航路标识总册》是数十年连续发表的专业期刊。

第四类关务丛书。共75个编号,主要是为了某一方面的工作而长期发行的专刊。数量最多的是《总税务司通令》(Inspector General's Circulars),第1号发行于1861年,终结于1938年的第5700号。为总税务司赫德及其继任者下发海关各部门和各地海关的文件,以及与他们的内部信函,内容都属于海关内部的行政事务。此外,还有《海关职员题名录》(Service List)、《指导外班工作人员的临时说明》(Provisional Instructions for the Guidance of the Out-door Staff)、《灯塔说明》(Lighthouse Instructions)、《编制贸易表格和关税收入的说明》(Instructions for Preparing Returns of Trade and Revenue, etc.)等不同的专刊。

除了专刊,一些可供研究海关内部工作的著名的文件,如《新关内班诫程》(Provisional Instructions for the Guidance of the In-door Staff)、《中国近代海关历史文件汇编》(Documents Illustrative of the Origin, Development and Activies of the Chinese Customs Service),也都属于第四类丛书。

第五类官署丛书。132个编号,一个编号一个报告。相当部分为海关解决历年工作所遇到的问题的文献,例如:1876年古巴的中国移民,香港、广东沿海的鸦片走私与海关对策,九龙海关,关于1876年镇江外轮停泊与租界等问题的外交文书,长江沿线和苏州、杭州的厘金,常关的国内税收,港口疏浚,帆船的登记和管理,1865—1872年的关税修订,湖南岳阳开关报告,盐的生产和税收,以及1911年武昌起义和1933年长城各口商务等专项报告。还有一部分与商业和贸易规则有关,如海关总税务司署向总理衙门提出的建立良好商业规范的建议书、通商口岸货物装卸章程。反映当时的金融状况的报告,则有通商口岸海关银号和本地货币、马蹄银的重量和价值、铜钱、中国的通货等。此外,还有一些报告与灯塔灯船、关员组织、一些常关的税收、海运部门的情况,以及海关关员在内地的旅行见闻有关。

第六类总署丛书。10个编号,一个编号一个报告,主要涉及总税务司参与的各种外交活动以及海关项目建设的记录。内容包括电报码文本、海关出版物名单、关于修改长江通航条例的建议、1854年海关建立过程的回忆、1911年辛亥革命以来海关和常关税收的征收和支出、香港和中国海关,以及1911—1933年间总税务司的通告,等等。

第七类邮政丛书。按清朝邮政由中国海关创办,1896年3月20日清政府设立"大清邮政官局",海关开始兼办清朝邮政。清廷任命赫德出任中国第一任总邮政司,仍由海关兼办邮政。由于赫德这一新的任职,此后"中国海关总税务司署"改称"中国海关和邮政总税务司署"。因1907年清建立邮传部,统管交通、船政、铁路、电政等方面的事务,由海关兼办邮政的局面不久结束，"中国海关和邮政总税务司署"重新改为"中国海关总税务司署"。① 基于邮政工作的需要，总税务司署造册处1896年创建邮政丛书，至1909年停止出版。共出版10个号，涉及邮政业务介绍、各地邮政机构分布、邮政服务职员名单等。

除了以上的七类丛书，还有数十本更多由中国海关总税务司署编辑或出版，但未列入任何丛书之书，不妨简称为"他类之书"。据旧海关出版物第四类关务丛书第69号《中国近代海关历史文件汇编》附录《中国海关出版物目录》(*List of Chinese Customs Publications*)，他类之书达73种之多。笔者在哈佛查到31种，包括下述门类：

1.语言学著作，如《语言自迩集》、《南京方言指南》、中文修辞手册、英汉标准口语辞典、中国成语辞典，以及中文教科书。

2.海关法典和工作手册，如海关法规汇编、上海海关工作手册，以及海关进口、出口和转口的税则和记载海关的起源、发展和活动的文献集。

3.银行和货币报告，如1901年的中国货币、1905年的银行和物价；

4.中外关系和朝鲜，如1689—1886年的中外条约和协议、1894—1895年的朝鲜宪政风波。

5.官场酬酢仪节。

以上的第二丛书至第七丛书，加上他类之书，一般都是一个编号一本书，但也有少量编号是一号多本书或者装订成多册的。它们是：

第二丛书的《医学报告》，哈佛将80期装订为9册；

第三丛书的《中国沿海及内河航路标识总册》，哈佛将其装成6册；

第四丛书的《海关职员题名录》，共10册；《中国近代海关历史文件汇编》，共7册；《总税务司通令》(*Inspector General's Circulars*)，第1号发行于1861年，第5700号终结于1938年。目前尚不知装订好的册数，估计要大大超过《中国近代海关历史文件汇编》。

他类之书的《语言自迩集》，3册；《关税案牍汇编》，3册；《新关文件录》(*Text Book of Modern Documentary Chinese for the Special Use of the*

---

① 吴松弟：《中国旧海关出版物评述：以美国哈佛燕京图书馆收藏为中心》，《史学月刊》2011年第12期。

Chinese Customs Service),2册。

以上所说的第二类至第七类丛书加上他类之书,约达504期或卷。如加上第一类统计丛书的506期(卷),共1010期(卷)。如像京华出版社2001年出版的《中国旧海关史料》那样装订成册,估计约有600册左右。这一数字,还不包括日报、月册和月报等在内。因此旧海关出版物可能是中国近代史研究最大的资料库。

除了卷帙浩繁之外,旧海关内部出版物更具有近代中文文献多不具备的优点:

第一,系统。自1860年开始,经十余年的努力,海关总税务司署逐步建立起一套严格的定期汇报、发布的制度,月有月报,季有季报,年有年报,专题有专题报告,单项活动有单项活动的报告。有的重要口岸甚至还有日报、周报或旬报。这种定期汇报、发布的制度,一直维持到1949年,其时间覆盖近代中国的80%的年度。在有关中国近代的各种文献中,估计没有比海关内部出版物更为系统的数据了。

第二,科学。海关出版物中的数据和文字描述,都是按照西方经济制度和科学标准,按统一的要求和格式汇总上报的,比清朝官员漫不经心的统计和士大夫的随意性描述明显具有科学性和严谨性。其实,中国今天仍在使用的经济、贸易甚至科学的词汇,相当一部分首先出现在海关内部出版物中。由于这些词汇至今仍然使用,海关的各项报告均可拿来就用,不必转换成现代词汇。甚至医学报告也都由海关中的西医医生撰写,完全采用沿用至今的现代医学语言,医学史研究者同样可以拿来就用。

第三,内容五花八门,无所不包。海关内部出版物不仅是研究中国近代的海关史、对外贸易史的基本资料,也是研究交通史、产业史、政治史、医学史、生态变迁史和地区历史的多方面的资料宝库。以上第二类至第七类丛书以及他类之书的内容,从部分报告的名称便可想到其内容之无所不包,而第一类统计丛书的贸易表格和贸易报告也同样涉及与贸易有关的一切:国内外经济形势和商品供求情况,影响中国进出口贸易的工农业生产和交通状况,政治动乱和自然灾害,中国百姓的消费习惯,金融与物价,城市建设,法律和法令,以及媒体和信息传播等多方面的内容,甚至研究近代的生态变迁,离开贸易报告也会困难重重。例如,自1860年代开始的长江近10个口岸的贸易报告,每年便有反映当地长江河段各月份水位涨落的曲线图,有关资料一目了然。而各城市最早的关于气温、降水的记载,最早的用科学方法绘制的城市地图,黄河、长江、闽江、西江等河流最早用科学方法绘制的河道图,往往都较早见诸各地的贸易报告。

第四,记载详实精细,且多用资料说明问题,远胜于绝大多数中国文献的笼而统之的描述。这方面的例子比比皆是。1889年8月22日和25日,宁波府境遭受大风大雨的袭击,良田受淹,灾民众多,乡志、县志、省志以及海关对此均有记载,而内容的丰简、准确程度,相差不啻天地。试引述如下:

中国地方志的记载:

奉化县光绪《忠义乡志》卷二十"祥异":"秋八月至十月雨不止,禾稼减收。"

光绪《慈溪县志》卷五十五"祥异":"自八月至十月淫雨大水,田禾淹腐。饥,减粮三分,于次年粮内除征。"

民国《续纂浙江通志》卷七十三"灾异":"鄞县,八月,大雨不止,水暴涨,伤禾。"

海关贸易报告的记载:

"1889年8月22日和25日,8级大风伴以倾盆大雨,使宁波及周边地区大受其害。江河猛涨,水流湍急,冲走宁波城内2座浮桥,淹没外国租界堤岸,流入大街。周围农村遭水淹,多人淹死。24日降雨达10英寸,奉化地区500多幢房屋被水浪冲走,稻、棉等收成严重受损。同年9月20日,再次连续大雨,一直下到10月27日。许多地区洪水泛滥,人死财亡非常大。大部分收成损失,引起老百姓、士绅和官员的困苦和忧虑。米价暴涨,当地官衙每天为乡民所围困,叫嚷豁免捐税或其他方面的救援。许多地方发生动乱,有些富户住宅遭愤懑农民群起抢劫。到11月的上半月,天气良好,使农民获得一半的收成,事态好转,米价回跌。贫困者多有受雇于公益事业。为救济贫困,皇帝和太后发下10万两,本省藩台取出15万两,以及为此目的成立的委员会募集的大量钱款,得以度过随之而来的冬天,困苦减轻,不法行为也罕见。1890年春天以后,即不再有任何非常措施。"①

据上可见,乡志、县志和省志普遍记载简略而又笼统,只提下雨的时间,对水灾只是"禾稼减收""伤禾"寥寥数字。这些方志的记载,文字最长的26个字,最短的只有11个字,且少有定量分析。然而,当年的海关贸易报告,却用了近400字,予以详细的记载。不仅记载了风雨的时间、风力的级别、降雨量和宁波城内被冲走的浮桥数量、奉化县被冲走的房屋数量,还记载了朝廷和浙江省发放的赈济银两的数量,甚至提到乡民包围官衙、富户遭抢劫,以及政府的有效赈济使不法行为大减。

类似中文文献记载简略且无数据,海关报告记载详细且有数据和细节的例子,还可以找到许多。笔者在多年阅读海关报告和相关的中文文献上形成这样的印象:同样的事件,凡是海关报告有记载的,一般比中国文献的记载详细,且有数量的记载,而且还有一定的分析。因此,在近代史研究时,凡海关文献有所记载的,一般都应该阅读并利用。

众所周知,近代中国的独特性是内生的,但在这样一个山谷陵替的历史进程中,变迁的源动力来自哪里?近代海关制度作为外来的机构、制度、文化的重要体现,是联系经济与政治、地方与中央、周边与中心、中国与西洋之间的最为重要的媒介,拥有史无前例的"超级功能",因此形成了令人惊叹的"内部出版物"。有关近代中国的文献固然浩如烟海,但类似海关出版物这样,在时间上覆盖近代中国80%的年度,在内容上如此丰富,在分析标准和统计方法上严格按照西方的科学制度,在论述上力求详细且常用资料的文献,却并不多见。可以毫不夸张地说,中国旧海关出版物是研究中国近代经济史,乃至近代其他方面的最大最科学最系统最详实的数据宝库。海关内部出版物是中国海关作为近代中国变革的"全程参与者"留下的真实的历史纪录,是解读近代中国,尤其是中国经济演进的一把弥足珍贵的钥匙。早在1934年,著名的海关文献研究专家郑友揆便指出:"因其内容精确,所占地域广大,已成为研究我国经济之唯一可靠

---

① 《浙海关十年报告(1882—1891年)》,载杭州海关译编《近代浙江通商口岸经济社会概况:浙海关、瓯海关、杭州关贸易报告集成》,浙江人民出版社,2002,第27—28页。

而系统的数据。"①国内外凡旧海关出版物的研究者或使用者,无不持有这样的看法。②

二、哈佛大学图书馆所收的中国旧海关内部出版物

长期以来,中国旧海关内部出版物深藏在我国中央和一些地方海关的档案馆,后来相当部分又集中到南京的第二历史档案馆。受档案馆性质的限制,研究者不易看到这些重要的研究数据,而各地图书馆除了极个别的单位之外大多没有收藏,即使有收藏其数量也极其有限。1990年代以来,一些省份将本地海关收藏的有关当地口岸的年度贸易报告和十年报告翻译,内部出版,以供研究本地地方史之用,少数几种公开出版。2001年中国海关总署和南京第二历史档案馆合作,整理并由京华出版社出版了170巨册的《中国旧海关史料》,为学者的利用提供了莫大的方便。不过,这套资料只影印了统计丛书中的年度贸易统计、年度贸易报告与十年报告,而且这一部分也没有全部收入。

2003年笔者在哈佛大学的一年访问期间,幸运地发现哈佛燕京图书馆在中国旧海关出版物方面有着海量的收藏,于是我开始集中精力进行调查和搜集。2006年和2007年,在哈佛燕京图书馆郑炯文馆长的建议下,哈佛燕京学社两次出资邀请我前往,各进行三个月的访问。通过这三次的访问,我得以完成对哈佛燕京图书馆以及哈佛大学的其他图书馆所收中国旧海关出版物的全部收藏的调查和阅读,并整理了哈佛大学所收的全部中国旧海关出版物的完整目录。我还对《中国旧海关史料》未收图书的相当部分进行了拍照、扫描、复印,有的还抄录了书的前言或摘要,

---

① 郑友揆:《我国海关贸易统计编制方法及其内容之沿革考》,《社会科学杂志》1934年第3期。
② 参见吴松弟、方书生《一座尚未充分利用的近代史数据宝库——中国旧海关系列出版物评述》,《史学月刊》2005年第3期,第83—92页;(日)滨下武志:《中国近代经济史研究:清末海关财政与通商口岸市场圈》,高淑娟、孙彬译,江苏人民出版社,2006,第779—813页,"海关关系资料目录";(美)托马斯·莱昂斯:《中国海关与贸易统计(1859—1948)》,毛立坤、方书生、姜修宪译,浙江大学出版社,2009。

在此基础上进行了初步研究。

由于收藏旧海关出版物的中国有关档案馆开放度太低,难以得知各馆的收藏情况。中国旧海关出版物是晚清民国时期在上海定期出版的各地海关的工作文件,有理由相信中国应该有着全世界最多的收藏,而上海海关档案馆很可能是收藏最多的单位之一。① 但就目前可以查阅到的档案馆和图书馆而言,哈佛大学图书馆无疑是海外收藏中国旧海关内部出版物最多的单位。学者利用较多的第一类丛书即统计丛书(不计日报、月表和月报)共506期(卷),哈佛收452期(卷),占了总数的89.3%,哈佛将其装成约270册。学者极少利用的第二至第七类丛书以及他类之书共504期(卷),哈佛收212期(卷),占了总数的42%。二者合计,哈佛共收664期(卷),占了中国旧海关内部出版物全部1010期(卷)的65.7%。

中国学者通常利用国内出版的170册《中国旧海关史料》进行研究,而此书仅占哈佛所收的统计丛书280册的60%,而统计丛书以外之书则一本都没有。而且,在哈佛所收的统计丛书的年度贸易统计和贸易报告中,便有一些为《中国旧海关史料》所未收。它们是:

1.《进出口贸易统计1859—1866》:上海,1861年,第10卷;天津,1861年5—12月、1862年,第14卷;汕头,1860年7—12月,第12卷;厦门,1865年,第1卷;汉口,1865年,第6卷;淡水,1865年,第13卷。

2.《各口贸易报告1864—1881》,共18期。

3.《通商各关华洋贸易总册》,缺1878、1880、1881、1885等四年。

4.《各关年度贸易册和全年册论1923—1928》,共10大本。

5.1920年至1922年这三年的年度报告,都放在各年第四季度的报告中,并没有单独出版。

以上的年度贸易统计和贸易报告,哈佛有收而《中国旧海关史料》未收的差不多有40本,涵盖了1859—1881年、1885年、1920—1928年等33个年份,占了中国旧海关全部统计年度的37.5%。可以说,不看上述年度的年刊,近代中国约有1/4时间的对外贸易史不易搞清楚,并会少掉相当

---

① 笔者在完成对哈佛收藏的调查和哈佛所收未刊部分出版前的工作之后,即着手进行《中国旧海关史料》和哈佛收藏之外的其他旧海关出版物的调查。通过中国海关学会和上海海关档案馆的帮助,在上海海关档案馆已找到拟找的其他出版物的绝大部分。

丰富的社会经济、政治、文化、自然变迁的资料。

为什么《中国旧海关史料》没有将这些年刊收入？能否将没有收入的原因，解释为第二历史档案馆没有收藏这些数据？有的出版物没有收入，可能是编者对这些出版物没有认识。例如，《中国旧海关史料》没有收入1920年至1922年这三年的年度报告，应该是编者不清楚这三年的年度报告放在季报中，故未将它们作为年刊收入，而不一定是没有书。当然，我们也有理由认为某些书的未收入，确实是二档馆没有书。

哈佛所收的中国旧海关出版物，在统计丛书的年刊以外的部分，以及其他的六大丛书中，是否也有其他著名的收藏单位不容易看到的书籍？回答是肯定的。

英国伦敦大学的亚非学院（School of Oriental & African Studies，简称SOAS），是英国收藏中国旧海关数据最多的单位之一。查1973年该学院图书馆所编的书目《中国海关文献，1860—1943》（*Papers Relating to the Chinese Maritime Customs，1860-1943*），该学院图书馆关于中国旧海关资料的收藏数量不如哈佛。在我查过的书中，特种丛书的第2号《医学报告》、第41号《1911年辛亥革命以来中国海关的税收》（*China's Customs Revenue since the Revolution of 1911*）；官署丛书的第81号《盐的生产和税收》（*Salt：Production and Taxation*）；杂项丛书的第2号《通商口岸贸易统计1863—1872》（*Trade Statistics of the Treaty Ports for the Period，1863-1872*）；第46号《海关出版物目录》（*Catalogue of Customs Publication*），都是哈佛有而亚非学院没有。

美国的研究图书馆协会（Association of Research libraries，简称ARL）所属的中国研究数据中心，1970年代曾利用哈佛燕京图书馆所藏的中国旧海关出版物，制作名为《中国海关出版物》（*Chinese Maritime Customs Publication*）的微缩胶卷，共100卷，此后欧美一些大学也购得此胶卷，为目前国外一些专家研究近代中国的主要海关资料①，而此微缩胶卷约只占哈佛所收中国海关出版物的小部分。就此分析，哈佛燕京图书馆毫无

---

① 我曾向滨下武志先生讨教，他研究中国近代史时，利用过哪些国家的图书馆中的海关报告。他在信中将那些图书馆的名称一一告诉我，并特别指出："我的主要的海关数据，是Center for research materials of Association of Research Libraries 编辑的100卷胶卷。"

疑问是美国收藏中国旧海关出版物最多的单位。

日本著名学者滨下武志先生说他利用日本所收中国旧海关内部出版物研究中国近代经济史："由于目前无法在某一个收藏机构浏览全部的海关发行物，所以本目录是参照了多个藏书机构的产物。"这些机构，主要是日本的东洋文库、一桥大学、东京大学等。他的大作《中国近代经济史研究——清末海关财政与通商口岸市场圈》（江苏人民出版社，2006年汉译本）所附的书目，注明了该书的收藏单位，为我们展示了日本收藏中国旧海关出版物之一斑。例如，学者用的最多的统计丛书，固然有一些专刊为某单位完整保存，但相当一部分专刊的不同期却分散在不同的图书馆。例如《条约口岸贸易报告1864—1881》，其不同的部分分别为东洋文库（1866—1867、1868Ⅰ—1880Ⅰ、1881Ⅰ）、内阁文库（1873—1880）、国立国会研究所（1876 pt.Ⅰ、1878 pt.Ⅰ、1879 pt.Ⅰ）所收藏。但滨下先生所列的专刊哈佛却无不具备，只有少数专刊缺少其中的一或两期。而第二至第七类的丛书和他类之书的图书，各收藏单位合计只有69种，远少于哈佛的106种。滨下先生固然是为了自己的研究而查阅资料，那些与研究无关的未必会列入书目，但哈佛有而他在日本没有看到的海关报告中仍有相当一些对他研究有用，如果日本有他不可能不看。据此可见，日本收藏的中国旧海关出版物不仅总体少于哈佛，而且分散在不同的图书馆。

哈佛燕京图书馆收藏的中国旧海关出版物的封面或扉页上，一般都有"Gift of ……, From ……"等表示图书来源的文字，用来说明赠书者的名字和赠送日期。我依据这些文字进行统计，得出印象如下：

第一类的17种专刊中，除了《中华民国海关进出口贸易统计月报1932—1948》(Monthly Returns of the Foreign Trade of China, 1932-1948)、《江海关进出口贸易统计月报1946》(Monthly Returns of the Foreign Trade of Shanghai, 1946)，以及《中华民国二十四年粤海关进出口贸易统计年报特刊》(Yearly Returns of the Foreign and Interport Trade of Caton)等三种不甚重要的专刊之外，其余的14种都得之于赠送。

在第二至第七类以及他类之书中，注明送书者名字和时间的只有23种，仅占哈佛所有的106种的21.7%。第二至第七类以及类外之书中那些未注明送书者名字的书，哈佛是得自于赠送而因某种原因未注明名字，还是并非得自赠送,至今已无法查考。如果考虑到第一类丛书的绝大部分都来自赠送,则第二至第七类丛书以及他类之书也不排除相当部分来自赠送的可能性。

哈佛的中国旧海关内部出版物,主要来自杜德维(Edward B. Drew)、金登干(J. D. Campbell)或他领导的中国海关伦敦办公室、中国海关总税务司署上海造册处(the Inspector General of Customs, Shanghai)的赠送;后期还来自马士(H. B. Morse)、科第奇(Archibald C. Cooldege)、底斯特(S. G. Dexter),以及哈佛大学费正清图书馆的赠送。由于中国旧海关出版物的销售管道比较狭窄,全球范围内只在少数几个城市的某一个书店代售,如果没有上述个人或单位的热情相助,哈佛大概不可能找到如此多的图书。

以上送书者中,底斯特的身份不清楚,科第奇是一位历史学家,费正清图书馆是著名的研究中国的机构"费正清中心"的图书馆,其余来自旧海关的机构或工作人员。送书的机构基本是中国海关总税务司署或它下属的伦敦办公室,送书的个人则都是中国海关总税务司署的重要工作人员。其中,杜德维、马士两人曾长期担任海关总税务司署负责出版的造册处的负责人,而金登干一直是中国海关伦敦办公室的负责人,并和中国海关总税务司署的领导人赫德保持良好的个人关系,我也发现了赫德本人送的旧海关出版物。显然,如果捐赠者没有这样的背景,哈佛大学便不可能在长达90年的时间中连续得到比较完整的旧海关出版物。

在上述送书者中,第一位送书者杜德维居住在波士顿,在哈佛大学取得学士和硕士学位以后,应赫德之邀进入中国海关总税务司署工作。另一位主要送书人马士虽然是英国人,但也毕业于哈佛大学。他们和金登干、赫德都保持良好的个人关系。对哈佛的感情或良好的朋友关系,或许是促使他们给哈佛大学送书的主要动力之一。

三、哈佛大学图书馆所收未刊中国旧海关史料的整理与出版

如上所述,由于海关总税务司署1882年2月2日的第179号通令的

规定,海关内部出版物才得以进入国内外共四五个城市的各一家书店销售,但只限于统计、特种、杂项三类丛书内部发放、赠送以后的剩余图书。或许由于这样的原因,国内外绝大部分的图书馆,哪怕是著名的大图书馆,如无特殊的管道,都不可能拥有较多的海关出版物。就国内而言,旧海关出版物长期保存在各海关的档案馆,后来有相当部分集中到南京第二历史档案馆,档案工作的性质导致档案的开放度不高。

近30年来,旧海关出版物的统计丛书的各类贸易报告受到学界的重视。上海、青岛、重庆、厦门、福州、苏州、汉口、广州等城市的旧海关及旧拱北关,山东、浙江、台湾等省内的旧海关的贸易报告,均得以翻译出版。我们将上述已翻译出版的海关贸易报告和原文比较,发现绝大部分的译著都采用摘译而不是全译的形式,尤其是各类具有数理统计意义的表格多被删除,不能不令人遗憾。1997年台湾"中研院"台湾史研究所筹备处出版两册《清末台湾海关历年资料》,尽管无有意删除的现象,却有明显的资料搜集不全的缺陷。如与哈佛收藏比较,至少有17种海关出版物的台湾数据未被收入。①

2001年影印出版的170巨册的《中国旧海关史料》,为目前国内外最便于利用的中国旧海关出版物。各地已经翻译的海关贸易报告的原文,大多被《中国旧海关史料》收入。然而,它不过属于旧海关出版物七大类的第一类。2009年中国海关出版社又出版了23册的《中国旧海关稀见文献全编》,但其中所收的海关出版物,只有《五十年各埠海关报告(1882—1931)》,而此报告早已以"十年报告"的名目收入《中国旧海关史料》。

图书数量占海关内部出版物整整一半的第二至第七类以及类外之书,比第一类的统计丛书更少人利用,更不用说出版了。2001年黄臻等编译的《历史镜鉴:旧中国海关诫律》,2003年海关总署组织编译的《旧中国海关总税务司署通令选编》(三卷本),分别由中国海关出版社出版,表明此类书长期受到忽略的局面稍有改变。尽管这样,三卷本《旧中国海关

---

①2010年2月,我在"中研院"台史所做的学术报告"未刊中国旧海关内部出版物中的台湾史料——以哈佛大学的收藏为中心",指出这一点。

总税务司署通令选编》仅占第四类中的《总税务司通令》(Inspector General's Circulars)的不到13%。总的看来,第二至第七类丛书以及他类之书,除了《历史镜鉴:旧中国海关诫律》《旧中国海关总税务司署通令选编》已经出版,陈诗启《中国近代海关史》附录部分选用少量数据之外,已被其他的学者利用的数据并不多。例如,第三类丛书中有10余种中国参加早期世界博览会的文献,在前几年研究世博会的热潮中,除了有幸阅读旧海关出版物的笔者加以利用之外,笔者尚未发现还有其他学者也加以直接利用,便是证明。

　　数据的摘编出版,无疑是方便利用中国旧海关出版物的一种较好的形式。其中,杨端六、侯厚培合编的《六十五年来中国国际贸易统计》于1931年出版①,韩启桐、郑友揆合编的《中国埠际贸易统计1936—1940》于1951年出版②,萧亮林(Hsiao Liang-lin)编的 China's Foreign Trade Statistics, 1864-1949 于1974年出版③。由于一般读者难以翻阅深藏在档案馆中的资料,这些摘编资料为研究中外贸易提供了莫大的便利。但需要注意的是,这些统计摘编在数据的处理上都有一些值得商榷之处,而类似的问题在其他基于海关资料的摘编和研究中也有出现。④ 对于研究者来说,最可信的资料一般说来应该是海关贸易报告中的原始资料,而不是按自己的理解重新测算过的摘编资料。

　　由于深知中国旧海关出版物的巨大学术价值,并且尝够了研究时难以利用的痛苦,我在哈佛查书时自然产生了将中国尚未出版部分带到中国出版的想法。哈佛燕京图书馆郑炯文馆长主动提出,如果我愿意,他可以联系他们的合作者广西师范大学出版社集团有限公司,由我进行整理,请他们出版。2008年,哈佛大学图书馆与广西师范大学出版社集团有限公司,广西师范大学出版社集团有限公司与我,分别就出版有关的事宜签订协议。此后,虽然多次经历了困难和曲折,哈佛大学图书馆和广西师范

---

① 《国立中央研究院社会科学研究所专刊》,民国二十年(1931)。
② 《中国科学院社会研究所丛刊》第一种,中国科学院,1951。
③ China's Foreign Trade Statistics, 1864-1949. Harvard University Press. 1974.
④ 参见吴松弟、伍伶飞《近代中国海关贸易资料摘编的可靠性分析——以全国年进出口额和各关直接对外贸易额为例》,《中国社会经济史研究》2013年第4期。

大学出版社集团有限公司支持出书的信念始终不变。如果没有这种坚持,我的梦想只是梦想,而各国读者要方便地利用更多的中国旧海关出版物,自然也是梦想。

中国旧海关出版物自1859年以来在长达80余年的时间中,始终出版不绝,从而形成数量极为可观的出版品。然而,遗憾的是长期以来缺乏一份完整的中国旧海关出版物的目录,除了魏尔特(Stanley F. Wright)所撰《中国近代海关历史文件汇编》(*Documents Illustrative of the Origin, Development, and Activities of the Chinese Customs Service*)的第7卷,所附的《海关出版图书目录》(*List of Chinese Customs Publications*, 1940)之外,其他《海关出版图书目录》均只登载造册处尚有库存、可供销售的图书的目录,因此仅仅是全部出版物的一部分甚至是少部分。魏尔特所撰《中国近代海关历史文件汇编》所撰的图书目录并非为销售造册处剩余之书而写,因而是至今所能找到的海关编辑的最为完整的图书目录,然而由于只编到1940年,仍然缺少1940年以后最后10年的海关出版图书的目录。甚至1896年创建、至1909年才停止出版的第七类邮政丛书,魏尔特的目录也没有记载。

而且,魏尔特此书属于第四类关务丛书,只供海关内部使用,并非面向公众出版,故长期以来只有极少的人能够利用此书,包括所附的《海关出版图书目录》。基于上述原因,几乎没有几位学者能清楚地知道旧海关出版物究竟有多少种图书,对其内容有较多了解的学者更是稀少。由于种类繁多、系统复杂,且内容和格式又常随着时间的流逝而发生变化,如果不予以厘清和适当的介绍,研究者便难以利用。

除此之外,旧海关出版物的书名的情况亦相当复杂。大部分出版物的封面,都既有此书所在的丛书的名称和在该丛书中的编号,又有书名;而书名有的是专刊的期数,有的是报告名或研究著作名。由于海关出版物的书名或专刊名一般都比较长,有的还同时标出正标题与副标题,选择的差异常导致同一本书在不同的地方存在同书异名的现象。海关总税务司署造册处(统计科)曾编过几本《中国海关出版物目录》(*Catalogue of Customs Publications*),就在同一机构编的这些目录中也存在着同书异名的现象。例如,魏尔特所撰《中国近代海关历史文件汇编》第7卷所附的《海关出版图书目录》,列有1859年开始印行的《贸易统计年册》(Annual Returns of Trade),但笔者未见其书,只见到《进出口贸易统计 1859—1866》(Returns of the Import and Export Trade, 1859-1866),故颇怀疑前者是后者之误。而在 1936 年 2 月出版的第六辑《海关出版图书目录》(Catalogue of Customs Publications, Sixth Issue)中,后者的书名却是《港口贸易统计和贸易报告》(Port Trade Statistics and Trade Reports)。另一种重要出版物《十年各埠海关报告》的英文书名,在上述两种目录中同样不统一。在《中国近代海关历史文件汇编》附录的目录中,书名是 Decennial Reports on the Trade, Industries, etc., of the Ports Open to Foreign Commerce, and on the Condition and Development of the Treaty Port Provinces;而在1936 年 2 月出版的第六辑《海关出版图书目录》中,书名却是 Decennial Reports,接着再在后面写上 Reports on the Trade, Industries, etc., of the Ports Open to Foreign Commerce, and on the Condition and Development of the Treaty Port Provinces, Showing the Increase, Decrease or Change in Trade 等很长的英文字母,意为《中国通商口岸的贸易、航海、工业等,以及口岸所在省份的现状和发展》。

既然海关造册处出版的目录书都是如此不统一,将书名汇集在一起的后人编的目录自然会有不统一的现象。例如,《中国旧海关史料》和哈佛都收有《年度贸易册和贸易报告 1882—1919》,但各自采用的英文书名不同。前者为 Returns of Trade and Trade Report, at the Treaty Ports, 1882-1919,后者为 Return of Trade (24th-61st Issue) and Trade Report (18th-55th Issue), 1882-1919。英国布里斯托大学和剑桥大学学者合作的"中国海关研究项目"(Chinese Maritime Customs Project)的研究网络①,列出旧海关出版物的几乎全部的书名,为笔者在哈佛找书提供了依据。但相当多的书由于同书异名或书名不完整,却无法轻易找出。由于未经系统整理,读者要想从电子书目上查到自己所要的旧海关出版物中的某一本,往

---

① Chinese Maritime Customs Service Project, Department of Historical Studies, University of Bristol, accessed February 2005, http://www.bris.ac.uk/history/customs/customsbibliographies/。

往难以奏效。笔者在哈佛查阅旧海关出版物时,对此深有体会。因此,要出版哈佛所收的中国旧海关出版物未刊部分,需要先对其进行仔细认真的整理。整理的第一步,是首先依据原书封面上的文字,确定每本书或专刊的完整的名字。

不同收藏单位的有关旧海关出版物的书目,不仅存在着同书异名的现象,也存在着一书几名、同时列出的现象。能够找到的书,自然只有一本。因此,在确定书名之后,还需要对各书或专刊按类别和丛书名进行归类,按编号排定其在丛书中的顺序。只有在此基础上,才能建立全书正确完整的目录。

不仅许多单本书或专刊的名称需要甄别和确定,许多学者甚至忽略了七大丛书中的邮政丛书的存在。不仅魏尔特的目录忽略了邮政丛书,即使对旧海关出版物有所研究的前辈学者,似乎也只有滨下武志列出邮政丛书及其10种报告①,其他人少有提及。原因应该和邮政丛书前后几号的封面标示的差异有关。第6号载明书是中国海关出版物,依据中国海关和邮政总税务司署命令出版,而第10号标明书是中国邮政出版物,由清朝邮传部编辑。1896年3月20日清政府设立大清邮政官局,由海关兼办邮政,赫德兼任中国第一任总邮政司,直到1911年海关连同人员、房产等一并移交邮传部。显然,"中国海关和邮政总税务司署"是1896年3月20日海关总税务司赫德兼任总邮政司以后改的名,而第10号则是邮政归属邮传部以后的产物。如果图书管理员或研究者只看到封面载明中国邮政出版物、由清朝邮传部编辑的那几册书,怎么会想到海关出版物中还有邮政丛书的存在呢?哈佛大学图书馆所编的后来证明属于邮政丛书的那几本旧海关出版物,其书目并没有说明属于"邮政丛书",应该基于同样的原因。

整理的第二步,是编写各种图书的"书目提要",以便于研究者在了解时代线索和制度背景基础上进行阅读和广泛的利用。

众所周知,海关的本职工作是监管贸易收取关税,为此需要及时地掌

---

① (日)滨下武志:《中国近代经济史研究:清末海关财政与通商口岸市场圈》,江苏人民出版社,2006,第801页。

握贸易与口岸地区的情况,并提供给各地海关工作时参考。从1859年开始,海关按照西方的管理和统计理念,逐步建立起一套严格的申报、汇总、出版体制。随着海关职能的扩大,越来越多的业务归入海关的监管之下。例如,1864年后,海关管理范围逐渐扩大到:通商口岸间的西式华船,华商内销的洋土货,港澳两地的民船贸易,通过陆路边境的贸易,铁路贸易,内河航运,厘金征收和常关,以及其他与海关业务相关或无关的众多事务。因海关职能的变化,不同时期的海关出版物便具有不同的定义、范围、指向。甚至统计单位、专有术语、统计方式,都有过多次调整。因此,要读懂不同时期的海关出版物,并非易事。因此,编写书目题要,是本丛刊整理的重要一步,试图以简略的文字,揭示所收的每一本旧海关内部出版物的基本内容和史料价值,以及那些连续编纂的专刊的记载方法和格式的前后演变,以便于读者的利用和阅读。

"书目提要"的撰写,分专刊和专书两种。

专刊指以某项内容为中心而按年、按季度或按月刊行的连续出版物,如第一类统计丛书中的月报(Monthly Return)、季报(Quarterly Return)、年报(Annual Report)、十年报告(Decennial Reports);第二类杂项丛书中的医学报告(Medical Report)、《海员须知》(Notices to Mariners);第三类杂项丛书的《中国沿海及内河航路标识总册》(List of Lighthouses, Light-Vesseles, buoys, Beeacons etc., on the Coast and Rivers of China);第四类关务丛书的《海关职员题名录》(Service List),均属于专刊。由于专刊刊行时间大多长则数十年,少量刊行时间虽然较短但也有数年,反映的内容随时代发展而有增减,刊载的格式时有变化,甚至所用的专有名词乃至货币单位也有不同,如不了解这些情况便要影响读者的阅读和利用。因此,对不同的专刊,各编纂一条较长的"书目提要",按时代顺序,加以详细地说明,着重专刊的起源、刊名变化、内容和格式的沿革与变迁,并述及对研究者特别有用的内容。

专书主要指第二类至第七类以及他类之书中并非连续编撰的工作报告、单本研究著作、相关的规章制度,以及地图集等。因多非连续出版,故书目提要着重介绍书中涉及人物与事件的历史背景、论述内容的史料价值以及版本。众所周知,旧海关工作范围极广,关注面多种多样,第二至第七类丛书以及他类之书的内容尤为多样。它们中,固然有一些专门的报告或图书,用了与内容相符的书名,但也有不少内容综合性高的报告,因使用带上"海关""贸易""关税"一类词汇的题目,使人误以为仅仅与海关贸易有关,看不出它们包含的其他方面颇具史料价值的数据。为便于学术界的利用,书目提要对这些具有史料价值的内容,一般都要提及。

整理的第三步,是整理保存在出版物中的60余幅珍贵的近代地图。

中国古代的志书都很重视地图,明清以来所修志书,图考的内容更多,诸如疆域、沿革、星野、城池、八景、营造、衙署、物产,乃至民俗,多有地图。但是这些地图并没有完全实现向近代化的转变,在成图中对地貌的表示仍然是采用写景的方法;虽然采用了经纬度点和经纬网控制成图,但有些仍未采用地图投影法,而是采用计里画方法。任何一幅地图基本上是由数学、地理与社会经济等三个要素所构成的。明清至近代的很多地图往往缺乏这些基本的构成要素,到1929年12月国民政府内政部颁发《修志事例概要》仍在强调这些要素的重要性。

旧海关内部出版物中的地图,与古代的志书相比,不难发现它具有如下特点:

(1)运用了数学要素,即用经纬网或坐标网、比例尺、控制点等数学要素,确定诸地理要素的空间相互关系,如各开埠港口地图,像1923年镇江港图及1924年闽江图等均绘有经纬线、岸线、干出滩和助航标志,并有高程注记,海域有等深线、水深注记、航行障碍物等要素。

(2)用现代方法编制的专题地图如经济地图(1911年中国出产图、邮政地图、厘金驿站图)、城市地图(1921年吉林省城街市图)、交通地图(1933年广西省内交通图)、工程图(1911年葫芦岛海港设计图)、气象地图(1924年天津水灾重要分区图)等拓展和丰富了地图学的领域。这些专题地图包含了丰富的地理要素与社会经济要素,如能把这些要素与当代的专题地图要素相比较,则能生动而鲜明地反映近百年来中国地理与社会经济的发展和演变。

目前旧海关出版物中的地图还未引起学术界的重视。《中国旧海关史料》出版时为了节约成本,将书中原本彩色的地图一律改以黑白色,从而丧失了原图包含的很多信息;另外原图以A3或更大尺寸绘制,而《中国旧海关史料》却都以A4尺寸出版,原图的字体、地理要素不易分辨,读者对数十张珍贵历史地图难以阅读,更不用说利用了。基于这一教训,本刊中的所有的地图,都运用高精度的扫描仪扫描,印刷时保持原图原色,以便研究者的利用。

考虑到"满洲国"虽然是日本侵略者建立的伪政权,但其土地却是中国的领土,进出口贸易属于中国境内的商业贸易活动和对外贸易的一部分,其海关出版物是研究东北以及内蒙古、河北的部分地区进出口贸易和经济的重要史料。基于这一原因,哈佛大学图书馆所收的"满洲国"编辑的月报,凡《中国旧海关史料》未出版部分,本刊亦纳入出版。

四、致谢

由于哈佛所收的中国旧海关出版物大部分得自于友人的赠送,本刊的相当一部分图书的封面或扉页上,留下了送书者的签名、印章,或图书馆工作人员收到书时写下的注记。今天,哈佛所收的中国旧海关出版物以及书上的签名、印章或注记,都已成为宝贵的历史文物。我相信,当各国学者在图书馆阅览室,静静地翻阅总数达283巨册的《美国哈佛大学图书馆藏未刊中国旧海关史料》时,心中一定会涌现对当年的赠书者和妥善保管这些图书的工作人员的敬意。我本人借此机会,表达对哈佛燕京图书馆郑炯文馆长和广西师范大学出版社集团有限公司,以及多次邀请我前去担任哈佛燕京学者的哈佛燕京学社的感谢,没有他们高瞻远瞩的决定和大力支持,我不可能查清哈佛大学在中国旧海关出版物方面的海量收藏,更不可将此套书拿到中国出版的梦想变成现实。

在2003年到2013年长达10年的工作过程中,哈佛燕京图书馆的马小鹤先生、杨丽瑄女士、王系女士、梁惠芬女士等,以及承担扫描任务的哈佛大学图书馆工作人员,广西师范大学出版社集团有限公司承担这套书出版任务的雷回兴女士、范宁女士等人,都付出了自己的辛勤劳动。上海社会科学院经济研究所的方书生博士是我整理哈佛未刊本的主要助手,在上海海关工作的詹庆华博士基于对海关史研究的一贯热忱,关心整理未刊本的工作并提了有益的建议,上海海关学院的姚永超博士,复旦大学中国历史地理研究所的樊如森副教授以及杨敬敏、伍伶飞、刘雅媛、何秋红、蔡卓君等同学,在笔者整理过程中也提供过帮助,谨在此一并致谢。同时,我真诚期待学术界对本套书的整理和出版工作提出批评或建议。

如上所述,全部的中国旧海关出版物1000余期(卷),如果装订成册,约有600册左右。除了2001年已经出版的《中国旧海关史料》的170册,本丛刊约270册,还有160册左右有待寻找。在国家社会科学基金的支持下,我们对尚未找到的出版物的寻找和对全部海关出版物的初步研究工作已经展开。尤其令人高兴的是,通过中国海关学会和上海海关档案馆的大力帮助,现已找到300册左右的出版物的绝大部分,这一部分在整理之后也将出版。中国旧海关出版物,这一研究中国近代经济史,乃至近代其他方面的最大最科学最系统最详实的数据宝库,不久将完整地呈现在读者的面前,为学术研究做出贡献。

吴松弟撰于2014年1月5日

中国旧海关出版物的书名、内容和流变考证：统计丛书之日报、月报和季报[*]

摘要：近年来《中国旧海关史料》的出版和哈佛大学图书馆更为丰富的收藏的发现，为近代进出口贸易与经济等多方面的研究提供了方便。然而要做到有效利用，必须对出版物本身进行全面考证，确定其定义，探讨其流传状况。在此基础上，本文对统计丛书之日报、月报和季报，包括其各时期的系统构成、出版物名称、内容和格式的流变，进行较为详细的探讨，亦涉及哈佛大学图书馆和170册《中国旧海关史料》的收录情况，以及日报、月报与季报之间的关系。

关键词：旧海关出版物；考证；日报；月报；季报

本文拟对旧海关出版物中的日报、月报和季报进行比较全面的考证，以便学界的利用。为说明考证的必要性，先对旧海关出版物的价值、定义和流传情况进行简要的探讨，然后再展开对日报、月报和季报三大系统的考证。

一、旧海关出版物的价值、定义与流传

从1859年开始，中国近代海关按照西方的管理和统计理念，建立起一套严格的申报、汇总、出版体制，这一制度基本持续到1949年。由于近

---

[*] 本文原载《上海海关学院学报》2012年第2期。本文为2011年度国家社科基金重大项目"中国旧海关内部出版物整理与研究"（11&ZD092）的阶段性研究成果。

代海关不仅承担着监管进出口贸易、征收关税、查缉走私等海关业务,也兼办沿海及内河航务、港务、邮政、检疫、气象、内外债和对外赔款的海关担保与清偿支付,代征厘金、常关税等附加税捐,甚至筹办国际博览会、教育(国文馆、税务专门学校)以及中国政府特派的外交事务等诸多业务,旧海关的各种出版物便以记载内容众多、涉及中国各地区各方面而著名。而且,其编制时间之长,编纂方法之科学、严谨,其他资料罕与其匹,因而被视为研究中国近代史最为系统完整的资料。早在 1934 年,著名的海关文献研究专家郑友揆便指出:"因其内容精确,所占地域广大,已成为研究我国经济之唯一可靠而系统的资料。"①有关旧海关出版物的研究者或使用者,基本上都持类似郑友揆的看法。②

旧海关出版物的内容丰富多彩,系统极其复杂,分成第一类统计丛书(Statistical Series)、第二类特种丛书(Special Series)、第三类杂项丛书(Miscellaneous Series)③、第四类公务丛书(Service Series)、第五类办公丛书(Office Series)、第六类督察丛书(Inspectorate Series),以及第七类邮政丛书(Postal Series)等 7 个系列。此外,还有七八十本由中国海关总税务司署编辑或出版,但未列入任何类之书(称"其他刊物")。

各类丛书均收入较多的出版物,有的内部又有着复杂的次一级的期刊或报告系列。例如,统计丛书中最重要的是贸易统计(Trade Return)和贸易报告(Trade Report)两大期刊系列,贸易统计基本上是数据,贸易报告则以文字论述为主。两者基本上都定期发表,有的是月报,有的是季报,有的是年报。从 1882 年起,贸易统计和贸易报告合并,原先只使用英文,后来同时用英文和中文,中文称《华洋贸易情形论略》,民国以后称

---

① 郑友揆:《我国海关贸易统计编制方法及其内容之沿革考》,《社会科学杂志》1934 年第 3 期。
② 参见吴松弟、方书生《一座尚未充分利用的近代史数据宝库——中国旧海关系列出版物评述》,《史学月刊》2005 年第 3 期;(日)滨下武志:《中国近代经济史研究:清末海关财政与通商口岸市场圈》,高淑娟、孙彬译,江苏人民出版社,2006,第 779—813 页;吴松弟、方书生:《中国旧海关统计的认知和利用》,《史学月刊》2007 年第 7 期;(美)托马斯·莱昂斯:《中国海关与贸易统计(1859—1948)》,毛立坤、方书生、姜修宪译,浙江大学出版社,2009。
③ 海关总税务司署统计科 1936 年 2 月出版过中文版的《海关出版图书目录》,列出第一至第三类丛书之名,并将未被各类丛书所收书的总名译为"其他刊物",并列出附于其下书的中文译名。为统一起见,凡各类与各书的中文译名,首先依据此书,如此书无记载再据英文译出。

《通商各关华洋贸易总册》。到了1882年,海关总税务司署又下令编撰《十年各埠海关报告》(Decennial Reports on the Trade, Industries, etc., of the Ports Open to Foreign Commerce, and on the Condition and Development of the Treaty Port Provinces)。除此之外,统计丛书还包括《常关贸易统计》(Native Customs Trade Returns)以及一些重要海关如江海关的报告等。

学术界对近代旧海关内部出版物历来无明确的界定,往往对海关形成的出版物和其他海关文献不加区分,乃至原始档案,统称为"海关文献""旧海关资料""海关报告"或"海关贸易报告"。只有少量学者,如日本的滨下武志先生,将其称为"海关发行物"。保存至今数量极多的中国旧海关文献,基本上可分成三类:海关出版物、人物全宗档案以及外交档案。根据笔者的阅读体会,学界所讲的"海关文献""旧海关资料",应指包括各种海关档案和海关出版物在内的全部海关文献,而"海关报告"应指海关处理内部事务或海关与外部事务形成的各种报告,"海关贸易报告"有时专指关于贸易状况的报告,因海关业务多与贸易有关,有时亦泛指海关的各种报告。"海关出版物",严格说来应称为"旧海关内部出版物",是指由海关总税务司署的造册处刊印,或由总税务司署请人撰写的出版物。由于它是用铅字排印、以书本形式出版的出版物,因此不同于保持原始面貌的其他海关报告、文献、资料和原始档案。撰写和出版这些出版物的主要目的,是海关工作的需要,并非为了向公众发售。①

尽管这样,仍有一定数量的海关出版物,通过出售、赠送等多种形式,为海关以外的个人和机构所拥有。最早向公众发行的海关出版物是《通商各关华洋贸易总册》。光绪元年(1875)出现的"总册"第一卷,是该年的统计丛书第5号、英文版 Returns of Trade at the Treaty Ports in China for the Year 1875 的中文摘译本,笔者没有发现第一卷向公众发售的迹象。在1883年编制的《通商各关华洋贸易总册》第九卷的扉页上,开始出现旁注:"设立上海通商海关造册处译印,交香港、上海以及日本横滨等三口于

---

① 由中国第二历史档案馆、中国海关总署汇总,京华出版社2001年出版的170巨册的《中国旧海关史料》,汇集了海关内部出版物中的贸易表格和贸易报告。书名将它们统称为"旧海关史料",如果考虑到凡可用于研究的整理过的资料均可称为"史料",显然这一书名仍不够确切,看不出它与其他海关文献的区别。

别发洋行发售",表明当年"总册"开始在以上三口通过别发洋行发售。

按海关总税务司署1882年2月2日发的第179号通令,①标题是《为发海关出版物分发、保管及使用之指令事》,规定发行的六类海关出版物中,唯有"统计、专著、杂项类出版物向公众发售";而此三类向公众发售的出版物的出售情况,是等到所有的送往海关各部门和赠阅私人的图书全部送完之后,"剩余部分分成三份:一份由造册处留作库存,一份在上海、香港与日本公开出售,一份送往伦敦出售。"据此,由于海关总税务司署1882年2月2日的第179号通令,1883年海关出版物才开始进入国内外少数城市的书店出售。

根据笔者的阅读,即使在1883年以后,也只有那些用中文刊行或同时采用中英两种文字的海关出版物,才得以在书店发行。因此,在国内,海关出版物长期以来被作为档案,主要保存在南京第二历史档案馆,近代重要口岸城市的海关档案馆也有少量的保存。在国内外多如牛毛的图书馆中,只有少量的图书馆因某些较为特殊的原因而拥有不多的中国旧海关出版物。

由于海关出版物较少进入图书流通系统,因此只有那些获得海关的有关部门或个人持续不断地赠书的单位,才可能获得较多的中国旧海关出版物。在这一方面,哈佛大学图书馆是少有的幸运者。2003年,在哈佛大学的一年访问期间,笔者发现哈佛大学图书馆在中国旧海关出版物方面有着海量的收藏。中国学者通常利用国内出版的170册《中国旧海关史料》进行研究,但此书只占哈佛所收的第一类280册的60%,而第二至第七类以及各类均未收入的"其他刊物"之书,《中国旧海关史料》并无收入。如果扣除《中国旧海关史料》所收之书,哈佛所收的中国旧海关出版物约有110种、二百七八十册没有被收入。而哈佛收藏的大多数旧海关出版物,依据书的封面或扉页上的注记,得之于杜德维(Edward B. Drew)、金登干(J. D. Campbell)或者其领导下的中国海关伦敦办公室(Chinese Customs Office, London)、中国海关总税务司署上海造册处(the

---

① 黄胜强主编《旧中国海关总税务司署通令选编》第一卷(1861—1910年),中国海关出版社,2003,第247页。

Inspector General of Customs, Shanghai)的赠送;后期还来自马士(H. B. Morse)、科第奇(Archibald C. Cooldege)、底斯特(S. G. Dexter)以及费正清图书馆的赠送。其中,赠书最早、数量比较多的,是哈佛校友杜德维,后期还来自另一校友马士。杜德维、马士两人曾长期担任海关总税务司署负责出版发行的造册处的负责人,他们与中国海关总税务司署的领导人赫德和中国海关伦敦办公室的负责人金登干都保持良好的个人关系,而金登干又是赫德的朋友,赫德本人也给哈佛送过海关出版物。没有这样的背景,哈佛显然不可能在长达90年的时间中连续得到不断增加的比较完整的旧海关出版物。①

尽管旧海关出版物已得到越来越多的利用,但对出版物自身仍无深入全面的研究成果。已有的论述中,郑友揆、张存武基本上以介绍年报的编撰为主,其他系统较为忽略。②陈诗启只在介绍海关的贸易统计工作时提到出版物,几乎没有论述。③詹庆华着重论述海关贸易报告的特点和价值。④滨下武志的名著《中国近代经济史研究:清末海关财政与通商口岸市场圈》⑤的一些章节尤其是第三章,对如何理解海关统计数据有相当详细的说明,书末所附"中国海关史资料"摘录了大量的进出口贸易数据以及七大类文献的目录。然而,除了第一、第二和第五类有整个系列总结性的介绍之外,其他各类的介绍均相当简略。托马斯·莱昂斯的《中国海关与贸易统计(1859—1948)》,⑥以福建为例,介绍海关资料,研究却仅涉及统计丛书的一部分内容。近年来,英国布里斯托尔大学和剑桥大学合作,

---

① 详见吴松弟《中国旧海关出版物评述:以美国哈佛燕京图书馆收藏为中心》,《史学月刊》2011年第12期。
② 郑友揆:《我国海关贸易统计编制方法及其内容之沿革考》,《社会科学杂志》1934年第3期;张存武:《中国海关出版品简介(1859—1949)》,《近代史研究所集刊》1970年第9期。
③ 陈诗启所著《中国近代海关史》第六章第三节《包罗万象的海关行政》提到各类出版物名称,与本文对比,缺少督察丛书和邮政丛书,而统计丛书只取"贸易统计类"(Returns Trade)。
④ 詹庆华:《中国近代贸易报告述论》,《中国社会经济史研究》2003年第2期;詹庆华:《全球化视野:中国海关洋员与中西文化传播(1854—1950)》,中国海关出版社,2008。
⑤ (日)滨下武志:《中国近代经济史研究:清末海关财政与通商口岸市场圈》,高淑娟、孙彬译,江苏人民出版社,2006。
⑥ (美)托马斯·莱昂斯:《中国海关与贸易统计(1859—1948)》,毛立坤、方书生、姜修宪译,浙江大学出版社,2009。

进行"中国旧海关项目"研究。①因兴趣不同,他们虽列出旧海关内部出版物的全部书目,但未对出版物本身进行研究。

笔者在利用海关出版物研究中国近代经济地理时,深感其数量浩繁、种类繁多、系统复杂,内容和格式常随着时间的流逝而发生变化,如果不予以厘清和适当的介绍,研究者便难以利用。而且,不同图书馆的电子目录选用书名并不统一,甚至同一个图书馆的目录也存在混乱之处。即使哈佛大学图书馆也不例外,为了查清哈佛的收藏甚至查清一本书是否存在,笔者费了不少的时间。有感于中国旧海关出版物对研究近代史的重要性,以及其本身的复杂和混乱不便于利用,笔者不揣浅陋,拟对其各个系列的书名、内容和流变进行详细的考证。考虑到"满洲国"虽然是日本侵略者建立的伪政权,但其土地却是中国的领土,进出口贸易属于中国境内的商业贸易活动和对外贸易的一部分,其海关出版物是研究东北以及内蒙古、河北的部分地区进出口贸易和经济的重要史料,因此也列入本文考证的范围。

为便于读者查询和利用,每种出版物均说明哈佛大学图书馆所收(简称"哈佛")和《中国旧海关史料》所收(简称"史料")的情况,以及哈佛的索书号 HOLLIS NO. 和胶卷的 REEL NO. 。本文首先对第一类统计丛书的日报、月报和季报分别进行考证,第一类的年刊部分以及第二类至第七类的考证也将陆续刊出。

二、日报

《江海关进出口日报》(*Shanghai Customs Daily Returns*),"哈佛"和"史料"均未收。据1940年出版的《中国海关出版品目录》(*List of Chinese Customs Publications*)记载,②《江海关进出口日报》列统计丛书的第1号,1866年开始出版,1932年3月31日停止出版。

---

①Chinese Maritime Customs Service Project, Department of Historical Studies, University of Bristol, accessed February 2005, http://www.bris.ac.uk/history/customs/customsbibliographies/.

②载《海关出版物服务丛书》的第69号《中国近代海关历史文件汇编》(*Documents Illustrative of the Origin, Development, and Activities of the Chinese Customs Service*)的第7卷附录。

到了1916年前的几年间,随着进出口贸易的发展,也有另外一些海关发行日报。1919年,除了上海的《江海关进出口日报》,牛庄、天津、汉口、广州等地的海关也出版自己的日报。此外,福州的海关出版周报,大连、胶州、长沙、岳州、汕头、南宁的海关出版旬报,南京的海关也拟出版旬报。①

郑友揆以为:日报,向由各关自印出版。大关,如上海、天津等,逐日出版。小关,每隔三日、五日、半月出版不等。日报所载,甚为简单,仅有逐日进出口之船只数及所载各货之吨数。自1932年以后,各关停止发行日报,只有天津、青岛两海关继续发行,前者名《天津航务日报》(Tientsin Daily Shipping Reports),后者名为《青岛市港务日报》,内容与过去日报相仿,但篇幅已增厚。郑友揆进一步解释道:1932年以后各关的统计室取消,贸易统计由总署统计科集中计算,但航业和税收纪录仍由各关保存整理,故津、胶二关仍能继续出版航业统计。②

三、月报

所见月报种类不多,大致有如下几种:

(一)中国各通商口岸贸易月报(Monthly Reports on Trade at the Ports in China Open by Treaty to Foreign Trade)

郑友揆先生谓:"月报最初刊于1866年,名为'各通商口岸贸易月报'(Monthly Returns on Trade at the Ports in China Open by Treaty to Foreign Trade),1868年遂改为季报。故此二年间之月报,不为人所注意。"③据此,月报亦是我国近代海关最早的出版品之一,只是早期的月报仅维持两年便停止出版。

"史料"未收录月报。哈佛收有1867年3月、5月、6月、7月、8月、9

---

① 黄胜强:《旧中国海关总税务司署通令选编》第二卷(1911—1930年),中国海关出版社,2003,第2607号(第二辑),第198页;第2993号(第二辑),第263页。
② 郑友揆:《我国海关贸易统计编制方法及其内容之沿革考》,《社会科学杂志》1934年第3期。
③ 郑友揆:《我国海关贸易统计编制方法及其内容之沿革考》,《社会科学杂志》1934年第3期。

月共6个月的月报,每月一卷,共六卷,装为一册,HOLLIS NO.：005825545,胶卷为REEL NO.：209。

据笔者所见,月报的名称头两个字母均是Monthly Reports,而不是郑友揆先生所说的Monthly Returns,其余的字母都相同,因此郑先生所说的"Monthly Returns"实为"Monthly Reports"之误。

或许由于初期的月报只存在两年,当时尚没有编排系列号,所以没有列入统计系列。哈佛所收最早是1867年4月30日出版的3月份的月报,月报编号为第15卷,据此第1卷应是1866年1月份的月报。1867年3月份的月报,收入上海、宁波、厦门、汕头、广州、汉口、九江、镇江、烟台、天津、福州等11个海关的月报,以及牛庄、打狗、淡水等3个海关的季度报告。内容均以表格为主,登载进出口与国内贸易的数据,约数十页。

(二)中华民国海关进出口贸易统计月报(*Monthly Returns of the Foreign Trade of China*, 1932—1948)

在《中国各通商口岸贸易月报》(*Monthly Reports on Trade at the Ports in China Open by Treaty to Foreign Trade*)停止出版60多年以后,1932年1月海关总税务司署重新出版月报,名为《中华民国海关进出口贸易统计月报》(*Monthly Returns of the Foreign Trade of China*)。"史料"未收录月报,"哈佛"收录,HOLLIS NO.：005825544,胶卷为REEL NO.：273—293,每月一卷,每季度装订为一册,每年为四册,包括1936、1937、1938、1947等四年的全部册数,以及1946年的第3册、第4册和1948年的一册(1月至5月),共19册。属于统计丛书第8号。由于月报原来没有编号,该编号应是1932年重编以后产生的。全书用中文和英文出版,书名也同样。

本书是全国性的进出口货物、金银的进出口价值以及往来外洋的商船数量的按月详细统计,具体包括:每月洋货进口净数、土货出口(包括复出口净数)、大宗洋货进口国别、大宗土货出口国别,并附有1月至本月累积数字以及前一年同期数字。此外所有本月内进出口货物及金银价值之国别与关别、船只往来外洋进出口之吨位、税则问题的议决案,以及税则分类估价评议会议决案等,也分别列表刊载。书中附有"海关金单位及国币折合各国通行钱币数目表""中国度量衡标准制与旧英制及万国公制换算表";有的还有《海关贸易统计编制说明》,书末页附有统计系列各个编号的书名及其发表时间。

自 1936 年 1 月起,月报提前到下个月的月初出版,其他内容不变,但进口货物增加来源地,出口货物增加运销地,但仍无任何分海关报告。

(三)江海关进出口贸易统计月报(附各地月报)

《江海关进出口贸易统计月报》(Monthly Returns of the Foreign Trade of Shanghai)①为江海关的贸易统计月报。据《海关出版图书目录》,1932 年 1 月开始出版。②"史料"未收录,哈佛有 1946 年 11 月、12 月的两卷,装订成一册,HOLLIS NO.:005825546。

本月报也按照《中华民国海关进出口贸易统计月报》的做法,详列进出口货物 1 月至本月的累积数字,并另外刊载进出口金银价值暨往来外洋与各通商口岸船只吨位各表。自 1936 年 1 月起,本月报提早到下月初出版。③

1946 年 11 月的月报实物表明,本月报属于统计丛书的第 9 号,用中文和英文书写,本月达二百六七十页。首先附"海关贸易统计编制说明""国币折合各国通行钱币数目表""中国度量衡标准制(万国公制)及其他制之折合法",以及"统计表内重量以外各种数量单位换算重量表"。然后是"对外贸易统计表",包括"进出口货物价值比较表""洋货直接进口净数价值组别表""国货出口净数价值组别表""直接进口及出口货物价值国别表""直接进口洋货表""国货出口表""进出口金银价值国别表""往来商船旗别表""因无进口税完纳凭证补征进口税之洋货表""善后救济总署物资进口表",共 10 张统计表。

除了江海关月报,其他一些海关也有月报。郑友揆先生说:1931 年以后天津、上海、胶州、广州等四个主要海关都有自己的贸易月报。其中,津海关月报始于 1932 年 3 月,胶海关月报始于 1932 年 1 月,粤海关月报始于 1932 年 4 月。由于是各关自印出版,故月报的形式、出版时间也不

---

①在 1936 年 2 月出版的《海关出版图书目录》的英文版 Catalogue of Customs Publications 中,《江海关进出口贸易统计月报》的书名写成 Shanghai Monthly Returns of the Foreign Trade,并非书的真实的英文名称。

②郑友揆在《我国海关贸易统计编制方法及其内容之沿革考》一文中表示"本月报始刊印于 1931 年 10 月"。

③海关总税务司署统计科:《海关出版图书目录》,1936。

一致,除了江海关尚能按时出版外,其他各关都甚迟缓。各关进出口贸易统计月报的内容,不像全国月报之详尽,仅载进口及出口各货统计之二表而已。但所载之进出口各货统计皆述明"来源"及"去向"国别,对于分析各关贸易助益殊多。① 对比上述江海关月报有10张表、总页数达二百六七十页的状况,郑友揆所说的各关进出口贸易统计月报"仅载进口及出口各货统计之二表而已",应指其他海关而非江海关的情况。

另外,在海关总税务司署为准备编制月报而颁布的海关通令第4368号(第二辑),提到月报的内容分甲类和乙类,甲类要求按月定期报告,乙类要求随时报告。乙类需要随时报告的项目,包括:

1.本口岸市况。凡足以影响市场、社会以及经济状况之情形,如反常气候、降雨、灾害、行政、法令、军事、治安、金融、货币、交通、运输、捐税等。

2.农产、矿产、林产、渔业及主要工业情形。

3.洋货与国货竞争状况,如遇有外货不正当竞争或扰乱市场者应详细报告。

4.进出口新商品。

5.各国关税对出口商品之影响。

6.我国进出口关税对进出口商品之影响。

7.关于振兴及改进贸易之建议。

通令要求报告自1932年1月开始编制,用汉文书写,连同英译本均一式两份呈报总税务司署。②

以上提到的上海、天津、胶州、广州等四个海关的贸易月报,显然属于按月定期报告的甲类。笔者没有见到乙类报告,不知是否实际编制过。

(四)"满洲国《外国贸易统计月报》"(*Monthly Returns of the Foreign Trade of Manchoukou*)

1931年"九一八"事变以后,日本帝国主义占领东北,次年3月1日利用清废帝溥仪在东北建立傀儡政权"满洲国"。通过这一傀儡政权,日

---

①郑友揆:《我国海关贸易统计编制方法及其内容之沿革考》,《社会科学杂志》1934年第3期。

②黄胜强主编《旧中国海关总税务司署通令选编》第三卷(1931—1942年),中国海关出版社,2003,第138页。

本在东北实行了14年之久的殖民统治，傀儡政权管辖范围，大致包括今天的辽宁、吉林和黑龙江三省全境、内蒙古东部及河北北部。尽管这一政权是日本帝国主义的傀儡政权，但其境内的进出口贸易属于中国境内的商业贸易活动和对外贸易的一部分。因此，考证伪满洲国的《外国贸易统计月报》，有助于探讨上述地区这一时期的内外贸易。

哈佛收录1933年11月、12月，1938年2月、3月、9月、12月，1939年2月、3月、4月、5月、7月，以及1940年8月等12个月的月报，每期约130页左右，共装订成四册，HOLLIS NO.：007081314。"史料"收入1938年1月、4月、5月、6月、7月、8月、10月、11月，1939年1月、7月、8月、9月、10月、11月、12月，1940年1月、2月、3月、4月、5月、6月、7月、9月，共23个月的月报。

伪满洲国《外国贸易统计月报》沿袭中国海关贸易报告"华英合璧"的习惯，封面、目录和书中的文字分别用中文和英文书写，由大连税关统计科发行。以伪满"大同二年"（1933）十二月的月报为例，其中文名称是："满洲国"外国贸易统计月报，"大同二年"十二月；下书英文书名：*Monthly Returns of The Foreign Trade of Manchoukou December, 1933*。前期月报由财政部编纂，后财政部改称经济部，月报便改由经济部编纂。

按月报的"凡例"，月报为汇刊"满洲国"与"关东州"毗连地域（简称"满洲经济地域"）的各税关的对外统计。凡由"满洲经济地域"以外向"满洲经济地域"以内输入者为"输入"，相反方向则为输出；统计所用之价额单位，输入为金单位，输出为海关两。自1933年4月16日起改课税单位为国币圆，其换算单位，1金单位为国币1.954圆，1海关两为1.56圆。

报告均由表格所组成。最初是6张表格，即输出入贸易总额表、输出入贸易主要国别表、输出品表、输入品表、国籍别出入船舶表，以及金银输出入表。以后在此基础上细分，逐渐扩大为10余张表格。各表的统计，又分成全国统计和分关统计两部分。早期列出的海关，有营口（包括山海关）、哈尔滨、龙井村、图们、承德等5个海关，后期改为大连、安东、营口、奉天、新京、哈尔滨、图们、山海关等8个海关。

四、海关华洋贸易统计册（按季刊行，*Quarterly Trade Returns*）

据海关通令，《海关华洋贸易统计册》早期称为"关册"，于1868年取代1866年首发的《中国各通商口岸贸易月报》而出版；1931年7月总税务司署统计科税务司建议按照国际联盟国际公约之建议大纲，出版《来往外洋货物统计月报》，取代目前按季度出版的《海关华洋贸易统计册》，但1931年9月及12月仍继续出版以便出齐。①因《海关华洋贸易统计册》按季度出版，又常被简称为"季报"。

季报属于统计系列第2号。据1880年季报后所附的目录，1869年开始出版。它以1869年第一季度为第1号，此后依次编号，1920年以后停止编号，共印行了248期。

"史料"未收录季报。哈佛大学图书馆收录的季报比较齐全，除了1882年、1883年、1930年、1931年及1929年的第二至第四季度，其他全部都有，HOLLIS NO.：006123105，无胶卷。香港中文大学图书馆收有1929年第四季度、1930年第四季度和1931年第一季度的季报，可资部分弥补。

季报的英文名称屡有变化，可分为四个时期：

1. *Customs Gazette*，1869–1913；
2. *Quarterly Returns of Trade*，1914–1919；
3. *Trade Returns*，1920–1922；
4. *Quarterly Returns of Trade*，1923–1931。

季报由六个部分所组成，以最早出版的1869年第一季度为例，它们是：

第一部分"贸易季报"（Quarterly Report of Trade）。以各开放港口为单位，用文字和表格介绍本季度的贸易状况。

---

① 黄胜强主编《旧中国海关总税务司署通令选编》第二卷（1911—1930年），第2607号（第二辑），第197页；黄胜强主编《旧中国海关总税务司署通令选编》第三卷，第4244号（第二辑），第60页。本段提到的"来往外洋货物统计月报"，按上文"三、月报"之"（二）中华民国海关进出口贸易统计月报"，其正确的名称应是"中华民国海关进出口贸易统计月报"。

第二部分"关税季报"（Quarterly Report of Dues and Duties）。用表格反映本季度的关税收入状况。

第三部分"罚金季报"（Précis of Fines and Confiscations）。用表格摘要反映本季度的罚金状况。

第四部分"税捐规定"（Rules Stating the Dues and Duties Veriable on the Dues）。刊载一些有关税收的规定。自第 2 号开始，"税捐规定"统一改为"布告"（Notifications）。

第五部分"关税规定"。本号此部分空缺，自第 2 号开始出现并改为"有关服务事项的变化"（Movements in the Service）。

第六部分"附录"（Appendix）。但在 19 世纪末以前，本部分并非每期季报都有，要视情况而定，此后才固定下来，并在附录之前增加"船舶吨位"（Vessels Measured for Tonnage），表明本部分主要提供进出港口的贸易船只的情况。

海关通令第 2607 号（第二辑）曾简要总结早期贸易季报内容的演变：最初的季报，除统计资料外，原还包括对本季度的贸易、价格、供需关系等之评论及各辖区主要事件之纪事；而后相继增加罚没概要及海关纪事。不久即发现该季度统计之发表不够迅速，不足以代替商务通报，但亦认为其所载之比较式统计及其他消息颇有价值，令人感兴趣。然由于海关事务不断发展，季报亦逐渐增大部头。为此事及其他原因，除贸易统计外，其所载消息此后逐渐删除。1872 年"总评"及"要事"两节即被略去，1885 年后"罚没概要"亦另行刊印，1914 年"海关纪事"成为用于专载海关消息之关册。①

另外，自 1888 年开始，增加朝鲜、九龙和拱北海关的季册，作为附录。

自 1914 年起，季报的名称由 Customs Gazette 改为 Quarterly Returns of Trade，但体例和前后内容并未改动。到了 1920 年，季报的体例和内容发生了较大的变化。

首先表现在季报"不再整卷出版，改为每季结束后，立即将各口岸统

---

① 黄胜强主编《旧中国海关总税务司署通令选编》第二卷（1911—1930 年），第 2607 号（第二辑），第 197 页。文中的"海关纪事"即 *Customs Gazette*。

计印成单册出版"①;不再有全国的内容,直接以各海关为单位编制,各海关单独成册,大致上小海关十余页,大海关二三十页。且各海关的季报都有自己的名称,如瑷珲海关为《爱珲关贸易册,中华民国十四年第三季华英合璧》(*Algun Quarterly Trade Returns July–September 1925*)。各关单独报告,各自成册,成为1920年以后季册的显著特点。由于只有按海关为单位编制的报告,因此,尽管哈佛图书馆将各关的季册按年度汇总装订,读者打开以后看到的仍只是各关的书名,而不是全国的书名。所谓的"华英合璧",是指同一书用中文、英文两种文字印刷,而以前只用英文。

其次表现在内容上,1920年以前的季报仅介绍本季度的贸易状况,文字较少,多为表格。1920年以后的内容有了较大的不同,记载大为增多,它由"贸易季册"和"全年贸易册论"两大部分所组成。"贸易季册"以1921年第四季度的津海关为例,目录中列有:

第一节,进口各货(第一款:海关进口各货;第二款:常关进口各货)。

第二节,出口各货(第一款:海关出口各货;第二款:常关出口各货)。

第三节,复出口货(海关复出口各货)。

第四节,专项(出口茶额)。

前三节为各关共同的目录,第四节则视情况加入或改变。

以前季册中的第二、第三两部分之税捐统计及船舶吨位仍继续印制,但以单页形式供总税务司署有关部门使用。

"全年贸易册论"仅第四季度的季册设置。它由两部分组成。第一部分是"贸易论略",分别为英文的 Trade Report for the Year 和中文的"华洋贸易情形论略",都是以海关为单位,主要用文字论述一年的贸易状况。两份中、英文的报告内容基本相同,但中文的内容比英文略微简略一些。第二部分是"贸易册",下分"税钞""进出呈报""贸易货价""出入内地之货""金银""旅客""专项"等七节,分列各按年统计表,并有近10年之比较。江海、大连、津海、江汉、广州等五大口岸,还加列本年进口洋货及出口土货各数详表。

---

① 黄胜强主编《旧中国海关总税务司署通令选编》第二卷(1911—1930年),第2993号(第二辑),第262页。

此外,有些重要的海关,第四季度还附有常关的英文贸易报告。

由于增加上述内容,1920—1922这三年的第四季度的季册,就属于统计系列的第2号至第5号,说明它包罗了这三个号的内容。

自1923年起,季报的名称和内容再次变化。恢复为1919以前的名称 Quarterly Trade Returns,第四季度已没有"全年贸易册论"(Trade Report)、中文"贸易情形论略"及其后面的表格,其余方面仍然沿袭以前。这种变化为1924以后各年的季报所继承,直到停止编制。

由于海关的不断增多,20世纪以来不少海关都拥有自己的《海关华洋贸易统计册》。以1926年第一季度为例,有瑷珲关、哈尔滨属关、延吉关、珲春关、安东关(附大东沟)、大连关、山海关、秦皇岛关、津海关、东海关、龙口关、胶海关、重庆关、万县关、宜昌关、沙市关、长沙关、岳州关、江汉关、九江关、芜湖关、金陵关、镇江关、江海关、苏州关、杭州关、浙海关、瓯海关、福海关、闽海关、厦门关、潮海关、粤海关、九龙关(内附广九铁路)、拱北关、江门关、三水关、梧州关、南宁关、琼海关、北海关、龙州关、蒙自关、思茅关、腾越关,总共45个海关。

各期季报的字数也随着开放口岸数量和活动内容的增加而增多,最初不到100页,1914年达到400余页。不仅字数增多,而且在中华民国建立以后还采用"华英合璧"的书写方式,各期季册的厚度都普遍增加,到1920年代几乎已是前期的三四倍。

这里有必要说明季报和按年度刊行的全国贸易报告中各分关年度报告的关系。海关总税务司署出版的不同时期的主要的年度报告,一般都要记载各个分关的年度贸易状况和影响贸易的因素。1882—1919年的主要的年度报告《年度贸易册和贸易报告》,其英文书名,"史料"为 Returns of Trade and Trade Report, at the Treaty Ports, 1882-1919;哈佛为 Return of Trade(24th-61st Issue) and Trade Report(18th-55th Issue), 1882-1919。各个年度的报告均由两部分所组成,第一部分是"中国贸易报告和统计摘要"(Report on the Trade of China and Abstract of Statistics),第二部分是"分港贸易报告和贸易统计"(Report and Statistics for Each Port)。虽然不同时期两部分的名称略有变化,但基本内容并无大的改变。1920年停止出版《年度贸易册和贸易报告》,改出《中华民国通商海关华洋贸易全年总册总论》(Foreign Trade of China)，作为此后几年的主要的全国贸易报告。《中华民国通商海关华洋贸易全年总册总论》仍分上、下两卷，但类似《年度贸易册和贸易报告》中的"分港贸易报告和贸易统计"的内容已不存在，有关各关进出口、复出口、转口的重要统计资料也完全消失，这种情况一直持续到1948年。不过，1920—1922这三年的类似"分港贸易报告和贸易统计"的论述并未消失，只是改附到当年各关第四季度季报的最后部分，即《全年贸易册论》。因此，如要得知这三年各关全年的贸易状况，须查该关第四季度的《贸易统计册》(Trade Returns)，而不是到全国年度报告《中华民国通商海关华洋贸易全年总册总论》(Foreign Trade of China)中去查。

也有必要说明海关医学报告和季报的关系。1871年，海关总税务司署开始出版《中国海关医学报告》(China Customs Gazette, Med. Reports)，直到1911年才中止。这套医学报告，最初几期属于前期《海关华洋贸易统计册》(Customs Gazette)的第6号，到第14期才不再归入季报而自成类别，并从季报所在的统计丛书，归到特种丛书(Special Series)的第2号。由于医学报告是半年一报，而非一季一报，且单独出版，在第14期以前的季报中实际上也无法看到医学报告。

旧海关出版物的书名、内容和流变考证：
统计丛书之年刊系统[*]

摘要：海关中外贸易统计年刊是中国旧海关出版物七大系列中最重要的统计系列的主体部分，也是目前学界用以研究近代中国进出口贸易数据的主要资料。年刊由多个系统构成，有些系统由数种不同时期的专刊构成，形式较为复杂，且数量庞大，即使同一年刊的内容和体例也经过多次调整。

关键词：旧海关出版物；考证；统计年刊

海关中外贸易统计年刊是中国旧海关出版物七大系列中最重要的统计系列的主体部分，学界用来研究近代中国进出口贸易的数据，大部分来自于此。中国第二历史档案馆、中国海关总署整理，2001年由京华出版社出版的170巨册《中国旧海关史料》，收入的均为各类年刊。此外，国内外另外一些单位收藏的中国旧海关出版物，特别是哈佛大学图书馆所收的430余册（其中有260册未被《中国旧海关史料》收入）中，相当部分也都是年刊。年刊由多个系统构成，有些系统由数种不同时期的专刊构成，比较复杂，且数量浩繁，即使同一年刊的内容和格式在漫长的时期中也屡有变化。如果不予以细致的考证，研究者便难以利用。此外，不同图书馆的电子目录所用年刊的刊名时有歧异，甚至同一个图书馆的目录也存在

---

[*] 本文原载《上海海关学院学报》2013年第1期，第1—17页，第一作者吴松弟，第二作者方书生。本文系国家社科基金重大项目"中国旧海关内部出版物整理与研究"（11&ZD092）的阶段性成果，并得到复旦大学光华人文基金的支持。姚永超对本文亦有贡献。

混乱之处,均需依据原书恢复准确的书名。笔者已著文对统计系列的日报、月报和季册进行考证①,现再撰此文,对统计系列的各种年刊进行详细考证。

考虑到"满洲国"虽然是外国侵略者建立的伪政权,但其土地却是中国的领土,进出口贸易属于中国国内外贸易的一部分,且其海关出版物是研究东北以及内蒙古、河北的部分地区进出口贸易和经济的重要史料,故该年刊也列入本文考证的范围。

为便于读者使用,本文列出每个年刊的中文名和英文名。在民国建立以前,所有的海关出版物,绝大部分都用英文书名,民国建立以后开始采用"华英合璧"的形式,即同时用中文和英文,才普遍地有了中文的书名。此外,二十世纪三四十年代,海关总税务司署统计科几次印行《海关出版图书目录》,列出尚有剩余可供销售的海关图书,其中少量是晚清海关出版的内部刊物的中文译名。除此之外,尚有一些英文年刊并无海关确定的中文书名。因此,本文列出的中文书名,有些是其时海关已经确定的,有些则出自笔者的翻译。

为便于读者利用,每种出版物均说明哈佛大学图书馆(简称"哈佛")和《中国旧海关史料》(简称"史料")的收录情况,以及哈佛的索书号HOLLIS NO.和胶卷的 REEL NO.。

一、口岸贸易统计年册,1859—1881

《口岸贸易统计年册》是最早发行的海关出版物之一,存在于1859—1881年间,由时间上前后相续、名称有所不同的两种年册所组成。

1.《进出口贸易统计年册 1859—1866》(*Returns of the Import and Export Trade*, 1859–1866)。

按《常关贸易统计》(*Native Customs Trade Returns*)第三卷扉页所列,1859年开始出版海关最早的出版物——《进出口贸易统计年册》。1863年冬赫德接任中国海关总税务司后,努力整顿关务,贸易统计的格式逐渐

---

① 吴松弟:《中国旧海关出版物的书名、内容和流变考证:统计丛书之日报、月报和季报》,《上海海关学院学报》2012年第2期,第1—8页。

形成。1859—1866年的进出口贸易统计年册便反映了统计格式形成前后的特点。因形成较早,未能编排系列号。

"史料"和"哈佛"均收入上海、广州、天津、宁波、福州、汕头、厦门、芝罘、九江、牛庄、汉口、镇江、打狗、淡水等14个海关早期的进出口贸易统计年册,但所收有所不同。

"史料"收入上海的1859年、1860年的上半年、1861年(含长江和北方)、1864—1866年;广州的1859年、1860年、1864—1866年;天津的1860年的下半年、1863年、1864年、1866年;宁波的1861年的5—12月、1862年的6—12月、1863—1866年;福州1861年的6—12月、1862年、1864—1866年;汕头的1861—1866年;厦门1862年的3—12月、1863年、1864年、1866年;芝罘的1863—1866年;九江的1863年、1864年、1866年;牛庄的1864年、1866年;汉口的1864年、1866年;镇江的1864—1866年;打狗的1863年10月—1864年12月、1866年;淡水的1866年。

"哈佛"HOLLIS NO.:005825547,所收年度数不及"史料",但仍有"史料"所不收的。它们是:厦门1865年,汉口1865年,牛庄1865年,汕头1860年,淡水1865年,天津1861年的5—12月、1862年、1865年。

据笔者的阅读,最早形成的进出口贸易统计册,属于1859年的上海江海关和广州粤海关。1860年汕头潮海关、1863年烟台东海关、1861年福州闽海关、宁波浙海关,都相继形成了自己最早的进出口贸易统计年册。到1865年,上述6海关加上厦门厦海关、镇江镇江关、汉口江汉关、九江九江关、牛庄山海关、淡水淡水关、天津津海关,以及高雄的海关,都有了自己的进出口贸易统计册。

早期的贸易统计册因各海关编制,名称并不统一。以1860年为例,广州称《广州港1860年下半年进出口贸易统计册》(*Returns of the Import and Export Trade, at the Port of Canton, for the Half Year Ended 31st December, 1860*)。上海称《上海港1860年下半年悬挂外国旗的船只进出口贸易统计册》(*Returns of the Import and Export Trade, Carried on Under Foreign Flags, at the Port of Shanghai, for the Half Year Ended 31st December, 1860*)。1861年到1863年的广州同于上海,到了1864年又改为《广州港1864年贸易统计册》(*Returns of Trade at the Port of Canton, for* the Year 1864）。

1859—1864 年各关的统计以半年为一册,内容较少,仅洋货进口、土货出口、航运、关税等几项统计。1864 年前,各关在分类、方法、货物单位、货物价值等方面都没有划一的制度,亦无全国统计。1864 年后,建立了划一的制度,对外进出口和埠际贸易开始分别记载,运销外洋和埠际之间给予区分,同时分类趋于详细,有了大致的来源和去向,海关贸易统计的格式逐渐形成。

各口岸的进出口贸易统计册在 1864 年以前都没有目录,以后才建立了目录。目录大致有以下部类:

(1)"国外贸易"(Foreign Trade);

(2)"沿海贸易"(Coast Trade)。此两部类主要反映外国商品的进口和再出口,以及与中国港口之间的商品的进出口情况。

(3)"商船"(Shipping),反映外国商船的进出情况。

(4)"关税"(Duties),反映挂外国旗的商船的纳税情况。

(5)"特别表格"(Special Tables),反映鸦片的进口和再出口,茶叶、丝绸的出口,以及金银的进出口情况。

有些海关由于贸易量少、活动种类也不多,目录相对少。1864 年的天津只有(1)(2)两类,而 1864 年的镇江连"国外贸易"都没有。1864 年以前以半年为统计单位,1864 年以后改为以一年为统计单位。统计册中没有任何文字说明。大致只有几十页,数量最多的上海,也只有百余页,而最少的海关只有十余页。

1940 年出版的《中国海关出版图书目录》(*List of Chinese Customs Publications*),提到 1859 年开始印行的《贸易统计年册》(*Annual Returns of Trade*)。笔者在"史料"和哈佛收藏中均未见此书,颇疑它是《进出口贸易统计年册 1859—1866》(*Returns of the Import and Export Trade 1859-1866*)之误。

2.《中国条约口岸贸易统计年册 1867—1881》(*Returns of Trade at the Treaty Ports in China 1867-1881*)应据"目录"改为《中国海关华洋贸易辑要》。

按《统计年册》在 1867 年首次出版时所用的名称是《中国根据条约

对外开放港口贸易统计年册》(*Returns of Trade at the Ports in China Open by Treaty to Foreign Trade*),第二年便改用《中国条约口岸贸易统计年册,1868年》(*Returns of Trade at the Treaty Ports in China for the Year 1868*)。此后名称固定下来不变。属于统计系列的第3号。

据郑友揆先生考察,1859—1866年这8年只有各关的贸易统计付印问世。1867年以后总税务司署设专司,总辖各关统计,由副税务司(1873年改为造册处,1923年称为"统计科")专门负责编纂出版海关统计和报告。

据1867年统计年册的目录,除了简要反映1866、1867两个年度全国状况的表格之外,其他表格都是以各分关为单位,一般设立外国进口商品、外国进口复出口商品、对外国出口的本国商品、进口港口的各国船只数量等表格。上海关还记载主要经上海进出口的长江和北方港口的分布状况。该年共有上海、广州、汕头、厦门、福州、淡水、台南、基隆、宁波、汉口、九江、镇江、芝罘、天津、牛庄等15个港口所在海关的年度贸易表格。

1868年以后统计年册的主要目录如下:

第一部分:贸易和税收辑要(Abstract of Trade and Customs Revenue Statistics)。包括:

(1)进出口贸易值和国别;

(2)洋货进口、土货出口、洋货复出口;

(3)专项统计:鸦片、茶叶、航运,各港税收、洋货直接进口、洋货复出口国外,各港10年来贸易比较,上海港贸易总值和净值;

(4)附件:各国在内外贸易中的比重、各口岸的转口贸易和人口统计。

第二部分:分港贸易统计(Statistics of the Trade at Each Port),包括牛庄、天津、芝罘、宜昌、汉口、九江、芜湖、镇江、上海、宁波、温州、福州、淡水、打狗、厦门、汕头、广州、琼州、北海19个海关。各关条目有所不同,大体格式如前,类别有所增多。无论是全国统计和分关统计,越往后统计类目和内容越来越详细。

1869年增设:国内税收统计(Returns of the Native Charges),用以登记在各个重要口岸及其附近被征税的国内贸易状况,部分内容相当于后来的常关的国内贸易报告,包括运销路线、沿途征税点和收税情况。不过,第二年的年度贸易册中便取消了"国内税收统计"。

就货币单位而言,1876年是一个重要的统一时期,此前海关两仅通用于海关税收和浙海关,上海采用规元,华南为墨西哥银元,华北和长江各埠使用本地两,大致兑换率为100关两=111.4规元=104—106长江、华北本地两=140—160墨西哥银元。

至1881年,统计年册的统计格式基本成型,由于金银进出口对贸易平衡的重要性,该年开始出现金银进出口价值表。上海部分增加"土货的出口和再出口贸易"(Trade in Native Produce-Export And Re-Exports)以及"转口贸易"(Transit Trade),专用以反映与内地的贸易状况,此外在"特别表格"(Special Tables)中也可看到埠际贸易的数据。除上海以外,宁波、温州、福州等一批海关的统计年册均具有上述内容。

二、条约口岸贸易年度报告1864—1881(*Reports on Trade at the Treaty Ports for the Year 1864-1881*)

此为各海关贸易的年度报告,属统计系列第4号。按《常关贸易统计》的第三卷扉页所列,1865年开始出上一年度的年度报告,但各期书名有所不同。1864年的年度报告称《上海、广州、汕头、厦门、宁波、汉口、九江、芝罘、牛庄港贸易报告,1864年》(*Reports on Trade at the Ports of Shanghai, Canton, Swatow, Amoy, Ningpo, Hankow, Kiukiang, Chefoo, and Newchwang, for the Year 1864*)。1865年改为《中国按条约对外国开放港口贸易报告,1865年》(*Reports on Trade at the Ports in China Open by Treaty to Foreign Trade, for the Year 1865*)。到1867年再变为《中国条约口岸贸易报告,1867年》(*Reports on Trade at the Treaty Ports in China, for the Year 1867*)。此后,报告名沿用至1881年。自1877年起在报告名后面加上期数,从最早的年度数起,1877年是第13期,出到1881年,共18期。

以上报告哈佛全部收藏,装订成17册,除1871、1872年合为一册,其余均一年一册,HOLLIS NO.:005825548,并收入REEL NO.:204—208。"史料"中1881年以前的英文年报均只收"贸易册"(Returns of Trade),而不收"贸易报告"(Reports of Trade)系列,因此未收本系列。

该报告由文字和表格组成,一般完成于次年1月底。1864年的贸易年报,每个海关只有几页,全书只有30余页。1865年普通海关如福州增加到10页左右,上海等重要海关约二三十页。大致包括总论、轮船、进口、出口等部类。1874年首次在年报的最后附上"海关题名录"(Service List),包括总署和各地税务司署负责人名单以及各类工作人员的数量。1876年首次将年报的内容分成两大部分,其一是全国贸易报告(Report on the Trade of China),其二是各海关的贸易报告(Reports on the Trade of the Treaty Ports of China)。而附件中的"海关题名录"所列出的海关关员名单,不仅包括总署和各地税务司署的官员,也包括海事部门、外国洋员以及已退休的工作人员。每年度的贸易报告大致在200多页。

到1881年年报的内容已相当丰富。它由两大部分构成:第一部分"导论",内容较多,包括:1881年对外贸易概貌;洋货进口;对国外的出口;各国在外贸中所占的比重;沿海贸易;复出口;航运;税收。第二部分以牛庄为开端,自北向南依次是天津、芝罘等约开港口贸易报告。"海关题名录"仍然保留在附录部分。

与贸易年册不同,贸易年报不仅用表格的形式说明该年全国和各地区的贸易状况,而且用大量的文字,说明全国和各地的贸易进展、影响贸易的内外因素,以及口岸城市及其所在地区从自然、经济到政治、文化的多方面的情况。由于这样的原因,郑友揆评价年度报告:"对于各该埠商业、政治、社会情形,叙述颇详,足资参考"。

还须指出,年报所收的诸多地图(大部分彩色,小部分黑白)都有着重要的学术价值。例如1867年的海南岛图,1868年的泉州府图、温州河口图,1873年与台湾的淡水、基隆有帆船贸易的大陆港口分布图,1874年的江西省图、福建省图,1875年的东北地图,1874、1875和1876年中国向国外出口货物的地区分布图,1877年的安徽省南部图、温州水路图、广西省图,1879年江南省图、厦门及其周边地区图,1880年的台湾图、江南省图、福建南部图、打狗港图、汕头图,均弥足珍贵。这些地图大多由海关洋员采用现代测绘、制图方法绘制,精度远远超过当时还在广泛使用的中国传统方法绘制的地图,反映内容之详细和全面更远过之。加上绘制时间较早,有着很高的研究价值。

此外,1874年开始以曲线图的形式,登记镇江、芜湖、九江、汉口、宜昌等城市长江河段逐月的水位涨落数据,此后得到登记水位的长江沿岸的城市逐渐增多,这些数据已成为研究长江水文变化的第一手宝贵资料。

三、年度贸易册和贸易报告 1882—1919（*Returns of Trade and Trade Report*）

"史料"和"哈佛"都有收入,但各自采用的英文书名不同。"史料"为 *Returns of Trade and Trade Report*, *at the Treaty Ports 1882-1919*,"哈佛"书名为 *Return of Trade*（24th-61st Issue）*and Trade Report*（18th-55th Issue）,*1882-1919*。二者的区别,在于前者用早期的书名,后者用后期的书名。每年一期,出到1919年的第38期。

属于统计系列,但前后编号有所不同。1882—1915年属于第3号和第4号,1916—1919年属于第3至第5号,系列的差异反映了内容的增减。

1882年以前,"贸易年册"（*Return of Trade*）和"贸易年报"（*Trade Report*）分别发表,分属于第3、第4系列。1882年以后两个系列合并发表,但各部分仍接续原来的卷数,并在书名上体现出来。由于两个系列的卷数不同,故在全套书的书名 *Return of Trade* 和 *Trade Report* 后注上各自的卷数。例如,1919年的 *Return of Trade and Trade Report*,全名是 *Trade Returns*（61th Issue）*and Trade Report*（55th Issue）,*1919*。

由于"史料"1881年以前的英文年报只收 *Returns of Trade* 而不收 *Reports of Trade* 系列,1882—1919年用已经合并的 *Returns of Trade and Trade Report* 系列。在缺乏必要的说明的情况下,读者容易误会,以为1881年前后的年刊是一样的。

1882年的《年度贸易册和贸易报告》由两部分所组成,第一部分是"中国贸易报告和统计摘要"（Report on the Trade of China and Abstract of Statistics）,包括当年的全国贸易总报告和统计辑要;第二部分是"分港贸易报告和贸易统计"（Report and Statistics for Each Port）,包括年度贸易报告和年度贸易统计。其中,1886—1893年包含朝鲜的贸易报告和贸易数据。

1882年中国海关总税务司署对贸易报告进行规范,对各海关限制篇幅①,但随后年报的内容又重新增多。1885年开始增加"附录",包括两个方面:1.1884—1885年贸易报告的索引;2.朝鲜贸易统计,当时中国帮助藩属国朝鲜管理海关,故在1886—1893年间,朝鲜三港的年刊附录在中国报告之后。1894—1903年还论述中国的对外贸易状况。

1904年仍由两部分所组成,但第一部分是新增加的 Report on the Working of the Post Office,即邮政报告,除用英文印刷,同时也有中文版,单独作为一册。第二部分是各港口的贸易报告和统计,其第一卷是中国外贸的总报告和北方港口贸易报告,第二卷是南方港口与邮局工作报告。在全国贸易报告之后,开始有中文译本,题为"光绪三十年通商各口华洋贸易情形总论"。

1905—1906年由三个部分所组成:第一部分是"中国对外贸易报告和统计摘要",并附全国邮政报告;第二部分是"分港贸易报告和贸易统计",其第一卷是从牛庄至胶州的北方港口,第二卷是从镇江至九江的长江港口,第三卷是从上海到温州的华中港口,第四卷是从汕头到北海的华南港口,第五卷是从龙州到亚东的边疆口岸;第三部分是包括进口、出口在内的对外贸易分析。

1907—1919年均由三个部分所组成:第一部分是中国对外贸易的论述和数据摘要,在1911年以前还包括邮政报告;第二部分是各港口的贸易统计和贸易报告,众多的港口报告被分成五卷,分别是北方港口(1911年前为从安东至胶州,1911年以后为从瑷珲至胶州)、长江沿岸港口(从重庆至镇江)、华中港口(从上海至温州)、南方沿海港口(从三都澳至北海)和边疆海关(从龙州至亚东);第三部分是对外贸易分析,分成进口和出口两卷。

除了上述主要内容,1885—1887、1892、1898、1903、1906、1912等年度,还附有《年度报告内容索引》(Index to Annual Trade Report)。

---

①据郑友揆的查证,合并后的贸易报告是原来各关报告的一个简本,当时对各关报告的篇幅有如下的规定:江海关10—15页;津海、江汉、粤海各关8—10页;其他各关2—4页。

总的看来,1882—1919年是海关报告规范革新的重要时段,随着统计手段的更新和贸易内涵的变化,在统计方法、统计度量、文本结构以至表述格式上,均进行了一系列的刷新改良、规范运作,以求科学、系统、完备、精确。主要表现在:

1.在统计范围上:1887年九龙、拱北的设关,将一向视为走私渊薮的华南和港澳之间的帆船贸易进行有效的统计。1902年天津、福州海关开始统计、管理周围50里常关贸易,1904年邻近的常关贸易统计被纳入了历年的海关贸易统计系统中。此外,这一期间增设了一大批海关,在《中英烟台会议条约》以前,全国开设17个海关,此后又陆续增开了25个海关(包括七个分关)。其中的一些海关,开设在东北沿边、租借地和西南边境。海关统计的内容也相应地实现了空间上和结构上(常关管理)的扩张。

2. 在统计方法上:据郑友揆的调研,1904年前海关的统计均按市价(Market Value)记值。进口货的价值,包括该货的原价、进口税额、运输仓储费及出售时的佣金等;而出口货价值,则不包括离岸前的出口税额、运输仓储费和收买时的佣金等。1904年以后,进口货采用起岸价(C.I.F.),即进口货的市值,减去进口税额以及起岸后的一切费用;出口货采用离岸价(F.O.B.),即出口货的市价,加上落船前的一切费用。这样,1904年前后进口货价值增加,而出口货价值则减少,以至与实际价值相差25%之多①。1914年以后,海关将上海、汉口、天津、广州四埠的离岸价印成出口估价单(Export Valuation List)分发各关,作为统计时的参考(进口货减去进口税及7%的费用,出口货加上出口税及8%的费用),统计上更加准确,但是出于国内物价的上升趋势,1914年后依然存在着出口估价过低的问题。

3.在统计格式上:自二十世纪初以来,随着开放商埠的增多,各个港埠腹地彼此交叉的现象日益严重。在最典型的珠江三角洲一带,集中了广州、江门、三水、九龙、拱北五关,彼此的腹地互相重叠,难以清晰地划分。为此,自1905年起,海关总税务司署将以往的分关贸易统计取消,改

---

①郑友揆:《中国海关贸易统计编制方法及其内容之沿革考》,《社会科学杂志》1934年第3期。

为全国统计,列成一个全国进出口货物表。这样,1905年起在总报告中就再也没有记载各商埠间的埠际贸易状况,不过分关的报告或统计还是延续到1919年。同样地,1904年新的关税修正案增加了进口洋货的类目,主要是细分了一直混在一起的杂货类(Sundry Articles),所以统计上增加了"进出口货物类编"。进出口货物分类趋于详细,以进出口货物为单位,记载历年各货进出口的数值,并通过数年的回顾以显示贸易的盛衰和结构的变迁。1912年采用布鲁塞尔国际关税会议的分类标准,进口分类更加细密。

1919年12月16日海关总税务司署颁布的第2993号通令,规定从1920年开始,原先作为年刊系列的"年度贸易册和贸易报告"(Return of Trade and Trade Report)此后不再出①。其全国性的总论载入继之而起的"中华民国通商海关华洋贸易全年总册"(Foreign Trade of China),而各分关的年度统计和年度报告作为季报第四季度的主要内容。

四、通商各关华洋贸易总册（1875—1919）
(*Chinese Version on Return of Trade and Reports of Trade*)

简称"贸易总册",统计系列中唯一的中文出版物,为以上提到"年度贸易册和贸易报告"(*Returns of Trade and Trade Report at the Treaty Ports*)的中文译本。

按"常关贸易统计"的第三卷扉页所列,贸易年册于1875年、贸易报告于1889年开始出版自己的中文译本,在此之前都只有英文版而无中文译本。笔者查过光绪五年(1879)印行的贸易总册,该册的封面题为"大清光绪五年岁次己卯通商海关造册处印"诸字,封底印着"照英文第二十册摘译汉文第四册"。考虑到1859年开始出版"贸易年册",一年一册,1878年正是第20册;1875年开始出现其中文摘译本"贸易总册",一年一册,1878年正是第4册。可见,1878年印行的"贸易总册",乃摘译当年印行的英文贸易年册的第20册,而首次编制并于光绪元年(1875)印行的总

---

① 黄胜强主编《旧中国海关总税务司署通令选编》第二卷(1911—1930年),第2993号(第二辑),第262页。

册,是该年的英文版 Returns of Trade at the Treaty Ports in China for the Year 1875 的摘译。因此,"贸易总册"始出版于光绪元年;也由于这一原因,1889年以前的"贸易总册"都只是表格而无任何文字论述,1889年并入"贸易年报"(Report of Trade)的中文译本,才有文字论述。可见,"贸易总册"最初是年度贸易册的中文译本的书名,1889年出现该年度贸易报告的中文译本(称"贸易论略"),且并入"贸易总册",但书名不曾改变。

"贸易总册"反映全国的贸易统计。以下以1877年为例,书中分项以表格列出:

第一节,税钞货价总款。下分十款,分别统计全国以及各关的税钞、进出口、贸易船只等。

第二节,货物花色专款。下分二款,分别统计全国以及各关进出口的主要货品。

第三节,船货杂款。下分四款,分别统计全国以及各关的洋药、茶叶贸易以及来往船只吨数。

1881年起因记载的内容较前增多,贸易总册装订成书,不再像以前摊开成报表的形式。目录后是"凡例",解释书中的内容。

1883年印行的贸易总册,反映光绪八年(1882)的贸易情况。该年的总册为《光绪八年通商各关华洋贸易总册》,至此开始,总册直接在书名上加上年度数字。

1889年的贸易总册开始增加了全国与各港的文字论述,全国论述称"通商各口华洋贸易情形总论",各口论述称"各口贸易论略"。以上所列1878年总册记载各项内容的统计表格,在1889年的总册中均放在全国部分,而各口部分只有文字论述"各口贸易论略",无任何表格。"贸易总册"的数据和文字,与同时的英文"贸易年册和贸易年报"相比,内容大体一致,但在叙述和表达上更接近中国人的阅读习惯。

由于日本占领朝鲜,自1895年起贸易总册不再登记朝鲜各口,开始登记亚东口,共计天津、烟台、重庆、宜昌、汉口、九江、芜湖、镇江、上海、宁波、温州、福州、淡水、台南、厦门、汕头、广州、九龙、拱北、琼州、北海、龙州、蒙自、亚东等24个关。

随着海关业务的增多,贸易总册的内容大量增加。自1904年起,论述较前详细,而且附入《邮政事务通报总论》。或许由于篇幅太大,本期起均分为上卷和下卷,上卷名《通商各关华洋贸易总册》,下卷名《通商各关华洋贸易论略》。

《通商各关华洋贸易总册》至 1912 年共刊行 38 期。1913 年改名《通商海关华洋贸易总册》,但仍是英文 Returns of Trade and Trade Reports 的中文版。1920 年以后不再出版,代之以《中华民国通商海关华洋贸易全年总册》(Foreign Trade of China)。

哈佛收藏光绪四年至三十四年(1878—1908 年)的总册,但缺其中的光绪三十一年(1905),共 30 册。HOLLIS NO.:008263506,未被胶卷收入。"史料"收录了光绪八年至中华民国元年(1882—1912 年)的总册,中间缺光绪十一年(1885)。

另外,台湾"中研院"近代史研究所郭廷以图书馆收藏的《中华民国海关华洋贸易总册》,原为当时交通部运台湾档案内藏书,1982 年台湾"国史馆"史料处重印,共计 84 册。《总册》上溯到清光绪二十八年(1902),止于民国二十四年(1935)。其中,1902—1912 年共九册,缺 1906、1907 两年,均为中文出版物《通商各关华洋贸易总册》。1913—1919 年共 21 册,每年度各三册,从内容看本书是以上提到的英文 Returns of Trade and Trade Reports 的中文版《通商海关华洋贸易总册》。1920—1931 年共 43 册,其中 1920—1924 年每年度各三册,1925—1931 年每年度各四册,从内容看是 Foreign Trade of China 的中文版《中华民国通商海关华洋贸易全年总册》。1932 年一册,共三卷,从内容看是 Foreign Trade of China 1931 的中文版《海关中外贸易统计年刊》。1933—1935 年 10 册,其中 1933、1934 年分别为月报(一)、月报(二)和年刊(一)、年刊(二)8 册,1935 年仅为月报(一)、月报(二)两册。从内容看 1933—1935 年的年刊,是 The Trade of China 的中文版,仍名《海关中外贸易统计年刊》。在哈佛所收和《中国旧海关史料》所收的海关出版物中,《通商各关华洋贸易总册》只出到 1920 年,郭廷以图书馆收藏的《中华民国海关华洋贸易总册》1921 年以后部分,在哈佛所收和《中国旧海关史料》所收《中华民国通商海关华洋贸易全年总册》中,由《中华民国通商海关华洋贸易全年总册》和《海关中外贸易统计年刊》两个前后相续的部分所组成(详下

"五、中华民国通商海关华洋贸易全年总册,1920—1948")。正由于如此,郭廷以图书馆收藏的《中华民国海关华洋贸易总册》才达到84册,时间一直延续到1935年。

五、中华民国通商海关华洋贸易全年总册总论,1920—1948

由时间上前后相续的两个专刊所组成:

1.《中华民国通商海关华洋贸易全年总册总论》(*Foreign Trade of China*,1920-1930)

简称"全年总册",1920—1931年出版,一年一册。"史料"和"哈佛"均收入,哈佛HOLLIS NO.:005825552,REEL NO.:258—269。

光绪元年首次编制印行,1913年改名《通商海关华洋贸易总册》,但仍是英文 *Returns of Trade and Trade Reports* 的中文版。1920年以后不再出版,该年开始发行的《中华民国通商海关华洋贸易全年总册》(*Foreign Trade of China*)采用了同时使用中文和英文书写的中英合璧的形式。

属于统计系列,但其编号和封面中文书名前后有所不同。1920—1922年为第2至第5号,1923—1930年为第3至第5号。中文书名最初是《中华民国×年通商海关华洋贸易全年总册总论》,1925年改为《中国海关民国××年华洋贸易总册》。英文书名 Foreign Trade of China 则始终没有变过。1931年"华洋贸易总册"停止出版,由《海关中外贸易统计年刊》接续。

"全年总册总论"承接1919年的 *Returns of Trade and Trade Report*,但将原来的第一部分(Part Ⅰ)和第二部分(Part Ⅱ)合并,改第三部分(Part Ⅲ)为第二部分(Part Ⅱ)。各年均分上、下两卷。

1920—1924年,上卷"通商海关各口全年贸易总论"(英文名 Report and Abstract of Statistics),由"华洋贸易总论"和"华洋贸易提要总册"两部分所组成。前者总结一年的全国口岸的贸易情形,分析影响贸易的各种因素,以文字论述为主,间有表格。后者均为表格,主要反映进出口贸易、海关征收的税钞等项内容,有全国统计的,有分关统计的,也有按进出口的国别统计的。下卷"中华民国×年通商海关进出货品分别产销全年总册",英文名 Analysis(With Appendix),均是进出口商品的分类统计。除了全国总数,还有各海关的统计。自 1925 年起,上卷改名"报告书及统计辑要",下卷改名"进出口货物类编"。

如上"年度贸易册和贸易报告 1882—1919"所述,1919 年以后统计和报告交由各关自行处理。因此,"全年总册"中已经没有各关单独的贸易报告,也没有各类进出口、复出口统计以及各关的专项统计,代之而起的是进出口货物类编。所以有关各关进出口、复出口、转口的重要统计资料就完全消失,这种情况一直持续到 1948 年。不过,1920—1922 这三年的"贸易年册和贸易年报",实际仍未消失,而是附在第四季度季册的最后部分,到 1923 年以后才从海关总税务司署的统计中最后消失。

2.《海关中外贸易统计年刊》(Foreign Trade of China 1931, The Trade of China 1932-1948)

简称"统计年刊"。1931 年"全年总册"停止出版,改由《海关中外贸易统计年刊》接续,但该年的英文书名仍用 Foreign Trade of China,第二年才改用 The Trade of China,其在统计系列中的编号也由 Foreign Trade of China 的第 3 至第 5 号变为第 1 号。

中英合璧本,1936 年以前每年两册,以后增至四册。

"史料"和"哈佛"均收录,后者的 HOLLIS NO.:005825553,REEL NO.:270—272 有收,但胶卷较纸本缺 1932 年、1933 年和 1934 年。

1930 年前后是中国海关总税务司署编纂海关贸易统计和报告的另一个重要变革的时间点,这一变革酝酿于 1929 年和 1930 年。1929 年 8 月 23 日颁布的海关总税务司署第 3961 号通令,明确提出贸易年报的内容"严格限于贸易及税收"①。

1930 年 11 月 5 日总税务司署又发布通令,这份通令题为"为总税务司指令修改季度、年度及十年度各关贸易报告及统计册之编辑出版事",解释改革的必要性。它指出:"早年之海关乃可获得中国经济及其他可靠

---

① 黄胜强主编《旧中国海关总税务司署通令选编》第二卷(1911—1930 年),第 3961 号(第二辑),第 473 页。

资料之唯一机构,故每一口每年分别出版一册贸易报告,显得非常有用。然目前已有若干政府部门亦专门提供上述资料,而且许多中外文定期出版物为公众提供由专家就中国商务各方面撰写之报告与文章。因此,由各个口岸编纂海关贸易年报之作用大为降低,失去继续出版之价值。然而立即改变似亦不相宜,为此决定如下:

(a)较大重要城市如哈尔滨、大连、天津、胶州、汉口、上海、广东及九龙可照常出版1929年贸易报告。

(b)所有较小贸易城市1929年不再出版年度贸易报告,但贸易报告中贸易统计部分仍继续照例发布。

(c)造册处税务司主编之1929年度全国贸易报告中,应增加有关较小口岸贸易情况内容。因关于此项内容之单独报告已经取消,故各较小口岸之特殊重要情况均应包括于全国贸易报告中。

(d)自1930年起,所有各口岸发行之单册贸易报告(因有别于贸易统计)均停止出版,只出版由造册处主编包括全国贸易之报告。该项报告应成为该时期内容最丰富、详细的主要报告并更具可读性和启发性。

为此目的并确保尽早出版,决定以每年第四季度出版之季度贸易节略代替年度贸易报告,同时将贸易节略内容扩充,使其成为全年贸易之概述。"①

1932年的"统计年刊"体现了上述改革思想。有关各关的内容被汇总精简至平均两页左右,但在统计范围上扩大到整个海关。此外,统计单位采用国币元,每海关两合1.558国币元。

1932年的"统计年刊"共分成五卷。第一卷是"海关中外贸易报告(附各项比较图表)":"导言"论述国内外的经济概况、关务概况,然后分东北、华北、长江上游、长江下游、华中、华南沿海及西江、华南陆路边境等区域,对各口岸的贸易状况予以简要的报告,再简述全国海关税收、进出口货物价值、金银进口、珠宝、每年进出商船数量等方面的情况,并列表说明。第二卷是"进出口贸易统计辑要",包括"进口洋货统计辑要""出口

---

① 黄胜强主编《旧中国海关总税务司署通令选编》第二卷(1911—1930年),第4133号(第二辑)。第515页。

土货统计辑要"两部分。第三卷是"进口货物类编",包括"直接进口主要货物列号货品表""来源地名及输入口岸"两部分。第四卷是"出口货物类编",包括"直接出口主要货物列号货品表""运销地名及输出口岸"两部分。第五卷是"国内贸易土货转口统计",包括"国内贸易列号货品表""土货转口统计"两部分。

1935年原第二卷"进口贸易统计辑要"取消,"统计年刊"由原先的五卷改为四卷。1943年至1945年停止出版"统计年刊"。1946年恢复出版,分三卷,附有"民国三十年至三十四年中国贸易概况报告及各项比较图表"。1949年停止出版。

由于洋货的埠际贸易未列入"统计年刊"的记载范围,1935年郑友揆受各方委托,经过向海关总税务司署交涉,得以抄录以后几年的中国埠际贸易的详细统计资料①。

六、各关年度贸易册和全年册论, 1923—1930
(*Annual Trade Report and Returns*, 1923-1930)

简称"各关年度贸易册"。海关总税务司署交由各关自行编辑,并无统一的书名,而是在中文书名《贸易册……全年册论》和英文书名 *Annual Trade Report and Returns* 上加关名和年度。例如,1923年的瑷珲关,其中文书名是《爱珲关贸易册,中华民国十二年全年册论,华英合璧》,英文书名是 Aigun Annual Trade Report and Returns, 1923。1925年、1926年贸易册的英文名相同,但中文名改变,如瑷珲关,其中文书名是"爱珲关民国十四年华洋贸易报告统计册"。

属于统计系列的第3—5号。1924—1931年出版。不同的海关自为一集,论述它们各自的贸易情形。每年不同的海关集中装订为一卷,1923—1924年为一年一卷,1925—1929年为一年两卷,1930年又一年一卷,共13卷。"史料"无,哈佛收藏 1923—1928年, HOLLIS NO.: 005825550, REEL NO.: 270—272 有收。东洋文库收 1928年、1929年、

---

① 郑友揆、韩启桐:《中国埠际贸易统计(1936—1940)》,中国科学院出版社,1951。

1930年,索书号均是 XV111-F-7(b)。

不妨以民国十二年(1923)的瑷珲关为例,看看"各关年度贸易册"的内容。由两大部分所组成,其一是"贸易论略",包括"英文论略"和"华文论略"两部分。其二是"贸易册",占了书的绝大部分的篇幅,共七节。第一节"税钞",包括"本年海关征收税钞""近十年海关征收税钞"两部分。第二节"贸易船只",包括"本年海关遵照总章行驶船只""近十年海关遵照总章行驶船只"两部分。第三节"贸易货值",包括"民国十年至十二年海关贸易货值""近十年海关贸易货值"两部分。第四节"出入内地之货",下无细分。第五节"金银",包括"本年进出金银及各币价值""本年进出金银铜等币"两部分。第六节"旅客",内容为"近十年往来各客"。第七节"专项",包括"民国十年至十二年进出机制洋式货物按照现行税法者"等内容。

以后的"各关年度贸易册"的目录和内容大致如上,当然也有一些根据自己的情况有所增减者。1923年、1924年这两年每年一大册,1925年以后每年两册,并将《华洋贸易情形论略》改为《华洋贸易统计报告书》,后皆同此,但从内容看似乎一样。

1929年起发生较大的变化,以瑷珲关为例:第一节"税课",即民国九年至十八年(1920—1929年)的海关税课。第二节"航业",包括"民国十八年海关按普通行轮章程出入口之船只""民国九年至十八年海关按普通行轮章程出入口之船只"两部分。第三节"贸易货值",包括"民国十六年至十八年海关贸易货值"和"民国九年至十八年海关贸易货值"两种。第四节"出入内地之贸易",包括"海关凭子口单输入内地之洋货"和"海关凭三联单由内地输出运往外洋之货"两类。第五节"民国十八年海关出口金融"。第六节"专项",包括"海关进口机制洋式货物按照现行税法者""海关进口大宗机制洋式货物不照现行税法者",以及"海关出口大宗机制洋式货物不照现行税法者"等类。

瑷珲关为小关,滨江关为大关,其内容便比瑷珲关多,而统计册中各节的条目也比瑷珲关稍多。

"各关年度贸易册"除了文字和表格,还有多幅当时的地图,如1923年的镇江港图、闽江图,1924年的天津水灾重要区域图、镇江港图、闽江图,1925年的镇江港图、上海港图,1926年的上海港图、上海黄浦江总图、吴淞信号站图、黄浦江管区道路图、澳门及其新港图,1927年的镇江港图、辽河下游图。这些图因成图时间早、绘制精细、比例尺大而颇具研究意义。

1929年共有瑷珲、滨江、延吉、珲春、安东、大东沟、大连、津海、秦皇岛、东海、龙口、胶海、重庆、万县、宜昌、沙市、长沙、岳州、江汉、九江、芜湖、金陵、镇江、江海、苏州、杭州、浙海、瓯海、福海、闽海、厦门、潮海、粤海、九龙、拱北、江门、三水、梧州、南宁、琼海、北海、龙州、蒙自、思茅、腾越等45个海关。在该年度的贸易统计册中,一般各关自成一卷,小关有的附在邻近的大关的后面。其实,这些小关也是独立的海关,只是因关较小、内容不多,附在某一大关的后面,而不单独成册而已。

各贸易册中,一般都写着有关出版发行的文字。例如,1929年各关,一般都写:"民国二十年上海通商海关总税务司署造册处刊印,除交由各口海关发售外,并交上海、香港、新嘉坡三口之别发洋行,及上海伊文思图书有限公司、天津法文图书馆、北平中国图书公司等处代售,每本实价四角。"

七、十年各埠海关报告（Decennial Reports on the Trade, Industries, etc., of the Ports Open to Foreign Commerce, and on the Condition and Development of the Treaty Port Provinces）

属于统计系列的第6号。始编于1882年,10年一期,共发行了1882—1931年的5期报告。"史料"和"哈佛"均全部收入,哈佛HOLLIS NO.:004057103。

依据1882年总税务司赫德的第200号令,需要压缩年度报告内容,编撰比较详细的十年报告。1882—1891年的十年报告尽管勉强如期完成,但与赫德完美的预期还是有着距离。于是,赫德在1890年第524号令中,明确要求十年报告按26个标题撰写,每个标题的内容可以扩充到30页。通令要求报告"应可读,引人入胜",务必参考前10年的月报内容,还得广泛征求中外人士的意见①。

按照赫德的要求,各关十年报告的内容,除以当地见闻编入外,不应忽略下列诸项:

1. 1881年报告之后10年间的形势,并对所在口岸、所辖地区及所在省的要事发表评论。

2. 贸易方面之变化,不论新旧商品更替、贸易总值增减,商品价格波动均应陈述。

3. 税收之增减,包括总额、分类,或因特种商品引起之消长,均应表示清楚。

4. 进口鸦片之贸易形势,每年销售数量和不同品种的价格、土鸦片产地及其与进口鸦片在各地的竞争情况,均应说明。

5. 以兑换率显示货币之行情,并将之与关平两相折算。

6. 与其他通商口岸无关联之自开口岸,其到岸货物与离岸货物之价值应做出比较。

7. 本口岸在人口方面,包括华人洋人之人数、成分、身份或职业方面有无特别的变化。

8. 口岸的堤岸、道路、警察、街道照明等有何改进。

9. 邻近口岸水域中有无航道变浅、淤塞、加深、疏浚等方面的变化。

10. 各口岸辖区内有无灯塔、浮标、标桩等新置设助航设备。

11. 所在省关于怪异事件、瘟疫、台风、洪水、旱灾、暴动等方面之记载及官方或私人的应对。

12. 曾是否发生任何引人关注之大事,诸如显要人物来访及对其接待,其过程又如何。

13. 各省赴京殿试名列前茅的人数,列出此一时期该省之状元、榜眼、探花姓名。

14. 各省曾是否举办任何文学方面之专门活动,如公共图书馆的创办或翻修,文学会社的组成,为文学目的而进行的大额捐款或遗赠。

---

① 黄胜强主编《旧中国海关总税务司署通令选编》第一卷(1861—1910年),海关总税务司署通令第524号(第二辑)。

15.各省考取秀才与举人的人数,文盲在总人数中所占的百分比,有无受过教育的妇女。

16.各省的自然特征、自然物产及其产业,通常用于运输者为挑夫、牲畜抑或船只。

17.所辖口岸之本国船舶总数、民船种类、民船贸易的性质及其贸易口岸等情况。

18.本国钱庄之行号及管理方式,费率与工作方式。

19.本国邮政局及其管理方式,信件发往及来自何地,如何并在何处交付邮资。

20.各海关是否发生规章的重大变更、人数和工作量的显著增加及增设工作部门。

21.各关辖区的邻近地方,是否出现过陆海军、工业、财政或行政方面的特别事物。

22.所在省份有何种传教团体,以及传教士与皈依者的人数等情况。

23.外地在本口岸设会馆和本口岸在外地设会馆的情况,它们的规章及会员权利与义务。

24.其间有何著名官员在口岸所在省任职或出自本省。

25.其间有无任何著名的书籍在各口岸所在省出现。

26.当地在此期间的历史或1891年末的状况,是否显示出该地将来的前景。①

按照赫德这种要求,十年报告在内容上必然包罗万象,无所不有,涉及政治、经济、军事、社会、文化的各个方面。或许因内容过于庞杂给报告撰写带来了困难,1892年赫德在第561号令中,说明在第二个十年报告中,上述7(人口变化)、8(市政建设)、11(自然灾害及事故的防范措施)、12(名人到访和官员的升迁)、13(科举考试)、14(文化建设事业)、15(受教育比例)、16(本省特产及工业和交通工具)、17(民船经营及处境)、18(本地钱庄及运行模式)、19(本地邮政运行情况)、22(宗教及信徒)、23

---

① 黄胜强主编《旧中国海关总税务司署通令选编》第一卷(1861—1910年),海关总税务司署通令第524号(第二辑),第329—330页。

（会馆及其章程）、24（本地著名官员升降）、25（本地刊物），共15项内容可不做要求。但是，他仍然要求各海关对本省的情况要做说明，而且彼此要互相参照。

1910年，总税务司安格联摒弃了赫德的第524令要求，将以前对各口岸综合性的描述，改为注重物质和精神的进步，特别强调报告格式要紧凑简明，叙述简要，不得加以随意评论，对于新开的港口或地区要交待背景并附上地图。因此，第三期十年报告的类目减少为21项，即贸易与航运、税收、鸦片、货币和金融、人口、港口设施、灯塔航标、邮政电报、各省行政和省议会、司法、农业、矿山与矿物、制造业、铁路公路、教育、卫生改善和博物馆、移民、物价和工资、饥荒水灾霍乱及传染病、陆海军、当地报刊等。

1920年，总税务司的第3082令要求第五期的十年报告，需要关注：辛亥革命和清帝退位，欧战对地方的影响，银价空前的涨落，贸易的衰退和繁荣，抵制日货，国内纷争，部分地方的收回治外法权，以及10年来国内工业的成长。这一通令仍然反映出十年报告一贯的关心国内外形势的旨趣取向。

梅乐和下发的第五期十年报告，一共有17个栏目：

1. 贸易。汇兑涨落的影响、国货的销售、抵制外货的情形、贸易方法的变更。

2. 航业。汽油船及电船的进展情况、旅游事业、轮船及汽船交通状况。

3. 关税。金单位的施行、关税自主后关税的增加及附加税的征收情形。

4. 金融。国币和省币的变迁、钱币的流通、华侨汇款、金本位、外币、辅币。

5. 农业。新式机器的采用、耕种新法、畜牧事业、肥料、农产掺假对中国贸易的影响。

6. 工业。货币与工资、工会及罢工、采用新式机器及仿制洋货、改革旧法生产土货的情形。

7. 矿业。新矿发展情形、运输方法。

8. 交通。铁路、公路及汽车运输、航空、电报、无线电。

9. 航行设施。港口及水道、疏浚情形。

10. 地方行政。省政及市政、收回租界情形、厘金及其他地方税收。

11. 司法与公安。领事裁判权、会审公廨的取消、法律和公安。

12. 军事。海陆军的变迁。

13. 卫生。医院、医生、防疫检疫、卫生行政、新式渠道、扩展街区、公共饮水问题。

14. 教育。大学及国立学校的增设、取缔宗教课程的影响、共产主义宣传的发现。

15. 文艺。新闻纸及定期刊物、印刷所的增加、宣传。

16. 人口。移民、旱灾、水灾、人口统计。

17. 治安。私运、海岸巡防、盗匪。

每期十年报告均分为两卷,第一卷是北方和长江沿岸各港,第二卷为南方港口以及附录。第一卷开始是中国地图,然后是总税务司署要求编制各港口贸易条件和贸易状况十年报告的1737号文件,接着便是各港口的十年报告。五期十年报告除第五期有中文文本外均为英文,以文字为主,少量统计为辅,有时还附有相当详尽的地图。加上以上所说的内容极其丰富,文字论述详尽,使得厚厚的一部十年报告宛如区域社会经济百科全书。

在1922—1931年这一卷十年报告的卷首,附有当时副税务司班思德(T. B. Banister)撰写的《近百年来中国的对外贸易,1834—1931》(*A History of the External Trade of China, 1834-1881, Synopsis of the External Trade of China, 1882-1831*)的中英合璧本。该书叙述了自东印度公司撤消到1931年关税自主百年间中国的对外贸易情形,是一项出色的近代早期贸易史著作。该书共分为四章:历史背景、广州公行(1834—1842)、五口通商(1843—1858)、近代政府(1859—1871)、联合与发展(1872—1881)。外贸概要部分为十年概貌和进出口统计总表两节,前一节基本上选自1922年以前的四个十年报告。由于班思德的书此后没有出过单行本,而一般人又难以看到1832—1931年的十年报告,故引用者很少。

必须指出,十年报告中插入了大量的地图,用以显示各海关的关区、关键的水道、山河、交通、城市、村镇等诸多的空间要素和地理内容。这些地图反映的内容繁多,绘制时代较早,且均采用西方的科学方法绘制或改绘,具有极大的学术价值。有的地图,例如长江汉口岸段图、三都澳港图、闽江两岸常关分布图、厦门城市图、汕头港图、广东邮路邮局分布图、梧州城图、广西省图、梧州府图、蒙自城图、思茅城图、云南西南部图、思茅至蛮耗道里图、打狗(今高雄)港图、天津城图、海河流域图、中国邮路图、哈尔滨关界详图、中国产业分布图、广东三水地区图、"北满"地图、黑龙江大黑河港图、葫芦岛港计划图、山东龙口港图,可能在其他地方已不易查阅。此外,一些表格,例如云南驿站里程表、梧州至桂林水路里程表、南宁至百色水路里程表、桂林至柳州驿路表,详细记载沿途交通点的地名及各点之间的道里,对于交通研究极具价值。

如上所述,《条约口岸贸易年度报告》《各关年度贸易册和全年册论》《十年各埠海关报告》等旧海关出版物,都有着数量不等的地图,合而计之估计可达一百几十幅,且大多像十年报告中的地图那样具有极高的学术价值。然而,由于节约成本的原因,这些本来尺寸较大的地图,在"史料"中均按书的大小印制,而彩色地图则采用黑白印刷。读者不仅看不清地名,而且无法分辨代表不同地理内容的彩色线条,因而无法利用。

八、常关贸易统计 (Native Customs Trade Returns)

共三卷,分别刊载福州、天津和全国各常关二十世纪初的贸易统计。前两卷出版于 1904 年,第 3 卷出版于 1907 年,列入统计系列的第 7 号。"史料"不收,哈佛收入,装为一册,HOLLIS NO.:005825596,REEL NO.:203 有收。

第 1 卷"福州,1903"(Foochow, 1903),全称 Native Customs Trade Returns:No.1—Foochow:Kuang Hsu,29th Year。

第 2 卷"天津,1902"(Tientsin, 1902),全称 Native Customs Trade Returns:No.2— Tientsin,1902。两书先列用于展示总体状况的表格,接着是"贸易统计"(Trade Returns),由多个表格组成,大多记载经过主要常关和各地关卡的进口、出口的货名与价值。格式大体同于平常海关的

"Returns"。各书约有 10 余页。

第 3 卷是"常关统计和报告,1902—1906"(Quinqurennial Report and Returns, 1902 - 06),全称 Native Customs Trade Returns, No. 3—: Quinqurennial Report and Returns,1902-06。该卷首先是一张题为 Native Customs Revenue,1902-06 的表格,列出牛庄、天津、烟台、胶州、宜昌、沙市、九江、芜湖、上海、宁波、温州、三都澳、福州、厦门、汕头、广州、江门、三水、梧州、琼州、北海共 21 个海关,各自管辖下的常关在这五年中每年的贸易总值。接着,便是常关的"贸易报告和统计"(Trade Report and Statistics)。多数港口都既有贸易报告,又有贸易统计,少数港口只有贸易统计,没有贸易报告。贸易报告论述简要,涉及常关的位置、管辖范围、交通路线、影响因素等,有的还有地图。再是贸易表,一般有"船舶"(Shipping)、"价值"(Value)、"进口"(Imports)、"出口"(Exports)、"税收"(Revenue)等五张表格,分别记载轮船、进出口货名与价值、税收的情况。

由于有关常关的资料和数据极为稀少,《常关贸易统计》无疑是研究晚清常关必不可少的核心资料。其中,又以第 3 卷内容最为宝贵。

九、中华民国二十四年粤海关进出口贸易统计年报特刊 (*Yearly Returns of the Foreign and Interport Trade of Caton*)

由粤海关税务司自印,共一期,100 页。"史料"未收,哈佛收藏,HOLLIS NO.: 007938400。

全册主要由两部分组成。第一部分登记广州与香港、梧州、上海、汕头、九龙等地的金条、银元、钞票的进出口情况。第二部分登记粤海关洋货进口和土货出口的情况。据表可见,广州主要对外贸易对象是香港、英国、美国、德国和日本。

粤海关统计年报特刊并不限于 1935 年,惜笔者尚未读到。

十、"满洲国"外国贸易统计年报（*Annual Returns of the Foreign Trade of Manchoukou*）

1931年"九一八事变"以后，日本帝国主义占领东北，次年3月1日利用清朝废帝溥仪在东北建立了傀儡政权伪满洲国。通过这一傀儡政权，日本在中国东北实行了14年之久的殖民式统治。此傀儡政权管辖范围，大致包括现辽宁、吉林和黑龙江三省全境、内蒙古东部及河北北部。尽管这一政权是日本帝国主义的傀儡政权，但其境内的进出口贸易属于中国境内的商业贸易活动和对外贸易的一部分。因此，收录伪满洲国的外国贸易统计年报，有助于探讨我国东北这一时期的内外贸易。

伪满洲国的"外国贸易统计年报"采用"华英合璧"的形式，封面、目录和书中的文字分别用中文和英文书写，由财政部编纂。以伪满"大同元年"（1932）的年报为例，其中文名称是："满洲国"外国贸易统计年报，"大同元年"；下书英文书名：Annual Returns of the Foreign Trade of Manchoukou, 1932。

年报在伪满洲国成立后开始编纂，内容可以"大同元年"为例进行说明。"大同元年"的年报详记该年中"满洲国"和关东州各税关对外贸易之内容，包括如下方面：输出入贸易总额表，金银输出入表，输出入贸易国别表，再输出国别表，国籍别出入船舶表，输出品表，输出品类别表，以及输出品表。年报的价额单位，输出按海关两，输入按金单位，以表计之，但总计则按海关两，以示划一。共300余页。

"哈佛"未收，"史料"收1932年、1933年、1934年、1935年、1936年、1937年等六年的年报。

十一、简约的总结

综上所述，海关出版物的年刊系统，大致分年册、年报、年册年报、年册年报中文版、各关年度贸易册和全年册论，以及十年报告、常关贸易统计、粤海关进出口贸易统计年报特刊等，此外"满洲国"也发行"外国贸易统计年报"。

其中，作为按年相续的基本年刊系统，是年册、年报、年册年报，其各

自刊行的时间如下:

(一)口岸贸易统计年册,1859—1881

1.进出口贸易统计年册 1859—1866(*Returns of the Import and Export Trade,1859-1866*)

2.中国条约口岸贸易统计年册 1867—1881(*Returns of Trade at the Treaty Ports in China 1867-1881*)

(二)条约口岸贸易年度报告 1864—1881(*Reports on Trade at the Treaty Ports for the Year 1864-1881*)

(三)年度贸易册和贸易报告 1882—1919(一称 *Returns of Trade and Trade Report,at the Treaty Ports 1882-1919*,一称 *Return of Trade*(24th-61st Issue) *and Trade Report*(18th-55th Issue),1882-1919

(四)中华民国通商海关华洋贸易全年总册,1920—1948

1.中华民国通商海关华洋贸易全年总册(*Foreign Trade of China,1920-1930*)

2.海关中外贸易统计年刊(*Foreign Trade of China 1931,The Trade of China 1932-1948*)

依据上述年刊,便可查到 1859—1948 年这 90 年间不同年度的贸易数据、贸易情形以及影响贸易的各种因素的分析资料。

除了上述按年相续的基本年刊系统,还有出于不同目的而编辑出版的年册年报系统。它们主要是:

(一)通商各关华洋贸易总册(1875—1912),通商海关华洋贸易总册(1913—1919)(*Chinese Version on Return of Trade and Reports of Trade*)

统计系列中唯一的中文出版物,为以上提到"年度贸易册和贸易报告"(*Returns of Trade and Trade Report at the Treaty Ports*)的中文译本。

(二)十年各埠海关报告(*Decennial Reports on the Trade,Industries,etc.,of the Ports Open to Foreign Commerce,and on the Condition and Development of the Treaty Port Provinces*)。10 年一期,1882—1931 年。

(三)各关年度贸易册和全年册论,1923—1928(*Annual Trade Report and Returns,1923-1928*)。以各个海关为记载单位。

(四)常关贸易统计(*Native Customs Trade Returns*),分别记载福州

(1903年)、天津(1902年),以及牛庄、天津、烟台、胶州、宜昌、沙市、九江、芜湖、上海、宁波、温州、三都澳、福州、厦门、汕头、广州、江门、三水、梧州、琼州、北海共21个海关(1902—1906年)的常关贸易年册和贸易报告。

近代海关贸易数据摘编本存在的问题分析

——以全国年进出口额和各关直接对外贸易额为例*

摘要：杨端六和侯厚培著《六十五年来中国国际贸易统计》和 Hsiao Liang-lin（萧亮林）的 China's Foreign Trade Statistics, 1864-1949, 作为目前应用较广的、系统的海关贸易数据的统计摘编，一般认为具有较好的可靠性；但需要注意的是，二者在数据计算、引用、表述和整理方法上都有一些错误或不当之处，此等问题在其他基于海关贸易数据的摘编和应用研究中也有出现，并反映出海关原始数据本身的一些问题。

关键词：近代；海关；贸易；杨端六；萧亮林

长期以来中国旧海关出版物只有小部分的图书，通过海关赠送和极其有限的书店销售的渠道，为研究者所知。为了便于学界研究国际贸易，一些学者便着手摘编他们查阅的海关出版物中的数据。如杨端六、侯厚培所编的《六十五年来中国国际贸易统计》（以下简称杨著），Hsiao Liang-lin（萧亮林）的 China's Foreign Trade Statistics, 1864-1949（以下简称萧著），是两种应用较广的基于旧海关资料的统计摘编。二者都称数据来源于旧海关贸易统计，前者称"其内容，系根据我国六十余年来税关所发表

---

* 本文原载《中国社会经济史研究》2013 年第 4 期，人大复印资料《经济史》2014 年第 2 期全文转载。第一作者吴松弟，第二作者伍伶飞。本文为国家社科基金重大项目"中国旧海关出版物的整理与研究"（11&ZD092）和复旦大学人文社会科学跨学科研究重大项目"在全球化背景下的中国对外贸易和经济发展：基于 1840—1949 港口—腹地区域经济和制度变迁的视角"（JJH3142003）的阶段性成果。

之对外贸易统计,编制各种有系统之统计表"①;而后者如 Dwight H. Perkins 在序言中所说,"在这卷书中,作者从原始统计中挑出了最有用的数据,并以一种连续的、容易理解的结构来展示它们"②。

然而,长期以来这两种数据的使用者,并不清楚它们与旧海关贸易报告的数据是否一致,这两种摘编数据之间有何差异。我们经过比对,发现这两种摘编数据之间存在差异,二者与作为它们来源的旧海关贸易报告的原始数据之间也存在差异。这些差异,有的因摘编的统计时间跨度、货币单位或数字的精确度不一样所造成,也有的因摘编作者的表述模糊或疏漏以及使用方法的不同造成。同时我们还发现,海关贸易原始数据本身也存在一些必须进行说明并引起注意的问题。原始数据和摘编的这些问题,必然会对运用海关数据进行应用研究产生影响。

下面分别以海关贸易原始数据、各种摘编和应用研究中涉及全国年进出口额和各海关直接对外贸易额的部分为例,按照直接错误、引用不当、表述模糊、方法存疑四种类型分析这些数据,借以评估这些相关数据和应用研究的可靠性。

一、直接错误

计算错误多出现在早期的近代中国海关贸易原始统计数据中,而多被以近代原始数据为基础的摘编和应用研究所继承。

杨著的"六十一年来出入货价值港别统计表"③和萧著的 China's Imports and Exports, by Principal ports, 1867-1941, 1946-1948④ 涉及数据均为各海关直接对外贸易额,二者表格形式一致,分为土货出口(Exports)、洋货进口(Imports)和总计(Total)三栏。必须注意的是,二者均有一些数值错误,而这些错误直接继承自海关原始数据本身。

---

① 杨端六、侯厚培等:《六十五年来中国国际贸易统计》,《国立中央研究院社会科学研究所专刊》,民国二十年(1931),第1页。
② Hsiao Liang-lin, *China's Foreign Trade Statistics*, *1864-1949*, Harvard University Press, 1974, p. V.
③ 杨端六、侯厚培等:《六十五年来中国国际贸易统计》,第73—98页。
④ Hsiao Liang-lin, *China's Foreign Trade Statistics*, *1864-1949*, pp.168-179.

如 1871 年海关贸易报告的表格 Value of the Direct Foreign Trade of Each Port① 中所列各关直接对外贸易值之和,即"Total"一项为 155 275 259,但将各关直接对外贸易值相加,可以发现其和为 155 305 259,二者相差 30 000(单位:两)。对照分国别统计的表格 Annual Value of the Trade with Each Country② 可以发现,该表格中"Total"一项的数值与 Value of the Direct Foreign Trade of Each Port 中"Total"一致(这两份表格分别采用分关和分国别两种模式统计直接对外贸易,总额具有一致性,因此可以互校),故认为应当是 Value of the Direct Foreign Trade of Each Port 中某个海关的直接对外贸易值出现错误。继续将各关"Imports"和"Exports"两项分别相加进行观察,可以发现,上海的这两项相加与其总值不合。故可以推知上海的总值计算错误,多加了 30 000(单位:两)。查萧著中 Table 7a 上海部分③,可以看见 1871 年的总值为"97 144"(千两)。也就是说,由于作者直接抄录海关报告的表格 Value of the Direct Foreign Trade of Each Port 中数据,故 1871 年数据延续了海关报告中的计算错误。杨著对应表格中的问题④与萧著相同。

另一个例子来自 1876 年,表格 Value of the Direct Foreign Trade of Each Port⑤ 中所列各关直接对外贸易值之和为 153 241 410(单位:海关两),但将该年各关直接对外贸易值相加,所得之和为 155 245 410,二者相差 2 004 000,对照分国别统计的表格 Annual Value of the Trade with Each Country⑥ 可以发现,该表格中"Total"一项的数值与 Value of the

---

①*Returns of Trade at the Treaty Ports in China, for the Year 1871. Part* I.—*Abstract of Trade and Customs' Revenue Statistics, from 1864 to 1871*, p.18.《中国旧海关史料》,第 4 册,京华出版社,2001,第 574 页。

②*Returns of Trade at the Treaty Ports in China, for the Year 1871. Part* I.—*Abstract of Trade and Customs' Revenue Statistics, from 1864 to 1871*, pp.6-7.《中国旧海关史料》,第 4 册,第 562—563 页。

③Hsiao Liang-lin, *China's Foreign Trade Statistics, 1864-1949*, pp.175-176.

④杨端六、侯厚培等:《六十五年来中国国际贸易统计》,第 73 页。

⑤*Returns of Trade at the Treaty Ports in China, for the Year 1876. Part* I.*Abstract of Trade and Customs' Revenue Statistics, from 1864 to 1876*, p.20.《中国旧海关史料》,第 6 册,第 344 页。

⑥*Returns of Trade at the Treaty Ports in China, for the Year 1876. Part* I.*Abstract of Trade and Customs' Revenue Statistics, from 1864 to 1876*, pp.6-7.《中国旧海关史料》,第 6 册,第 330—331 页。

Direct Foreign Trade of Each Port 中"Total"一致,故认为应当是 Value of the Direct Foreign Trade of Each Port 中某个海关的直接对外贸易值出现错误。继续将各关"Imports"和"Exports"两项分别相加进行排查,可以发现,汉口、广州的进出口相加与其总值不合。故可以推知汉口、广州的总值计算错误。查汉口的"Imports"和"Exports"分别为"20 688""7 250 763",将二者与汉口错误的直接对外贸易值"9 271 451"对照,经观察可知,该统计错误的产生是由于在对进出口值相加时,数据错位的结果。而1876年汉口正确的直接对外贸易值应当为 7 271 451(单位:海关两)。而广州的正确直接对外贸易值则应当是 17 435 253(单位:海关两)。汉口、广州的错误合计,共多加 2 004 000(单位:海关两)。

查萧著中 Table 7a 的汉口部分①可以看见1876年的总值为9 271(千关两);而广州部分②的1876年总值为17 439(千关两)。也就是说,对于汉口、广州的数据,作者均未进行修正,而是直接抄录了海关报告的表格 Value of the Direct Foreign Trade of Each Port 中数字,延续了海关报告中的计算错误。杨著中也有同样的问题③。

又杨著中1873年上海的直接对外贸易值的单位有误。

根据郑友揆的说法,"1875年以前,关两仅用于税收及浙海关(宁波)之贸易统计;上海及其他华南各埠之贸易统计,皆以上海规元为单位;华北及长江各埠则用本地两为单位;折合关两之比例如下:关两100=111.4规元,关两100=104—106长江及华北各埠之本地两。""价值单位,自1868年起改为两制——以前各关两元并用,无从比较。1875年复以各地两制不一,乃引用海关两制;价值单位始行划一"。④

现以上海和宁波为例,看各埠统计单位的变化。

根据宁波海关1873年的表格 Table No 1.- Trade in Foreign Goods-Imports and Re-Exports⑤ 来看,宁波确实是自1873年开始就使用海关两

---

① Hsiao Liang-lin, *China's Foreign Trade Statistics*, *1864—1949*, pp.171-173.
② Hsiao Liang-lin, *China's Foreign Trade Statistics*, *1864—1949*, pp.168-170.
③ 杨端六、侯厚培等:《六十五年来中国国际贸易统计》,第76页、第84页。
④ 郑友揆:《中国的对外贸易与工业发展》,上海社会科学院出版社,1984,第301页。
⑤ *Returns of Trade at the Treaty Ports in China*, *for the Year 1873.Part Ⅱ.Statistics of the Trade at Each Port*, pp.152-153.《中国旧海关史料》,第146册,第460—461页。

作为统计单位,杨著的第十四表"六十一年来出入口货价值港别统计表"的宁波相关数据也符合这一情形。萧著中并无宁波关的贸易数据。

疑问在于1873年上海的单位应当是两还是海关两。1873年海关贸易报告的表格 Value of the Direct Foreign Trade of Each Port, 1872 and 1873①中的单位是两,萧著中1873年的上海海关数值单位是两,其应当是据1873年报告得出;而杨著中,自称依据的是同一表格,但得到的1873年的数据却是以海关两为单位。将杨著与1873年海关贸易报告的表格 Value of the Direct Foreign Trade of Each Port, 1872 and 1873 对比可以发现,二者的具体数字是一致的,只是单位不同。故可以认为在这里杨著把1873年上海海关本以两为单位的各海关直接对外贸易额错为以海关两为单位了。

二、引用不当

引用不当的情形主要是针对近代中国海关贸易数据的摘编及应用研究而言。

萧著的表格中没有提及1941年的数据来源。其数字应是据1946年"Survey of the Trade of China, 1941–1945"中"Value of Foreign Trade for the Year 1941"②,以及表格"The Direction of China's Foreign Trade, 1941"③得出。Value of Foreign Trade for the Year 1941 中净进口为2400(百万元),The Direction of China's Foreign Trade, 1941 中总进口为2 420 161(千元),萧亮林据此认为复出口值为20 161(千元)。但实际上,前述净进口和总进口的精确度是不一样的,据此相加减得出的数值是不够准确的。

查"Imports from and Exports to Abroad: Value of Merchandise (a)

---

① Returns of Trade at the Treaty Ports in China, for the Year 1873. Part Ⅰ. Abstract of Trade And Customs' Revenue Statistics, from 1864 to 1873, p.18.《中国旧海关史料》,第5册,第294页。

② "Survey of the Trade of China, 1941–1945", The Trade of China, 1946. Volume Ⅰ, p.30.《中国旧海关史料》,第146册,第38页。

③ "Survey of the Trade of China, 1941–1945", The Trade of China, 1946. Volume Ⅰ, p.35.《中国旧海关史料》,第146册,第43页。

Expressed in Standard Dollars"①,可知 1941 年精确至千位的复出口额为 19 800(千元)而非 20 161(千元);相应地,净进口也应该是 2 400 360(千元)。也就是说,对于 1941 年数据,萧亮林所引用来源并不恰当。

在使用近代海关资料的过程中,若是某一系列的数据出处不一致,在使用时是需要十分谨慎的。以下是一个具体应用研究的案例。

表1 主要港口在全国对外贸易中所占比重②

年份	全国进出口总值价值(千关两)	上海占比重(%)	广州占比重(%)	天津占比重(%)	汉口占比重(%)	大连占比重(%)	其他占比重(%)
1870	118 988	63.6	13.4	1.5	1.7		19.8
1875	138 907	55.2	11.6	2.9	4.2		26.1
1880	159 523	57.8	9.9	3.4	4.8		24.1
1885	154 413	56.4	10.5	3.3	4.9		24.9
1890	215 903	45.9	12	3	2.7		36.4
1895	323 240	52	10.6	4.4	1.7		31.3
1900	381 126	53.6	8.5	1.3	1.8		34.8
1905	689 083	53.2	9.2	6.1	5.2	1.8*	24.5
1910	857 387	43.6	10.1	4.5	4.3	4.5	33
1913	858 596	42.6	8.9	6	5.2	5.9	31.4

资料来源:《中国海关贸易报告》。总值包括进出口值。

*1907 年数据。

郑友揆先生在民国时期曾长期担任外贸事务官员,同时他也是一位著名的经济学者,其所著《中国的对外贸易与工业发展》(以下简称郑著)是运用近代海关史料研究近代经济贸易的权威著作之一。笔者将表中的数据,和《中国旧海关史料》所载的同样年份的对外贸易总计价值核对,发现 1875—1910 年的对外贸易总计价值,皆与各年海关贸易报告中的

①*The Trade of China*, 1941. Volume Ⅰ, p.81.《中国旧海关史料》,第 140 册,第 91 页。
②郑友揆:《中国的对外贸易与工业发展》,第 29 页。

Value of the Direct Foreign Trade of Each Port 相符合,且计算各年份 Value of the Direct Foreign Trade of Each Port 表格中各港口对外贸易所占比例亦与表1相符合。故可以认为,1875—1910年各港口的比例应当是以海关贸易报告中相同年度的数据为基础得到的,是可靠的。然而此表中的1870年和1913年两年的数据,并没有在该两年的 Value of the Direct Foreign Trade of Each Port 中找到,因此仍有对数据进行查对、考证的必要。

既然1870—1910年的数据都来自相关年份的表格 Value of the Direct Foreign Trade of Each Port,那么1913年的数据应当来自同一份表格。但在1913年贸易报告的表格 Value of the Direct Foreign Trade of Each Port 的"总值"中却没有发现与表1中1913年总计价值相同的数据。实际上,表1中1913年对外贸易总计价值"898 596"(千关两)的数字不知从何而来。不过,这一数字与1913年海关贸易报告的 Value of the Direct Foreign Trade of Each Port 表格中进出口总值"989 596"(千关两)相比,是很具有相似性的。将各港口对外贸易值相加,得到的数值正好是"989 596"(千关两),且根据此总计价值与各港口贸易值所得出的各港口对外贸易占比,与表1中的百分比并无差别。故可以认为,表1中1913年的总计价值与原始数据不同是郑友揆先生的数字抄写错误。

根据表1可知,该表格中1870—1913年的数值都是以"千关两"(1 000海关两)为单位。1870年的海关贸易报告中关于对外贸易量的原始数据是以"两"为单位的,故表1中以"千关两"为单位的1870年"总计价值"应当不是来自1870年海关贸易报告的原始数据。又据1875—1913年各年份的数据来看,皆与该年份海关贸易报告的表格 Value of the Direct Foreign Trade of Each Port 中各关直接对外贸易值和全国直接对外总值一致。恰好在1875年的 Annual Value of the Trade with Each Country, 1868-1875① 中有以海关两为单位的1870年直接从国外出口值和进口值,二者相加即得到1870年直接对外贸易总值"120 917 526(关

---

① *Returns of Trade At the Treaty Ports In China, For the Year 1875. Part* Ⅰ.— *Abstract of Trade And Customs' Revenue Statistics , from 1865 to 1875*,pp.6-7.《中国旧海关史料》,第6册,第6-7页。

两)",但这一数值与表1中1870年"总计价值"不合,二者相差达200多万海关两,故表1中1870年的总计价值显然不是来自1870年的直接对外贸易总值。

然而在1875年的Annual Value of the Foreign Trade of China, 1865－1875①,或Annual Value of the Trade with Each Country 1868－1875②中,却有一个来自1870年的数值"118 988 134(关两)",经四舍五入至千位即与表1中1870年的总计价值相同。不过,这一数值"118 988 134(关两)"不是1870年的直接对外贸易"总值",而是"净值"。需要说明的是,1875年海关贸易报告中回溯1870年贸易数值的部分只是以海关两为单位的1870年数值首次出现年份,此后连续多个年份的报告中仍有回溯这一数值。

由此可知,1870年所引数据(净值)与1875—1910年所引数据(总值)类型不同;那么,据此不同类型数据所得出的各港口贸易占比也就没有了可比性。故一方面应将1870年的总计价值修改为120 918(千关两)以与1875—1913年数据类型保持一致;另一方面也要确认各港口的比重是否是根据"净值"计算得出的。以上海为例(表2),不论用1870年的总值120 917 526关两,还是净值118 988 134关两(或表1中的118 988千关两),乘上表1中提供的上海所占比例0.636,再结合海关两/上海两＝0.89767的比例,所得到的以两为单位的数值与1870年海关贸易报告中以两为单位的上海对外贸易总/净值皆不符合,且相差分别达30万两和20万两以上。故表1中1870年的各港口比重与"总计价值"同样存在疑问。

---

① *Returns of Trade At the Treaty Ports In China, For the Year 1875. Part* Ⅰ. — *Abstract of Trade And Customs' Revenue Statistics* , *from 1865 to 1875*,p.5.《中国旧海关史料》,第6册,第5页。

② *Returns of Trade At the Treaty Ports In China, For the Year 1875. Part* Ⅰ. — *Abstract of Trade And Customs' Revenue Statistics* , *from 1865 to 1875*,pp.6-7.《中国旧海关史料》,第6册,第6—7页。

表2　郑著中1870年上海贸易占全国比重可靠性分析

类别	全国 单位:海关两	上海比重	海关两/ 上海两	据表1:上海 单位:上海两	自报告:上海 单位:上海两	相差 单位:上海两
总值	120 917 526	0.636	0.89767	85 670 176	85 976 634	306 458
净值	118 988 134	0.636	0.89767	84 303 200	84 087 616	215 584
净值	118 988 000	0.636	0.89767	84 303 105	84 087 616	215 489

注:"118 988 000两"即来自表1的1870年"总计价值"。

三、表述模糊

杨著在关于全国进出口额的"六十五年来出入口货价总数统计表"①中,只是宣称数据来自于海关贸易报告,除在"第一表说明"②中称1865—1874年的数据来自1876年的海关贸易报告之外,并没有具体指出其余年份的哪些数据分别是来自哪一年报告的哪一部分。根据杨著、萧著与海关贸易报告中数据所具有的一致性特点,可以推测出其数据是来自海关贸易报告的以下部分:1876年报告中的"Annual Value of the Foreign Trade of China, 1864 - 1876";1868—1900年每一年报告中的"Annual Value of the Trade with Each Country";1901—1928年每一年报告中的"Annual Value of the Direct Trade with Each Country"。

---

①杨端六、侯厚培:《六十五年来中国国际贸易统计》,第1页。
②杨端六、侯厚培:《六十五年来中国国际贸易统计》,"统计表说明·第一表说明",第153页。

表 3 六十五年来出入口货价总数统计表(部分)①

年号	年份	公元纪年	出口 出口价值	出口 指数1913=100	入口 入口总数	入口 复出口数	入口 入口净数	入口 指数1913=100	总数 总价值	总数 指数1913=100	出超(+)或入超(−)
同治	三年	1864	48 654 512	11.3			46.210 431	8.1	94 864 943	9.7	244081
	四年	1865	54 103 274	13.4			55 715 458	9.8	10.9 818 732	11.3	−1612184
	五年	1866	50 596 223	12.5			67 174 481	11.8	117 770 704	12.1	−16578258
	六年	1867	52 158 300	12.9			62 459 226	11	114 617 526	11.8	−10300926
	七年	1868	61 826 275	15.3			63 281 804	11.1	125 108 079	12.9	−1455529
	八年	1869	60 139 237	14.9			67 108 533	11.8	127 247 770	13.1	−6969296
	九年	1870	55 294 866	13.7			63 693 268	11.2	118 988 134	12.2	−8398402
	十年	1871	66 853 161	16.6			70 103 077	12.3	136 956 238	14.1	−3249916
	十一年	1872	75 288 125	18.7			67 317 049	11.8	142 605 171	14.6	7971076
	十二年	1873	69 451 277	17.2			66 637 209	11.7	136 088 486	14	2814068
	十三年	1874	66 712 868	16.5	67 241 288	2 880 424	64 360 864	11.3	131 073 732	13.5	2352004
光绪	元年	1875	68 912 929	17.1	69 993 827	2 190 580	67 803 247	11.9	136 716 176	14	1109682

① 杨端六、侯厚培等:《六十五年来中国国际贸易统计》,第 1 页。

表4 China's Foreign Trade:Imports and Exports, 1864-1941,1946-1948(部分)①
(Before 1933 in Haikwan tael, 1933-1947 in dollars, 1948 in gold yuan;000 omitted)

Year	Imports	Re-exports	Net Imports	Exports	Net Imports & Exports	Export Balance(+) Import Balance(−)
1864	52 784	6 574	46 210	48 655	94 865	2444
1865	58 746	3 030	55 715	54 103	109 819	−1612
1866	69 307	2 133	67 174	50 596	117 771	−16578
1867	64 538	2 079	62 459	52 158	114 618	−10301
1868	65 240	1 958	63 282	61 826	125 108	−1456
1869	68 494	1 385	67 109	60 139	127 248	−6969
1870	65 623	1 929	63 693	55 295	118 988	−8398
1871	72 098	1 995	70 103	66 853	136 956	−3250
1872	70 223	2 905	67 317	75 288	142 605	7971
1873	69 158	2 521	66 637	69 451	136 088	2814
1874	67 241	2 880	64 361	66 713	131 074	2352
1875	69 994	2 191	67 803	68 913	136 716	1110

萧著(表4)时间起于1864年而止于1948年,时间跨度为85年;而杨著(表3)起于1864年而止于1928年,时间跨度为65年。两份统计都将1864年作为统计的开始年份,这是因为早期制作的海关贸易报告中只有分关的贸易数值,而没有对全国对外贸易总值进行统计。故在杨著的第一表统计说明中,编者称"1874以前,各项价值,都是按银两计算,并未折成海关两。本表内,自1865至1874年,10年间的海关两数字,乃根据1876年册内抄来"②,1864年的数值的获得虽然该"说明"中没有提及,但根据比对来看,1864年的数值也是来自于1876年的贸易报告,即"Annual Value of the Foreign Trade of China, 1864-1876"③。

《中国旧海关史料》的编者认为"纵观九十年中国的进出口记录,中

---

① Hsiao Liang-lin, China's Foreign Trade Statistics, 1864-1949, p.22.
② 杨端六、侯厚培等:《六十五年来中国国际贸易统计》,第153页。
③ Returns of Trade at the Treaty Ports In China, for the Year 1876. Part I.—Abstract of Trade And Customs' Revenue Statistics, from 1864 to 1876, p.5.《中国旧海关史料》,第6册,第5页。

国只有入超而从无出超"①,这一说法只是为了引出后面的话,即"表明帝国主义对中国的政治压迫和经济掠夺是造成中国长期落后的主要原因"。但是,至少从1864年至1948年的统计数据看来,中国并非"总是"入超的。虽然杨著也认为"六十年来的国外贸易,差不多大部分是入超,就只有最初几年是出超。从1864年起,到最近十八年(1929)止,出超只有六年,入超有60年,出超共计不过27 271 849海关两,而入超总数达4 979 754 690海关两(十八年之入超268 000 000两并计在内)。两项相抵,入超的净数,为4 952 482 841海关两,可想见我国国际贸易上入超数目之大了。"②但实际上杨端六等人的统计截止于1929年,此时也已经有六个年份出超,而之后的1941和1948也是出超。因此,《中国旧海关史料》"前言"中的说法,显然有一定的夸大。

更重要的是,郑著中提到三个影响中国出口统计的关键因素。一是"自1859年来,我国对外洋式船只进出口贸易,皆在海关管辖之下;唯香港、澳门二处,地近我国大陆,帆船贸易频繁,海关无权过问",从而因贸易统计的不完整导致统计结果与实际状况的偏差。二是"我国海关进出口贸易统计之记值法,在本期以前,向以市价(Market Value)为根据。进口各货之值,不但包括该货之原价、运费,即登岸之各种费用,如起运费、货栈费、进口税额及出售时之佣金等亦包括在内;而出口各货,除该货市价之外,于该货未离岸前之包装费、堆栈费、出口税额及收买时之佣金等概不包括在内。因之,吾人研究进出口货平衡问题时,或以某一货物进出口值相较时,进口货之值必嫌太高,出口货之值必嫌太低;结果,与实际情形相距甚远"③。三是"查我国出口各货,大部皆为从量税,海关征税估价单,分类既不详尽,各关且无当地市价调查,以资比较。所以出口各货以优报劣,以贵报廉,海关亦无所根据而更正。据最近雷穆氏(C.F.Remer)向我国各地出口商行询查所得,及将我国出口贸易统计,与各国由我国进口统计比较结果,谓我国1902至1928年出口总值,历年少计5%,1929年

---

①《中国旧海关史料》,第1册,第5页。
②杨端六、侯厚培等:《六十五年来中国国际贸易统计》,第153页。
③郑友揆:《中国的对外贸易与工业发展》,第304页。

少计7.5%,1930年少计10%"①。针对第一个影响因素,随着1887年在接近香港、澳门的九龙和拱北设立海关后,内地与港、澳之间的大量帆船贸易得以纳入统计;针对第二个因素,海关自1904年以后"进口各货始采用起岸价值(C.I.F),出口各货始采用离岸价值(F.O.B)"②,这种以起岸价值和离岸价值进行的统计相比以前的统计更合理;针对第三点,郑友揆认为"各关随时调查当地出口土货之市价,并作成详细分类表,以备各货纳税时及记载贸易统计时之参考,如是,则出口货价自少伪报之弊矣"③。

必须指出的是,早在1893年,贾弥荪(G. Jamieson)就已对1865—1892年的进出口值进行修正④,其发现在这28年中有19年都是出超。其公式为"进口货值-进口税-(进口货值-进口税)4%+5000000两港、澳帆船贸易入超=进口修正值;出口货值+出口税+出口货值4%=出口修正值"⑤。其修正的方面有二:一是应在海关进口货值中减除"不仅是关税,而且还有佣金和杂费(贾弥荪估计佣金和杂费共占进口货值的4%)"⑥;二是在出口货值方面"必须考虑香港的帆船贸易"⑦。在此,贾弥荪并没有对为何将佣金和杂费估计为货值4%的理由进行交待。也可以发现,贾弥荪当时并没有涉及郑著中所提及的第三个因素。这是可以理解的,由于难以获得1865—1892年的所有货物市场价格和通关货物优劣等信息,故无法就第三个影响因素对数据进行修正。

故可以说,若忽视出超而谈入超、未考虑出口与进口统计方法合理性而得出的结论有失偏颇;中国的出超与入超实际情形与杨端六等人所论相去多远,如何用更科学的方法对进出口额进行修正,是值得思考的。

---

①郑友揆:《中国的对外贸易与工业发展》,第325页。
②郑友揆:《中国的对外贸易与工业发展》,第305页。
③郑友揆:《中国的对外贸易与工业发展》,第325—326页。
④G. Jamieson, "Effect of the Fall in Value of Silver on Prices of Commodities in China", *Reports on Subjects of General and Commercial Interest*, *China*, pp.9-10. 转引自姚贤镐《中国近代对外贸易史资料(1840—1895)》,中华书局,1962,第1081页。
⑤同上。
⑥N. C. H.,1894年3月16日,pp.397—398. 转引自姚贤镐《中国近代对外贸易史资料(1840—1895)》,中华书局,1962,第1079页。
⑦同上。

四、方法存疑

滨下武志的《中国近代经济史研究》中"Ⅰ-2-a 中国历年进出口额"(表5)也将1882—1931年的进出口及总额精确至千位,但其总额与萧著的 Net Imports & Exports 项下数值有差别。二者有差别的共计14个年份、每年相差一千海关两。

原因在于二者的计算方法不一致,萧著是先将原始的进口和出口数值相加得到总额,后再将这一总额精确至千位;而滨下武志则是将已精确至千位的进口和出口数值直接相加得到总额。显然,出于提高数据精确性的考虑,萧著的方法优于滨下武志的方法。

表5 中国历年进出口额(部分)①

Ⅰ-2-a 中国历年进出口额(单位:1000 海关两)			
年度	进口	出口	总额
1882	77 715	67 337	145 052
1883	73 568	70 198	143 766
1884	72 761	67 148	139 909
1885	88 200	65 006	153 206
1886	87 479	77 207	164 686
1887	102 264	85 860	188 124
1888	124 783	92 401	217 184
1889	110 884	96 948	207 832
1890	127 093	87 144	214 237
1891	134 004	100 948	234 952
1892	135 101	102 584	237 685

萧著中1868年至1874年的进口总数(Imports)和复出口数(Re-exports)数值与海关贸易报告中的数值是一致的,故应当是来自于1875年海关贸易报告的表格 Annual Value of the Trade with Each Country,1868

---

① (日)滨下武志:《中国近代经济史研究:清末海关财政与通商口岸市场圈》,江苏人民出版社,2006,第448—449页。

to 1875。而对于 1864—1867 年的进口总数(Imports)和复出口数(Re-exports),根据萧著的说法,原数据的单位是两,以海关两为单位的进口总数和复出口数的数值,是通过净进口系列中的"两"和"海关两"数据之间的兑换比例来获得的①。根据推算,其具体公式为:

$$\frac{净进口额(单位:HaikwanTaels)}{净进口额(单位:Taels)} = \frac{进口总额(单位:HaikwanTaels)}{进口总额(单位:Taels)}$$

$$= \frac{复出口额(单位:HaikwanTaels)}{复出口额(单位:Taels)}$$

$$\frac{净进口额(单位:HaikwanTaels)}{净进口额(单位:Taels)} = k$$

进口总额(单位:Taels)·k = 进口总额(单位:HaikwanTaels)
复出口额(单位:Taels)·k = 复出口额(单位:HaikwanTaels)

1864—1867 年间的以海关两为单位的净进口额可以通过 1876 年的 "Annual Value of the Foreign Trade of China, 1864 to 1876"②获得,而以两为单位的净进口值、进口总值和复出口值,则可以通过 1868 年的"Annual Value of the Trade with Each Country, 1864-1868"③获得,据此可得到相关年份以海关两为单位的进口总值和复出口值。

萧著通过上述公式得到 1864—1867 年以海关两为单位的进口总值和复出口值。但疑问在于不同海关的统计单位实际是不一样的(包括 tael、dollar 等),这些单位与海关两之间有不同的兑换比例;萧著中这种按照统一兑换比例(k)得到相关年份进口总值和复出口值的方法是存在疑问的。而杨著中 1864 年至 1873 年间海关贸易的进口总数(Imports)和复

---

① "The original data are in taels. The Haikwan tael figures were obtained by using a conversion factor derived from the Net Imports series which is available in both taels and Haikwan taels." (Hsiao Liang-lin, *China's Foreign Trade Statistics, 1864-1949*, p.24.)

② *Returns of Trade at the Treaty Ports In China, for the Year 1876. Part Ⅰ.—Abstract of Trade And Customs' Revenue Statistics, from 1864 to 1876*, p.5.《中国旧海关史料》,第 6 册,第 5 页。

③ *Returns of Trade at the Treaty Ports In China, for the Year 1868. Part Ⅰ.—Abstract of Trade And Customs' Revenue Statistics, from 1864 to 1868*, pp.6-7.《中国旧海关史料》,第 3 册,第 478—479 页。

出口数(Re-exports)①并没有进行统计(如表3)。实际上,至少1868年至1873年以海关两为单位的进口总数(Imports)和复出口数(Re-exports)是可以从1875年的海关贸易报告中直接找到②,不知作者出于什么原因而未采用,但确实通过空缺的方式避开了萧著所面临的质疑。

五、结语

通过以上比对分析,可以得到以下认识:

(一)杨著和萧著作为目前应用较广的、基于海关贸易数据的统计摘编确实具有较好的可靠性,但都有一些模糊或错误之处,如两者在数据的来源上都有表述模糊之处,如前者对1873年上海对外贸易值的单位判断有误,后者对1941年的数据来源引用不当导致数据不准确等,研究者使用时应当小心。同时,两份统计摘编并非简单的统计时段和单位的不同,其统计模式和目的也是有差别的。在对外贸易总值上,杨著是尽量尊重原始数据,而萧著则尝试形成一个完整的、具有较强可操作性的数据序列;而在分港口贸易值上,杨著是要展现各海关对外贸易的全貌,而萧著则是呈现主要港口的贸易情形。杨著和萧著中仍然存在一些疑问,如笔者虽然推出了萧著对1864—1867年全国对外贸易总值、复出口值相关数据进行单位换算的公式,但这一换算没有考虑各关单位的差别,其合理性存在疑问;而这疑问或许又与杨著没有对1864年至1873年间海关贸易的进口总数和复出口数进行统计是紧密联系的。

(二)海关贸易数据本身存在问题。一方面是计算错误,这些错误的产生当与1932年之前计算工具相对落后有关。根据《中国旧海关史料》来看,全国进口值、出口值和进出口总值的错误比较罕见;各海关进口值、出口值和进出口总值的错误不少(文中第三部分列举了一部分);而各海关的分国别、分港别的进口、出口、转口贸易值错误较多,兹不一一列举。

---

① 《六十五年来中国国际贸易统计》中的进口总数、复出口数即"进口总值""复出口值"。
② "Annual Value of the Trade with Each Country, 1868 to 1875". *Returns of Trade at the Treaty Ports In China, for the Year 1875. Part* Ⅰ.—*Abstract of Trade And Customs' Revenue Statistics, From 1865 to 1875*, pp.6-7.《中国旧海关史料》,第6册,第6—7页。

这些错误中,部分是可以根据《中国旧海关史料》中相关数据进行校正的;但有一些则亟须有更基础的数据作为参考方能进行校正并使用。另一方面,由于统计范围、统计方法的限制,一定时期(特别是1904年以前)的海关数据本身没有准确反映真实的进出口状况,有待于用科学的方法对这些数据进行修正。

(三)其他基于近代海关资料的摘编和研究成果中,也存在一些值得注意的方面。如表1中郑著引用数据类型不一致和数据错误,滨下武志书中全国进出口值与萧著中的全国进出口值在计算步骤上不同导致数值的差别,贾弥荪对进出口值进行修正的公式所存在的疑问;有些差别或错误虽然细微,但使用时仍须谨慎对待。

旧海关内部出版物及其统计系列

摘要：统计系列是七大系列中最大的系列，分月报、季报、年报几种，某些重要的海关如江海关、粤海关还有日报和旬报。对于研究者而言以年报最为常用。据不完全统计，全部旧海关出版物，不包括各关的日报和旬报，约达1500种，如按照每册五六百页装订出版，最多可达650余册。

关键词：旧海关出版物；统计系列；贸易报告

在近半个多世纪国内外发现的研究中国近代史的资料中，数量最多、内容最博、科学性最高、系统性最强的，当推由晚清民国的中国海关总税务司署有关机构编纂或专人撰写，并主要由海关自己的出版机构出版，长期以来主要作为海关内部工作文件而少为人所知的旧海关内部出版物了。本文拟对这一资料宝库略做介绍，以便于学者利用。

一、缘起

1859年1月英国人李泰国首任中国海关总税务司，他开始按照西方国家的做法，建立包括统计和出版在内的海关管理制度。1863年冬英国人赫德接任李泰国的职务，在长达近半个世纪的任职生涯中，努力扩大海关业务，逐步建立全面而系统的管理制度，包括规范、完整、有序的编印、发行的制度，从而留下大量的海关文献。就其形式而言，海关文献可分为出版物或非出版物两种。早在1934年，著名的海关文献研究专家郑友揆

---

* 本文原载《中国社会科学报》2016年3月2日第4版。

便指出,旧海关出版物,"因其内容精确,所占地域广大,已成为研究我国经济之唯一可靠而系统的资料。"旧海关出版物长期分散在各地的档案馆尤其海关系统的档案馆,由于开放程度不高,不易查阅,要弄清楚旧海关出版物极为困难,它的内部系统、涉及内容、学术价值,乃至图书收藏地点,都不甚清楚。近20余年来学界除了利用一些口岸城市翻译出版的该城市的贸易报告之外,其他的资料一般都难以开发利用。

2001年中国海关总署办公厅、第一历史档案馆汇编的《中国旧海关史料》170册,由京华出版社出版,揭开大规模出版旧海关出版物的序幕。2003年,笔者在哈佛大学访问期间,幸运地发现了该校图书馆在此方面有着海量的收藏,此后着手整理,并在哈佛燕京图书馆的支持下,由广西师范大学出版社集团有限公司出版《美国哈佛大学图书馆藏未刊中国旧海关史料(1860—1949)》共283册。在中国海关总署的支持下,和上海海关档案室合作,又开始整理该馆收藏而至今尚未出版的旧海关内部出版物。

二、定义、发行范围和出版过程

长期以来,对旧海关出版物并无一个统一的名称,至少有"海关贸易报告""关册"等几种。其实,这些名称既不能包罗旧海关出版物的全部内容,也不能将海关资料中的已出版物与未出版物区别开来。旧海关出版物,严格说来应称为"旧海关内部出版物",是指由中国海关总税务司署有关机构或人员编纂,或总税务司署请外单位人撰写,由海关造册处(后称统计科)刊印的出版物。由于它是用铅字排印、以书本形式出版的出版物,因此不同于保持原始面貌的其他海关资料。

海关总税务司署编纂和出版这些出版物的主要目的,是海关内部工作的需要,并非为了向公众发售,故"旧海关内部出版物"中的"内部"二字不可缺少。按照海关总税务司1882年2月2日的第179号通令,当时已经出版的六大系列中,只有统计(Statistical Series)、特种(Special Series)、杂项(Miscellaneous Series)三个系列,在海关内部下发以后剩余部分可以出售,而关务(Service Series)、官署(Office Serires)和总署

(Inspectorate Series)三个系列只在海关内部使用,甚至只供总税务司一人使用。

1859年1月海关总税务司署尽管建立伊始,却已开始建立西式的统计和出版制度。该年起陆续出版的各口岸的《进出口贸易统计》(Returns of the Import and Export Trade),被看成是海关最早刊行的内部出版物。1863年冬贸易统计的格式逐渐形成,第二年赫德下达通令,要求各关税务司将1863年的贸易统计册送交江海关税务司出版。此后赫德又明确要求:"每个月末,各税务司应向总税务司呈送简短的月报,内容包括当月发生的主要事件、口岸贸易情况、税收摘要、办公支出以及罚没款数额。总税务司要求各位税务司对此项工作必须十分认真,使得贸易统计(尤其是汉文格式)各细节都必须准确无误,书写整洁并无涂改。"1865年赫德又下发关于年报的通令,要求各关须在1月31日向江海关税务司递送上一年度的贸易统计报告以供出版,报告力求内容准确和生动。当年,海关总税务司署在上海设立了海关印书房(Printing Office)与表报处(Returns Department),负责印刷各关的贸易报告和贸易统计。1873年10月印书房与表报处合并,并从江海关独立出来,成立造册处(Statistical Department),归总税务司署管辖,仍设在上海,并逐渐形成了一套规范、完整、有序的编印、发行的制度。李度、丁贵堂组织编写、1949年5月出版的《海关制度概略丛刊》12种,或许是旧海关所出的最后一批图书。

据笔者不完全的统计,全部旧海关出版物,不包括各关的日报和旬报,约达1500种,如按照每册五六百页装订出版,最多可达650余册。

三、统计系列

海关内部出版物除了上述六大系列之外,1896年又形成第七系列邮政系列(Postal Series)。此外,还有百余本由中国海关总税务司署编辑或出版,但未列入任何系列之书,被称为"他类之书"。各出版物,原先只使用英文,后来同时用英文和中文两个部分,另有一种形式称"华英合璧",即同一书中一行用英文,一行用中文。1875年以后另有纯中文版《通商各关华洋贸易总册》,提供给中央和口岸地区的官员阅读。

统计系列是七大系列中最大的系列,分月报、季报、年报几种,某些重要的海关如江海关、粤海关还有日报和旬报。对于研究者而言以年报最为常用,年报最初分为"贸易表格"和"贸易报告"两种形式,前者提供详细的贸易数据,后者细述贸易进展和影响贸易的各种国内外的因素。1882年以后两者合一出版,称"某年中国通商各口年度贸易册和贸易报告"(Returns of Trade and Trade Reports for the Year ××××)。1882年海关总税务司署又下令编撰《最近十年各埠海关报告》。它从1882年编起,每10年编一次,一直编到1931年,共出5期。内容各期不一,但都相当庞杂,几乎是全面详述各关所在省区10年间经济文化社会各方面的变迁,宛如一部区域百科全书。每期十年报告一般多达近千页,它以文字为主,少量统计为辅,有时还附有详尽的地图,用以显示关区内的山河、交通、城市、村镇等。

研究近代港口贸易和经济变迁,最重要的资料便是第一系列中的贸易、经济数据和贸易报告。巨量的贸易数据,由于采用国际通用的统计标准且统计时间长达80余年,可以达到逐年甚至逐季、逐月(江海关、粤海关等在某些时期还可以达到逐日)的研究,具有较强的科学性和完整性。此外,贸易报告的范围遍及全国绝大部分的开埠城市及其腹地区域,反映这些地区经济、政治、文化、城市、自然等方面的状况,是研究全国和大部分区域经济状况最翔实可靠的资料。由于各类数据的关联性,可以利用贸易数据确定口岸城市开埠和海关建立的确切时间、分析中国从洋布、洋纱的进口国到国产机制棉布出口国的替代工业发展历程,以及利用港口贸易的大数据探讨港口贸易网络和不同港口地位的变迁等。

旧海关内部出版物及各地经济调查^{*}

摘要：旧海关内部出版物的七大系列中，除统计系列外，其余六大系列内容涵盖了医学报告、各地经济调查、交通调查、关税金融研究、海洋事务报告、海关管理报告等诸内容，同时附有一定数量的图表，这些内容成为研究中国近代经济史、社会史等方面的珍贵史料。

关键词：旧海关出版物；专刊；经济调查

由于统计（Statistical Series）、特种（Special Series）、杂项（Miscellaneous Series）三个系列在海关内部下发以后剩余部分可以赠送或出售，国内外有关图书馆一般只能见到旧海关内部出版物这三个系列的部分内容。已经出版的《中国旧海关史料》170册所收完全是统计系列，而《美国哈佛大学图书馆藏未刊中国旧海关史料（1860—1949）》283册，其中的199册属于统计系列，另外的84册大部分属于特种系列和杂项系列，只有极少的部分属于第四至第七系列，即关务（Service Series）、官署（Office Serires）、总署（Inspectorate Series）、邮政（Postal Series）系列，各系列之外的被称为"他类之书"的书同样少有收入。

如果说学界对旧海关出版物中的统计系列有所使用，特种系列和杂项系列有一点点使用的话，则其他系列学界几乎没有使用。因此，上海海关档案馆所收未刊品的出版，意味着珍贵的旧海关出版物至此绝大部分都已出版，将进入私人和公共图书馆的书架，以便于学术界使用。

---

* 本文原载《中国社会科学报》2016年8月3日第4版。系国家社科基金重大项目"中国旧海关出版物整理与研究"（11&ZD092）的阶段性成果。

其他六大系列以及"他类之书"的编排格式与统计系列颇不相同。大致可分为两种,一种是针对某一具体事物、活动的调查与研究著作,另一种是连续出版的专刊。这些专刊因连续数十年的出版,大都达千余页甚至几千页,且使用地图或内容插图。各系列都有自己特定的记载范围,在系列之下每种书设为一个编号,加上他类之书,约有450余种。

以下扼要介绍其内容和学术价值。

1.医学报告(Medical Reports),共80期,为研究近代流行病史、医学史最系统、科学的资料。1871年到1910年间,各地海关的西医医官每半年向总税务司署汇报所在城市和关区传染病的流行和扑灭,以及西医西药的传播等情况。

2.各地经济调查,共30余种书,分为两类。一类是蚕丝、土产鸦片、茶叶、大豆、人参等产品及其产地和产、运、销的过程,一类是对重庆、西江流域、腾越、九龙、岳阳、常德、沙市等地开埠前的商务调查,以及在云南、东北拟开口岸地区的旅行记。除了关注经济和商务,对边疆的人文和自然地理也有所涉及。

3.水陆交通调查,近20种书。有的记载近代长江上游、松花江、西江的轮船航运,大运河、淮河到长江段的蒸汽机船的初航或航行指南,有的记载长江沿岸的地名和中下游的水道水量、镇江的枢纽作用、云南西部道路,以及规定对外国轮船开放的内陆地方的情况。

4.船舶报告,近10种书。除1921—1931年间每年出版的《百吨以上的中国蒸汽式和机动式船舶名录》(List of Chinese Steam and Motor Vessels of 100 Tons Gross and Over)以外,其余都是对晚清仍在使用的传统民船的介绍,包括长江上游的帆船和舨板、运盐船,长江口和上海地区的船舶以及长江下游的木筏。由于是实体船只的缩小并附各部件的尺寸,可据此复原这些船只。

5.中国关税和金融研究,30余种书。多本书详载关税变化与征税问题,包括多次修订的进口税和出口税的《税则分类须知》,魏尔特(S.F. Wright)编撰的《自民国元年起至二十三年止关税纪实》,是记载海关这时期活动的重要文献。金融方面,清末艾约瑟(Joseph Edkins)所撰三卷本财政系列著作,详论中国的通货、财政、银行与物价,颇值得一读。

6.海洋事务报告,有20余种专刊或专书。侧重于沿海的灯塔、灯船、浮标的年刊,主要有《中国沿海及内河航路标识总册》(*List of Lighthouses, Light-vessels, Buoys, Beacons, etc., on the Coast and Rivers of China*),出版于1872—1947年。此外,还有《灯船、浮标和灯塔报告》(*Report on Lights, Buoys, and Beacons*),1875—1908年;《通商各关沿海沿江建置灯塔灯船灯杆警船浮桩总册》,1879—1904年;《海关海务科航船布告汇编》(*Notices to Mariners*),1883—1938年,该书还涉及沉船、泥沙等航行安全问题。班思德撰《中国沿海灯塔志》,则是详述近代灯塔的修建和管理的专书。有的报告还以吴淞江挖沙工程、各口救护遇险船只章程、中国出席国际航海公会报告、台风避风港、一些口岸近海河段潮汐表等为记载内容。我国虽然自古是海洋大国,但对海洋航行相关事务的深入研究和有效管理却始于近代。因此,本部分无疑是海洋研究的重要文献。

7.海关管理报告,近30种。内容五花八门,较重要者有:历任总税务司下达的通令,现已汇总为《中国海关总税务司通令汇编》43卷(其中索引一卷),由中国海关出版社2014年出版;《海关职员题名录》,1877—1947年,年刊,详细登记海关工作人员名单,包括国籍、工作时间、任职地点和部门、级别;《海关法规汇编》,收入出版时仍然有效的各种海关工作法规,便于查阅。此外,《海关和常关服务地图集》标注各地海关和常关及其分支机构的分布,《中国近代海关历史文件汇编》(*Documents Illustrative of the Origin, Development, and Activities of the Chinese Customs Service*),共7卷,约4700余页,均为海关总税务司署的相关文件和信件,是研究中国海关史必读书。

8.国际关系。除了《1689—1886年中国和外国签订的条约和公约》(*Treaties, Conventions, Etc. Between China and Foreign States 1689-1886*)、《1517—1899年在中国的外国公使馆人员名单》(*Foreign Legations in China: List of Members, 1517-1899*)之外,主要涉及朝鲜事务,包括1876—1889年朝鲜与其他大国签订的条约和法规、1890年朝鲜官员名录,以及论述1894年7月到1895年10月朝鲜宪政史的文献。并有记载中国海关1876年派专人前往古巴解决中国移民事务的相关报告,以及为参加两次国际禁烟大会而准备的文件。

9.中国在 1905 年以前参加历届世界博览会,均由海关筹备和安排,也由其撰写参会报告。包括 1873 年维也纳、1876 年费城、1878 年巴黎、1884—1885 年新奥尔良、1900 年巴黎、1902 年河内、1904 年路易斯安那、1905 年列日的各次世博会,以及 1880 年柏林和 1883 年伦敦的国际渔业博览会、1884 年伦敦国际卫生博览会。海关报告不仅介绍展出的商品,还介绍中国一些经济、文化、宗教等方面的状况,从一个侧面反映了中国走向世界的步伐。

10.邮政报告。近代中国的邮政是通过海关建立的,近代中国邮政早期历史的重要资料主要保存在旧海关内部出版物的邮政系列。有关邮政服务的内容、各地邮政服务点的分布、邮政账户的使用、邮政通令,以及文报局的报告,均可查阅。另有《大清邮政舆图》,以地图形式展示各地邮局和邮路。

11.常关报告。常关本称钞关,清初开始建立,以在交通要冲和商品集散地征税。近代通商口岸成立海关以后,钞关改称常关,1900 年以后海关逐渐接管部分常关的征课业务,因此在 1902 年编纂了第一号《常关报告》(*Notes on Native Customs*),1904 年又编了第二号、第三号常关报告。第一号报告以全国各地常关为记载范围,此后的两个《常关报告》分别限于福建和沙市的常关,以后又出了梧州、厦门、天津、汕头、粤海关、芜湖等常关的报告。虽然报告时间限于 1902—1913 年,却是研究这一时期常关最主要的资料。

12.语言学著作。海关总税务司署要求洋员懂得中文,华员懂得英文,因此请欧美和中国海关专家编撰了 10 种左右的语言学著作或辞典。其中,以《语言自迩集》、《中国官话英汉口语辞典》(*A Dictionary From English to Colloquial Mandarin Chinese*)、《英汉国语辞典》、《新关文件录》(*Text Book of Documentary Chinese, With a Vocabulary, for the Special Use of the Chinese Customs Service*)、《现代中文文献教科书,供中国海关特别使用》(*Text Book of Modern Documentary Chinese, for the Special Use of the Chinese Customs Service*)、《上海方言手册,为水上警察而编》(*Shanghai Phrase Book for River Police*)等闻名中外。

除了以上内容比较集中的门类之外,还有《中国音乐》(*Chinese*

Music）和关于黄河下游治河工程、度量衡单位换算的数个报告，以及1905—1938年间有关气象工作的通令。这些书在近代史研究中都有其重要性。特别需要指出，《中国音乐》现已有几种译本，唯独它记载的国度——中国并未译成中文，故任何研究中国音乐史和舞蹈史的中国学者，都未利用这部在调查基础上写成并于1884年出版，人们利用其曲谱可以吟唱的音乐著作。

旧海关出版物的各个系列，都附有一定数量的地图和图表。这些地图，不仅反映各关区的空间范围和山河面貌，也反映商品产地、交通路线、城市分布乃至城市内部的街区，有关海洋方面则侧重于灯塔分布、港湾情况、岸滩、码头乃至各水域的水深、底质、浅滩，并都附有比例尺，这些地图对于近代各方面的研究均具有不可替代的直观的作用。

走向世界:中国参加早期世界博览会的历史研究

——以中国旧海关出版物为中心[*]

摘要：本文依据中国旧海关出版物中的历次参加世博会的展品目录，探讨晚清中国政府参加世博会的次数、世博会的名称与中国展品的内容以及对中国的介绍，并澄清了某些问题上的不确切的说法。研究表明，在1873—1905年间中国政府至少参加了11次世博会，其中参加注册类世博会的次数是8次，而不是近年所说的6次。本文简要分析了旧海关在中国参加世博会中的作用，指出参加世博会是近代中国走向世界的重要一步。

关键词：中国；参加；早期世博会；历史

我国经过半个世纪的沉寂之后，1982年重返世界博览会大家庭，2003年申办世博会成功，2010年首次在自己国土上举办世博会。但就中国参加的世界博览会来说，早在19世纪的中叶，在向世界打开大门不久，中国便参加了在欧洲举办的世博会。国内外学者有关中国海关史或世博

---

* 本文原载《史林》2009年第2期，第42—51页，人大复印资料《经济史》2009年第5期全文转载；又载复旦大学历史地理研究中心《跨越空间的文化：16—19世纪中西文化的相遇与调适》，东方出版中心，2010，第296—307页。

会的论著①,近年来中国2010年上海世博会领导机构主办的展览及其官方网络上的文章②,都提到了中国参加早期世博会的历史。上海图书馆编的《中国与世博历史记录(1851—1940)》③,以及刚刚出版的詹庆华的著作《全球化视野:中国海关洋员与中西文化传播(1854—1950年)》④,对此有较多的论述。然而,在涉及中国世博会的史实上,有的着墨不多,而有所涉及的论著也存在着几种不同的说法。

笔者近几年在美国哈佛大学研究访问时,阅读了该校图书馆收藏的1949年以前由中国海关总税务司署出版的内部出版物,其中的一些报告全面反映了清朝后期参加世博会的历史情况。另外,英国布里斯托尔大学历史系"中国海关"研究项目组(Chinese Maritime Customs Project)的网页⑤上,也提供了中国旧海关出版物的目录。本文拟利用旧海关报告中的资料,对中国早期参加世博会的历史进行探讨,考订相关的史实,展示近代中国走向世界的重要一步,也为2010年上海世博会略尽绵薄之力。

一、海关总税务司署与中国早期参加世博会

由于所依据的资料主要来自中国旧海关的报告,因此需要首先回答一个问题:中国海关总税务司署与中国早期加入世博会有什么关系?

在近代中国(1840—1949年)的历史进程中,海关扮演了重要的角色。

中国近代的海关,是中国政府在外国的压力下,由西方人按照西方的

---

①主要有魏尔特:《赫德与中国海关》,陆琢成等译,厦门大学出版社,1993,英文原著 *Hart and Chinese Customs*,1950年在英国出版;陈诗启:《中国近代海关史(晚清部分)》,人民出版社,1993;孙修福主编《中国近代海关史大事记》,中国海关出版社,2005;上海市老科学技术工作者协会编《走进世博会》,上海科学技术文献出版社,2007;宋超主编《世博读本》,上海科学技术文献出版社,2008;《上海世博》杂志编辑部编《走进世博会:世博历史150年》,东方出版社,2008。

②"2010年上海世博会暨世博会历史回顾展览",设在上海市淮海中路300号3楼;2010年上海世界博览会官方网站"世博网",《中国与世博会的历史》,2008年11月29日仍在刊出。

③上海图书馆编《中国与世博:历史记录(1851—1940)》,上海科学技术文献出版社,2002。

④詹庆华:《全球化视野:中国海关洋员与中西文化传播(1854—1950年)》第十章《海关洋员与世界博览会》,中国海关出版社,2008。

⑤Chinese Maritime Customs Service Project, Department of Historical Studies, University of Bristol, accessed February 2005, http://www.bristol.ac.uk/history/customs/customsbibliographies/

制度创立的。全国海关的最高领导机构中国海关总税务司署的负责人总税务司一职长期由外国人担任,总税务司署和各地海关的关员大多是外国人。近代海关除了管理对外贸易、负责征税与缉私等海关的基本职能之外,还负责各地的航船停泊、引水、沿海灯塔和航标的设置与保养、航道疏浚、气象观测、疾病检疫等工作。此外,还承担试办中国最早的邮政通信业务、在全国范围开办邮政官局、处理准领事业务,以及华工出国、清偿对外赔款等事务。

鸦片战争以前,中国与各国的往来主要限于日本、朝鲜等近邻和东南亚的国家与地区。这些国家长期以来经济文化落后于中国,被看作是以中国为师并臣服于中国的藩属国家,中国则以天朝上国自居,接受各国的朝贡和臣服。1842年五口通商之后,如何学会与欧美列强打交道,如何掌握国际通行的原则处理全新的外交事务,便成为清政府和各地大员的当务之急。中国海关总税务司署——这一清政府中由洋人掌管的唯一一个现代化的机构,便成了协助处理外交事务的重要部门。因此,中国海关总税务司署也参与各种外交与洋务活动,如改造同文馆、派遣留学生出国、协助使节出访、在中国设立外国使领馆,乃至经办新式海军、购买外国军火等。这些活动,或由总税务司署提出,经总理衙门首肯,或总理衙门委托总税务司署承办。中国参加早期的世博会同样如此。1866年,总理衙门首次接到参加世博会的邀请,但没有引起足够的重视,民间又不熟悉,各方热情并不高。到了1872年再次接到参加第二年的维也纳世博会的邀请时,总理衙门便授权中国海关总税务司赫德予以妥善处理。在中国海关总税务司署的安排下,1873年中国首次参加了世博会。由于清朝缺乏有经验的人员,而海关对各种商品的情况比较熟悉,便于征集商品,又承担过参加世博会事宜,此后中国参加历次世博会,都由总理衙门委托海关总税务司署出面承办。[①] 1906年清朝接受商部头等顾问张謇的建议,由官方和民间联合自行参加当年的意大利米兰世博会,才改变了由中国海关总税务司署承办世博会的状况。[②]

---

① 参见詹庆华《全球化视野:中国海关洋员与中西文化传播(1854—1950年)》,第460页。
② 参见上海图书馆编《中国与世博:历史记录(1851—1940)》,第31—32页。

为了顺利完成各项海关业务,中国海关总税务司署从1860年开始,按照西方的管理和统计理念,建立起一套严格的自下而上的申报的制度,中央将各地申报的情况予以汇总和整理、出版。这些出版品的绝大部分都用英文书写,主要发给海关工作人员阅读,另有一些免费赠送各国驻华使领馆、中国的公共机构和新闻出版部门,以及欧美各国的外交部、商务部、统计局、图书馆等机构,仅1890年,在东方各国便送了各类报告1150份,欧美地区则送了273份。还有少量出版物在全世界若干个城市的书店公开销售发行。此外,另有年度贸易报告等少数出版品,以《通商各国华洋贸易情形论略》为名译为中文出版,以送总理衙门以及海关所在的地方政府。由于赠送和发行的面广、数量多,海关出版物在中国和国外产生较大的影响,成为中国了解世界、世界了解中国的重要途径。①

旧海关出版物的绝大多数都用英文出版,由于书写语言以及不便查阅等方面的原因,国内外学者对其利用不多。在170册《中国旧海关史料》出版之后这一情况得到改变,但对此套书之外的其他书的利用,包括其中的中国参加早期世博会的报告,仍然相当有限。

二、海关报告记载的中国参加世博会的次数和名称

保存在美国哈佛大学图书馆的中国旧海关出版物,以及英国布里斯托尔大学历史系"中国海关"项目组网页提供的中国旧海关出版物的目录上,共收录了中国参加如下11次世博会的展品目录。这些文献分别用英文或法文书写,以文字和表格的形式出现,有的还附有黑白照片、图画以及地图。②

---

①参见吴松弟、方书生《一座尚未充分利用的近代史数据宝库——中国旧海关系列出版物评述》,《史学月刊》2005年第3期;詹庆华:《全球化视野:中国海关洋员与中西文化传播(1854—1950年)》,第438—452页。

②以下所引资料,凡只见于英国布里斯托尔大学"中国海关"项目组网页提供的书目,而未见于哈佛大学图书馆书目者,均注明出处,而两处皆见者则不加注明。依据以下对1905年列日世界博览会英文、法文两份文件的分析,"中国海关"书目可能存在将一本书记作两本书的错误。

1.1873年维也纳奥匈帝国世界博览会,三份文件

(1)英文:*China Trade Statistics of the Treaty Ports for the Period 1863-1872, Complied for the Austro - Hungarian Universal Exhibition, Vienna, 1873: To Illustrate the International Exchange of Products.* 中文译名:中国约开港口贸易统计,1863—1872年,为1873年维也纳奥匈帝国世界博览会编辑,用来说明国际贸易的货物。

(2)英文:*China Port Catalogues of the Chinese Customs Collection at the Austro - Hungarian Universal Exhibition, Vienna 1873: To Illustrate the International Exchange of Products.* 中文译名:中国海关提供的中国各港口参加1873年维也纳奥匈帝国世界博览会展品目录,用来说明国际贸易的货物。

(3)英文:*Catalogue of Articles Collected at the Port of Canton by Order of the Inspector General of Customs, for Transmission to the Austro-Hungarian Exhibition of 1873.*① 中文译名:广州港商品目录,依据海关总税务司署命令,供1873年奥匈帝国世界博览会使用。

2.1876年费城美国国际博览会,一份文件

英文:*China Catalogue of the Chinese Imperial Maritime Customs Collection at the United States International Exhibition, Philadelphia, 1876.* 中文译名:中国海关总税务司署提供的1876年美国费城国际博览会中国展品目录。

3.1878年巴黎世界博览会,一份文件

法文:*Catalogue special´ de la collection exposee au Palais du Champ de Mars, Exposition Universelle, Paris 1878.* 中文译名:1878年巴黎世界博览会马尔斯宫展品目录。

4.1880年柏林国际渔业博览会,一份文件

英文:*Special Catalogue of the Ningpo Collection of Exhibits to the International Fishery Exhibition, Berlin 1880, Preceded by a Description of the*

---

① 英国布里斯托尔大学"中国海关"研究项目组网页提供的书目。

Fisheries of Ningpo and the Chusan Archipelago.中文译名:1880年柏林国际渔业博览会宁波展品特别目录,其"前言"描述宁波和舟山群岛的渔业状况。

5.1883年伦敦国际渔业博览会,一份文件

英文:Special Catalogue of the Chinese Collection of Exhibits for the International Fisheries Exhibition, London 1883.中文译名:1883年伦敦国际渔业博览会中国展品特别目录。

6.1884年伦敦世界卫生博览会,一份文件

英文:Illustrated Catalogue of the Chinese Collection of Exhibits for the International Health Exhibition, London 1884.中文译名:1884年伦敦世界卫生博览会中国展品目录(附插图)。

7.1884—1885年美国的新奥尔良世界博览会,两份文件

(1)英文:Catalogue of the Chinese Collection of Exhibits for the New Orleans Exposition, 1884-85.中文译名:1884—1885年新奥尔良博览会中国展品目录。

(2)英文:Illustrated Catalogue of the Chinese Collection of Exhibits for the New Orleans Exposition, 1884-85.①中文译名:1884—1885年新奥尔良博览会中国展品目录(附插图)。

8. 1900年巴黎世界博览会,一份文件

法文:Catalogue Special des Objets Exposes dans la Section Chinoise a l'Exposition Universelle de Paris, 1900.中文译名:1900年巴黎世界博览会中国展品目录。

9.1902年法属印度支那(今越南)的河内世界博览会,一份文件

法文:Catalogue Special des Objets Exposes dans la Section Chinoise a l'

---

① 英国布里斯托尔大学"中国海关"研究项目组网页提供的书目。

Exposition de Hanoi, *1902*.①中文译名:1902年河内世界博览会中国展品目录。

10. 1904年美国的路易斯安那(圣路易斯)商品博览会,一份文件

英文:*Catalogue of the Collection of Chinese Exhibits at the Louisiana Purchase Exposition, St. Louis, 1904.* 中文译名:1904年路易斯安那(圣路易斯)商品博览会中国展品目录。

11. 1905年比利时的列日世界博览会,两份文件

(1)英文:*Catalogue of the Collection of Chinese Exhibits at the Liege Universal and International Exhibition, 1905.* 中文译名:1905年列日世界博览会中国展品目录。

(2)法文:*Exposition Universelle et Internationale de Liége en 1905, Catalogue Special des Objets Exposes dans la Section Chinoise.*②中文译名:1905年列日世界博览会中国展品目录。

按哈佛保存的《1905年列日世界博览会中国展品目录》,书的封面用英文书名即以上的(1),封二用法文书名即以上的(2)。据此,笔者估计英国布里斯托尔大学"中国海关"研究项目组网页的书目,可能将同一本书误作两书,因而重复登记。

据上所述,如果将被重复登记的记载1905年列日世界博览会的两份文件视作同一份文件的话,记载中国参加世博会展品目录的海关出版物共14份文件。这些文件,分别记载了1873—1905年间,中国参加早期的11次世博会的展品目录,无疑是研究中国参加早期世博会的最真实最完整的第一手资料。由于当时中国海关总税务司署受清政府委托,承办中国参加世博会的事务,这11次参加世博会显然都是中国政府而非个人行为。

按照国际展览局的规定,世界博览会按性质、规模和展期分为两种:

---

① 英国布里斯托尔大学"中国海关"研究项目组网页提供的书目。
② 英国布里斯托尔大学"中国海关"研究项目组网页提供的书目。

一种是内容广泛的注册类世博会（又称综合性世博会），另一类是侧重某一方面的认可类（又称专业性世博会）。① 根据这样的标准，1873—1905年间中国政府参加的11次世博会，8次属于注册类世博会，它们是：1873年维也纳奥匈帝国世界博览会，1876年费城美国国际博览会，1878年巴黎世界博览会，1884—1985年美国的新奥尔良世界博览会，1900年巴黎世界博览会，1902年法属印度支那（今越南）的河内世界博览会，1904年美国的路易斯安那（圣路易斯）商品博览会，1905年比利时的列日世界博览会。另外的三次属于认可类世博会，它们是：1880年柏林国际渔业博览会，1883年伦敦国际渔业博览会，1884年伦敦世界卫生博览会。

三、有关中国参加早期世博会的若干史实与研究观点的辨正

有关中国参加早期世博会的次数、名称以及其他问题，存在着多种说法，本文拟在上节研究基础上，予以辨正。

1.关于中国政府参加世博会的次数

魏尔特著《赫德与中国海关》一书载，中国海关洋员参与的世博会，有巴黎1867年、1878年、1889年、1900年；维也纳1873年；费城1876年；墨尔本1880年；柏林1880年；阿姆斯特丹1883年；伦敦1883年、1884年；纽伦堡1885年；巴塞罗那1887年；布鲁塞尔1888年、1897年；马德里1892年；芝加哥1893年；里昂1894年；安特卫普1894年；旧金山1894年；亚特兰大1895年；纳希维尔1897年；奥马哈1898年；格拉斯哥1901年；河内1902年；大阪1903年；圣路易斯1904年；列日1905年。共达28次之多。②

詹庆华《全球化视野：中国海关洋员与中西文化传播（1854—1950年）》第10章所附《海关洋员参与部分博览会活动情况表》，列举了12次。除了1867年的巴黎世博会，其他的11次均同于本文上一节所述。

---

①宋超主编《世博读本》，"世博会分类"，上海科学技术文献出版社，2008，第6页。
②参见魏尔特《赫德与中国海关》上册，陆琢成等译，第10页。

按魏尔特是自中国旧海关退休的英籍税务司,其所提的1867—1905年中国海关洋员参与的28次世博会,应有所本。不过,由于作者未能展开论述,不知所提到的28次世博会,是海关总税务司署代表中国政府参加,还是海关只是参与某些工作而没有代表中国政府参加。本文上节所列出以及詹庆华书所都提到的11次,依据笔者所看到的各次文件的内容和詹庆华书第10章附表"参与人""获奖及其他情况",显然属于前者,即中国海关总税务司署代表中国政府参加的世博会。因此,在旧海关报告记载中国参加世博会的文件明确记载的1873—1905年期间,中国政府至少参加了11次世博会。

《中国与世博历史记录(1851—1940)》等书在探讨1873—1905年间中国参加的世博会时,提到了6次。这六次世博会都是注册类世界博览会,比海关报告记载的中国参加的8次注册类世博会少了2次,即1884—1885年美国的新奥尔良世界博览会,以及1902年法属印度支那(今越南)的河内世界博览会。而在这六个世博会中,《中国与世博历史记录(1851—1940)》等书予以详述的,只有1876年美国费城国际博览会、1904年美国的路易斯安那(圣路易斯)商品博览会、1905年比利时的列日世界博览会等三次,其余都只是一笔带过。

毫无疑问,海关出版物应是研究中国加入早期世博会的最重要的文献。有关著作关于中国参加早期世博会的次数的不足以及论述的深度不够,显然都是因存在某种困难而无法找到更多的海关出版物所造成的。例如,《中国与世博历史记录(1851—1940)》所附《本书主要参考文献》,列出34种参考文献,只有6种来自海关的6次世博会的《展品目录》。其中,1873年、1876年、1878年这三次世博会的《展品目录》,直接来自中国海关出版物,而1900年、1904年、1905年这三次世博会的《展品目录》,并非直接来自中国海关出版物,而是来自法国、美国、比利时等国出版的图书,即是一个证明。

据上所述,有关中国政府参加早期注册类世博会的次数,应以本文和詹庆华的研究为准,改正世博会展览和官方网页以及相关书籍上所说的6次(甚至更少)的说法。如果要全面介绍中国政府参加世博会的情况,则还应加上1880年柏林国际渔业博览会、1883年伦敦国际渔业博览会、以及1884年伦敦世界卫生博览会等三次认可类世博会。当然,如果将民间参加的其他世博会都要加以介绍,次数显然还要增加许多。

2.关于世博会的名称

某些书不加区别地将各类博览会,都叫作"世界博览会"或"世博会"。其实,"世界博览会"或"世博会"只是一种笼统的叫法。依据海关报告所列的各次世博会的英文名称,在1873—1905年间中国参加过的世博会中,真正叫世界博览会的只是部分。即使注册类的世博会,也未必都称"世界博览会",而且个别世博会还有几个不同的名称。例如,1873年的奥地利维也纳世界博览会,全名应是"1873年维也纳奥匈帝国世界博览会";1876年费城世博会,全名应是"1876年美国费城国际博览会",由于该年是美国独立100周年,此届世博会又被称为"美国独立百年博览会";1904年圣路易斯世博会,全名应是"1904年路易斯安那(圣路易斯)商品博览会"。因此,正确的做法是在介绍各次世博会时,首先使用它的全名,其次才使用它的简称或其他名称,而不是只使用简称或笼统的叫法。

3.哪一次是中国政府第一次正式参加的世博会

有资料表明,早在首次举行的世博会即1851年的伦敦世博会,即有中国商人参与,其中上海商人徐荣村的"荣记湖丝"一举获金银大奖。然而,中国商人的参展,并没有得到清政府的支持,而是由在华的英国官员和商人组织的。① 因此,一些著作指出,1873年的维也纳奥匈帝国世界博览会,应是中国政府第一次正式参加的世博会。②

如上所述,清朝总理衙门第一次授权中国海关总税务司署承办的中国参加的世博会,是1873年维也纳奥匈帝国世界博览会,而中国旧海关

---

① 上海图书馆编《中国与世博:历史记录(1851—1940)》,第49、54页。
② 参见上海市老科学技术工作者协会编《走近世博会》,第123页;《上海世博》杂志编辑部编《走进世博会:世博历史150年》,第50页;詹庆华:《全球化视野:中国海关洋员与中西文化传播(1854—1950年)》,第462页。另外,宋超主编《世博读本》,第117页,上海图书馆《中国与世博:历史记录(1851—1940)》,第57页,都提到1873年清政府授权中国海关承办博览会事宜,委派广州海关副税务司包腊作为中国代表,前往参加在奥地利维也纳举办的世界博览会,但没有明确提到此是否是第一次。

出版物中第一份中国参加世博会的展品目录,也是与该次展出有关的文件《中国约开港口贸易统计,1863—1872 年》。清朝历次以政府名义组织参加的世博会,均通过中国海关总税务司署具体承办,该机构 1859 年才开始筹建,1860 年开始建立全国性的上报、汇总和出版制度。如果在 1863—1872 年间中国海关总税务司署曾经受中国政府委托承办过世博会,必定会留下关于世博会的海关文件,而且《中国约开港口贸易统计》涉及的时段也没有必要从 1863 年讲起。1863 年以前,中国对外开放尚处在相当有限的阶段,海关也处在初创时期,当时既缺少对世博会的认识,也不具备参加世博会的条件,不可能以国家名义加入世博会。因此,中国第一次以国家名义参加的世博会,可以确定在 1873 年的维也纳奥匈帝国世界博览会,在此之前会有个人或商业团体参加世博会,但不可能是以国家的名义参加。

4.关于"第一次真正由中国人代表中国参加的世博会",以及"中国政府首次以官方形式率商民正式参加"等问题

中国参加 1876 年和 1904 年这两次世博会的代表团的人选,曾有一些与前不同的做法。1873 年清政府授权中国海关总税务司署承办参加维也纳世博会,中国海关委派广州海关副税务司、英国人包腊作为代表前往。1876 年的美国费城世博会仍由中国海关总税务司署承办,但海关人员中有一位当时担任浙江海关文书的中国人李圭。因此,一种观点是,"1876 年的美国费城世博会是第一次真正由中国人代表中国参加的世博会"。① 在 1904 年美国圣路易斯世博会召开之前,慈禧太后亲自召见了前来传达邀请的世博会委员,清政府成立由溥伦贝子领衔的委员会,委员会将副监督黄开甲及其随从派往美国,负责操办圣路易斯世博会。因此,又有一种观点以为:"中国政府首次以官方形式率商民正式参加"的世博会,是 1904 年美国圣路易斯世界博览会。②

按以上两个观点,值得商榷。1873 年中国海关总税务司署已受清朝委托承办世博会,并派外籍海关关员包腊前去参加,虽然此人是英国人,

---

① 《世博读本》,第 121 页。
② 《中国与世博:历史记录(1851—1940)》,第 65 页。

但他作为中国政府的一名雇员,代表中国前往,实际已标志着中国正式登上世博会舞台。而且,参加1876年费城世博会的中国团中,固然有一位中国人李圭,但其他人仍都是外籍关员,且领队是外籍的德璀琳。在这种情况下,研究者可以指出"代表团中第一次有了一名中国人",但如强调这是"第一次真正由中国人代表中国参加的世界博览会",却不免有些牵强。

将1904年中国参加美国圣路易斯世界博览会,视为"中国政府首次以官方形式率商民正式参加"的世博会,同样有所不妥。自1873年以来,中国历次参加世博会,无不是中国海关总税务司署受政府委托承办,中国商人参加,难道这不是中国政府以官方形式率商民正式参加世博会?为何不将此事的开端定在1873年,而定在1904年呢?1904年慈禧太后接见国际世博会委员,此后又采取成立委员会并派黄开甲等人前往赴路易斯安那承办参展事宜,这些举动在中国参加世博会的历史上具有一定的意义,表明当时的最高领导已意识到世博会的重要性,而领队从此也不再是外籍关员。但此举并不表明以前参展便不是政府以官方形式率商民正式前往。

四、走向世界:中国参加世博会的展品的内容

海关文献记载的中国参加的世博会,时间从1873年开始,到1905年结束,共计32年。在这32年中,中国经济开始了从传统向现代转型的过程,欧美各国对中国的了解也经历了从少到多,从表面到深层,从现实层面深入到历史层面的过程。作为中国走向世界的重要一步,海关编写的历次世博会文件的内容,对上述的两个过程均有反映。

兹依据笔者所掌握的6份海关文件,对其所记载的内容介绍如下,借以窥见中国参加这几次世博会的商品以及中国海关总税务司署对中国的介绍。

1.1873年维也纳奥匈帝国世界博览会,《中国约开港口贸易统计,1863—1872年》

共310页。最初的56页是前言和全国概述。前言由总税务司赫德撰写。全国概述主要介绍这一时期的中国对外贸易状况,并用表格分类记载外国进入中国的商船数量、进出口贸易数据、内地与沿海贸易数据,

主要出口商品茶叶、丝绸以及进口鸦片的数据,还有口岸城市与所在省份的人口数据。接着,以同样的表格形式,反映当时已开埠的厦门、广州、芝罘(烟台)、镇江、福州、汉口、九江、牛庄(营口)、宁波、上海、汕头、打狗(台湾高雄)、淡水、天津等14个海关的上述同样情况。每个海关一般都有10余页的表格。

2.《1878年巴黎世界博览会马尔斯宫展品目录》

共122页,介绍巴黎世博会展出的中国各地提供的展品,以表格为主,也有一些说明此类产品生产与出口情况的文字。

3.《1883年伦敦国际渔业博览会中国展品特别目录》

正文共75页,另有10页的附录。记载中国各地沿海沿江渔业的情况,并解释渔业、捕鱼工具、鱼类的专有名词。对汕头、宜昌、宁波、台湾南部等地的渔业有专门介绍,短者数页,长者10余页。

4.《1884年伦敦世界卫生博览会中国展品目录(附插图)》

共189页。用文字简明而全面地介绍了中国人的生活,包括衣、食、住、行、娱乐的各个方面。依据此书所附的平面图,中国展馆被分成许多展室(见图1),用来展出中国人的各类生活用品和建筑。

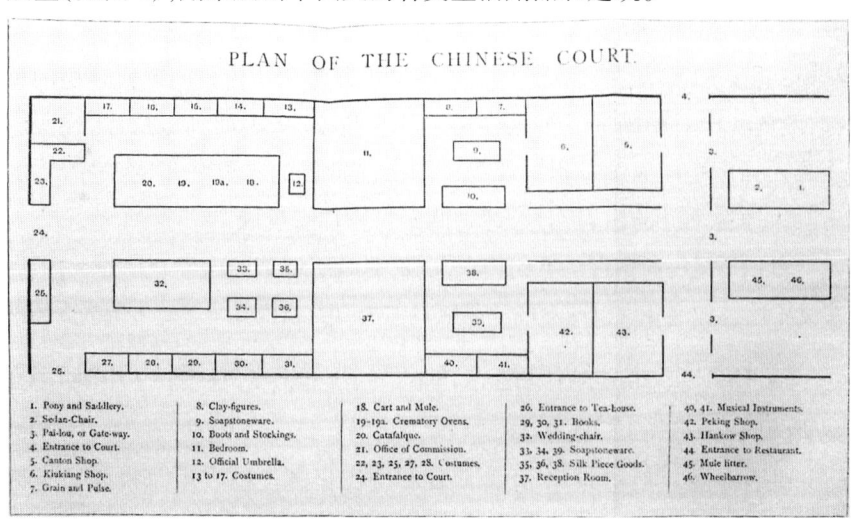

图1

建筑部分,有卧室(11 为图中号码,下同)、客厅(37)、茶馆(26)、饭馆(44)、官员办公室(21);食物部分,有谷类和豆类(7);穿着部分,有服装和饰品(13—17、22、23、25、27、28)、靴子和袜子(10)、丝绸(35、36、38);出行部分,有轿子(8)、马车和马具(1)、大车和骡(18)、骡仔(45),以及手推车(46);室内器物部分,有泥塑(2)、结婚用椅(32)、器皿(9、33、34、39),以及乐器(40、41)和图书(29-31)。此外,还有官员出行用的大伞(12),以及火葬场的火化炉(19-19a)和装灵柩的车(20)等。为了展示各地商店的不同面貌与商品特色,又在馆内开设广东商店(5)、九江商店(6)、北京商店(42)以及杭州商店(43)。

书中用了一些精致的工笔画,用以介绍衣食住行的有关具体物体。以下的图2和图3,便分别采用图文并茂的形式,介绍中国人的衣服和马拉轿子。而图4和图5,则分别介绍餐桌、床等家庭用具以及某些乐器。

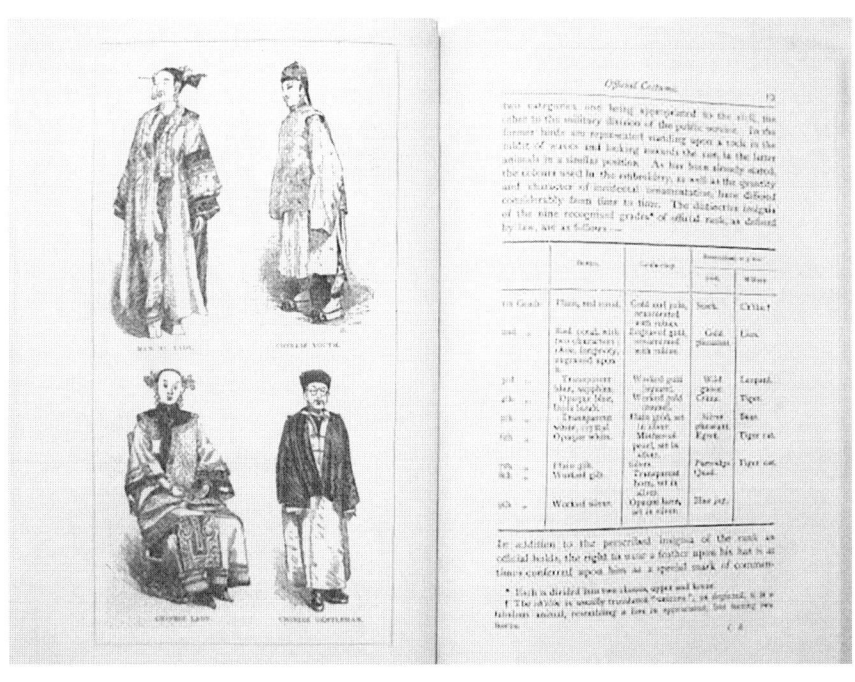

图2

图 3

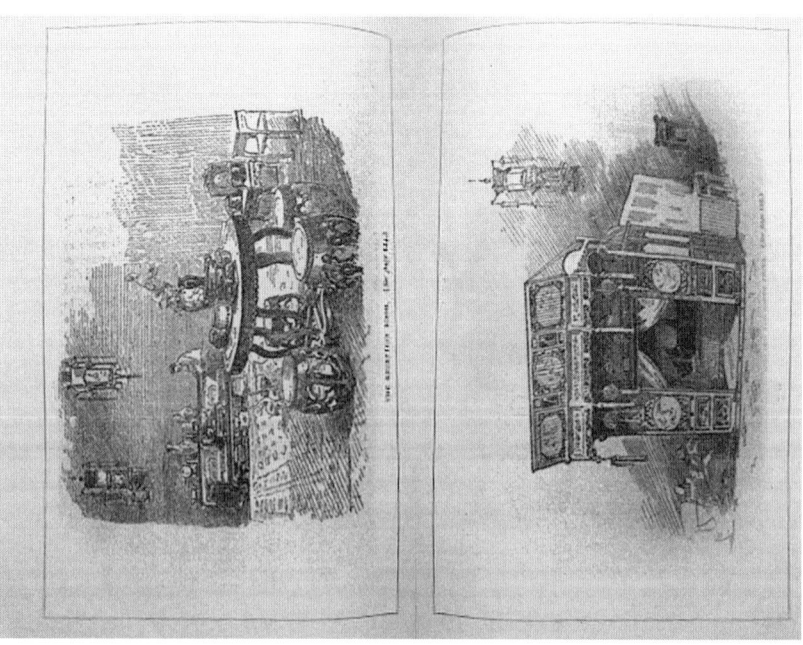

图 4

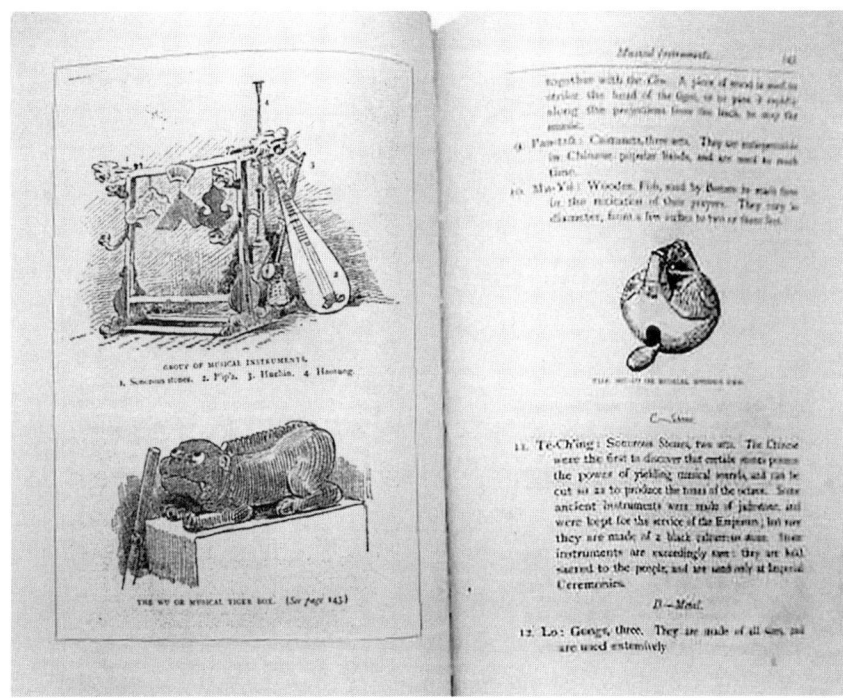

图 5

5.《1884—1885 年新奥尔良博览会中国展品目录（附插图）》

共 119 页。头两个部分列举分别通过上海和广州出口的各地的纺织品的名称、数量及产地，最后的附录部分列举主要年份纺织品的出口情况，并附有一幅中国纺织品的产地分布图。

6.《1905 年列日世界博览会中国展品目录》

共 277 页，另加附录 10 余页。封面的书名用英文，封底是中文书名《大清塞珍总册》，封二的书名和全书其他的所有的文字都是法文。书内首先是中国派驻列日世博会的钦差大臣兼监督杨兆鋆以及赫德等人的照片，接着是中国馆的大门（图 6）、馆内的中国建筑（图 7）等照片。接着，用文字介绍厦门、广州、芝罘、镇江、福州、汉口、九江、龙州（今属广西）、蒙自（今属云南）、南京、牛庄、宁波、上海、思茅（今属云南）、天津、温州、芜湖等海关提供的展品，最后是分类说明。

图 6

图 7

据上所述,中国海关总税务司署编辑的注册类(或综合类)世博会展品目录,基本上反映各个通商口岸提供的出口商品的名单、数量、产地和相关说明,以及不同时期全国和各个口岸对外贸易的大致状况,口岸城市及其所在省份的人口等方面的情况也有所反映。认可类(或专业类)世博会的报告则详细介绍特定方面的情况,如渔业博览会报告详细介绍中国沿海沿江各地渔业的情况,解释有关渔业、捕鱼工具、鱼类的专有名词,世界卫生博览会的报告全面介绍中国人衣、食、住、行、娱乐等各个方面的情况。认可类世博会的报告往往附有一定数量的图画和照片,以与文字相配合,通过图文并茂的形式,让观众对特定内容有较清楚的认识。

从表现形式来看,大致上,注册类世博会的报告几乎都是表格和文字,认可类世博会的报告基本上以文字为主,辅以图画和照片。然而,这些表现形式各时期又有所不同。注册类世博会的报告早期以表格为主,表格的篇幅大于文字,后期以文字为主,文字的篇幅大于表格。认可类世博会的报告虽然均以文字为主,但也呈现越往后图画、照片越多的趋势。

中国海关总税务司署在进行各次世博会的中国场馆的设计时,都坚持中国的建筑风格,让人们在通过展品认识中国的同时,也领略到中国传统建筑之美观与独特。甚至连展馆内用于陈列展品的木架、橱柜以及桌椅铺垫,也"悉遵华式",其细腻、精致与外国的相比,有过之而无不及。有的场馆还制作了模拟北京城墙、万里长城、孔庙等中国著名建筑,有的并派工匠公开表演中国传统手工艺品的制作。① 在一些世博会期间,中国海关还安排海关中的专业人员讲述中国文化的不同方面。例如,在1883—1884 年的伦敦的渔业博览会和卫生博览会期间,赫德便安排有专业修养的海关关员,分别做中国的教育、卫生保健、音乐、衣食等方面的报告。② 又安排 30 名中国的工匠、店员、厨师和乐师来到伦敦,在卫生世博会的有关场馆进行现场表演。③

---

① 参见上海图书馆编《中国与世博:历史记录(1851—1940)》,第二章《早期世博会与中国》有关部分。
② 陈霞飞主编《中国海关密档:赫德、金登干函电汇编(1874—1907)》第八卷,1884 年 9 月 28 日赫德致金登干电报 147 号,中华书局,1995,第 346 页。
③ 陈霞飞主编《中国海关密档:赫德、金登干函电汇编(1874—1907)》第三卷,赫德致金登干 A/56 号函,中华书局,1992,第 523 页。

显然，清朝参加注册类世博会，以介绍出口产品、促进出口为主要目的，并通过出口商品的生产、出口与其经济地位，以及相关城市与省份的介绍；而参加渔业、卫生等认可类世博会，则以全面介绍中国人生活的各个方面、让外国人认识中国为主要目的。总之，参加世博会是让各国人民认识中国，让中国走向世界，也是让中国人认识世界的重要途径。当数十万、百万计的外国人参观完中国馆时，中国在他们的心目中，已不是远在东方的模糊的概念，而是一幅幅看得见、摸得到、具体可见的清晰的画面了。

中国近代经济地理变迁中的"港口—腹地"问题阐释*

摘要:"港口—腹地"问题是"港口—腹地与中国现代化空间进程"的简称,这一观点自2004年提出以后成为中国近代经济地理研究的切入点和《中国近代经济地理》(九卷本)具有理论性质的观察视角。为对这个观点进行深入的阐释,需要探讨近代经济变迁的内外因素、我国山河大势与"港口—腹地"网络的形成、"港口—腹地"结构与区域经济发展等重要问题,尤其是最后一个问题。本文在展示"港口—腹地"空间结构示意图和同一"港口—腹地"内部经济联系关系表的基础上,对"港口—腹地"内部不同地区的经济关系与发展快慢原因作了探讨,涉及交通、城市分布、贸易体系、东西差异等相关问题。

关键词:"港口—腹地";内部结构;区域关系;经济发展

本文所说"港口—腹地",是"港口—腹地与中国现代化空间进程"的简称,也有学者将其简称为"港口—腹地空间模式"。1983年,笔者在研究宋代东南沿海丘陵经济开发时,提出这一区域(尤其是福建)商品经济的发展为泉州港发展为南宋后期全国最大的贸易港奠定了基础。②1993年,笔者与戴鞍钢先生合作申报项目"近七百年来东南沿海主要港口经济腹地的变迁",获得了当时国家教委的支持。笔者开始将"港口—

---

* 本文原载《河南大学学报(社会科学版)》2018年第3期。
② 吴松弟:《宋代东南沿海丘陵地区的外贸港口、出口物资和泉州港繁盛的主要原因》,载复旦大学历史地理研究所所编《历史地理研究》,复旦大学出版社,1990,第234—249页。

腹地"研究的时间范围从宋代延续到近代,空间范围从福建泉州扩大到东南沿海。1999年,笔者指导博士生和硕士生研究中国近代经济地理,考虑到中国近代经济变迁是外因通过内因作用的结果,先进生产力在沿海口岸登陆之后沿着交通路线向广大腹地伸展,导致相关区域发生经济转型,有必要深入探讨沿海港口城市与其腹地的关系。因此,请博士生、硕士生各以一个口岸城市及其腹地为研究对象,探讨港口城市及其腹地的双向互动关系。

2004年,在学术团队连续五年的研究基础上,我们提出"港口—腹地与中国现代化的空间进程"的观点,并强调这不但是我们前几年还是今后研究的切入点。① 论文甫一发表,就先后被《高等学校文科学术文摘》《人大复印资料·地理学》详文转载或全文转载,产生了一定的影响。2009年,笔者主编《中国近代经济地理》,各位研究者都接受"港口—腹地"的概念。虽然各区域情况有所不同,但都不同程度地受到"港口—腹地"模式的影响,因此将其贯穿于全国卷和八大区域卷的写作中。2016年,九卷本、510万字的《中国近代经济地理》全部出版,第1卷《绪论和全国概况》中将全国分为八大区域,第2卷至第8卷都是区域经济地理卷,两部分共同构成近代中国大地上一幅幅经济变迁的全景式的历史画面,也将影响全国和各区域经济变迁的"港口—腹地"空间模式摆到了读者的面前。由于全书采用了论述方式来说明近代经济变迁的过程与区域差异,对"港口—腹地"空间模式缺乏集中而又深入的阐述。根据一些读者的要求,笔者草撰本文,略做阐述,以供抛砖引玉。

一、中国近代经济变迁的内外因素和"港口—腹地"问题的提出

(一)中国近代经济变迁的内外因素

全球的现代化开始于英国和法国。16世纪20年代开始,英国、法国都自上而下地进行了宗教改革以及政府机构、议会制度的改革,从政治上

---

① 吴松弟:《港口—腹地与中国现代化的空间进程》,《河北学刊》2004年第3期。

和文化上为资本主义的发展扫除了一些障碍。从1760年代开始,以蒸汽机和机器大生产为标志的工业革命在英国各地展开,此后美国、法国都开始了工业革命。自19世纪中叶到20世纪中叶的第二次世界大战以前,继英、美、法之后,德国、意大利、加拿大、澳大利亚、新西兰、俄国、日本也完成了现代化,拉丁美洲、印度、中国开始了至今仍未完成的现代化进程。①

1840年鸦片战争之前,中国的工业、农业、运输、军事仍保持古代的状态,生产劳动依靠人力和畜力,政治上停留在封建君主专制时代。当英国发动第一次鸦片战争时,清朝全国总兵力是英军的数十倍、在东南作战的兵力是英军的十余倍,却在英军面前一败再败,根本不是对手。战败最直接的结果,是英国迫使清朝于1842年签订中英《南京条约》,开放广州、上海、厦门、福州、宁波等五个沿海城市为通商口岸,并将香港割让给英国。

吴于廑回顾全球的大变迁时指出:"近代的工业世界是对外扩张的世界,传统的农耕世界是固守闭塞的世界。近几个世纪西方向世界各地的扩张,其实质是世界历史上扩张的经济体系对闭塞的经济体系的冲击和挑战。""当世界上已经有一个地区进入了工业世界,从此农耕世界的大门就关闭不了,也就是得面临冲击,对冲击作出反响。"②放眼世界,中国的现代化不过是全球现代化的一个组成部分,1840年的鸦片战争只是西方列强用武力将中国硬拖入现代化进程的开端而已。中国在无奈的情况下,被迫卷入全球化和现代化进程。诚如章开沅、罗福惠等专家指出:"挑战来自外部,如何回应挑战则多取决于内部。而各种回应方式的效果如何,又是内因和外因共同作用所致。"他们认为,讨论中国早期的现代化状况必须从外因和内因两个方面着手:他们不同意中国"早期现代化迟滞或受挫的主要原因在于内部",而同意"中国早期现代化的有效动力在于内

---

① (美)吉尔伯特·罗兹曼主编《中国的现代化》,国家社会科学基金"比较现代化"课题组译,江苏人民出版社,1988,第1—5页。
② 吴于廑:《历史上农耕世界对工业世界的孕育》,《世界历史》1987年第2期。

部"的观点。①

证之以我国近代各地经济的发展过程,笔者认为在西方的挑战面前,中国人并非只有被迫接受的一面,更有对先进文明主动适应的一面。甚至可以说,绝大部分的中国民众一旦对先进文明有所了解,一般都能采取主动适应的一面,这一点无疑是中国早期现代化的有效动力。例如进口商品,一般认为1860年代才大规模涌入中国各地,其中的日常生活类商品,由于比之于中国的传统用品具有价廉物美、便于使用的优点,仅仅十余年便为中国百姓所接受。例如,"火柴、针及窗玻璃销售续增,至清末二三年,国内各地,特别繁荣,各货销售,愈为畅旺。而煤油一项,进口激增";这一切,"尤足表现人民守旧习惯,逐渐破除,新式需要,乘时而兴"②。各地进出口贸易的剧增,商人利用新时期的新契机发展工商业,工场棉织业采用外国机器零部件和进口原料进行生产,都表明人民开始主动适应新的生产力。

中国民众迎合新经济因素的动力,更多的来自新格局形势下的利益驱动。随着进出口贸易对经济的冲击,各地民众意识到传统产业在增加自己收入方面的局限,看到了为市场和出口而生产带来的实惠。农民主动调整种植结构,牧民主动从事农畜产品的市场化外向化生产,有的农牧民还通过半工业化手段进行出口产品的加工,利用或现代或传统的交通工具以适应远方市场的需要。而市场化、外向化、半工业化的扩大,促进交通、商业、城镇以及加工业的发展,反过来又促进农牧业的发展。③

(二)"港口"与通过交通路线连接的"腹地"

自第一次鸦片战争被迫开放五口通商,到1930年代,我国通过条约开放的口岸和朝廷同意地方自开的口岸达到114个,绝大部分的省份都有了多个通商口岸,形成了全方位开放的态势,各地卷入国际市场,并逐

---

① 章开沅、罗福惠:《比较中的审视:中国早期现代化研究》,浙江人民出版社,1993,第36页。
② 班思德:《最近百年中国对外贸易史》,载中国海关总署办公厅、中国第二历史档案馆编《中国旧海关史料》第158册,京华出版社,2001,第183页。
③ 吴松弟、樊如森等:《港口—腹地与北方的经济变迁(1840—1949)》,浙江大学出版社,2011。

渐向近代经济转型。由于中国的现代化进程首先开始于沿海口岸城市，并顺着交通道路往广大的腹地延伸，故随之产生了"港口—腹地"问题。

"港口"，指位于我国东部的丹东、大连、营口、秦皇岛、天津、烟台、青岛、连云港、上海、宁波、温州、福州、厦门、广州、香港等沿海主要港口城市，以及镇江、南京、九江、汉口、宜昌、万县、重庆等长江沿岸的主要港口城市。因此，它并非仅指承担客货运输任务的港口部门，而是包括港口部门和它所在的城市。

"通商口岸"，简称"口岸"，指对外通商的沿海沿江港口，以及位于边境或内陆交通要道的通商处所，近代开放的方式包括中外条约开放和各地经过中央政府批准的自行开放两种。大部分重要的沿海沿江港口，都是口岸城市。"腹地"是政府和学术界使用较多的一个概念，但各人使用的"腹地"的概念往往不尽相同。按照地理学的解释和中国国土广袤海岸线较长的特点，加上我们从港口贸易入手研究的需要，大多数情况下都指位于港口城市背后的港口吞吐货物和旅客集散所及的地区范围，通常情况下这一范围内的客货经由该港进出比较经济与便捷。① 另外，依照人文地理学的普遍规律，除非有高大的山脉阻碍两侧的气流、物资、人员的流通和交换，边界两侧人文现象的差异都不是一刀切、泾渭分明的，而是具有一定的过渡性，因此不同的腹地之间往往存在着交叉现象。

依据与港口城市的空间位置和商业联系程度、互动关系强度，腹地可分为核心、边缘两大层次。核心腹地是指地理上与港口城市相连接、在进出口贸易与市场网络中，对于口岸城市具有决定意义的区域。边缘腹地是指地理上与港口城市不相连接，对口岸城市的港口繁荣和经济发展不具有重要作用的区域。当某个区域同时是几个港口的腹地时，这一区域便是几个港口城市的混合腹地。

"空间进程"，指中国近代的先进生产力主要自沿海口岸城市向广大腹地推进的过程。这种过程，是港口城市与腹地之间，在经济发展过程中

---

① "腹地"的概念，乃针对大陆港口而言，并非适用于陆地面积有限的岛屿上的港口，也不包括沿海港口面向海洋的一面即"海向腹地"。此外，"位于港口城市背后"和"客货经由该港进出在运输上比较经济合理"，是必须具备的两个前提条件，故并非任何一个与港口发生客货联系的地区都可以称为"腹地"。

所形成的互相依赖、互相作用的过程。港口城市是其腹地连接国际市场和国内沿海市场的枢纽、区域现代化的窗口和近代经济变迁的源动力,而腹地范围的大小、人口数量、商品经济的规模,以及近代经济的成长速度和发育程度,又影响着港口城市的贸易、经济、人口、文化诸方面的发展。因此,除了看到港口城市对其腹地的巨大推动作用之外,同样要看到腹地对港口城市经济的巨大影响。

(三)山河大势与国内型"港口—腹地"网络的形成

我国国土辽阔,面积几乎与整个欧洲相等。它位于亚洲的东部和中部,面临太平洋,是一个海陆兼备的大国,陆地边境线长2万多公里,大陆海岸线长1.8万多公里,疆域辽阔,南北跨纬度49多度,东西跨经度60多度,加之居欧亚大陆东部、濒临太平洋西岸的地理位置,具有自己的地理特点。

我国地貌的总轮廓是西高东低,自西向东逐渐下降,构成巨大的阶梯状斜面,导致长江、黄河、珠江、淮河等主要大河均发育于此斜面,然后自西向东流,汇入太平洋。在古代以水上交通最为方便的条件下,河流构成的水上交通成为东西向交通的干线;位于河口附近的城市大多是河流和海洋的交汇点,由河流和海洋携带的泥土沉积而成的三角洲,往往成为河流下游的主要农耕地带。

阅读中国地图,不难发现,我国自古至今最主要的河流交通是东西向的长江航线,位于长江和东海相交处的宋明的华亭(今上海松江)、清代的上海(今上海老城区),都相继成为长江三角洲最大的水上交通枢纽。如果将长江中下游平原以南北向山脉为界进行分割的话,位于上海背后的长江三角洲无疑是南方面积最大的平原,而且又是热量、降水最为优越的地区。我国的经济重心,自唐代安史之乱以后南迁至长江三角洲为中心的南方地区,便稳定在这一区域,既未北返,也未南下,拥有优越的土壤、水热、光照、地理位置诸条件应是主要原因。

鸦片战争以后的五口通商,很快改变了清代乾隆以后形成的我国出口物资主产地在长江三角洲、出口港却在广州的不合理的状态。上海利用其位于海口,背靠发达的长江三角洲,所在地区既是外国进口商品的主要消费地、我国出口商品的主要产地的优越条件,迅速发展为中国最大的贸易港,并将长江流域纳为自己的腹地。此后经过几十年的发展,上海又成为中国最大的经济中心,而且这一格局直到今天仍未发生根本性的改变。

上海如此,长江三角洲如此,其他沿海区域又何尝不是如此,接近珠江口的广州是珠江流域的贸易中心,珠江三角洲成为广州的直接腹地,而全珠江流域均被广州所收纳,此后位于珠江口的香港超越广州,成为我国最重要的埠际贸易港和工商城市之一,香港—广州组合成华南双核城市。福建南部的闽南的发展离不开厦门的开港,北部的闽北的发展离不开福州的开埠。自福建北上直到钱塘江的闽浙地区,那一条条冲破"井"字形山河结构的独流入海小水系,其河口港,其河口三角洲,其河谷平原,对于这一区域的开发的作用,差不多类假于对于珠江流域、珠江三角洲对于港粤直接腹地。

长江以北的一些河流,因滨海浅滩、河流含沙量、河口深度,以及经济落后和市场经济不够发达等方面的原因,长期未能得到很好的开发利用。但海河之于天津、辽河之于营口,都在这些重要港口发展的初期阶段,甚至其后更长的时期,发挥过重要的作用。烟台、青岛、大连的优良港湾,则为这些城市发展为北方优良的港口准备了良好的天然条件。此外,北方沿海相对平坦的平原地形,既便于普遍利用畜力,也便于较早进行铁路、公路建设,一定程度上抵消了缺少河流给当地交通带来的不便。

基于上述原因,我们在分析北方的"港口—腹地"状况时,既要看到沿海存在着一些良港,又要看到其分布的不均衡;既要看到有一些自腹地流到海口入海的河流,又要看到河流通航长度有限需补以铁路和公路。德国占领青岛之后,码头建设和胶济铁路建设齐头并进,迅速取代了没有铁路的烟台港;日俄战争以后日本夺走沙俄所建中东铁路的长春至大连段,并将战时所修的窄轨轨距改为标准轨距,使依靠辽河的营口港走向衰落,都是因地制宜、扬长避短建设"港口—腹地"的例证。

(四)边疆的国际型"港口—腹地"网络

在分析中国的"港口—腹地"系统时,必须注意既有以上提到的源头、流域、河口都在中国的国内型"港口—腹地",还须注意源头在中国国内、流域部分或大部在国外、河口在国外的国际型"港口—腹地"网络。

云南偏居我国大西南,与国家的地理几何中心和政治、经济、文化中心均相距遥远,在传统的交通条件下和内地的沟通极为不便。另一方面,因地势向南倾斜,云南境内河流除长江上游金沙江折向东北流之外,其他几条大河均南向流入东南亚诸国。其中,怒江流入缅甸,改称萨尔温江,于毛淡棉附近注入安达曼海,毛淡棉 1852 年之前为缅甸最大海港,之后因仰光港兴起而退居次要。澜沧江南流至中国、缅甸边境改称湄公河,绵延老挝、泰国、柬埔寨于越南胡志明市附近的湄公河三角洲注入南海,胡志明市为越南最大港口。元江发源于哀牢山东麓,上源礼社江与绿汁江汇合后称元江,进入越南后称红河,于海防以南注入北部湾,海防为越南北部主要港口城市。

1889 年蒙自开埠,不久思茅、腾越(今腾冲)相继开关,云南形成蒙自为主、三关并立的局面。蒙自的主要贸易对象是香港,出口物资先经过越南的红河到港口海防,再转香港。由于香港是中国南部的贸易中心,这一路线不仅将香港地区、越南、云南省连接起来,也将云南和世界各地连接起来。由于借助红河水运,沿途需时约一个月,比其他道路省时省钱,这条路线成为滇越铁路未通以前蒙自进出口贸易最主要的商道。1910 年滇越铁路通车以后可从海防直达昆明,全程仅四日的时间,以海防为出海口、中转香港的商道在云南对外贸易的交通中地位更加突出。

早在腾越开埠之前,缅甸已建起以仰光为起点,内通缅甸国内各枢纽,外与印度大港与新加坡、中国香港等处连接起来的现代化交通网,仰光成为缅甸的贸易中心和水陆交通中心。开埠之后,腾越可通过伊洛瓦底江和铁路便利地到达仰光,从而成为仰光贸易网络在云南境内的一个重要节点。思茅本是一个偏僻的小镇,清代随着茶叶贸易的兴起,商业开始兴盛。从贸易联系的角度看,思茅也应视作仰光贸易网络在云南境内的另一个节点。

综上所述,可以看出云南的大部分地区及相邻的境外,实际存在着两个以境外国家为主、延伸到中国边疆的国际"港口—腹地"系统,一个是以越南海防为起点,以中国蒙自及其腹地为终点,通过红河或滇越铁路连接的"港口—腹地"系统;另一个是以缅甸仰光为起点,以中国腾越与思茅两口岸的腹地为终点,通过伊洛瓦底江或缅甸南北铁路连接的"港口—腹地"系统。对于蒙自、腾越、思茅三个中国的沿边口岸而言,它们所在的"港口—腹地"系统的大部分空间在国外,进出口物资的主要部分通过作为起点的外国港口城市吐纳或中转,从区域联系的角度它们自然属于国际"港口—腹地"网络的一部分。最新的研究表明,甚至国内与云南的贸易,由于道路较近、交通相对通畅的原因,主要经过香港—海防—滇越铁路(修成之前是红河河谷),而不是溯长江由川入滇或由桂入滇。①

不仅云南如此,其他边疆地区同样如此。例如西藏的进出口贸易,大约80%左右经主要口岸亚东,亚东距拉萨460公里,离印度噶伦堡只有80公里,距印度沿海大城市加尔各答约400公里,甚至可直接出海口。据对亚东外商的调查,他们在西藏以外设店的地区,以加尔各答、噶伦堡最多。国外的商品经香港运抵加尔各答等地,然后经西藏的中外商人运入西藏。②

东北的"港口—腹地"系统与云南、西藏不一样,既存在着源头、流域、河口都在中国境内的国内型"港口—腹地",也存在着源头在中国国内、流域部分或大部在国外、河口在国外的国际型"港口—腹地"。东北在1898年至1935年的38年间,南部的营口、大连、安东三港完全属于国内的"港口—腹地"系统,而作为东北北部物资主要输出入港的俄罗斯海参崴及其连接腹地的中东铁路——乌苏里铁路,则属于由境外延伸进来的国际"港口—腹地"系统。1935年苏联将中东铁路出售给日本,东北北部进出口不再经过海参崴,才结束了两种"港口—腹地"系统并存的局面。③

---

① 张永帅:《空间视角下的近代云南贸易研究(1889—1937年)》,中国社会科学出版社,2017,第57—94页。
② 李坚尚:《西藏的商业和贸易》,载中国社会科学院民族研究所、中国藏学研究中心社会经济所合编《西藏的商业与手工业调查研究》,中国藏学出版社,2000,第92—104页。
③ 吴松弟:《序二:近代东北开发的意义与特点》,载姚永超编《国家、企业、商人与东北港口空间的构建研究(1861—1931)》,中国海关出版社,2010。

二、"港口—腹地"结构与区域经济发展

(一)"港口—腹地"结构与口岸城市的极化效应

每个港口都有自己的"港口—腹地",纵横交错的"港口—腹地"结成复杂的网络。由于我国国土广袤,不少港口的"港口—腹地"具有极大的空间范围,根据距口岸城市的远近,其内部又可分成门户港口城市、核心区、中位区、边缘区四个部分。因受到地理位置、交通、经济、历史、城市诸多方面的制约,同一港口城市的"港口—腹地"结构中,各个部分的交通、经济、文化、城市的发展都具有较大的差异性。(参见图1和表1①)

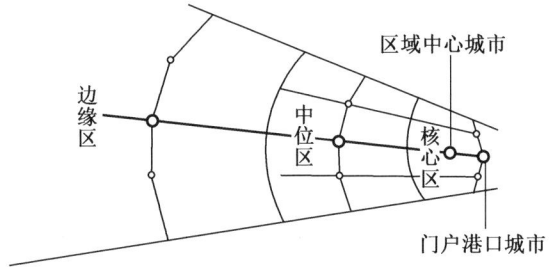

图1 "港口—腹地"空间结构示意图

门户港口城市(以下简称"口岸城市")位于大陆和海洋连接部,是外来先进生产力进入腹地、腹地联系世界的主要门户,随着国内外贸易、海陆交通、进出口加工业、修船业和服务业的发展,率先得到发展的人口众多、经济发达的城市,所在的"港口—腹地"区域的经济中心。按照经济地理学解释区域经济增长过程和机制的区域增长极理论,它是区域经济的增长极,具有技术和经济方面的先进性,城市产业和人口数量率先得到成长。

在开埠前,天津的城市规模和人口数量根本无法与北京相比。1860年天津开埠后,进出口贸易量激增,海河河道得到整修和疏浚,城市得到扩展,天津由旧式商业中心演变为华北的经济中心。天津的城市人口,1840年不足20万人,1906年达到42万人,1936年猛增到125万,1973

---

① 吴松弟、樊如森等:《港口—腹地与北方的经济变迁(1840—1949)》,浙江大学出版社,2011,第372—373页。

年达到近178万人,开始超过北京而居北方第一位、全国第二位。①

口岸城市不仅能够通过要素流动关系和商品供求关系,对周围地区的经济活动产生支配作用以及示范、组织和带动的作用,而且能够形成极化效应和扩散效应。近代是北方城市化得到较快推进的时期,开埠通商以后发展起来的新兴工商业城市秦皇岛,随着北方铁路网的建设而兴起的石家庄、郑县(今郑州)、包头、唐山等内地交通型和矿业型城市,便都不同程度受到天津的极化效应和扩散效应影响。②

表1 同一"港口—腹地"内部经济联系关系表

	口岸城市	核心区	中位区	边缘区
空间位置	滨海城市	离口岸最近	离口岸距离居中	离口岸最远
空间范围	城市	小区域	较大区域	最大区域
增长极的极化效应	增长极	向增长极输出能量最大	向增长极输出能量居中	向增长极输出能量最小
增长极的扩散效应	扩散源	接收扩散最多	接收扩散居中	接收扩散最小
市场经济发育程度	最高	次高	居中	最低
中心城市规模	最大	最大或次大	较大	不大
中心城市的交通地位	全区域门户和交通中心	全区域和核心区的交通中心	全区域和中位区的交通中心	边缘区交通中心
道路和城镇的密度	最密	最密	次密	不密
工业发展阶段	现代工业为主	半工业化	半工业化	传统工业为主
对口岸城市经济的影响	接受各腹地的经济影响	对口岸城市影响力最大	对口岸城市影响力居中	对口岸城市影响力最小

①吴松弟、樊如森等:《港口—腹地与北方的经济变迁(1840—1949)》,浙江大学出版社,2011。
②吴松弟:《市的兴起与近代中国区域经济的不平衡发展》,《云南大学学报(社会科学版)》2006年第5期。

续表

	口岸城市	核心区	中位区	边缘区
国内外相邻的"港口—腹地"对各区域的影响	没有	没有	不大	很大

核心区是离口岸最近的区域,空间范围不算很大,由于紧靠口岸城市这一增长极,它向增长极输出的能量在各区域中却最大,接收增长极的扩散最多。核心区市场经济的发育程度仅次于口岸城市而居次高,整个"港口—腹地"区域的中心城市位于核心区的中心,其城市规模在四个区域中或最大,或次大。在北方,长期担任首都的北京,1930年代城市人口被天津超过,但仍居区域次大。而在长江流域,明初担任过首都、后为陪都的南京曾是全国人口最多的城市,近代上海成长为全国人口最多的大都市,南京仍是长江流域较大的城市。

作为天津"港口—腹地"核心区中心城市的北京、上海"港口—腹地"核心区中心城市的南京,近代地位有所下降但仍是区域重要城市,说明往日的首都或区域行政中心的影响还在,它们与附近的口岸城市天津、上海结成双核结构,亦容易接受到增长极的扩散。

除了以上方面,在中心城市的交通地位、道路和城镇的密度、工业发展阶段、以及对口岸城市经济的影响力等方面,各区域的指标都是口岸城市最高、核心区次之、中位区又次之,而边缘区最低。例如,在工业发展阶段方面,口岸城市以现代工业为主,核心区和中位区以半工业化为主,而边缘区则以传统工业为主。各区域在增长极的极化效应和扩散效应方面,也有着极不同的表现:口岸城市既是增长极,又是扩散源;核心区向增长极输出能量最大,接收增长极的扩散最多;中位区向增长极输出能量和接收增长极的扩散均居中,边缘区则都是最小。

以上表明,受空间距离衰减规律的支配,在同一个"港口—腹地"区域,大体上表现出各地距增长极(区域经济中心城市)的空间距离越小,向增长极输出能量和接收增长极的扩散就越大;反之,距增长极的空间距离越大,向增长极输出能量和接收增长极的扩散就越小,呈反相关关系。口岸以外各地区之所以经济发展程度差于口岸城市,在经济发展水平上大致出现越往西水平越低,口岸城市经济、文化、政治对各区域的影响也大致表现出越往西越低的区域差异,除了受到地理条件和历史基础的影响之外,主要是增长极的极化效应和扩散效应有所不同造成的。

《中国近代经济地理》(九卷本)相关内容的研究表明,其他口岸城市的"港口—腹地"的空间关系与对内部各区域经济的影响,与图1、表1所示相比,虽然一些区域具有自己的特色,值得认真研究,但目前看来还是大同小异,体现了山河格局、地理地貌、交通道路、人文现象等方面的制约作用。

(二)"港口—腹地"与交通、城市和贸易体系

1.交通

在"港口—腹地"的体系中,"港口"的确定、腹地的形成,交通都是个重要因素。交通的发展,促进"港口—腹地"的推进,而"港口—腹地"的推进又促进交通体系的发展和改变。我国古代交通向以人力和畜力为动力的短途陆路运输为主,以人力和风力为动力的内河和沿海航运为辅。开埠通商以后以蒸汽机为动力的外国轮船来到中国,接着火车、汽车、飞机等现代交通工具也传入中国,并逐渐得到推广使用。这些现代交通工具,具有传统的交通工具所没有的速度快、运输方便、运量大的优势,成为改变中国经济面貌的一个重要因素。

尽管各区域的开埠通商为先进生产力的进入和发展提供了方便,但近代经济发生变迁的时间的早晚和力度,仍有一定的差距,由此导致中国交通和城市分布重心的改变。

鸦片战争以后发生的进出口贸易,绝大部分通过沿海口岸进行,沿边和内地口岸所占比重甚低,20世纪以后沿海口岸还成为广大内陆地区所用的国产工业品的主要供应地。受此两个因素的控制,全国物流轴改为以沿海重要港口城市为主要指向。以1936年各地的埠际贸易为例,在全国最大的40个海关的输出入中,输入总额的66.6%和输出总额的72%,集中在上海、天津、青岛、广州四个城市。其中,上海一地便集中了输入总

额的36.3%和输出总额的39.1%。①

就各"港口—腹地"内部的物资流动而言,首先流向沿海、沿江的口岸城市,或者虽非口岸,但在近代贸易网络中居转运枢纽地位的交通中心城市,这两类城市和各地之间的物流构成区域内规模最大的物流轴。那些既非口岸、又非交通中心的城市,无论其原先的行政中心的级别有多高,在区域物流方面的重要性一般说来已不如以上两类城市。北京不如天津,呼和浩特不如包头,开封不如郑州,南京不如上海,成都不如重庆,都是证明。

表1表明,在同一个"港口—腹地"的内部,各区域中心城市的交通地位,一般以口岸城市为全区域门户和交通中心,核心区的中心城市为全区域和核心区的交通中心,中位区的中心城市为全区域和中位区的交通中心,而边缘区的中心城市仅仅是边缘区的交通中心。至于道路和城镇的密度,口岸城市和核心区均是最密,中位区次密,边缘区则不密。

翻开当时的中国铁路分布图,可以看出,无论是东西向还是南北向的铁路,必有一端通向某个沿海或沿江的港口城市,由此可见港口所在的沿海区域成为我国铁路兴建最早、分布最密的地带。此外,港口通往腹地的重要交通线以及新兴的工矿中心,也是铁路建设需要兼顾的地方。不仅铁路,甚至可以认为,中国的新式交通,无论轮船、主要公路还是航空,大多或以港口城市为起迄点,或与通往港口城市的道路相连接。交通是现代工业的先行官,交通分布的不均衡导致了近代的现代工业偏集中于东部狭长的沿海地带,辽阔的中西部普遍薄弱。

"港口—腹地"的交通建设,有同一个"港口—腹地"区域的建设和跨区域的建设两种。一般说来,区域内部的建设往往受到重视,跨区域间的建设则时有忽略。几年前,樊如森在探讨"环渤海经济圈"问题时注意到这一现象。他认为"环渤海"的地理状况与内部联系颇不同于长三角和珠三角,长三角或珠三角本身都是地域相连的完整的自然地理单元,区域内部完成开发的时间、所能达到的开发程度大体一致,且各个小区域之间

---

① 吴承明:《论我国半殖民地半封建国内市场》,载《中国资本主义与国内市场》,中国社会科学出版社,1985,第269页。

有着较为密切的经济联系。而"环渤海"被渤海湾所分割,分别分布在面积巨大的海湾的东北面、西面和南面,三大区域之间除了各个港口的腹地之间的交通联系,还依赖港口之间繁忙的埠际贸易以及围绕渤海湾的沿岸交通,才能建立起区域之间密切的联系。开埠之前以政治中心城市北京、济南、奉天(沈阳)为核心、以传统陆路和内河(含运河)运输为主导形成了国内贸易区域,这一区域既非海洋经济区,同时"环渤海"各口岸间的埠际贸易也相当衰弱。

　　进入20世纪以后,随着以京津等地为中心的现代化铁路运输网的构建和北方各口岸城市地位的变化,该区域的港口由原来以天津、营口、烟台三港为主导,演变为以天津、大连、青岛为核心。在各口岸的腹地逐渐形成的过程中,北方的交通得到了发展。然而,由于北方各区域的现代化是从口岸起步,再向自己的腹地扩展的,北方近代的交通发展体现出主要连接口岸与腹地这样的特点。受此影响,在各个"港口—腹地"内部的交通体系得到发展的同时,不同的"港口—腹地"之间的交通联系进展相对缓慢,成了制约环渤海经济圈形成的另一个重要因素。自口岸通往腹地交通的网络如同一株大树,只向上(自己的腹地)分枝,而不往两侧(另一口岸城市及其腹地)伸展,在各个"港口—腹地"之间,不仅缺乏从一个口岸直接通往另一个口岸的便捷的交通联系,不同腹地之间的交通网络也不发达。因此,直至1930年代,环渤海的广大的北方地区还没有出现一个完整的经济区域,而是以天津、大连、青岛三个港口城市为龙头,分别连接自己的腹地,形成华北和西北大部、东北大部和内蒙古东部、山东和河南东部的三大"扇形"经济带。这种状况,与区域市场高度整合、以上海为龙头的长三角经济区,以及以香港为龙头的珠三角经济区的情况有所不同。①

　　2.城市

　　我国的城市分布历来呈不均衡状态,到了近代,城市主要分布在东部沿海省份的特点更加突出。民国时期设立的151个市中,人口规模200

---

① 吴松弟、樊如森等:《港口—腹地与北方的经济变迁(1840—1949)》,浙江大学出版社,2011,第341—346页。

万以上的第一大城市上海以及8个50万—200万的特大城市,除了汉口位于内地省份,其余均分布在沿海省份。在人口为中小规模的城市中,人口20万—50万的18个城市,8个位于内地省份,10个位于沿海省份;人口10万—20万的33个城市,14个位于内地省份,19个位于沿海省份;人口5万—10万的30个城市,15个位于内地省份,15个位于沿海省份。人口为中小规模的城市数量沿海省份仍然多过内陆地区。① 总之,民国的市,无论人口规模处于何种等级,都以沿海省份占较大的比重,而且人口规模的等级越高,沿海省份所占的比重也就越大,至于人口数量众多的大城市,可以说绝大多数都集中在沿海省份。

通商口岸城市在不同时期设立的市中所占的比重,有助于说明其在推动设市中所起的作用。通商口岸城市在不同时期设立的市中所占的比重,明显具有时间越早、比重越大的特点,全面抗战以前高达62.5%,全面抗战时期达到46.3%,只有在抗战胜利以后才下降到21.4%。可以说,通商口岸城市是推动市的兴起并成为重要的行政区划单位的主要动力。② 民国时期各省省城设市的进程,还说明在推动建市过程中的作用"港口—腹地"远远超过行政区划制度。总的说来,较早设市的省城,不仅大多位于发达的沿海省份,也是近代经济发展较快,集省内经济、行政两中心于一体的城市。凡是设市较晚的省城,大部分位于生产力发展缓慢的西部和边疆地区;还有一部分虽然位于经济相对发达的地区,但因经济发展慢于其他城市,省城仅仅是行政中心,并未同时成为经济中心,影响了设市的进度,有的虽然设市最终还是将行政中心让给了新兴的经济中心城市。省会市建立的早晚及其城市行政等级与人口等级的大致一致,反映了近代生产力从沿海口岸城市向内陆推进过程中产生的地区经济差距,又反映了经济发展速度差异对行政区划制度的影响。③

观察民国地图并与明清时期比较,可知近代沿海、沿长江都是我国重

---

① 吴松弟主编《中国近代经济地理》第一卷《绪论和全国概况》,华东师范大学出版社,2015,第411页。
② 吴松弟主编《中国近代经济地理》第一卷《绪论和全国概况》,华东师范大学出版社,2015,第412页。
③ 据姚襄编《市组织法释义》(上海世界书局1937年版),民国时期市的设立与否及其等级,基本依据城市的人口数和政府所收的营业税、牌照费、土地税的数量。

要的城市分布带,且沿海地带的城市分布范围和密集程度远远超过明清,沿铁路地带(大致包括滨洲线、滨大线、京沈线、津浦线、京汉线、粤汉线、胶济线所经地带)成为另一条重要的城市分布带。而明清时期兴盛的沿运河城市带除了长江以南依然兴盛不衰以外,长江以北沿河地带只有少数通铁路的城市尚能保持一定的繁荣,其余都已走向衰微。

在同一个"港口—腹地"的内部,各区域中心城市的规模亦有较大的差别:口岸城市作为增长极和扩散源,是全区域规模最大的城市。核心区中心城市是全区域规模最大或次大的城市,有的原是某一行政区域的行政中心,具有一定的人口数量和经济规模;有的随着现代交通业的发展成为口岸城市连接腹地的转运中心,人口数量和经济规模有所增长。中位区中心城市是规模较大的城市,而边缘区的中心城市的规模则不大。

19世纪20—30年代的人口数据与城市地位,表明表1所示乃当时现实的反映。北方地区城市人口以口岸城市天津最大,中心城市北京次之,中位城市(如郑州、西安)又次之,而边缘区城市兰州、乌鲁木齐等可能又次之。长江流域地区城市人口规模以口岸城市上海最大,中心城市南京次之,中位城市(如汉口、南昌)又次之,而边缘区城市昆明、拉萨等显然都不大。

在近代以前,清代首都北京、明代前期首都南京,都是北方、南方规模最大的城市,天津、上海的规模远逊之,这几个城市地位在近代的易位显然是开埠通商之后经济和人口发展的速度差异造成的。

20世纪前后,在主要口岸城市成为各块"港口—腹地"的增长极的同时,口岸城市与其腹地的区域政治中心城市也形成特定的双核结构。例如,天津的"港口—腹地"的双核是天津、北京,山东的"港口—腹地"的双核先是烟台、济南,后是青岛、济南,东北的"港口—腹地"的双核先是营口、沈阳,后是大连、沈阳,上海的"港口—腹地"的双核是上海、南京。自香港的贸易地位超过广州之后,珠江三角洲的"港口—腹地"的双核是香港、广州。

20世纪以后,现代交通发达的沿线地区成长为各"港口—腹地"内部的增长轴,原先极核式的空间结构逐渐演变为点轴式空间结构。在北方,天津的"港口—腹地"的增长轴,大致从天津出发,东经北宁线,南经津浦线,西南经京广铁路,西北经京绥铁路,西经郑太铁路,将唐山、秦皇岛、北京、张家口、保定、石家庄、焦作、郑州等城市串连成线。山东的"港口—腹地"的增长轴,大致从青岛出发,沿胶济铁路向西延伸,将潍坊、益都、博山、周村、济南等城镇连成线,并在潍坊通过传统的烟潍大道及公路连接柳疃、掖县、龙口、烟台、威海等城镇,而自青岛也有公路通往烟台与威海。东北的"港口—腹地"的增长轴,大致从大连出发,沿沈大、沈滨两铁路,将营口、辽阳、沈阳、铁岭、四平、长春、哈尔滨等城市连成线,并通过连接沈大、沈滨两干线的其他铁路,连接本溪、安东、抚顺、吉林、齐齐哈尔等城市。①

  近代城市的发展离不开工业,尤其是口岸城市。天津是北方最大口岸,也是开埠后受到西方现代工业冲击最大最直接的城市,1866年清政府创立天津机器局,1872年设立官督商办的轮船招商局天津分局,1878年又在天津设立开平矿务局。此外,在天津附近的唐山还有启新洋灰公司、华新纺织厂等大型近代企业,外资和官僚军阀也在天津建立了多种工业。1947年天津的工厂数目、工人人数和工业用电数均居全国第二。北方的其他城市,如北京、太原、焦作、西安的工业,也有了一定的增长。②总的说来,除了天津之外,甲午战争之前北方各口岸的现代工业发展缓慢,此后才有较快的发展,20世纪以后开始扩散到内陆的一些城市。受此影响,天津腹地各区域的工业发展阶段颇不相同。大致上,口岸城市以现代工业为主,核心区和中位区进入半工业化阶段,而边缘区仍然以传统工业为主。

  美国学者弗里德曼(J. R. Friedman)的《区域发展政策》(1966)一书中,将区域空间结构的演变划分为四个阶段。③ 对照他所说的不同阶段的区域空间结构的形式,可以发现同一"港口—腹地"的不同地区,工业发展水平差异颇大。就北方而言,对照弗里德曼所说,近代经济发展最快

---

① 吴松弟、樊如森等:《港口—腹地与北方的经济变迁(1840—1949)》,浙江大学出版社,2011。
② 吴松弟、樊如森等:《港口—腹地与北方的经济变迁(1840—1949)》,浙江大学出版社,2011。
③ 刘再兴:《区域经济理论与方法》,中国物价出版社,1996。

的东北很可能已进入第三阶段即工业化阶段。除了大连—沈阳这一经济中心,东北的其他地方,例如长春、哈尔滨,在二十世纪二三十年代也已成为新的经济中心。这些新中心和原来的经济中心,在经济发展和空间组合上形成区域的经济中心体系,并导致出现若干规模不等的中心——外围结构,使区域空间结构趋向复杂化和有序化。而在地域广袤的天津的"港口—腹地",当其东部的核心区与中位区进入空间结构演变的第二阶段时,西部的边缘区的空间结构还停留在前工业阶段。前工业阶段空间结构的基本特征是区域空间均衡无序,尽管有若干个地方中心存在,但它们之间没有等级结构差异,因经济极不发达,总体上处于低水平的均衡状态。

3.贸易体系

经过长期的发展,沿海沿江的各个口岸在经济规律的作用下,通过埠际贸易形成井然有序、等级分明的港口——贸易体系。在这一体系中,上海、香港两个全国性的港口位居第一级,广州、厦门、宁波、汉口、重庆、青岛、天津、大连等规模较大的重要的区域性港口位居第二级,其他规模较小的区域性港口位居第三级甚至第四级。上海和香港不仅以贸易量大而居于诸港之上,而且通过各港口之间的埠际转口贸易对其他港口产生重大影响。

在很长的一段时间中,从浙江以北直到东北以及长江流域的各港口,主要是通过上海的中转而和国外发生贸易联系的,而福建、广东、广西、海南以及江西、湖南两省的南部和早期的台湾的港口,则主要通过香港和国外发生联系。上海、香港在埠际贸易的过程中加强了与各个港口城市之间的航运、邮政、电信、金融、信息等方面的联系,将自己的影响输送到这些港口城市,再通过这些港口城市的"港口—腹地"系统到达它们腹地的深处。上海、香港可以说是整个中国的现代化的北南两只"领头羊",在它们之下的广州、汉口、青岛、天津、大连等重要的港口城市,也按照同样的方式将自己的影响送达相关的港口及它们的腹地。①

---

① 吴松弟主编《中国百年经济拼图:港口城市及其腹地与中国现代化》,山东画报出版社,2006。

以上所说的交通和商业网络的重要性和复杂性,港口体系的多层次性和转口贸易的重要性这两点,都提醒我们在研究现代化进程和近代经济地理时,一定要注意研究口岸城市和广大腹地的联系环节。在一般的情况下,口岸城市的影响并不是一下子直接地送达广大农村地区的,而是首先沿着主要交通路线送达位于交通路口的城市或集镇,再通过这些城市或集镇沿着次要的交通路线送到下面的农村。这种港口城市、腹地内交通路口城市或集镇、广大农村的几个层次,不仅体现了同一腹地内交通和商业网络的层次性,也体现了现代化进程的层次性,必然也对区域经济差异产生影响。此外,还须注意上海和香港在中国现代化进程中的特殊作用,分析近代史的各种现象时首先要将观察的眼光投放到上海和香港。

(三)"港口—腹地"与经济区形成和东西差异的扩大化

尽管各区域的开埠通商为先进生产力的进入和发展提供了方便,但近代经济发生变迁的时间的早晚和力度,仍有一定的差距。近代经济变迁的这种空间进程,或曰主要方向,可以用"自东向西、由边向内"八字加以概括。所谓的"自东向西",是指变迁从东部沿海口岸开始,然后沿着主要交通路线,向中部和西部的腹地延伸。而"由边向内",则指在边疆地区,由沿边口岸开始,向边疆的内部延伸。

发生在1860年前,主要因第一次、第二次鸦片战争而分别开埠的口岸,无疑是近代经济变迁较早开始的地方,它们的分布即体现了"自东向西、由边向内"的特点。广州、厦门、福州、宁波、上海、潮州、琼州、淡水、鸡笼、打狗、台湾府(今台南)、天津、登州、牛庄等14个口岸都位于东部沿海,镇江、九江、汉口、江宁(因故1899年才开埠)等4个口岸,则已位于连接东部沿海和中部的万里长江的下游和中游了。1852年伊犁、塔尔巴哈台(今新疆塔城)开埠,1860年前的第二次鸦片战争期间俄国不但攫取我国黑龙江以北、乌苏里江以东,包括库页岛在内的大片领土,还获得在喀什噶尔、库伦的免税贸易权。可以说在欧美帝国主义国家启动强迫中国沿海开埠的"自东向西"进程不久,北面的强邻俄国也启动了强迫中国沿边开埠的"由边向内"的进程。

就全国的近代经济变迁或早期现代化进程而言,沿海口岸在全国的影响远远超过沿边口岸。无论受到影响的空间范围的大小,还是区域人口的多少,"自东向西"都是主要的方向,"由边向内"则是次要的方向。1930年的112个口岸,37个分布在沿海地带,19个分布在沿边地带,沿边口岸的数量只有沿海口岸的一半。由于交通不便、人口较少等原因,沿边口岸的腹地范围一般说来也相对有限。另有56个分布在内陆地带的口岸,实际只有库伦、科布多、乌里雅苏台(位于今蒙古国)、江孜、噶大克(位于西藏)、昆明(位于云南),以及宁古塔(位于今黑龙江)等7个口岸属于沿边口岸通往自己腹地的中转地,其余的49个口岸(不排除其中的少量口岸位于沿海、沿边口岸的交叉腹地)都属于沿海口岸通往自己腹地的中转地。①

毫无疑问,沿边各口岸的腹地区域大多不出所在省区的范围,且往往只占有小部分地区。而沿海有的口岸的腹地范围,已覆盖数省,沿海口岸的空间范围合而计之已包罗中国的绝大部分区域。还必须看到,由于中国现代化的因素,主要是在东部沿海港口登陆而后渐次向西部扩张,受广阔的空间距离和交通的影响,其在西部扩张的时间、速度和深度,不仅要弱于东部沿海地区,而且也要弱于中部地区。西部通商口岸设置之晚、之少,从一个侧面提供了证明。这种现代化程度随空间距离的加大而相应弱化的现象,不仅出现在东部和中部、西部三大区域之间,甚至出现在西部内部,如果将沿边口岸附近地区略而不计,在西部地区同样存在着离东部沿海距离越远、现代化程度越低的现象。②

中国的近代经济地理格局,在20世纪20—30年代已经形成,其大致表现在八个方面:

第一,全国和地区间的物流轴主要指向东部的沿海口岸城市和近代交通中心。沿海港口城市不仅是国内出口物流的主要流向地和进口物流的主要流出地,20世纪以后也成为广大内陆地区所用的国产工业品的主要供应地。

第二,全国交通布局发生重大改变。全国的新式交通,无论轮船、主

① 吴松弟:《中国近代经济地理》第一卷,华东师范大学出版社,2015,第120—124页。
② 吴松弟:《中国近代经济地理格局形成的机制与表现》,《史学月刊》2009年第8期。

要公路还是航空,大多或以港口城市为起迄点,或与通往港口城市的道路相连接。受此影响,以前以首都和各省省会为中心的交通体系,转化为以沿海沿江港口城市或省会为中心的新格局。

第三,现代工业主要分布在东部沿海。1949年的全国工业总产值中,中西部地区只占全国的29.8%,东部沿海约占70.2%,其中辽宁、天津、山东、上海、江苏、广东等6个省市又占了全国的58.3%。

第四,沿海沿江沿铁路成为城市主要分布地带,城市主要分布在东部沿海省份的特点更加突出。

第五,一些区域的经济中心,由传统的行政中心城市转移到开埠通商之后才发展起来的重要的口岸城市和交通中心城市,它们有的经济地位甚至超越长期以来集行政中心与经济中心于一体的传统城市。

第六,形成近代经济区。这里所说的"经济区",是在一定空间范围内经济活动相互关联的客观存在的空间组织,是经济发展时自然而然形成的产物。近代中国广袤的空间,除了边疆可以通过沿边口岸发展对外贸易的区域形成自成一体的沿边经济区之外,其余地区几乎都成为沿海各口岸城市的腹地,并在此基础上形成经济区。在20世纪的头20年,以沿海主要口岸城市或城市群为中心,以它们的腹地为空间范围,口岸城市与其腹地通过主要交通道路保持密切联系的六大经济区,实际上已经形成。

第七,上海、香港成为中国近代经济发展的两只"领头羊"。在全国沿海沿江各口岸通过埠际贸易形成的港口贸易体系中,沪、港两个全国性的港口位居第一级,区域性港口则位居第二级直至第四级。沪、港通过埠际转口贸易加强了与各个港口城市之间的航运、邮政、电信、金融、信息等方面的联系,将自己的影响输送到这些港口城市,直至其腹地的深处。

第八,中国大的区域经济差异,从南北差异为主转变为东西差异为主。

如上所述,近代中国的进出口贸易主要通过东部沿海口岸吞吐,近代工业主要集中在东部沿海地带,近代城市的数量尤其是人口规模较大的城市的数量也以沿海地带居多。近几年出版的众多城市史著作,表明近代的金融业、教育、科研和外向型农业也主要集中在东部沿海,东部沿海是近代生产力最发达、现代化程度最高的区域。自港口城市西行,近代生产力水平和现代化程度随地理距离的加大而不断下降,大体上形成"西部不如中部,中部不如东部"这种明显的区域经济差距。

我国大的区域经济差距,向有南北、东西之分。古代社会以南北差距为主,东西差距次之。经过近代社会变迁,转变为东西差距为主、南北差距为次。东部地区向来是中国经济发展程度较高和人口密度较大的区域,近代尤其如此。除了地理条件与历史基础之外,主要在于"港口—腹地"这一中国现代化空间进程的特点和东部优越的地理位置。虽然近代务农人数仍占中国人口的绝大多数,但是工商业在国民经济中占据越来越重要的地位,中国已经纳入世界经济体系,在相当多的地区农业和手工业中市场化、外向化部门已占相当重要的地位。

沿海是中国联系世界的主要通道,先进生产力率先形成的地区,"港口—腹地"既是先进生产力扩散的主要方向,也是全国各区域经济联系的主要途径。是否位于或靠近东部沿海,甚至通往东部口岸城市的重要交通线这一特定的地理位置,便成为近代区域经济能否较早兴起并具有较高水平的关键因素。如果不计自然条件特别差的地方,一般说来,在同一个口岸的腹地的内部,各地区的经济水平和现代化程度,与到达港口城市的距离和交通的方便程度往往呈负相关的关系,距离越远交通越不方便的区域现代化程度越低,反之则越高。

三、结语

总的说来,"港口—腹地"是考察港口城市如何与其所密切联系的地区经济互动的一种研究视角,由于近代经济的变迁是无法避免的空间扩大的过程,会导致经济变迁从一个"港口—腹地"区域扩大到以外的地区,并和另一个"港口—腹地"区域相连接,导致全国各地发生全面性的经济变迁,故就此而言"港口—腹地"实际是考察全国经济变迁的研究视角。可以说,以"港口—腹地"互动关系所划定的区域,是至今为止论述口岸城市与腹地经济互动的最大的空间范围。在这一空间范围内,经济地理学关于区域空间结构的各种理论和模式都得到了淋漓尽致的表现。

《历史与现代的对接:中国历史地理学最新研究进展》一书,总结历史经济地理的学科贡献的三个方面,其一便是"港口—腹地空间模式":"80年代,港口—腹地问题在历史经济地理研究中提出时,它只是被当作一个单纯的空间经济关系。经过近30年的不断深化,这一概念已经从经济层面上升到整个社会人文层面。""港口城市不仅是我国近代以来沿海贸易和国际贸易的主要通道,也是各种新式生产力和新文化首先发育壮大的核心。新技术和新文化首先在港口城市及其附近发育成长,然后顺着交通路线往内地渗透,同样具有随距离衰减的趋势。因此,港口—腹地之间的关系不仅是一种经济关系,更有着社会文化方面的丰富内涵。""从这一意义而言,港口—腹地空间关系可谓是理解近代以来中国社会经济文化的一个关键。"①

有关"港口—腹地"理论及其包含的种种空间关系的论述,建立在30余年研究的基础之上,是对客观规律的揭示与探讨,而不是先创造理论再填补事实。越来越多的研究表明,类似于"港口—腹地"的表现在各地有所不同,在市场经济的作用下却又有不少共同的特点,例如,海洋地带在当今世界经济中所占的优势地位,使得距海岸线100公里以内的沿海地带,人口约占全球的49.9%,GDP约占全球的67.7%;纽约、上海、新加坡等各国主要口岸城市崛起为世界重要城市,都自有其共同具备的优势。②历史经济地理的研究并非仅仅是讲故事,同样能够为现实提供有益的镜鉴。因此,要继续深入探讨我国近代经济地理变迁过程中的"港口—腹地"问题,仍然有待于近代经济地理、现代地理学和经济学者的共同探讨。

---

① 张伟然等:《历史与现代的对接:中国历史地理学最新研究进展》,商务印书馆,2016,第98—99、102—103页。
② 梁进社:《经济地理学的九大原理》,《地理研究》2008年第1期。

海关关区空间结构变动探析：
以近代广东沿海为中心*

摘要：遍布各地的中国海关，承担着管理进出口贸易、征收税收和反走私的艰巨任务。为了完成这些任务，各海关内部不仅需要明确各自的管辖范围，还需要建立由总口—分卡—分所所构成的垂直性的工作体系。这种平面范围和垂直体系构成的海关关区空间结构，无疑是海关制度建设的重要内容，且与常关、厘金等其他征税系统发生了交集和冲突。历来的研究者都只研究政府的行政管理系统，少有研究海关这样重要的征税管理系统。本文依据丰富的旧海关资料，以近代广东沿海为中心，考察海关关区空间变动问题，以及近代国家经济管理、税收征收等方面的空间变化，以为现代管理提供必要的参考。

关键词：海关关区；常关；关卡；征税系统；区域经济

自各口海关陆续开办以来，建立完善划一的海关制度，统一海关内部行政，便成为中国海关总税务司署的重要任务。海关需要通过制度，确保"各关征收关税，必期毫无偷漏，保护洋货，务使避免重征；往来各国之船只，与出入内地之货物，俱应立管理，俾克有条不紊"。② 各海关的空间范围以及在总关及其下各层次的关卡的分布所共同构成的海关关区空间结

---

* 本文原载《云南大学学报（社会科学版）》2017年第1期。第一作者吴松弟，第二作者杨洋洋。此稿比发表稿内容略详一些。人大复印资料《中国近代史》第2017年第5期转载。本文为国家社科基金重大项目"中国旧海关出版物的整理与研究"（11&ZD092）阶段性成果。

② 班思德编《最近百年来中国对外贸易史》，海关总税务司署统计科译印，1931，载中国海关总署办公厅、中国第二历史档案馆编《中国旧海关史料》第157册，京华出版社，2001，第150页。

构,无疑是海关制度建设的重要内容。

近代广东省(含今广东、海南二省,香港、澳门特别行政区,以及广西壮族自治区的北海、防城港、钦州三市境)南临南海,岸线较长,岛屿众多,港湾曲折,兼之英国、葡萄牙、法国占据的香港、澳门、广州湾三地实行自由港制度,长期成为对大陆走私的基地。特殊的地理位置,复杂的地形,不同贸易制度的并存,使得广东沿海成为近代海关最难管理的区域,也是近代海关关区空间结构最为复杂的区域之一。

目前为止,涉及各海关关区空间结构的研究成果并不多,更鲜有涉及各海关关区空间结构变动的研究①。至于对近代广东沿海海关关区空间结构的探讨,则主要集中在粤海关,其他关区相对较少;从内容上看,主要涉及海关正关,对正关下属的分卡和分所少有涉及②。有鉴于此,本文试图以近代广东沿海为例,探讨各关区空间结构的变动问题,为全国海关关区空间结构的研究提供一份个案,以期抛砖引玉。

近代广东沿海存在过的海关有:潮海关、粤海关、九龙关、拱北关、江门关、三水关、北海关、琼海关、雷州关等9个。这些正关的开埠和设关时间本文第一作者已有详考③,此不赘述。1937年7月7日日本发动全面侵华战争,1938年10月广东境内的各海关相继沦陷,海关工作进入非正常状态,因此本文论述以1938年10月为下限。

---

① 除《中国海关通志》编纂委员会编《中国海关通志》(方志出版社,2013年)"各地海关卷·第二篇沿海各关",在记载现代海关的关区及其次级海关、缉私局的情况时,间亦述及近代情况之外,只有孙雨露《抗战时期海关机构及关税政策的调整》(《海关与经贸研究》2015年第5期),对各地海关及其分卡分所的变动有一定的研究。此外,陈诗启《中国近代海关史》(人民出版社,2002年)为探讨早期海关关区空间变动提供了背景研究,戴一峰《论清末海关兼管常关》(《历史研究》1989年第6期)探讨了海关兼管常关的经过,廖声丰《简论近代常关衰落的三个阶段》(《学术研究》2009年第4期)对此亦有述及,滨下武志《中国近代经济史研究:清代海关财政与通商口岸市场圈》(江苏人民出版社,2006年)之第三章、第四章与结论,论述了常关与海关的关系。

② 郭雁冰:《拱北关东澳岛海关遗址调查与勘探报告》(《客家文博》2013年第1期),对了解分卡内部结构具有一定的意义。

③ 吴松弟、杨敬敏:《近代中国开埠通商的时空考察》,《史林》2013年第3期。

一、1931年以前广东沿海海关的增多与各关区范围

关于近代海关关区的空间范围,在海关创办初期的文件中往往描述的比较笼统。1864年的海关总税务司通令记载广东省内的粤海关和潮海关的关区范围:"为使诸税务司明白其行止权限范围,本总税务司在此将各个口岸及关卡界限列明如下:a.粤海关主管不得干预或受理发生在香港以东或目前海南以西之任何事务。b.潮海关职责范围应限于香港和东澎岛(今属南澳县)沿海。"①

1883年的总税务司通令,增加了对北海关和琼海关的关区描述,"北海关管理从东兴(今属广西)到涠洲岛(在今北海市南的海域中)之间的沿海地区"②;"琼海关管理海南沿岸及涠洲岛到海陵岛(在今广东阳江市南)"③。

如同全国各地的情况一样,近代广东沿海海关的增多和关区范围的划定,是在海关与常关、厘金局争夺岁课的斗争中,以及缉私的过程中逐渐形成的。

1860年代,在广东沿海不仅存在着海关,还存在着远比海关历史要早得多的常关,以及咸丰九年(1859)广东巡抚劳崇光建立的厘金局。华商经营的民船贸易由海关监督(代表地方政府)负责的常关管理,关税按常关税则征课;外商经营的轮船贸易由各口税务司的海关管辖,关税按条约规定征课。海关、常关征到的税收均归中央,而厘金是地方政府行政经费所由出,由地方政府征收。1861年10月《通商各口通商章程》第二款、第三款提出复进口半税,由于轮船运输较民船运输有优惠,复进口税开征之后华商的土货多由民船转向轮船,而轮船贸易是由海关管理的。这样一来,常关关于此项贸易的岁课就开始转移到海关。④

---

① 黄胜强主编《旧中国海关总税务司署通令选编》第一卷(1861—1910年),中国海关出版社,2003,第32页。
② 中华人民共和国海关总署办公厅编《中国近代海关总税务司通令全编》第三卷,海关出版社,2013,第105页。
③ 《中国近代海关总税务司通令全编》第三卷,第105页。
④ 陈诗启:《中国近代海关史》,人民出版社,2002,第179页。

1860年代中外鸦片贩子以香港、澳门为基地,进行猖狂的走私活动。两广总督瑞麟为了将大量的走私鸦片引入正轨并用以增加地方税收,1866年11月开放东莞、顺德、香山和开平四处,凡是民船载运前来的鸦片只要缴纳低额的厘金,便可行销内地。然而走私的气焰仍未削弱,1868年7月改变办法,于九龙界东西两面以及澳门各进口处设立6个厘卡,查缉走私,征收鸦片厘金之后便可行销各地。1870年的税厂和厘卡合并,开始征收鸦片税厘。鸦片税厘的征收本在常关的管辖下,和海关无涉。但1876年中英《烟台条约》却将鸦片进口税和厘金合并一起,一律由海关征收,称之为"洋药税厘并征",从而夺取了常关征收鸦片厘金的权力。然而,因在征收税厘的数目上各方意见不统一,"洋药税厘并征"迁延了8年之久而未能定议。①

1886年海关总税务司赫德到达香港,订立《管理香港洋药事宜章程》。章程中提到"由总税务司在中国之九龙地方便宜处所设立新关,以便发卖(即税厘并征)洋药税单,无论何人暨报运何项数目,概行照发"②。1887年3月26日中国和葡萄牙签订《会议草约》,葡萄牙在获得永驻管理澳门及其属澳之地的前提下,同意中国海关对从澳门进入广东的鸦片征税。③ 在此之前的2月24日,清朝于澳门成立拱北关税务司公署,于香港成立九龙关税务司公署。④ 当年5月,中国海关总税务司署提出将所有同香港、澳门两地进行贸易的沙船划归新设立的两处海关分署管理收税的建议,获得总理衙门批准。从7月1日起施行,分别在九龙关和拱北关对经过洋面的贸易民船征税。⑤

1887年5月,中国海关总税务司提出将所有同香港、澳门两地贸易的粤、潮、琼、廉四口民船的领牌和验货工作,交九龙、拱北两税务司管理,获得总理衙门批准。为了方便当地的英国和葡萄牙政府,两海关的税务

---

①陈诗启:《中国近代海关史》,人民出版社,2002,第245—252页。
②中国近代经济史资料丛刊编辑委员会主编《中国海关与中葡里斯本草约》,中华书局,1983,第8页。
③王铁崖编《中外旧约章汇编》第一册,三联书店,1982年重印,第505—506页。
④孙修福主编、何玲副主编《中国近代海关史大事记》,中国海关出版社,2005,第76页。
⑤(美)马士:《中华帝国对外关系史》,张汇文等译,第二卷第十八章第二十五节,上海书店出版社,2000,第429页。

司公署分别设在香港和澳门。① 按陈诗启的看法，九龙、拱北两关既要按1890年3月31日中英《烟台条约续增专条》征收鸦片税厘，又要按常关规定的税则为常关征收常税，还要按地方规定的税则为两广总督征收厘金，故两关实具常关的性质。②

1901年西方列强强迫清政府签订《辛丑条约》，规定清政府要支付巨额赔款。赫德建议把常关税也作为赔款的来源，并最终写入《辛丑条约》，条约之第6款规定："所有常关各进款，在通商口岸之常关，均归新关管理。"不久，赫德上书清政府，要求尽快将50里内常关归并海关；并不待清政府回信，便在第976号总税务司署通令指令各关税务司，包括"广东之潮海关、北海关、琼州关，均应派现在各该口之税务司兼办征收常税事宜"③。

随着海关对常关的兼管不断加强，海关一些关区的范围逐渐清晰。1905年总税务司通令中增加了对江门关和三水关的关区记载。江门关关区包括西江从今高明市三洲经过崖门、虎跳门、磨刀门直到入海口与甘竹河，三水关区包括西江到三洲，从佛山到顺德。④

1899年法国强租今湛江市及其附近岛屿、海面为租借地，称之为"广州湾"，将这一带建为自由港。1935年民国政府为了扼制以广州湾为基地的走私活动，新增雷州关区。雷州关区的建成，使广东的关区总数达到9个，而此时全国共有19个关区。

二、海关关卡系统的出现和规范化

上节在着重分析了近代广东省随着海关的增多，逐渐形成各个关区的空间范围，亦提到1868年7月于九龙界东西两面以及澳门各进口处设立6个厘卡，查缉走私，征收鸦片厘金，此六个厘卡1887年以后归九龙关

---

① (美)马士：《中华帝国对外关系史》，张汇文等译，第二卷，上海书店出版社，2000，第429页。
② 陈诗启：《中国近代海关史》，人民出版社，2002，第263页。
③ 黄胜强主编《旧中国海关总税务司署通令选编》第一卷（1861—1910年），中国海关出版社，2003，第465页。
④《中国近代海关总税务司通令全编》第九卷，第382页。

税务司管理。这六个关卡的存在,表明广东海关的关区空间已不仅仅是平面的,也是垂直的,各关税务司通过一个个的关卡,执行收税和查缉走私的任务。1887年赫德致金登干的信表明,初设时九龙关在香港附近管一个总关和五个分关,拱北关在澳门附近管两三个分卡。①

戴一峰《清末海关兼管常关统计表》,统计了清末广东各海关兼管常关正关以及分关分卡的情况②,详见表1:

表1 清末广东各海关兼管常关正关与分关分卡情况表

	潮海关	北海关	三水关	粤海关	琼海关	合计
兼管正关数	1	1	2	1	1	6
兼管分关分卡数	12	1	1	2	0	16

民国以来,全国加速了海关兼管常关的步伐,广东同样如此。据不完全的资料,1918年粤海关增加了一个分口或分卡,清末未曾提到接管常关情况的拱北关,1918年已接管了两个分卡。③

1930年年末,国民政府财政部下达增税裁厘的决定,通知各地自1931年1月1日起裁撤50里外常关,撤消厘金、子口半税以及土货复进口半税,沿海之50里以外常关及民船与国外有直接贸易关系的常关,均于该日起由海关接管。④ 6月1日,按总税务司令,全国50里内常关也一律裁撤,改为海关机构。⑤ 以前各关区海关、常关、厘金三种中央和地方收税机构并存状况,至此只有海关一种。

由于以前由常关管理的民船贸易均归海关管理,民船贸易在海关业务中的比重大大增加。为了加强各海关对民船贸易的管理,1931年财政部关务署批准《海关管理航海民船航运章程》⑥,章程中明确了各关区所

---

① 陈霞飞:《中国海关密档:赫德、金登干函电汇编(1874—1907)》,第四卷,中华书局,1996,第519页。
② 戴一峰:《论清末海关兼管常关》,《历史研究》1989年第6期。
③ 《中国近代海关总税务司通令全编》第十五卷,第618页。
④ 《旧中国海关总税务司署通令选编》第三卷(1931—1942年),中国海关出版社,2003,第1页。
⑤ 《中国近代海关史大事记》,第242页。
⑥ 《中国近代海关总税务司通令全编》第二十一卷,第283页。

属的关卡。虽然这些关卡未分等级,但全国各海关的空间范围与关卡系统已明晰可见。

1931年总税务司署下辖15个关区:安东区、津海区、东海区、胶海区、江海区、浙海区、瓯海区、福海区、闽海区、厦门区、潮海区、粤海区、江门区、琼海区、北海区。共有148个关卡,其中25个来自50里范围内的常关,122个来自50里外的常关,一个是海关特别建立的关卡。①

入表的广东的5个关区共管辖了50个关卡:潮海区14个,粤海区10个,江门区9个,琼海区14个,北海区3个。这50个关卡中,8个来自50里范围内的常关,其余来自50里外的常关。

1932年4月28日,总税务司下达的通令中明确了关卡的等级及中英文名称。各个海关(Customs House)下属有:分关(Sub-office)、分卡(Maritime Customs station)、分所(Barriers)、巡缉所(Patrol barriers)。②

以上所载各海关的下属关卡,并非只有广东海关有,而是全国沿海各海关普遍出现过。广东境内各总关下属机构,原先都叫关卡,1933年6月分别称分卡或分所。按照1943年海关总税务司署为改订后各关所属机构名称而下发的通令,为纠正以前因"时间匆促,各卡所之名称,未经统筹规定,以致参差互异"的毛病,自1944年1月1日起,将各关直属分卡改为"支关",各分关所属分卡改为"分所"。③ 依此解释,广东之前一直使用的"分卡""分所"之名,实际代表着分所属于分卡、分卡属于总关之意。显然,自1933年以后,广东各海关的空间结构,已由以前的总关—关卡二级制,发展为总关—分卡—分所三级制。

按照1933年6月总税务司关于各关区所辖关卡的通令,全国关区由16个增加到18个,分卡和分所分别达到89个和19个;广东省海关达到8个,其中7个列入关区名单中。④ 1935年,广东新增雷州关区,广东的海关总数达到9个,其中8个(除三水)列入关区,下属48个分卡、13个分所。

①《中国近代海关总税务司通令全编》第二十一卷,第290—293页。
②《中国近代海关总税务司通令全编》第二十一卷,第480页。
③《中国近代海关总税务司通令全编》第三十一卷副卷,第666—667页。
④《中国近代海关总税务司通令全编》第二十二卷,第558—561页。

三、1932—1936年广东沿海关区空间结构变动

在1932年《海关管理航海民船航运章程》公布之后数年,全国各关区仍经历了多次调整,广东也不例外。

(一)1932年的第一次调整

1932年3月,海关总税务司对各关区和关卡进行调整。有关通令记载了广东省内的5个关区的情况,其下属的关卡变动较大。

潮海区在这次调整中裁撤掉9个关卡,剩下浮濑、汕尾、妈屿、水井、海门等5个关卡。9个关卡被裁撤,原因是经过的贸易船都来自香港,货物进口税已在九龙关和三门关卡征收,而被裁撤的9个关卡只征出口税,可改由附近的汕尾、汕头、浮濑、三门征收,况且又无在此设卡防止走私的必要。① 现存的5个关卡中,浮濑关卡由并无税收的井洲关卡移设,而浮濑地区的缉私任务繁重,其地理位置也便于监视自台湾和台湾以北各地前往大港、黄冈等地的民船。汕尾关卡地处香港—汕头贸易路线,常有轮船和民船来往,对粤东的征税和防走私均有裨益。

粤海区撤销虎门关卡,剩下9个关卡。虎门关卡为昔日常关征收盐船费而设,后盐船费取消,该处又无直接来往外洋的民船贸易,故取消。存留的9处关卡以石龙最重要,石龙是广东省商业中心之一,税收名列前茅,且有助于协助九龙关防止走私。②

江门区依然是9个关卡,撤销了闸坡关卡,接收了原琼海区的水东关卡。闸坡处于海陵岛的西北角,因无税收而取消。水东关卡原属粤海关监督管理的常关分卡,海关接管之后因距离较近的原因划归琼海区。③

琼海区的水东关卡移至江门区,管辖13个关卡。这13个关卡环绕法国租借地广州湾(今湛江)。该租借地为自由港,免征进出口税,又当两广货物的转运中心,贸易繁盛,故在防私和税收两个方面都有存留一批

---

①《中国近代海关总税务司通令全编》第二十一卷,第396—398页。
②《中国近代海关总税务司通令全编》第二十一卷,第398—399页。
③《中国近代海关总税务司通令全编》第二十一卷,第399—400页。

关卡的必要。①

北海区无变动,依旧管理东兴、竹山、江平3个关卡。东兴关卡位于中国海岸线西南之终点,竹山和江平两个关卡为协助东兴关卡防止走私而设立。②

(二) 1932 年的第二次调整

1932年7月,总税务司对海关关区进行了第二次调整,全国关区增加到16个。广东依然是5个关区,共34个关卡。

潮海区撤销了妈屿、水井、海门3个关卡,仅保留了浮濑关卡和汕尾关卡。妈屿、水井、海门3个关卡都是汕头港的门户,主要为缉私而设,税收很少。③海关总税务司建议存留,但关务署并未批准。

粤海区将原广州关卡并入粤海关,剩下8个关卡。广州关卡处于广州口范围内,并与粤海关在同一江岸,故并入粤海关。④

江门区、北海区的关卡没有变动。⑤琼海区撤销了仅为缉私而设的崖门分卡,其业务并入粤海关。⑥

(三) 1933 年的第三次调整

1933年6月总税务司下发最新的关区所辖关卡的通令。全国关区由16个增加到18个,广东则由5个变为7个,增加了九龙关和拱北关。⑦

潮海区的东山和汕尾为分卡,原来撤销的妈屿、海门和达濠埠设为分所。

粤海关中原来的8个关卡并未变动,只是明确了几个关卡的等级:石龙、容奇、陈村、太平、市桥设为分卡,新塘、石龙车站、印洲设为分所。

---

①《中国近代海关总税务司通令全编》第二十一卷,第400—401页。
②《中国近代海关总税务司通令全编》第二十一卷,第401页。
③《中国近代海关总税务司通令全编》第二十一卷,第602页。
④《中国近代海关总税务司通令全编》第二十一卷,第603页。
⑤《中国近代海关总税务司通令全编》第二十一卷,第604页。
⑥《中国近代海关总税务司通令全编》第二十一卷,第604页。
⑦前文已述,九龙关和拱北关设立于1887年。设立之初,二者除总关外,还设有若干关卡。为何此时才出现在全广东关区的列表中,有待研究。

九龙关为今年新增的关区,下属伶仃、大铲、桂庙、沙头、深圳河、深圳车站、罗坊、沙头角、盐田、溪涌、沙鱼涌、叠福、南澳、三门、九龙车站等15个分卡,并无分所。

拱北关亦为新增关区,下属马溜洲、前山、关闸、石角4个分卡,并无分所。

江门关下属江门、广海口、石岐、阳江、崖门、水东、三夹海等7个分卡,原关卡中的电白和博贺设为分所,新增都斛、北津口、闸坡3个分所,共5个分所。

琼海关原来的关卡除了石门全部划归北海关,又新增清澜和铺前2个分卡。

北海关接收了原琼海关的东兴、芷蓉、黄坡、麻章、蔴罗门、大阜、城月、梅菉、福建、沈溏、雷州等11个关卡,均设为分卡。原北海关的双溪、竹山和江平设为分所。

(四) 1934年的第四次调整

1934年,广东入表依然是7个关区,分卡共有46个,分所有14个。

粤海关的分卡分所均没有变化。琼海关依然只有清澜和铺前两个分卡,另新村、洋浦两个分卡在建立中。

潮海关的汕尾分卡划归九龙关,东山分卡撤销,仅剩妈屿、海门和达濠埠3个分所。

九龙关接收了原潮海关下属的汕尾分卡,所管辖的分卡达到16个。

拱北关新增九洲分卡。

江门关的水东分卡、电白和博贺分所改属于北海关。北海关管辖的分卡达到12个,分所为5个。

(五) 1935年的第五次调整

1935年,全国共有19个关区,广东新增一个雷州关区,入表的关区达到8个,共管辖48个分卡、13个分所。

雷州关区管辖水东、梅菉、芷蓉、黄坡、西涌尾、大阜、福建、麻章、城月、沈溏、雷州、蔴罗门、安铺等13个分卡,电白、博贺、双溪等3个分所。其中,11个分卡和三个分所来自北海关,西涌尾和安铺为新建的分卡。

潮海关依然只有妈屿、海门和达濠埠3个分所。

粤海关撤销了石龙分卡,原印洲分所改为分卡。

九龙关依然是原来的16个关卡。

江门关下属的石岐分卡改属拱北关,阳江分卡改为分所,北津口分所改为分卡。

拱北关接收了原江门关下的石岐分卡。

琼州关新增洋浦和新村分卡,但尚未开放。

北海关的11个分卡和3个分所划归到今年新增的雷州关区,现存留了水东分卡、电白和博贺分所。

(六)1936年的第六次调整

1936年各关区的变动比较小,广东入表依然为8个关区,48个分卡和13个分所。雷州关区的蕀罗门分卡改属琼海关,其余关区和关卡皆无变动。

有关广东沿海各关区(除待考的三水关区)1931—1936年的关卡调整,可参表2,而图1①则展示了1933年沿海各关区的关卡分布状况。

表2　1931—1936年广东各海关关卡调整表

关(关区)名	年月	裁撤	尚存	尚存关卡名
潮海	1931	/	14	海门、妈屿、马鬃、遮浪、港口、甲子、墩头、水井、汕尾、碣石、乌坎、井洲、神泉、稔山
	1932	9	5	浮潦、汕尾、妈屿、水井、海门
	1932.7	3	2	浮潦、汕尾
	1933	0	2/3	分卡2:东山、汕尾 分所3:妈屿、达濠埠、海门
	1934	2	3	分所3:妈屿、达濠埠、海门

---

①如需查看"图1　1933年广东省关卡分布示意图",烦请参阅本文原载的《云南大学学报(社会科学版)》2017年第1期。

续表

关(关区)名	年月	裁撤	尚存	尚存关卡名
粤海	1931	/	10	广州、石龙、车站、新塘、印洲、陈村、镇口、容奇、市桥、虎门
	1932.3	1	9	广州、陈村、石龙、车站、新塘、印洲、镇口、容奇、市桥
	1932.7	1	8	陈村、石龙、车站、新塘、印洲、镇口、容奇、市桥
	1933	0	8	分卡5：石龙、容奇、陈村、太平、市桥 分所3：新塘、石龙车站、印洲
	1935	1	7	分卡5：印洲、容奇、陈村、太平、市桥 分所2：新塘、石龙车站
江门	1931	/	9	江门、石岐、三夹海、广海口、闸坡、崖门、阳江、电白、博贺
	1932.3	1	9	江门、石岐、崖门、三夹海、广海口、阳江、电白、博贺、水东
	1933	0	7/5	分卡7：江门、石岐、崖门、三夹海、广海口、阳江、水东 分所5：电白、都斛、北津口、博贺、闸坡
	1934	3	6/3	分卡6：江门、石岐、崖门、三夹海、广海口、阳江 分所3：都斛、北津口、闸坡
	1935	1	5/3	分卡5：江门、崖门、三夹海、广海口 分所3：都斛、阳江、闸坡
琼海	1931	/	14	梅菉、黄坡、芷藔、石门、麻章、福建、大阜、雷州、沈溏、斗门、双溪、蔴罗门、海口、水东
	1932.3	1	13	梅菉、黄坡、芷藔、石门、麻章、福建、大阜、雷州、沈溏、斗门、双溪、蔴罗门、海口
	1932.7	1	12	梅菉、黄坡、芷藔、石门、麻章、福建、大阜、雷州、沈溏、斗门、双溪、蔴罗门
	1933	12	2	分卡2：清澜、铺前
	1935	0	2	分卡2：清澜、铺前（新村、洋浦在建立中）
	1936	0	3	分卡3：蔴罗门、清澜、铺前（新村、洋浦在建立中）

续表

关(关区)名	年月	裁撤	尚存	尚存关卡名
北海	1931	/	3	东兴、竹山、江平
北海	1932.3	0	3	东兴、竹山、江平
北海	1933	0	11/3	分卡11:东兴、芷蓉、黄坡、麻章、蔴罗门、大阜、城月、梅菉、福建、沈塘、雷州 分所3:竹山、江平、双溪
北海	1934	0	12/5	分卡12:水东、东兴、芷蓉、黄坡、麻章、蔴罗门、大阜、城月、梅菉、福建、沈塘、雷州 分所5:电白、博贺、竹山、江平、双溪
北海	1935	14	1/2	分卡1:东兴 分所2:竹山、江平
九龙关	1933	0	15	分卡15:伶仃、大铲、桂庙、沙头、深圳河、深圳车站、罗坊、沙头角、盐田、溪涌、沙鱼涌、叠福、南澳、三门、九龙车站
九龙关	1934	0	16	分卡16:汕尾、伶仃、大铲、桂庙、沙头、深圳河、深圳车站、罗坊、沙头角、盐田、溪涌、沙鱼涌、叠福、南澳、三门、九龙车站
拱北关	1933	0	4	分卡4:马溜洲、前山、关闸、石角
拱北关	1934	0	5	分卡5:九洲、马溜洲、前山、关闸、石角
拱北关	1935	0	6	分卡6:石岐、九洲、马溜洲、前山、关闸、石角
雷州关	1935	0	13/3	分卡13:水东、梅菉、芷蓉、黄坡、西涌尾、大阜、福建、麻章、城月、沈塘、雷州、蔴罗门、安铺 分所3:电白、博贺、双溪
雷州关	1936	0	12/3	分卡12:水东、梅菉、芷蓉、黄坡、西涌尾、大阜、福建、麻章、城月、沈塘、雷州、安铺 分所3:电白、博贺、双溪

前文叙述1931—1935年广东的关区名字、关卡的文字和展示关区及其关卡的地图,均无三水关,原因何在?值得分析。

三水地居北江、西江的交汇处,同治四年(1865)已在三水河口厂设立厘卡,征收西、北江货物之税,其下隶有马口分卡。① 1897 年开放西江,在三水建立海关和常关,分别对外国轮船和中国民船征税;1901 年三水海关又接管了甘竹常关和江门常关。② 据本文表 1,清末三水关兼管常关正关两个,分关分卡一个。1903 年广州至三水的铁路通车,三水日趋繁荣。到二十世纪二三十年代因进口税率高,进行走私的人逐日增多。走私者"集有资本,装置坚固的船,并有枪炮,公然与缉私队相抗,往往走过这个关头(三水关)而获千百元之利益";大规模走私有所收敛之后小规模的走私仍不能免,由于走私者多在三水搭轮船出入香港—梧州之间,故在此设有税关和检查所,凡"港梧火船抵河口时,搭客即乘艇至检查所受检查"。③ 就此看来,三水海关并不靠海,二十世纪二三十年代以来其反走私做法是在河口设关检查过往行李,而不必多地设关卡拦截,1931年—1935 年未将其列入全国关区名录,也未提到其关卡,可能即出于这一原因。

四、近代广东沿海关区空间结构变动总结

综上所述,近代广东沿海的关区空间结构变动,随着海关数量及各海关下辖的关卡数量的增多和多层次的出现,经历了从简单到复杂的过程。关区空间结构的变动,大致包括如下方面:

(一) 关区范围

近代广东的海关关区数目逐渐增加,最初有两个关区:粤海关和潮海关,到 1936 年增加到 9 个关区:潮海关、粤海关、三水关、九龙关、拱北关、江门关、琼海关、北海关、雷州关。

如果以 1931 年《海关管理航海民船航运章程》明确了各关区所属的关卡,视作关区空间结构基本建立的标志的话,则此后可能基于提高管理

---

① 《广东通省抽收厘金章程》,《国家图书馆藏清代税收税务档案史料汇编》,第 16 册,《国家图书馆藏历史档案文献丛刊》,全国图书馆文献缩微复制中心,2008,第 7401 页。
② 《常关开办》,《申报》1897 年 9 月 11 日;《1902—1906 年常关五年贸易报告和统计》,载《美国哈佛大学图书馆藏未刊中国旧海关史料(1860—1949)》,第 199 册,第 654 页。
③ 伍锐麟:《三水河口疍民调查报告》,载李文海等主编《民国时期社会调查丛编》底边社会卷(下),福建教育出版社,2005,第 685—686 页。

效率和规范化的考虑,仍然对关区范围和其下的关卡每年进行一次调整。其中,粤海关的关区范围变动比较小,基本上和最初划定的范围保持一致。近代江门关区的空间范围也比较稳定。北海关本来管辖的范围比较小,长期管辖东兴、竹山和江平3个关卡,1933年接收了来自琼海关的11个关卡,关区范围徒增,这些关卡后在1935年划归到了新增的关区雷州关,导致北海关的关区范围回归三年前的原貌。

北海关1933年接收来自琼海关的11个关卡和三年后这11个关卡划归雷州关,固然表明北海、琼海、雷州三个关区范围的缩小或扩大,但不代表广东各关每次关卡的裁撤必定都直接关系到关区的缩放。例如,在1932年的调整中,潮海区裁撤掉9个关卡,原因是潮海区的贸易船只都来自香港,货物进口税已在九龙关三门分卡征收,而出口税在关卡撤销之后可由附近的汕尾、汕头、浮漈、三门征收,可收到减员的效果而未导致关区范围缩小。

(二)关卡来源

无论是全国还是广东省境,关卡的绝大多数都来自常关。如上所述,1931年广东省的5个关区管辖了50个关卡,8个来自50里范围内的常关,其余来自50里外的常关,并无一个是海关建立的。可见,兼并常关是海关增加关卡的基本方式,也是扩大海关管辖范围的主要方式。各海关的关区范围虽然通过海关总税务司的一次次通令得以确定,但将关区内的一个个常关的关卡变为海关的关卡,却是海关兼并常关的直接结果。

(三)关卡作用与调整

从1931年到1935年期间关卡的变动来看,关卡的废置主要受征税、缉私、查验货物、管理船只和节约开支等几个因素的影响,而当这几个因素不能兼顾时,海关优先考虑的是什么呢?

1932年,时任总税务司梅乐和(F.W.Maze)下令各海关考察所属各关卡是否有存留之必要,并提交详细报告。各税务司在考察中必须坚持的原则是:不是关卡的防护价值,而是合法贸易的整体效用,决定了关卡的留存或取消。海关的目的是尽可能的鼓励和控制已有的贸易路线,并且给他们提供设施保障。①

在海关接管五外常关后,为了改进对常关的管理,各税务司需要对于设卡地方之交通、商务、地理等情况做先行调查。② 税务司"对于交通、商务、地理素未明了者,则督饬该卡职员随时考察;对于设卡地方稍涉偏僻者,则分途派员,不时抽查。"③在海关管理常关一年之后,分卡设置是否恰当已大致查明。海关这种管理分卡的方式,是后来各关卡不断调整变动的基础。海关的精细化管理,一方面为了达到最佳的税收目的,一方面为了缉私,还有一方面是为了尽可能的节省开支,提高效率。

1932年以来广东的关卡调整,充分说明了关卡的作用在于征税和缉私,而二者中征税的作用似乎超过缉私。1932年7月潮海关撤销了妈屿、水井、海门3个关卡,仅保留了浮漈关卡和汕尾关卡。妈屿、水井、海门3个关卡主要为缉私而设,税收很少。海关总税务司建议存留,但关务署并未批准。

1932年粤海关撤销虎门关卡,剩下9个关卡。虎门关卡为昔日常关征收盐船费而设,后盐船费取消,且该处无直接来往外洋的民船贸易,故取消。存留的9处关卡,以石龙关卡最重要。石龙是广东省商业中心之一,税收名列前茅,且有助于协助九龙关防止走私。

江门关该年依然是9个关卡,撤销了近年无税收的闸坡关卡,接收了琼海区的水东关卡。水东关卡原是粤海关监督管理的常关分卡,海关接管之后因距离较近的原因而划归琼海关。然而就征税而言,因有商务、地利和管理的优势故改归江门关比较妥当,于是有此变动。1933年琼海关撤销了仅为缉私而设的崖门分卡,其业务并入粤海关,亦是一例。

20世纪30年代,为了应对走私狂潮,海关采取了以前从未采取过的应对措施,在东南沿海各海关设立缉私课,将数十艘新造的海上缉私舰艇分配沿海海关。④ 某些为缉私建立的关卡的裁撤,海上反走私力量的加强无疑是重要原因之一。

---

①《中国近代海关总税务司通令全编》第二十一卷,第386页。
②《中国近代海关总税务司通令全编》第二十一卷,第388页。
③《中国近代海关总税务司通令全编》第二十一卷,第389页。
④陈诗启:《中国近代海关史》,第751—755页。

据上可见,建立比较早的关区变动比较小。像粤海关,即使有变动也往往不是反复的调整,由于建立的时间早,对关卡的管理更有经验,关卡的设立也更加合理,因此变动较小。而后来新建立的关区像拱北关、九龙关,它们下属的关卡有一个反复调整的过程,在实践中摸索出合理的关卡设置以实现海关职能。

总之,海关创办初期,各关区的范围多是用沿海岸线或者河流的两个点来界定,或者用地名的方位来界定,如"香港以东""海南以西"等。这种对关区比较笼统的描述在1905年的总税务司通令中还可以看到。直到1931年《海关管理航海民船航运章程》出台之后,各关区有了明确的下属关卡,关区的范围由宽泛的"面"转变成明确的"点"。1932年是海关关区大调整的一年,这一年出现的两次调整分别针对接管来的五外常关和五内常关。经过1932年的调整,关卡的数量大大增加。1933年关区的调整中第一次将分卡和分所予以区别,这种空间结构的明确,建立在关卡数量的稳定基础上,也反映了海关管理职能的分工细化。

(四)关卡位置

仔细观察广东各海关关卡分布图,不难看出它们比较集中分布在珠江口一带和广州湾沿岸。如果说关卡的设立,一是为了征税,二是为了缉私的话,在有着漫长的海岸线、处处都可泊船、海上贸易发达的广东,最应该而且最适宜建立关卡的地带,自然是沿海地带,尤其是接近香港、澳门和广州湾的沿海地带。

这一带早在五口通商时期即被称为"走私者乐园",近1930年代由于关税恢复自主以及1929年2月1日实行高税率的新进口税则,再次形成大规模有组织的走私活动。代理总税务司罗福德观察到走私以"华南最为突出","该处走私均以香港、澳门及广州湾为大本营"。为应付这一局面,海关只能动员现有一切力量,集中于南方,由九龙关税务司统辖,组成有力的打击力量,并组建缉私科,形成强大的缉私队伍,在沿海划分巡逻区域,在沿海战略要地利用已交常关房舍成立分卡。①

---

① 《旧中国海关总税务司署通令选编》第三卷(1831—1842年),通令第4913号(第二辑),第293—297页。

依照上述部署,如果缉私武装以紧靠香港、澳门的九龙关税务司为统辖,则其背后的粤海关区和江门关区自是缉私的基本防线所在;而西侧的琼海关区和北海关区,东侧的潮海关区,则是缉私的重要防线。在上述这些关区不仅要划分巡逻区域,而且还要利用已交到海关的常关房舍建立海关的分卡。只有三水关,尽管是珠江三角洲深入西江的航道所在地,但毕竟不当沿海地带,其在1920、1930年代反走私的主要做法是在河口设关检查过往行李,1931—1935年总税务司相关通令未将其列入全国关区名录,也未提到其关卡,应即出于这一原因。

(五)交通、地貌与关区空间结构

日本著名学者滨下武志先生在探讨清末财政与通商口岸市场圈问题时,分析主要的海关设置场所,大部分都在以往的常关所在地,认为是"那些具有市场功能的港湾成了开放口岸",并列出民国元年(1912)时点的《海关、常关一览表》,表明包括广东在内的大部分海关都设在常关的所在地。他对海关、常关所构成的税关的功能进行探讨,认为它由点、线、面三个方面所构成:"点"指税关对某一地点的管辖,以实行警备、警戒、检查、稽查等功能;"线"指税关同时还要承担边防或海防的任务;"面"则意味着海关的管辖扩大到地域经济,开始对市场空间进行管理。①

海关、常关有大小之分,各自的点、线、面的作用自然也有区别,但近代广东各海关的总口是商业繁盛之地却是没有问题的,其下的关卡也有一些是重要的区域商业中心。例如,以上提到的潮海关的汕尾关卡,地处香港—汕头贸易路线,常有轮船和民船来往,可以想见其必定是具有一定规模的商业城镇。粤海关的关卡以石龙最重要,石龙是广东省商业中心之一,税收名列前茅,商业规模估计还超过汕尾。

需要指出,近20年来仍然存在的一大批海关及其下属的次级海关与办事处的所在地,都是沿袭近代海关的总口或关卡的地址。各总口的位置变化较少,关卡的增删和位移自然要频繁一些,但至今仍能发现各地海关的下属次级海关或办事处,相当一部分源于近代的关卡。例如,今汕头

---

① (日)滨下武志:《中国近代经济史研究:清代海关财政与通商口岸市场圈》,江苏人民出版社,2006,第191、317、318页。

海关下属的汕尾海关、南澳海关,今广州海关下属的大铲海关、天河车站海关、白云机场海关、容奇海关、三水办事处,今黄埔海关及其下属的新塘海关,江门海关下属的阳江海关、台山海关,湛江海关下属的茂名口岸博贺港、水东办事处,拱北海关下属的九洲海关、石岐口岸、斗门海关,北海海关下属的东兴海关,深圳海关下属的深圳海关、沙头角海关、文锦渡海关,其前身都是近代的关卡。如果稍加考证,会发现那些源于近代关卡的今天的次级海关或办事处数量远不止上述 20 个。

  近代关卡能够为不同时期的海关长期沿袭使用,说明其在不同的区域,具有滨下武志所说的点、线、面的作用,而这些作用之所以长期存在,不仅具有区域经济的原因,也说明它们因拥有某种优越的地理位置而成为交通要地。关卡或分布在河流的入海口,如潮海关的妈屿、海门等卡,粤海关的大铲关卡;或分布在海岸线曲折的港湾,如闸坡、博贺等关卡;或分布在陆上交通枢纽处,如石岐、新塘、太平等卡。总之,广东沿海凡在交通上具有重要地位,为商道必经,需要用来征税之地,或可能成为走私者运货上岸必须用来缉私的地点,都是沿海各关建立总关和其下关卡的优良地点。正由于这一点,海关这些关卡如同其前身常关的关卡一样,也是小区域的工商业中心。

  广东沿海为我国经济发达区域,珠江三角洲、韩江三角洲尤为广东人口密集、城镇众多的繁华之乡。在沿海一带设立关卡,除了便于收税和缉私,自然也有助于广东富庶地区的城乡稳定和繁荣。